厚大法考

理论卷

考点覆盖　知识精讲

行政法48专题

体系贯通　强化应试

魏建新 ◎ 编著　｜　厚大出品

中国政法大学出版社

根深而枝叶茂

《《《 厚大在线 》》》

硬核干货
八大学科学习方法、新旧大纲对比及增删减总结、考前三页纸等你解锁。

定期直播
备考阶段计划、心理疏导、答疑解惑，专业讲师与你相约"法考星期天"直播间。

免费课堂
图书各阶段配套名师课程的听课方式，课程更新时间获取，法考必备通关神器。

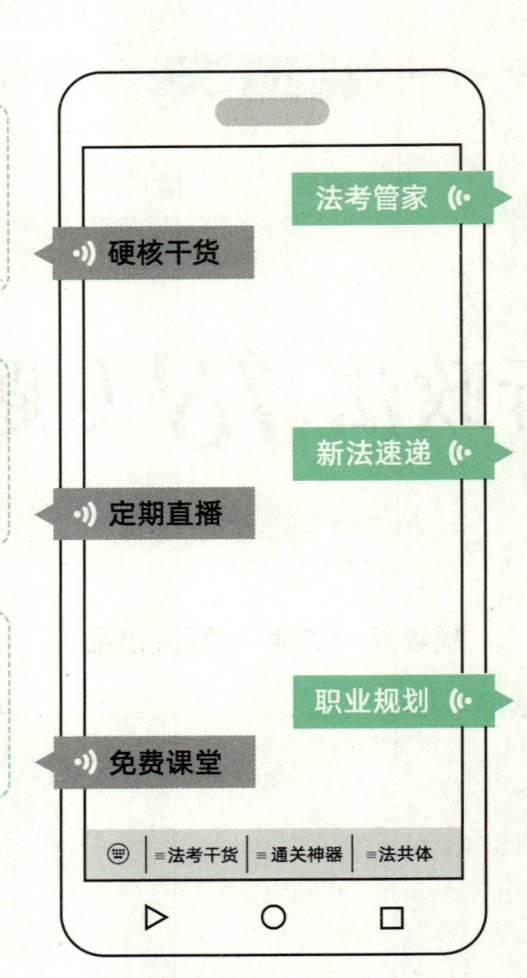

法考管家
法考公告发布、大纲出台、主客观报名时间、准考证打印等，法考大事及时提醒。

新法速递
新修法律法规、司法解释实时推送，最高院指导案例分享；牢牢把握法考命题热点。

职业规划
了解各地实习律师申请材料、流程，律师执业手册等，分享法律职业规划信息。

法考干货 | 通关神器 | 法共体

更多信息
关注厚大在线

HOUDA

代 总 序
GENERAL PREFACE

做法治之光
——致亲爱的考生朋友

如果问哪个群体会真正认真地学习法律，我想答案可能是备战法考的考生。

当厚大的老总力邀我们全力投入法考的培训事业，他最打动我们的一句话就是：这是一个远比象牙塔更大的舞台，我们可以向那些真正愿意去学习法律的同学普及法治的观念。

应试化的法律教育当然要帮助同学们以最便捷的方式通过法考，但它同时也可以承载法治信念的传承。

一直以来，人们习惯将应试化教育和大学教育对立开来，认为前者不登大雅之堂，充满填鸭与铜臭。然而，没有应试的导向，很少有人能够真正自律到系统地学习法律。在许多大学校园，田园牧歌式的自由放任也许能够培养出少数的精英，但不少学生却是在游戏、逃课、昏睡中浪费生命。人类所有的成就靠的其实都是艰辛的训练；法治建设所需的人才必须接受应试的锤炼。

应试化教育并不希望培养出类拔萃的精英，我们只希望为法治建设输送合格的人才，提升所有愿意学习法律的同学整体性的法律知识水平，培育真正的法治情怀。

厚大教育在全行业中率先推出了免费视频的教育模式，让优质的教育从此可以遍及每一个有网络的地方，经济问题不会再成为学生享受这些教育资源的壁垒。

最好的东西其实都是免费的，阳光、空气、无私的爱，越是弥足珍贵，越是免费的。我们希望厚大的免费课堂能够提供最优质的法律教育，一如阳光遍洒四方，带给每一位同学以法律的温暖。

没有哪一种职业资格考试像法考一样，科目之多、强度之大令人咂舌，这也是为什么通过法律职业资格考试是每一个法律人的梦想。

法考之路，并不好走。有沮丧、有压力、有疲倦，但愿你能坚持。

坚持就是胜利，法律职业资格考试如此，法治道路更是如此。

当你成为法官、检察官、律师或者其他法律工作者，你一定会面对更多的挑战、更多的压力，但是我们请你持守当初的梦想，永远不要放弃。

人生短暂，不过区区三万多天。我们每天都在走向人生的终点，对于每个人而言，我们最宝贵的财富就是时间。

感谢所有参加法考的朋友，感谢你愿意用你宝贵的时间去助力中国的法治建设。

我们都在借来的时间中生活。无论你是基于何种目的参加法考，你都被一只无形的大手抛进了法治的熔炉，要成为中国法治建设的血液，要让这个国家在法治中走向复兴。

数以万计的法条，盈千累万的试题，反反复复的训练。我们相信，这种貌似枯燥机械的复习正是对你性格的锤炼，让你迎接法治使命中更大的挑战。

亲爱的朋友，愿你在考试的复习中能够加倍地细心。因为将来的法律生涯，需要你心思格外的缜密，你要在纷繁芜杂的证据中不断搜索，发现疑点，去制止冤案。

亲爱的朋友，愿你在考试的复习中懂得放弃。你不可能学会所有的知识，抓住大头即可。将来的法律生涯，同样需要你在坚持原则的前提下有所为、有所不为。

亲爱的朋友，愿你在考试的复习中沉着冷静。不要为难题乱了阵脚，实在不会，那就绕道而行。法律生涯，道阻且长，唯有怀抱从容淡定的心才能笑到最后。

法律职业资格考试不仅仅是一次考试，它更是你法律生涯的一次预表。

我们祝你顺利地通过考试。

不仅仅在考试中，也在今后的法治使命中——

不悲伤、不犹豫、不彷徨。

但求理解。

厚大®全体老师　谨识

序 言
本书的定位和特色 ☆

面对决意要参加的考试，我们能够选择的是复习资料。当我们下定决心要拿下2025年法考时，选择一套适合考试的行政法教材就尤为重要。复习资料是一把双刃剑，选得好、用得舒心就会起到事半功倍之效，选不好、用着别扭不仅会做一些无用之功，还会浪费时间、耗费精力，甚至对行政法形成"偏见"。

行政法是很多考生吐槽的对象："行政法好难学，我快疯了！""感觉好乱，完全没有头绪，行政法好难啊！""行政法好难，我看书看不懂，怎么办呢？""行政法非常难啃，专有名词太多，不知道其意义何在！""行政法实在太难了，背都背乱了！快考试了，行政法我怎么还感觉什么都不懂啊！""行政法倒是能听懂，但做题就不会了。""我最痛恨行政法了！"……

18年的法考（司考）培训经历使我能深刻体会到很多考生对行政法的无助和绝望。行政法让很多考生望而却步甚至"恨之入骨"，无外乎这六个方面的原因：①感觉行政法知识杂乱无章；②认为行政法规则不可理喻；③行政法概念纷繁复杂；④行政法考点相似易混淆；⑤行政法内容难记易忘；⑥试题中的行政机关层出不穷。

实际上，有些原因是考生对行政法的误解，行政知识不是行政法知识，我们不能把行政知识当作行政法来学习，我们需要把

行政知识和行政法知识区分开来。行政法存在着"入门难"的问题，我们不能一开始就去关注行政法的"细枝末节"问题，我们首先需要去理解行政法的自身逻辑，当我们发现行政法自成体系后，我们也就发现行政法的规则是能理解、能解释、能运用的，甚至很多考点是不需要记忆也能做对题目的。

从司考改成法考后，司法部不再公布试题和答案，但从一些考生反馈的情况看：客观卷考试题目顺序是随机的，这就需要考生首先判断是哪个部门法的试题，一些题目由于"定性难"让诸多考生很不适应。主观题考试中提供法律法规汇编，考场上有没有时间查法条？学法律还用不用背法条？让诸多考生无所适从。

从司考到法考，不仅是名称的改变，从考试理念到试题内容都有一个实质性的变化。一是注重考试的实务化。大量题目来源于真实案例，只有真实案例中的问题才是实际问题，法考的最终目标就是能解决实际问题。二是考试的理论化。判断试题属于哪个部门法实质就是对法律关系性质的判定，这是一个需要抽象出来的理论问题，主观卷中一些试题答案的多元化设计，避免唯一标准答案，原因就在于实际问题的解决是有多种观点的，所以考试的要求是言之成理。作为应试教材，必须应对这种变化。

本书的编写遵循 》行政法基础》——》行政组织法》——》行政行为法》——》行政救济法》 的思路，每一讲基本上都按照［应试指导］、［知识思维导图］、［考点阐释］、［命题陷阱］、［经典真题］ 的编写体例展开，力求使行政法成为：

一 通俗化的行政法

用最通俗的语言来解读行政法！行政法中枯燥的概念、抽象的原则、繁琐的条文、陌生的机关……将被浅显易懂的事例、生动活泼的案例、丰富多彩的社会生活一一阐释，力争让行政法成为我们生活中的行政法！本书讲求简明扼要、通俗易读，尽量浅显阐释复杂的理论，用大量的例子来解释疑难知识点。例如，把第1讲"行政法基础"中的相关概念和原理用生活化的语言来说明；把第2讲"行政组织"中考生普遍感觉陌生枯燥的政府机构，摆脱"行政级别"知识，涉及的行政法考点以口诀方式帮助考生快速记忆。按照考生的认知规律和学习习惯来调整章节顺序和相关知识点，这样更符合考生的知识体系和学习体验。例如，在行政复议中把行政复议被申请人放在行政复议机关之前，因为复议机关需要根据被申请人来确定；在行政诉讼中把行政诉讼被告放在行政诉讼管辖之前，因为管辖法院需要根据被告来确定；特别是把行政许可案件司法解释和信息公开案件司法解释的内容放在行政诉讼中阐述,因为这两个司法解释都是行政诉讼法的内容,不属于行政行为法的内容。

二 体系化的行政法

本书紧扣考试大纲,全面解读考点,以权威性、实用性、时效性为标准,既要保证考点疏而不漏,又要为考生减轻学习负担、提高复习效率提供有益帮助。每一讲都根据考生的学习特点,设有[知识思维导图],帮助考生构建完整的知识体系,厘清考点之间的内在联系。在[考点阐释]中,做到内容精炼,详略得当,结构简明实用,条分缕析,图表结合,系统地叙述了考试大纲所涉及的各个知识要点。例如,通过表格使行政处罚、行政许可和行政强制中各种法律规范的设定权限一目了然。在晦涩难懂的知识部分帮助考生理解,化繁为简,突出知识点在考试中的运用。例如,通过图文形式把第14讲中的"特别起诉期限"和第17讲中的"判决的逻辑关系"进行形象化的处理等。

三 应试化的行政法

本书的目标在于考试,但考试知识繁多、内容冗杂,若不理清脉络,抓大放小,常使复习陷入困境。每一讲的[应试指导]都以考试大纲为标准,点明命题方向,帮助考生切实把握复习备考的方向。开篇即有考查重点和知识框架,帮助考生建立对每一讲知识点的宏观认知,使考生能够对各章知识点有清晰、完整的认识和理解。每一专题的[命题陷阱]重在提示考试中可能的陷阱,对考生常见的认识误区和记忆混淆知识点,用简洁的语言进行分析和提示,以达到画龙点睛之效果。考试大纲是确定考试范围,历年真题是确定考试重点。每一专题的[经典真题]通过选取最经典的考题让考生了解考试重点,了解命题的思路和风格。

需要特别提醒的是,"新法必考"是法考的规律。近几年制定或修改的法律规范都是法考行政法的"新法",例如2022年5月1日实施的《最高人民法院关于审理行政赔偿案件若干问题的规定》,2023年9月1日修订、2024年1月1日实施的《行政复议法》,2023年3月13日修正、2023年3月15日实施的《立法法》,2021年4月1日实施的《最高人民法院关于正确确定县级以上地方人民政府行政诉讼被告资格若干问题的规定》等，本书已按照最新的法律规范进行编写。

　　考生是最富有智慧的，也是最有独立判断能力的。每一本学习资料都有自己的风格和特点，虽然参加的是同一个考试，但每一位考生在学习习惯和思考方法上都会有很大的差异。因此，考生一定要根据自身的特点来选择资料，比如可以选取几部教材中相同的几个知识点进行比较，这样就能寻找到与自己的学习习惯和思维方式对路的辅导资料。只有适合自己的才是最好的！

　　书山有路勤为径，学海无涯苦作舟。愿本书成为您勤奋路上的捷径，法考苦海中的渡舟。

　　学之广在于不倦，不倦在于固志。从现在开始，坚持下去，2025不再错过！

魏建新

2018年3月初版定稿

2018年11月第二版定稿

2019年10月第三版定稿

2020年12月第四版定稿

2021年11月第五版定稿

2022年11月第六版定稿

2023年11月第七版定稿

2024年11月第八版定稿

目 录 CONTENTS

第 1 编　行政法概述

第 1 讲　行政法基础　002
专题 1　行政与行政法／003
专题 2　行政法基本原则／012

第 2 编　行政组织法

第 2 讲　行政组织　023
专题 3　中央行政机关／024
专题 4　地方行政机关与实施行政职能的非政府组织／031

第 3 讲　公务员　042
专题 5　公务员概述与公务员录用／043
专题 6　公务员职位管理／047
专题 7　公务员的处分与救济／059

第 3 编 行政行为法

第 4 讲 抽象行政行为 068

专题 ⑧ 抽象行政行为概述／069

专题 ⑨ 行政立法程序／075

专题 ⑩ 行政立法的监督与效力／087

第 5 讲 具体行政行为 094

专题 ⑪ 具体行政行为概述／095

专题 ⑫ 具体行政行为的效力与合法／103

第 6 讲 行政许可 111

专题 ⑬ 行政许可概述／112

专题 ⑭ 行政许可实施主体与程序／116

专题 ⑮ 行政许可的费用和监督管理／126

第 7 讲 行政处罚 130

专题 ⑯ 行政处罚概述／131

专题 ⑰ 行政处罚的实施主体、管辖与适用／137

专题 ⑱ 行政处罚的程序／146

专题 ⑲ 治安管理处罚／153

第 8 讲 行政强制 161

专题 ⑳ 行政强制概述／162

专题 ㉑ 行政强制措施实施的主体与程序／166

专题 ㉒ 行政强制执行的主体与程序／171

第 9 讲 政府信息公开 181

专题 ㉓ 政府信息公开的意义、范围与主体／182

专题 ㉔ 政府信息公开的程序／186

第 4 编　行政救济法

第 10 讲　行政复议　195

专题 25　行政复议的范围与主体／196

专题 26　行政复议的申请与受理／202

专题 27　行政复议的审理／205

专题 28　行政复议的决定与执行／210

第 11 讲　行政诉讼的受案范围　217

专题 29　行政诉讼受理的案件／218

专题 30　行政诉讼不予受理的案件／223

专题 31　其他司法解释中的行政诉讼受案范围／231

第 12 讲　行政诉讼的参加人　236

专题 32　行政诉讼的原告／237

专题 33　行政诉讼的被告／242

专题 34　行政诉讼的第三人、共同诉讼人与诉讼代理人／255

第 13 讲　行政诉讼的管辖　261

专题 35　行政诉讼的级别管辖／262

专题 36　行政诉讼的地域管辖与裁定管辖／265

第 14 讲　行政诉讼程序　271

专题 37　起诉与受理／272

专题 38　行政诉讼的第一审程序、第二审程序、审判监督程序／283

第 15 讲　行政诉讼的特殊制度　292

专题 39　行政案件审理中的特殊制度／293

专题 40　行政诉讼的特殊形式／300

第16讲 行政诉讼的审理依据 305

专题 ㊸ 行政诉讼的证据种类与举证／306

专题 ㊷ 行政诉讼的证据调取与认定、法律适用／315

第17讲 行政诉讼的结案与执行 322

专题 ㊸ 行政诉讼第一审判决／323

专题 ㊹ 行政诉讼的第二审判决、再审判决、裁定、
决定以及裁判执行／335

第18讲 国家赔偿 341

专题 ㊺ 国家赔偿概述／342

专题 ㊻ 行政赔偿／344

专题 ㊼ 司法赔偿／354

专题 ㊽ 国家赔偿方式、标准与费用／363

附录1 最高人民法院公布的指导性案例（行政法）裁判要点汇总 369

附录2 行政法主要图表索引 375

缩略语对照表 ABBREVIATION

行政协议案件规定	最高人民法院关于审理行政协议案件若干问题的规定
地方组织法	地方各级人民代表大会和地方各级人民政府组织法
国务院机构设置编制条例	国务院行政机构设置和编制管理条例
地方机构设置编制条例	地方各级人民政府机构设置和编制管理条例
行诉解释	最高人民法院关于适用《中华人民共和国行政诉讼法》的解释
行政诉讼撤诉规定	最高人民法院关于行政诉讼撤诉若干问题的规定
行政诉讼证据规定	最高人民法院关于行政诉讼证据若干问题的规定
检察公益诉讼解释	最高人民法院、最高人民检察院关于检察公益诉讼案件适用法律若干问题的解释
行政许可案件规定	最高人民法院关于审理行政许可案件若干问题的规定
政府信息公开案件规定	最高人民法院关于审理政府信息公开行政案件若干问题的规定
负责人出庭应诉规定	最高人民法院关于行政机关负责人出庭应诉若干问题的规定
正确确定被告资格规定	最高人民法院关于正确确定县级以上地方人民政府行政诉讼被告资格若干问题的规定
反补贴行政案件规定	最高人民法院关于审理反补贴行政案件应用法律若干问题的规定
反倾销行政案件规定	最高人民法院关于审理反倾销行政案件应用法律若干问题的规定
国际贸易行政案件规定	最高人民法院关于审理国际贸易行政案件若干问题的规定
国家赔偿法解释（一）	最高人民法院关于适用《中华人民共和国国家赔偿法》若干问题的解释（一）
行政赔偿案件规定	最高人民法院关于审理行政赔偿案件若干问题的规定
刑事赔偿案件解释	最高人民法院、最高人民检察院关于办理刑事赔偿案件适用法律若干问题的解释
民事、行政司法赔偿案件解释	最高人民法院关于审理民事、行政诉讼中司法赔偿案件适用法律若干问题的解释

第一编 PART 1

行政法概述

01 第一讲 》 行政法基础

应试指导

本讲的行政法基础涉及行政法的三个基本概念——行政、行政法和行政法基本原则。本讲的学习要求是理解和掌握行政的含义、行政法的体系、行政法法律渊源的等级效力、行政法各基本原则的内涵，并熟练运用行政法理论和基本原则分析判断行政法的实务问题，核心考点是行政法基本原则的应用。本讲在考试中的题目类型主要是客观卷中的选择题，考试命题的趋势是越来越多地运用案例考查基本概念和基本理论。

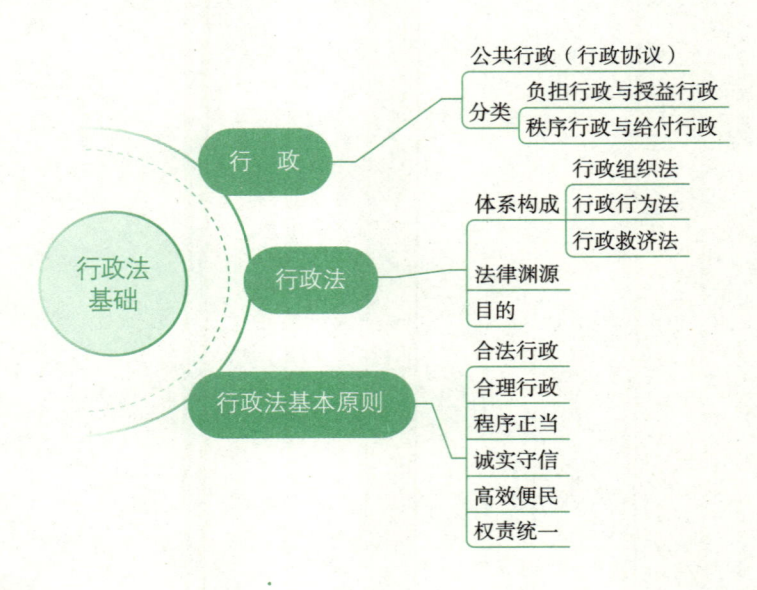

行政法基础
- 行政
  - 分类
    - 公共行政（行政协议）
    - 负担行政与授益行政
    - 秩序行政与给付行政
- 行政法
  - 体系构成
    - 行政组织法
    - 行政行为法
    - 行政救济法
  - 法律渊源
  - 目的
- 行政法基本原则
  - 合法行政
  - 合理行政
  - 程序正当
  - 诚实守信
  - 高效便民
  - 权责统一

专题 01　行政与行政法

一、行政

行政法是以行政作为规范对象的法律部门，要理解和掌握行政法，需要先明确行政的含义。

（一）行政法上的行政属于公共行政

行政与管理经常被放在一起使用，如城市管理行政执法局。但是很多管理活动不一定受行政法调整，也就是说，不是所有的管理都是行政法上的行政。管理既有私人管理也有公共管理，也就是私人行政和公共行政。

[例] 大型公司都有一套非常严密的管理体系，公司里面有行政总裁，对各个部门进行管理，促使公司高效运营。这种管理就不属于行政法上的行政，只能认为是民事上的管理活动。

行政法上的行政属于公共行政。如何区分管理是私人行政还是公共行政？关键是看管理的背后体现或表达的是私人利益还是公共利益。

> **魏语绸缪**
> 公共行政——行为争议在表面，公共利益藏背后。

[例] 北京科技大学拒绝向田永颁发本科毕业证、华中科技大学拒绝授予何小强学士学位、北京电影学院撤销翟天临博士学位，都属于行政法上的行政。根据我国法律、法规的规定，高等学校对受教育者有进行学籍管理、奖励或处分的权力，有代表国家对受教育者颁发学历证书、学位证书的职责。高等学校与受教育者之间属于教育行政管理关系，高等学校对受教育者的管理属于行政法上的行政。

注意： 并不是说所有的公共行政都得由行政机关来做。传统上，国家行政机关实施公共管理。在现代社会中，出现了公共行政多元化现象，除行政机关外，大量的公共部门和社会组织，通过各种形式承担和履行公共职能。

> **命题陷阱**
> 在考试中有一个命题角度：表面上是两个民事主体，他们之间产生了争议，要判断是属于民事争议还是行政争议。
> 行政法上的行政指的是公共行政，首先应该把握它的公共性，其区别于私人行政的关键是公共行政以公共利益为目的。如果考试中出现争议性质的判断，答题的关键是看争议背后的利益属性。

> **经典真题**
> 某县医院根据上级文件的规定和主管部门批准，向县邮电局申请开通"120"急救电话，县邮电局拒绝开通，致使县医院购置的急救车辆和其他设施至今不能正常运转，而遭受损失。县医院

遂以县邮电局为被告向县法院提起诉讼,请求判令县邮电局立即履行开通"120"急救电话的职责,并赔偿县医院的经济损失。县邮电局辩称:"120"急救电话属于全社会,不属于县医院。根据文件的规定,县邮电局确对本县开通"120"急救电话承担义务,但是不承担对某一医院开通"120"急救电话的义务。原告申办"120"急救电话,不符合文件的规定,请求法院驳回县医院诉讼请求。

县人民法院经审理查明:医疗机构申请开通"120"急救电话的程序是:经当地卫生行政部门指定并提交书面报告,由地、市卫生行政部门审核批准后,到当地邮电部门办理"120"急救电话开通手续。原告县医院是一所功能较全、急诊科已达标的二级甲等综合医院,具备设置急救中心的条件。县卫生局曾指定县医院开办急救中心,开通"120"急救电话。县医院向被告县邮电局提交了开通"120"急救专用电话的报告,县邮电局也为县医院安装了"120"急救电话,但是该电话一直未开通。县医院曾数次书面请求县邮电局开通"120"急救电话,县邮电局仍拒不开通。

问题:本案县医院与县邮电局之间的争议属于民事争议还是行政争议,为什么?(2002/4/9-1)[1]

(二)行政协议属于行政法上的行政

行政协议作为行政法上的行政,是比较特殊的。行政协议是一种特殊的行政管理活动,既具有行政管理活动"行政性"的一般属性,同时也具有"协议性"的特别属性。行政协议是行政机关为了实现行政管理或者公共服务目标,在法定职责范围内,与公民、法人或者其他组织协商订立的具有行政法上权利义务内容的协议。行政协议是以合同的形式实现行政的目的的。行政协议是"为了实现行政管理或者公共服务目标"而订立的,属于行政法上的行政。

[例] 2013年7月,中共四川省遂宁市大英县委为落实上级党委、政府要求,实现节能减排目标,出台中共大英县委第23期《关于研究永佳纸业处置方案会议纪要》,决定对大英县永佳纸业有限公司(以下简称"永佳公司")进行关停征收。根据《关于研究永佳纸业处置方案会议纪要》的规定,四川省大英县政府安排大英县回马镇政府(以下简称"回马镇政府")于2013年9月6日与永佳公司签订了《大英县永佳纸业有限公司资产转让协议书》,永佳公司关停,退出造纸行业,回马镇政府受让永佳公司资产并支付对价。回马镇政府与永佳公司签订《大英县永佳纸业有限公司资产转让协议书》是为了实现节能减排目标,而节能减排属于公共行政的重要体现,《大英县永佳纸业有限公司资产转让协议书》属于行政协议。

注意:并非行政机关签订的协议都属于行政协议。行政协议包括四个要素:①主体要素,即一方当事人必须为行政机关;②目的要素,即必须是为了实现行政管理或者公共服务目标;③内容要素,即协议内容必须具有行政法上权利义务内容;④意思要素,即协议双方当事人必须协商一致。对于行政机关之间因公务协助等事由而订立的协议、行政机关与其工作人员订立的劳动人事协议,都不符合行政协议的内容要素,都不属于行政协议。

行政协议是现代行政法上较为新型且重要的一种行政管理手段,是公民、组织参与行政管理的新途径。行政协议减少行政机关对公民、组织进行单方命令的行政管理,以合同

---

[1] 县医院与县邮电局之间的争议属于行政争议。因为县医院与县邮电局之间就安装电话产生争议的背后是公共利益,"120"急救电话属于一种公共资源,是政府为公众提供的一种公共服务,县邮电局安装、开通"120"急救电话是履行其行政职责。因此,县邮电局拒不开通"120"急救电话而与县医院产生的争议,属于行政争议。

协商的方式提出要求和义务，便于得到公民、组织的理解、接受和支持，提升了公民、组织履行合同义务和服从行政管理的积极性。

在2014年《行政诉讼法》修正前，因行政协议产生的争议是行政诉讼还是民事诉讼，各地法院的操作是不一样的。2014年修正后的《行政诉讼法》明确把因行政协议产生的诉讼纳入行政诉讼受案范围。为什么会有这种修改呢？因为行政协议属于体现公共利益的公共行政，它只不过是借助了民法上的合同形式来实现行政管理和公共服务目标，本质上属于行政法上的公共行政。

> **魏语绸缪**
> 行政协议——协议协商属形式，管理目标是公益。

根据《行政协议案件规定》第2条的规定，行政协议包括：①政府特许经营协议；②土地、房屋等征收征用补偿协议；③矿业权等国有自然资源使用权出让协议；④政府投资的保障性住房的租赁、买卖等协议；⑤符合法定条件的政府与社会资本合作协议；⑥其他行政协议。

[例] 县国土局发布拍卖公告拍卖某地块的国有土地使用权，王某竞拍成功并与县国土局订立成交确定书。王某向县国土局交付了土地出让金，向拍卖公司支付了拍卖费用。后王某要求订立土地出让合同时，却被告知该地块的设计规划指标不全，不能订立土地出让合同。王某向法院起诉，要求赔偿损失。本案的争议属于行政争议而非民事争议，本案属于行政诉讼而非民事诉讼。

> **命题陷阱**
> 由于行政机关可以签订民事协议（如县政府与建筑公司签订办公大楼的建设合同），考试中就会让考生区分行政机关与公民、法人或者其他组织签订的协议是民事协议还是行政协议，进而让考生判断是提起民事诉讼还是行政诉讼。

经典真题

某公司与县政府签订天然气特许经营协议，双方发生纠纷后，该公司以县政府不依法履行协议向法院起诉。（2016/2/83-A）

问题：该起诉是否属于行政诉讼受案范围？[1]

（三）行政的分类

分类是理解概念的有效方式，对于行政概念的理解，要掌握两种重要的分类。

1. 负担行政与授益行政

负担行政与授益行政从字面上就能区分开来，负担和授益是针对行政相对人（行政法上把公民、组织统称为"行政相对人"）来说的，区分负担行政与授益行政的关键是看

---

[1] 属于行政诉讼受案范围。因为该公司与县政府签订的天然气特许经营协议属于实现公共利益的行政协议，县政府不依法履行协议产生的争议属于行政争议，不属于民事争议。根据《行政诉讼法》第12条第1款的规定，人民法院受理公民、法人或者其他组织提起的下列诉讼：……⑪认为行政机关不依法履行、未按照约定履行或者违法变更、解除政府特许经营协议、土地房屋征收补偿协议等协议的；……

行政对于行政相对人而言是否有利。

对行政相对人不利的，就是负担行政。负担行政使行政相对人负担义务。行政相对人一般都不喜欢负担行政，因为负担行政往往会限制权利、增加义务。例如，行政收税、行政处罚等，都是负担行政。

[例] 在新冠肺炎疫情防控过程中，行政机关采取封城、封村、封小区的措施，目的是减少人员流动、控制疫情蔓延，但对于公民而言是对自由的限制，是一种负担行政。

对行政相对人有利的，就是授益行政。授益行政是为行政相对人提供利益和设定或确认权利、免除或减少义务的。行政相对人一般都喜欢授益行政。例如，行政给付、行政资助、行政奖励、授予法律职业资格证书等，都是授益行政。

> **魏语绸缪**
> 负担行政与授益行政
> ——负担行政会损利，授益行政得实惠。

[例] 某市印发的《某市落实优化生育政策十二条配套措施》提出："对本市户籍家庭在助产机构生育二孩、三孩的一次性给予2000元分娩补贴。对本市户籍家庭按政策生育二孩的发放6000元育儿补贴，每年发放3000元，直至孩子2周岁；按政策生育三孩的户籍家庭发放30 000元育儿补贴，每年发放10 000元，直至孩子3周岁。本市户籍家庭的二孩、三孩，在托育机构或幼儿园就读的，每人每学期分别补贴1000元和2500元，直至孩子6周岁。"该政策实施的补贴就属于授益行政。

2. 秩序行政与给付行政

秩序行政与给付行政是从行政实现目的的角度进行的分类。

秩序行政的目的是确保秩序、维护稳定、防止混乱，为了维护秩序的需要对自由进行必要的约束，因此，秩序行政是为防止滥用自由权导致社会危害而实施的一种秩序性管理。例如，警察行政行为是最典型的秩序行政，生态环境执法局对违法排污行为的查处也是秩序行政。

[例] 在新冠肺炎疫情初期，口罩、酒精等防疫物品出现紧缺，一些药店趁机涨价，一些商店、超市也趁机涨价，蔬菜等生活必需品出现紧缺。市场监管部门对涨价行为进行了严厉打击，实施行政处罚。处罚是对破坏秩序行为的制裁，就属于秩序行政。

给付行政的目的是提供帮助。给付行政实际上体现的是一种福利行政，是为减少和消除过度自由竞争带来的社会差别和为维护社会公平提供的帮助和服务。例如，民政部门对流浪乞讨者的社会救助就属于给付行政。给付行政还体现为提供公共卫生医疗、公共文化服务、经济适用房、廉租房等资源。给付行政实际上就是行政机关提供服务，特别是针对弱势群体，现代政府有帮扶义务。

> **魏语绸缪**
> 秩序行政与给付行政
> ——秩序行政防混乱，给付行政有福利。

[例] 每年高考结束后，教育部要求做好家庭经济困难学生资助工作，完善家庭经济困难学生入学保障体系，狠抓各项学生资助政策措施的落实，确保入学"绿色通道"畅通无阻。要密切关注学生报到情况，采取切实有效措施，努力不让学生因家庭经济困难、就学生活困难而失学。

> **经典真题**
>
> 某地连续发生数起以低价出售物品引诱当事人至屋内后实施抢劫的事件，当地公安局通过手机短信告知居民保持警惕以免上当受骗。(2015/2/46)
>
> 问题：公安局的行为是否属于负担性行为？[1]

二、行政法

行政法就是有关行政的法，行政法上的行政是公共行政，公共行政在法律上的表现就是行政管理的权力，简称行政权。从法律意义上看，行政法是围绕行政权展开的，行政法是规范和调整行政权的法，也可以称之为"官管民""民告官"的法。

（一）行政法的体系

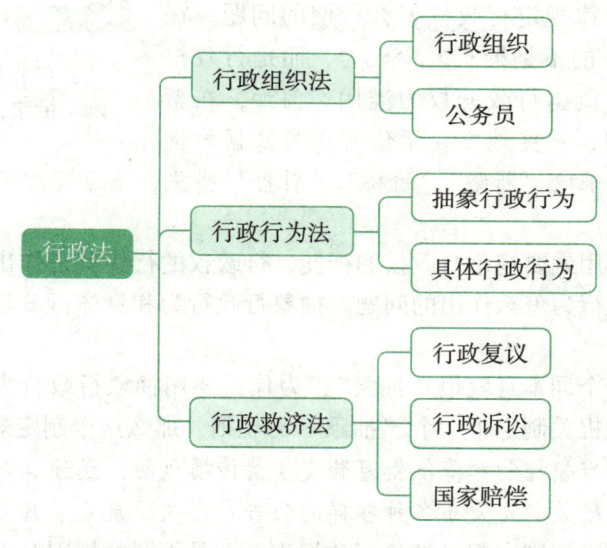

```
                    ┌─ 行政组织法 ──┬─ 行政组织
                    │              └─ 公务员
                    │
        行政法 ─────┼─ 行政行为法 ──┬─ 抽象行政行为
                    │              └─ 具体行政行为
                    │
                    └─ 行政救济法 ──┬─ 行政复议
                                   ├─ 行政诉讼
                                   └─ 国家赔偿
```

行政法框架图

有行政权的地方就有行政法，以行政权为中心，行政组织法、行政行为法和行政救济法构成行政法的三个部分。

1. 行政组织法

行政组织解决的是"谁是官"的问题，行政组织法解决的是行政权在谁手里、掌握着行政权的主体在法律上是什么地位的问题。行政组织法中行使行政权的主体有两个：组织和个人。

什么样的组织能行使行政权呢？首先是行政机关，既有中央行政机关，也有地方行政机关。实际上，除了行政机关，还有大量行使行政权的非政府组织。

> **魏语绸缪**
>
> 行政组织法——中央地方有政府，授权委托非政府，职权行使公务员。

---

[1] 公安局通过手机短信的方式进行告知，没有使公民负担义务、限制或剥夺其权益，公安局的行为不属于负担性行为。

> 按照考试要求，考生需要阅读的法律规范有：《国务院组织法》《地方组织法》《国务院机构设置编制条例》《地方机构设置编制条例》。

什么样的个人能行使行政权呢？行政组织法上规定了公务员，公务员存在的意义就是行使行政权。

> 按照考试要求，考生需要阅读的法律规范有：《公务员法》《行政机关公务员处分条例》。

2. 行政行为法

行政行为解决的是"官如何管民"的问题，行政行为法解决的是根据法律规定行政权怎么行使的问题。在行政法中"最可怕"的不是谁有多少权力，而是行政权的随意行使，特别是负担行政的权力滥用。例如，在新冠肺炎疫情防控期间，一些地方在无任何正当依据的情况下，就简单机械地采取"断路""阻桥""封村"措施，不分青红皂白地严禁任何人员出入等。

【魏语绸缪】行政行为法——制定规则叫抽象，处理事务称具体。

防止行政权的滥用就要规范行政权的行使，行政权的行使就是作出行政行为，行政行为法就是要解决行政行为怎么作出的问题。抽象行政行为和具体行政行为是行政行为最传统的一种分类。

抽象行政行为这个词本身就很"抽象"，为什么要用抽象行政行为这个名词？规则是抽象的，如果说行政机关制定了一个"抽象"的规则，那么这个制定规则的行为就是抽象行政行为。例如，为有效控制和降低新冠肺炎疫情传播风险，迅速构筑起疫情防控的坚固防线，各级各类行政机关制定发布各种各样的公告、办法、规定、规则、实施细则等。因此，凡是行政机关制定规则，都是抽象行政行为，但是不同的规则有不同的效力。

> 按照考试要求，考生需要阅读的法律规范有：《立法法》《行政法规制定程序条例》《规章制定程序条例》。

具体行政行为，顾名思义，就是要处理具体事务，包括行政处罚、行政许可、行政强制措施、行政强制执行以及行政公开等。行政处罚涉及《行政处罚法》《治安管理处罚法》，行政许可涉及《行政许可法》，行政强制措施和行政强制执行涉及《行政强制法》，行政公开涉及《政府信息公开条例》。

> 按照考试要求，考生需要阅读的法律规范有：《行政处罚法》《治安管理处罚法》《行政许可法》《行政强制法》《政府信息公开条例》。

3. 行政救济法

行政组织法解决的是谁行使行政权的问题，行政行为法解决的是行政权怎么行使的问题。但是，如果行政法只有这两部分，那么行政法就不是真正的行政法了，或者说就不是现代法治意义上的行政法了。为什么呢？如果老百姓（行政相对人）对行政行为不服怎么办？不服也得服呀！那实在不服了怎么办呢？老百姓可能就会认为，实在不服了就上梁山吧！那是以前，现在不用上梁山了，因为现代法治意义上的行政法有了行政救济法。

> **魏语绸缪**
>
> 行政救济法——复议诉讼"民告官"，违法损害国家赔。

行政救济法解决的是行政相对人对行政行为不服时如何去寻求救济的问题。怎么救济呢？行政救济就是"民告官"。到上级行政机关那里告下级行政机关，叫作行政复议；到法院那里告行政机关，叫作行政诉讼；如果告赢了，行政机关的行为造成损害的，还可以得到国家赔偿。例如，根据《行政处罚法》第7条的规定，公民、法人或者其他组织对行政机关所给予的行政处罚不服的，有权依法申请行政复议或者提起行政诉讼。公民、法人或者其他组织因行政机关违法给予行政处罚受到损害的，有权依法提出赔偿要求。因此，行政救济法就包括行政复议法、行政诉讼法和国家赔偿法。行政救济法最能体现现代法治意义，正是因为有了行政救济法，我们才能把现代政府与古代官府区分开来。

> ▶ 按照考试要求，考生需要阅读的行政复议法律规范有：《行政复议法》《行政复议法实施条例》，考生需要阅读的行政诉讼法律规范有：《行政诉讼法》《行诉解释》《行政诉讼撤诉规定》《行政诉讼证据规定》《检察公益诉讼解释》《行政协议案件规定》《行政许可案件规定》《政府信息公开案件规定》《负责人出庭应诉规定》《正确确定被告资格规定》《反补贴行政案件规定》《反倾销行政案件规定》《国际贸易行政案件规定》，考生需要阅读的国家赔偿法律规范有：《国家赔偿法》《国家赔偿法解释（一）》《行政赔偿案件规定》《刑事赔偿案件解释》《民事、行政司法赔偿案件解释》等。

经典真题

某建设单位在李某的家门口设置消防栓，李某入室需后退避让，等门扇开启后再前行入室，李某的门扇开不到60~70度根本出不来。该建设单位就设置的消防栓向市公安消防支队报送相关资料，市公安消防支队对消防栓抽查后作出《建设工程消防验收备案结果通知》。

李某认为消防栓的设置和建设影响了其生活而市公安消防支队却验收合格，严重侵犯了其合法权益，遂提起行政诉讼，请求法院撤销市公安消防支队批准在其门前设置的消防栓通过验收的决定，判令市公安消防支队责令报批单位依据国家标准限期整改。

问题：若市公安消防支队撤销了《建设工程消防验收备案结果通知》，该建设单位不服，如何救济？（2019-主观题回忆版）[1]

---

[1] 该建设单位既可以根据《行政复议法》申请行政复议，也可以根据《行政诉讼法》提起行政诉讼。《建设工程消防验收备案结果通知》给该建设单位合法权益造成损害的，其还可以根据《国家赔偿法》申请国家赔偿。

（二）行政法的法律渊源

行政法的法律渊源是行政法律规范的表现形式，它是一种形式意义上的行政法，解决的是能在哪里看到行政法的问题。当然，行政法的法律渊源的重要作用不仅仅是为了确定行政法的表现形式，更重要的是要确定各种表现形式之间的效力等级关系。

行政法的法律渊源有宪法、法律、行政法规、地方性法规（既包括省级地方性法规，也包括市级地方性法规）、民族自治条例和单行条例、部门规章和地方政府规章（既包括省级政府规章，也包括市级政府规章），还有国际条约和协定、法律解释。国际条约和协定一般应当在转化为国内立法后才能作为行政法的法律渊源。法律解释是法定机关对法律作出的解释，有相应的法律效力，也属于行政法的法律渊源。但这两类行政法的法律渊源在考试中并不多见。实际上，行政法的法律渊源可以用制定主体来区分。

规范形式	制定主体	地位
宪法	全国人民代表大会	最高法律效力
法律	全国人民代表大会及其常务委员会	效力低于宪法，但高于行政法规、地方性法规、自治条例和单行条例、规章
行政法规	国务院	效力低于宪法、高于地方性法规、规章
地方性法规	省、自治区、直辖市人民代表大会及其常务委员会，设区的市和自治州的人民代表大会及其常务委员会	效力低于宪法、法律和行政法规，但高于本级和下级地方政府规章
民族自治条例和单行条例	民族自治地方的人民代表大会	效力相当于地方性法规，但可以对法律、行政法规和地方性法规作变通规定
部门规章	国务院组成部门、具有行政管理职能的直属机构和法律规定的机构	效力低于宪法、法律和行政法规，且部门规章之间、部门规章与地方政府规章之间具有同等效力
地方政府规章	省、自治区、直辖市人民政府，设区的市和自治州的人民政府	效力低于宪法、法律、行政法规和本级地方性法规

从上述表格中可以看出，行政法律规范的效力是一个自上而下、由高到低的等级，宪法、法律、地方性法规与民族自治条例和单行条例更多是在宪法试题中考查，而行政法试题中更多是考查行政法规、省级地方性法规、市级地方性法规、部门规章、省级地方政府规章和市级地方政府规章的效力等级，具体的效力规则在第4讲"抽象行政行为"中还会具体阐释。

> **魏语绸缪**
> ○ 全国人大立宪法，人大常委皆法律，行政法规国务院。
> ○ 地方法规地方定，自治单行民族立。
> ○ 部门规章部门定，地方规章政府立。

[例]

宪法
2018年3月11日第十三届全国人民代表大会第一次会议通过的《宪法修正案》

法律
2021年1月22日第十三届全国人民代表大会常务委员会第二十五次会议修订的《行政处罚法》

行政法规
2019年4月3日中华人民共和国国务院令第711号修订的《政府信息公开条例》

地方性法规
2022年8月29日北京市第十五届人民代表大会常务委员会第四十二次会议修正的《北京市优化营商环境条例》

部门规章
2018年10月8日中华人民共和国交通运输部第16次部务会议通过的《邮件快件实名收寄管理办法》

地方政府规章
2021年8月13日天津市人民政府第159次常务会议通过的《天津市行政调解规定》

（三）行政法的目的

当解决"行政法是什么"后，就需要解决"为什么要有行政法"。这个问题的本质就是行政法的目的，体现为行政法的基本原则。"行政法是什么"主要是从形式意义上了解行政法，"为什么要有行政法"更多的是从实质意义上理解行政法。

1. 行政法的目的——控权保民

行政法以行政权为中心，在行政机关与公民之间，行政法应该是想尽办法控制行政权力来保护公民权利的。控制行政权力、保护公民权利，才是行政法存在的价值。

[例1]"如果人们都是天使，根本不需要任何政府；如果人们都由天使统治，也不需要对政府有外在和内在的控制。在组织一个由人统治人的政府时，最大的困难在于：首先必须使政府有能力控制被统治者，其次必须使政府本身控制自己。"通俗而言：如果人人都是天使，就不需要行政机关！如果行政官员是天使，就不需要法律！正是因为并非人人都是天使，人类社会才像自然界一样存在弱肉强食，拳头硬的就要欺负拳头软的，人类社会就需要行政来保护弱者，这就是行政存在的原因；但是行政官员也有私心，行使行政权力时只考虑他们自身的利益就会导致权力滥用，就需要用法律来规范行政行为、规制行政权力。

[例2]法谚云："风能进，雨能进，国王不能进！"这句话把行政法的意义表达得非常形象：公民的破茅草屋破到什么程度呢？风能刮进来、雨能下进来，但是国王带着千军万马进不来，为什么？因为在公民的茅草屋周围有行政法，行政法通过对"国王千军万马"的行政权进行控制来达到保护"破茅草屋"的公民权利的目的。

行政法不是行政机关用来行政的工具，而是对行政机关进行控制的规范。要把行政权力关进行政法的笼子里，明确行政法不是拿来"治民"的，而是用来"治官"的。

2. 行政法的目的与法治政府

我国行政法的目的就是建设法治政府。根据中共中央、国务院《法治政府建设实施纲要（2021~2025年）》的要求：

到2025年，政府行为全面纳入法治轨道，职责明确、依法行政的政府治理体系日益健全，行政执法体制机制基本完善，行政执法质量和效能大幅提升，突发事件应对能力显著增强，各地区各层级法治政府建设协调并进，更多地区实现率先突破，为到2035年基本建成法治国家、法治政府、法治社会奠定坚实基础。

建设法治政府属于行政法的目的，<u>依法行政与法治政府具有同质性</u>，依法行政的基本内涵就是法治政府的基本内容。法治政府可以体现为有限政府、服务政府、廉洁政府、透明政府、诚信政府、效能政府、责任政府等。

3. 行政法的目的与基本原则

行政法通过六项基本原则来体现<u>保护公民权、控制行政权的行政法本质</u>。合法行政是要求行政权合法行使，合理行政是控制行政权行使的理性，程序正当是对行政权行使过程的控制，诚实守信要求行政权行使讲诚信，高效便民是对行政权服务的要求，权责统一更多的是对行政权责任的要求。行政法的基本原则是行政法目的的具体表现。

> **魏语绸缪**
> 行政法目的——控权保民行政法，法治政府要治官。

专题 02　行政法基本原则

行政法的基本原则体现了行政法的价值追求，体现了行政法的精神灵魂。对行政法基本原则的透彻理解，将为掌握行政法的具体规则奠定基础。

一、合法行政

合法行政有两个内涵，即有法必依和无法不为，实际上这是在解决法律与行政权的基本关系的问题，即行政权须符合法律。怎么符合法律呢？<u>有法律规定的行政权须依照法律规定行使，没有法律规定的行政权就不能行使，法无授权不得为</u>。例如，凡是要处罚公民的，就得按照法律规定处罚，没有法律规定就不能处罚。即合法行政是法律要约束行政权，行政权须符合法律。例如，《行政处罚法》第17条规定，行政处罚由具有行政处罚权的行政机关在法定职权范围内实施。

> **魏语绸缪**
> 合法行政原则——形式法治是合法，无法不为依法为。

［例］2017年6月12日，付某通过网络向某市公安局交通警察支队传送机动车安全技术检验合格报告、机动车行驶证及机动车交通事故强制保险单，申请发放年检合格标志，该市公安局交通警察支队以付某车辆存在违章未处理为由不予发放。

该市公安局交通警察支队不予核发机动车检验合格标志的法律依据是：《机动车登记规定》第49条（现为第54条）第1、2款规定，机动车所有人可以在机动车检验有效期满前3个月内向车辆管理所申请检验合格标志。申请前，机动车所有人应当将涉及该车的道路交通安全违法行为和交通事故处理完毕。

付某认为核发机动车检验合格标志应当适用《道路交通安全法》第13条第1款的规定，对提供机动车行驶证和机动车第三者责任强制保险单的，机动车安全技术检验机构应当予以检验，任何单位不得附加其他条件。对符合机动车国家安全技术标准的，公安机关交通管理部门应当发给检验合格标志。

《最高人民法院关于公安交警部门能否以交通违章行为未处理为由不予核发机动车检验合格标志问题的答复》认为，法律的规定是清楚的，应当依照法律的规定执行。

合法行政原则作为行政法的首要原则，它的重要意义还在于合法行政是行政活动区别于民事活动的重要标志。在民法中，民事活动强调的不是合法，而是意思自治、契约自由、等价交换等。在行政法里就是行政活动要法定，要合法行政。民法中民事活动一般不涉及合法问题，除非涉及民事行为损害公共利益，违反民事法律的强制性规定。因此，民事活动更多不是法定而是约定，民事主体更多是自治（意思自治）、是自由（契约自由）。所以说，行政活动区别于民事活动的重要标志就是合法行政。

合法行政原则是行政法的首要原则、最基础的原则，其他五个原则是对合法行政原则的提升或者补充。为什么还需要其他五个原则呢？因为行政活动的情况太复杂，需要从更多方面、更多角度来规范和控制行政权。

命题陷阱

要注意区分合法行政与依法行政。虽然只有一字之差，但这完全是两个不同层次的概念。依法行政的概念相当于行政法，行政法就是要依法行政，就是建设法治政府。依法行政包含六个原则——合法行政、合理行政、程序正当、高效便民、诚实守信和权责统一。合法行政只是依法行政的一个基本要求，虽然合法行政在依法行政中比较重要，占据着基础性的地位，但是依法行政并不仅仅指合法行政，除了合法行政外还有其他五个原则。

经典真题

依法行政是法治国家对政府行政活动提出的基本要求，而合法行政则是依法行政的根本。下列哪些做法违反合法行政的要求？（2011/2/78）[1]

A. 因蔬菜价格上涨销路看好，某镇政府要求村民拔掉麦子改种蔬菜
B. 为解决残疾人就业难，某市政府发布《促进残疾人就业指导意见》，对录用残疾人达一定数量的企业予以奖励
C. 孙某受他人胁迫而殴打他人致轻微伤，某公安局决定对孙某从轻处罚
D. 某市政府发布文件规定，外地物流公司到本地运输货物，应事前得到当地交通管理部门的准许，并缴纳道路特别通行费

二、合理行政

合理行政就是行政权的行使要合乎法理、合乎法律原则、合乎法律精神、合乎法律的宗旨。为什么要求行政权行使合理呢？因为合法行政能严格控制羁束行政权的行使，

魏语绸缪

合理行政原则——实质法治是合理，公平相关合比例。

---

[1] ACD。A选项，某镇政府强制干涉了村民的自由，属于违法行为，当选；B选项，某市政府运用行政奖励手段进行管理，不违反法律禁止性规定，不当选；C选项，根据《治安管理处罚法》的规定，对孙某应当是减轻处罚或者不予处罚，某公安局对其从轻处罚属于违法行为，当选；D选项，某市政府进行排外管理违反了《行政许可法》的规定，属于违法行为，当选。

而对于裁量行政权，合法行政只能控制其行使的范围，所以在法律范围内，裁量行政权的行使就需要合理行政来控制。

［例］征税行为是典型的羁束行政，通过合法行政就能控制征税行为，如根据《企业所得税法》第4条第1款的规定，企业所得税的税率为25%。处罚行为一般都是裁量行政，如根据《治安管理处罚法》第25条第1项的规定，散布谣言，谎报险情、疫情、警情或者以其他方法故意扰乱公共秩序的，处5日以上10日以下拘留，可以并处500元以下罚款；情节较轻的，处5日以下拘留或者500元以下罚款。这就需要通过合理行政来控制。因此，《治安管理处罚法》就要求治安管理处罚必须与违反治安管理行为的性质、情节以及社会危害程度相当。

合理行政是对合法行政的一个重要补充，是在合法行政基础上对行政权的更高要求。合理的前提是合法，如果一个行政行为不合法，就不存在合理问题。合理行政有三项基本要求：

1. 行政权要公平公正地行使，平等对待行政相对人。行政权不公平、不公正是在合法基础上对行政相对人的偏私、歧视，行政权不平等地对待行政相对人就是不公平、不公正行使行政权。例如，《行政许可法》第5条第3款规定，符合法定条件、标准的，申请人有依法取得行政许可的平等权利，行政机关不得歧视任何人。

［例］一个人骑着自行车到交通路口等红灯时，一群人骑自行车闯红灯，这个人也跟着闯红灯，但他走在最后。路中间的交警指着他说："按照相关法律的规定，非机动车驾驶人闯红灯处50元以下罚款，罚款20元。"这个人对交警说："前面还有一群人闯红灯呢！"交警说："没看见，我就看见你了！""那你为什么不管其他人？""你别管其他人，我就管你！"我们发现这样行使行政权没有平等对待行政相对人，违反了合理行政原则。合理行政原则要求行使行政权不歧视、不偏私、公平公正。

2. 行政机关行使行政权裁量时要考虑与法律目的相关的因素，不得考虑与法律目的无关的因素。例如，《行政处罚法》第5条第2款规定，设定和实施行政处罚必须以事实为依据，与违法行为的事实、性质、情节以及社会危害程度相当。

［例］陈德龙系个体工商户龙泉驿区大面街道办德龙加工厂业主，自2011年3月开始加工生产钢化玻璃。2012年11月2日，成都市成华区环保局在德龙加工厂的厂房检查时，发现该厂涉嫌私自设置暗管偷排污水。成华区环保局经立案调查后，依照相关法定程序，于2012年12月11日作出行政处罚决定，认定陈德龙的行为违反《水污染防治法》第22条第2款（现为第39条）的规定，遂根据《水污染防治法》第75条第2款（现为第83条）的规定，作出责令立即拆除暗管，并处罚款10万元的处罚决定。陈德龙不服，遂诉至法院，请求撤销该处罚决定。法院生效裁判认为，德龙加工厂私设暗管排放污水，违反了《水污染防治法》第22条第2款（现为第39条）的规定；德龙加工厂曾因实施"未办理环评手续、环保设施未验收即投入生产"的违法行为受到过行政处罚，本案违法行为系二次违法行为，成华区环保局在《水污染防治法》第75条第2款（现为第83条）所规定的幅度内，综合考虑德龙加工厂系二次违法等事实，对德龙加工厂作出罚款10万元的行政处罚并无不妥〔1〕。

3. 比例原则

比例原则强调行政机关要合理使用行政手段，实际上就是指行政手段与行政目的之间

---

〔1〕 现行《水污染防治法》为2017年修正版，本案为真实案例，其处理结果适用行为发生时的法律，即2008年修订的《水污染防治法》。

成比例。例如，《行政强制法》第 5 条规定，行政强制的设定和实施，应当适当。采用非强制手段可以达到行政管理目的的，不得设定和实施行政强制。

比例原则有三性：①适当性，行政机关采取的手段能够实现这个行政目的，有助于达到行政目的。②必要性，同样达到行政目的的手段可选择时，行政机关应当选择损害最小的手段。③衡量性，行政目的是实现公共利益，采取手段会损害私人利益的，在公共利益和私人利益之间需要权衡，如果公共利益的实现大于私人利益的损害，这个行政手段就是合比例的；反过来，损害的私人利益远远大于实现的公共利益，这就不成比例。

[例] 政府能不能用大炮来消灭蚊子呢？蚊子应该消灭，这是行政目的，政府使用大炮是法律赋予的手段，但是政府使用大炮的手段只是为了实现消灭蚊子的目的，这个就不符合比例原则。"杀鸡焉用宰牛刀"实际上也说明了比例原则的内涵。

命题陷阱

合理行政原则与合法行政原则的区分
1. 合法行政原则针对羁束行政行为。
2. 合理行政原则针对裁量行政行为。
3. 从合法行政到合理行政是从形式法治到实质法治。

经典真题

合理行政是依法行政的基本要求之一。下列哪些做法体现了合理行政的要求？（2012/2/78）[1]

A. 行政机关在作出重要决定时充分听取公众的意见
B. 行政机关要平等对待行政管理相对人
C. 行政机关行使裁量权所采取的措施符合法律目的
D. 非因法定事由并经法定程序，行政机关不得撤销已生效的行政决定

三、程序正当

程序正当原则首先需要明确两点：①什么是程序？简单地说，程序就是行政权行使的过程或形式。②什么是正当？正当就是从形式上约束行政权的滥用。合法行政是对行政权的权限约束，程序正当是对行政权行使的形式要求。现代行政法越来越重视程序。

魏语绸缪

程序正当原则——程序合法是正当，公开参与和回避。

---

[1] BC。A 选项，行政机关听取公众的意见，属于程序正当原则中的公众参与；B 选项，行政机关平等对待行政管理相对人，体现了合理行政原则中的公平公正；C 选项，行政机关自由裁量措施符合法律目的，体现了合理行政原则中的比例原则；D 选项是对信赖利益的存续保护。

程序正当原则有三个内涵：

（一）政府信息公开

政府信息公开要求行政权行使的信息应当公开。例如，《政府信息公开条例》第19条规定，对涉及公众利益调整、需要公众广泛知晓或者需要公众参与决策的政府信息，行政机关应当主动公开。据数据统计，行政机关掌握的信息占整个社会信息资源的70%以上，政府信息公开有利于行政机关的科学管理、有利于整个社会发展。

行政法是控制行政权力的，公开行政信息有利于约束行政权力。阳光是最好的防腐剂，公开是对权力有效的约束。政府信息公开能保障公民的知情权、参与权和监督权。只有知道行政机关干了什么事，才能够监督行政机关。

[例]"依赖秘密生存的政府最终会被秘密摧毁！"如果政府依靠秘密来生存，依靠秘密进行管理，最后政府可能就毁在这些秘密上，这是一个非常深刻的道理。有一个词也很形象——"暗箱操作"，干坏事一般都是在夜里干、在黑暗中干。

（二）公众参与

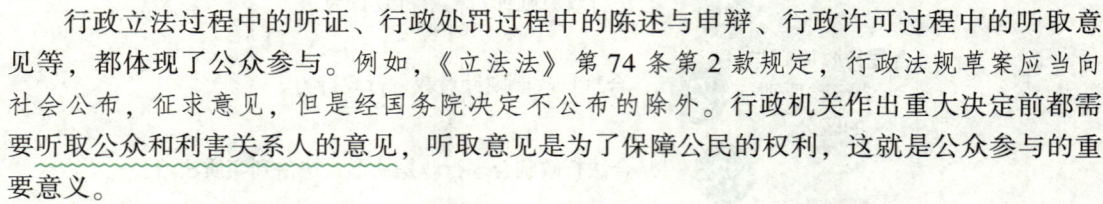

行政立法过程中的听证、行政处罚过程中的陈述与申辩、行政许可过程中的听取意见等，都体现了公众参与。例如，《立法法》第74条第2款规定，行政法规草案应当向社会公布，征求意见，但是经国务院决定不公布的除外。行政机关作出重大决定前都需要听取公众和利害关系人的意见，听取意见是为了保障公民的权利，这就是公众参与的重要意义。

[例]2008年北京奥运会期间，为了解决交通拥堵问题，市政府准备搞一个临时性的交通管制措施——机动车单双号出行。在出台这项措施之前，相关部门听取广大市民的意见，有市民提出："家有2辆车，但2辆车的车牌号尾号都是单号！"有市民提出："家中也有2辆车，但2辆车的车牌号尾号都是双号！"这就导致单双号限行的那一天一辆车也用不了。相关政府部门考虑大家的意愿，补充出台了一项措施——有2辆车的可以更改其中1辆的车牌号。实际上，这既保证了机动车的出行总量不增加，确保奥运会期间的交通畅通，也极大地方便了市民，最大限度地保护了市民利益。

（三）回避

法谚云："任何人不得做自己案件的法官。"回避，是指凡是行使行政权力的公务员与权力行使有利害关系的，公务员都要回避行使行政权力。例如，根据《公务员法》第76条第1项的规定，公务员执行公务时，涉及本人利害关系的，应当回避。

[例]一个市民早上开车与另外一个人的车发生交通剐蹭事故，双方当事人对责任分配争执不下，寻求交警来认定。交警到事故现场拍照取证后告诉双方当事人，下午到交通队领取交通事故责任认定书。其中的一方当事人中午在路过一个饭店门口时，发现处理事故的交警和对方当事人在一起吃饭。下午这个当事人到交通队后就表示："这个责任认定书一点都不公平。"交警说："你还没看，你怎么就知道不公平？""我不用看了！""那你凭什么？""我就凭你中午和对方当事人在一起吃饭！中国有一句俗话——吃人家的嘴软，拿人家的手短。"实际上这个交警与事故处理已经有利害关系了，防止权力滥用的最好办法就是交警回避，目的是保证行政权力能够公平、公正行使。如果有利害关系而没有回避，不管这个行政处理决定作得多么正当，当事人都不会接受或者不会认可。

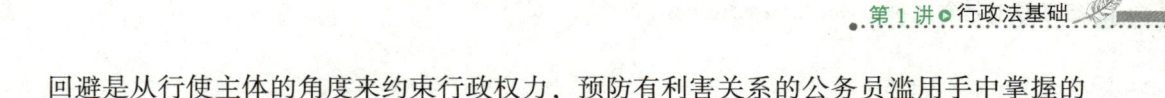

回避是从行使主体的角度来约束行政权力，预防有利害关系的公务员滥用手中掌握的权力谋取私利。

> **注意**：程序正当包含程序合法，违反法定程序即违反程序正当原则。

经典真题

程序正当是行政法的基本原则。下列哪些选项是程序正当要求的体现？（2012/2/77）[1]
A. 实施行政管理活动，注意听取公民、法人或其他组织的意见
B. 对因违法行政给当事人造成的损失主动进行赔偿
C. 严格在法律授权的范围内实施行政管理活动
D. 行政执法中要求与其管理事项有利害关系的公务员回避

四、诚实守信

诚实守信就是"言必信，行必果"。诚实守信包括诚实和守信两个方面。诚实，就是真诚实在、实事求是；守信，就是遵守诺言、值得信任。诚实守信不仅是老百姓在民事活动中遵循的民法原则，也是行政机关在行政管理中遵循的行政法原则。

> **魏语绸缪**
> 诚实守信原则——准确全面和真实，存续补偿要保护。

（一）诚实

诚实就是行政管理不骗人，行政机关提供的政府信息应当是准确、全面、真实的。例如，《政府信息公开条例》第6条第1款规定，行政机关应当及时、准确地公开政府信息。这实际上就是要求行政机关要诚实。

[例] 一段时间以来，某市传言要出台机动车的限行限购政策，该市市长出面在电视台公开辟谣："近段时间内，我市绝对不会搞机动车的限行限购！"很快稳定了民心。但第二天夜里，市政府就发出紧急通知：从明日零点开始，全市范围内机动车限行限购。市民们全懵了，市领导怎么说话不算数呢？后来市领导道歉："没办法呀，我知道骗你们了，但是我还得骗你们，要不这机动车没办法管理了！"这就是行政机关不诚实的表现。如果行政机关靠欺骗进行管理，那么其行政管理能力是低下的，高明的行政机关不应该靠欺骗进行管理。

命题陷阱

信息公开与信息诚实的区分

1. 行政机关应当公开政府信息，属于程序正当原则中的公开。
2. 行政机关公开的政府信息应当准确、全面、真实，属于诚实守信原则中的诚实。

---

[1] AD。A选项，行政机关听取意见，属于程序正当原则中的公众参与；B选项属于权责统一原则中侵权须赔偿的行政责任体现；C选项属于合法行政原则中的有法必依；D选项属于程序正当原则中的公务回避。

(二) 守信

守信就是行政机关说话要算数,不能言而无信,不能出尔反尔,行政行为不能朝令夕改。因为很多行政行为都影响着公民的预期利益,守信就是在保护公民预期利益。信赖保护有两个方面的保护:

1. 存续保护

行政机关不改变行为就是对行政相对人预期利益的保护,这是行政行为继续存在对行政相对人的保护。例如,《行政许可法》第8条第1款规定,公民、法人或者其他组织依法取得的行政许可受法律保护,行政机关不得擅自改变已经生效的行政许可。行政许可行为是典型的授益性行政行为,对于生效的行政许可是不能随意撤回或变更的,只要不撤回和变更行政许可,就是对被许可人基于行政许可所获得利益的保护。

2. 财产保护

财产保护,也就是补偿保护。从信赖利益保护的角度看,行政行为改变应当按照法定程序改,为了公共利益的目的才能改,并且对改变行为造成的损害应该进行适当、充足的补偿。例如,《行政许可法》第8条第2款规定,行政许可所依据的法律、法规、规章修改或者废止,或者准予行政许可所依据的客观情况发生重大变化的,为了公共利益的需要,行政机关可以依法变更或者撤回已经生效的行政许可。由此给公民、法人或者其他组织造成财产损失的,行政机关应当依法给予补偿。

[例] 一个地方交通拥堵,迫切需要修立交桥来改善交通状况,这就改变了原来的道路规划。如果立交桥距离周围居民家太近,造成大量的噪声污染和空气污染(汽车尾气),出现这种情况怎么办呢?不能为了公共利益,让大多数人走立交桥通行方便,而让少数人(立交桥周边的居民)痛苦。把多数人的快乐建立在少数人的痛苦上,这是不正义的。信赖保护要求行政机关,要么不改变原有规划,对行政相关人的预期利益进行存续保护;要么改变原有规划,对行政相关人的利益损害进行补偿,实现财产保护。

经典真题

某县政府发布通知,对直接介绍外地企业到本县投资的单位和个人按照投资项目实际到位资金金额的千分之一奖励。经张某引荐,某外地企业到该县投资500万元,但县政府拒绝支付奖励金。县政府的行为不违反下列哪些原则或要求?(2013/2/78)[1]

A. 比例原则　　　　　　　　　　　B. 行政公开
C. 程序正当　　　　　　　　　　　D. 权责一致

五、高效便民

高效便民体现为高效和便民两个方面:高效就是行政权行使的效率要高;便民要求行政权行使的目的是服务、方便老百姓,老百姓到行政机关办事,行政机关要为老百姓减少程序负担,要考虑如何为老百姓提供便利。例如,

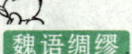

魏语绸缪
高效便民原则——积极作为属高效,程序减负为便民。

---

[1] ABCD。某县政府的行为属于不兑现承诺,违反了公民信赖利益保护的要求,属于违反诚实守信原则。

《行政许可法》第6条规定，实施行政许可，应当遵循便民的原则，提高办事效率，提供优质服务。

[例] 近几年，"最多跑一次"风靡大江南北，成为各地政府深化改革、加强服务的代名词。某市持续深化改革，90%以上的审批事项实现"一网通办""最多跑一次"；推出承诺审批事项近700项，审批办理时限大幅缩短，企业登记可通过网上办理或使用"互联网+EMS"方式，实现从"最多跑一次"到"一次都不用跑"。

命题陷阱

行政高效与合法行政的区分

1. 按照法定时限来作出行政行为，这属于行政高效，不属于合法行政中的有法必依。
2. 法律对行政权行使的期限要求，是行政高效的体现，要求行政机关积极履行职责。

经典真题

高效便民是行政管理的基本要求，是服务型政府的具体体现。下列哪些选项体现了这一要求？（2014/2/76）[1]

A. 简化行政机关内部办理行政许可流程
B. 非因法定事由并经法定程序，行政机关不得撤回和变更已生效的行政许可
C. 对办理行政许可的当事人提出的问题给予及时、耐心的答复
D. 对违法实施行政许可给当事人造成侵害的执法人员予以责任追究

六、权责统一

权责统一包括两个方面：权和责。

（一）权

"权"主要是体现在行政效能方面，想让行政机关行使权力，法律就要赋予行政机关执法手段，行政机关没有手段时是不可能履行职责的，这体现为"**执法有保障**"。例如，《治安管理处罚法》第82条第2款规定，对无正当理由不接受传唤或者逃避传唤的人，可以强制传唤。

魏语绸缪

权责统一原则——保障执法给手段，权责监督有后果。

[例] 一位小区业主与物业公司有矛盾，用汽车把小区大门给堵上了。物业公司给属地派出所打电话寻求帮助，警察到现场找这位业主，希望其先把车移开再解决矛盾。但该业主认为警察是多管闲事，对警察破口大骂，甚至殴打警察，但警察忍辱负重，做到骂不还口、打不还

---

[1] AC。A选项，简化行政机关许可流程，有利于提高行政机关行政效率；B选项，行政机关不得撤回和变更已生效的行政许可，属于诚实守信原则中信赖利益保护的要求；C选项，及时、耐心地答复行政许可的当事人提出的问题是方便当事人；D选项，对违法实施行政许可执法人员追究责任，属于权责统一原则中的责任体现。

手。从行政执法的角度看，如果遇到了谩骂和殴打的违法行为，《人民警察法》和《治安管理处罚法》都赋予了警察执法手段，但是警察明明有手段就是不用，没有使用手段来保障执法，其实是在放弃履行职责。

权责统一首先是赋予行政机关执法手段，保障其执法，确保其履行职责。

(二) 责

"责"包括两个方面：行政职责和法律后果。

1. 行政职责

行政职责就是法律赋予行政机关权力，赋予其责任，法定职责必须为。法律赋予行政机关权力，行政机关也要受到监督。"用权受监督"比较好理解，不受约束和监督的权力必然会导致滥用，绝对的权力导致绝对的腐败。"有权必有责"有点复杂，权力就像一个硬币的两面，在这种场合看到的是硬币正面的行政职权，换一个场合就可能看到的是硬币背面的行政职责。例如，《规章制定程序条例》第 5 条第 2 款规定，制定规章，应当体现行政机关的职权与责任相统一的原则，在赋予有关行政机关必要的职权的同时，应当规定其行使职权的条件、程序和应承担的责任。权力与责任是对等的，权力意味着责任，权力越大责任越重。对于各级行政机关来说，明晰权力也是明确责任，公布了行政机关的权力清单也就公布了行政机关的责任清单，这样公众就可以通过权责清单知晓行政机关的权力范围和责任界限，促使行政机关更加审慎地行使权力。

[例] 某市市直部门《权责清单》公布，共涉及 39 个部门的 3558 项行政职权，主要内容包括职权类型、职权编码、职权名称、职权依据、实施部门（责任主体）、承办机构、工作对象、责任事项及依据等。

2. 法律后果

法律后果就是法律责任，既有内部责任，也有外部责任。公务员违法行使权力要被处分，《公务员法》第 62 条规定，处分分为：警告、记过、记大过、降级、撤职、开除。这六种处分责任是内部责任，可以概括为"违法要追究"。行使行政权力违法造成公民、组织损害的，国家要承担赔偿责任，这是外部责任，可以概括为"侵权须赔偿"。例如，对于行政机关违法实施行政许可，根据《行政许可法》第 74 条的规定，应当对直接负责的主管人员和其他直接责任人员依法给予行政处分；给当事人的合法权益造成损害的，根据《行政许可法》第 76 条的规定，应当依照《国家赔偿法》的规定给予赔偿。

[例] 邓某夫妇经营门市部一处。2015 年 4 月 17 日上午，综合执法大队在执法检查时，发现门市部外有放置的篷布卷等物品，执法人员责令邓某夫妇将物品收回店内。邓某在收拾物品时拿出手机对现场进行录像，后执法人员责令邓某交出手机将录像删除，邓某没有同意，并将手机转交于其妻。执法人员上前抢夺手机时，与邓某夫妇发生争执，争执中，执法人员欲将邓某带回综合执法大队，遭到其家人阻拦，现场发生混乱，双方相互纠缠、推搡，并发生肢体冲突，后被公安民警制止。冲突中，邓某受伤，其门市部玻璃门被损坏。邓某后被送往医院进行治疗，被诊断为脑震荡、多处软组织损伤，住院 10 天。

邓某提起行政诉讼。法院生效判决认为，对争执中导致邓某身体受到的损伤以及财物的损失，双方均应承担相应的责任。法院最终判决：确认执法检查中致邓某身体伤害的行为违法；综合执法大队所属镇政府赔偿邓某医疗费、护理费、误工费及财产损失等共计 8000 余元。

镇政府赔偿邓某医疗费、护理费、误工费及财产损失8000余元就是行政机关违法行使权力承担的外部责任，属于"侵权须赔偿"。若有关机关责令综合执法大队执法人员承担部分或者全部赔偿费用、有关机关依法对执法人员给予处分，则是追究违法行使行政权力的内部责任，属于"违法要追究"。

命题陷阱

行政赔偿与行政补偿的区分

1. 行政赔偿是权责统一中作为法律后果的外部责任。
2. 行政补偿是诚实守信中的信赖保护的体现。

经典真题

权责一致是行政法的基本要求。下列哪些选项符合权责一致的要求？（2013/2/77）[1]
A. 行政机关有权力必有责任
B. 行政机关作出决定时不得考虑不相关因素
C. 行政机关行使权力应当依法接受监督
D. 行政机关依法履行职责，法律、法规应赋予其相应的执法手段

致努力中的你

如果我们总在等待绝对的一切就绪，
那我们将永远无法开始。

---

[1] ACD。A选项是权责统一中"有权必有责"的要求；B选项是合理行政中排除无关因素的要求；C选项是权责统一中"用权受监督"的要求；D选项是权责统一中行政效能的要求——"执法有保障"。

第二编 PART 2

行政组织法

第二讲 行政组织 02

应试指导

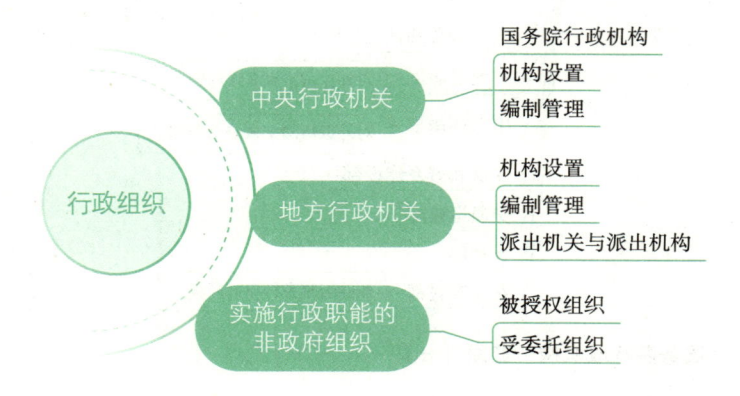

本讲是对行政权的行使主体——行政组织的阐述。行政组织有两类：一类是行使行政权的政府组织，即中央行政机关和地方行政机关；另一类是行使行政权的非政府组织，即法律、法规、规章授权的组织和受委托的组织。由于这部分涉及的行政组织机构种类繁多，因此需要考生在厘清各类行政组织机构关系的基础上进行记忆。本讲的核心考点是各类机构的设置权限、派出机构的地位以及行政授权与行政委托的区别。本讲在考试中的题目类型主要是客观卷中的选择题，必读的法律法规有：《国务院机构设置编制条例》和《地方机构设置编制条例》。特别是 2023 年 3 月中共中央、国务院印发的《党和国家机构改革方案》对中央和地方的行政机关进行了重大改革，本讲对考试中可能涉及的机构设置和编制管理按照《党和国家机构改革方案》进行了调整。

行政组织
- 中央行政机关
  - 国务院行政机构
  - 机构设置
  - 编制管理
- 地方行政机关
  - 机构设置
  - 编制管理
  - 派出机关与派出机构
- 实施行政职能的非政府组织
  - 被授权组织
  - 受委托组织

专题 03　中央行政机关

中央行政机关，是国务院和国务院所属机构的总称。国务院是宪法中考查的内容，国务院所属机构（即国务院行政机构）在行政法上需要明确两点：①国务院所属机构的法律地位，不同的机构有不同的法律地位；②国务院所属机构设置和编制管理的程序，即这些机构是如何设置的、编制是怎么管理的。

一、国务院行政机构及其法律地位

国务院行政机构，根据职能分为国务院办公厅、国务院组成部门、国务院直属机构、国务院办事机构、国务院组成部门管理的国家行政机构和国务院议事协调机构。除了行政机构外，国务院还设有事业单位。不同的机构有着不同的职能，表现出不同的法律地位，重点是掌握不同类别机构的法律地位。

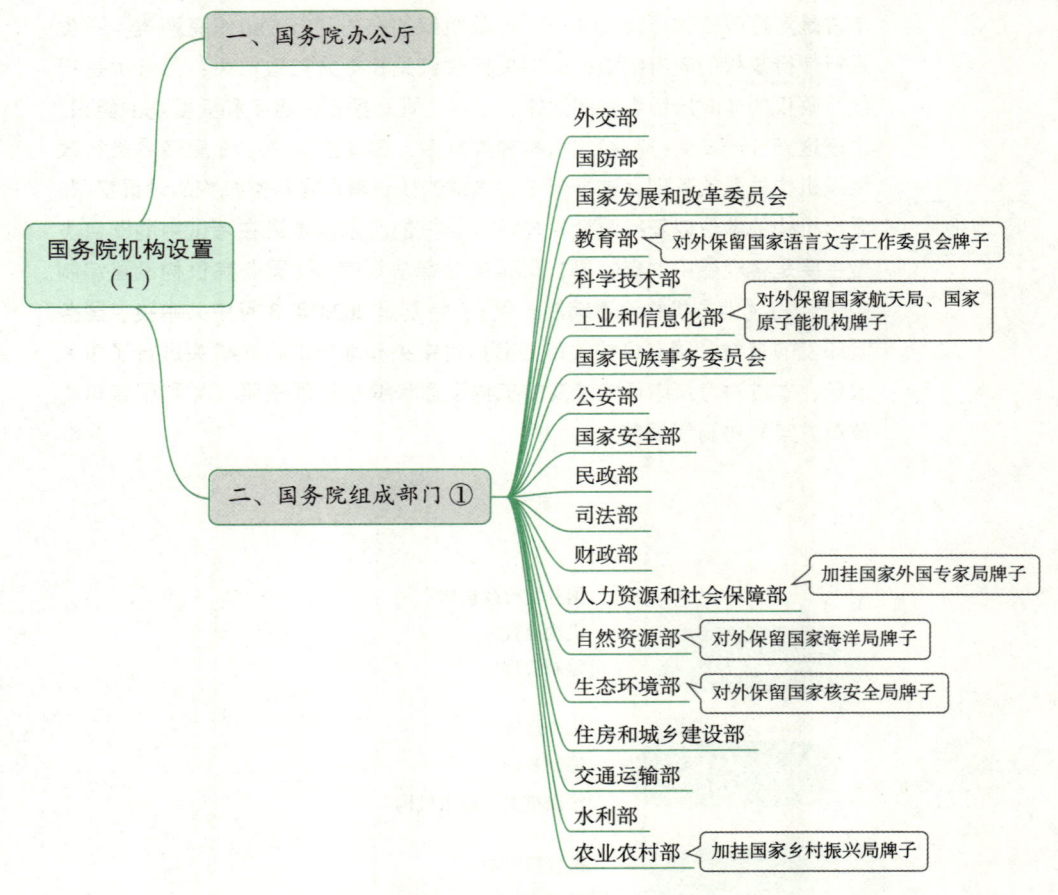

国务院机构设置（1）
- 一、国务院办公厅
- 二、国务院组成部门①
  - 外交部
  - 国防部
  - 国家发展和改革委员会
  - 教育部 ← 对外保留国家语言文字工作委员会牌子
  - 科学技术部
  - 工业和信息化部 ← 对外保留国家航天局、国家原子能机构牌子
  - 国家民族事务委员会
  - 公安部
  - 国家安全部
  - 民政部
  - 司法部
  - 财政部
  - 人力资源和社会保障部 ← 加挂国家外国专家局牌子
  - 自然资源部 ← 对外保留国家海洋局牌子
  - 生态环境部 ← 对外保留国家核安全局牌子
  - 住房和城乡建设部
  - 交通运输部
  - 水利部
  - 农业农村部 ← 加挂国家乡村振兴局牌子

国务院行政机构一览图（一）

国务院机构设置（2）

二、国务院组成部门②
- 商务部
- 文化和旅游部
- 国家卫生健康委员会
- 退役军人事务部
- 应急管理部
- 中国人民银行
- 审计署

三、国务院直属机构
- 国务院国有资产监督管理委员会
- 海关总署
- 国家市场监督管理总局（对外保留国家反垄断局、国家认证认可监督管理委员会、国家标准化管理委员会牌子）
- 中国证券监督管理委员会
- 国家体育总局
- 国家统计局
- 国家国际发展合作署
- 国务院参事室
- 国家税务总局
- 国家金融监督管理总局
- 国家广播电视总局
- 国家信访局
- 国家知识产权局
- 国家医疗保障局
- 国家机关事务管理局
- 国家新闻出版署（国家版权局 在中央宣传部加挂牌子，由中央宣传部承担相关职责）
- 国家宗教事务局（在中央统战部加挂牌子，由中央统战部承担相关职责）

四、国务院办事机构
- 国务院研究室
- 国务院侨务办公室（在中央统战部加挂牌子，由中央统战部承担相关职责）
- 国务院港澳事务办公室（在中共中央港澳工作办公室加挂牌子，由中共中央港澳工作办公室承担相关职责）
- 国务院台湾事务办公室（与中共中央台湾工作办公室一个机构两块牌子，列入中共中央直属机构序列）
- 国家互联网信息办公室（与中央网络安全和信息化委员会办公室一个机构两块牌子，列入中共中央直属机构序列）
- 国务院新闻办公室（在中央宣传部加挂牌子，由中央宣传部承担相关职责）

国务院行政机构一览图（二）

国务院机构设置（3）

五、国务院组成部门管理的国家行政机构

- 国家粮食和物资储备局 ← 由国家发展和改革委员会管理
- 国家数据局 ← 由国家发展和改革委员会管理
- 国家烟草专卖局 ← 由工业和信息化部管理
- 国家林业和草原局 ← 由自然资源部管理，加挂国家公园管理局牌子
- 中国民用航空局 ← 由交通运输部管理
- 国家文物局 ← 由文化和旅游部管理
- 国家疾病预防控制局 ← 由国家卫生健康委员会管理
- 国家消防救援局 ← 由应急管理部管理
- 国家药品监督管理局 ← 由国家市场监督管理总局管理
- 国家能源局 ← 由国家发展和改革委员会管理
- 国家国防科技工业局 ← 由工业和信息化部管理
- 国家移民管理局 ← 由公安部管理，加挂中华人民共和国出入境管理局牌子
- 国家铁路局 ← 由交通运输部管理
- 国家邮政局 ← 由交通运输部管理
- 国家中医药管理局 ← 由国家卫生健康委员会管理
- 国家矿山安全监察局 ← 由应急管理部管理
- 国家外汇管理局 ← 由中国人民银行管理
- 国家公务员局 ← 在中央组织部加挂牌子，由中央组织部承担相关职责
- 国家档案局 ← 与中央档案馆一个机构两块牌子，列入中共中央直属机关的下属机构序列
- 国家保密局 ← 与中央保密委员会办公室一个机构两块牌子，列入中共中央直属机关的下属机构序列
- 国家密码管理局 ← 与中央密码工作领导小组办公室一个机构两块牌子，列入中共中央直属机关的下属机构序列

六、国务院议事协调机构①

- 国家国防动员委员会
- 国家边海防委员会
- 全国爱国卫生运动委员会
- 全国绿化委员会
- 国务院学位委员会
- 国家防汛抗旱总指挥部
- 国务院妇女儿童工作委员会
- 全国拥军优属拥政爱民工作领导小组
- 国务院残疾人工作委员会
- 国务院关税税则委员会
- 国家减灾委员会
- 国家科技教育领导小组
- 国务院军队转业干部安置工作小组
- 国家禁毒委员会

国务院行政机构一览图（三）

国务院机构设置（4）

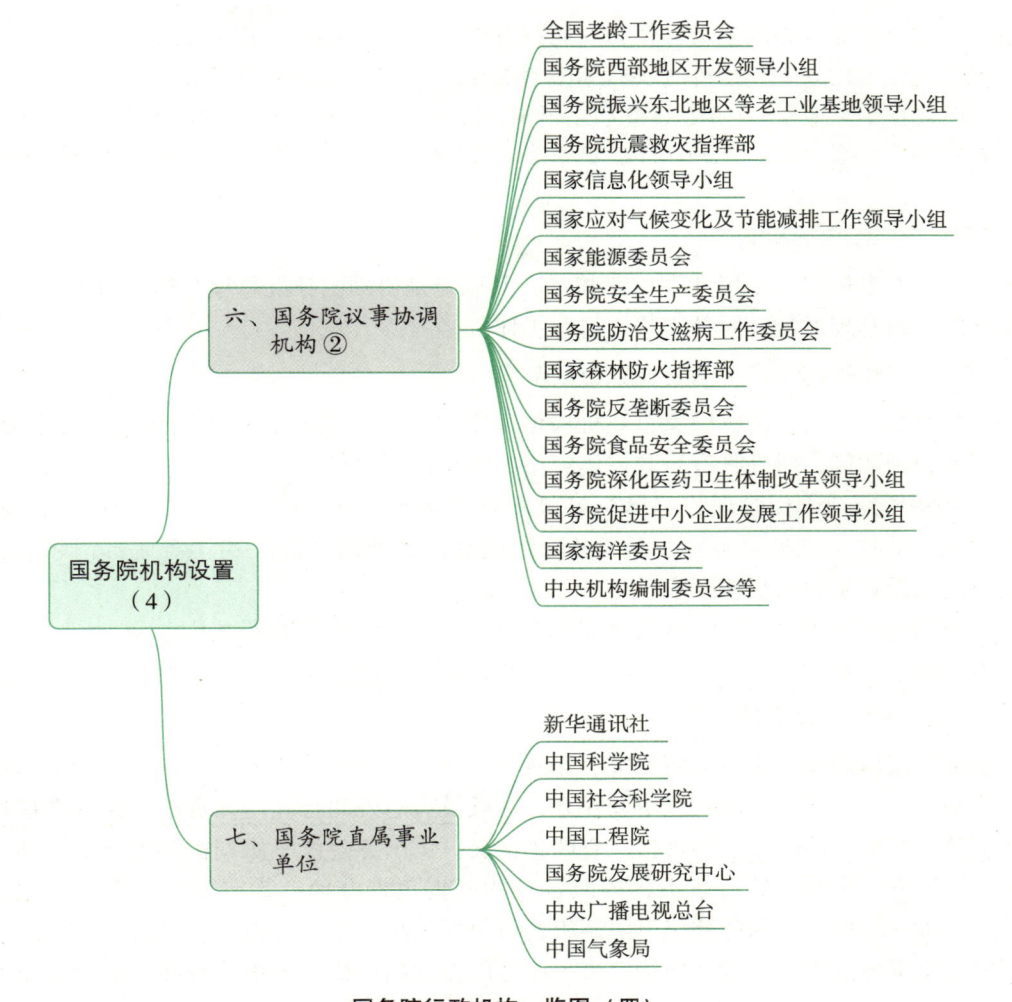

六、国务院议事协调机构②
- 全国老龄工作委员会
- 国务院西部地区开发领导小组
- 国务院振兴东北地区等老工业基地领导小组
- 国务院抗震救灾指挥部
- 国家信息化领导小组
- 国家应对气候变化及节能减排工作领导小组
- 国家能源委员会
- 国务院安全生产委员会
- 国务院防治艾滋病工作委员会
- 国家森林防火指挥部
- 国务院反垄断委员会
- 国务院食品安全委员会
- 国务院深化医药卫生体制改革领导小组
- 国务院促进中小企业发展工作领导小组
- 国家海洋委员会
- 中央机构编制委员会等

七、国务院直属事业单位
- 新华通讯社
- 中国科学院
- 中国社会科学院
- 中国工程院
- 国务院发展研究中心
- 中央广播电视总台
- 中国气象局

国务院行政机构一览图（四）

（一）国务院办公厅

国务院办公厅由国务院秘书长领导，其职能是协助国务院领导处理日常工作，对外没有行政主体资格，主要是行政系统内的管理。例如，《政府信息公开条例》第3条第2款规定，国务院办公厅是全国政府信息公开工作的主管部门，负责推进、指导、协调、监督全国的政府信息公开工作。

（二）国务院组成部门

国务院组成部门包括各部、各委员会、中国人民银行和审计署，可以用"部、委、行、署"来概括，其依法分别履行国务院的基本行政管理职能，对外具有行政主体资格。

注意：2023年国务院机构改革：重新组建科学技术部（组成部门）。

（三）国务院直属机构

国务院直属机构可以用"局、总局、总署"来概括，其职能是主管国务院的某项专门业务，具有独立的行政管理职能，但职能范围比国务院组成部门要小，对外具有行政主体

资格。国有资产监督管理委员会作为直属特设机构，也属于国务院直属机构。

注意： 2023 年国务院机构改革：组建国家金融监督管理总局（直属机构），中国证券监督管理委员会由国务院直属事业单位调整为国务院直属机构，国家知识产权局由国家市场监督管理总局管理的国家局调整为国务院直属机构，国家信访局由国务院办公厅管理的国家局调整为国务院直属机构。

（四）国务院办事机构

国务院办事机构可以用"办"来概括，其职能是协助国务院总理办理专门事项，不具有独立的行政管理职能，对外不具有行政主体资格。

（五）国务院组成部门管理的国家行政机构

国务院组成部门管理的国家行政机构可以用"局"来概括，其职能是主管特定业务，行使行政管理职能，对外具有行政主体资格。注意以下两点：

1. 国务院组成部门管理的"局"与国务院直属机构的"局"不一样，国务院直属机构的"局"直接由国务院领导，而国务院组成部门管理的"局"由国务院部门领导，其职能范围比国务院直属机构要小。

2. 国务院组成部门管理的国家行政机构不是该主管部门的内设机构。

注意： 2023 年国务院机构改革：组建国家数据局（国务院组成部门管理的国家行政机构）。

（六）国务院议事协调机构

国务院议事协调机构可以用"委、指挥部、领导小组"来概括，其职能是承担国务院行政机构的重要业务工作的组织协调任务，一般没有对外的行政主体资格，但是在授权的情况下就具有对外的行政主体资格，有两种情况：①国务院议事协调机构议定的事项，经过国务院同意，由有关的行政机构按照各自的职责负责办理；②在特殊或者紧急的情况下，经过国务院同意，国务院议事协调机构可以规定临时性的行政管理措施。国务院议事协调机构是国务院为了完成某项特定事务而专门设立的机构，承担着跨部门的重要业务工作的组织协调任务，在一定程度上也是弥补政府部门间"缝隙"的一种手段。

[例] 国家防汛抗旱总指挥部在国务院领导下，负责领导组织全国的防汛抗旱工作。国家防汛抗旱总指挥部在应急管理部设立办事机构（国家防汛抗旱总指挥部办公室），承担总指挥部日常工作。

此外，还有国务院直属事业单位，经授权具有行政管理职能。具体阐述见专题四中的"二、实施行政职能的非政府组织"。

命题陷阱

国务院机构的法律地位区别

1. 国务院组成部门履行国务院的基本行政管理职能。
2. 国务院直属机构主管国务院的某项专门业务。
3. 国务院组成部门管理的国家行政机构主管特定业务。

二、国务院行政机构设置和编制管理程序

（一）国务院行政机构的设置

《国务院机构设置编制条例》解决的是国务院行政机构的设置和编制问题。设置行政机构就是创设行政机构，意味着创设行政权，行政机构的设置就是解决行政权的来源问题。

国务院行政机构的设置，根据机构类别的不同分为三种情况：

1. 国务院办公厅——直接依据《国务院组织法》设立。

2. 国务院组成部门——其设立、撤销或者合并，由国务院机构编制管理机关提出方案，经国务院常务会议讨论通过后，由国务院总理提请全国人民代表大会决定；在全国人民代表大会闭会期间，提请全国人民代表大会常务委员会决定。

> **魏语绸缪**
> ○ 组成部经人大——国务院组成部门经人大常委会决定。
> ○ 一般部由国定——一般部级机构由国务院决定。

3. 一般部级机构——国务院直属机构、国务院办事机构、国务院组成部门管理的国家行政机构、国务院议事协调机构，这四类机构的设立、撤销或者合并，由国务院机构编制管理机关提出方案，报国务院决定。

[例1] 中华人民共和国应急管理部是国务院组成部门，经第十三届全国人民代表大会第一次会议批准设立。

[例2] 将国家工商行政管理总局的职责、国家质量监督检验检疫总局的职责、国家食品药品监督管理总局的职责、国家发展和改革委员会的价格监督检查与反垄断执法职责、商务部的经营者集中反垄断执法以及国务院反垄断委员会办公室等职责整合，由国务院决定组建国家市场监督管理总局，作为国务院直属机构。

注意：国务院行政机构设立后，需要对职能进行调整的，由国务院机构编制管理机关提出方案，报国务院决定。

> **魏语绸缪**
> 职能调由国定——国务院行政机构职能调整由国务院决定。

[例] 2023年3月，中共中央、国务院印发《党和国家机构改革方案》，其中：将科学技术部的组织拟订科技促进农业农村发展规划和政策、指导农村科技进步职责划入农业农村部；将科学技术部的组织拟订科技促进社会发展规划和政策职责分别划入国家发展和改革委员会、生态环境部、国家卫生健康委员会等部门；将科学技术部的组织拟订高新技术发展及产业化规划和政策，指导国家自主创新示范区、国家高新技术产业开发区等科技园区建设，指导科技服务业、技术市场、科技中介组织发展等职责划入工业和信息化部；将科学技术部的负责引进国外智力工作职责划入人力资源和社会保障部。这些职能的调整，都应当报国务院决定。

[提示] 国务院机构编制管理机关就是中央机构编制委员会（简称中央"编委"），在中共中央、国务院的领导下负责全国行政管理体制和机构改革以及机构编制管理工作。

（二）国务院行政机构的司级机构和处级机构的设置

1. 国务院行政机构设立司级和处级内设机构

具体要求：

（1）国务院办公厅、国务院组成部门、国务院直属机构、国务院办事机构在职能分解

的基础上设立司、处两级内设机构；

（2）国务院组成部门管理的国家行政机构根据工作需要可以设立司、处两级内设机构，也可以只设立处级内设机构。

[例] 司法部作为国务院组成部门，法律职业资格管理局就是司法部的司级内设机构，法律职业资格管理局考试管理处就是司法部的处级内设机构。国家铁路局作为交通运输部管理的国家行政机构，运输监督管理司就是国家铁路局的司级内设机构，运输监督管理司客运监管处就是国家铁路局的处级内设机构。

2. 司级和处级内设机构的设置程序

具体要求：

（1）国务院行政机构的司级内设机构的增设、撤销或者合并，经国务院机构编制管理机关审核方案，报国务院批准；

（2）国务院行政机构的处级内设机构的设立、撤销或者合并，由国务院行政机构根据国家有关规定决定，按年度报国务院机构编制管理机关备案。

> **魏语绸缪**
>
> ○ 司由国批——司级内设机构由国务院批准。
> ○ 处由部定——处级内设机构由部级机构决定。

注意：这里的国务院行政机构是国务院办公厅、国务院组成部门、国务院直属机构、国务院办事机构和国务院组成部门管理的国家行政机构。

[例] 法律职业资格管理局是司法部的司级内设机构，其增设、撤销或者合并，经国务院机构编制管理机关审核方案，报国务院批准；运输监督管理司客运监管处是国家铁路局的处级内设机构，其设立、撤销或者合并，由国家铁路局决定，报国务院机构编制管理机关备案。

（三）国务院行政机构的编制管理

编制包括人员的数量定额和领导职数两个方面的内容，国务院行政机构的编制管理是对国务院行政机构人员的数量定额和领导职数的管理。

> **魏语绸缪**
>
> ○ 机构设立定编制——机构设立时确定编制。
> ○ 议事协调不定编——议事协调机构不确定编制。
> ○ 编制增减由国批——编制增或减由国务院批准。

[例] 根据《国家疾病预防控制局职能配置、内设机构和人员编制规定》第8条的规定，国家疾病预防控制局机关行政编制170名。设局长1名、副局长4名，正副司长职数32名（含机关党委专职副书记1名、机关纪委领导职数1名）。

国务院行政机构的编制管理程序分为两种情形：

1. 国务院行政机构的编制在国务院行政机构设立时确定，但设立国务院议事协调机构时不单独确定编制，其所需要的编制由承担具体工作的国务院行政机构解决。

[例] 国务院学位委员会是国务院根据《学位法》设立的负责领导和管理全国学位授予及其相关工作的机构，设主任委员1人，副主任委员和委员若干人，均由国务院任免。国务院学位委员会负责贯彻实施《学位法》，领导全国的学位工作，贯彻国务院关于学位工作的重大方针和政策，统筹规划学位工作的发展和改革，指导、组织和协调各部门、省、市的有关学位工作。国务院学位委员会设立办公室，作为国务院学位委员会的日常办事机构，国务院委托教育部代为管理，与教育部学位管理与研究生教育司合署办公。国务院学位委员会不单独确定编制，

其所需要的编制由承担具体工作的教育部解决。

2. 国务院行政机构设立后需要增加或者减少编制的，由国务院机构编制管理机关审核方案，报国务院批准。

[例] 2023 年 9 月 24 日，经报党中央、国务院批准，中共中央办公厅、国务院办公厅调整中国人民银行、国家卫生健康委员会、生态环境部、工业和信息化部的编制，调整后：中国人民银行机关行政编制 714 名，国家卫生健康委员会机关行政编制 444 名，生态环境部机关行政编制 504 名，工业和信息化部机关行政编制 725 名。

经典真题

1. 国家税务总局为国务院直属机构。就其设置及编制，下列哪一说法是正确的？（2014/2/43）[1]
   A. 设立由全国人大及其常委会最终决定
   B. 合并由国务院最终决定
   C. 编制的增加由国务院机构编制管理机关最终决定
   D. 依法履行国务院基本的行政管理职能

2. 国家海洋局为国务院组成部门管理的国家局。关于国家海洋局，下列哪一说法是正确的？（2013/2/44）[2]
   A. 有权制定规章
   B. 主管国务院的某项专门业务，具有独立的行政管理职能
   C. 该局的设立由国务院编制管理机关提出方案，报国务院决定
   D. 该局增设司级内设机构，由国务院编制管理机关审核批准

专题 04　地方行政机关与实施行政职能的非政府组织

一、地方行政机关

地方行政机关，是指在一定行政区域内由该行政区人民代表机关产生的人民政府及其工作部门，具体包括：地方各级政府、地方政府的工作部门、地方政府的派出机关、地方政府的内设机构和议事协调机构、工作部门的内设机构和派出机构。这里需要考生掌握两个问题：①一般地方政府机构的设置规则；②地方政府机构里面两类比较特殊的机构——

---

[1] B。国家税务总局作为国务院直属机构，其设立与合并都是由国务院最终决定，不是由全国人大及其常委会最终决定的，A 选项不正确，B 选项正确；编制的增加是由国务院批准，而不是由国务院机构编制管理机关最终决定，C 选项不正确；国务院组成部门依法履行国务院的基本行政管理职能，国家税务总局作为国务院直属机构，是主管国务院的某项专门业务，D 选项不正确。

[2] C。国家海洋局作为国务院组成部门管理的国家局是没有规章制定权的，A 选项不正确；国务院直属机构主管国务院的某项专门业务，国务院组成部门管理的国家行政机构主管特定业务，B 选项不正确；国家海洋局作为国务院组成部门管理的国家局，其设立由国务院编制管理机关提出方案，报国务院决定，C 选项正确；国家海洋局增设司级内设机构，是由国务院编制管理机关审核方案，报国务院批准，而不是由国务院编制管理机关批准，D 选项不正确。

派出机关和派出机构的设置规则。

（一）地方政府机构的设置

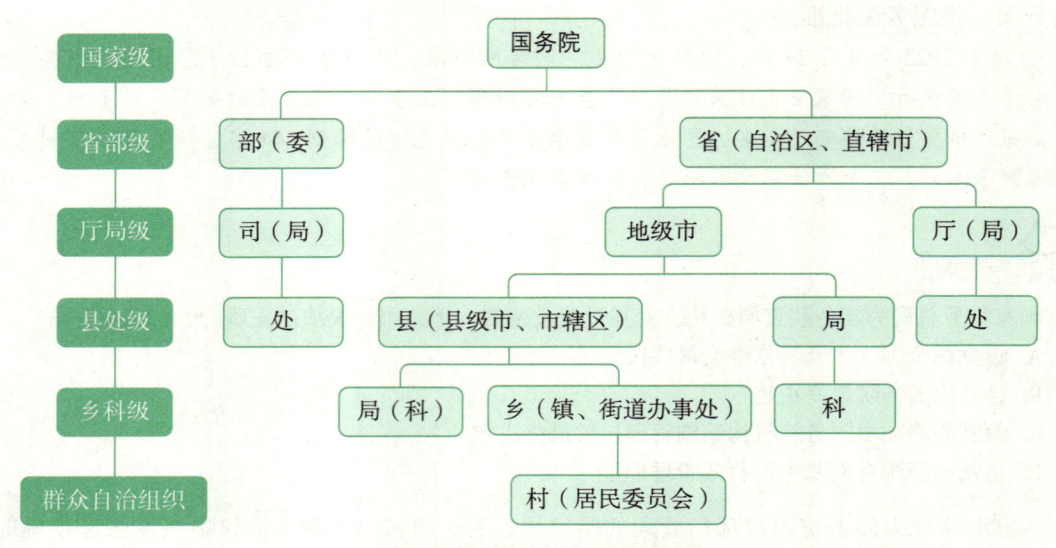

中央和地方政府行政机构框架图

1. 地方政府的行政机构

地方政府是综合性行政机关，一般为省级地方政府——地市级地方政府——县级地方政府——乡级地方政府。地方各级政府的设置和职能属于宪法考查的内容，行政法考查地方各级政府中行政机构的设置问题。行政机构在不同级别的地方政府中都存在，但从机构设置规则的角度来看，地方政府的机构包括两类：①地方各级政府的行政机构；②地方各级政府行政机构的内设机构。

（1）地方各级政府的行政机构。例如，北京市政府作为一级地方政府，北京市公安局就属于北京市政府的行政机构；海淀区政府作为一级地方政府，海淀区城市综合执法局就属于海淀区政府的行政机构。

（2）地方各级政府行政机构的内设机构。为什么这类机构叫内设机构呢？因为它不能对外，只能内设在地方各级政府行政机构里。例如，北京市公安局作为北京市政府的行政机构，设置的内设机构——北京市公安局网络安全监察总队，就是俗称的"网络警察"，是不对外行使职权、不能以自己的名义对外作出行政行为的。因此，北京市公安局是北京市政府的行政机构，北京市公安局网络安全监察总队就是北京市政府的行政机构——北京市公安局的内设机构。海淀区城管局作为海淀区政府的行政机构，海淀区城管局城管执法大队就是海淀区政府的行政机构——海淀区城管局的内设机构。北京市如此，其他地方也同样如此。

考试中可能会举出某个地方的名称，但无论是哪个地方，只需要判断出这个机构是属于政府的行政机构还是政府行政机构的内设机构就可以了，区分的目的就是对不同的机构适用不同的设置规则。

2. 地方政府行政机构的设置原则

（1）应当根据履行职责的需要，<u>适时调整</u>；

(2) 但是，在一届政府任期内，地方各级政府的工作部门应当保持相对稳定。

3. 地方各级政府行政机构的设置程序

(1) 关于地方各级政府行政机构的具体设置的问题，首先需要掌握一个原则和一个例外。

❶原则上，地方各级政府行政机构的设置都须经上一级政府批准。

> **魏语绸缪**
> ○ 地方机构上级批。
> ○ 议事协调本级立。

地方各级政府行政机构的设置包括设立、撤销、合并和变更规格、名称。"设立"是新设立一个行政机构；"撤销"是某个行政机构不再存在；"合并"是两个或者两个以上现有的行政机构并为一个；"变更规格"是行政机构的规格发生变化，被提升或者降低，如将一个副处级机构提升为处级机构；"变更名称"是由于职能等原因，行政机构使用新的名称。地方各级政府行政机构的设置程序如下：第一，由本级政府提出方案；第二，经上一级政府机构编制管理机关审核；第三，报上一级政府批准；第四，县级以上地方各级政府行政机构的设立、撤销或者合并，还应当依法报本级人民代表大会常务委员会备案。

[例] 经上海市政府批准，浦东新区政府成立上海市浦东新区市场监督管理局，是上海市浦东新区政府的工作部门，承担原上海市工商行政管理局浦东新区分局、上海市浦东新区质量技术监督局、上海市食品药品监督管理局浦东新区分局的职责。

❷例外是地方各级政府议事协调机构由本级政府设立。

地方各级政府议事协调机构的设置：第一，无需经过上一级政府批准，由地方各级政府严格控制设立；第二，能不设立就尽量不设立。

[例] 上海市浦东新区食品安全委员会作为上海市浦东新区政府议事协调机构，由上海市浦东新区政府决定设立。上海市浦东新区市场监督管理局挂上海市浦东新区食品安全委员会办公室牌子。

(2) 地方各级政府行政机构之间职责划分异议的处理

职责相同或者相近的，原则上由一个行政机构承担。设立的行政机构之间对职责划分有异议的：

❶应当主动协商解决，协商一致的，报本级政府机构编制管理机关备案；

❷协商不一致的，应当提请本级政府机构编制管理机关提出协调意见，由本级政府决定。

> **魏语绸缪**
> 机构职责有异议，协商一致编制备，协商不了本级定。

[例] 针对居民小区车库改变用途，用于供人居住以及开设棋牌室、烟酒百杂店、五金店等现象，区建设交通局、区综合执法局、区公安分局、区市场监管局等部门有相应的执法权，但存在车棚车库"内"与"外"、住人与经营行为由不同部门管理的问题，管理执法权限交叉。由于权责边界不清晰，出现部门推诿现象。这就需要对部门之间的职责划分进行处理。

(3) 地方各级政府行政机构的内设机构的设立

地方各级政府行政机构根据工作需要和精干的原则，设立必要的内设机构。县级以上地方各级政府行政机构的内设机构的设立、撤销、合并或者变更规格、名称，由

> **魏语绸缪**
> 内设机构编制批。

该行政机构报本级政府机构编制管理机关审批。

[例] 上海市浦东新区市场监督管理局作为上海市浦东新区政府的行政机构（工作部门），其设置了十八个内设机构（处室）：①办公室；②干部人事处；③政策法规处；④市场主体监督管理处（市场主体信用建设处）；⑤公平交易处（直销监管和打击传销处）；⑥市场规范监督管理处（网络商品交易监督管理处、价格监督检查处）；⑦广告监督管理处；⑧消费者权益保护处；⑨质量管理处（认证监督管理处）；⑩标准化管理处；⑪计量监督管理处；⑫特种设备安全监察处；⑬食品安全协调处（食品安全应急督查处）；⑭食品安全监督管理处（保健食品监督管理处）；⑮药品化妆品安全监督管理处；⑯医疗器械监督管理处；⑰注册许可分局（外商投资企业注册分局）；⑱基层建设指导处（党群工作处）（审计办公室）。这十八个内设机构（处室）的设立、撤销、合并或者变更规格、名称，由浦东新区市场监督管理局报上海市浦东新区政府机构编制管理机关审批。

经典真题

1. 下列哪些行政机构的设置事项，应当经上一级人民政府机构编制管理机关审核后，报上一级人民政府批准？（2008/2/81）[1]
   A. 某县两个职能局的合并　　　　　　B. 某省民政厅增设内设机构
   C. 某市职能局名称的改变　　　　　　D. 某县人民政府设立议事协调机构

2. 甲市某县环保局与水利局对职责划分有异议，双方协商无法达成一致意见。关于异议的处理，下列哪一说法是正确的？（2015/2/45）[2]
   A. 提请双方各自上一级主管机关协商确定
   B. 提请县政府机构编制管理机关决定
   C. 提请县政府机构编制管理机关提出协调意见，并由该机构编制管理机关报县政府决定
   D. 提请县政府提出处理方案，经甲市政府机构编制管理机关审核后报甲市政府批准

（二）地方政府的编制管理

1. 地方各级政府的编制管理程序

（1）行政编制的总额控制

行政编制总额由省、自治区、直辖市政府提出，经国务院机构编制管理机关审核后，报国务院批准。

[例] 北京市的行政编制总额由北京市政府提出，经国务院机构编制管理机关审核后，报国务院批准；广州市的行政编制总额由广东省政府提出，经国务院机构编制管理机关

> **魏语绸缪**
> ○ 编制总额报国批。
> ○ 专项编制由国批。
> ○ 本级编制本级调。
> ○ 层级编制国编批。

---

[1] AC。某县两个职能局的合并属于地方各级政府行政机构的合并，某市职能局名称的改变属于地方各级政府行政机构变更名称，都应当经上一级政府机构编制管理机关审核后，报上一级政府批准，A、C选项当选；某省民政厅属于县级以上地方各级政府行政机构，其增设内设机构由某省民政厅报省政府机构编制管理机关审批，无须报上一级政府批准，B选项不当选；某县政府可以自行设立议事协调机构，无须报上一级政府批准，D选项不当选。

[2] C。甲市某县环保局与水利局属于县政府的行政机构，县政府行政机构之间对职责划分有异议，双方协商无法达成一致意见的，应当提请县政府机构编制管理机关提出协调意见，由县政府机构编制管理机关报县政府决定，而不是由县政府机构编制管理机关自行决定。同样，既不是提请双方各自上一级主管机关协商确定，也无须甲市政府机构编制管理机关审核后报甲市政府批准。

审核后，报国务院批准。

（2）特定行政机构编制的专项管理

根据工作需要，国务院机构编制管理机关报经国务院批准，可以在地方行政编制总额内对特定的行政机构的行政编制实行专项管理。

［例］在编制管理的实践中，通常把检察、审判机关，以及国家行政机关中的司法行政（含监狱管理局）、国家安全以及公安等机关，及其所属直接履行行政法职能的单位，统称为政法系统。这些系统使用的编制统称为政法专项编制。

（3）行政编制调整的程序

随着经济社会的发展，政府职能逐步转变，有些职能加强的部门需要增加编制，有些职能弱化甚至取消的部门应减少编制，编制要随着行政机构职能变化的需要不断进行调整，实行动态管理。行政编制调整的具体要求：

❶地方各级政府根据调整职责的需要，可以在行政编制总额内调整本级政府有关部门的行政编制。同级有关部门之间的行政编制调整权限在本级政府，即在不超出行政编制总额的前提下，本级政府可以根据履行职能的需要，对不同部门之间的行政编制加以调整使用，无需报上级政府及机构编制管理机关审批。

［例］在北京市，市级的行政编制在市政府各个部门间调整，由北京市政府来调整。

❷在同一个行政区域不同层级之间调配使用行政编制的，应当由省、自治区、直辖市政府机构编制管理机关报国务院机构编制管理机关审批。按照分级管理的原则，各级政府机构编制管理机关各负其责。在同一个行政区域内，跨层级调配使用行政编制，应由省级政府机构编制管理机关报国务院机构编制管理机关审批。如果地方机构编制管理机关可以自行调整所辖区域内不同层级间的行政编制，就容易造成上级挤占下级编制的问题。为防止编制被上级随意占用，不同层级之间调配使用行政编制，由国务院机构编制管理机关审批。

［例］北京市的市级行政编制要调配到下属区级使用时，应由北京市机构编制管理机关报国务院机构编制管理机关审批。

注意：地方各级政府议事协调机构不单独确定编制，所需要的编制由承担具体工作的行政机构解决。主要原因是：议事协调机构的性质决定了其主要承担跨部门、跨地区的组织协调任务，通常并不承担具体办事职能，具体事务由有关的行政机构按照各自的职责负责办理。议事协调机构一般由相关行政机构的人员组成，本身没有单独的工作人员。

2. 地方各级政府机构编制体制

地方各级政府机构编制体制实行"中央统一领导、地方分级管理"。

（1）县级以上各级政府行政机构不得干预下级政府行政机构的设置和编制管理工作，不得要求下级政府设立与其业务对口的行政机构；

（2）县级以上各级政府机构编制管理机关对下级机构编制工作进行业务指导和监督。

3. 地方各级政府机构编制执行的评估

县级以上各级政府机构编制管理机关应当定期评估机构和编制的执行情况，并将评估结果作为调整机构编制的参考依据。评估的具体办法，由国务院机构编制管理机关制定。

4. 地方各级政府事业单位编制管理

由于各地事业单位的情况千差万别，不宜实行统一的管理模式。同时，为了解决事业

单位机构编制管理中存在的一些问题，需要加强管理的力度。地方的事业单位机构和编制管理办法，由省、自治区、直辖市政府机构编制管理机关拟定，报国务院机构编制管理机关审核后，由省、自治区、直辖市政府发布。事业编制的全国性标准由国务院机构编制管理机关会同国务院财政部门和其他有关部门制定。

[例] 上海市政府发展研究中心是上海市政府直属事业单位，主要职责是为上海市委、市政府提供决策咨询研究服务，是承担上海市决策咨询的研究、组织、协调、管理、服务的政府决策咨询研究机构；上海市公积金管理中心是直属上海市政府的不以营利为目的的独立的事业单位，主要负责上海住房公积金政策实施，负责住房公积金的缴存、提取、使用、保值增值及贷款管理、账户核算、数据信息管理，负责对广大缴存单位和职工的业务服务；上海市商务委员会行政服务中心（上海市会展业促进中心）是上海市商务委员会下属事业单位，承担有关行政事务的咨询、受理、服务职能以及有关会展的促进发展工作；等等。上海市的事业单位机构和编制管理办法，由上海市政府机构编制管理机关拟定，报国务院机构编制管理机关审核后，由上海市政府发布。

经典真题

1. 甲市为乙省政府所在地的市。关于甲市政府行政机构设置和编制管理，下列说法正确的是：（2011/2/98）[1]
   A. 在一届政府任期内，甲市政府的工作部门应保持相对稳定
   B. 乙省机构编制管理机关与甲市机构编制管理机关为上下级领导关系
   C. 甲市政府的行政编制总额，由甲市政府提出，报乙省政府批准
   D. 甲市政府根据调整职责的需要，可以在行政编制总额内调整市政府有关部门的行政编制

2. 关于行政机构编制的说法，下列哪一选项是正确的？（2008延/2/40）[2]
   A. 地方政府行政机构原则上应使用行政编制，但必要时可以使用一定的事业编制
   B. 地方各级政府的行政编制总额，应由国务院机构编制管理机关提出，报国务院批准
   C. 地方各级政府根据职责调整的需要，可以在行政编制总额内调整本级政府有关部门的行政编制
   D. 地方政府议事协调机构可以确定自己单独的编制

（三）派出机关与派出机构

在地方政府机构里面，派出机关与派出机构是考试中特别喜欢考的一对概念。虽然仅是一字之差，但是法律地位和设置是完全不一样的。派出机关只有三个：地区行政公署、

---

[1] AD。地方各级政府行政机构应当根据履行职责的需要，适时调整。但是，在一届政府任期内，地方各级政府的工作部门应当保持相对稳定，A选项正确。上级机构编制管理机关与下级机构编制管理机关为业务指导和监督关系，而不是上下级领导关系，B选项不正确。省级以下地方政府的行政编制总额，应由乙省政府提出，报国务院批准，而不是由甲市政府提出，报乙省政府批准，C选项不正确。地方各级政府根据调整职责的需要，可以在行政编制总额内调整本级政府有关部门的行政编制，D选项正确。

[2] C。地方各级政府行政机构应当使用行政编制，事业单位应当使用事业编制，不得混用、挤占、挪用，A选项不正确；地方各级政府的行政编制总额，由省、自治区、直辖市政府提出，报国务院批准，B选项不正确；地方各级政府根据调整职责的需要，可以在行政编制总额内调整本级政府有关部门的行政编制，C选项正确；地方各级政府议事协调机构不单独确定编制，所需要的编制由承担具体工作的行政机构解决，D选项不正确。

区公所和街道办事处。派出机构却多如牛毛，考试中最常见的是公安派出所。

1. 派出机关

派出机关是由有权地方政府在一定行政区域内设立，代表设立机关管理该行政区域内各项行政事务的行政机构。

（1）派出机关的法律地位

《地方组织法》第85条规定，省、自治区的人民政府在必要的时候，经国务院批准，可以设立若干派出机关。县、自治县的人民政府在必要的时候，经省、自治区、直辖市的人民政府批准，可以设立若干区公所，作为它的派出机关。市辖区、不设区的市的人民政府，经上一级人民政府批准，可以设立若干街道办事处，作为它的派出机关。

行政公署、区公所、街道办事处的法律地位相当于一级地方政府。行政公署的法律地位相当于地市级的政府。20世纪80年代以来，各省、自治区实行市地合并改革，采用市管县的体制，行政公署逐渐减少，现存的行政公署有黑龙江省大兴安岭地区行政公署、新疆维吾尔自治区喀什地区行政公署等。区公所是介于乡政府和县政府中间的一级政府，现在很少了，现存的区公所只有河北省张家口市涿鹿县的南山区公所和新疆维吾尔自治区喀什地区泽普县的奎依巴格区公所。街道办事处是现在比较普遍的，如北京市海淀区中关村街道办事处、广东省广州市越秀区黄花岗街道办事处、河南省南阳市卧龙区卧龙岗街道办事处等，其法律地位相当于乡镇的政府。既然相当于一级政府，那么这三个派出机关就具有完全独立的行政主体资格，可以作为行政诉讼中的被告、行政复议中的被申请人、行政赔偿中的赔偿义务机关。

（2）派出机关的设置程序

❶ 地区行政公署由省、自治区政府设立，设立的主要条件是"在必要的时候"和"经国务院批准"；

❷ 区公所由县、自治县政府设立，设立的主要条件是"在必要的时候"和"经省、自治区、直辖市政府批准"；

❸ 街道办事处由市辖区、不设区的市政府设立，设立的主要条件是"经上一级政府批准"。

> **魏语绸缪**
> ○公署省设国批。
> ○公所县设省批。
> ○街道区设上批。

[例] 经国务院批准，黑龙江省政府设立大兴安岭地区行政公署；经河北省政府批准，涿鹿县政府设立南山区公所；经广州市政府批准，越秀区政府设立黄花岗街道办事处。

命题陷阱

注意比较区公所和街道办事处设立的批准机关不同：

街道办事处的批准机关是地市级政府，是设立机关的上一级政府；而区公所的批准机关是省级政府。

[例] 张家口市行政区域内既有县政府也有区政府，如果张家口市下面的桥东区政府设街道办事处，那么批准机关就是张家口市政府；如果张家口市下面的涿鹿县政府设区公所，那么批准机关就是河北省政府。

总结

派出机关	设立机关	批准机关
地区行政公署	省、自治区政府	国务院
区公所	县、自治县政府	省、自治区、直辖市政府
街道办事处	市辖区、县级市政府	上一级政府

2. 派出机构

派出机构一般最常见的是派出所、市场监督管理所和税务所，但是其包括的远远不止这三个，除此之外还有司法所、土地管理所、财政所等。

（1）派出机构的法律地位

派出机构作为行政机关的内设机构，一般不具有独立法律地位。但是，它们获得法定授权而具有独立行政职权的，在授权范围内享有相对独立于所属行政机关的法律地位。

[例] 公安派出所的授权依据：《治安管理处罚法》第91条规定，治安管理处罚由县级以上人民政府公安机关决定；其中警告、500元以下的罚款可以由公安派出所决定。《户口登记条例》第3条第1、2款规定，户口登记工作，由各级公安机关主管。城市和设有公安派出所的镇，以公安派出所管辖区为户口管辖区；乡和不设公安派出所的镇，以乡、镇管辖区为户口管辖区。乡、镇人民委员会和公安派出所为户口登记机关。

税务所的授权依据：《税收征收管理法》第74条规定，本法规定的行政处罚，罚款额在2000元以下的，可以由税务所决定。

（2）派出机构的设置程序

派出机构的设置与地方各级政府行政机构内设机构的设置规则是一致的。派出机构作为特殊的内设机构，由设立该派出机构的行政机关报本级政府机构编制管理机关审批。

> **魏语绸缪**
> 派出机构编制批。

[例] 县公安局设派出所和治安科，治安科是县公安局的内设机构，而派出所是县公安局的派出机构，派出所和治安科都是由县公安局报县机构编制管理机关审批。

经典真题

关于行政机关和机构的设立，下列哪些说法是不正确的？（2002/2/69）[1]

A. 经国务院批准，省人民政府可以设立行政公署
B. 经市公安局批准，县公安局可以设立派出所

---

[1] BCD。省政府可以设立行政公署，应当经国务院批准，A选项正确，不当选；县公安局作为县政府行政机构可以设立派出所，由县公安局报县政府机构编制管理机关审批，无须经市公安局批准，B选项不正确，当选；国务院设立直属机构是由国务院自己决定，无须经全国人大常委会批准，C选项不正确，当选；县政府可以设立区公所，应当经省、自治区、直辖市政府批准，而不是经市政府批准，D选项不正确，当选。

C. 经全国人大常委会批准，国务院可以设立直属机构
D. 经市人民政府批准，县人民政府可以设立区公所

二、实施行政职能的非政府组织

由于行政改革和提高行政效率的需要，一些非政府组织被赋予实施行政管理的职权。按照其权力的来源，大致可以分为两类：①根据法律、法规、规章的规定获得行政管理职能的，被称为法律、法规、规章授权的组织；②根据行政机关的委托获得行政管理职能的，被称为受行政机关委托的组织。

（一）行政授权：法律、法规、规章授权的组织

1. 法律、法规、规章授权的组织，是指根据法律、法规、规章的规定，以自己的名义从事行政管理活动、参加行政复议和行政诉讼并承担相应法律责任的非政府组织。对非政府组织的授权主要由单行法律、法规、规章根据具体情形规定，授予权力的内容和行使条件也各不相同。

2. 授权就是法律、法规、规章授权，被授权的组织以自己的名义行使行政权的，行使行政权的后果由被授权组织承担。实际上，被授权组织的法律地位和行政机关的地位是一样的，法律、法规、规章授权的组织取得行政主体资格。

3. 法律、法规、规章授权的组织的种类，常见的是国有事业单位和企业单位。

（1）事业单位大致有两类：一类是执行国家行政管理职能的事业单位，如国务院的事业单位中国气象局[1]。另一类是履行公共服务职能的事业单位。它们是出于社会公益目的，由国家机关举办或者由其他组织利用国有资产举办的，从事教育、科技、文化、卫生等活动并提供社会服务的公共组织，如高等院校[2]、律师协会[3]、注册会计师协会[4]、村委会[5]、居委会[6]等。

---

[1]《气象法》第 5 条规定，国务院气象主管机构负责全国的气象工作。地方各级气象主管机构在上级气象主管机构和本级人民政府的领导下，负责本行政区域内的气象工作。国务院其他有关部门和省、自治区、直辖市人民政府其他有关部门所属的气象台站，应当接受同级气象主管机构对其气象工作的指导、监督和行业管理。

[2]《高等教育法》第 20 条第 1 款规定，接受高等学历教育的学生，由所在高等学校或者经批准承担研究生教育任务的科学研究机构根据其修业年限、学业成绩等，按照国家有关规定，发给相应的学历证书或者其他学业证书。《高等教育法》第 22 条规定，国家实行学位制度。学位分为学士、硕士和博士。公民通过接受高等教育或者自学，其学业水平达到国家规定的学位标准，可以向学位授予单位申请授予相应的学位。

[3]《律师法》第 46 条第 1 款规定，律师协会应当履行下列职责：①保障律师依法执业，维护律师的合法权益；②总结、交流律师工作经验；③制定行业规范和惩戒规则；④组织律师业务培训和职业道德、执业纪律教育，对律师的执业活动进行考核；⑤组织管理申请律师执业人员的实习活动，对实习人员进行考核；⑥对律师、律师事务所实施奖励和惩戒；⑦受理对律师的投诉或者举报，调解律师执业活动中发生的纠纷，受理律师的申诉；⑧法律、行政法规、规章以及律师协会章程规定的其他职责。

[4]《注册会计师法》第 37 条规定，注册会计师协会应当对注册会计师的任职资格和执业情况进行年度检查。

[5]《村民委员会组织法》第 8 条规定，村民委员会应当支持和组织村民依法发展各种形式的合作经济和其他经济，承担本村生产的服务和协调工作，促进农村生产建设和经济发展。村民委员会依照法律规定，管理本村属于村农民集体所有的土地和其他财产，引导村民合理利用自然资源，保护和改善生态环境。村民委员会应当尊重并支持集体经济组织依法独立进行经济活动的自主权，维护以家庭承包经营为基础、统分结合的双层经营体制，保障集体经济组织和村民、承包经营户、联户或者合伙的合法财产权和其他合法权益。

[6]《城市居民委员会组织法》第 3 条规定，居民委员会的任务：①宣传宪法、法律、法规和国家的政策，维护

（2）一些企业单位，主要是公用企业，如电力企业[1]、自来水企业[2]等，相关立法对其实施行政职能的授权非常严格。

（二）行政委托：受委托的组织

受委托的组织，是指以委托行政机关的名义在委托范围内实施行政管理的组织。行政委托，是指某一行政机关委托另一行政机关、非政府组织以委托行政机关的名义实施行政管理，其行为效果归属于委托行政机关的制度。行政委托制度类似于民事代理制度，行政机关相当于民法中的被代理人，受委托的组织相当于代理人，代理人应当以被代理人的名义行使行政权，那么行政权的后果则应当由被代理人来承担，而不是由代理人承担，受委托的组织没有取得行政主体资格。

受委托的组织所行使的行政职权来源于行政机关的委托，而非直接来源于法律、法规、规章的授予。受委托的组织不具备行政主体资格，应当以委托机关的名义作出具体行政行为，由委托机关承担法律责任。

[例] 根据《建设工程安全生产管理条例》第44条的规定，阳山县住房和城乡建设局委托阳山县建设工程安全监督站在阳山县范围内，对建筑工程安全生产进行监督管理，并依照《建筑法》及《建设工程安全生产管理条例》等相关法律法规进行执法，对发现的违法违规行为依法进行查处。阳山县建设工程安全监督站接受阳山县住房和城乡建设局的监督，在委托权限范围内以阳山县住房和城乡建设局的名义进行执法，其产生的法律后果由阳山县住房和城乡建设局承担。

（三）行政授权和行政委托的比较

	行政授权	行政委托
依 据	必须由法律、法规、规章授予	行政机关的委托决定
名 义	以被授权组织的名义	受委托组织以委托机关的名义
后 果	被授权组织承担	委托机关承担

没有法律、法规或者规章规定，行政机关授权其内设机构、派出机构或者其他组织行使行政职权的，属于委托。

居民的合法权益，教育居民履行依法应尽的义务，爱护公共财产，开展多种形式的社会主义精神文明建设活动；②办理本居住地区居民的公共事务和公益事业；③调解民间纠纷；④协助维护社会治安；⑤协助人民政府或者它的派出机关做好与居民利益有关的公共卫生、计划生育、优抚救济、青少年教育等项工作；⑥向人民政府或者它的派出机关反映居民的意见、要求和提出建议。

[1]《电力法》第33条规定，供电企业应当按照国家核准的电价和用电计量装置的记录，向用户计收电费。供电企业查电人员和抄表收费人员进入用户，进行用电安全检查或者抄表收费时，应当出示有关证件。用户应当按照国家核准的电价和用电计量装置的记录，按时交纳电费；对供电企业查电人员和抄表收费人员依法履行职责，应当提供方便。

[2]《天津市城市供水用水条例》第42条规定，供水企业接到城市公共供水设施跑水、漏水事故报告后，应当立即进行抢修。对影响抢修的其他设施，供水企业可以采取合理的应急措施，并及时通知有关部门。公安、交通、市政等有关部门应当予以配合。供水企业在抢修或者维修城市供水设施时，应当对现场采取必要的防护措施。工程完成后，应当及时通知相关部门。

命题陷阱

考生在考试时需要鉴别"假授权、真委托"。

行政机关在没有法律、法规、规章规定的情况下，授权其内设机构、派出机构或其他组织行使行政职权，这时出现的"授权"就不是真授权，应当视为"委托"。因为真正的授权只能由法律、法规、规章授权，一个行政机关没有制定法律、法规、规章的资格，它进行的所有授权都视为委托，应该按照委托的后果来处理。因此，作为"被授权"的内设机构、派出机构或其他组织没有取得行政主体资格，即使内设机构、派出机构或其他组织以自己的名义行使了"被授权"的行政职权，也应当由行政机关承担行使行政职权的法律后果。

［例］为切实解决影响企业和群众办事创业的"痛点"、"难点"和"堵点"，努力打造优质高效的办事和营商环境，真正做到便民、利民，某县市场监督管理局决定从 2019 年 9 月 15 日起，将原在县政务服务数据管理局政务服务大厅统一办理的食品经营许可流通领域的《食品经营许可证》（经营面积超过 300 平方米的超市除外）的新办、变更与注销工作，授权到各市场监督管理所。此处的"授权"实质是"委托"。

经典真题

为严格本地生猪屠宰市场管理，某县政府以文件形式规定，凡本县所有猪类屠宰单位和个人，须在规定期限内到生猪管理办公室申请办理生猪屠宰证，违者予以警告或罚款。个体户张某未按文件规定申请办理生猪屠宰证，生猪管理办公室予以罚款 200 元。（2008/2/84）

问题：生猪管理办公室罚款 200 元的行为是行政授权还是行政委托？[1]

致努力中的你

正因为我有能力跨越，

这个考验才会降临。

---

[1] 生猪管理办公室的罚款行为是行政委托。在没有法律、法规或者规章授权的情况下，该县政府文件授权生猪管理办公室行使行政职权，视为行政委托。

03 第三讲 公务员

应试指导

本讲是对公务员法律制度的阐述。由于公务员代表国家从事行政管理，具有不同于普通公民的身份和地位，因此需要考生在掌握公务员范围和条件的基础上明确各类各项管理制度的基本内容，以记忆为主，同时需要结合实例运用规则。本讲需要掌握公务员的范围、录用、管理、处分和救济，核心考点是公务员的录用、任职、回避、交流、辞职、辞退、处分和救济。本讲在考试中的题目类型主要是客观卷中的选择题，涉及两个必读的法律法规：《公务员法》和《行政机关公务员处分条例》。

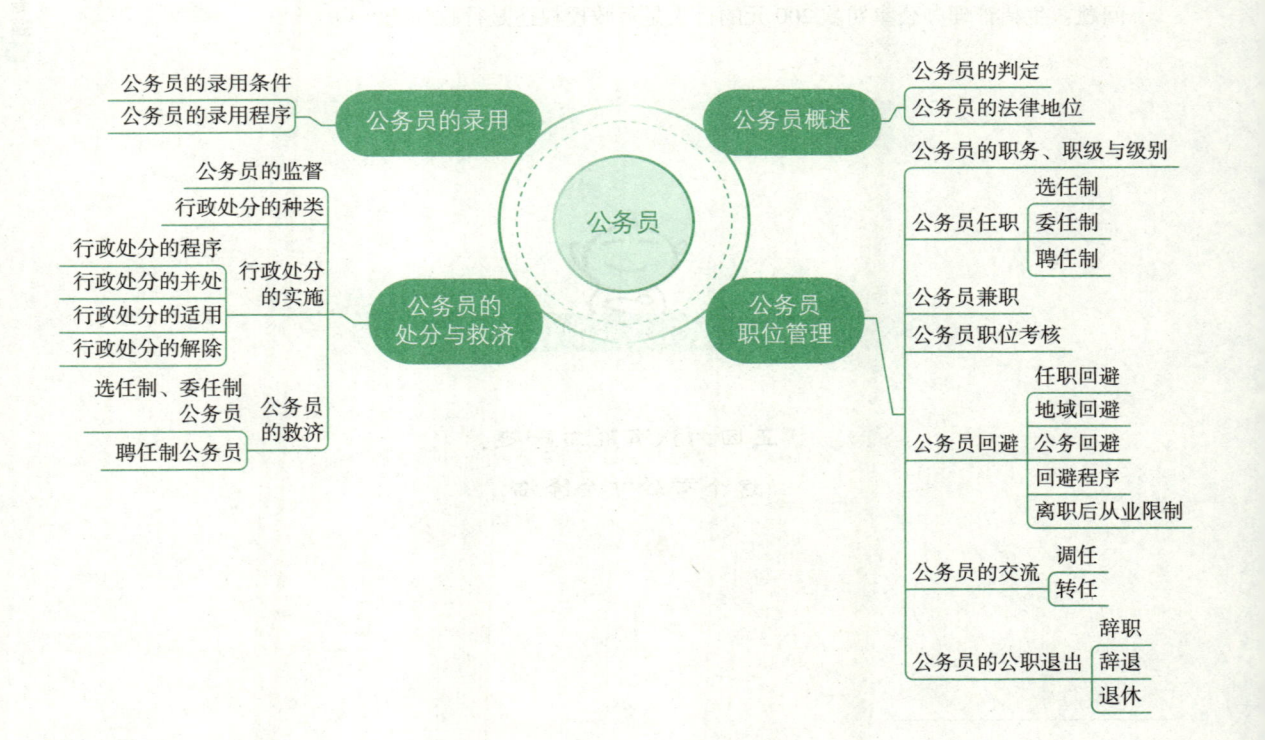

```
                                        公务员的判定
          公务员的录用条件    公务员概述
          公务员的录用程序                公务员的法律地位
                    公务员的录用
                                        公务员的职务、职级与级别
          公务员的监督                         选任制
          行政处分的种类               公务员任职  委任制
行政处分的程序                                   聘任制
行政处分的并处  行政处分                公务员
行政处分的适用  的实施   公务员的      公务员    公务员兼职
行政处分的解除         处分与救济      职位管理   公务员职位考核

          选任制、委任制                          任职回避
              公务员    公务员                    地域回避
                      的救济            公务员回避 公务回避
              聘任制公务员                        回避程序
                                                离职后从业限制

                                                    调任
                                        公务员的交流
                                                    转任

                                                    辞职
                                        公务员的公职退出 辞退
                                                    退休
```

· 042 ·

专题 05　公务员概述与公务员录用

从法律上说，公务员制度是调整公职关系的法律规范的总和。公职关系，是指基于担任公职而产生的公职人员同公务员管理部门之间的权利义务关系，属于内部行政法律关系。《公务员法》是国家管理公职人员的基本法。

一、公务员概述

公务员是履行公职的人员。考试要求掌握两个问题：①公务员的判定；②公务员的法律地位，即公务员的基本权利义务。

（一）公务员的判定

公务员是指依法履行公职、纳入国家行政编制、由国家财政负担工资福利的工作人员。公务员的判定把握三个标准：①有公职；②有编制，主要是指行政编制；③拿财政工资。

我国"公务员"的范围，不限于国家机构和行政机关的工作人员，大体相当于公职人员的总称。具体而言，其主要包括下列人员：中国共产党机关的工作人员、人大机关的工作人员、行政机关的工作人员、政协机关的工作人员、监察机关的工作人员、审判机关的工作人员、检察机关的工作人员和民主党派机关的工作人员，但排除上述机关中的工勤人员。因此，对于公务员的范围要作广义的理解，不能太狭义理解为行政机关的工作人员。例如，检察官、法官、监察官、人大常委会的工作人员、政协机关的工作人员和县委书记等，都属于公务员。

注意：法律、法规授权的具有公共事务管理职能的事业单位中的工作人员，经批准参照《公务员法》进行管理，但不属于公务员。

（二）公务员的法律地位

公务员的法律地位体现为公务员的基本权利义务，是公务员普遍和根本的法律义务和权利，是形成公务员与国家之间公职法律关系的基础，是公务员在法律地位上区别于普通公民的主要标志，是国家和社会监督和评价公务员的主要依据。

1. 公务员的义务：①忠于宪法，模范遵守、自觉维护宪法和法律，自觉接受中国共产党领导；②忠于国家，维护国家的安全、荣誉和利益；③忠于人民，全心全意为人民服务，接受人民监督；④忠于职守，勤勉尽责，服从和执行上级依法作出的决定和命令，按照规定的权限和程序履行职责，努力提高工作质量和效率；⑤保守国家秘密和工作秘密；⑥带头践行社会主义核心价值观，坚守法治，遵守纪律，恪守职业道德，模范遵守社会公德、家庭美德；⑦清正廉洁，公道正派；⑧法律规定的其他义务。

注意：公务员的上述第 4 项义务和《公务员法》第 60 条规定的关系：

《公务员法》第 60 条规定，公务员执行公务时，认为上级的决定或者命令有错误的，可以向上

级提出改正或者撤销该决定或者命令的意见；上级不改变该决定或者命令，或者要求立即执行的，公务员应当执行该决定或者命令，执行的后果由上级负责，公务员不承担责任；但是，公务员执行明显违法的决定或者命令的，应当依法承担相应的责任。

上述内容可以从以下角度理解：①服从和执行上级依法作出的决定和命令是公务员的义务；②公务员对上级错误的决定或者命令有提出改正或撤销意见的权利；③公务员执行上级拒不改正的错误的决定或者命令的，不承担责任；④公务员执行明显违法的决定或者命令的，承担相应的责任。

[例] 两位公务员因执行领导命令被判刑

为让开发商同意停建被老百姓投诉的车库，河南省永城市政法委书记张某委托永城市副市长和永城市住建局局长召开会议并形成《会议纪要》，允许开发商给两小区增高楼层。

开发商拿着《会议纪要》找永城市城乡规划服务中心主任夏明旭，要求给新增楼层办建设工程规划许可证，夏明旭和该中心时任用地规划股股长的刘予永在明知《会议纪要》违法的情况下，仍然按照上级领导要求办了证。

周口市中级法院认定夏明旭、刘予永构成滥用职权罪，但免予刑事处罚。夏明旭不服，称自己是执行职务，没有滥用职权的故意，但法院认为，其作为规划单位主要领导，明知《会议纪要》违法但仍去执行，应属滥用职权。

2. **公务员的权利**：①获得履行职责应当具有的工作条件；②非因法定事由、非经法定程序，不被免职、降职、辞退或者处分；③获得工资报酬，享受福利、保险待遇；④参加培训；⑤对机关工作和领导人员提出批评和建议；⑥提出申诉和控告；⑦申请辞职；⑧法律规定的其他权利。

[例] 现实中存在着损害公务员权利的现象

某局在发放工作人员工资时扣发了每人200元，在年底仍未补发所扣减的工资，所欠工资被用于该局进行办公楼的整修。

某县下发狠刹违规摆酒的紧急通知，规定除婚丧嫁娶以外，其他一切摆酒席行为均视为违规摆酒。该县财政局规定，禁止违规操办酒宴，一经查证属实，当年年度考核定为不称职，并处罚金4000元。情节严重的，扣除全年基本工资的50%。

[命题陷阱]

考试中对公务员权利义务的考查角度是区分权利和义务。公务员的义务应当遵守，而公务员的权利是享有，所以判断权利与义务的标准是：有利于公务员的视为权利，公务员应负担的视为义务。

[经典真题]

根据《公务员法》规定，下列哪一选项不是公务员应当履行的义务？（2015/2/44）[1]

A. 公道正派
B. 忠于职守
C. 恪守职业道德
D. 参加培训

---

[1] D。《公务员法》第14条规定了公务员应当履行的8项义务，A选项"公道正派"属于第7项义务，B选项"忠于职守"属于第4项义务，C选项"恪守职业道德"属于第6项义务，A、B、C选项不当选；D选项"参加培训"是公务员的权利，不属于公务员的义务，D选项当选。

二、公务员的录用

录用公务员，是指根据法定程序和方法，将符合条件的人员吸收为公务员的制度。录用制度适用于初次进入行政机关，担任一级主任科员以下及其他相当职级层次的公务员。录用采取公开考试、严格考核、平等竞争和择优录取的方法。

（一）公务员的录用条件

录用条件	机关职位条件		录用机关编制限额以内和具有相应职位空缺。
	报考资格条件	法定条件	①具有中华人民共和国国籍；②年满18周岁；③其他条件。
		机关拟定条件	省级以上公务员主管部门根据拟任职位要求规定条件。
录用排除	①因犯罪受过刑事处罚的；②被开除中国共产党党籍的；③被开除公职的；④被依法列为失信联合惩戒对象的；⑤有法律规定不得录用为公务员的其他情形的。		

重点掌握公务员录用中的排除条件，特别是《公务员法》明确排除的四类人员：①因犯罪受过刑事处罚的；②被开除中国共产党党籍的；③被开除公职的；④被依法列为失信联合惩戒对象的。

［例］2019年3月30日，某市公安局市中区分局特警大队一中队主任科员孙某，酒后驾驶机动车，经交警部门抽血鉴定，孙某静脉血中乙醇含量198.5 mg/100 ml，为醉酒驾驶。2019年10月29日，市中区人民法院以危险驾驶罪判处孙某拘役1个月，并处罚金6000元。2019年12月，孙某受到开除党籍、开除公职处分。本案中，孙某不得再次被录用为公务员。

命题陷阱

《公务员法》明确规定的四类人员不得录用为公务员是绝对排除，没有任何例外。考试时会设置陷阱，进行干扰。例如，一个人如果受过刑事处罚、被开除公职或党籍、被列为失信联合惩戒对象，那么，即使工作需要，无论这个人的业务能力多么优秀，也不得录用为公务员。

（二）公务员的一般录用程序

公务员录用程序，是指选拔和确定报考人员是否符合录用条件的法定过程。

1. 录用主体

中央机关及其直属机构公务员的录用，由中央公务员主管部门[1]负责组织。

地方各级机关公务员的录用，由省级公务员主管部门[2]负责组织，必要时省级公务员主管部门可以授权设区的市级公务员主管部门[3]组织。

---

[1] 中央公务员主管部门就是国家公务员局。为更好落实党管干部原则，加强党对公务员队伍的集中统一领导，更好统筹干部管理，建立健全统一规范高效的公务员管理体制，将国家公务员局并入中央组织部。中央组织部对外保留国家公务员局牌子。

[2] 例如，江苏省公务员局、上海市公务员局就是省级公务员主管部门。

[3] 例如，南京市公务员局、苏州市公务员局就是设区的市级公务员主管部门。

2. 录用步骤

招考公告	录用公务员，应当发布招考公告：招考的职位、名额、报考资格条件、报考需要提交的申请材料以及其他报考须知事项。
资格审查	招录机关根据报考资格条件对报考申请进行审查。
考 试	录用考试采取笔试和面试等方式进行。
复审、考察和体检	招录机关根据考试成绩确定考察人选，并进行报考资格复审、考察和体检。 体检的项目和标准的具体办法由中央公务员主管部门会同国务院卫生健康行政部门规定。
拟录用	招录机关根据考试成绩、考察情况和体检结果，提出拟录用人员名单，并予以公示。公示期不少于5个工作日。 公示期满，中央一级招录机关应当将拟录用人员名单报中央公务员主管部门备案。 地方各级招录机关应当将拟录用人员名单报省级或者设区的市级公务员主管部门审批。
试用期	新录用的公务员试用期为1年。 试用期满合格的，予以任职；不合格的，取消录用。

[例] 2019年11月，北京市公务员局发布《北京市各级机关2020年度考试录用公务员公告》，其主要内容如下：

一、报考条件
二、报考程序
（一）职位查询
（二）网上报名
（三）网上缴费
通过资格审查的人员进行缴费。
（四）网上打印准考证
三、考试内容、时间和地点
（一）笔试
（二）面试和专业能力测试
参加面试和专业能力测试的人选须进行资格复审。
四、体检和考察
体检项目和标准按照《公务员录用体检通用标准（试行）》及操作手册执行。公安机关人民警察等对身体条件有特殊要求的职位，相关体检项目和标准按照《公务员录用体检特殊标准（试行）》执行。
考察工作突出政治标准，采取个别谈话、实地走访、严格审核人事档案、查询社会信用记录、同本人面谈等方法进行，重点了解考察人选的政治信仰、政治立场、政治意识和政治表现。
五、公示
六、录用审批
公示期满，对没有问题或者反映的问题不影响录用的人员，由招录机关为其办理录用审批手续。
七、补充录用

命题陷阱

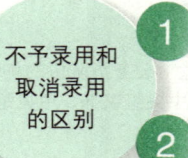

不予录用和取消录用的区别

1. 不予录用是录用程序中进行报考资格复审、考察和体检时，对不符合报考资格或者不符合政治条件或者不符合体检身体条件的公民作出不予录用的决定。→ 不予录用属于外部行政行为。

2. 取消录用是试用期满不合格，对已录用的公务员取消其公务员身份资格。→ 取消录用属于内部行政行为。

[例] 2003年6月，大学毕业的安徽省芜湖市青年张先著在芜湖市人事局报名参加安徽省公务员考试，报考职位为芜湖县委办公室经济管理专业。经过笔试和面试，综合成绩在报考该职位的30名考生中名列第一，按规定进入体检程序。2003年9月间，张先著在先后两次体检中均因检查出感染乙肝病毒，被认定为体检不合格。芜湖市人事局以口头方式向张先著宣布，由于体检结论不合格而不予录取。2003年11月10日，张先著以芜湖市人事局的行为剥夺其担任国家公务员的资格，侵犯其合法权利为由，向原芜湖市新芜区人民法院提起行政诉讼。2004年4月2日，原新芜区人民法院对该案作出一审判决，确认被告芜湖市人事局取消原告张先著进入考核程序资格主要证据不足。同时，对原告要求被录用至相应职位的请求不予支持。芜湖市人事局不服一审判决，向芜湖市中级人民法院提起上诉。2004年5月31日，芜湖市中级人民法院作出终审判决：驳回上诉，维持原判。

（三）特殊职位公务员的录用程序

在公务员录用中，凡进必考是原则，特殊职位是例外。录用特殊职位的公务员，经省级以上公务员主管部门批准，可以简化程序或者采用其他测评办法。

[例] 某市国家安全局经省公务员局批准，可以简化程序或者采用特殊测评办法录用涉密职位的公务员，并非必须采取公开考试方式招录公务员。

经典真题

关于公务员录用的做法，下列哪一选项是正确的？（2012/2/43）[1]
A. 县公安局经市公安局批准，简化程序录用一名特殊职位的公务员
B. 区财政局录用一名曾被开除过公职但业务和能力优秀的人为公务员
C. 市环保局以新录用的公务员李某试用期满不合格为由，决定取消录用
D. 国务院卫生行政部门规定公务员录用体检项目和标准，报中央公务员主管部门备案

专题 06 公务员职位管理

对公务员的职位管理涉及公务员职位的取得、履行和退出等诸多管理环节。

一、公务员的职务、职级与级别

职位分类，是指进行职位设置，确定职位职责和任职资格条件的人事管理活动。职位分类是以工作职位需要确定人员任用的人事管理制度，是对公务员进行管理的基础。2018年修订的《公务员法》确立了公务员职务与职级并行制度，公务员的职务、职级都属于公务员的职位。

---

[1] C。录用特殊职位的公务员的程序是可以简化的，但是必须经过省级以上公务员主管部门批准，A选项不正确；只要是曾经被开除公职的人员，不管其业务和能力多么优秀，都不能录用为公务员，B选项不正确；新录用的公务员在试用期满后考核不合格的，行政机关有权决定取消录用，C选项正确；体检的项目和标准的具体办法应当由中央公务员主管部门会同国务院卫生健康行政部门共同规定，国务院卫生行政部门无权单独规定，D选项不正确。

（一）公务员职位分为综合管理类、专业技术类和行政执法类

公务员职位类别按照公务员职位的性质、特点和管理需要，划分为综合管理类、专业技术类和行政执法类等类别。对于具有职位特殊性，需要单独管理的，国务院可以增设其他职位类别。

根据公务员职位类别和职责设置公务员领导职务、职级序列。

（二）公务员的领导职务设置

公务员的领导职务层次分为：国家级正职、国家级副职、省部级正职、省部级副职、厅局级正职、厅局级副职、县处级正职、县处级副职、乡科级正职、乡科级副职。

[例] 国务院总理是国家级正职，国务院副总理、国务委员都是国家级副职；司法部部长、广东省省长都是省部级正职，司法部副部长、广东省副省长都是省部级副职；司法部法律职业资格管理局局长、广东省司法厅厅长、广东省中山市市长都是厅局级正职，司法部法律职业资格管理局副局长、广东省司法厅副厅长、广东省中山市副市长都是厅局级副职；广州市司法局局长、县长、区长、处长都是县处级正职，广州市司法局副局长、副县长、副区长、副处长都是县处级副职；县司法局局长、乡长、镇长、科长都是乡科级正职，县司法局副局长、副乡长、副镇长、副科长都是乡科级副职。

（三）公务员的职级设置

综合管理类公务员职级序列分为：一级巡视员、二级巡视员、一级调研员、二级调研员、三级调研员、四级调研员、一级主任科员、二级主任科员、三级主任科员、四级主任科员、一级科员、二级科员。综合管理类以外其他职位类别公务员的职级序列，依法由国家另行规定。

[例] 2020年6月28日，某省人民政府决定，免去刘某的省教育厅副厅长职务，随后刘某晋升为省教育厅一级巡视员。省教育厅副厅长职务属于公务员的领导职务——厅局级副职，而省教育厅一级巡视员属于公务员的职级——厅局级正职。此外，一级调研员相当于县处级正职，一级主任科员相当于乡科级正职。

（四）公务员的领导职务、职级、级别的关系

公务员的领导职务、职级应当对应相应的级别。[1] 根据工作需要和领导职务与职级的对应关系，公务员担任的领导职务和职级可以互相转任、兼任。公务员在同一领导职务、职级上，可以按照国家规定晋升级别。

[例] 根据有关规定，经自治区党委研究决定，对以下同志进行任职前公示：

---

[1] 公务员领导职务层次与级别的对应关系是：①国家级正职：一级；②国家级副职：四级至二级；③省部级正职：八级至四级；④省部级副职：十级至六级；⑤厅局级正职：十三级至八级；⑥厅局级副职：十五级至十级；⑦县处级正职：十八级至十二级；⑧县处级副职：二十一级至十四级；⑨乡科级正职：二十二级至十六级；⑩乡科级副职：二十四级至十七级。

综合管理类公务员职级对应的级别是：①一级巡视员：十三级至八级；②二级巡视员：十五级至十级；③一级调研员：十七级至十一级；④二级调研员：十八级至十二级；⑤三级调研员：十九级至十三级；⑥四级调研员：二十级至十四级；⑦一级主任科员：二十一级至十五级；⑧二级主任科员：二十二级至十六级；⑨三级主任科员：二十三级至十七级；⑩四级主任科员：二十四级至十八级；⑪一级科员：二十六级至十八级；⑫二级科员：二十七级至十九级。

潘志金，男，壮族，1964年11月生，大学，中共党员，现任自治区人力资源和社会保障厅副厅长、党组副书记、一级巡视员，拟任正厅级领导职务。

对以上公示对象有情况反映的，请以书面形式，并署真实姓名和联系地址，于2022年9月20日前邮寄或直送自治区党委组织部举报中心。

干部群众如实反映有关问题受法律保护。

中共广西壮族自治区委员会组织部
2022年9月13日

二、公务员任职

公务员任职包含对公务员职位的任免，是关于任用或者免除公务员职位的制度。公务员行使行政权力时必须在具体的职位上，所以行政权又叫作"行政职权"。只有在具体的职位上才有具体的行政权，公务员如何行使行政职权就涉及任职问题。公务员的任职方式有三种：选任制、委任制和聘任制。考生需要掌握这三种任职方式的区别。委任制和选任制是传统的任职方式，聘任制是公务员任职的新型方式。2018年修订的《公务员法》增加了"公务员就职时应当依照法律规定公开进行宪法宣誓"的规定。

（一）选任制

选任制公务员在选举结果生效时即任当选职务；任期届满不再连任或者任期内辞职、被罢免、被撤职的，其所任职务即终止。

［例］2023年2月24日，第十三届全国人民代表大会常务委员会第三十九次会议决定：免去唐一军的司法部部长职务，任命贺荣（女）为司法部部长。

（二）委任制

委任制公务员，遇有试用期满考核合格，职务、职级发生变化，以及其他情形需要任免职务、职级的，行政机关应当按照管理权限和规定的程序任免。

注意：委任和选任的区别：委任是由行政机关对公务员直接任职、免职，绝大部分的公务员都是由行政机关来任免的；而选任，意味着公务员的职务是需要经过人大或人大常委会才能任免的。

［例］2023年9月13日，国务院任免国家工作人员：任命陈家昌为科学技术部副部长；任命胡卫列为司法部副部长。免去刘钊的公安部副部长职务；免去许宏才的财政部副部长职务；免去向东的国务院研究室副主任职务；免去余兵的国家能源局副局长职务。

（三）聘任制

审批程序	机关根据工作需要，经省级以上公务员主管部门批准实行聘任制。
职位限制	不涉及国家秘密的专业性较强的职位和辅助性职位。
聘任方式	可以参照公务员考试录用的程序进行公开招聘，也可以从符合条件的人员中直接选聘。
聘任合同	须签订书面聘任合同，期限为1~5年，试用期为1~12个月，实行协议工资制。 聘任合同的签订、变更或者解除，须报同级公务员主管部门备案。
管　理	机关根据《公务员法》和聘任合同对所聘公务员进行管理。

与选任制和委任制相比，聘任制是考试的重点，因为它体现了公务员制度改革的新方

向，打破了公务员的铁饭碗，激发了公务员工作的积极性。聘任制的公务员就类似于公司聘任员工，是以签订合同的方式来任职的。机关与所聘公务员之间应当通过订立聘任合同确定双方的权利义务，机关根据《公务员法》和聘任合同对所聘公务员进行管理。

机关根据工作需要，经省级以上公务员主管部门批准，可以对专业性较强的职位和辅助性职位实行聘任制。机关聘任公务员可以参照公务员考试录用的程序进行公开招聘，也可以从符合条件的人员中直接选聘。

聘任制公务员是有合同期限的，聘任制公务员的聘任合同期限是1～5年，试用期是1～12个月，而且聘任制公务员工资跟国家规定的一般公务员工资不同，其实行协议工资制。协议工资跟一般公务员工资相比，有的比一般公务员高，有的比一般公务员低。有的聘任制公务员从事辅助性职务，他们的工资要比一般公务员工资低，这主要是为了降低行政成本；有的聘任制公务员工资相当高，行政机关聘任专业性较强的职位，需要专业人才从事专业性比较强的职位，这类聘任制公务员工资就比一般公务员工资高。

为什么涉密职位不能实行聘任制呢？因为聘任制公务员有合同期限，一旦掌握国家秘密，合同期限届满后是续聘还是不聘呢？如果不聘，国家秘密就被带走了；如果因为国家秘密接着聘任，聘任合同期限就失去了意义。

[例] 2020年8月13日，四川省2020年聘任制公务员招聘公告正式发布，2个省直机关和9个市州共招聘79个岗位，涵盖省、市、县、乡四级，最高年薪可达46万元。四川省委组织部相关负责人介绍，本次招聘的岗位指向明确——紧贴为建设成渝地区双城经济圈、推进"一干多支、五区协同""四向拓展、全域开放"战略部署提供坚强有力人才支撑和组织保障的需要，引进急需紧缺的高精尖专业人才；紧贴决胜全面建成小康社会、决战脱贫攻坚需要，在阿坝、甘孜、凉山探索通过聘任制方式引进具有低替代性的应用型专业人才。为保证公开招聘的充分竞争性，各职位资格审查合格的笔试报名人数与聘任计划数之比不低于3∶1。在报名工作结束后，对达不到开考比例的职位，取消该聘任职位，或者按规定程序从符合条件的报名人员中直接选聘。

命题陷阱

聘任制公务员中批准和备案的区别

1. 行政机关实行聘任制方式，须经过省级以上公务员主管部门批准。
2. 行政机关聘任公务员的聘任合同不需要省级以上公务员主管部门批准，需要报同级公务员主管部门备案。

经典真题

关于聘任制公务员，下列做法正确的是：（2010/2/98）[1]

---

[1] B。对于负责保密工作的计算机程序员不能实行聘任制，A选项不正确；聘任制公务员实行协议工资制，

A. 某县保密局聘任 2 名负责保密工作的计算机程序员
B. 某县财政局与所聘任的 1 名精算师实行协议工资制
C. 某市林业局聘任公务员的合同期限为 10 年
D. 某县公安局聘任网络管理员的合同需经上级公安机关批准

三、公务员兼职

原则上是不允许公务员在机关之外兼职的。公务员兼职的目的是工作需要，还需要具备两个条件：①经过有关机关批准；②不能拿报酬。

> **魏语绸缪**
> 公务员在机关之外兼职的目的是工作需要，一定注意不是其他需要，更不是发挥公务员个人专长需要。

[例] 2019 年 7 月 4 日上午，某市第一中学举行法制副校长聘任仪式，分别聘请该市市公安局兰山分局东关派出所所长、柳青派出所所长、经开区分局派出所副所长为校本部、北校区、南校区法制副校长，聘期从 2019 年 7 月至 2021 年 6 月。第一中学校长为三位法制副校长颁发了聘书，希望通过本次法制副校长的聘任，在营造"学法、知法、守法"的良好校园氛围等方面能对学校法治教育工作，对"平安校园""文明校园"建设起到有力的推动作用。三位法制副校长都表示，将以高度的责任感和使命感，切实担负起协助学校进行青少年法制教育、治安保卫等方面的责任，协助有关部门整治学校周边的治安环境，及时消除学校周边不良环境对学生的影响，为校园平安保驾护航。

经典真题

财政局干部李某在机关外兼职。关于李某兼职，下列哪些说法是正确的？（2016/2/76）[1]
A. 为发挥个人专长可在外兼职
B. 兼职应经有关机关批准
C. 不得领取兼职报酬
D. 兼职情况应向社会公示

四、公务员职位考核

考核，是指对公务员履行职责情况进行考察核查并且作出评价的活动，包括考核种类、考核内容、考核程序和考核结果。

考核种类	考核分为平时考核、专项考核和定期考核等方式，定期考核以平时考核、专项考核为基础。
考核内容	有德、能、勤、绩、廉五个方面，其中重点是考核工作实绩和政治素质。
考核程序	非领导成员公务员的考核，先由个人按照职位职责和有关要求进行总结，主管领导在听取群众意见后，提出考核等次建议，由本机关负责人或者授权的考核委员会确定考核等次。
	领导成员公务员的考核由主管机关按照有关规定办理。

B 选项正确；聘任制公务员的合同期限最短不得少于 1 年，最长不得超过 5 年，C 选项不正确；聘任合同应当报同级公务员主管部门备案，而无须经上级机关批准，D 选项不正确。

[1] BC。《公务员法》对公务员兼职有三个要求：①兼职目的。公务员在机关外兼职的目的只能是工作需要，而非其他目的。发挥个人专长不是法定的兼职目的，A 选项不正确。②兼职程序。公务员兼职应当经有关机关的批准。未经批准，公务员不得兼职，B 选项正确。③禁止谋取利益。公务员兼职不得领取兼职报酬，C 选项正确。《公务员法》并未规定公务员兼职情况应当公示，D 选项不正确。

续表

考核结果	定期考核的结果分为优秀、称职、基本称职和不称职四个等次。
	定期考核的结果应当以书面形式通知公务员本人。
	定期考核的结果作为调整公务员职位、职务、职级、级别、工资以及公务员奖励、培训、辞退的依据。公务员在定期考核中被确定为优秀、称职的，按照国家规定享受年终奖金。
	公务员在年度考核中被确定为不称职的，按照规定程序降低一个职务或者职级层次任职。

[例] 山东省东营市公务员考核的"三个挂钩"

一是与年度考核挂钩。对年度考核优秀等次的公务员进行公示时，同步公示其当年度平时考核等次。年度考核确定为优秀等次的，当年度平时考核结果好等次不得少于 2 次，且无一般、较差等次；平时考核结果一般、较差等次累计次数超过一半的，年度考核原则上确定为基本称职或者不称职等次；平时考核结果均为较差等次的，年度考核直接确定为不称职等次。每半年对全市平时考核工作进行一次督导检查，开展较好的单位适当提高年度考核优秀比例，最高不超过 35%；开展较慢或落实不到位的单位年度考核优秀等次比例降低 1%，做到"干好干孬不一样"。

二是与职级晋升挂钩。单位制定晋升方案时，将平时考核情况列为必备条件。2020 年以来晋升职级的公务员中，两个季度平时考核均为好等次的占 86%，进一步树立"实在、实干、实绩"用人导向。对平时考核"一般""较差"的 31 名公务员一律不予晋升，并作出谈话提醒、批评教育、诫勉等处理。

三是与物质奖励挂钩。2020 年选取广饶县开展物质奖励试点，指导出台《公务员平时考核物质奖励办法》，将年度考核奖金调整为"年度固定部分+季度浮动部分"发放，其中浮动部分每人每年核定基数 2000 元、每季度核定基数 500 元，每季度独立核算，依据季度考核等次上浮或下调、累计兑现，体现差异化、竞争性。

五、公务员回避

回避，是指为保证公正履行公务，限制公务员任职和执行公务条件的制度。公务员为什么需要回避呢？因为公务员的私人身份或其他关系影响了行政权的行使，回避可以确保行政权的公正行使。对于回避，《公务员法》明确规定了三种回避制度：任职回避、地域回避和公务回避。另外，《公务员法》中有一个离职之后的从业限制，也可以视为一种回避。

（一）任职回避

一般情形	（1）夫妻关系 （2）直系或三代以内旁系血亲关系 （3）近姻亲关系	①在同一机关双方直接隶属于同一领导人员的职位工作； ②在有直接上下级领导关系的职位工作； ③在其中一方担任领导职务的机关从事组织、人事、纪检、监察、审计和财务工作。

续表

特殊情况	公务员不得在其配偶、子女及其配偶经营的企业、营利性组织的行业监管或者主管部门担任领导成员。
变通执行	因地域或者工作性质特殊,需要变通执行任职回避的,由省级以上公务员主管部门规定。

一般情况下,任职回避是两个公务员同时任职时的回避制度。

> 为什么两个公务员在任职的时候需要回避呢?

因为两个公务员有比较密切的私人关系,即夫妻关系、血亲关系(包括直系血亲关系和三代以内旁系血亲关系)[1]、近姻亲关系[2],这是人际关系里最密切的三种私人关系。如果两个公务员有这三种私人关系,在下列三种情形下需要任职回避,也就是两个公务员不能同时任职:

1 第一种情况
不得在同一机关双方直接隶属[3]于同一领导人员[4]的职位工作。例如,一个局长领导两个处长,这两个处长如果是夫妻就需要任职回避。

2 第二种情况
不得在有直接上下级领导关系[5]的职位工作。例如,丈夫做局长而妻子做处长,局长领导处长,这也需要任职回避。

3 第三种情况
不得在其中一方担任领导职务的机关从事组织、人事、纪检、监察、审计和财务工作。为什么这六类职务需要限制呢?因为这六类职务太特殊了。例如,丈夫是局长,妻子在该局做财务工作,就需要任职回避。

2018年修订的《公务员法》还增加了一种任职回避的特殊情形:公务员的配偶、子女及其配偶经营企业、营利性组织的,该公务员不得担任该行业监管或者主管部门的领导成员。

[例] 高某为某市主管城建的副市长,其子高小某在国外获得硕士学位后回国,在该市成立某民营建筑公司。此后数年,高小某利用得天独厚的优势承揽各类城市建设项目,生意做得风生水起。高某就违反了公务员的任职回避规定。

(二)地域回避

地域回避就是本地人不能在本地当官而应异地为官,在古代叫作乡籍回避、原籍回避。异地任职,可以割断领导干部与亲友的空间距离,一定程度上遏制腐败。当然,地域

---

[1]《公务员回避规定》第5条第1款第2、3项规定,直系血亲关系,包括祖父母、外祖父母、父母、子女、孙子女、外孙子女;三代以内旁系血亲关系,包括伯叔姑舅姨、兄弟姐妹、堂兄弟姐妹、表兄弟姐妹、侄子女、甥子女。
[2]《公务员回避规定》第5条第1款第4项规定,近姻亲关系,包括配偶的父母、配偶的兄弟姐妹及其配偶、子女的配偶及子女配偶的父母、三代以内旁系血亲的配偶。
[3]《公务员回避规定》第5条第3款规定,直接隶属,是指具有直接上下级领导关系。
[4]《公务员回避规定》第5条第3款规定,同一领导人员,包括同一级领导班子成员。
[5]《公务员回避规定》第5条第3款规定,直接上下级领导关系,包括上一级正副职与下一级正副职之间的领导关系。

回避并不意味着所有的公务员职位都需要地域回避。

地域回避的条件
- **01** 在中央机关、省级机关任职都不需要地域回避，地域回避只限于乡级机关、县级机关和设区的市级机关及其有关部门。
- **02** 一般的公务员不需要地域回避，地域回避只限于领导职务，主要指党委、人大常委会、政府、法院、检察院及纪委监委、组织部门、公安部门的主要领导职务。[1]
- **03** 民族自治地方的公务员任职不适用地域回避。《民族区域自治法》等法律、法规中有特别规定[2]，《公务员法》是一般法，按照特别规定优于一般规定的原则，民族乡乡长、自治县县长、自治州州长可以不实行地域回避。

（三）公务回避

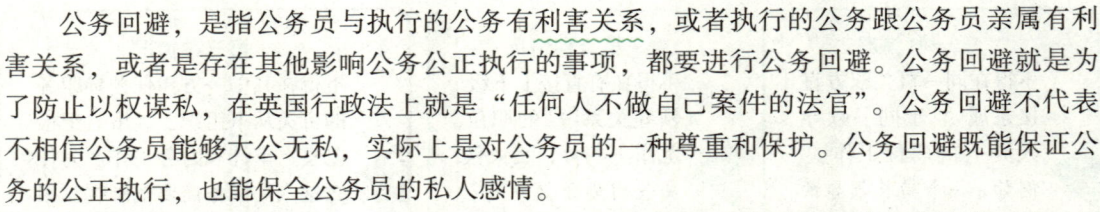

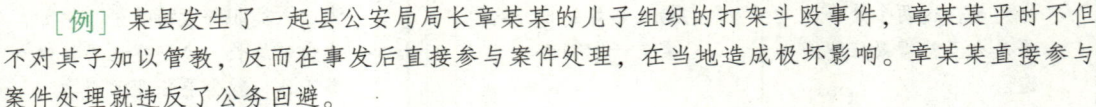

公务回避，是指公务员与执行的公务有利害关系，或者执行的公务跟公务员亲属有利害关系，或者是存在其他影响公务公正执行的事项，都要进行公务回避。公务回避就是为了防止以权谋私，在英国行政法上就是"任何人不做自己案件的法官"。公务回避不代表不相信公务员能够大公无私，实际上是对公务员的一种尊重和保护。公务回避既能保证公务的公正执行，也能保全公务员的私人感情。

[例] 某县发生了一起县公安局局长章某某的儿子组织的打架斗殴事件，章某某平时不但不对其子加以管教，反而在事发后直接参与案件处理，在当地造成极坏影响。章某某直接参与案件处理就违反了公务回避。

（四）回避程序

公务员有应当回避情形的，其回避程序是：

1. 本人应当申请回避，利害关系人有权申请公务员回避，其他人员可以向机关提供公务员需要回避的情况。

2. 机关根据公务员本人或者利害关系人的申请，经审查后作出是否回避的决定，也可以不经申请直接作出回避决定。

（五）离职后从业限制

公务员退出公务员队伍后在一定年限内的从业禁止可以视为离职回避，属于一种比较特殊的回避情形。

---

[1]《公务员回避规定》第11条第1、2款规定，公务员担任乡（镇）党委和政府主要领导职务的，应当实行地域回避；公务员不得在本人成长地担任县（市）党委和政府主要领导职务，一般不得在本人成长地担任市（地、盟）党委和政府主要领导职务。公务员不得在本人成长地担任县（市）纪委监委、组织部门、法院、检察院、公安部门主要领导职务，一般不得在本人成长地担任市（地、盟）纪委监委、组织部门、法院、检察院、公安部门主要领导职务。

[2]《民族区域自治法》第17条第1款规定，自治区主席、自治州州长、自治县县长由实行区域自治的民族的公民担任。《地方组织法》第70条第3款规定，民族乡的乡长由建立民族乡的少数民族公民担任。例如，《黑龙江省民族乡条例》第10条规定，民族乡人民政府设乡长、副乡长。民族乡乡长应由建立民族乡的少数民族公民担任，副乡长中应至少有1名建乡民族的公民担任。

> **为什么离职还要回避呢？**
>
> 中国有句俗话叫作"人走茶凉"，虽然说人走了，但是茶必须过一段时间才会凉。因为公务员退出公务员队伍后仍有职务的影响力，所以离职回避是对于公务员辞去公职和退休后，在一定期限内禁止他从事和原来履行职务相关的营利性活动或者在原来履行职务相关的营利性组织中任职。

适用时间	原系领导成员或县处级以上领导职务的公务员，为离职 3 年内。
	其他公务员，为离职 2 年内。
处理后果	（1）由其原所在机关的同级公务员主管部门责令限期改正； （2）逾期不改正的，由县级以上市场监管部门没收该人员从业期间的违法所得，责令接收单位将该人员予以清退，并根据情节轻重，对接收单位处以被处罚人员违法所得 1 倍以上 5 倍以下的罚款。

［例］2019 年，中国银保监会[1]的几名监管人员离职后，短暂到非金融机构过渡，之后再调入银行保险公司拟任高管，且直到符合履职回避年限规定后，才向银保监会正式申请核准高管任职资格。中央纪委国家监委驻银保监会纪检监察组认为，这样的行为明显存在违反组织纪律、故意规避履职回避要求，违反监管规定、未经审批即实际履行高管资格的嫌疑，对他们先后作出严肃处理。

经典真题

下列哪些情形违反《公务员法》有关回避的规定？（2007/2/85）[2]
A. 张某担任家乡所在县的县长
B. 刘某是工商局[3]局长，其侄担任工商局人事处科员
C. 王某是税务局工作人员，参加调查一企业涉嫌偷漏税款案，其妻之弟任该企业的总经理助理
D. 李某是公安局局长，其妻在公安局所属派出所担任户籍警察

六、公务员的交流

国家实行公务员交流制度，交流方式包括调任和转任，既有公务员队伍内部交流，也

---

〔1〕 根据《党和国家机构改革方案》的规定，"中国银保监会"已于 2023 年 3 月更名为"国家金融监管总局"，但本书示例部分仍适用当时年份的名称，即"中国银保监会"，不影响阅读。

〔2〕 ABC。县长属于县级机关主要领导职务，张某担任家乡所在县的县长违反了地域回避的规定，A 选项当选；刘某与其侄之间有三代以内旁系血亲关系，刘某担任工商局局长，其侄担任工商局人事处科员，违反了任职回避的规定，B 选项当选；王某是税务局工作人员，参加调查一企业涉嫌偷漏税款案，而其妻之弟任该企业的总经理助理，与王某存在利害关系，违反了公务回避的规定，C 选项当选；李某是公安局局长，其妻在公安局所属派出所担任户籍警察，虽然具有夫妻关系，但公安局局长与公安局所属派出所户籍警察之间既不存在上下级领导关系，也不存在一方在另一方担任领导职务的机关从事组织、人事、纪检、监察、审计和财务工作情形，不违反任职回避的规定，D 选项不当选。

〔3〕 根据《深化党和国家机构改革方案》的规定，"工商局"已于 2018 年 3 月更名为"市场监管局"，但本书真题及解析部分仍适用当时年份的名称，即适用"工商局"，不影响答题。

有外部交流。这部分内容需要掌握这两种交流方式的区别。

调任	(1) 从国有企业、高等院校和科研院所以及其他不参照《公务员法》管理的事业单位中从事公务的人员调入； (2) 适用于领导职务或者四级调研员以上及其他相当层次的职级。
转任	公务员在不同职位之间转任。

魏语绸缪

根据 2018 年修订后的《公务员法》的规定，挂职不属于公务员交流的方式。公务员交流的方式只包括调任和转任。

（一）调任

调任，是指国有企业、高等院校和科研院所以及其他不参照《公务员法》管理的事业单位中从事公务的人员，直接调入国家机关担任领导职务或者四级调研员以上及其他相当层次职级的职位变动。调任的特点是非公务员去做公务员。

录用公务员不都是考进去的吗？录用担任一级主任科员以下及其他相当职级层次的公务员，采取公开考试、严格考察、平等竞争、择优录取的办法。即一级主任科员以下的才是考进去的。

［例］2013 年 4 月 24 日，中共中央批准，中国兵器工业集团公司总经理、党组副书记兼中国北方工业公司董事长张国清同志任中共重庆市委委员、常委、副书记。

（二）转任

转任，是指公务员在不同职位、不同地区、不同部门之间的职位变动。转任的特点是本来就是公务员，只是在不同职位上任职。

调任是公务员与企、事业单位工作人员之间的外部交流形式，而转任只是国家机关系统内部交流形式。

［例］2020 年 9 月 1 日，中共中央决定，中共天津市委副书记、市长张国清同志任中共辽宁省委委员、常委、书记。

经典真题

根据《公务员法》的规定，下列哪些选项属于公务员交流方式？（2014/2/85）[1]
A. 调任　　　　　　　　　　　　B. 转任
C. 挂职锻炼　　　　　　　　　　D. 接受培训

七、公务员的公职退出

公务员退出就是失去公务员的身份。公务员的退出有四种方式，即辞职、辞退、退休和开除。辞职是主动退，辞退是被动退，退休一般是自然退，开除是被清除出去。开除属于公务员处分的内容。

这部分需要重点掌握的是辞职和辞退。

---

[1] AB（司法部原答案为 ABC）。2018 年修订后的《公务员法》只把调任和转任作为公务员交流的方式，挂职锻炼不再作为公务员交流的方式；接受培训是公务员的一项管理制度，也不是公务员交流的方式。

（一）辞职

1. 广义上的辞职分为辞去公职和辞去领导职务两种。

（1）辞去公职

狭义上的辞职，是指辞去公职，是公务员出于个人原因，申请并经任免机关批准退出国家公职，消灭公务员与机关之间公职关系的制度。对于公务员来说，辞职是权利，其有权辞去公务员身份，辞去公职。

[例] 2013年8月，41岁的广州市公安局政治部人事处处长陈伟才辞去公职，担任格力电器副总裁。

> **魏语绸缪**
>
> 注意辞去公职与辞去领导职务的区别：引咎辞职就是辞去领导职务，而不是辞去公职；它限定的主体是领导职务公务员，辞去的是领导职位，辞去领导职位后还是公务员，还有公职身份。

（2）辞去领导职务

❶法定辞职，即因为工作变动依法需要辞去现任职务的，应当履行辞职手续；

❷个人辞职，即因个人原因或者其他原因自愿提出辞去领导职务；

❸引咎辞职，即因工作严重失误、失职造成重大损失或者恶劣社会影响，或者对重大事务负有领导责任应当引咎辞职；

❹责令辞职，即公务员管理部门认定公务员已不再适合担任现任领导职务，通过一定程序责令其辞去现任领导职务。

[例] 某县公安局在上一年度的执法考核中，被评为不达标单位。在本年度的考评中，检查组发现该局本年度办理的案件中存在种种执法质量问题，考核再次不达标。根据省公安厅内部执法监督考核机制，连续2年不达标的执法责任人，要引咎辞职。省公安厅已责成该局局长唐某辞职。

2. 对公务员辞职有两个限制，一个是程序上的，一个是内容上的。之所以作这种限制，是为了确保行政权行使的稳定性，而行政权行使的背后体现的是公共利益。因此，对公务员的辞职既有程序上的限制，也有内容上的限制。

程 序	向任免机关提出书面申请，任免机关30日（领导成员90日）内审批。
内 容	不得辞职： （1）未满国家规定的最低服务年限的； （2）在涉及国家秘密等特殊职位任职或者离开上述职位不满国家规定的脱密期限的； （3）重要公务尚未处理完毕，且须由本人继续处理的； （4）正在接受审计、纪律审查、监察调查，或者涉嫌犯罪，司法程序尚未终结的。

（二）辞退

辞退，是指因为公务员担任公职存在缺陷，国家单方面解除公务员与机关之间公职关系的制度。辞退作为一种不利的处理决定，为了保护公务员的权益，对辞退进行了限制：

1. 程序上：辞退公务员，按照管理权限决定，辞退决定应当以书面形式通知被辞退的公务员并告知辞退依据和理由。

2. 内容上：只有在法定的五种情形下才能辞退公务员，但是符合法定三种情形时不得辞退公务员。

程　序	(1) 辞退公务员，按照管理权限决定； (2) 辞退决定应当以书面形式通知被辞退的公务员。
予以辞退	(1) 在年度考核中，连续2年被确定为不称职的； (2) 不胜任现职工作，又不接受其他安排的； (3) 因所在机关调整、撤销、合并或者缩减编制员额需要调整工作，本人拒绝合理安排的； (4) 不履行公务员义务，不遵守法律和公务员纪律，经教育仍无转变，不适合继续在机关工作，又不宜给予开除处分的； (5) 旷工或者因公外出、请假期满无正当理由逾期不归连续超过15天，或者1年内累计超过30天的。
不得辞退	(1) 因公致残，被确认丧失或者部分丧失工作能力的； (2) 患病或者负伤，在规定的医疗期内的； (3) 女性公务员在孕期、产假、哺乳期内的。
待　遇	被辞退的公务员，可以领取辞退费或者根据国家有关规定享受失业保险。

[例] 江西省抚州市副市长突击暗访时，一名便民服务中心工作人员上班时间戴着耳机听音乐，对副市长的多次询问置之不理，对待办事群众态度冷漠、爱答不理，在一定程度上构成了严重违纪，依照《公务员法》的规定对其直接辞退。

命题陷阱

辞退公务员与开除公务员的区别

1. 是否可以再被录用 → 公务员一旦被开除，不得再被录用为公务员，这是公务员录用的排除；但是，公务员被辞退后，还可以再被录用为公务员。

2. 是否享有福利待遇 → 公务员一旦被开除，所有的福利待遇包括退休金全部丧失；而公务员被辞退后还有辞退费或者根据国家有关规定享受失业保险。

（三）退休

退休，是指因客观原因或条件的变化消灭公务员与国家之间公职关系的制度。所谓客观原因或者条件的变化，是指公务员达到国家规定的退休年龄或者完全丧失工作能力。退休分为两类：

1. 正常退休。公务员达到国家规定的退休年龄或者完全丧失工作能力。

2. 提前退休。公务员工作年限满30年或者距国家规定的退休年龄不足5年且工作年限满20年的，本人自愿提出申请退休，经任免机关批准。

经典真题

关于公务员的辞职和辞退，下列哪些说法是正确的？（2015/2/76）[1]

---

[1] CD。重要公务尚未处理完毕且须由本人继续处理的公务员，不得辞去公职，A选项不正确；引咎辞职辞去

A. 重要公务尚未处理完毕的公务员，不得辞去公职
B. 领导成员对重大事故负有领导责任的，应引咎辞去公职
C. 对患病且在规定的医疗期内的公务员，不得辞退
D. 被辞退的公务员，可根据国家有关规定享受失业保险

专题 07　公务员的处分与救济

2018 年修订的《公务员法》与《监察法》《中国共产党纪律处分条例》等相衔接，进一步扎牢从严管理公务员的制度笼子。处分是保障公务纪律、维护国家公共管理秩序和限制、剥夺公务员权利的最重要手段。公务员的处分实际上就是对公务员惩戒。关于处分需要掌握两个问题：①怎么理解这六种处分种类？②处分怎么实施？此外，还需要掌握公务员的救济制度。

一、公务员的监督

2018 年修订的《公务员法》增加了公务员监督方面的规定，把监督作为从严管理公务员的一个重要环节予以明确。

01　日常管理监督制度
对公务员的思想政治、履行职责、作风表现、遵纪守法等情况进行监督，开展勤政廉政教育。

02　监督的六种处理
区分不同情况，予以谈话提醒、批评教育、责令检查、诫勉、组织调整、处分。

03　涉嫌职务违法犯罪
移送监察机关处理。

04　公务员主动请示报告
公务员应当自觉接受监督，按照规定请示报告工作、报告个人有关事项。

公务员应当主动报告个人哪些事项？根据《领导干部报告个人有关事项规定》第 3 条第 1 款的规定，领导干部应当报告本人婚姻和配偶、子女移居国（境）外、从业等事项。根据上述规定第 4 条第 1 款的规定，领导干部应当报告收入、房产、投资等事项。

[例] 杜某某为某县民政局党组书记、局长。2020 年 1 月 31 日晚，杜某某擅自将一份包含湖北返乡人员信息的文件向其家庭和同学等 4 个微信群转发，造成疫情排查信息泄露。2 月 6 日，县纪委对杜某某进行诫勉谈话。

的是领导职务，而不是辞去公职，B 选项不正确；为了保护公务员的正当权益，不得辞退患病且在规定的医疗期内的公务员，C 选项正确；被辞退的公务员，可根据国家有关规定享受失业保险，D 选项正确。

二、行政处分的种类

1. 行政处分有六种，从轻到重依次为警告、记过、记大过、降级、撤职、开除。

（1）警告，有提醒注意、不致再犯的意思，属于申诫处分。公务员受警告处分期间，可以晋升工资档次，但不得晋升职务和级别。

（2）记过、记大过。这是两种程度有所区别的行政处分。记过、记大过适用于给予警告处分过轻、给予降级处分过重的情况。

（3）降级。作为一种行政处分，降级的含义是降低公务员的级别，对工资中的级别工资也要予以相应降低。

（4）撤职，即撤销公务员担任的职务、职级。受撤职处分的，同时应当降低级别。

受记过、记大过、降级、撤职处分期间，不得晋升职务、职级和级别，并且不能晋升工资档次。

（5）开除。开除是最严厉的一种处分，使公务员丧失其公务员身份。

2. 处分的轻重是从已有待遇影响和将来待遇影响上体现出来的。

> **什么是已有待遇影响？**
>
> 警告、记过、记大过不影响已有待遇；但是降级意味着级别降低，工资档次也随之而降，已有待遇会降低；撤职意味着不仅要撤去职位还要降低级别，工资档次也得降，已有待遇会降低；开除意味着职位、级别、工资全部丧失，即已有待遇丧失。

> **什么是将来待遇影响？**
>
> 那就是处分期的待遇影响。处分期可以理解为冻结期，冻结就是在处分期内公务员的职位、级别、工资档次不得晋升，这是为了体现对公务员的惩戒。公务员凡是受到处分，都有一个处分期（开除没有处分期），在处分期内，职位、级别、工资被冻结而不能晋升，但是注意，警告的处分期内还可以晋升工资档次，职位、级别不得晋升。

3. 处分期的时间长短体现出处分轻重不同，处分期越长处分就越重。处分期的时间需要重点掌握。受处分的期间为：①警告，6个月；②记过，12个月；③记大过，18个月；④降级、撤职，24个月。

总结

种类	是否影响其已有待遇	受处分期间待遇	受处分期间
警告	不影响其现已具有的职务、级别和工资档次	不得晋升职务和级别	6个月
记过		不得晋升职务、级别和工资档次	12个月
记大过			18个月
降级	级别降低		24个月
撤职	撤去现职，同时按照规定降低级别		
开除	自处分决定生效之日起，解除其与单位的人事关系，不具有公务员身份		

[例1] 某区经信局局长王某利用职务之便收受他人财物，滥用职权，在担任区经信局局长期间，多次收受管理服务对象财物。在国有企业改制过程中，违反程序违规签批改制协议，造成严重不良影响。2020年1月22日，王某受到撤职处分，由正科级降为科员。

[例2] 某县农业综合开发办公室主任姜某，2007年7月至2010年7月，分别利用职务上的便利，为他人谋取利益，收受贿赂，贪污或非法占有项目资金，在其他单位报销应当由其个人支付的费用等。2015年7月13日，姜某被给予开除公职处分。

命题陷阱

公务员的处分种类法定，只有六种。
1. 注意区分降级和降职。降级属于处分；降职是指定期考核中被确定不称职的要降低一个职务层次任职，不属于处分。
2. 注意引咎辞职和责令辞职是问责方式，不属于法定的处分种类。
3. 注意区分撤职和免职。撤职属于处分；免职属于职务任免的一种人事处理，不属于处分。

经典真题

下列哪些选项属于对公务员的处分？（2009/2/82）[1]
A. 降级　　　　　　　　　　B. 免职
C. 撤职　　　　　　　　　　D. 责令辞职

三、行政处分的实施

行政处分的实施包括处分的程序、处分的适用（广义上的适用包括并处）和处分的解除。

（一）行政处分的程序

1. **处分主体**。公务员因违纪违法应当承担纪律责任的，处分决定机关依照《公务员法》给予处分或者由监察机关依法给予政务处分。

2. **处分调查**。公务员违纪违法的，应当由处分决定机关决定对公务员违纪违法的情况进行调查，并将调查认定的事实以及拟给予处分的依据告知公务员本人。

3. **陈述申辩**。公务员有权进行陈述和申辩，处分决定机关不得因公务员申辩而加重处分。

4. **处分决定**。处分决定应当以书面形式通知公务员本人。

魏语绸缪

政务处分与行政处分的关系：对同一违纪违法行为，监察机关已经作出政务处分决定的，公务员所在机关不再给予行政处分。

命题陷阱

掌握公务员受警告处分与其他处分的共同规定和特别规定：

---

[1] AC。处分的法定种类为：警告、记过、记大过、降级、撤职、开除，A、C选项当选；免职是公务员的职务任免制度，不属于公务员的处分种类，B选项不当选；责令辞职属于对官员问责的方式，不属于公务员处分的种类，D选项不当选。

- 共同规定——处分决定的<u>书面形式</u>和<u>自作出之日起生效</u>；
- 特别规定——<u>6个月处分期</u>和<u>受处分期间可以晋升工资档次</u>。

（二）行政处分的并处

行政处分的并处规则比较特殊，是考试的重点。

并处的两种情况

公务员同时有两个以上的违法违纪行为，受到两个以上处分时怎么并处——行政机关公务员同时有两种以上需要给予处分的行为的，应当分别确定其处分。应当给予的处分种类不同的，执行其中最重的处分；应当给予撤职以下多个相同种类处分的，执行该处分，并在一个处分期以上、多个处分期之和以下，决定处分期。

公务员受到一个处分，在<u>处分期内又受到一个新处分时怎么并处</u>——行政机关公务员在受处分期间受到新的处分的，其处分期为原处分期尚未执行的期限与新处分期限之和。

行政处分并处后的<u>处分期最长不得超过48个月</u>。

[例] 刘某为某市江北镇镇长。2008年10月，因新成立的江北山葡萄合作社没有专用账户，市里便将扶持资金暂时划拨到江北镇账户，由江北镇代为保管，向山葡萄种植户拨付资金。同年春节期间，村里一名山葡萄种植户王某以拜年为名送给刘某人民币2000元，刘某欣然接受。2009年初，市里拨付给江北镇44.5万元专项资金用于食用菌生产基地建设。刘某在生产基地建设期间，挪用建设资金1.5万元，用于组织村民赴外省考察山葡萄种植项目和走访慰问困难群众。

2010年12月初，相关部门对刘某挪用食用菌生产基地建设专项资金问题给予其记过处分，对刘某收受王某2000元问题给予其降级处分，最终对刘某执行降级处分。

两种以上需要给予处分的行为：分别确定其处分	（1）处分种类不同的	执行其中最重的处分	处分期最长不得超过48个月
	（2）处分种类相同的	一个处分期以上、多个处分期之和以下，决定处分期	
在受处分期间受到新的处分	处分期为原处分期尚未执行的期限与新处分期限之和		

（三）行政处分的适用

行政处分的适用有四种情况：①从重处分；②从轻处分；③减轻处分；④免予处分。

应当从重处分	（1）在2人以上的共同违法违纪行为中起主要作用的； （2）隐匿、伪造、销毁证据的； （3）串供或者阻止他人揭发检举、提供证据材料的； （4）包庇同案人员的。
应当从轻处分	（1）主动交代违法违纪行为的； （2）主动采取措施，有效避免或者挽回损失的； （3）检举他人重大违法违纪行为，情况属实的。
应当减轻处分	主动交代违法违纪行为，并主动采取措施有效避免或者挽回损失的。

可以免予处分	（1）违纪行为情节轻微，经批评教育后改正的； （2）应受警告处分，但主动交代违法违纪行为，并主动采取措施有效避免或者挽回损失的。

[例1] 彭某为某市园林绿化局原党委书记、局长。2017年4月，在市委巡察组巡察期间，彭某就风光带一期项目指挥部有关开支未平账问题、其与郭某某10万元不正当利益往来问题和项目招投标问题与相关人员串供，订立攻守同盟，对抗组织审查。2017年8月，彭某受到开除党籍、开除公职处分。

[例2] 某市人民防空办公室副巡视员陈某违反廉洁纪律，利用职权为企业主谋取利益并收受财物，情节严重，应给予开除处分。鉴于陈某主动投案，主动交代违纪违法事实，主动退缴全部违纪违法所得，深刻认错悔错，可予以减轻处分，最终陈某受到撤职处分，职级降为四级主任科员。

> **命题陷阱**
>
> 注意把握从轻处分、减轻处分与免予处分的联系与区别：
> 1. 只有主动交代违法违纪行为或主动采取措施有效避免或者挽回损失的，是从轻处分。
> 2. 既有主动交代违法违纪行为，又有主动采取措施有效避免或者挽回损失的，是减轻处分。
> 3. 应当受到警告处分，但又有主动交代违法违纪行为，并主动采取措施有效避免或者挽回损失的，可以免予处分。

（四）行政处分的解除

行政处分的解除，是指公务员在受处分期间有悔改表现，且没有再发生违纪违法行为，处分期满后解除处分。注意，2018年修订后的《公务员法》把"由处分决定机关解除处分"修改为"自动解除处分"。

条 件	受开除以外的处分，在受处分期间有悔改表现，且没有再发生违纪违法行为的，处分期满自动解除处分。
效 果	晋升工资档次、级别和职务、职级不再受原处分的影响。 解除降级、撤职处分的，不视为恢复原级别、原职务、原职级。

> **命题陷阱**
>
> 注意区分，解除处分不是撤销处分，这是两个性质完全不一样的行为。
>
> | 行政处分解除与撤销的区别 | 解除处分 | 实际上就相当于解除处分期内公务员的职位、级别、工资档次"冻结"（不得晋升），解除处分只意味着职位、级别、工资档次可以正常晋升，但是公务员受到降级、撤职处分的，原级别、原职位不能恢复。 |
> | --- | --- | --- |

续表

行政处分解除与撤销的区别	撤销处分	意味着给予公务员的处分出错而纠正错误，处分撤销后需要给公务员补发应当晋升而没有晋升的工资。降级的恢复原级别；撤职的，能恢复职位的应恢复原职位。

经典真题

1. 某县工商局科员李某因旷工被给予警告处分。关于李某的处分，下列哪一说法是正确的？（2017/2/44）[1]

   A. 处分决定可以口头方式通知李某
   B. 处分决定自作出之日起生效
   C. 受处分期间为12个月
   D. 李某在受处分期间不得晋升工资档次

2. 某行政机关负责人孙某因同时违反财经纪律和玩忽职守被分别给予撤职和记过处分。下列说法正确的是：（2008/2/98）[2]

   A. 应只对孙某执行撤职处分
   B. 应同时降低孙某的级别
   C. 对孙某的处分期为36个月
   D. 解除对孙某的处分后，即应恢复其原职务

四、公务员的救济

公务员的救济，可以分为两种途径，因为性质不同的公务员遵循不同的救济途径。选任制、委任制公务员和聘任制公务员的救济渠道、救济方式、救济期限都不同。

（一）选任制、委任制公务员的救济

选任制、委任制公务员的救济对象是《公务员法》明确规定的七种人事处理决定（见下表）。注意，这七种人事处理决定是法定的，在这七种人事处理决定之外的其他人事处理是不能通过后面所述程序得到救济的。

救济的程序一般情况下分为三个步骤——①向原处理机关申请复核；②向同级公务员主管部门或者作出该人事处理的机关的上一级机关提出申诉；③向作出申诉处理决定的上一级机关提出再申诉。公务员对监察机关作出的处理决定不服的，按照有关规定向监察机关申请复审、复核。

---

[1] B。对李某的处分决定不能以口头方式通知李某，应当以书面形式通知李某，A选项不正确；一般情况下，行政决定是在送达之后生效，但是公务员的处分决定是在作出时生效，B选项正确；警告的受处分期间应为6个月，C选项不正确；受警告处分的公务员，在受处分期间不得晋升职务、职级和级别，但可以晋升工资档次，D选项不正确。

[2] AB。孙某受到的处分种类不同，撤职处分重于记过处分，应只对孙某执行撤职处分，A选项正确；受撤职处分的，应按照规定降低级别，B选项正确；对孙某执行撤职处分，其处分期为24个月，C选项不正确；解除降级、撤职处分的，不视为恢复原级别、原职务、原职级，D选项不正确。

但是注意，申请复核并不是必经步骤，可以经过原处理机关复核后去申诉，也可以不经过原处理机关复核直接去申诉。

救济对象	①处分；②辞退或者取消录用；③降职；④定期考核定为不称职；⑤免职；⑥申请辞职、提前退休未予批准；⑦不按照规定确定或者扣减工资、福利、保险待遇。
救济程序	（1）自知道人事处理之日起30日内向原处理机关申请复核，30日内处理；（非必经步骤） （2）自接到复核决定之日起15日内向同级公务员主管部门或原处理机关的上一级机关申诉，60日（最长90日）内处理； （3）向申诉处理机关的上一级机关再申诉。 📖注意：受理公务员申诉的机关应当组成公务员申诉公正委员会，负责受理和审理公务员的申诉案件。

[例] 公务员小王在年度考核中被所在机关——县市场监管局确定为不称职，随后被降低一个职级层次任职。小王可以向县市场监管局申请复核；对复核结果不服的，可以向县公务员局或者本市市场监管局申诉，也可以不经县市场监管局复核，直接向县公务员局或者本市市场监管局申诉；对申诉处理结果不服的，还可以向作出申诉处理决定的机关的上一级机关再申诉。

（二）聘任制公务员的救济

由于聘任制公务员是通过签订聘任合同取得公务员职务的，因此聘任制公务员的救济对象主要就是聘任合同的争议，类似于劳动争议。聘任制公务员的救济途径有两个步骤：第一步是仲裁，第二步是诉讼。这里需要注意两个问题：①第一步的仲裁是人事仲裁，不是劳动仲裁，《公务员法》专门设置了聘任制公务员的人事争议仲裁制度；②第二步的诉讼是民事诉讼，不是行政诉讼。聘任合同与劳动合同很相似，劳动合同的争议先劳动仲裁后民事诉讼，聘任合同的争议先人事仲裁后民事诉讼。

救济对象	聘任制公务员与所在机关之间因履行聘任合同发生争议。
救济程序	（1）向人事争议仲裁委员会申请仲裁； （2）对仲裁裁决不服的，可以自接到仲裁裁决书之日起15日内向人民法院提起诉讼。 📖注意：省级以上公务员主管部门根据需要设立人事争议仲裁委员会，受理仲裁申请。

[例] 小李与县公安局签订公务员聘任合同，在履行合同过程中因工资福利待遇发生争议。小李可以向人事争议仲裁委员会申请人事仲裁；对仲裁裁决不服的，还可以向人民法院提起民事诉讼。

命题陷阱

注意区分选任制、委任制公务员的救济途径与聘任制公务员的救济途径的不同：选任制、委任制公务员对人事处理决定不服的，可以向同级公务员主管部门或原处理机关的上一级机关申诉；聘任制公务员因履行聘任合同发生争议的，可以向人事争议仲裁委员会申请仲裁。

经典真题

孙某为某行政机关的聘任制公务员，双方签订聘任合同。下列哪些说法是正确的？（2013/2/79）[1]

A. 对孙某的聘任须按照公务员考试录用程序进行公开招聘
B. 该机关应按照《公务员法》和聘任合同对孙某进行管理
C. 对孙某的工资可以按照国家规定实行协议工资
D. 如孙某与该机关因履行聘任合同发生争议，可以向人事争议仲裁委员会申请仲裁

致努力中的你

你须有凌云志，也要有脚下根。

---

[1] BCD。聘任制公务员的录用程序不同于一般公务员，机关聘任公务员可以参照公务员考试录用的程序进行公开招聘，也可以从符合条件的人员中直接选聘，A选项不正确；聘任制公务员的管理依据不同于一般公务员，机关不仅应按照《公务员法》对孙某进行管理，还应按照聘任合同对孙某进行管理，B选项正确；聘任制公务员的工资不同于一般公务员，聘任制公务员实行协议工资制，C选项正确；聘任制公务员的救济途径不同于一般公务员，聘任制公务员与所在机关之间因履行聘任合同发生争议的，可以向人事争议仲裁委员会申请仲裁，D选项正确。

第三编
PART 3

行政行为法

04 第四讲 >> 抽象行政行为

应试指导

抽象行政行为中的行政立法每年客观卷必考，是行政法中的一个难点。本讲在考试中的题目类型主要是客观卷中的选择题，必读的法律法规有：《立法法》《行政法规制定程序条例》《规章制定程序条例》，核心考点是行政立法主体、程序、监督与效力。行政立法需要重点掌握四个问题：①谁来立法。立法权限问题，不是说谁想立法就能立法。②怎么立法。立法的程序问题，即怎么制定行政法规、规章。③立法的监督。任何权力都需要监督，行政立法也得监督。④立法的效力。行政机关立的法跟人大立的法冲突了怎么办。法律规则之间谁的效力高、谁的效力低，实际上是解决行政立法的地位问题和法律位阶问题。

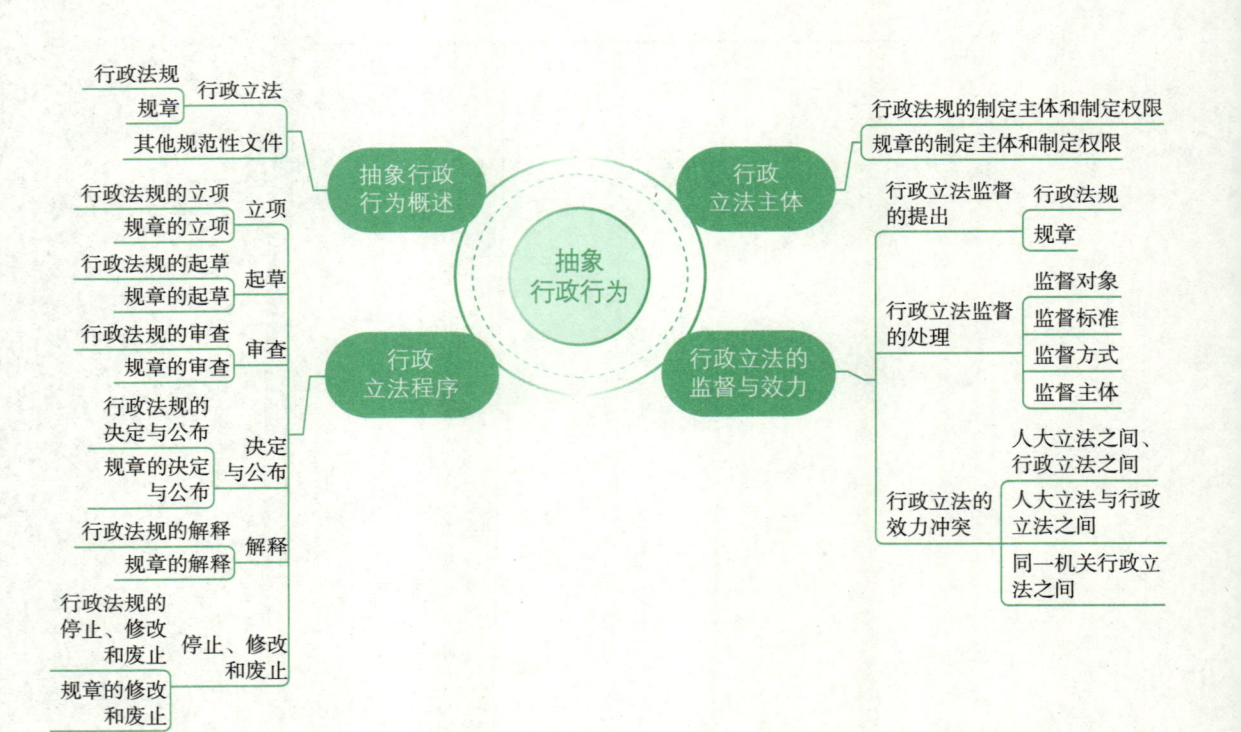

抽象行政行为

抽象行政行为概述
- 行政立法
  - 行政法规
  - 规章
  - 其他规范性文件

行政立法主体
- 行政法规的制定主体和制定权限
- 规章的制定主体和制定权限

行政立法程序
- 立项
  - 行政法规的立项
  - 规章的立项
- 起草
  - 行政法规的起草
  - 规章的起草
- 审查
  - 行政法规的审查
  - 规章的审查
- 决定与公布
  - 行政法规的决定与公布
  - 规章的决定与公布
- 解释
  - 行政法规的解释
  - 规章的解释
- 停止、修改和废止
  - 行政法规的停止、修改和废止
  - 规章的修改和废止

行政立法的监督与效力
- 行政立法监督的提出
  - 行政法规
  - 规章
- 行政立法监督的处理
  - 监督对象
  - 监督标准
  - 监督方式
  - 监督主体
- 行政立法的效力冲突
  - 人大立法之间、行政立法之间
  - 人大立法与行政立法之间
  - 同一机关行政立法之间

专题 08 抽象行政行为概述

为什么叫抽象行政行为？因为规则是抽象的，行政机关制定规则就是抽象行政行为。行政机关制定的具有法的效力的规则，即制定行政法规、部门规章、地方政府规章等，这些都是具有法的效力的规则，我们把它称为行政立法。行政机关制定的不具有法的效力的规则，我们把它称为其他行政规范性文件。

抽象行政行为
- 行政立法
  - 行政法规
  - 行政规章
    - 部门规章
    - 地方政府规章
- 其他规范性文件（有普遍约束力的行政决定、命令）

抽象行政行为体系图

一、抽象行政行为的概念

抽象行政行为，是指国家行政机关制定行政法规、规章和有普遍约束力的决定、命令等行政规则的行为。抽象行政行为是一个相对于"具体行政行为"的理论概念，它是制定规则的行为，不同于处理具体行政事务的具体行政行为。

行政机关的主要职能是执行法律，将人民代表机关制定的法律规定具体应用到对行政事务的管理活动中去。由于社会的发展和行政职能的变化，行政机关需要拥有制定行为规则的权力，以便实现其管理职能。尽管如此，行政机关制定的普遍性规则在本质上仍然是对法律的执行。

行政立法和有普遍约束力的行政决定、命令，构成了抽象行政行为。行政立法分为两类：一类是行政法规，另一类是规章。行政法规一般称"条例"，也可以称"规定""办法"等，国务院根据全国人民代表大会及其常务委员会的授权决定制定的行政法规，称"暂行条例"或者"暂行规定"。部门规章和地方政府规章不得称"条例"。有普遍约束力的行政决定、命令就是行政规范性文件，其名称名目繁杂，如"通告""实施意见""实施办法"等。

［例］国务院于 2007 年 4 月 5 日公布、2019 年 4 月 3 日修订的《政府信息公开条例》就是行政法规；国务院于 2018 年 3 月 2 日公布、2019 年 3 月 2 日修订的《快递暂行条例》就是授权制定的行政法规。

司法部于 2018 年 4 月 28 日公布的《国家统一法律职业资格考试实施办法》就是部门规章；天津市政府于 2020 年 2 月 19 日公布的《天津市加强野生动物管理若干规定》就是地方政府规章。部门规章和地方政府规章可以统称为规章。

国家烟草专卖局、国家市场监督管理总局于 2019 年 10 月 30 日联合发布的《关于进一步保护未成年人免受电子烟侵害的通告》，某市"三城"同创暨百城建设提质工程指挥部于 2018 年 1 月 30 日发布的《关于推动移风易俗规范红事办理事宜的通告》都是行政规范性文件。

二、行政立法

行政法规，是指国务院为领导和管理国家各项行政工作，根据宪法和法律，按照有关程序制定发布的政治、经济、教育、科技、文化、外事等各类法规的总称。国务院部门规章，是指国务院有关部门、直属机构以及法律规定的机构，依法按照部门规章制定程序制定发布的行政规范性文件的总称。地方政府规章，是指有权的地方人民政府依法根据地方政府规章制定程序制定发布的行政规则的总称。

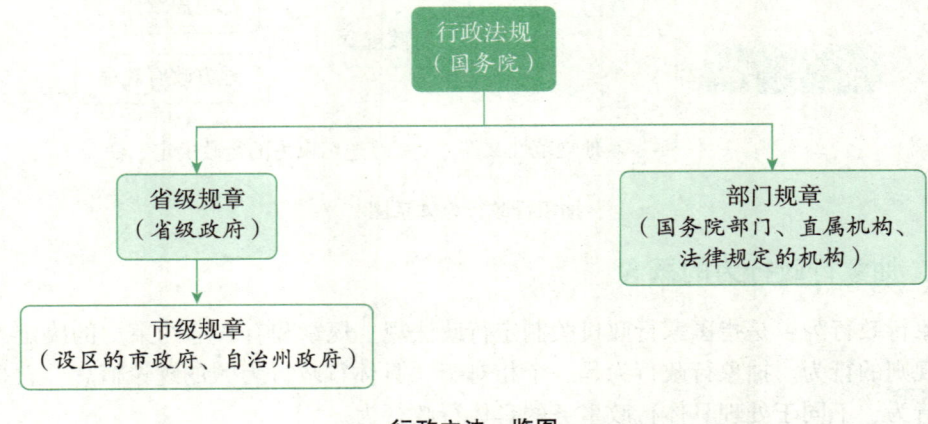

行政立法一览图

（一）行政法规的制定主体和制定权限

1. 行政法规的制定主体

行政法规由国务院来制定，而且只能由国务院制定。一般情形下，经国务院批准、由国务院部门公布的规范性文件，不属于行政法规。但是，《关于审理行政案件适用法律规范问题的座谈会纪要》指出，考虑建国后我国立法程序的沿革情况，现行有效的行政法规有以下三种类型：

（1）国务院制定并公布的行政法规。

（2）《立法法》施行（2000 年 7 月 1 日）以前，按照当时有效的行政法规制定程序，经国务院批准、由国务院部门公布的行政法规。但在《立法法》施行以后，经国务院批准、由国务院部门公布的规范性文件，不再属于行政法规。

（3）在清理行政法规时由国务院确认的其他行政法规。

因此，《立法法》施行以前，经国务院批准、由国务院部门公布的规范性文件，属于行政法规。

2. 行政法规的制定权限

行政法规的制定权限，是指关于制定行政法规必须具备的条件和可以对什么事项作出规定的制度。国务院制定行政法规的权限有三种情况：执行性立法、职权性立法和授权性立法。为了执行宪法法律制定行政法规的行为称为**执行性立法**，根据国务院的管理职权制定行政法规的行为称为**职权性立法**，根据全国人大或常委会的授权制定行政法规的行为称为**授权性立法**。此外，制定政治方面法律的配套行政法规以及经济、文化、社会、生态文明等方面重大体制和重大政策调整的重要行政法规，应当及时报告党中央。

经典真题

《计算机信息网络国际联网安全保护管理办法》于 1997 年 12 月 11 日经国务院批准，由公安部于 1997 年 12 月 30 日以公安部令发布。该办法属于哪一性质的规范？（2014/2/46）[1]

A. 行政法规　　　　　　　　　　B. 国务院的决定
C. 规章　　　　　　　　　　　　D. 一般规范性文件

（二）部门规章的制定主体和制定权限

根据制定主体的不同，规章分为两类：①中央机关制定规章，即部门规章；②地方机关制定规章，即地方政府规章。

1. 部门规章的制定主体

根据《宪法》和《立法法》的规定，部门规章的制定机关是国务院组成部门和具有行政管理职能的直属机构。除此之外，还有法律规定的机构，如中国气象局，因为相关法律特别授权，也能制定部门规章。

［例］《气象预报发布与传播管理办法》已于 2015 年 3 月 6 日经中国气象局局务会议审议通过，自 2015 年 5 月 1 日起施行。

2. 部门规章的制定权限

部门规章的制定权限仅限于执行立法，没有授权立法和职权立法。部门规章的制定权限，应当以法律或者国务院的行政法规、决定、命令中对具体事项的规定为根据。也就是说，部门规章是执行性或者补充性的行政规范，而不是自主性的行政规范。在缺乏法律、国务院行政法规和决定、命令的情形下，国务院部门不得只是以管理需要为由主动地制定和发布部门规章。没有上位法依据，部门规章不能给部门增加行政权力或减少行政职责；没有上位法依据，部门规章不能给公民减损权利或增加义务。这充分体现了控制行政权、保护公民权的行政法精神。

部门规章的立法权限还涉及一个问题——超越一个国务院部门规章制定权限的，涉及两个以上国务院部门职权范围的事项。在立法时有两个解决办法：①提请国务院制定行政法规；②由国务院有关部门联合制定规章。

［例］《学校食品安全与营养健康管理规定》已经 2018 年 8 月 20 日教育部第 20 次部务会议、2018 年 12 月 18 日国家市场监督管理总局第 9 次局务会议和 2019 年 2 月 2 日国家卫生健康委员会第 12 次委主任会议审议通过，中华人民共和国教育部、国家市场监督管理总局、中华人民共和国国家卫生健康委员会令第 45 号予以公布，自 2019 年 4 月 1 日起施行。

---

[1] A。2000 年《立法法》施行前，经国务院批准、由国务院部门公布的规范性文件，属于行政法规；2000 年《立法法》施行后，经国务院批准、由国务院部门公布的规范性文件，不再属于行政法规，而属于部门规章。

总结

部门规章	国务院部门、直属机构、法律规定的机构	（1）涉及2个以上国务院部门职权范围的事项，应当提请国务院制定行政法规或者由国务院有关部门联合制定规章； （2）属于执行法律或者国务院的行政法规、决定、命令的事项； （3）没有上位法依据，不得设定减损公民、法人和其他组织权利或者增加其义务的规范，不得增加本部门的权力或者减少本部门的法定职责。

经典真题

按照《立法法》和相关法律的规定，下列哪些机关或者机构具有制定规章的权力？（2003/2/77）[1]

A. 国务院办公厅　　　　　　　　　B. 国家体育总局
C. 国务院法制办公室　　　　　　　D. 审计署

（三）地方政府规章的制定主体和制定权限

1. 地方政府规章的制定主体

地方政府规章是由地方政府制定的，但不是所有的地方政府都能制定。地方政府规章分为两类：①省级地方政府规章；②市级地方政府规章。省级地方政府规章是由省、自治区、直辖市政府制定的；市级地方政府规章是由设区的市和自治州政府制定的。

注意：《立法法》特别赋予四个不设区的市规章制定权，这四个市分别是广东省的东莞市、中山市，海南省的儋州市，甘肃省的嘉峪关市。

［例］广东省政府制定的规章属于省级地方政府规章，广东省珠海市作为设区的市，珠海市政府制定的规章属于市级地方政府规章。虽然东莞市为不设区的市，但东莞市政府也有权制定规章，东莞市政府制定的规章也属于市级地方政府规章。《东莞市公园管理办法》经2020年12月18日东莞市政府第16届第143次常务会议审议通过，自2021年3月1日起施行。

2. 地方政府规章的制定权限

对于地方政府规章的制定权限，要区分省级地方政府规章和市级地方政府规章。根据《立法法》的规定，地方政府规章的立法有两项：①执行立法；②先行立法。

（1）执行立法应遵循两个要求：①根据相关的法律、行政法规和地方性法规的规定；②限于本行政区域的具体行政管理事项。

（2）先行立法应遵循三个要求：①应当制定地方性法规但条件尚不成熟；②行政管理迫切需要；③只有2年的有效期。这是地方政府规章不同于国务院部门规章的方面，即地方政府规章在制定权限方面比部门规章更大。

注意：市级地方政府规章的立法事项只限于这四类：城乡建设与管理、生态文明建设、历史文化保护、基层治理。虽然《立法法》的规定中还有一个"等"字，但是这个"等"不是等外等

---

[1] BD。国务院组成部门和具有行政管理职能的直属机构以及法律规定的机构具有制定部门规章的权力，国家体育总局作为国务院直属机构、审计署作为国务院组成部门，都具有制定部门规章的权力；国务院办公厅作为国务院日常工作机构、国务院法制办公室作为原来国务院办事机构（现已撤销），不具有制定部门规章的权力。

而是等内等。另外，还要解决《立法法》修正后的衔接问题：为了确保稳定性，以前地方政府规章已经在这四类事项之外立的法继续有效，但是《立法法》修正后就不能再在这四类事项之外进行立法。

[例] 珠海市发布的 2021 年政府规章立法计划中的《珠海市城乡建设档案管理办法》《珠海市轨道交通局管理暂行办法》《珠海经济特区城市更新管理办法（修订）》所涉及的都是城乡建设与管理方面的事项。

地方政府规章也要遵循行政法的基本精神——控制行政权力、保护公民权利，没有法律、行政法规、地方性法规的依据，地方政府规章不得设定减损公民、法人和其他组织权利或者增加其义务的规范。

此外，制定政治方面法律的配套规章，应当及时报告党中央或者同级党委（党组）。制定重大经济社会方面的规章，应当及时报告同级党委（党组）。

总结

地方政府规章	省级	省、自治区、直辖市政府	（1）为执行法律、行政法规、地方性法规的规定需要制定规章的事项；属于本行政区域的具体行政管理事项。 （2）应当制定地方性法规但条件尚不成熟的，因行政管理迫切需要，可以先制定 2 年有效期的地方政府规章。 （3）没有上位法依据，地方政府规章不得设定减损公民、法人和其他组织权利或者增加其义务的规范。 （4）市级地方政府规章限于城乡建设与管理、生态文明建设、历史文化保护、基层治理等事项，《立法法》修正前已经制定的地方政府规章，涉及上述事项范围以外的，继续有效。
	市级	设区的市、自治州政府以及东莞市、中山市、儋州市、嘉峪关市政府	

命题陷阱

省级和市级地方政府规章立法权限的联系与区别

1. 省级和市级地方政府规章都可以根据法律、行政法规和地方性法规进行立法
2. 市级地方政府规章立法仅限于城乡建设与管理、生态文明建设、历史文化保护、基层治理等方面的事项，之外的事项不得立法
3. 省级地方政府规章立法不限于城乡建设与管理、生态文明建设、历史文化保护、基层治理等方面的事项，之外的事项可以立法

经典真题

2015 年《立法法》修正后，关于地方政府规章，下列说法正确的是：（2015/2/97）[1]

---

[1] BD。在 2015 年《立法法》修正前，已经制定的市级地方政府规章，涉及城乡建设与管理、环境保护、历史文化保护等方面的事项范围以外的，继续有效，A 选项不正确；应当制定地方性法规但条件尚不成熟的，因行政管理迫切需要，可以先制定地方政府规章，B 选项正确；C 选项可以理解为"只有以地方性法规作依据，地方政府规章才能设定减损公民、法人和其他组织权利或者增加其义务的规范"，忽略了法律、行政法规作依据的情形，这显然大大限缩了地方政府规章的权限，C 选项不正确；地方政府规章签署公布后，应及时在本级人民政府公报和中国政府法制信息网以及在本行政区域范围内发行的报纸上刊载，D 选项正确。

A. 某省政府所在地的市针对城乡建设与管理、环境保护、历史文化保护等以外的事项已制定的规章，自动失效
B. 应制定地方性法规但条件尚不成熟的，因行政管理迫切需要，可先制定地方政府规章
C. 没有地方性法规的依据，地方政府规章不得设定减损公民、法人和其他组织权利或者增加其义务的规范
D. 地方政府规章签署公布后，应及时在中国政府法制信息网上刊载

三、具有普遍约束力的决定、命令（其他规范性文件）

具有普遍约束力的决定、命令，又被称为其他规范性文件，是指行政机关针对不特定对象发布的能反复适用的行政规范性文件。根据 2018 年《国务院办公厅关于加强行政规范性文件制定和监督管理工作的通知》的规定，行政规范性文件是除国务院的行政法规、决定、命令以及部门规章和地方政府规章外，由行政机关或者经法律、法规授权的具有管理公共事务职能的组织依照法定权限、程序制定并公开发布，涉及公民、法人和其他组织权利义务，具有普遍约束力，在一定期限内反复适用的公文。

行政规范性文件的特征表现为：
1. 行政规范性文件不是行政立法（行政法规、部门规章、地方政府规章）。
2. 制定行政规范性文件是行政机关或者经法律、法规授权的具有管理公共事务职能的组织的行政职权行为。
3. 制定行政规范性文件应当依照法定权限、程序。
4. 行政规范性文件是外部行政行为，涉及公民、法人和其他组织权利义务应当公开发布。
5. 行政规范性文件是抽象行政行为，具有普遍约束力，在一定期限内反复适用。
6. 行政规范性文件属于公文。

［例］2020 年 5 月 9 日，国家发改委、住房和城乡建设部、财政部、商务部、中国人民银行、国资委、税务总局、市场监管总局发布《关于应对新冠肺炎疫情进一步帮扶服务业小微企业和个体工商户缓解房屋租金压力的指导意见》。

2020 年 7 月 31 日，北京市政府发布《关于落实户有所居加强农村宅基地及房屋建设管理的指导意见》。

2021 年 12 月 15 日，广东省司法厅、广东省财政厅发布《广东省法律援助补贴办法》。

2023 年 7 月 21 日，中国政法大学发布《中国政法大学学位授予办法》。

在行政规范性文件的制定程序方面，制定发布行政规范性文件参照有关规章的制定程序进行。县级以上地方各级政府有权改变或者撤销所属各工作部门的不适当的行政规范性文件和下级政府的不适当的行政规范性文件。此外，在行政复议和行政诉讼中也可以附带审查行政规范性文件，具体内容可参见本书第 10 讲和第 17 讲。

［例］《行政复议法》第 13 条规定："公民、法人或者其他组织认为行政机关的行政行为所依据的下列规范性文件不合法，在对行政行为申请行政复议时，可以一并向行政复议机关提出对该规范性文件的附带审查申请：①国务院部门的规范性文件；②县级以上地方各级人民政府及其工作部门的规范性文件；③乡、镇人民政府的规范性文件；④法律、法规、规章授权的组织的规范性文件。前款所列规范性文件不含规章。规章的审查依照法律、行政法规办理。"

《行政诉讼法》第 53 条规定："公民、法人或者其他组织认为行政行为所依据的国务院部门和地方人民政府及其部门制定的规范性文件不合法,在对行政行为提起诉讼时,可以一并请求对该规范性文件进行审查。前款规定的规范性文件不含规章。"

专题 09 行政立法程序

行政法规和规章的立法程序一般都需要经历立项、起草、审查、决定与公布、解释等步骤。行政法规立法程序和规章立法程序中有很多规则是相通的,二者既有区别也有联系,可以通过归纳比较的方法来学习。

一、行政法规的立法程序

(一) 立项

立项是立法的首要步骤,在程序上表现为年度立法计划的编制和调整。

1. 报请立项。国务院有关部门认为需要制定行政法规的,应当于国务院编制年度立法工作计划前,向国务院报请立项。

2. 征集立项建议。国务院法制机构[1]应当向社会公开征集行政法规制定项目建议。

3. 年度立法工作计划确定。国务院法制机构对行政法规立项申请和公开征集的行政法规制定项目建议进行评估论证,拟订国务院年度立法工作计划,报党中央、国务院批准后向社会公布。国务院年度立法计划中的法律项目应当与全国人民代表大会常务委员会的立法规划和年度立法计划相衔接。

4. 年度立法工作计划调整。国务院年度立法工作计划在执行中可以根据实际情况调整。

> **魏语绵缪**
> 行政法规年度立法工作计划是由国务院法制机构拟订而非制订,在执行中是可以调整而非不得调整。

[例] 2021 年 5 月 27 日,国务院办公厅印发《国务院 2021 年度立法工作计划》,拟制定、修订行政法规 28 件。

经典真题

关于行政法规的立项,下列哪一说法是正确的?(2017/2/45)[2]

---

[1] 国务院法制机构是司法部。根据 2018 年 3 月《深化党和国家机构改革方案》的要求,司法部和国务院法制办公室的职责整合,不再保留国务院法制办公室,重新组建司法部。司法部的主要职责是:负责有关法律和行政法规草案起草,负责立法协调和备案审查、解释,综合协调行政执法,指导行政复议应诉,负责普法宣传,负责监狱、戒毒、社区矫正管理,负责律师公证和司法鉴定仲裁管理,承担国家司法协助等。

[2] C。行政法规报请立项的主体是国务院有关部门,其他主体无权报请立项,A 选项不正确;国务院法制机构只能拟订国务院年度立法工作计划,报党中央、国务院批准才能确定国务院年度立法工作计划,B 选项不正确;适应改革、发展、稳定的需要,这是行政法规的立法要求,C 选项正确;国务院年度立法工作计划在执行中可以根据实际情况予以调整,D 选项不正确。

A. 省政府认为需要制定行政法规的，可于每年年初编制国务院年度立法工作计划前向国务院报请立项
B. 国务院法制机构根据有关部门报送的立项申请汇总研究，确定国务院年度立法工作计划
C. 列入国务院年度立法工作计划的行政法规项目应适应改革、发展、稳定的需要
D. 国务院年度立法工作计划一旦确定不得调整

（二）起草

起草是提出行政法规初期方案和草稿的程序，它是审查和决定程序的基础。

1. 起草主体。行政法规由国务院组织起草。国务院年度立法工作计划，确定由国务院的一个部门或者几个部门具体负责起草工作，也可以确定由国务院法制机构起草或者组织起草。

2. 起草行政法规的要求

（1）弘扬社会主义核心价值观；

（2）体现全面深化改革精神，科学规范行政行为，促进政府职能向宏观调控、市场监管、社会管理、公共服务、环境保护等方面转变；

（3）符合精简、统一、效能的原则，相同或者相近的职能规定由一个行政机关承担，简化行政管理手续；

（4）切实保障公民、法人和其他组织的合法权益，在规定其应当履行的义务的同时，应当规定其相应的权利和保障权利实现的途径；

（5）体现行政机关的职权与责任相统一的原则，在赋予有关行政机关必要的职权的同时，应当规定其行使职权的条件、程序和应承担的责任。

3. 征求意见。起草行政法规，起草部门应当深入调查研究，总结实践经验，广泛听取有关机关、组织和公民的意见。涉及社会公众普遍关注的热点难点问题和经济社会发展遇到的突出矛盾，减损公民、法人和其他组织权利或者增加其义务，对社会公众有重要影响等重大利益调整事项的，应当进行论证咨询。

起草行政法规，起草部门应当将行政法规草案及其说明等向社会公布，征求意见，但是经国务院决定不公布的除外。向社会公布征求意见的期限一般不少于30日。

> **魏语绸缪**
> 起草行政法规以向社会公布为原则，以不公布（国务院决定）为例外。

4. 专家参与。起草专业性较强的行政法规，起草部门可以吸收相关领域的专家参与起草工作，或者委托有关专家、教学科研单位、社会组织起草。

5. 工作协调。起草行政法规，起草部门应当就涉及其他部门的职责或者与其他部门关系紧密的规定，与有关部门充分协商，涉及部门职责分工、行政许可、财政支持、税收优惠政策的，应当征得机构编制、财政、税务等相关部门同意。

6. 重大决策。起草行政法规，起草部门应当对涉及有关管理体制、方针政策等需要国务院决策的重大问题提出解决方案，报国务院决定。

7. 送审稿签署主体。起草部门向国务院报送的行政法规草案送审稿，应当由起草部门主要负责人签署。几个部门共同起草的送审稿，应当由该几个部门主要负责人共同签署。

8. 报送送审稿。起草部门将行政法规送审稿报送国务院审查时，应当一并报送行政

法规送审稿的说明和有关材料。

命题陷阱

> 起草专业性较强的行政法规，专家可以参与起草，也可以受委托起草，并非专家只能参与起草而不得受委托起草。几个部门共同起草的行政法规送审稿，应由共同起草部门负责人共同签署，而非由牵头起草部门的负责人签署。

（三）审查

审查是对行政法规送审稿进行修改，形成行政法规草案的程序。

1. 审查主体。报送国务院的行政法规送审稿，由国务院法制机构负责审查。

2. 审查处理。行政法规送审稿有下列情形之一的，国务院法制机构可以缓办或者退回起草部门：①制定行政法规的基本条件尚不成熟或者发生重大变化的；②有关部门对送审稿规定的主要制度存在较大争议，起草部门未征得机构编制、财政、税务等相关部门同意的；③未按照有关规定公开征求意见的；等等。

3. 征求意见

（1）向特定主体征求意见。国务院法制机构应当将行政法规送审稿或者行政法规送审稿涉及的主要问题发送国务院有关部门、地方人民政府、有关组织和专家等各方面征求意见。

（2）向社会公众征求意见。国务院法制机构可以将行政法规送审稿或者修改稿及其说明等向社会公布，征求意见。向社会公布征求意见的期限一般不少于30日。

[例] 征求意见的形式，有如下面的形式：

司法部关于《国务院关于加强农产品批发市场监督管理的规定（征求意见稿）》公开征求意见的通知

为了增强立法的公开性和透明度，提高立法质量，现将司法部起草的《国务院关于加强农产品批发市场监督管理的规定（征求意见稿）》及其说明公布。公众可以通过司法部官方网站、中国政府法制信息网或者关注司法部微信公众号查看征求意见稿及其说明。有关单位和各界人士可以在2021年4月22日前，通过以下三种方式提出意见：

1. 登录中华人民共和国司法部中国政府法制信息网（www.moj.gov.cn、www.chinalaw.gov.cn），进入首页主菜单的"立法意见征集"栏目提出意见。

2. 通过信函方式将意见寄至：北京市朝阳区朝阳门南大街6号司法部立法二局（邮编：100020），并请在信封上注明"《国务院关于加强农产品批发市场监督管理的规定》征求意见"字样。

3. 通过电子邮件将意见发送至：ncppfsc@chinalaw.gov.cn。

司法部
2021年3月23日

（3）论证咨询。行政法规送审稿涉及重大利益调整的，国务院法制机构应当进行论证咨询，广泛听取有关方面的意见。

（4）听证会。行政法规送审稿涉及重大利益调整或者存在重大意见分歧，对公民、法人或者其他组织的权利义务有较大影响，人民群众普遍关注的，国务院法制机构可以举行听证会，听取有关机关、组织和公民的意见。

4. 工作协调

（1）达成一致意见。国务院有关部门对行政法规送审稿涉及的主要制度、方针政策、管理体制、权限分工等有不同意见的，国务院法制机构应当进行协调，力求达成一致意见。

（2）不能达成一致意见。经过充分协调不能达成一致意见的，国务院法制机构、起草部门应当将争议的主要问题、有关部门的意见以及国务院法制机构的意见及时报国务院领导协调，或者报国务院决定。

5. 形成草案
国务院法制机构应当认真研究各方面的意见，与起草部门协商后，对行政法规送审稿进行修改，形成行政法规草案和对草案的说明。

6. 提请审议
行政法规草案由国务院法制机构主要负责人提出提请国务院常务会议审议的建议。对调整范围单一、各方面意见一致或者依据法律制定的配套行政法规草案，可以采取传批方式，由国务院法制机构直接提请国务院审批。

> **命题陷阱**
>
> 国务院法制机构对不符合要求的行政法规送审稿的审查处理结果是，既可以缓办，也可以退回起草部门，并非应当缓办、应当退回起草部门。国务院法制机构应当向特定主体征求意见，可以向社会公众征求意见。行政法规送审稿涉及重大利益调整的，国务院法制机构应当进行论证咨询，可以举行听证会。

> **经典真题**
>
> 国务院法制机构在审查起草部门报送的行政法规送审稿时认为，该送审稿规定的主要制度存在较大争议，且未与有关部门协商。对此，可以采取下列哪些处理措施？（2011/2/85）[1]
>
> A. 缓办
> B. 移交其他部门起草
> C. 退回起草部门
> D. 向社会公布，公开征求意见

（四）决定与公布

决定，是指审议行政法规草案并作出最终决定的决策程序。公布，是指将行政法规向社会公开，使公众知悉的程序。

1. 审议
行政法规草案由国务院常务会议审议，或者由国务院审批。

国务院常务会议审议行政法规草案时，由国务院法制机构或者起草部门作说明。

2. 签署
国务院法制机构应当根据国务院对行政法规草案的审议意见，对行政法规草案进行修改，形成草案修改稿，报请总理签署国务院令公布施行。

有关国防建设的行政法规，可以由国务院总理、中央军事委员会主席共同签署，国务院、中央军事委员会令公布。

---

[1] AC。国务院法制机构对行政法规送审稿有审查的权力，对不符合要求的送审稿有两种处理方式，即缓办或退回起草部门。

[例] 2016年11月11日，中央军事委员会主席习近平、国务院总理李克强签署命令，公布修订后的《无线电管理条例》，自2016年12月1日起施行。

3. 公布文本。行政法规签署公布后，及时在国务院公报和中国政府法制信息网以及在全国范围内发行的报纸上刊载。在国务院公报上刊登的行政法规文本为标准文本。

4. 施行时间。行政法规应当自公布之日起30日后施行；但是，涉及国家安全、外汇汇率、货币政策的确定以及公布后不立即施行将有碍行政法规施行的，可以自公布之日起施行。

[例] 行政法规的施行时间的做法，有如下面的国务院令：

中华人民共和国国务院令

（第 376 号）

《突发公共卫生事件应急条例》[1]已经2003年5月7日国务院第7次常务会议通过，现予公布，自公布之日起施行。

总理　温家宝

二〇〇三年五月九日

中华人民共和国国务院令

（第 790 号）

《网络数据安全管理条例》已经2024年8月30日国务院第40次常务会议通过，现予公布，自2025年1月1日起施行。

总理　李强

2024年9月24日

5. 备案。行政法规在公布后的30日内由国务院办公厅报全国人民代表大会常务委员会备案。

命题陷阱

审议行政法规草案时，既可以由国务院法制机构作说明，也可以由起草部门作说明，并非应当由国务院法制机构作说明，或者应当由起草部门作说明。行政法规以公布之日起30日后施行为原则，以自公布之日起施行为例外（涉及国家安全、外汇汇率、货币政策的确定以及公布后不立即施行将有碍行政法规施行的）。

经典真题

关于行政法规的决定与公布，下列哪一说法是正确的？（2010/2/42）[2]

A. 行政法规均应由国务院常务会议审议通过

---

[1] 该条例已于2011年1月8日进行了修订。

[2] B。行政法规草案可由国务院常务会议审议，也可由国务院审批，A选项不正确；在审议行政法规草案时，可由国务院法制机构作说明，也可由起草部门作说明，B选项正确；行政法规草案经国务院审议后，国务院法制机构应当根据审议意见对行政法规草案进行修改，C选项不正确；行政法规由国务院办公厅报请备案，并非由国务院法制办报请备案，D选项不正确。

B. 行政法规草案在国务院常务会议审议时，可由起草部门作说明
C. 行政法规草案经国务院审议报国务院总理签署前，不得再作修改
D. 行政法规公布后由国务院法制办报全国人大常委会备案

（五）解释

1. 解释主体。行政法规有下列情形之一的，由国务院解释：①行政法规的规定需要进一步明确具体含义的；②行政法规制定后出现新的情况，需要明确适用行政法规依据的。

> **命题陷阱**
> 注意行政法规的解释主体与行政法规解释的公布主体的区别：行政法规由国务院解释；行政法规的解释，由国务院公布或者由国务院授权有关部门公布。

2. 解释程序。国务院法制机构研究拟订行政法规解释草案，报国务院同意后，由国务院公布或者由国务院授权国务院有关部门公布。

3. 解释效力。行政法规的解释与行政法规具有同等效力。

4. 提出解释的主体。国务院各部门和省、自治区、直辖市人民政府可以向国务院提出行政法规解释要求。

5. 行政工作中的具体应用答复。对属于行政工作中具体应用行政法规的问题，省、自治区、直辖市人民政府法制机构以及国务院有关部门法制机构请求国务院法制机构解释的，国务院法制机构可以研究答复；其中涉及重大问题的，由国务院法制机构提出意见，报国务院同意后答复。

（六）行政法规的停止、修改和废止

1. 行政法规的停止。国务院可以根据改革发展的需要，决定就行政管理等领域的特定事项，在规定期限和范围内暂时调整或者暂时停止适用行政法规的部分规定。

[例] 2021年10月8日，国务院按照《深化北京市新一轮服务业扩大开放综合试点建设国家服务业扩大开放综合示范区工作方案》，同意自即日起在北京市暂时调整实施《中外合作办学条例》《外商投资电信企业管理规定》《营业性演出管理条例》《建设工程质量管理条例》《建设工程勘察设计管理条例》《旅行社条例》《民办非企业单位登记管理暂行条例》的有关规定。

2. 行政法规的修改和废止。对不适应全面深化改革和经济社会发展要求、不符合上位法规定的行政法规，应当及时修改或者废止。国务院法制机构或者国务院有关部门可以组织对有关行政法规或者行政法规中的有关规定进行立法后评估，并把评估结果作为修改、废止有关行政法规的重要参考。

行政法规的修改、废止程序适用《行政法规制定程序条例》的有关规定。行政法规修改、废止后，应当及时公布。

[例] 对修改或废止后的行政法规予以公布的做法，有如下面的决定：

国务院关于修改《信息网络传播权保护条例》的决定

国务院决定对《信息网络传播权保护条例》作如下修改：

将第18条、第19条中的"并可处以10万元以下的罚款"修改为："非法经营额5万元以上的，可处非法经营额1倍以上5倍以下的罚款；没有非法经营额或者非法经营额5

万元以下的，根据情节轻重，可处 25 万元以下的罚款"。

本决定自 2013 年 3 月 1 日起施行。

《信息网络传播权保护条例》根据本决定作相应修改，重新公布。

国务院关于废止部分行政法规的决定

为了适应我国人口与经济社会发展的新形势，优化生育政策，促进人口长期均衡发展，根据 2021 年 8 月 20 日第十三届全国人民代表大会常务委员会第三十次会议通过的关于修改人口与计划生育法的决定，国务院决定废止以下行政法规：

一、计划生育技术服务管理条例（2001 年 6 月 13 日中华人民共和国国务院令第 309 号公布　根据 2004 年 12 月 10 日《国务院关于修改〈计划生育技术服务管理条例〉的决定》修订）

二、社会抚养费征收管理办法（2002 年 8 月 2 日中华人民共和国国务院令第 357 号公布）

三、流动人口计划生育工作条例（2009 年 5 月 11 日中华人民共和国国务院令第 555 号公布）

本决定自公布之日起施行。

经典真题

行政法规条文本身需进一步明确界限或作出补充规定的，应对行政法规进行解释。关于行政法规的解释，下列说法正确的是：（2016/2/100）[1]

A. 解释权属于国务院
B. 解释行政法规的程序，适用行政法规制定程序
C. 解释可由国务院授权国务院有关部门公布
D. 行政法规的解释与行政法规具有同等效力

二、规章的立法程序

（一）立项

1. 报请立项

国务院部门内设机构或者其他机构认为需要制定部门规章的，应当向该部门报请立项。

省、自治区、直辖市和设区的市、自治州的政府所属工作部门或者下级政府认为需要制定地方政府规章的，应当向该省、自治区、直辖市或者设区的市、自治州的政府报请立项。

2. 征集立项建议。国务院部门，省、自治区、直辖市和设区的市、自治州的政府，可以向社会公开征集规章制定项目建议。

> **魏语绸缪**
>
> 注意行政法规和地方政府规章在立项上的不同：
> ○ 国务院有关部门向国务院报请立项；
> ○ 政府所属的工作部门或者下级政府向地方政府报请立项。

---

[1] ACD。解释行政法规有三个要求：①行政法规的解释权属于国务院，A 选项正确。②行政法规的解释程序：国务院法制机构拟订行政法规解释草案——国务院同意——国务院公布或者由国务院授权国务院有关部门公布，解释行政法规的程序，不适用行政法规制定程序，B 选项不正确。行政法规的解释既可由国务院公布，也可由国务院授权国务院有关部门公布，C 选项正确。③行政法规的解释与行政法规具有同等效力，D 选项正确。

[例] 征集立项建议的做法，有如下面这则公告：

关于公开征集 2022 年省政府制定规章计划建议项目的公告

为进一步推进科学立法、民主立法，提高政府立法工作的公众参与度，增强立法计划的科学性、民主性，根据《广东省人民政府规章立项工作规定》，决定向社会公开征集 2022 年省政府制定规章计划建议项目。现将有关事项公告如下：

一、公民、法人和其他组织认为某事项应当制定、修改省政府规章的，可于 2021 年 9 月 3 日前，通过信函、邮件等方式向我厅书面提出建议。

二、提出有关建议项目的，应当包含项目名称和立法的主要理由，并注明你的姓名、联系方式及单位名称。

三、我厅对征集到的建议项目，将按照科学民主决策的要求进行充分论证，并按照有关规定考虑列入 2022 年立法计划。

广东省司法厅
2021 年 8 月 2 日

（联系方式：广州市白云区政民路 51 号，广东省司法厅立法一处，邮箱：sft_chenjs@gd.gov.cn）

3. 年度立法工作计划确定。国务院部门法制机构，省、自治区、直辖市和设区的市、自治州的人民政府法制机构，应当对制定规章的立项申请和公开征集的规章制定项目建议进行评估论证，拟订本部门、本级人民政府年度规章制定工作计划，报本部门、本级人民政府批准后向社会公布。

年度规章制定工作计划应当明确规章的名称、起草单位、完成时间等。

4. 年度立法工作计划调整。年度规章制定工作计划在执行中，可以根据实际情况予以调整，对拟增加的规章项目应当进行补充论证。

（二）起草

1. 起草主体。部门规章由国务院部门组织起草，地方政府规章由省、自治区、直辖市和设区的市、自治州的政府组织起草。

国务院部门可以确定规章由其一个或者几个内设机构或者其他机构具体负责起草工作，也可以确定由其法制机构起草或者组织起草。省、自治区、直辖市和设区的市、自治州的政府可以确定规章由其一个部门或者几个部门具体负责起草工作，也可以确定由其法制机构起草或者组织起草。

2. 听取意见

（1）听取意见形式。起草规章，应当广泛听取有关机关、组织和公民的意见。听取意见可以采取书面征求意见、座谈会、论证会、听证会等多种形式。

（2）向社会公众征求意见。起草规章，除依法需要保密的外，应当将规章草案及其说明等向社会公布，征求意见。向社会公布征求意见的期限一般不少于 30 日。

[例] 向社会公众征求意见的做法，有如下面这则公告：

中国银保监会关于《理财公司理财产品流动性风险管理办法（征求意见稿）》 公开征求意见的通知

为加强理财产品流动性风险管控，保护投资者合法权益，银保监会起草了《理财公司理财产品流动性风险管理办法（征求意见稿）》，现向社会公开征求意见。公众可以通过

以下途径和方式提出反馈意见：

一、登录中华人民共和国司法部 中国政府法制信息网（网址：www.moj.gov.cn、www.chinalaw.gov.cn），进入首页主菜单的"立法意见征集"栏目提出意见。

二、通过电子邮件将意见发送至：yhlc@cbirc.gov.cn。

三、通过信函方式将意见寄至：北京市西城区金融大街甲15号中国银保监会创新部（100033），并请在信封上注明"理财公司理财产品流动性风险管理办法征求意见"字样。

意见反馈截止时间为2021年10月9日。

中国银保监会
2021年9月8日

（3）论证咨询。起草规章，涉及社会公众普遍关注的热点难点问题和经济社会发展遇到的突出矛盾，减损公民、法人和其他组织权利或者增加其义务，对社会公众有重要影响等重大利益调整事项的，起草单位应当进行论证咨询，广泛听取有关方面的意见。

（4）听证会。起草的规章涉及重大利益调整或者存在重大意见分歧，对公民、法人或者其他组织的权利义务有较大影响，人民群众普遍关注，需要进行听证的，起草单位应当举行听证会[1]听取意见。

[例] 为进一步听取社会各界的意见建议，推动科学立法、民主立法进程，提高地方立法质量，泰州市司法局会同泰州市城管局于2019年11月15日召开《泰州市市区城镇垃圾处理费征收管理办法》（现已失效）立法听证会。

3. 专家参与。起草专业性较强的规章，可以吸收相关领域的专家参与起草工作，或者委托有关专家、教学科研单位、社会组织起草。

4. 工作协调

起草部门规章，涉及国务院其他部门的职责或者与国务院其他部门关系紧密的，起草单位应当充分征求国务院其他部门的意见。

起草地方政府规章，涉及本级人民政府其他部门的职责或者与其他部门关系紧密的，起草单位应当充分征求其他部门的意见。

起草单位与其他部门有不同意见的，应当充分协商；经过充分协商不能取得一致意见的，起草单位应当在上报规章草案送审稿时说明情况和理由。

5. 送审稿签署主体。报送审查的规章送审稿，应当由起草单位主要负责人签署；几个起草单位共同起草的规章送审稿，应当由该几个起草单位主要负责人共同签署。

6. 报送送审稿。起草单位应当将规章送审稿及其说明、对规章送审稿主要问题的不同意见和其他有关材料按规定报送审查。规章送审稿的说明应当对制定规章的必要性、规定的主要措施、有关方面的意见及其协调处理情况等作出说明。"有关材料"主要包括所规范领域的实际情况和相关数据、实践中存在的主要问题、汇总的意见、听证会笔录、调研报告、国内外有关立法资料等。

---

[1] 听证会依照下列程序组织：①听证会公开举行，起草单位应当在举行听证会的30日前公布听证会的时间、地点和内容；②参加听证会的有关机关、组织和公民对起草的规章，有权提问和发表意见；③听证会应当制作笔录，如实记录发言人的主要观点和理由；④起草单位应当认真研究听证会反映的各种意见，起草的规章在报送审查时，应当说明对听证会意见的处理情况及其理由。

(三) 审查

1. 审查主体。规章送审稿由法制机构负责统一审查。
2. 审查处理。规章送审稿有下列情形之一的，法制机构可以缓办或者退回起草单位：
（1）制定规章的基本条件尚不成熟或者发生重大变化的；
（2）有关机构或者部门对规章送审稿规定的主要制度存在较大争议，起草单位未与有关机构或者部门充分协商的；
（3）未按照有关规定公开征求意见的；等等。
3. 征求意见
（1）向特定主体征求意见。法制机构应当将规章送审稿或者规章送审稿涉及的主要问题发送有关机关、组织和专家征求意见。
（2）向社会公众征求意见。法制机构可以将规章送审稿或者修改稿及其说明等向社会公布，征求意见。向社会公布征求意见的期限一般不少于30日。
（3）向基层听取意见。法制机构应当就规章送审稿涉及的主要问题，深入基层进行实地调查研究，听取基层有关机关、组织和公民的意见。
（4）论证咨询。规章送审稿涉及重大利益调整的，法制机构应当进行论证咨询，广泛听取有关方面的意见。
（5）听证会。规章送审稿涉及重大利益调整或者存在重大意见分歧，对公民、法人或者其他组织的权利义务有较大影响，人民群众普遍关注，起草单位在起草过程中未举行听证会的，法制机构经本部门或者本级人民政府批准，可以举行听证会。

> **魏语绸缪**
>
> 注意法制机构举行听证会的要求不同：
> - 对行政法规送审稿，国务院法制机构可举行听证会；
> - 对规章送审稿，法制机构经本部门或者本级人民政府批准，可举行听证会。

4. 争议处理
（1）达成一致意见。有关机构或者部门对规章送审稿涉及的主要措施、管理体制、权限分工等问题有不同意见的，法制机构应当进行协调，力求达成一致意见。
（2）不能达成一致意见。经过充分协调不能达成一致意见的，法制机构应当将主要问题、有关机构或者部门的意见和法制机构的意见及时报本部门或者本级人民政府领导协调，或者报本部门或者本级人民政府决定。
5. 形成草案。法制机构应当认真研究各方面的意见，与起草单位协商后，对规章送审稿进行修改，形成规章草案和对草案的说明。说明应当包括制定规章拟解决的主要问题、确立的主要措施以及与有关部门的协调情况等。
6. 提请审议。法制机构起草或者组织起草的规章草案，由法制机构主要负责人签署，提出提请本部门或者本级人民政府有关会议审议的建议。

经典真题

关于规章的起草和审查，下列哪些说法是正确的？（2017/2/77）[1]

---

[1] BC。专家可以参与起草规章，也可以受委托起草规章，A选项不正确；起草单位就规章起草一旦举行听证

A. 起草规章可邀请专家参加，但不能委托专家起草
B. 起草单位就规章起草举行听证会，应制作笔录，如实记录发言人的主要观点和理由
C. 起草规章应广泛听取有关机关、组织和公民的意见
D. 如制定规章的基本条件不成熟，法制机构应将规章送审稿退回起草单位

（四）决定与公布

1. 审议

部门规章应当经部务会议或者委员会会议决定。

地方政府规章应当经政府常务会议或者全体会议决定。

审议规章草案时，由法制机构作说明，也可以由起草单位作说明。

2. 签署公布命令

法制机构应当根据有关会议审议意见对规章草案进行修改，形成草案修改稿，报请本部门首长或者省长、自治区主席、市长、自治州州长签署命令予以公布。

公布规章的命令应当载明该规章的制定机关，序号，规章名称，通过日期，施行日期，部门首长或者省长、自治区主席、市长、自治州州长署名以及公布日期。

部门联合规章由联合制定的部门首长共同署名公布，使用主办机关的命令序号。

3. 公布文本

部门规章签署公布后，及时在国务院公报或者部门公报和中国政府法制信息网以及在全国范围内发行的报纸上刊载。

地方政府规章签署公布后，及时在本级人民政府公报和中国政府法制信息网以及在本行政区域范围内发行的报纸上刊载。

在国务院公报或者部门公报和地方人民政府公报上刊登的规章文本为标准文本。

4. 施行时间。 规章应当自公布之日起 30 日后施行；但是，涉及国家安全、外汇汇率、货币政策的确定以及公布后不立即施行将有碍规章施行的，可以自公布之日起施行。

[例] 规章的施行时间的做法，有如下面的部委令：

中国证券监督管理委员会令

（第 153 号）

《科创板首次公开发行股票注册管理办法（试行）》（现已失效）已经 2019 年 3 月 1 日中国证券监督管理委员会第 1 次主席办公会议审议通过，现予公布，自公布之日起施行。

中国证券监督管理委员会主席：易会满

2019 年 3 月 1 日

5. 备案。 自公布之日起 30 日内，部门规章和地方政府规章由制定机关的法制机构报国务院备案，地方政府规章应当同时报本级人大常委会备案，设区的市、自治州的政府制定的规章应当同时报省、自治区的人大常委会和政府备案。

[例] 公安部规章报国务院备案；江苏省政府规章报江苏省人大常委会、国务院备案；南

会，即应当制作笔录，要如实记录发言人的主要观点和理由，B 选项正确；起草规章应广泛听取有关机关、组织和公民的意见，这是程序正当中公众参与的体现，C 选项正确；制定规章的基本条件尚不成熟，法制机构既可以缓办，也可以将规章送审稿退回起草单位，D 选项不正确。

京市政府规章报南京市人大常委会、江苏省政府、江苏省人大常委会、国务院备案。

命题陷阱

行政法规草案和地方政府规章草案在审议主体上的不同	（1）行政法规草案由国务院常务会议审议； （2）地方政府规章草案由本级政府常务会议或者全体会议决定。
行政法规、部门规章、地方政府规章在公布载体上的不同	（1）部门规章在国务院公报或者部门公报和中国政府法制信息网以及在全国范围内发行的报纸上刊载； （2）地方政府规章在本级人民政府公报和中国政府法制信息网以及在本行政区域范围内发行的报纸上刊载。
行政法规和地方政府规章在备案上的不同	（1）行政法规由国务院办公厅报请备案； （2）地方政府规章由制定机关法制机构报请备案。

经典真题

有关规章的决定和公布，下列说法正确的是：（2014/2/97）[1]
A. 审议规章草案时须由起草单位作说明
B. 地方政府规章须经政府全体会议决定
C. 部门联合规章须由联合制定的部门首长共同署名公布，使用主办机关的命令序号
D. 规章公布后须及时在全国范围内发行的有关报纸上刊登

（五）解释

1. 解释主体。规章解释权属于规章制定机关。规章有下列情形之一的，由制定机关解释：①规章的规定需要进一步明确具体含义的；②规章制定后出现新的情况，需要明确适用规章依据的。

2. 解释程序。规章解释由规章制定机关的法制机构参照规章送审稿审查程序提出意见，报请制定机关批准后公布。

3. 解释效力。规章的解释与规章具有同等效力。

> **魏语绸缪**
> 行政法规和地方政府规章在解释上的不同：
> ○ 行政法规的解释由国务院公布或者由国务院授权国务院有关部门公布；
> ○ 地方政府规章的解释由规章制定机关法制机构公布。

（六）规章的修改和废止

对不适应全面深化改革和经济社会发展要求、不符合上位法规定的规章，应当及时修改或者废止。

国务院部门，省、自治区、直辖市和设区的市、自治州的人民政府，可以组织对有关规章或者规章中的有关规定进行立法后评估，并把评估结果作为修改、废止有关规章的重

---

[1] C。审议规章草案时，既可由法制机构作说明，也可由起草单位作说明，A 选项不正确；地方政府规章既可由政府常务会议决定，也可由政府全体会议决定，B 选项不正确；部门联合规章公布的两个要求：共同署名和使用主办机关的命令序号，C 选项正确；地方政府规章公布后要求在本行政区域范围发行的报纸刊登，并不要求在全国范围内发行的报纸上刊登，D 选项不正确。

要参考。

规章的修改、废止程序适用《规章制定程序条例》的有关规定。规章修改、废止后，应当及时公布。

[例] 2020年11月5日，广州市政府第15届第123次常务会议审议通过《广州市人民政府关于修改和废止部分市政府规章的决定》，修改了《广州市闲置土地处理办法》和《广州市行政备案管理办法》，废止了《广州市职工伤病劳动能力鉴定办法》和《广州市市区出租小客车管理办法》。

此外，不具有规章制定权的县级以上地方人民政府制定、发布的具有普遍约束力的决定、命令，参照《规章制定程序条例》规定的程序执行。

经典真题

下列哪一选项符合规章制定的要求？（2009/2/39）[1]
A. 某省政府所在地的市政府将其制定的规章定名为"条例"
B. 某省政府在规章公布后60日向省人大常委会备案
C. 基于简化行政管理手续考虑，对涉及国务院甲乙两部委职权范围的事项，甲部单独制定规章加以规范
D. 某省政府制定的规章既规定行政机关必要的职权，又规定行使该职权应承担的责任

专题 ⑩ 行政立法的监督与效力

任何权力都应该受到监督，不受监督和约束的权力必然会被滥用，行政立法权同样如此。

行政立法的监督，需要掌握两个问题：①对于行政立法，谁来提出监督，向谁提出监督；②行政立法的监督处理，包括监督标准、监督方式和监督主体。

一、行政立法监督的提出

考生应掌握行政法规和规章在监督提出上的不同。

（一）行政法规监督的提出

行政法规的监督由两类主体提出：①法定的国家机关，即中央军委，国家监察委，最高法院，最高检察院和各省、自治区、直辖市的人大常委会（注意没有省、自治区、直辖市的政府）；②其他机关、组织和公民。

区分法定机关和其他机关、组织、公民的意义在于他们提出监督的形式是不一样的，

---

[1] D。规章的名称一般为"规定""办法"，但不得称"条例"，A选项不当选；规章是在公布后30日内报请备案，不是60日内报请备案，B选项不当选；涉及2个以上国务院部门职权范围的事项，要么是提请国务院制定行政法规，要么是由国务院有关部门联合制定规章，C选项不当选；制定规章，应当体现行政机关的职权与责任相统一的原则，既规定行政机关必要的职权，又规定行使该职权应承担的责任，D选项当选。

法定机关提的是审查的要求，而其他机关、组织、公民提的是审查的建议。审查要求与审查建议的法律效果不同：审查要求是必须启动监督程序的，而审查建议就不一定会启动监督程序。

[例]《城市流浪乞讨人员收容遣送办法》是 1982 年国务院发布的行政法规。2003 年孙志刚事件发生后，在社会上引起了极大的反响。北京大学三位法学博士向全国人大常委会提出"关于审查《城市流浪乞讨人员收容遣送办法》的建议书"。立法监督程序并未启动，但随后国务院启动立法修改程序。2003 年 6 月 20 日，第 381 号国务院令公布了《城市生活无着的流浪乞讨人员救助管理办法》，《城市流浪乞讨人员收容遣送办法》同时废止。

注意：2023 年修正后的《立法法》增加了主动监督：全国人大专门委员会、常委会工作机构可以对报送备案的行政法规进行主动审查，并可以根据需要进行专项审查。

（二）规章监督的提出

国家机关、社会团体、企业事业组织、公民认为部门规章和地方政府规章同法律、行政法规相抵触的，可以向国务院书面提出审查的建议，由国务院法制机构研究处理。国家机关、社会团体、企业事业组织、公民认为设区的市、自治州的人民政府规章同法律、行政法规相抵触或者违反其上位法的规定的，也可以由省、自治区的人民政府法制机构研究处理。

规章的监督在提出主体方面没有区分，而且各主体提的都是审查建议。至于向谁提出监督审查建议，注意部门规章和地方政府规章的不同。对部门规章和省级地方政府规章的审查建议都是向国务院提出，而对市级地方政府规章的审查建议除了向国务院提出之外，还可以向本省、自治区人民政府提出。

[例] 某公民认为司法部规章同法律、行政法规相抵触，可以向国务院提出审查的建议；某公民认为广东省政府规章同法律、行政法规相抵触，可以向国务院书面提出审查的建议；某公民认为深圳市政府规章同法律、行政法规相抵触，可以向广东省政府或者国务院提出审查的建议。

注意：2023 年修正后的《立法法》增加了主动监督：国务院备案审查工作机构可以对报送备案的部门规章和省、自治区、直辖市的人民政府制定的规章进行主动审查，并可以根据需要进行专项审查。

总结

监督对象	提出主体	提出形式	监督主体
行政法规	中央军委，国家监察委，最高法院，最高检察院和各省、自治区、直辖市的人大常委会	书面提出进行审查的要求	全国人大常委会
	其他的国家机关和社会团体、企业事业组织以及公民	书面提出进行审查的建议	
部门规章	国家机关、社会团体、企业事业组织、公民	书面提出进行审查的建议	国务院
省级地方政府规章			
市级地方政府规章			国务院或本省、自治区人民政府

经典真题

某企业认为，甲省政府所在地的市政府制定的规章同某一行政法规相抵触，可以向下列哪些机关书面提出审查建议？（2010/2/80）[1]

A. 国务院　　　　　　　　　　　　B. 国务院法制办
C. 甲省政府　　　　　　　　　　　D. 全国人大常委会

二、行政立法监督的处理

行政立法监督的处理，涉及监督对象、监督标准、监督方式和监督主体四个问题，这部分知识点不需要死记硬背，在理解基础上记忆即可。

1. 监督对象

毫无疑问，所有的立法都须接受监督，所有的行政法规、部门规章、省级地方政府规章、市级地方政府规章都是被监督的对象。

2. 监督标准

行政法规有两个监督标准：①是否同宪法、法律相抵触；②是否超越授权范围或者违背授权目的。行政法规存在执行性立法、职权性立法和授权性立法。执行性立法和职权性立法的监督标准是同宪法、法律相抵触，而授权性立法的监督标准是超越授权范围或者违背授权目的。

所有的规章只有一个监督标准，即内容不适当。

3. 监督主体和监督方式。监督主体和监督方式应当结合掌握，因为二者是相关联的。

行政立法的监督主体虽然多，实际上理解一条规则就能掌握：行政立法由制定主体的上级政府和制定主体的本级人大常委会监督。对行政立法有没有监督权或者具不具备监督资格，就看它是不是行政立法制定主体的上级政府或本级人大常委会，是上级政府就能监督，是本级人大常委会也能监督，否则就不能监督。

监督方式虽然只有改变和撤销两种，但是非常容易混淆，这需要从监督主体的角度来区分。凡是用撤销方式监督的，都是由人大常委会来监督的；凡是用改变或撤销这两种方式监督的，都是由上级政府（国务院也属于上级政府）来监督的。实际上，撤销和改变的适用，取决于监督者和被监督者之间是监督关系还是领导关系。本级人大常委会监督时只能撤销而不能改变，而上级政府监督时既能撤销又能改变，因为上级政府跟下级政府之间是领导关系，而人大常委会和本级政府之间只是监督关系。

总结

监督对象		监督标准	监督方式	监督主体
国务院	行政法规	同宪法、法律相抵触	撤销	全国人大常委会
国务院部门	部门规章	内容不适当	改变或撤销	国务院

---

[1] AC。国家机关、社会团体、企业事业组织、公民认为设区的市的政府规章同法律、行政法规相抵触的，既可以向国务院书面提出审查的建议，也可以向本省、自治区人民政府书面提出审查的建议。

续表

监督对象		监督标准	监督方式	监督主体
地方人民政府	地方政府规章 省级规章	内容不适当	改变或撤销	国务院
			撤销	本级人大常委会
	市级规章		改变或撤销	国务院，省、自治区人民政府
			撤销	本级人大常委会
授权制定的行政法规		超越授权范围或者违背授权目的	撤销（必要时可以撤销授权）	全国人大及其常委会

命题陷阱

行政立法在监督方式适用上的区别：

1. 对于同宪法和法律相抵触的行政法规，全国人大常委会的监督方式是撤销。
2. 对于不适当的部门规章和地方政府规章，国务院的监督方式是改变或者撤销。
3. 对于不适当的地方政府规章，本级人大常委会的监督方式是撤销。
4. 对于不适当的市级地方政府规章，省级地方政府的监督方式是改变或者撤销。

三、行政立法的效力冲突

效力等级是处理立法规则相互关系的基础：①法律的效力高于行政法规、地方性法规、规章；②行政法规的效力高于地方性法规、规章；③地方性法规的效力高于本级和下级地方政府规章；④省、自治区的人民政府制定的规章的效力高于本行政区域内的设区的市、自治州的人民政府制定的规章；⑤部门规章之间、部门规章与地方政府规章之间具有同等效力，在各自的权限范围内施行。（但立法效力冲突时规则比较多，死记硬背这些规则容易忘记，可以用推理的方法）

根据《立法法》的规定，我国立法规则主要涉及两种立法：人大立法和行政立法。人大立法主要是法律、地方性法规；行政立法主要是行政法规、部门规章和地方政府规章。行政法律规范效力冲突就是人大立法之间的效力冲突、行政立法之间的效力冲突以及人大立法与行政立法之间的效力冲突。

（一）人大立法之间、行政立法之间的效力冲突

人大立法之间或者行政立法之间冲突时要遵循一个原则，就是上级制定的规范的效力高于下级制定的规范。这里的上级是指规范的制定主体是上级，下级是指规范的制定主体是下级。所谓的在同一系统，就是指在人大立法系统内或者在行政立法系统内。在人大立法系统内，法律的效力高于地方性法规，省级地方性法规的效力高于市级地方性法规。为

什么呢？因为全国人大高于地方人大，省级人大高于市级人大。在行政立法系统内，行政法规的效力高于所有的规章，省级地方政府规章的效力高于市级地方政府规章。为什么呢？因为国务院是最高行政机关，省级政府高于市级政府。

原则很简单，但还有一个例外，就是在行政立法系统里，制定主体分不出上下级。部门规章之间冲突、部门规章与地方政府规章之间冲突（包括部门规章与省级地方政府规章之间冲突、部门规章与市级地方政府规章之间冲突），均由规章制定主体的共同上级机关——国务院裁决。

[例] 教育部规章与司法部规章冲突，这确定不了哪个部门规章的效力高，因为教育部与司法部分不出来上下级。教育部的规章与北京市政府的规章冲突，这确定不了是部门规章效力高还是地方政府规章效力高，因为教育部和北京市政府也分不出来上下级。上述情况就只能找它们共同的上级机关，也就是由国务院裁决。

（二）人大立法与行政立法之间的效力冲突

人大立法与行政立法之间冲突时遵循一个原则：在同一级别上，人大制定的规范的效力要高于政府制定的规范。什么是同一级别呢？也就是在中央一级或者在省一级或者在市一级。在中央一级，法律的效力要高于行政法规。为什么呢？因为全国人大及其常委会是高于国务院的。在省一级，省级地方性法规的效力高于省级地方政府规章；在市一级，市级地方性法规的效力高于市级地方政府规章。为什么呢？因为省级人大及其常委会高于省级政府，市级人大及其常委会高于市级政府。

如果人大立法与行政立法冲突，但二者不在同一个级别，如何处理呢？我们需要掌握五个例外。

1 第1个例外 当国务院根据授权制定的行政法规与法律规定不一致，不能确定如何适用时，由全国人大常委会裁决。全国人大及其常委会授权国务院制定的行政法规的效力是等同于法律的，因此，国务院根据授权制定的行政法规与法律冲突时，需要由全国人大常委会裁决。

2 第2个例外 行政法规与地方性法规冲突时，因行政法规是国务院制定的，它代表中央政府，故行政法规的效力要高于地方性法规，并且《立法法》规定，地方性法规应该按照法律、行政法规来制定。

3 第3个例外 省级地方性法规与市级地方政府规章冲突的效力处理。这种情况一般都不会弄错。为什么呢？因为省级人大及其常委会制定的地方性法规的效力是高于省级政府制定的省级地方政府规章的，省级政府制定的省级地方政府规章的效力又高于市级政府制定的市级地方政府规章，因此，省级人大及其常委会制定的地方性法规的效力是高于市级政府制定的市级地方政府规章的。实际上就是，省级人大及其常委会高于省级政府、省级政府又高于市级政府，即省级人大及其常委会高于市级政府。

[例] 如何判定广东省人大的地方性法规与广州市政府规章效力的高低？广东省人大高于广东省政府、广东省政府又高于广州市政府，即广东省人大高于广州市政府。因此，广东省人大的地方性法规的效力高于广州市政府规章。

4 第4个例外 市级地方性法规和省级地方政府规章之间效力冲突的处理，这种情况是由省级人大常委会来裁决的。因为市级地方人大及其常委会与省级地方政府分不出来高低。

[例] 如何判定广东省政府规章与广州市人大的地方性法规效力的高低？当我们不知道哪个效力高、哪个效力低时，就只能找那个既能监督省政府规章，又能监督市人大地方性法规的主体来处理，这就需要广东省人大常委会来裁决。

5 第5个例外》 这是最复杂的，不仅是人大立法与行政立法之间的冲突，比较特殊的是行政立法属于中央的部门规章，人大立法属于地方的地方性法规。部门规章与地方性法规的效力冲突，解决冲突的程序是：先由国务院处理，如果国务院认为应当适用地方性法规，那么国务院的处理决定就是最终的；如果国务院认为应当适用部门规章，那么还要报全国人大常委会作最终裁决。

> **魏语绸缪**
> 注意区分部门规章与地方立法冲突的处理：
> ○ 部门规章与地方政府规章冲突的，由国务院裁决；
> ○ 部门规章与地方性法规冲突的，由国务院先行处理。

[例] 教育部规章与北京市人大的地方性法规冲突，谁效力高、谁效力低是无法判定的，需要找有权机关来处理。找谁呢？先找国务院，国务院能监督处理教育部规章。虽然行政法规的效力也高于北京市人大的地方性法规，但国务院不能监督处理北京市人大的地方性法规，按照《立法法》的要求，北京市人大的地方性法规应该由全国人大常委会来监督处理。如果国务院认为应当适用北京市人大的地方性法规，那么国务院的处理就是最终处理。为什么呢？因为国务院有权否决教育部规章的效力，适用北京市人大的地方性法规的国务院裁决就是最终裁决。但是，如果国务院裁决认为应当适用教育部规章，那么国务院的这个处理就不是最终的，因为国务院适用教育部规章就意味着国务院在否决北京市人大的地方性法规的效力，从《立法法》的角度看，国务院是无权否决北京市人大的地方性法规效力的，这时就只能报全国人大常委会作最终裁决。当然，为什么不直接由全国人大常委会处理，还得经过国务院先处理呢？因为教育部规章的监督主体是国务院，全国人大常委会是不直接监督教育部规章的，这是国家的立法监督体制决定的。

（三）同一机关行政立法之间的效力冲突

同一机关制定的行政法规、规章之间冲突时应遵循的原则
- 特别规定与一般规定不一致的，适用特别规定
- 新的规定与旧的规定不一致的，适用新的规定
- 新的一般规定与旧的特别规定不一致时，由制定机关裁决

[例] 对于土地管理处罚事项，涉及国务院的两个行政法规，A 行政法规是对所有行政管理处罚作出的规定，B 行政法规是专门针对土地管理处罚作出的规定。若两个行政法规的规定不一致，则适用 B 行政法规。

对于环保管理处罚事项，涉及国务院的两个行政法规，A 行政法规是 2015 年制定的，B 行政法规是 2019 年制定的。若两个行政法规的规定不一致，则适用 B 行政法规。

对于城建管理处罚事项，涉及国务院的两个行政法规，A 行政法规是对所有行政管理处罚作出的规定，B 行政法规是专门针对城建管理处罚作出的规定，但是 A 行政法规是 2019 年制

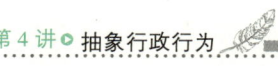

定的，B 行政法规是 2015 年制定的。若两个行政法规的规定不一致，则由国务院裁决。

总结

类　　型		冲突处理
人大立法之间、行政立法之间	原　则	同一系统内，上级高于下级。
	例　外	部门规章之间、部门规章与地方政府规章之间冲突。（国务院裁决）
人大立法与行政立法之间	原　则	同一级别，人大高于政府。
	例　外	（1）授权行政法规与法律冲突；（全国人大常委会裁决） （2）行政法规与地方性法规冲突；（行政法规效力高） （3）省级地方性法规与市级地方政府规章冲突；（省级地方性法规效力高） （4）省级地方政府规章与市级地方性法规冲突；（省级人大常委会裁决） （5）地方性法规与部门规章冲突。（国务院可决定适用地方性法规，适用部门规章的，提请全国人大常委会裁决）
同一机关立法之间	原　则	特别法优于一般法，新法优于旧法。
	例　外	新法一般法与旧法特别法冲突。（制定机关裁决）

经典真题

下列有关法律规范的适用和备案的哪一种说法是正确的？（2005/2/43）[1]

A. 地方性法规与部门规章对同一事项的规定不一致，不能确定如何适用时，由国务院作出最终裁决

B. 不同行政法规的特别规定与一般规定不一致不能确定如何适用时，由国务院裁决

C. 地方政府规章内容不适当的，国务院应当予以改变或者撤销

D. 凡被授权机关制定的法规违背授权目的的，授权和所制定的法规应当一并被撤销

致努力中的你

种一棵树最好的时间是十年前，
其次是现在。

---

[1] C。地方性法规与部门规章冲突的，由国务院先行处理，国务院决定适用地方性法规的裁决才是最终裁决，A 选项不正确；特别规定与一般规定不一致时，直接适用特别规定，无需制定主体裁决，B 选项不正确；地方政府规章内容不适当的，国务院既可以改变，也可以撤销，C 选项正确；被授权制定的法规违背授权目的的，一般是撤销法规，必要时才撤销授权，D 选项不正确。

05 第五讲 >> 具体行政行为

应试指导

本讲涉及具体行政行为的基本概念和基础理论问题，在考试中的题目类型主要是客观卷中的选择题，也可能涉及主观卷中的案例分析题。主要考查：构成具体行政行为的基本条件是什么？具体行政行为怎么分类的？具体行政行为有什么样的效力内容和效力状态？具体行政行为具备什么条件才合法？考生需要重点掌握具体行政行为区别于抽象行政行为的标准，具体行政行为效力的取得和丧失的条件，无效的具体行政行为与可撤销的具体行政行为的区别，分析判断具体行政行为合法性的基本条件。

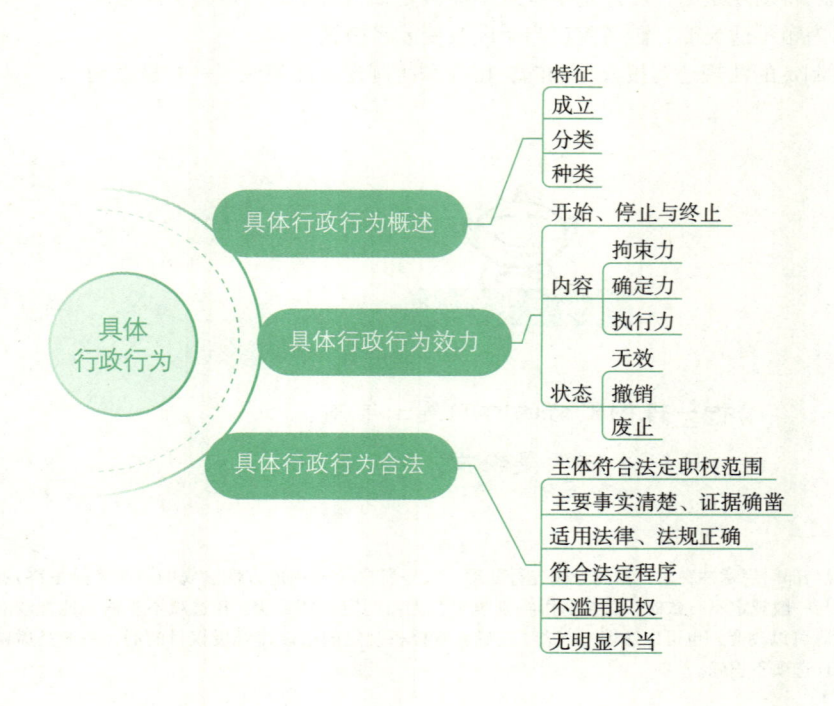

具体行政行为
- 具体行政行为概述
  - 特征
  - 成立
  - 分类
  - 种类
- 具体行政行为效力
  - 开始、停止与终止
  - 内容
    - 拘束力
    - 确定力
    - 执行力
  - 状态
    - 无效
    - 撤销
    - 废止
- 具体行政行为合法
  - 主体符合法定职权范围
  - 主要事实清楚、证据确凿
  - 适用法律、法规正确
  - 符合法定程序
  - 不滥用职权
  - 无明显不当

专题 11 具体行政行为概述

具体行政行为，是指行政主体依法就特定事项对特定的公民、法人和其他组织权利义务作出的单方行政职权行为。

一、具体行政行为的特征

理解和应用具体行政行为主要是将其与行政事实行为、内部行政行为、行政合同行为、抽象行政行为区别开来。

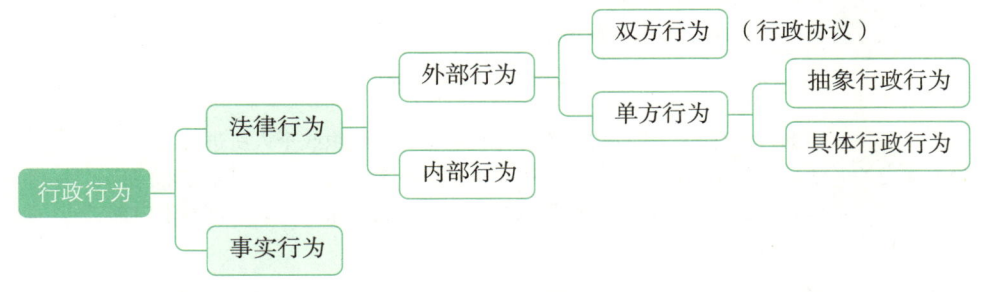

```
                                    ┌─ 双方行为（行政协议）
                          ┌─ 外部行为┤
                          │          │          ┌─ 抽象行政行为
              ┌─ 法律行为 ┤          └─ 单方行为┤
行政行为 ─────┤          │                     └─ 具体行政行为
              │          └─ 内部行为
              └─ 事实行为
```

行政行为体系图

（一）具体行政行为是法律行为（区别于行政事实行为）

法律行为：具体行政行为是一种法律行为，这是相对于行政事实行为而言的。具体行政行为是行政机关使公民、法人或者其他组织在行政法上的权利义务得以建立、变更或者消灭的行为。

事实行为：行政事实行为是不以建立、变更或者消灭当事人法律上的权利义务为目的的行政活动，是行政职权实施中的行为，行政机关及其工作人员实施的暴力行为是典型的行政事实行为。虽然对一些行政事实行为不能提起行政诉讼，但是它会产生国家赔偿责任。《国家赔偿法》第3条第3项规定，行政机关及其工作人员在行使行政职权时以殴打、虐待等行为或者唆使、放纵他人以殴打、虐待等行为造成公民身体伤害或者死亡的，受害人有取得赔偿的权利。

［例］城管队员发现一个小商贩乱摆摊点，遂扣押其出售的商品，遭到小商贩的抵抗，于是城管队员双脚跳起踩在小商贩的脑袋上。扣押属于具体行政行为，踩住小商贩脑袋的行为是暴力行为，属于行政事实行为。无论是具体行政行为还是行政事实行为，只要造成损害，都可能构成国家赔偿。

另外，具体行政行为作为法律行为，还区别于行政事实行为中的行政指导行为和行政调解行为。行政指导行为和行政调解行为不具有强制性，以行政相对人自愿为基础。

[例1] 在世界杯足球赛期间，某市公安交通管理局提醒广大司机：酒后驾驶被拘留，拘留所里没电视。这就属于行政机关的行政指导行为。

[例2] 马某购买一辆新汽车，在行驶10公里后发现发动机有质量问题，遂多次联系4S店要求退车，经销商坚决不予退款，马某请求市场监管局维护其合法权益。市场监管局执法人员向4S店宣传《消费者权益保护法》《产品质量法》《家用汽车产品修理更换退货责任规定》，通过反复劝解，促使双方达成共识，最终4S店将购车款退还马某。这就属于行政机关的行政调解行为。

（二）具体行政行为是外部行为（区别于内部行政行为）

行政行为以其适用对象为标准，可以分为外部行政行为与内部行政行为。

> **外部行为**：具体行政行为的外部性体现为，行政机关在行政管理过程中对行政系统外的公民、法人或者其他组织所作的行政行为。

> **内部行为**：内部行政行为是指行政主体对行政系统内的组织或个人所进行的管理活动。凡是行政系统内上级机关对下级机关、人民政府对工作部门、行政机关对内设机构、行政机关对工作人员所作的行为，都属于内部行政行为。

[例] 2020年2月6日，某市纪委监委通报称，2月3日，该市某市场监督管理所科员齐某从某小区南门进入时未戴口罩，疫情防控工作人员要求其佩戴口罩再进入小区时，齐某拒不配合，并对工作人员进行推搡。2月4日，公安机关对齐某作出行政拘留5日的处罚。2月5日，区监委研究决定：给予齐某降级处分，降低一个岗位等级（副科职级降为科员）。行政拘留5日的处罚属于具体行政行为，降级处分属于内部行政行为。

（三）具体行政行为是单方行为（区别于行政协议）

> **单方行为**：具体行政行为是单方性的行政行为，行政机关无须对方同意，就可以单方意志决定具体行政行为，且决定后即发生法律效力。虽然行政机关在作出具体行政行为过程中要听取公民、法人或者其他组织的意见，但行为结果最终仍然是行政机关的单方意志的体现。

> **双方行为**：行政协议也称为行政合同，是指行政机关为实现公共利益或者行政管理目标，在法定职责范围内，与公民、法人或者其他组织协商订立的具有行政法上权利义务内容的协议。行政协议是一种双方性的行政行为，不包含命令因素。根据《行政诉讼法》第12条第1款第11项的规定，行政协议包括政府特许经营协议、土地房屋征收补偿协议等。

[例] 市住房和城乡建设局与某燃气有限公司签订《天然气综合利用项目合作协议》，约定由该燃气有限公司在该市从事城市天然气特许经营，特许经营期限为30年。这就属于行政协议。

（四）具体行政行为是对特定人的处理（区别于抽象行政行为）

特定人：具体行政行为是对特定人的一次性处理，处理的个别性是具体行政行为区别于抽象行政行为的主要标志。

不特定人：抽象行政行为是对不特定人的处理，是可以反复适用的普遍性规则，主要包括行政法规、行政规章和其他规范性文件（立法上往往表述为具有普遍约束力的决定、命令）。

[例] 某市公安交通管理局发布规定：受尾号限行的本市号牌载客汽车在五环路（不含）以内道路行驶的，处100元罚款。某司机违反限行规定，被交警处以100元罚款。该市公安交通管理局发布的规定就是抽象行政行为，交警对该司机处以100元罚款就是具体行政行为。

注意：具体行政行为也不同于准备性、部分性行政行为，准备性、部分性行政行为是为最终作出权利义务安排进行的程序性、阶段性行为。

[例] 公共交通管理部门在公共道路上对所有过往车辆进行的车速测量活动，各种车辆不得拒绝和躲避。此行为不构成独立、完整的具体行政行为。

命题陷阱

具体行政行为与行政事实行为的区别

- 具体行政行为是对行政相对人权利义务的处理行为，是产生法律效果的行为。
- 行政事实行为是不以产生法律效果为目的，而是以影响或改变事实状态为目的的行为。
- 行政事实行为不产生法律效果，并不意味着不产生法律后果。行政事实行为中的暴力行为、销毁行为造成相对人人身或财产损害的，也产生行政赔偿责任的法律后果。（命题人会从法律效果和法律后果上来混淆具体行政行为与行政事实行为）

具体行政行为与抽象行政行为的区别

- 具体行政行为与抽象行政行为的区分不要看行为名称，而要看行为对象。
- 行为对象不在于人数多少，而在于行为对象能否特定。具体行政行为是针对特定对象进行具体处理，抽象行政行为是针对不特定对象制定规则。（命题人会打着抽象行政行为的名义来考查具体行政行为）

经典真题

行政机关所实施的下列行为中，哪一项属于具体行政行为？（2017/2/46）[1]

---

[1] C。公安交管局实施的行为不会使行政法上的权利义务得以建立、变更或者消灭，属于行政指导行为，A选

A. 公安交管局在辖区内城市快速路入口处悬挂"危险路段，谨慎驾驶"的横幅
B. 县公安局依照《刑事诉讼法》对李某进行拘留
C. 区政府对王某作出房屋征收决定
D. 因民间纠纷引起的打架斗殴双方经公安派出所调解达成的协议

二、具体行政行为的成立

具体行政行为的成立，是指具体行政行为在法律上的存在。

（一）具体行政行为成立的一般条件

1. 在主体上，作出具体行政行为的主体具有行政职权。

［例］某小区一业主把汽车停到草坪上，物业公司按照物业公司管理规定对其罚款50元。这个行为就不构成具体行政行为。因为物业公司不可能有行政职权，不具有作出具体行政行为的主体资格，但可能构成民事侵权行为。

2. 在内容上，具体行政行为具有效果意思的明确表示，即设立、变更或消灭公民、法人或其他组织的权利义务。

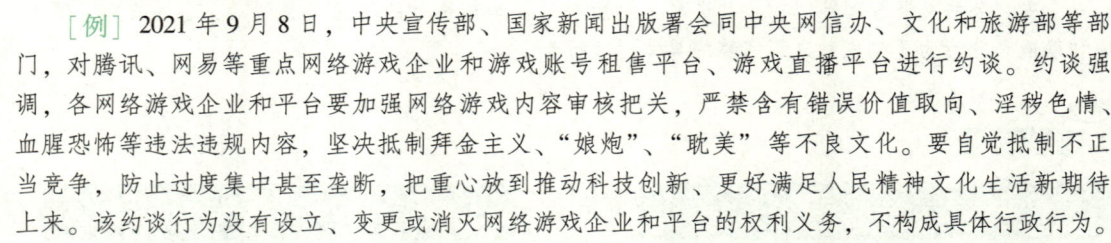

［例］2021年9月8日，中央宣传部、国家新闻出版署会同中央网信办、文化和旅游部等部门，对腾讯、网易等重点网络游戏企业和游戏账号租售平台、游戏直播平台进行约谈。约谈强调，各网络游戏企业和平台要加强网络游戏内容审核把关，严禁含有错误价值取向、淫秽色情、血腥恐怖等违法违规内容，坚决抵制拜金主义、"娘炮"、"耽美"等不良文化。要自觉抵制不正当竞争，防止过度集中甚至垄断，把重心放到推动科技创新、更好满足人民精神文化生活新期待上来。该约谈行为没有设立、变更或消灭网络游戏企业和平台的权利义务，不构成具体行政行为。

3. 在程序上，按照一定的方式进行送达，未经送达领受程序，具体行政行为不能成立。

［例］2007年5月22日，在未经环境影响评估并报请主管部门审批的情况下，陈某开办的塑料颗粒加工厂投入生产，大量废水未经处理排向农田。2008年6月27日，区建设和环境保护局根据村民举报及调查和检测结果，对陈某作出"责令其停止生产、限期整顿"的行政处罚决定。送达处罚决定时，送达人未找到陈某本人，遂将处罚决定书塞进工厂大门。由于行政处罚未经送达领受，故行政处罚行为不成立。

（二）具体行政行为不成立的法律效果

原则上，具体行政行为成立后，公民、法人或其他组织就可以将其诉至法院，提起行政诉讼；具体行政行为不成立，就不能对其提起行政诉讼。

在特殊情形下，具体行政行为不成立也能对其提起行政诉讼。行政机关作出行政行为时，没有制作或者没有送达法律文书，公民、法人或者其他组织只要能证明行政行为存在，并在法定期限内起诉，人民法院就应当依法立案。行政机关作出具体行政行为时没有制作或者没有送达法律文书，从构成要件上看，具体行政行为不成立，但是公民、法人或其他相对人能够证明具体行政行为存在，其提起行政诉讼，法院就应当受理。原因有二：①没有作出任何文书的行为在法律上是不成立的，这是为了控制行政权；②允许提起行政

项不当选；县公安局依照《刑事诉讼法》对李某进行拘留的行为属于刑事侦查行为，B选项不当选；区政府对王某作出房屋征收决定的行为是针对王某这一特定主体作出的权利处理，属于具体行政行为，C选项当选；公安派出所实施的行为没有强制性，属于行政调解行为，D选项不当选。

诉讼是出于保护公民权的需要。表面上看似矛盾，实际上并不矛盾，这是控制行政权与保护公民权的统一。

［例］城管执法人员扣押小商贩的三轮车，但没有出具任何法律文书。从具体行政行为成立要件来看，由于缺少程序上的送达要求，具体行政行为不成立。但从保护小商贩财产权利的角度，小商贩有寻求救济的权利，只要小商贩能证明扣押三轮车的行为存在，就应当允许小商贩提起行政诉讼。

三、具体行政行为的分类

根据不同的标准，可以对具体行政行为进行分类。考试中会涉及以下分类：

（一）依职权的和依申请的具体行政行为

划分标准是行政机关是否以当事人的申请作为开始具体行政行为的条件。

> 依职权的具体行政行为，是指行政机关不需要公民、法人或其他组织申请，直接依职权采取具体行政行为。

> 依申请的具体行政行为，是指需要经过当事人的申请，行政机关才能作出具体行政行为。

［例］公安交通管理部门对在马路上违法停车的行为进行行政处罚，就是依职权的具体行政行为；而市场监督管理部门根据申请发放营业执照，就是依申请的具体行政行为。

（二）羁束的和裁量的具体行政行为

划分标准是具体行政行为受法律拘束的程度。

> 立法对具体行政行为的范围、方法、手段等方面作出严格规定，行政机关实施时基本没有选择余地的，是羁束的具体行政行为。典型的羁束行为是征税行为。

> 立法对具体行政行为的范围、方法、手段等方面给予行政机关根据实际情况裁量余地的，是裁量的具体行政行为。典型的裁量行为是罚款行为。

［例］《治安管理处罚法》第75条第1款规定，饲养动物，干扰他人正常生活的，处警告；警告后不改正的，或者放任动物恐吓他人的，处200元以上500元以下罚款。这实际上有两个行为：①警告；②罚款。警告是羁束行为，罚款是裁量行为。

（三）授益的和负担的具体行政行为

划分标准是具体行政行为与当事人之间的权益关系。

> 为当事人授予权利、利益或者免除负担义务的，是授益的具体行政行为。

> 为当事人设定义务或者剥夺其权益的，是负担的具体行政行为。

[例] 行政给付属于授益行政行为。城市居民最低生活保障金、农村的五保户救济金、遭遇自然灾害的生活救济金和国家承担的社会保险费用等，都属于行政给付的范围。行政强制属于负担行政行为。公安机关对当事人的违法工具进行扣押，税务机关对不履行纳税义务的当事人的财产进行拍卖抵缴税款，都属于行政强制行为。

（四）要式的和非要式的具体行政行为

划分标准是具体行政行为是否需要具备法定的形式。

需要以书面文字等其他特定意义符号为生效必要条件的，是要式的具体行政行为。绝大多数具体行政行为都是要式行政行为。

不需要具备书面文字或者其他特定意义符号就可以生效的，是非要式的具体行政行为。只有在特定情况下，才可以作出非要式行政行为。

[例]《治安管理处罚法》第82条第1款规定，需要传唤违反治安管理行为人接受调查的，经公安机关办案部门负责人批准，使用传唤证传唤。对现场发现的违反治安管理行为人，人民警察经出示工作证件，可以口头传唤，但应当在询问笔录中注明。由此可以看出，传唤治安违法行为人一般要求书面传唤（传唤证），特殊情况下可以口头传唤。书面传唤就是要式的具体行政行为，口头传唤就是非要式的具体行政行为。

（五）作为的和不作为的具体行政行为

划分标准是具体行政行为是否以作为方式来表现。

作为是行政机关积极采取某种行动的行政行为，作为的违法一般就是乱作为。

不作为是行政机关消极地不采取任何行动的行政为；不作为是应当履行的职责没有履行；一般认为不作为就是违法行为。而行政不作为又分为依职权不作为和依申请不作为：行政机关依职权应当作为而不作为就是依职权不作为；行政机关根据行政相对人申请应当作为而不作为就是依申请不作为。

[例] 警察在进行处罚时乱罚款、滥罚款，就是作为的违法行为；警察在巡逻时发现打架斗殴行为没有制止，就是依职权不作为的违法行为；警察在接到报警后拒不出警导致当事人财物被抢劫，就是依申请不作为的违法行为。

经典真题

某地连续发生数起以低价出售物品引诱当事人至屋内后实施抢劫的事件，当地公安局通过手机短信告知居民保持警惕以免上当受骗。公安局的行为属于下列哪一性质？（2015/2/46）[1]

---

[1] A.公安局有预防违法行为的职责，公安局通过手机短信告知居民保持警惕以免上当受骗，属于公安局履行

A. 履行行政职务的行为　　　　　　B. 负担性的行为
C. 准备性行政行为　　　　　　　　D. 强制行为

四、具体行政行为的种类

1. 行政处罚，是指行政机关依法对违反行政管理秩序的公民、法人或者其他组织，以减损权益或者增加义务的方式予以惩戒的具体行政行为。

[例] 某足浴店安排未获得有效健康合格证明的从业人员直接为顾客服务工作，市卫生健康委员会对该足浴店处以警告、罚款500元。

2. 行政许可，是指行政机关根据相对人的申请，通过颁发许可证、执照等形式，依法赋予相对人从事某种活动的法律资格或者实施某种行为的法律权利的具体行政行为。

[例] 某个体工商户要开办药店，首先向市场监管局申请预留药店的字号，即药店名称核准，然后向市场监管局申请办理《药品经营许可证》，最后向市场监管局申请办理《营业执照》。

3. 行政强制措施，是指行政机关在行政管理过程中，为制止违法行为、防止证据损毁、避免危害发生、控制危险扩大等情形，依法对公民的人身自由实施暂时性限制，或者对公民、法人或者其他组织的财物实施暂时性控制的具体行政行为。

[例] 2020年1月21日，一名湖北籍人员返回其暂住地，有关部门掌握信息后要求其居家观察。1月30日，其擅自离开指定区域外出。派出所在接到社区举报后，立即与街道工作人员进行核查。由于该人未遵守接受医学观察期间有关规定，派出所民警将其送入街道集中隔离点进行观察。

4. 行政强制执行，是指行政机关对不履行行政决定的公民、法人或者其他组织，依法强制其履行义务的具体行政行为。

[例] 某商务公司在其购买的某村土地上进行施工建设，修建围墙。住房和城乡建设局认为该商务公司未取得《建设工程规划许可证》即进行施工，属违法建设行为，向该商务公司下发了《限期拆除通知书》，限该商务公司在7日内自行拆除违法建筑。该商务公司逾期不拆除，住房和城乡建设局对该商务公司修建的围墙全部予以拆除。

5. 行政征收，是指行政机关依法向公民、法人或者其他组织强制性收取税费或财产的具体行政行为。行政征收有两种类型：①税费征收，是无偿的；②公益征收，是需要给予相对人补偿的。行政征收的主要方式有征税、行政征费、土地征收、房屋征收。

[例] 某县政府作出《关于对某片区实施房屋征收的决定》，其征收补偿方案规定，选择货币补偿的，被征收主房按照该地块多层产权调换安置房的优惠价格补偿。选择产权调换的，安置房超出主房补偿面积的部分由被征收人出资，超出10平方米以内的部分按优惠价格结算房价，超出10平方米以外的部分按市场价格结算房价；被征收主房面积大于安置房面积的部分，按照安置房优惠价格每平方米增加300元的标准给予货币补偿。

6. 行政征用，是指行政机关为了公共利益的需要，依法强制性使用公民、法人或者

行政职务的行为，A 选项当选；公安局通过手机短信作出的告知行为，没有使公民负担义务、限制或剥夺其权益，不属于负担性的行为，B 选项不当选；公安局通过手机短信作出的告知行为，并非为最后的处理决定做准备，也没有后续的处理决定，不属于准备性行政行为，C 选项不当选；公安局实施的行为本质上属于行政指导行为，对居民没有强制性的约束力，D 选项不当选。

其他组织的财产并给予补偿的一种具体行政行为。行政征用与行政征收的最大区别就是：行政征用只是限制公民、法人或者其他组织对其财产的使用，不产生所有权的转移。

[例] 某区征用了部分酒店（宾馆）作为隔离点，对来自疫区的人员及疑似病毒携带人员进行集中隔离，严防病例输入和传播。该区财政局紧急出台《关于新型冠状病毒感染肺炎疫情临时征用酒店（宾馆）作为隔离点及租用交通工具有关经费补偿政策的指导性意见》，对政府临时征用隔离点的住宿费、伙食费、消杀费等以及租用交通工具的费用作出适当补偿。

7. **行政给付**，是指行政机关对公民在年老、疾病或丧失劳动能力等情况或其他特殊情况下，依照有关法律、法规规定，赋予其一定的物质权益或与物质有关的权益的具体行政行为。行政给付的主要形式包括城市居民最低生活保障金、农村五保户救济金、遭遇自然灾害的生活救济金、国家承担的社会保险费用等，广义的行政给付也包括对企业科技开发的财政支持费用、对大学生自主创业的财政支持费用等。

[例] 刘某是某公司员工，该公司为其办理了工伤保险并依法缴纳了工伤保险费。刘某在上班途中发生交通事故死亡。经公司申请，市劳动和社会保障局对刘某作出工伤认定，核定支付刘某工伤保险费用。

8. **行政裁决**，是指行政机关依据法律授权，对发生在行政管理活动中的平等主体间的特定民事争议进行审查并作出裁决的具体行政行为。

[例] 某村有集体土地面积 14.22 亩，1982 年由村委会将该土地分别发包给陈某 9.42 亩、李某 4.8 亩。1983 年，该县农业局因改良草场在该村设立管理站，村委会将陈某、李某承包的土地收回并交由杨某管理。1992 年，管理站被撤销，村委会将土地收回。2003 年，村委会恢复陈某 9.42 亩、李某 4.8 亩的土地承包经营权，但杨某强行占有土地并耕种。陈某、李某申请乡政府处理。乡政府依据《土地管理法》的规定作出处理决定：陈某对 9.42 亩土地、李某对 4.8 亩土地分别享有经营权，杨某对该土地不享有经营权。

9. **行政确认**，是指行政机关依法对相对人的法律地位、权利义务和相关的法律事实进行甄别，予以确定、许可证明并予以宣告的具体行政行为。行政确认的主要形式包括颁发土地使用证、颁发不动产所有权证、户口登记、学历证明、企业性质认定、违法建筑认定等。

[例] 某村年近九旬的邝某某，因其孙子邝某在单位值夜班时与歹徒搏斗身亡没被认定为"因公牺牲"，状告县民政局。县法院作出判决：县民政局在判决发生效力之日起 60 日内，对邝某某提出的对邝某死亡进行"因公牺牲"定性的请求作出行政确认。

10. **行政监督检查**，是指行政机关依法定职权，对相对人遵守法律、法规、规章的情况进行检查、了解、监督的具体行政行为。

[例] 某工厂一水泵（价值 200 元）被盗，工厂负责人怀疑是李某所为，遂向当地派出所报案。公安机关进行现场勘查后，确定李某具有重大嫌疑。为防止李某转移赃物，民警张某、刘某按照法定程序对李某的住所进行了检查。因李某不在，便让李某的妻子王某作为见证人，并制作了检查笔录。

11. **其他具体行政行为**

上述十类具体行政行为是类型化的具体行政行为，而在实践中，行政机关作出的大量的具体行政行为是上述十类具体行政行为无法涵盖的。

[例] 某菜市场为挂靠某行政机关的临时市场，没有产权证。某市某区市场监管局向在该菜

市场内经营的 50 户工商户发出通知，称自通知之日起该菜市场由 C 公司经营，各工商户凭与该公司签订的租赁合同及个人资料申办经营许可证。市场监管局的通知属于其他具体行政行为。

命题陷阱

把握判定具体行政行为的三个要素：
1. 主体要素，即具体行政行为必须是行政权力主体所实施的行为。
2. 权力要素，即具体行政行为必须是行使行政职权的行为。
3. 法律要素，即具体行政行为是对行政相对人权利义务进行直接处理或产生实际影响的行为。

经典真题

为落实淘汰落后产能政策，某区政府发布通告：凡在本通告附件所列名单中的企业 2 年内关闭。提前关闭或者积极配合的给予一定补贴，逾期不履行的强制关闭。关于通告的性质，下列哪一选项是正确的？（2016/2/44）[1]

A. 行政规范性文件　　　　　　　　B. 具体行政行为
C. 行政给付　　　　　　　　　　　D. 行政强制

专题 12　具体行政行为的效力与合法

一、具体行政行为效力的开始、停止与终止

（一）具体行政行为效力的开始

原则：具体行政行为一经成立就可以立即生效。一般来说，具体行政行为一经作出就推定其有效力，具体行政行为的背后往往是公共利益，推定有效力是为了保护公共利益。

例外：附条件生效（某一事件发生后或者经过一段时间后），这经常出现在附生效条件的具体行政行为中。

[例 1] 某省物价局在关于小儿止咳平喘口服液的价格批复中明确，该药物每盒零售价不得高于 36 元，此价格从 2021 年 9 月 30 日起执行。

[例 2] 公安交通部门对违法停车的刘某作出罚款 100 元的处罚决定，同时告知刘某应在规定的期限内到指定银行缴纳罚款，逾期每日需按照罚款额的 3% 缴纳滞纳金。

（二）具体行政行为效力的停止

这是具体行政行为效力的暂时停止，也可以称为具体行政行为效力的中止。

[例] 根据《行政强制法》第 39 条第 1 款第 1 项的规定，当事人履行行政决定确有困难或

---

[1] B。区政府向社会发布通告，但在通告附件列出企业名单，是对特定对象作出的具体行政行为，不属于抽象行政行为中的行政规范性文件，A 选项不正确，B 选项正确；区政府在通告中承诺对于提前关闭或者积极配合的企业给予一定补贴，区政府如随后给予补贴可称为行政给付，但就通告本身而言并非行政给付，C 选项不正确；区政府对逾期不履行的企业实施强制关闭属于行政强制执行，但就通告本身而言并非行政强制，D 选项不正确。

者暂无履行能力的，中止行政强制执行。

（三）具体行政行为效力的终止

这是具体行政行为效力的结束。导致具体行政行为效力终结的原因可分为没有违法因素的终结和有违法因素的终结。

［例］ 根据《行政强制法》第40条第1项的规定，公民（被执行人）死亡，无遗产可供执行，又无义务承受人的，终结行政强制执行。这属于没有违法因素的终结。根据《行政强制法》第40条第4项的规定，据以执行的行政决定被撤销的，终结行政强制执行。这属于有违法因素的终结。

二、具体行政行为的效力内容

具体行政行为的效力包括拘束力、确定力和执行力。

（一）拘束力

拘束力，是指具体行政行为一经生效，行政机关和对方当事人都必须遵守，其他国家机关和社会成员必须予以尊重的效力。对于已经生效的具体行政行为，不但对方当事人应当接受并履行义务，作出具体行政行为的行政机关不得随意更改，而且其他国家机关也不得以相同的事实和理由再次受理和处理同一案件，其他社会成员也不得对同一案件进行随意地干预。

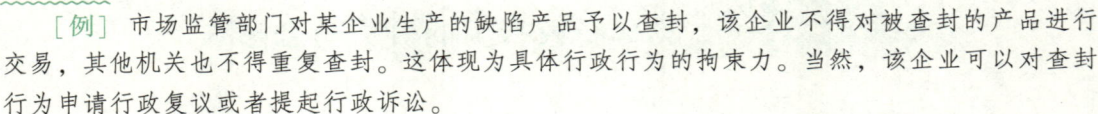

［例］ 市场监管部门对某企业生产的缺陷产品予以查封，该企业不得对被查封的产品进行交易，其他机关也不得重复查封。这体现为具体行政行为的拘束力。当然，该企业可以对查封行为申请行政复议或者提起行政诉讼。

（二）确定力

确定力，是指具体行政行为不再争议、不得更改、不可撤销的效力。一般而言，具体行政行为作出后都会有一个可争议期。权益受到损害的当事人可以利用行政复议、行政诉讼或者其他法定途径获得救济，行政机关也可以通过行政监督程序撤回已经生效却有法律缺陷的具体行政行为。但是出于稳定行政管理关系的需要，这一期限不可能无限延长。当法定的不可争议、不可更改期限届满后，该具体行政行为也就取得了确定力，当然这是形式意义的确定力。

［例］ 规划局作出规划许可后不得随意变更、废止该许可行为，被许可人应当按照许可事项范围实施行为。这体现为具体行政行为的确定力。

（三）执行力

执行力，是指使用国家强制力迫使当事人履行义务或者以其他方式实现具体行政行为权利义务安排的效力。理论上，具体行政行为产生拘束力后，有关当事人应当积极主动地履行相关义务；否则，有关机关可以根据法律的规定依职权或者依申请采取措施，强制实现具体行政行为的权利义务安排。

［例］ 税务局对某企业作出补缴税款、滞纳金和罚款决定后，若该企业在规定期限内没有履行，税务局可以拍卖该企业财产抵缴税款、滞纳金和罚款，也可以划拨该企业银行存款抵缴税款、滞纳金和罚款。这体现为具体行政行为的执行力。

（四）三种效力的逻辑关系

具体行政行为的拘束力、确定力和执行力在时间上有先后顺序。具体行政行为成立后，就推定其有效力，即拘束力，该效力处于争议期，即对具体行政行为申请行政复议或者提起行政诉讼的期限。在争议期后产生了确定力，该效力处于履行期，即具体行政行为的义务人应当自觉履行义务的期限。如果过了履行期当事人没有履行义务，就产生执行力，也就是强制执行的效力。

具体行政行为作出 —一般情况下→ 产生拘束力 —经过争议期→ 产生确定力 —经过履行期→ 产生执行力

具体行政行为效力逻辑关系图

总结

类型	内容	开始时间
拘束力	具体行政行为一经生效，行政机关和相对人应予遵守，其他国家机关和社会成员必须予以尊重。	一般为具体行政行为成立之日。
确定力	具体行政行为过了法定的争议期限后效力固定。	具体行政行为的争议（救济）期限届满之日。
执行力	当事人不履行生效的具体行政行为所规定的义务的，行政机关可以进行强制执行。	具体行政行为规定的义务履行期限届满之日。

经典真题

关于具体行政行为，下列哪一说法是正确的？（2011/2/49）[1]
A. 行政许可为依职权的行政行为
B. 具体行政行为皆为要式行政行为
C. 法律效力是具体行政行为法律制度中的核心因素
D. 当事人不履行具体行政行为确定的义务，行政机关予以执行是具体行政行为确定力的表现

三、具体行政行为的效力状态

具体行政行为的效力状态，是指具体行政行为出现了一些情况后，会产生无效、撤销、废止（撤回）的状态。

（一）具体行政行为的无效

无效的具体行政行为，首先是成立的具体行政行为，但是其自始至终没有效力。具体行政行为有实施主体不具有行政主体资格或者没有依据等重大且明显违法情形，则该行为

---

[1] C。行政许可是依申请的行政行为，而非依职权的行政行为，A选项不正确；具体行政行为分为要式行政行为与非要式行政行为，绝大部分具体行政行为是要式行政行为，但并非具体行政行为都是要式行政行为，B选项不正确；具体行政行为的法律效力是整个具体行政行为法律制度中的核心因素、核心内容，C选项正确；当事人不履行具体行政行为确定的义务，行政机关予以执行是执行力的表现，D选项不正确。

就是无效的。

1. 构成无效的条件

无效的具体行政行为有多种情形，不能完全列举，其具体有：

（1）要求从事将构成犯罪的违法行为。如捕杀珍贵、濒危野生动物等。

（2）明显缺乏法律依据。如许可当地企业超标排污。

（3）明显缺乏事实根据，或者要求从事客观上不可能实施的行为。如根据没有查证的材料给予公民治安拘留处罚。

[例]《行政处罚法》第38条规定，行政处罚没有依据或者实施主体不具有行政主体资格的，行政处罚无效。违反法定程序构成重大且明显违法的，行政处罚无效。

2. 无效的后果

（1）在实体法上，无效的具体行政行为自发布之时就没有任何法律约束力，因此当事人不受它的拘束，可以不履行其义务。

[例]《行政处罚法》第55条第1款规定，执法人员在调查或者进行检查时，应当主动向当事人或者有关人员出示执法证件。当事人或者有关人员有权要求执法人员出示执法证件。执法人员不出示执法证件的，当事人或者有关人员有权拒绝接受调查或者检查。

（2）在程序法上，合法权益受到损害的公民、法人或者其他组织可以在任何时候主张该具体行政行为无效，有权国家机关可在任何时候宣布该具体行政行为无效。

[提示] 公民、法人或者其他组织对无效行政行为提起行政诉讼不受起诉期限限制。

（3）在处理后果上，具体行政行为被确定无效后，行政机关应当收回具体行政行为给予当事人的权益，或者行政机关应赔偿具体行政行为给当事人造成的损失。

[例]《行政诉讼法》第76条规定，人民法院判决确认违法或者无效的，可以同时判决责令被告采取补救措施；给原告造成损失的，依法判决被告承担赔偿责任。

（二）具体行政行为的撤销

对于可撤销的行政行为，在撤销前有效力，撤销后失去效力。

1. 可撤销的条件

构成可撤销具体行政行为的条件，主要是具体行政行为违法或者明显不当。

[例] 根据《行政诉讼法》第70条的规定，具体行政行为违法包括六种情形：①主要证据不足；②适用法律、法规错误；③违反法定程序；④超越职权；⑤滥用职权；⑥明显不当。

2. 撤销的后果

（1）在实体法上，具体行政行为被撤销的效力可以溯及至该具体行政行为成立之日，但当事人在撤销决定作出之前一直要受该具体行政行为的约束。

（2）在程序法上，在行政复议、行政诉讼或者行政监督中，由国家有权机关经过法定程序来撤销具体行政行为，当事人、其他国家机关和其他社会成员无权否定具体行政行为的效力。

[例]《行政许可法》第69条第1款规定，有下列情形之一的，作出行政许可决定的行政机关或者其上级行政机关，根据利害关系人的请求或者依据职权，可以撤销行政许可：①行政机关工作人员滥用职权、玩忽职守作出准予行政许可决定的；②超越法定职权作出准予行政许可决定的；③违反法定程序作出准予行政许可决定的；④对不具备申请资格或者不符合法定条

件的申请人准予行政许可的；⑤依法可以撤销行政许可的其他情形。

（3）在处理后果上，被撤销的具体行政行为给当事人造成损失的，行政机关应当承担赔偿责任。

［例］根据《行政许可法》第69条第4款的规定，撤销行政许可，被许可人的合法权益受到损害的，行政机关应当依法给予赔偿。

（三）具体行政行为的废止

具体行政行为的废止，又称为具体行政行为的撤回。被废止的具体行政行为，自废止之日起丧失效力，不影响废止前行政行为的效力。

1. 废止的条件

具体行政行为废止的条件是，由于客观条件的变化，具体行政行为没有继续存在的必要。在废止的条件中没有违法或者明显不适当问题，这是废止与无效、可撤销的主要区别。废止的条件有：

（1）具体行政行为所依据的法律、法规、规章，已经为有权机关依法修改、废止或撤销。

（2）具体行政行为所根据的客观事实已经发生重大变化或者已经不复存在。例如，具体行政行为为其设定专属权益或者义务的自然人死亡或法人、其他组织不复存在。

（3）具体行政行为所期望的效果已经实现，所规定的法律义务已经履行完毕等。

［例］根据《行政许可法》第8条第2款的规定，行政许可所依据的法律、法规、规章修改或者废止，或者准予行政许可所依据的客观情况发生重大变化的，为了公共利益的需要，行政机关可以依法变更或者撤回已经生效的行政许可。

2. 废止的结果

原则上，具体行政行为废止之前给予当事人的利益不再收回，当事人也不能对已履行的义务要求补偿。如果废止使当事人的合法权益受到严重损失，行政机关应当给予补偿。

［例］根据《行政许可法》第8条第2款的规定，行政机关依法变更或者撤回已经生效的行政许可，给公民、法人或者其他组织造成财产损失的，行政机关应当依法给予补偿。

（四）具体行政行为效力状态的区别

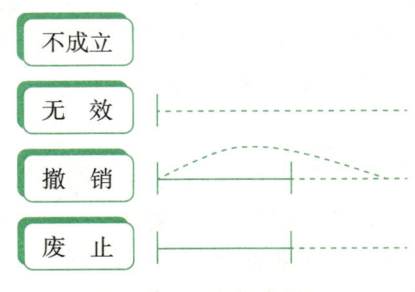

具体行政行为效力状态图

1. 具体行政行为不成立，视为具体行政行为不存在，因此是空白。
2. 具体行政行为无效，表示行政行为是存在的，虚线表示没有效力，从开始就是虚线，表示具体行政行为自始至终没有效力。
3. 可撤销的具体行政行为，在撤销前是实线，表示行为有效力；撤销后是虚线，表示行为没有效力；撤销会产生溯及力，一旦撤销，从行为作出时即失去效力，这是撤销与废止的最大区别。

4. 废止具体行政行为，废止前是实线，行为有效力；废止后是虚线，从废止之日起失去效力，废止之前的行为效力不受影响。

总结

	条　件	效　力	后　果
无　效	行为明显重大违法。	自始不发生任何效力。	可随时主张无效；随时宣告无效；可获国家赔偿。
撤　销	行为一般违法或明显不当。	被撤销前推定为有效，被撤销后溯及既往无效。	需依法定程序撤销；撤销后可获国家赔偿。
废　止（撤回）	原有法律依据已改变；客观事实发生重大变化或已经不复存在；行为目的已实现，无须继续存在。	废止前有效，废止后无效。	因信赖保护可获国家补偿。

经典真题

关于具体行政行为的成立和效力，下列哪些选项是错误的？（2009/2/80）[1]

A. 与抽象行政行为不同，具体行政行为一经成立即生效
B. 行政强制执行是实现具体行政行为执行力的制度保障
C. 未经送达领受程序的具体行政行为也具有法律约束力
D. 因废止具体行政行为给当事人造成损失的，国家应当给予赔偿

四、具体行政行为合法

根据《行政诉讼法》和《行政复议法》的规定，判断具体行政行为合法性的基本标准是：①主体符合法定职权范围；②主要事实清楚、证据确凿；③适用法律、法规正确；④符合法定程序；⑤不滥用职权；⑥无明显不当。

> **魏语绸缪**
>
> 区分具体行政行为合法与违法的构成：
> ○ 六个合法要件同时具备，才构成合法；
> ○ 六个合法要件只要缺少任意一个，就构成违法。

（一）主体符合法定职权范围

行政机关符合法定职权范围是具体行政行为合法的必要条件。行政机关是否享有作出行政行为的权限，是否超越法定的职责权限以及是否享有事务管辖权、级别管辖权和地域管辖权，上述任何一方面违法都构成无权限或者超越职权。

---

[1] ACD。一般情况下，具体行政行为一经成立即生效，但例外情况下存在附条件、附期限生效的具体行政为，A 选项错误，当选；执行力，是指使用国家强制力迫使当事人履行义务或者实现履行义务状态的效力，这种执行力表现就是行政强制执行，B 选项正确，不当选；送达是具体行政行为成立的条件，未经送达则具体行政行为不成立，一般而言，不成立的具体行政行为是没有法律约束力的，C 选项错误，当选；具体行政行为的废止给当事人造成损失的，不应给予国家赔偿，而应给予国家补偿，D 选项错误，当选。

[例] 因城市建设需要，宋某的房屋及宅基地在征收范围之内。2016 年 5 月，某街道办事处城建所作出了《责令限期拆除通知书》，认定宋某未取得相关手续，私自搭建房屋，属私搭乱建，按照相关法律规定，限宋某自行拆除。宋某诉诸法院。

法院生效判决认为，在城市规划区内未取得规划、建设等相关手续私搭乱建的，应由县级以上政府城乡规划主管部门作出责令限期拆除的处罚决定，该街道办事处城建所作为街道办事处的内设机构，对宋某作出《责令限期拆除通知书》超越了其法定职权。

(二) 主要事实清楚、证据确凿

主要事实清楚、证据确凿是具体行政行为合法的必要条件。缺乏必要证据和主要证据不足都构成行政行为违法。

[例] 行政行为认定行政相对人的责任主体错误，因调取证据的过程中疏忽，错将已经注销的企业或者没有独立法人资格的分支机构作为责任主体进行处罚；公安机关未核实证据对未满 14 周岁的人进行罚款、拘留。这就属于主要证据不足。

(三) 适用法律、法规正确

适用法律、法规正确是具体行政行为合法的必要条件。适用法律、法规错误构成行政行为违法。适用法律、法规错误，是指行政机关作出行政行为时错误地适用了法律、法规或者法律、法规的条款。

[例] 钱某于 2013 年 1 月 17 日向镇政府邮寄政府信息公开申请书，申请公布某村 2000 年以来的村民宅基地使用情况。镇政府认为，《政府信息公开条例》2008 年 5 月 1 日才开始实施，在此之前的政府信息不能公开。钱某诉诸法院。

法院判决确认，镇政府认为该条例施行之前的政府信息不能公开，缺乏法律依据。《政府信息公开条例》对政府信息的定义并没有将信息的形成时间进行限定，亦未将历史信息排除在公开的范围之外。镇政府不公开的答复就属于适用法律、法规错误。

(四) 符合法定程序

符合法定程序是具体行政行为合法的必要条件。行政机关不得违反法定程序；行政机关遗漏程序步骤、颠倒顺序、超越时限以及违反法定行为方式的，其所作出的行政行为即违法。

[例] 在行政登记案件中，法定办理登记的时限为 10 个工作日，行政机关受理时承诺将于 5 个工作日内作出决定，但其既未在承诺时限内、也未在法定时限内作出决定，而是超过法定时限 1 个多月后才作出不予登记决定，还将落款日期倒签到了法定时限届满之日。这就属于具体行政行为违反法定程序。

(五) 不滥用职权

不滥用职权是具体行政行为合法的必要条件。滥用职权的主要表现有：①不正当的考虑；②故意迟延和不作为；③不一致的解释和反复无常。

[例] 市教育局曾向张某颁发社会办学许可证，上面载明张某为某民办中学的法定代表人。后来，市教育局通过向第三人颁发社会办学许可证，实质上变更了张某的法定代表人身份。张某不服，提起诉讼。在诉讼过程中，市教育局主动撤销了向第三人颁发的社会办学许可证，张某因此撤诉。就在张某撤诉后的第二天，市教育局又以张某已自愿辞去校长职务，且不

再是投资人为由，注销了张某的社会办学许可证。张某诉诸法院。

法院判决认为，市教育局作出行政行为反复无常，且导致该民办中学客观上处于无社会办学许可证违法办学的状态，属于滥用职权。

（六）无明显不当

无明显不当是具体行政行为合法的必要条件。明显不当是具体行政行为明显不合理，特别是行政机关行使行政裁量权作出的具体行政行为明显逾越了合理性的限度。

[例] 2017年6月14日，区食药监局（现为"市场监管局"）接到市民冯某投诉，反映其于2017年6月12日在某超市购买了一袋超过保质期的瓜子，生产日期是2016年9月18日，保质期8个月，售价12.8元。区食药监局经调查认定后作出处罚决定，对该超市处以没收违法所得12.8元、罚款5万元。超市诉诸法院。

法院审理后判决，超市销售的过期瓜子仅有一袋，货值金额仅为12.8元，未造成任何实际危害后果，且区食药监局在现场检查时未发现超市销售被投诉的同类过期食品，应当减轻处罚。对超市处以5万元罚款，在处罚幅度上存在明显不当，将罚款数额变更为1万元。

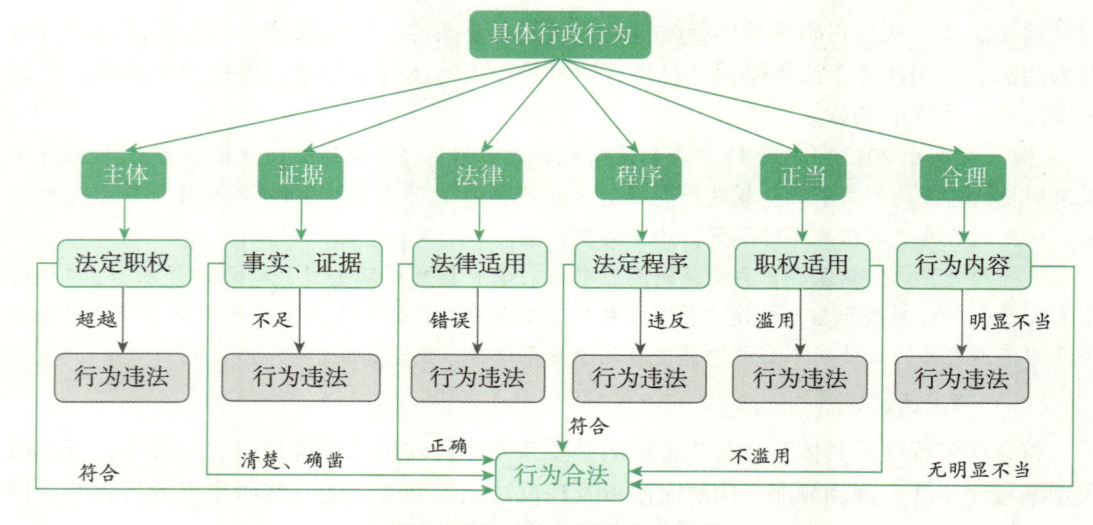

具体行政行为合法和违法一览图

经典真题

关于具体行政行为的合法性与效力，下列哪些说法是正确的？（2013/2/85）[1]

A. 遵守法定程序是具体行政行为合法的必要条件
B. 无效行政行为可能有多种表现形式，无法完全列举
C. 因具体行政行为废止致使当事人的合法权益受到损失的，应给予赔偿
D. 申请行政复议会导致具体行政行为丧失拘束力

---

[1] AB。具体行政行为合法需要六个要件，其中遵守法定程序是具体行政行为合法的必要条件，A选项正确；无效行政行为是有严重和明显的法律缺陷的行为，有多种表现形式，无法完全列举，B选项正确；具体行政行为废止使当事人的合法权益受到严重损失的，应当给予受到损失的当事人以必要的补偿，而不是赔偿，C选项不正确；申请行政复议属于救济方式，不会必然导致具体行政行为丧失拘束力，D选项不正确。

第六讲 行政许可 06

应试指导

本讲在考试中的题目类型是客观卷中的选择题和主观卷中的案例分析题，涉及一部必读的法律——《行政许可法》。考试的重点是行政许可的设定权限、行政许可的实施主体和实施程序制度，难点是分析解决行政许可实施过程中和监督检查过程中的行政行为合法性问题。

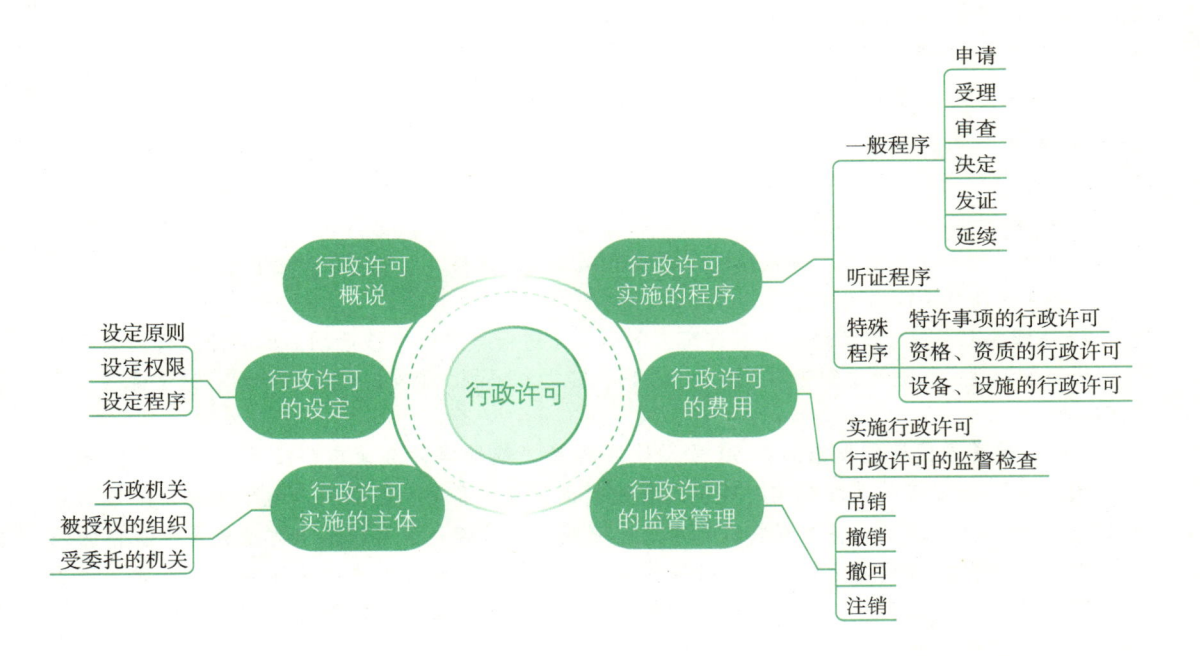

行政许可

- 行政许可概说
- 行政许可的设定
  - 设定原则
  - 设定权限
  - 设定程序
- 行政许可实施的主体
  - 行政机关
  - 被授权的组织
  - 受委托的机关
- 行政许可实施的程序
  - 一般程序
    - 申请
    - 受理
    - 审查
    - 决定
    - 发证
    - 延续
  - 听证程序
  - 特殊程序
    - 特许事项的行政许可
    - 资格、资质的行政许可
    - 设备、设施的行政许可
- 行政许可的费用
- 行政许可的监督管理
  - 实施行政许可
  - 行政许可的监督检查
  - 吊销
  - 撤销
  - 撤回
  - 注销

专题 13 行政许可概述

一、行政许可概说

（一）行政许可的概念和特征

行政许可，是指在法律一般禁止的情况下，行政主体根据行政相对人的申请，通过颁发许可证或执照等方式，依法赋予特定的行政相对人从事某种活动或实施某种行为的权利或资格的行为。实践中，行政许可又称为行政审批。

注意：有关行政机关对其他机关或者对其直接管理的事业单位的人事、财务、外事等事项的审批不属于行政许可。

行政许可的特征表现：①行政许可是一种依申请的行政行为；②行政许可是授益性行政行为；③行政许可是一种要式行政行为；④广义的行政许可行为不仅包括许可证核准与颁发行为，也包括对行政许可的变更、撤销、撤回、注销等处理行为。

[例]《行政许可法》第49条规定，被许可人要求变更行政许可事项的，应当向作出行政许可决定的行政机关提出申请；符合法定条件、标准的，行政机关应当依法办理变更手续。

（二）行政许可与行政确认的联系和区别

行政确认，是指行政机关对相对人的法律关系、法律事实或者法律地位给予确定、认可、证明的具体行政行为。例如，自然资源权属的确认、交通事故认定、建筑企业等级鉴定、学历学位认证、出生登记、婚姻登记、公司股东登记等。

> **魏语绸缪**
>
> 虽然一些具体行政行为名称相同，但行为性质不同。在行政登记中，公司设立登记、公司变更登记等属于行政许可，户口登记、公司股东登记等属于行政确认。

注意：行政许可与行政确认的区别

1. 对象不同。许可一般是使相对人获得实施某种行为的权利或者从事某种活动的资格；确认则仅仅是确认相对人的法律地位、权利义务和法律事实等。

2. 法律效果不同。许可是允许被许可人今后可以进行某种行为或活动，其法律效果具有后及性，没有前溯性；而确认是对相对人既有的身份、能力、权利、事实的确定和认可，其法律效果具有前溯性。

[例]最高人民法院发布的第59号指导性案例"戴世华诉济南市公安消防支队消防验收纠纷案"中，公安机关消防机构对建设工程进行消防验收备案，并非简单地接受建设单位向其报送的相关资料，还要对备案资料进行审查，完成工程检查。备案结果中对抽查是否合格的评定，实质上是一种行政确认行为，即公安机关消防机构对行政相对人的法律事实、法律关系予以认定、确认的行政行为，一旦消防设施被消防机构评定为合格，那就视为消防机构在事实上确认了消防工程质量合格。

二、行政许可的设定

设定权限，是指在相关国家机关中分配行政许可设定权的制度。许可越多，自由越少。行政许可的设定主要是解决行政许可的来源问题，控制许可权的产生。

（一）行政许可的设定原则

设定行政许可的一般性指导原则有四个方面：①遵循经济和社会发展规律；②有利于发挥公民、法人和其他组织的积极性和主动性；③维护公共利益和社会秩序；④促进经济、社会和生态环境协调发展。

可设定行政许可事项
其指公民、法人和其他组织从事的公共相关性特定活动。所谓公共相关性特定活动，主要是指那些可能对公共安全、宏观经济、生态环境和经济秩序造成不利影响或者危害的自由活动，或者开发利用自然资源、占用公共资源、进入特定行业市场的活动。

可以不设定行政许可事项
四类事项：①公民、法人或者其他组织能够自主决定的；②市场竞争机制能够有效调节的；③行业组织或者中介机构能够自律管理的；④行政机关采取事后监督等其他管理方式能够解决的。

从公民、组织的角度来看，行政许可越少越好。行政许可的前提是禁止性规定，取得许可就意味着解禁。因此，从一定意义上讲，行政许可是对自由的限制，许可越多，自由越少；许可越少，自由越多。简政放权的一个重要内容就是减少行政许可，取消许可就是放松市场管制，释放市场活力。

［例］2020年9月，国务院印发《关于取消和下放一批行政许可事项的决定》，取消了29项行政许可事项。其中，在扩大对外开放方面，取消了"外国人进入国家级环境保护自然保护区审批"等。

（二）行政许可的设定权限

1. 经常性行政许可的设定

经常性行政许可，由法律、行政法规、地方性法规来设定。尚未制定上位法的，下位法才可以设定行政许可。例如，《律师法》设定的律师执业许可、《医师法》设定的医师执业许可等。

对于国务院行政法规设定的有关经济事务的行政许可，省、自治区和直辖市人民政府根据本行政区域经济和社会发展情况，认为可以不设行政许可的，经过报国务院批准的程序后，可以在本行政区域内停止实施该行政许可。

2. 临时性行政许可的设定

国务院可以以决定的形式、省级地方政府可以以规章的形式设定临时性行政许可。

（1）国务院决定设定临时性行政许可的条件是：①尚未制定法律；②在有必要的时候；③实施后，除了临时性行政许可事项以外，国务院应当及时提请全国人民代表大会及其常务委员会制定法律，或者自行制定行政法规。

［例］2016年8月25日，国务院发布决定，对法律、行政法规以外的规范性文件设定，但确需保留且符合《行政许可法》规定事项的行政审批项目，予以保留并设定行政许可，共

500 项。这些项目主要涉及国家安全、公共安全、经济宏观调控、生态环境保护、有限自然资源开发利用、公共资源配置、公共利益，以及关系人身健康、生命财产安全等方面的事务。对这些事项设定行政许可，是维护公共利益和社会秩序，保障行政机关有效实施管理的需要。

（2）省级地方政府规章设定临时性行政许可的条件是：①尚未制定法律、行政法规和地方性法规；②因行政管理的需要，确需立即实施行政许可；③实施满 1 年需要继续实施的，应当提请本级人民代表大会及其常务委员会制定地方性法规。

3. 中央设定行政许可和地方设定行政许可

在行政许可设定中，有两类事项只能由中央设定，地方是不能设定的：①国家统一确定的资质和资格的许可，如法律职业资格证；②组织设立登记和前置性许可，如公司设立登记许可。

另外，地方不得设定行政许可的两类事项包括：限制其他地区的个人或者企业到本地区从事生产经营和提供服务，限制其他地区的商品进入本地区市场。因为这两类行政许可实际上就是地方保护主义。

［例］某市地方性法规《某市施工企业管理规定》第 6 条规定，对外地施工企业实行单项工程许可和长期许可，具体实行外地企业单项登记和年度登记。这种许可设定不符合《行政许可法》的规定。

需要注意的是，中央设定的行政许可在全国范围内有效，地方设定的行政许可只在本行政区域内有效。

［例］依据《道路交通安全法》取得的机动车驾驶许可在全国范围内有效，但根据某省地方性法规取得的许可，其适用范围仅限于该省行政区域内。

4. 行政许可的规定

行政许可的规定与行政许可的设定不同，下位法可以在上位法设定的行政许可事项范围内，对实施该行政许可作出具体规定。

［例］公安部规章对驾驶执照没有许可的设定权，但公安部规章规定了驾驶证申领办法。这属于具体规定。

制定具体规定有三个要求：①在上位法设定的行政许可事项范围内；②不得增设行政许可；③不得增设违反上位法的其他条件。

［例］《全国人民代表大会常务委员会法制工作委员会关于 2020 年备案审查工作情况的报告》中指出，有的地方性法规规定，为保证管线安全使用需要修剪树木的，应当经城市绿化行政主管部门批准。我们审查认为，该规定对修剪树木设置了应当经城市绿化行政主管部门批准的前置审批程序，是在国务院《城市绿化条例》规定之外新设行政许可，超越了地方性法规设定行政许可的权限，已要求制定机关作出修改。

注意：行政许可的设定只能采用法律、行政法规、国务院决定和地方性法规、省级地方政府规章的形式，其他规范性文件一律不得设定行政许可。

［例］《某镇关于加强秋季秸秆禁烧工作的紧急通知》明确规定："严禁焚烧秸秆，实施秸秆还田。秋作物秸秆禁烧率必须达到 100%。""谁砍罚谁，谁烧罚谁。""农户承包地砍伐或焚烧秸秆 1 亩以下的，对该农户罚款 300 元；超过 1 亩的，每亩罚款 500 元。"对确因养殖、青贮等需要，农户要求砍伐的，应先报镇"三秋"秸秆禁烧指挥部同意，按要求办理相关手续后经批准方可砍伐，"否则按违反秸秆禁烧规定，依法进行严肃处理"。该项通知属于其他规

范性文件，不得设定行政许可。

总 结

法律 / 行政法规	适用范围没有地域限制，申请人取得的行政许可在全国范围内有效。	只能全国统一设定： （1）由国家统一确定的资格、资质的许可； （2）组织的设立登记及其前置性许可。
国务院决定	实施后，除临时性行政许可事项外，国务院应及时提请制定法律，或自行制定行政法规。	
地方性法规	设定上位法没有设定的许可。	地方保护主义禁止： （1）不得限制其他地区的个人或企业到本地区从事生产经营和提供服务； （2）不得限制其他地区的商品进入本地区市场。
省级地方政府规章	因行政管理需要，确需立即实施许可的，省级政府规章可设定临时性行政许可；临时性行政许可实施满1年需要继续实施的，应当制定地方性法规。	

（三）行政许可的设定程序

1. 起草程序。起草拟设定行政许可的法律、法规和规章，起草单位有两个程序义务：
（1）应当听取意见，可以采用听证会、论证会或者其他形式；
（2）向制定机关作出说明，说明内容是设定必要性、对经济社会可能产生的影响以及听取意见和采纳意见的情况。

2. 评价程序。设定后评价程序有三个方面：
（1）设定机关对已经设定的行政许可进行定期评价，应当对通过《行政许可法》第13条所列方式能够解决的行政许可的规定及时予以修改或者废止；
（2）实施机关对设定的行政许可适时进行评价，向设定机关报告实施情况和继续存在必要性的评价意见；
（3）公民、法人或者其他组织向设定机关和实施机关提出意见和建议。

[例] 中国证监会重庆证监局为全面评估现行行政许可事项的实施情况、效果和存在必要性，开展行政许可评价工作，系统梳理当前实施的行政许可事项，广泛征集各市场主体对于现行行政许可项目的意见和建议。探讨取消行政许可、减少事前管控后，如何有效防控市场风险，维护辖区市场健康稳定发展。

命题陷阱

1. 行政许可的两个停止

设定机关停止	省级政府停止
行政许可的设定机关应当定期对其设定的行政许可进行评价；对已设定的行政许可，认为不需要设定许可的，应当对设定该行政许可的规定及时予以修改或者废止。	省级政府对行政法规设定的有关经济事务的行政许可，认为符合可以不设定行政许可的标准的，报国务院批准后可在本区域内停止实施。

2. 地方性法规设定行政许可的五个限制

1. 不得设定应当由国家统一确定的公民、法人或者其他组织的资格、资质的行政许可
2. 不得设定企业或者其他组织的设立登记的行政许可
3. 不得设定企业或者其他组织的设立登记的前置性行政许可
4. 不得设定限制其他地区的个人或者企业到本地区从事生产经营和提供服务的行政许可
5. 不得设定限制其他地区的商品进入本地区市场的行政许可

经典真题

关于行政许可的设定权限，下列哪些说法是不正确的？（2016/2/79）[1]

A. 必要时省政府制定的规章可设定企业的设立登记及其前置性行政许可
B. 地方性法规可设定应由国家统一确定的公民、法人或者其他组织的资格、资质的行政许可
C. 必要时国务院部门可采用发布决定的方式设定临时性行政许可
D. 省政府报国务院批准后可在本区域停止实施行政法规设定的有关经济事务的行政许可

专题14 行政许可实施主体与程序

一、行政许可实施的主体

行政许可的三个实施主体：行政机关、法律法规授权的组织及受委托的行政机关。

（一）行政机关

行政许可由具有行政许可权的行政机关在其法定职权范围内实施。可以从便民的角度理解行政机关实施许可：

1. 一个窗口对外。如果一个许可涉及一个行政机关的多个内设机构，为了便民，该行政机关只能让一个机构对外统一受理行政许可申请，统一送达行政许可决定。

[例] 珠海市卫生健康局共有103项行政许可审批事项，把原来分散在九个科室的行政审批职能，集中到一个科室，实行一个科室对外、一个窗口对外，工作人员更熟悉业务，有利于向群众提供从咨询、办理、现场审查到审批、领证，以及后续的年审校验等全流程的政务服务，使政务服务更加集成高效，群众不用联系多个科室，办事更加方便。

---

[1] ABC。省政府制定的规章不得设定企业或者其他组织的设立登记及其前置性行政许可，A选项不正确，当选。地方性法规不得设定应当由国家统一确定的公民、法人或者其他组织的资格、资质的行政许可，B选项不正确，当选。国务院可采用发布决定的方式设定临时性行政许可，但国务院部门不能采用发布决定的方式设定临时性行政许可，C选项不正确，当选。省政府报国务院批准后，可以在本区域停止实施行政法规设定的有关经济事务的行政许可，D选项正确，不当选。

2. 统一办理、联合办理、集中办理。这也是为了便民，全国每个市、县（区）都有一个行政许可服务中心，以前申请行政许可需要分别找各个行政机关，现在所有的许可机关都进驻行政许可服务中心，在行政许可服务中心就能实现统一办理、联合办理、集中办理。

[例] 天津市行政许可服务中心设有4个办事大厅、16个功能服务区、160个窗口、66个审批室。市级具有行政审批职能的68个主体部门，除6个不宜进入的部门外，其他62个部门全部进驻"中心"。市级审批事项共有495项进入"中心"集中办理。同时，6个中央驻津部门的32个审批事项、17个配套服务单位的68个行政服务事项，以及22项资质资格类年检事项也进入"中心"，实行"一站式"审批服务。

3. 相对集中行政许可权。国务院批准的省级政府决定一个行政机关行使有关行政机关的行政许可权，这也是便民举措。

[例] 以往设立企业办理营业执照找市场监管局，办理税务登记找税务局，办理组织机构代码找统计局，而现在有的地方设立企业只需要找审批局，因为审批局集中行使了市场监管局、税务局、统计局的行政许可权。

（二）被授权的组织

被授权的组织实施行政许可有两点要求：

1. 法律、法规授权的具有管理公共事务职能的组织。
2. 原则上，对直接关系公共安全、人身健康、生命财产安全的设备、设施、产品、物品的检验、检测、检疫，应当由符合法定条件的专业技术组织实施，法律、行政法规规定由行政机关实施的除外。

随着行政管理专业性、技术性的日益加强，现有的行政机关难以满足行政管理的需要，如对设备、设施、产品、物品的检验、检疫、检测等，由专业技术组织实施比由行政机关实施效率可能更高。

（三）受委托的机关

受委托的机关实施行政许可有三点要求：

1. 行政机关依照法律、法规、规章的规定委托其他行政机关。
2. 委托行政机关应当将受委托行政机关和受委托实施行政许可的内容予以公告。
3. 受委托行政机关不得再委托其他组织或者个人实施行政许可。

委托行政机关将法律、法规授予自己的行政许可权委托给其他行政机关行使，为了保证该行政许可权不被滥用，委托行政机关要对受委托行政机关实施行政许可的行为负责监督，使委托实施行政许可符合行政管理目的；经过委托，委托行政机关与受委托行政机关之间形成一种委托代理关系，委托行政机关要对受委托行政机关行为的后果承担责任。

[例] 受委托实施行政许可的公告，示例如下：

中华人民共和国工业和信息化部公告

（2021年第27号）

根据《中华人民共和国行政许可法》《中华人民共和国无线电管理条例》《铁路无线电管理办法》等法律、法规和规章的规定，现将工业和信息化部委托国家铁路局实施的行政许可事项公告如下：

一、委托事项

国家铁路局受工业和信息化部委托，以工业和信息化部名义实施以下事项的行政许可：

（一）"无线电频率使用许可"事项。委托范围：专门用于铁路运营指挥调度、列车运行控制等涉及铁路运营安全的无线电频率。

（二）"无线电台（站）设置、使用许可"事项。委托范围：在铁路机车（含动车组列车）上设置、使用的非制式无线电台（站）。

二、委托期限

委托时间自本公告发布之日起。委托行政许可事项的变更、中止或终止，工业和信息化部将及时向社会公告。

三、受委托机关名称、地址（略）、联系方式（略）

受委托机关：国家铁路局

工业和信息化部
2021 年 10 月 11 日

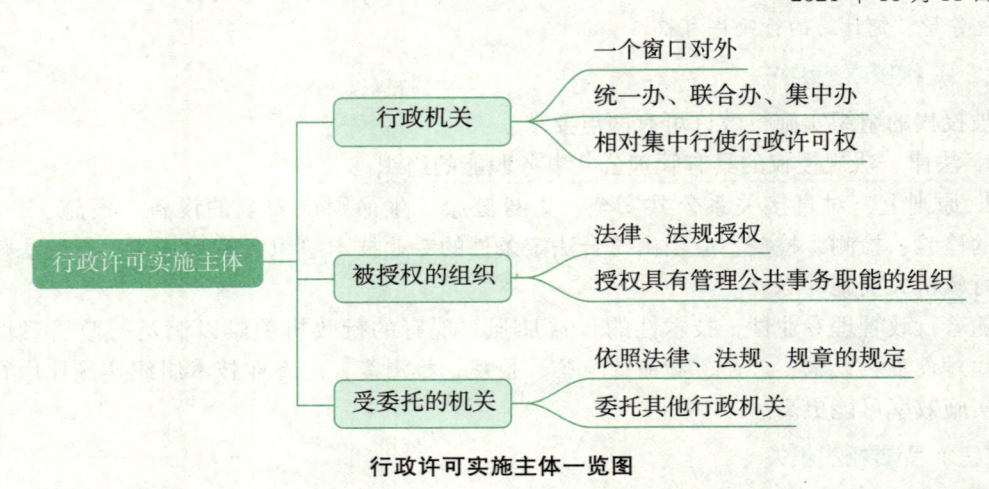

行政许可实施主体一览图

- 行政机关
  - 一个窗口对外
  - 统一办、联合办、集中办
  - 相对集中行使行政许可权
- 被授权的组织
  - 法律、法规授权
  - 授权具有管理公共事务职能的组织
- 受委托的机关
  - 依照法律、法规、规章的规定
  - 委托其他行政机关

二、行政许可实施的一般程序

行政许可实施的程序步骤，包括申请与受理、审查与决定、期限、听证、变更与延续。

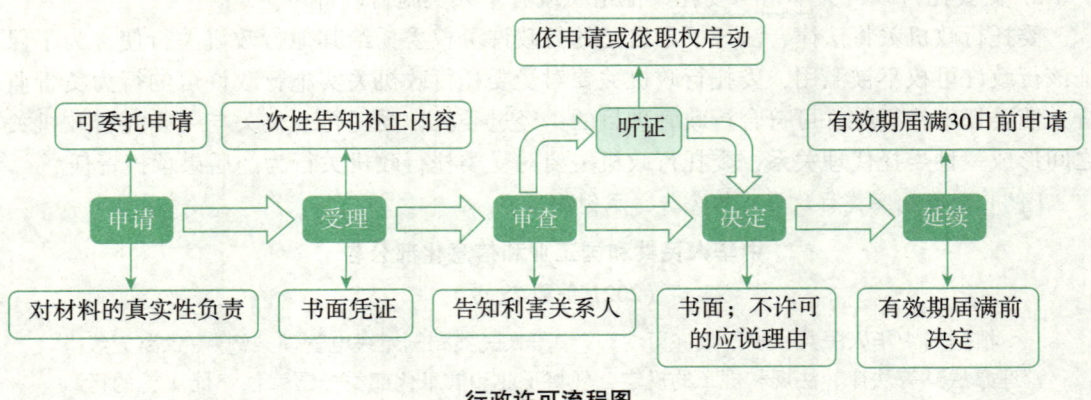

行政许可流程图

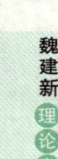

申请 → 受理 → 审查 → 决定 → 延续

- 申请：可委托申请；对材料的真实性负责
- 受理：一次性告知补正内容；书面凭证
- 审查：告知利害关系人
- 听证：依申请或依职权启动
- 决定：书面；不许可的应说理由
- 延续：有效期届满30日前申请；有效期届满前决定

(一) 申请

关于行政许可的申请，原则上应当书面申请并且到行政机关办公场所提出行政许可申请，但是为了便民，行政许可申请可以通过信函、电报、电传、传真、电子数据交换和电子邮件等方式提出，行政机关应当建立和完善有关制度，推行电子政务，在行政机关的网站上公布行政许可事项，方便申请人采取数据电文等方式提出行政许可申请。

此外，行政机关应当将行政许可的事项、依据、条件、数量、程序、期限以及需要提交的全部材料的目录和申请书示范文本等在办公场所公示，申请人要求行政机关对公示内容予以说明、解释的，行政机关应当说明、解释，提供准确、可靠的信息。

[例] 行政许可申请表示例如下：

税务行政许可申请表

申请日期：　年　月　日

申请人	申请人名称			
	统一社会信用代码（纳税人识别号）			
	法定代表人（负责人）			
	地址及邮政编码			
	经办人		身份证件号码	
	联系电话		联系地址	
	委托代理人		身份证件号码	
	联系电话		联系地址	
申请事项	□企业印制发票审批 □对纳税人延期申报的核准 □对纳税人延期缴纳税款的核准 □增值税专用发票（增值税税控系统）最高开票限额审批 □对纳税人变更纳税定额的核准 □对采取实际利润额预缴以外的其他企业所得税预缴方式的核定 □非居民企业选择由其主要机构场所汇总缴纳企业所得税的审批			
申请材料	除提供经办人身份证件（□）外，应根据申请事项提供以下相应材料： 一、企业印制发票审批 □1. 税务登记证件 □2.《印刷经营许可证》或《其他印刷品印制许可证》 □3. 生产设备、生产流程及安全管理制度 □4. 生产工艺及产品检验制度 □5. 保存、运输及交付相关制度 二、对纳税人延期缴纳税款的核准 □1.《延期缴纳税款申请审批表》 ……			

申请人在申请行政许可时的义务——对申请材料的真实性负责。提供虚假材料申请的法律后果有：

1. 行政机关不予受理或者不予行政许可。行政许可申请属于直接关系公共安全、人身健康、生命财产安全事项的，申请人在 1 年内不得再次申请该行政许可。《行政许可法》第 78 条规定："行政许可申请人隐瞒有关情况或者提供虚假材料申请行政许可的，行政机关不予受理或者不予行政许可，并给予警告；行政许可申请属于直接关系公共安全、人身健康、生命财产安全事项的，申请人在 1 年内不得再次申请该行政许可。"

2. 取得行政许可的，行政机关撤销许可。取得的行政许可属于直接关系公共安全、

人身健康、生命财产安全事项的，申请人在3年内不得再次申请该行政许可。《行政许可法》第79条规定："被许可人以欺骗、贿赂等不正当手段取得行政许可的，行政机关应当依法给予行政处罚；取得的行政许可属于直接关系公共安全、人身健康、生命财产安全事项的，申请人在3年内不得再次申请该行政许可；构成犯罪的，依法追究刑事责任。"

[例] 徐某以虚假报名信息参加考试被处罚案

某大学学生徐某，2017年9月入学，拟于2021年毕业。2019年6月，徐某在杭州市报名参加2019年国家统一法律职业资格考试，为规避不符合报名专业学历条件的情形，填写信息时将入学时间填写为2016年7月，虚构了2020年普通高等学校应届本科毕业生身份。后经过审核、交费后取得报名资格。2019年8月，徐某参加国家统一法律职业资格考试客观题考试，成绩达到全国合格分数线。

2019年9月，徐某前往报考地杭州市司法局提交书面说明，称自己不符合报名条件，自愿放弃客观题考试成绩和主观题考试报名资格。经调查确认，徐某明知不具备2019年考试报名条件，通过隐瞒个人信息、虚假承诺方式骗取报名资格并参加考试，属于违纪行为。2019年11月，根据相关规定，浙江省司法厅对徐某作出2019年国家统一法律职业资格考试成绩无效的处理决定。

（2021年9月29日司法部发布法律职业资格考试工作指导案例）

（二）受理

受理属于形式审查，符合形式要求就受理，不符合形式要求就不予受理。为了保护许可申请人，应当作如下处理：

1. 申请材料存在可以当场更正的错误的，应当允许申请人当场更正。

2. 申请材料不齐全或者不符合法定形式的，应当当场或者在5日内一次性告知申请人需要补正的全部内容，逾期不告知的，自收到申请材料之日起即为受理。

3. 行政机关受理或者不予受理行政许可申请，应当出具加盖本行政机关专用印章并注明日期的书面凭证。

[例] 为进一步落实《行政许可法》关于一次性告知制度的要求，保证注册登记程序严谨、受理审查留有痕迹，某市市场监管局窗口积极拓展思路，出具《行政许可补正材料通知书》，不断优化"一口清、一纸明"的一次性告知工作方式。《行政许可补正材料通知书》主要包含四项内容：①根据初步审查，一一告知当事人登记申请材料需补正的事项，注明申请材料全部退还。②备注补正期间因政府或政策变动停止受理该类业务的，将不予受理申请。同时提醒当事人补正资料后需提交全部申请材料和《行政许可补正材料通知书》。③通知书一式2份，填写后一联交申请人，一联由登记窗口留存备查。④通知书落款处直接由窗口受理人签名，申请人补正材料后直接递交给窗口受理人，实行首问负责制。

（三）审查

实质审查有四个方面的要求：

1. 需要对申请材料的实质内容进行核实的，行政机关应当指派2名以上工作人员进行核查。

2. 先经下级行政机关审查后报上级行政机关决定的行政许可，下级行政机关应当将初步审查意见和全部申请材料直接报送上级行政机关，上级行政机关不得要求申请人重复提供申请材料。

3. 先经下级行政机关审查后报上级行政机关决定的行政许可，下级行政机关应当自其受理行政许可申请之日起 20 日内审查完毕，法律、法规另有规定的除外。

4. 行政许可事项直接关系他人重大利益的，行政机关应当告知该利害关系人，听取其意见。

［例］应某房地产公司申请，市规划局向该公司核发花园小区 12 号楼建设工程规划许可证。12 号楼建设工程严重影响位于 12 号楼北侧小区业主的采光和通风，市规划局在核发建设工程规划许可证前应当告知并听取 12 号楼北侧小区业主的意见。

（四）决定

1. 决定期限

（1）能够当场作出决定的，行政机关应当场作出许可决定。

（2）一般情况是，行政机关应当自受理行政许可申请之日起 20 日内作出决定，经本行政机关负责人批准，可以延长 10 日，并应当将延长期限的理由告知申请人。法律、法规另有规定的除外。

［例］行政法规《排污许可管理条例》（国务院令第 736 号）的特别规定

第 12 条 对实行排污许可简化管理的排污单位，审批部门应当自受理申请之日起 20 日内作出审批决定；对符合条件的颁发排污许可证，对不符合条件的不予许可并书面说明理由。

对实行排污许可重点管理的排污单位，审批部门应当自受理申请之日起 30 日内作出审批决定；需要进行现场核查的，应当自受理申请之日起 45 日内作出审批决定；对符合条件的颁发排污许可证，对不符合条件的不予许可并书面说明理由。

审批部门应当通过全国排污许可证管理信息平台生成统一的排污许可证编号。

（3）行政许可采取统一办理或者联合办理、集中办理的，行政机关办理的时间不得超过 45 日，经本级人民政府负责人批准，可以延长 15 日，并应当将延长期限的理由告知申请人。

（4）需要听证、招标、拍卖、检验、检测、检疫、鉴定和专家评审的时间不计算在上述期限内，行政机关应当将所需时间书面告知申请人。

实际上，决定的期限是对行政机关审查权的控制。

2. 决定的形式

准予行政许可和不予行政许可都应采取书面决定的方式。不予行政许可决定，应当说明理由。准予行政许可决定，应当予以公开，公众有权查阅。

［例］公开书示例如下：

行政许可决定公开书

芒市供排水公司于 2020 年 3 月 23 日向本机关提出《云南省无线电频率和台站行政许可申请书》的申请，本机关受理后，经依法审查，根据《行政许可法》第 38 条、《云南省无线电管理条例》第 7 条第 3 项和《云南省无线电频率和台站行政许可实施办法》第 10 条的规定，于 2020 年 3 月 27 日作出 403.450MHz 频点的行政许频点使用的行政许可决定（德无许字〔2020〕1 号）。现予以公开。

德宏州工业信息化和科学技术局
2020 年 3 月 27 日

（五）发证

发证并非所有行政许可的必经步骤：

1. 需要颁发行政许可证件的，行政机关应当向申请人颁发加盖本行政机关印章的行政许可证件。

2. 实施检验、检测、检疫的，可以在检验、检测、检疫合格的设备、设施、产品、物品上加贴标签或者加盖检验、检测、检疫印章。

3. 行政机关应当自作出许可决定之日起 10 日内向申请人颁发、送达行政许可证件，或者加贴标签，加盖检验、检测、检疫印章。

[例] 行政许可证件示例如下：

经典真题

根据行政许可法的规定，下列有关行政许可的审查和决定的哪一种说法是正确的？（2005/2/46）[1]

A. 对行政许可申请人提交的申请材料的审查，均应由行政机关 2 名以上工作人员进行

B. 行政机关作出准予行政许可决定和不予行政许可决定，均应采用书面形式

C. 行政机关作出准予行政许可决定后，均应向申请人颁发加盖本行政机关印章的行政许可证件

D. 所有的行政许可均在全国范围内有效

（六）延续

行政许可一般存在有效期，延续是为了保护被许可人的权益。延续有两个步骤：

1. 被许可人应当在行政许可有效期届满 30 日前向作出行政许可决定的行政机关提出申请，法律、法规、规章另有规定的除外。

[例]《煤矿企业安全生产许可证实施办法》（部门规章）第 17 条规定："安全生产许可证的有效期为 3 年。安全生产许可证有效期满需要延期的，煤矿企业应当于期满前 3 个月按照本实施办法第 10 条的规定，向原安全生产许可证颁发管理机关提出延期申请，并提交本实施办法第 11 条规定的文件、资料和安全生产许可证正本、副本。"因此，煤矿企业申请延续安全生

---

[1] B。对行政许可申请人提交的申请材料进行审查（形式审查），没有要求由 2 名以上工作人员进行，A 选项错误。无论行政机关作出准予许可决定还是不予许可决定，都应当采用书面形式，B 选项正确。行政机关作出准予行政许可决定后，并不是都要向申请人颁发加盖本行政机关印章的行政许可证件，C 选项错误。并不是所有的行政许可均在全国范围内有效，地方性法规和省级地方政府规章设定的行政许可只能在本行政区域内有效，D 选项错误。

产许可，应当于安全生产许可证有效期满前 3 个月（而不是 30 日）向安全生产许可证颁发管理机关提出。

2. 行政机关应当在该行政许可有效期届满前作出是否准予延续的决定，逾期未作决定的，视为准予延续。

经典真题

2001 年原信息产业部制定的《电信业务经营许可证管理办法》（简称《办法》，现已失效）规定："经营许可证有效期届满，需要继续经营的，应当提前 90 日，向原发证机关提出续办经营许可证的申请。"2003 年 9 月 1 日获得增值电信业务许可证（有效期为 5 年）的甲公司，于 2008 年拟向原发证机关某省通信管理局提出续办经营许可证的申请。下列哪一选项是正确的？（2009/2/40）[1]

A. 因《办法》为规章，所规定的延续许可证申请期限无效
B. 因《办法》在《行政许可法》制定前颁布，所规定的延续许可证申请期限无效
C. 如甲公司依法提出申请，某省通信管理局应在甲公司许可证有效期届满前作出是否准予延续的决定
D. 如甲公司依法提出申请，某省通信管理局在 60 日内不予答复的，视为拒绝延续

三、行政许可的听证程序

（一）听证启动方式

依职权启动	依申请启动
法律、法规、规章规定实施行政许可应当听证的事项，或者行政机关认为需要听证的其他涉及公共利益的重大行政许可事项，行政机关应当向社会公告，并举行听证。	行政许可直接涉及申请人与他人之间重大利益关系的，行政机关在作出行政许可决定前，应当告知申请人、利害关系人享有要求听证的权利；申请人、利害关系人提出听证申请，行政机关应当组织听证。

[例] 刘某向市卫健委申请在某小区设立个体诊所，市卫健委受理申请。该小区居民陈某等人提出，诊所的医疗废物会造成环境污染、损害公共利益，要求市卫健委不予批准并申请听证。市卫健委作出决定前可依陈某等人的申请组织听证；若市卫健委认为该诊所涉及公共利益的重大行政许可事项需要听证，应当向社会公告，依职权主动举行听证。

（二）具体程序

1. 申请人、利害关系人在被告知听证权利之日起 5 日内提出听证申请。
2. 行政机关应当在 20 日内组织听证。

---

[1] C。《办法》属于部门规章，规章对延续许可证申请期限另有规定的，应依照规章规定，A 选项错误。《办法》虽然在《行政许可法》制定前颁布，但与其所规定的延续许可证申请期限没有关系，B 选项错误。行政机关应当根据被许可人的申请，在该行政许可有效期届满前作出是否准予延续的决定，C 选项正确。行政机关逾期未作决定的，视为准予延续，而不是视为拒绝延续，D 选项错误。

3. 行政机关应当于举行听证的 7 日前将举行听证的时间、地点通知申请人、利害关系人，必要时予以公告。

4. 听证应当公开举行。

5. 行政机关应当指定审查该行政许可申请的工作人员以外的人员为听证主持人，申请人、利害关系人认为主持人与该行政许可事项有直接利害关系的，有权申请其回避。

6. 举行听证时，审查该行政许可申请的工作人员应当提供审查意见的证据、理由，申请人、利害关系人可以提出证据，并进行申辩和质证。

7. 听证应当制作笔录，听证笔录应当交听证参加人确认无误后签字或者盖章。

8. 行政机关应当根据听证笔录作出行政许可决定。

9. 申请人、利害关系人不承担行政机关组织听证的费用。

[例] 听证会公告示例如下：

行政许可听证会公告

关于北海远辰阳光海岸投资有限公司拟对位于县城西门江滨江路东侧的"龙湾名郡"项目调整地下室建筑设计方案的申请事项，我局已受理并依法公告，在公告期内收到了相关利害关系人的异议及听证申请。根据《中华人民共和国行政许可法》第 48 条第 1 款第 1 项之规定，并应利害关系人的听证请求，本机关决定按程序召开"龙湾名郡"项目调整地下室建筑设计方案行政许可事项听证会。现将有关事项通知如下：

听证时间：2021 年 3 月 17 日上午 9 点

听证地点：合浦县自然资源局二楼会议室

听证主持人：陈润安（县自然资源局法规股股长）

一、请申请听证的利害关系人于本次听证会召开前即 2021 年 3 月 17 日前选出 3 名代表作为委托代理人。

二、所有听证申请人须在委托代理人的授权委托书上签字，逾期不签字视为放弃听证权利。

三、委托代理人须携带授权委托书、身份证明及有关证据材料准时参加听证会。

四、如申请人认为主持人与案件处理结果有直接利害关系的，有权申请回避。

五、如因不可抗力或重要突发事件导致听证会无法如期举行，本机关将另行通知。

合浦县自然资源局
2021 年 3 月 10 日

经典真题

关于行政许可实施程序的听证规定，下列说法正确的是：(2011/2/99)[1]

A. 行政机关应在举行听证 7 日前将时间、地点通知申请人、利害关系人

B. 行政机关可视情况决定是否公开举行听证

C. 申请人、利害关系人对听证主持人可以依照规定提出回避申请

D. 举办听证的行政机关应当制作笔录，听证笔录应当交听证参与人确认无误后签字或者盖章

---

[1] ACD。根据行政许可的听证程序要求：听证通知要提前 7 日通知，A 选项正确。听证过程要求公开，B 选项错误。听证主持人要确保中立，C 选项正确。听证要制作听证笔录，需要听证参加人确认无误后签字或者盖章，D 选项正确。

四、行政许可实施的特殊程序

(一) 特许事项的行政许可

行政机关应当通过招标、拍卖等公平竞争的方式作出决定，法律、行政法规另有规定的除外。例如，采矿权等有限自然资源的许可就属于特许事项许可。

(二) 资格、资质的行政许可

1. 赋予公民特定资格，应当举行国家考试的：①行政机关根据考试成绩和其他法定条件作出行政许可决定，法律、行政法规另有规定的除外；②公民特定资格的考试依法由行政机关或者行业组织实施，公开举行；③行政机关或者行业组织应当事先公布资格考试的报名条件、报考办法、考试科目以及考试大纲；④行政机关不得组织强制性的资格考试的考前培训，不得指定教材或者其他助考材料。

[例] 执业医师资格许可、法律职业资格许可就是通过国家考试实施的许可。

2. 赋予法人或者其他组织特定的资格、资质的，行政机关根据申请人的专业人员构成、技术条件、经营业绩和管理水平等的考核结果作出行政许可决定，法律、行政法规另有规定的除外。例如，律师事务所的资质许可通过考核作出许可决定。

(三) 设备、设施的行政许可

行政机关应当自受理申请之日起 5 日内指派 2 名以上工作人员按照技术标准、技术规范进行检验、检测、检疫；行政机关作出不予行政许可决定的，应当书面说明不予行政许可所依据的技术标准、技术规范。例如，电梯的使用许可就是设备、设施的许可。

命题陷阱

1. 行政许可程序中要重点掌握：
   (1) 申请人对其申请材料实质内容的真实性负责；
   (2) 行政机关在审查申请的过程中，应当听取申请人、利害关系人的意见，申请人、利害关系人有权进行陈述和申辩；
   (3) 行政机关依法作出不予行政许可的书面决定的，应当说明理由，并告知申请人享有申请行政复议或者提起行政诉讼的权利；
   (4) 通过举行听证进行审查决定的，行政机关应当根据听证笔录，作出行政许可决定。
2. 行政许可程序中的书面形式。从理论上看，凡是行政机关作出对公民、组织权利义务有重大影响的决定，一般都须采取书面形式。在行政许可中，受理许可申请、不予受理许可申请、准予许可决定、不予许可决定，一律采取书面形式。
3. 行政机关实施行政许可的期限以工作日计算，不含法定节假日。

经典真题

《执业医师法》（现为《医师法》）规定，执业医师需依法取得卫生行政主管部门发放的执业医师资格，并经注册后方能执业。关于执业医师资格，下列哪些说法是正确的？（2016/2/

78)[1]

A. 该资格属于直接关系人身健康，需按照技术规范通过检验、检测确定申请人条件的许可
B. 对《执业医师法》规定的取得资格的条件和要求，部门规章不得作出具体规定
C. 卫生行政主管部门组织执业医师资格考试，应公开举行
D. 卫生行政主管部门组织执业医师资格考试，不得组织强制性考前培训

专题 15 行政许可的费用和监督管理

一、行政许可的费用

行政许可费用方面有两个基本制度，即禁止收费原则和法定例外的实施。

实施行政许可	原则：不得收费。	
	例外：法律、行政法规另有规定。	按照公布的法定项目和标准收费。
		所收取费用全部上缴国库，不得以任何形式截留、挪用、私分或者变相私分，财政部门不得返还或者变相返还。
	不得向申请人提出购买指定商品、接受有偿服务等不正当要求，不得索取或者收受申请人的财物，不得谋取其他利益。	
	行政许可申请书格式文本，不得收费。	
行政许可的监督检查	原则：不得收费。	
	例外：法律、行政法规另有规定。	
	不得妨碍被许可人正常的生产经营活动，不得索取或者收受被许可人的财物，不得谋取其他利益。	

[例]《水法》第48条第1款规定，直接从江河、湖泊或者地下取用水资源的单位和个人，应当按照国家取水许可制度和水资源有偿使用制度的规定，向水行政主管部门或者流域管理机构申请领取取水许可证，并缴纳水资源费，取得取水权。但是，家庭生活和零星散养、圈养畜禽饮用等少量取水的除外。

二、行政许可的监督管理

行政许可的监督管理需要掌握四个行为：行政许可的吊销、行政许可的撤销、行政许可的撤回和行政许可的注销。这四个行为的适用条件是考试的重点。

---

[1] CD。执业医师资格是根据考试成绩等条件来确定许可，而不是按照技术规范通过检验、检测确定许可，A选项错误。对《执业医师法》规定的取得资格的条件和要求，部门规章可以对实施该行政许可作出具体规定，B选项错误。行政机关组织实施公民特定资格的考试，应公开举行，C选项正确。行政机关组织实施公民特定资格的考试，不得组织强制性考前培训，D选项正确。

（一）行政许可的吊销

吊销的前提是被许可人从事行政许可有重大违法行为。吊销行政许可是对被许可人的一种行政处罚。例如，1 年内饮酒后驾驶 2 次，将一律吊销驾驶证。

（二）行政许可的撤销

撤销是行政许可决定机关或其上级机关，根据利害关系人的请求或依据职权使违法取得的行政许可丧失效力的处理。

违法取得的行政许可有两种情况：

1. 行政机关违法作出行政许可。这种情况下行政许可可撤销，具体包括：①行政机关工作人员滥用职权、玩忽职守作出准予行政许可决定；②超越法定职权作出准予行政许可决定；③违反法定程序作出准予行政许可决定；④对不具备申请资格或者不符合法定条件的申请人准予行政许可。

被许可人的合法权益受到损害的，行政机关应当给予赔偿。

2. 被许可人以欺骗、贿赂等不正当手段取得许可。这种情况下行政许可应撤销。被许可人基于行政许可取得的利益不受保护。

[例] 双胞胎哥哥替弟弟参加驾照考试，取得的驾驶许可应当撤销。

◎注意：符合可撤销、应撤销的条件，但撤销许可可能对公共利益造成重大损害的，不予撤销。

（三）行政许可的撤回

1. 行政许可撤回的前提是许可是合法的，这是撤回与吊销、撤销的最大区别。
2. 行政许可撤回的条件

（1）行政许可所依据的法律、法规、规章修改或者废止，或者准予行政许可所依据的客观情况发生重大变化的；

（2）为了公共利益的需要。

3. 行政许可撤回的后果：给公民、法人或者其他组织造成财产损失的，行政机关应当给予补偿。

[例] 根据 2020 年 2 月 24 日通过的《全国人民代表大会常务委员会关于全面禁止非法野生动物交易、革除滥食野生动物陋习、切实保障人民群众生命健康安全的决定》的规定，禁止以食用为目的从事陆生野生动物人工繁育、人工饲养。据此，相关部门应撤回给养殖户核发的人工繁育、人工饲养野生动物许可，并对养殖户的损失予以补偿。

（四）行政许可的注销

注销是对不能继续存在的行政许可进行的程序处理，其与吊销、撤销、撤回的最大区别是不涉及被许可人的实体权利。因此，不是因为注销后不能从事许可，而是因为不能从事许可而要注销。

注销涉及的五种情形包括：①行政许可有效期届满未延续的；②赋予公民特定资格的行政许可，该公民死亡或者丧失行为能力的；③法人或者其他组织依法终止的；④行政许可依法被撤销、撤回，或者行政许可证件依法被吊销的；⑤因不可抗力导致行政许可事项无法实施的。

[例] 注销公告示例如下：

市场监管总局关于注销保健食品注册证书的公告

（2022 年第 31 号）

依照《中华人民共和国行政许可法》和《市场监督管理行政许可程序暂行规定》、《保健食品注册与备案管理办法》规定，因《郑州市市场监督管理局行政处罚决定书》（郑市监处罚〔2022〕99 号）依法吊销郑州轩生堂药业有限公司持有的"轩生堂牌四怀糖脂安胶囊"保健食品注册证书（注册证号：国食健字 G20041017），市场监管总局决定注销"轩生堂牌四怀糖脂安胶囊"保健食品注册证书（注册证号：国食健字 G20041017）。

特此公告。

市场监管总局
2022 年 9 月 19 日

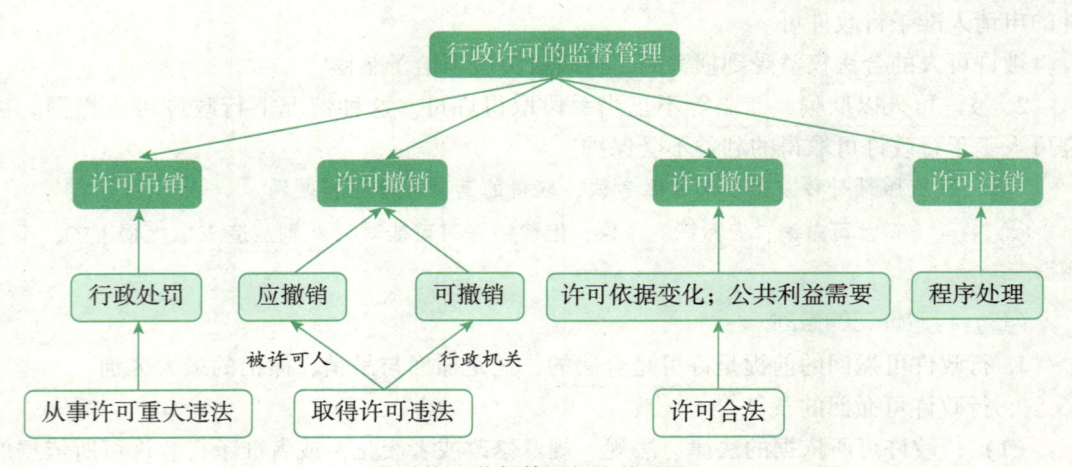

行政许可监督管理行为关系图：

- 行政许可的监督管理
  - 许可吊销 ← 行政处罚 ← 从事许可重大违法
  - 许可撤销 ← 应撤销（被许可人）← 取得许可违法；可撤销（行政机关）
  - 许可撤回 ← 许可依据变化；公共利益需要
  - 许可注销 ← 程序处理 ← 许可合法

【命题陷阱】

行政许可的撤销、撤回、注销的区别与适用条件：

撤销、撤回是对行政许可进行的实体权利处理；注销只是对行政许可进行的程序处理——不是行政许可被注销导致被许可人不能从事该行政许可，而是被许可人不能从事行政许可导致该行政许可被注销。

【经典真题】

1. 根据行政许可法的规定，下列关于行政许可的撤销、撤回、注销的哪些说法是正确的？（2006/2/86）[1]

---

［1］ ABD。行政许可的撤销和撤回都意味着被许可人丧失已获得的从事特定活动的权利，A 选项正确。规章作为行政许可的法律依据，其修改可以作为行政机关撤回已经生效的行政许可的理由，B 选项正确。行政机关工作人员滥用职权授予的行政许可被撤销，是行政机关赔偿的条件之一，行政机关应当依法给予赔偿还要求被许可人的合法权益受到损害，C 选项错误。行政许可被撤销和撤回后应当履行注销手续，D 选项正确。

· 128 ·

A. 行政许可的撤销和撤回都涉及被许可人实体权利
B. 规章的修改可以作为行政机关撤回已经生效的行政许可的理由
C. 因行政机关工作人员滥用职权授予的行政许可被撤销的，行政机关应予赔偿
D. 注销是行政许可被撤销和撤回后的法定程序

2. 食品药品监督管理局（现为"市场监督管理局"）向一药店发放药品经营许可证。后接举报称，该药店存在大量非法出售处方药的行为，该局在调查中发现药店的药品经营许可证系提供虚假材料欺骗所得。关于对许可证的处理，该局下列哪一做法是正确的？（2015/2/47）[1]

A. 撤回
B. 撤销
C. 吊销
D. 待有效期限届满后注销

致努力中的你

勇气是尽管你感觉害怕，但仍能迎难而上；
尽管你感觉痛苦，但仍能直接面对。

---

[1] B。食品药品监督管理局虽然接到举报称，药店存在大量非法出售处方药的行为，但其没有对药店是否存在大量非法出售处方药的违法行为进行认定，吊销行政许可证的事实依据是不充足的。然而，实际调查中发现药店的药品经营许可证系提供虚假材料欺骗所得，因此对许可证应予撤销，B选项正确。

07 第七讲 行政处罚

应试指导

本讲在考试中的题目类型是客观卷中的选择题和主观卷中的案例分析题，涉及两部必读的法律：《行政处罚法》和《治安管理处罚法》。这两部法律是一般法与特别法的关系，治安处罚是一种比较特殊的行政处罚，考试中既考查《行政处罚法》的一般规定，也考查《治安管理处罚法》的特别规定，特别是当前治安处罚案件引发越来越多的社会热点。本讲的核心考点：行政处罚的设定权限、行政处罚与治安处罚的实施主体、行政处罚与治安处罚的适用、行政处罚决定的简易程序与普通程序的区别、治安处罚的调查程序、行政处罚与治安处罚的听证程序、行政处罚与治安处罚的执行程序。考试的难点是熟悉并能够运用行政处罚理论和制度分析解决行政处罚行为的合法性问题。

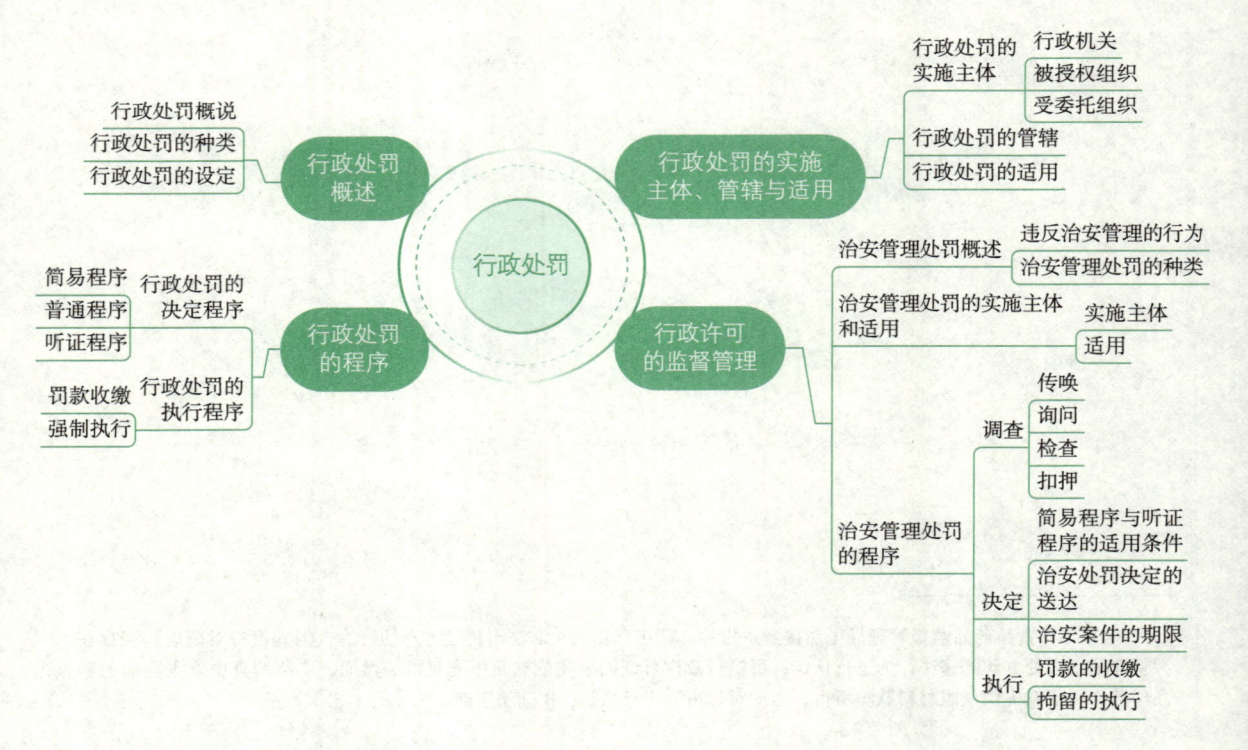

行政处罚

- **行政处罚概述**
  - 行政处罚概说
  - 行政处罚的种类
  - 行政处罚的设定

- **行政处罚的实施主体、管辖与适用**
  - 行政处罚的实施主体
    - 行政机关
    - 被授权组织
    - 受委托组织
  - 行政处罚的管辖
  - 行政处罚的适用

- **行政处罚的程序**
  - 行政处罚的决定程序
    - 简易程序
    - 普通程序
    - 听证程序
  - 行政处罚的执行程序
    - 罚款收缴
    - 强制执行

- **行政许可的监督管理**
  - 治安管理处罚概述
    - 违反治安管理的行为
    - 治安管理处罚的种类
  - 治安管理处罚的实施主体和适用
    - 实施主体
    - 适用
  - 治安管理处罚的程序
    - 调查
      - 传唤
      - 询问
      - 检查
      - 扣押
    - 决定
      - 简易程序与听证程序的适用条件
      - 治安处罚决定的送达
      - 治安案件的期限
    - 执行
      - 罚款的收缴
      - 拘留的执行

专题 16　行政处罚概述

一、行政处罚概说

(一) 行政处罚的概念

行政处罚，是指行政机关依法对违反行政管理秩序的公民、法人或者其他组织，以减损权益或者增加义务的方式予以惩戒的行为。

[例] 某市森林公安局接到举报，查明张某在未办理采伐许可证的情况下砍伐柳树334株。森林公安局根据《森林法》第76条第1款的规定作出《处理决定》，责令张某补种盗伐株数5倍的树木，共计1670株。《处理决定》就是行政处罚行为。

行政处罚的设定和实施是为了维护公共利益和社会秩序，是为了保护公民、法人或者其他组织的合法权益。

(二) 行政处罚与相关概念的区别

1. 行政处罚不同于行政机关对行政机关工作人员的行政处分

行政处分是《公务员法》规定的行政机关对公务员的纪律惩罚（参见本书第3讲"公务员"的专题7"公务员的处分与救济"）。行政处罚是具体行政行为，是外部行为，而行政处分是内部行为。

[例] 2013年3月20日下午，执法人员在某路段设卡治理超载行为。13时许，执法人员示意当事司机停车（后查明超载六成）接受检查，但当事司机反而冲卡并加速绕行避检，执法人员追行约3公里才将货车截停。执法人员上前阻止当事司机逃逸时，双方发生肢体冲突，个别执法人员对当事司机实施了踢打行为。经医院诊断，当事司机软组织受伤。对踢打当事司机的执法人员杨某，警方依法决定给予其治安拘留10日的处罚，并处罚款500元。交通运输局综合行政执法局第二大队副大队长岑某作为现场负责人，未对现场违法行为进行纠正，未向上级反映现场的真实情况，被撤职。相关部门慰问了当事司机，并对其超限冲卡行为依法处理。对杨某治安拘留10日并处罚款500元属于行政处罚，对岑某撤职属于行政处分。

2. 行政处罚不同于惩罚犯罪的刑罚

刑事处罚是制裁犯罪的刑事惩罚。行政处罚和刑事处罚涉及行政机关和刑事司法机关对违反行政管理秩序应受处罚案件的权限划分。违法行为构成犯罪的，应当依法追究刑事责任，不得以行政处罚代替刑事处罚。当然，一些违反行政管理秩序的行为，依其情节严重程度，可能同时构成行政违法和刑事犯罪。当违法行为构成犯罪时，除应依法给予行政处罚外，行政机关还必须将案件移送司法机关，追究行为人的刑事责任。对依法不需要追究刑事责任或者免予刑事处罚，但应当给予行政处罚的，司法机关应当及时将案件移送有关行政机关。

[例] 《道路交通安全法》第91条第5款规定，饮酒后或者醉酒驾驶机动车发生重大交通事故，构成犯罪的，依法追究刑事责任，并由公安机关交通管理部门吊销机动车驾驶证，终生不得重新取得机动车驾驶证。追究刑事责任属于刑事处罚，吊销机动车驾驶证和终生不得重新

取得机动车驾驶证属于行政处罚。

二、行政处罚的种类

行政处罚的种类：①警告、通报批评；②罚款、没收违法所得、没收非法财物；③暂扣许可证件、吊销许可证件、降低资质等级；④限制开展生产经营活动、责令停产停业、责令关闭、限制从业；⑤行政拘留；⑥法律、行政法规规定的其他行政处罚。

（一）声誉罚

警告、通报批评属于声誉罚，声誉罚又称精神罚。

声誉罚，是指国家对行政违法行为人的谴责和告诫，其制裁作用主要是对当事人形成心理压力、造成不利的社会舆论环境，通过降低被处罚人声誉的方式对被处罚人进行惩戒。"警告"和"通报批评"的区别在于：行政警告决定书只需向被处罚人送达，而通报批评的处罚决定书则需要在一定范围内甚至向全社会公开发布。

[例]《慈善法》第28条规定，广播、电视、报刊以及网络服务提供者、电信运营商，应当对利用其平台开展公开募捐的慈善组织的登记证书、公开募捐资格证书进行验证。《慈善法》第114条第3款规定，广播、电视、报刊以及网络服务提供者、电信运营商未依法履行验证义务的，由其主管部门责令限期改正，予以警告；逾期不改正的，予以通报批评。

（二）财产罚

罚款、没收违法所得、没收非法财物都属于财产罚。通过减损被处罚人财产权的方式对被处罚人进行惩戒。

1. 罚款，是指行政机关对行政违法行为人强制收取一定数量金钱，剥夺一定财产权利的制裁方法。区分罚款与罚金：罚款是行政机关依据行政法律规范给予的行政处罚，罚金是司法机关依据刑法和刑事诉讼法给予的刑事处罚。

2. 没收违法所得，是指行政机关将行政违法行为人占有的、通过违法途径和方法取得的财产收归国有的制裁方法。

[例]《行政处罚法》第28条第2款规定，当事人有违法所得，除依法应当退赔的外，应当予以没收。违法所得是指实施违法行为所取得的款项。法律、行政法规、部门规章对违法所得的计算另有规定的，从其规定。

3. 没收非法财物，是指行政机关将行政违法行为人非法占有的财产和物品收归国有的制裁方法。非法财物包括以下三类：①违禁品，法律法规禁止生产、持有、储存、销售、使用的物品，如淫秽光盘、毒品等；②从事非法活动的生产工具，如制造假药的机器设备、电信诈骗活动使用的电脑手机等；③从事非法活动的原材料，如制造假茅台使用的食用酒精等。

[例]《产品质量法》第52条规定，销售失效、变质的产品的，责令停止销售，没收违法销售的产品，并处违法销售产品货值金额2倍以下的罚款；有违法所得的，并处没收违法所得；情节严重的，吊销营业执照；构成犯罪的，依法追究刑事责任。

（三）资格罚

资格罚是通过限制或剥夺被处罚人行为资格的方式进行的制裁，包括暂扣许可证件、

吊销许可证件和降低资质等级。

1. 暂扣许可证件是暂时中止被处罚人从事行政许可活动的资格。

2. 吊销许可证件是取消被处罚人从事行政许可活动的资格。

[例]《道路交通安全法》第91条第1款规定，饮酒后驾驶机动车的，处暂扣6个月机动车驾驶证，并处1000元以上2000元以下罚款。因饮酒后驾驶机动车被处罚，再次饮酒后驾驶机动车的，处10日以下拘留，并处1000元以上2000元以下罚款，吊销机动车驾驶证。暂扣6个月机动车驾驶证属于暂扣许可证件，吊销机动车驾驶证属于吊销许可证件。

3. 降低资质等级是缩小被处罚人从事行政许可活动的范围。

[例]《建筑法》第67条第1款规定，承包单位将承包的工程转包的，或者违反本法规定进行分包的，责令改正，没收违法所得，并处罚款，可以责令停业整顿，降低资质等级；情节严重的，吊销资质证书。

(四) 行为罚

行为罚是通过限制被处罚人行为自由、对其施加作为或不作为义务的方式进行的制裁。**资格罚与行为罚的区别**：资格罚是剥夺、限制、降低被处罚人获得的行政许可的法律效力，行为罚是直接限制被处罚人的行为自由。资格罚主要适用于需要获得行政许可方可从事的生产经营活动或执业活动，而行为罚则适用于那些不需要获得行政许可即可从事的生产经营活动或执业活动。例如，吊销律师执业许可证是资格罚，而证券市场禁入是行为罚。限制开展生产经营活动、责令停产停业、责令关闭、限制从业属于行为罚。

1. 限制开展生产经营活动是指通过减少生产经营活动自由的方式进行的制裁。

[例]《保险法》第170条规定，违反本法规定，有下列行为之一的，由保险监督管理机构责令改正，处10万元以上50万元以下的罚款；情节严重的，可以限制其业务范围、责令停止接受新业务……

2. 责令停产停业是通过完全中止被处罚人生产经营活动的方式进行的制裁。责令停产停业是限制开展生产经营活动的升级制裁，是暂时停止被处罚人生产经营活动的全部自由。

[例]《消防法》第58条第1款规定，违反本法规定，有下列行为之一的，由住房和城乡建设主管部门、消防救援机构按照各自职权责令停止施工、停止使用或者停产停业，并处3万元以上30万元以下罚款：①依法应当进行消防设计审查的建设工程，未经依法审查或者审查不合格，擅自施工的；②依法应当进行消防验收的建设工程，未经消防验收或者消防验收不合格，擅自投入使用的；③本法第13条规定的其他建设工程验收后经依法抽查不合格，不停止使用的；④公众聚集场所未经消防救援机构许可，擅自投入使用、营业的，或者经核查发现场所使用、营业情况与承诺内容不符的。

3. 责令关闭是通过永久性终止被处罚人从事生产经营活动自由的方式进行的制裁，是责令停产停业的升级制裁。

[例]《环境保护法》第60条规定，企业事业单位和其他生产经营者超过污染物排放标准或者超过重点污染物排放总量控制指标排放污染物的，县级以上人民政府环境保护主管部门可以责令其采取限制生产、停产整治等措施；情节严重的，报经有批准权的人民政府批准，责令停业、关闭。

4. 限制从业指通过限制或剥夺公民从事特定职业自由的方式对公民进行的制裁。

［例］《旅游法》第 103 条规定，违反本法规定被吊销导游证的导游、领队和受到吊销旅行社业务经营许可证处罚的旅行社的有关管理人员，自处罚之日起未逾 3 年的，不得重新申请导游证或者从事旅行社业务。

（五）自由罚

行政拘留属于自由罚，自由罚又称人身罚。行政拘留，是指特定行政机关（如公安机关）对违反管理秩序的人短期剥夺其人身自由的制裁方法，常见表现形式是治安拘留。

［例］根据《反间谍法》第 60 条第 2 项的规定，明知他人有间谍犯罪行为，在国家安全机关向其调查有关情况、收集有关证据时，拒绝提供，构成犯罪的，依法追究刑事责任；尚不构成犯罪的，由国家安全机关予以警告或者处 10 日以下行政拘留，可以并处 3 万元以下罚款。

《治安管理处罚法》第 49 条规定，盗窃、诈骗、哄抢、抢夺、敲诈勒索或者故意损毁公私财物的，处 5 日以上 10 日以下拘留，可以并处 500 元以下罚款；情节较重的，处 10 日以上 15 日以下拘留，可以并处 1000 元以下罚款。

> 注意：对于上述各种处罚以外的其他处罚种类的设定，只能由法律和行政法规规定，即行政处罚新种类的创设权由全国人大及其常委会和国务院行使。

［例］根据《土地管理法》第 83 条的规定，依照本法规定，责令限期拆除在非法占用的土地上新建的建筑物和其他设施的，建设单位或者个人必须立即停止施工，自行拆除；对继续施工的，作出处罚决定的机关有权制止。建设单位或者个人对责令限期拆除的行政处罚决定不服的，可以在接到责令限期拆除决定之日起 15 日内，向人民法院起诉；期满不起诉又不自行拆除的，由作出处罚决定的机关依法申请人民法院强制执行，费用由违法者承担。责令限期拆除就是法律规定的其他行政处罚。

经典真题

下列哪些行政行为不属于行政处罚？（2016/2/81）[1]

A. 质监局对甲企业涉嫌冒用他人商品识别代码的产品予以先行登记保存
B. 食品药品监管局责令乙企业召回已上市销售的不符合药品安全标准的药品
C. 环保局对排污超标的丙企业作出责令停产 6 个月的决定
D. 工商局责令销售不合格产品的丁企业支付消费者 3 倍赔偿金

三、行政处罚的设定

设定行政处罚，是指国家有权机关创设行政处罚、赋予行政机关行政处罚职权的立法活动。《行政处罚法》控制处罚权，首先是控制行政处罚权的来源。设定行政处罚必须以事实为依据，与违法行为的事实、性质、情节以及社会危害程度相当。

---

[1] ABD。先行登记保存是行政处罚调查过程中的行为，先行登记保存不具有惩罚性，不是行政处罚；责令召回的目的在于制止违法或者制止危害的发生或扩大，不属于行政处罚中的行为罚；责令丁企业支付消费者 3 倍赔偿金是对民事争议的处理，是工商局针对丁企业和消费者之间的消费纠纷作出的行政裁决，目的在于解决民事争议，没有惩罚性，不是行政处罚。

行政处罚设定权限

行政处罚的种类		可以设定该行政处罚的规范性法律文件
行政拘留		法律
吊销营业执照		行政法规
暂扣许可证件、降低资质等级、吊销许可证件		地方性法规
责令关闭、责令停产停业、限制开展生产经营活动、限制从业		
没收违法所得、没收非法财物		
法律、行政法规规定的其他行政处罚		
罚款	不限数额	
	一定数额	部门规章（罚款限额由国务院规定）；地方政府规章（罚款限额由省级人大常委会规定）
警告		
通报批评		

（一）行政处罚的设定权限

1. 不同法律文件的设定权限不同——从法律规范角度

（1）法律可以设定所有的处罚种类，包括行政拘留，法律的处罚设定权没有限制；

（2）行政法规可以设定除行政拘留之外的其他处罚；

（3）地方性法规除了不能设定行政拘留和吊销营业执照之外，其他所有的处罚都可以设定；

（4）规章既包括部门规章也包括地方政府规章，它们能设定罚款、警告和通报批评，并且罚款的数额是有一定限制的，部门规章的最高罚款数额由国务院来规定，地方政府规章的最高罚款数额由省级人大常委会来规定；

（5）除法律、法规和规章以外的其他规范性文件，不得设定行政处罚。

2. 不同行政处罚的设定主体不同——从行政处罚角度

处罚越重，对设定的主体资格要求就越高、越严格。

（1）行政拘留只能由法律设定。对公民来说，最重的处罚是拘留，其只有法律能设定。

（2）吊销营业执照的处罚只能由法律和行政法规设定。对于一个企业或者个体工商户来说，最重的处罚是吊销营业执照，其只有法律和行政法规能设定。

（3）警告、通报批评是所有处罚里最轻的，法律、行政法规、地方性法规、部门规章和地方政府规章都能设定。

［例］因个体户刘某多次销售未经检疫的猪肉，县市场监管局拟根据地方性法规对其处以吊销营业执照的处罚。由于地方性法规无权设定吊销营业执照的处罚，县市场监管局根据地方性法规作出处罚决定属于适用法律、法规错误，处罚决定违法。

（二）行政处罚的补充设定

1. 行政法规

法律对违法行为未作出行政处罚规定的，行政法规为实施法律，可以补充设定行政处

罚。拟补充设定行政处罚的，应当通过听证会、论证会等形式广泛听取意见，并向制定机关作出书面说明。行政法规报送备案时，应当说明补充设定行政处罚的情况。

2. 地方性法规

法律、行政法规对违法行为未作出行政处罚规定的，地方性法规为实施法律、行政法规，可以补充设定行政处罚。拟补充设定行政处罚的，应当通过听证会、论证会等形式广泛听取意见，并向制定机关作出书面说明。地方性法规报送备案时，应当说明补充设定行政处罚的情况。

[例]《道路运输条例》（行政法规）第27条第1款规定，运输危险货物应当配备必要的押运人员，保证危险货物处于押运人员的监管之下，并悬挂明显的危险货物运输标志。对在道路上运输危险货物的行为，行政法规仅规定了"应当配备必要的押运人员"，对未随车配备押运人员的行为未设定处罚。地方性法规就可以对未随车配备押运人员的行为设定行政处罚，地方性法规设定的行政处罚就属于补充设定。

（三）行政处罚的规定

行政处罚的设定还需要和行政处罚的具体规定区别开来，设定是一种创设，具体规定是指上位法已经设定的处罚权，下位法可以在上位法设定的处罚权的范围内作出具体规定。如果上位法对违法行为已经作出行政处罚规定，下位法不得再设定；下位法需要作出具体规定的，不得超出上位法规定的给予行政处罚的行为、种类和幅度的范围。

1. 法律对违法行为已经作出行政处罚规定，行政法规需要作出具体规定的，必须在法律规定的给予行政处罚的行为、种类和幅度的范围内规定。

2. 法律、行政法规对违法行为已经作出行政处罚规定，地方性法规需要作出具体规定的，必须在法律、行政法规规定的给予行政处罚的行为、种类和幅度的范围内规定。

3. 国务院部门规章可以在法律、行政法规规定的给予行政处罚的行为、种类和幅度的范围内作出具体规定。

4. 地方政府规章可以在法律、法规规定的给予行政处罚的行为、种类和幅度的范围内作出具体规定。

[例]《全国人民代表大会常务委员会法制工作委员会关于2020年备案审查工作情况的报告》中指出，有的地方性法规规定，对未取得公安部门的运输许可运输烟花爆竹的，由公安部门责令改正，处200元以上2000元以下的罚款。我们审查认为，该规定在处罚种类上减少了国务院《烟花爆竹安全管理条例》中对相同行为规定的"没收非法运输的物品及违法所得"，在处罚幅度上低于《烟花爆竹安全管理条例》规定的下限，已要求制定机关作出修改。《烟花爆竹安全管理条例》第36条第2款规定，对未经许可经由道路运输烟花爆竹的，由公安部门责令停止非法运输活动，处1万元以上5万元以下的罚款，并没收非法运输的物品及违法所得。

（四）行政处罚设定的评价

国务院部门和省、自治区、直辖市政府及其有关部门应当定期组织评估行政处罚的实施情况和必要性，对不适当的行政处罚事项，应当提出修改或者废止的建议。这是为了简政放权、优化营商环境，定期评估已经设定的行政处罚，减少不必要的行政处罚事项。注意这里的评估不是设定机关对其设定行政处罚的评估。

经典真题

我国2000年《种子法》规定，违法经营、推广应当审定而未经审定通过的种子的，可处以1万元以上5万元以下罚款。某省人民政府在其制定的《某省种子法实施办法》中规定，违法经营、推广应当审定而未经审定通过的种子的，可处以3万元以上5万元以下罚款。下列说法哪些是正确的？（2003/2/70）[1]

A.《实施办法》超越了《种子法》的规定，无效
B.《实施办法》没有超越《种子法》的规定，有效
C. 国务院若认为《实施办法》超越了《种子法》的规定，有权予以撤销
D. 受处罚人不服处罚申请行政复议的同时，可以对《实施办法》一并请求审查

专题 17 行政处罚的实施主体、管辖与适用

一、行政处罚的实施主体

行政处罚的实施主体是解决谁来罚的问题。行政处罚原则上应当由行政机关行使，但是考虑到行政管理的现实，符合条件的非政府组织，经过授权或委托也可以实施行政处罚。

（一）行政机关

行政处罚由具有行政处罚权的行政机关在法定职权范围内实施。法律对于行政机关行使处罚权作了一个特别规定，就是处罚权相对集中实施，目的是提高管理效率，防止多头执法、分散执法，因为权力越集中，效率越高。

国家在城市管理、市场监管、生态环境、文化市场、交通运输、农业等领域推行建立综合行政执法制度，相对集中行政处罚权。但是处罚权集中行使容易滥用权力，因此需要程序上的控制和内容上的限制。

程序上的控制	内容上的限制
国务院或者省、自治区、直辖市政府可以决定一个行政机关行使有关行政机关的行政处罚权。	限制公民人身自由的处罚权只能由公安机关和法律规定的其他机关来行使，不能集中行使。

---

[1] AC。《种子法》对"违法经营、推广应当审定而未经审定通过的种子"的行为，是给予1万元至5万元的罚款，而省政府规章则是给予3万元至5万元的罚款，很明显是提高了处罚的最低限额，违反了"在法律、行政法规规定的给予行政处罚的行为、种类和幅度的范围内作出具体规定"的要求，《实施办法》应属无效；某省人民政府制定的《实施办法》属于省级政府规章，国务院有权改变或者撤销不适当的地方政府规章；申请行政复议的同时可以对规范性文件一并请求审查，对地方政府规章《实施办法》不能提出附带性审查的要求。（注：《种子法》已于2021年最新修正）

[例] 七八顶"大盖帽"（执法人员），管不好一顶"小草帽"（小商小贩）。实际上反映的是执法部门权责交错、多头执法的尴尬与无奈。因此，典型的集中行使处罚权的机关就是城市管理综合执法机关，简称"城管"，这是在城市管理领域推行建立综合行政执法制度。省、自治区、直辖市政府可以决定城管集中行使有关行政机关涉及城市管理领域的处罚权，但绝对不可能让城管行使限制公民人身自由的处罚权。

（二）被授权组织和受委托组织

被授权组织和受委托组织的区别在于：授权就是把处罚权给授权组织，被授权组织以自己的名义在法定授权范围内行使处罚权，以自己的名义参加行政复议或者行政诉讼并承担处罚的后果；委托是行政机关把处罚权委托给受委托组织，受委托组织以委托机关的名义行使处罚权，由委托机关承担处罚的后果。

1. 行政处罚的授权实施

授权的依据是法律、法规，法规既包括行政法规也包括地方性法规。授权的对象是具有管理公共事务职能的组织，既包括事业组织，也包括企业组织。

2. 行政处罚的委托实施

行政机关委托实施处罚权的，由行政机关承担后果，委托行为须有法律、法规、规章作为依据。行政机关的处罚权可以委托给管理公共事务职能的组织：①受委托的对象只能是具有管理公共事务职能的组织；②委托实施的行政处罚事项和依据应当向社会公开；③受委托组织不得再委托。此外，受委托组织应当有熟悉有关法律、法规、规章和业务并取得行政执法资格的工作人员，对违法行为需要进行技术检查或者技术鉴定的，应当有组织进行相应检查鉴定的条件。

> **魏语绸缪**
>
> 规章不是授权行使处罚权的依据，因为处罚权是一种对公民、法人和其他组织权利影响较大的制裁权，规章是没有授权资格的。

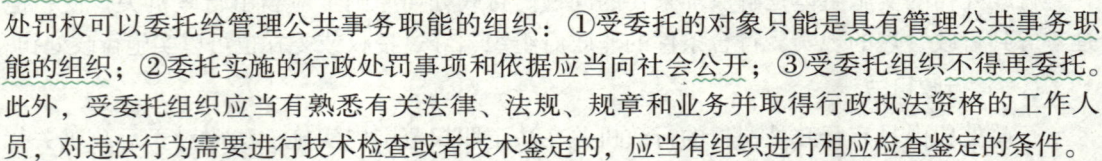

[例1] 根据《文物保护法》第9条第2款的规定，县文物保护管理所属于承担县级文物保护工作的管理部门，是法律、法规授权的组织，依法享有对本辖区内的文物保护实施管理监督和对行政违法案件的处理权。县文物保护管理所就属于被授权实施行政处罚的组织，具备独立的处罚主体资格。

[例2] 根据《广东省林业厅关于委托实施林业行政处罚权的规范》第3条第1款的规定，广东省各级林业主管部门（委托行政机关）可以依照法律法规规章的规定，将行政处罚权委托给林业工作站（含履行林业工作站职能的机构）、木材检查站、自然保护区管理机构、种苗管理机构、森林公安机构和事业单位性质的森林公园管理机构、国有林场管理机构等符合《行政处罚法》规定条件的组织（受委托单位）实施。

> **命题陷阱**
>
> 1. 授权实施行政许可与授权实施行政处罚进行比较：
>   （1）授权的依据都是法律、法规；
>   （2）授权的对象都是具有管理公共事务职能的组织。
> 2. 委托实施行政许可与委托实施行政处罚进行比较：
>   （1）行政机关委托的依据都是法律、法规、规章；
>   （2）委托的对象不同，行政许可的被委托对象是其他行政机关，行政处罚的被委托对象是具有管理公共事务职能的事业组织。

经典真题

某省政府根据国务院的授权,决定由城建规划局统一行使数个政府职能部门的行政处罚权。根据《行政处罚法》的规定,城建规划局不能行使下列哪一项职权?(2008 延/2/50)[1]

A. 交通管理机关的罚款权
B. 环境保护局的罚款权
C. 公安机关的行政拘留权
D. 工商行政管理部门的吊销营业执照权

二、行政处罚的管辖

1. 地域管辖。行政处罚由违法行为发生地的行政机关管辖,法律、行政法规、部门规章另有规定的除外。

2. 级别管辖。行政处罚由县级以上地方政府具有行政处罚权的行政机关管辖,法律、行政法规另有规定的除外。

此外,长期以来,我国乡镇政府、街道办事处在没有行政处罚权的情形下,仍承担了大量行政服务职能和行政管理职责。由于之前法律并未赋予乡镇街道行政处罚实施主体资格,在基层社会治理中,乡镇街道时常陷入"看得见的管不了,管得了的看不见"的尴尬窘境。行政处罚权下放就是为破解乡镇街道在行政执法中长期面临的"有责无权"难题。当然,行政处罚权的下放有着严格的要求:省、自治区、直辖市根据当地实际情况,可以决定将基层管理迫切需要的县级政府部门的行政处罚权交由能够有效承接且符合条件的乡镇政府、街道办事处行使,并定期组织评估。决定应当公布。

[例] 北京市把原由区城管执法部门行使的市政管理、园林绿化、环境保护、施工现场管理、停车场管理、食品摊贩管理等方面和对流动无照经营、违法建设、无导游证从事导游活动等行为的全部行政处罚权,下放至街道办事处和乡镇人民政府,并以其名义相对集中行使。

命题陷阱

原则上,行政处罚案件由违法行为发生地的县级以上地方政府具有行政处罚权的行政机关管辖。

但是要掌握三个例外规定:①违法行为发生地以外的行政机关管辖由法律、行政法规、部门规章特别规定;②县级以上地方政府以外具有行政处罚权的行政机关管辖由法律、行政法规特别规定;③乡镇政府、街道办事处行使县级政府部门的行政处罚权由省、自治区、直辖市决定。

3. 管辖争议。两个以上行政机关都有管辖权,由最先立案的行政机关管辖。对管辖发生争议的,应当协商解决,协商不成的,报请共同的上一级行政机关指定管辖;也可以由共同的上一级行政机关直接指定管辖。

[例] 市场监管部门查处具体网络传销案件的管辖,原则上由违法行为发生地市场监管部门负责查处;涉及多个地域或者违法行为发生地不易确定的网络传销案件,由最先立案的市场

---

[1] C。省政府可以决定城建规划局行使交通管理机关的罚款权、环境保护局的罚款权和工商行政管理部门的吊销营业执照权,但不能行使公安机关的行政拘留权。

监管部门或者主要违法行为发生地市场监管部门负责查处；发生争议的，按照有利于案件打击处置、保证案件公正处理的原则协商解决；协商不成的，由共同上一级市场监管部门指定有关市场监管部门立案查处。

4. 执法协助。行政机关因实施行政处罚的需要，可以向有关机关提出协助请求。协助事项属于被请求机关职权范围内的，应当依法予以协助。

经典真题

运输公司指派本单位司机运送白灰膏。由于泄漏，造成沿途路面大面积严重污染。司机发现后即向公司汇报。该公司即组织人员清扫被污染路面。下列哪些选项是正确的？（2007/2/86）[1]

A. 路面被污染的沿途3个区的执法机关对本案均享有管辖权，如发生管辖权争议，由3个区的共同上级机关指定管辖
B. 对该运输公司应当依法从轻或者减轻行政处罚
C. 本案的违法行为人是该运输公司
D. 本案的违法行为人是该运输公司和司机

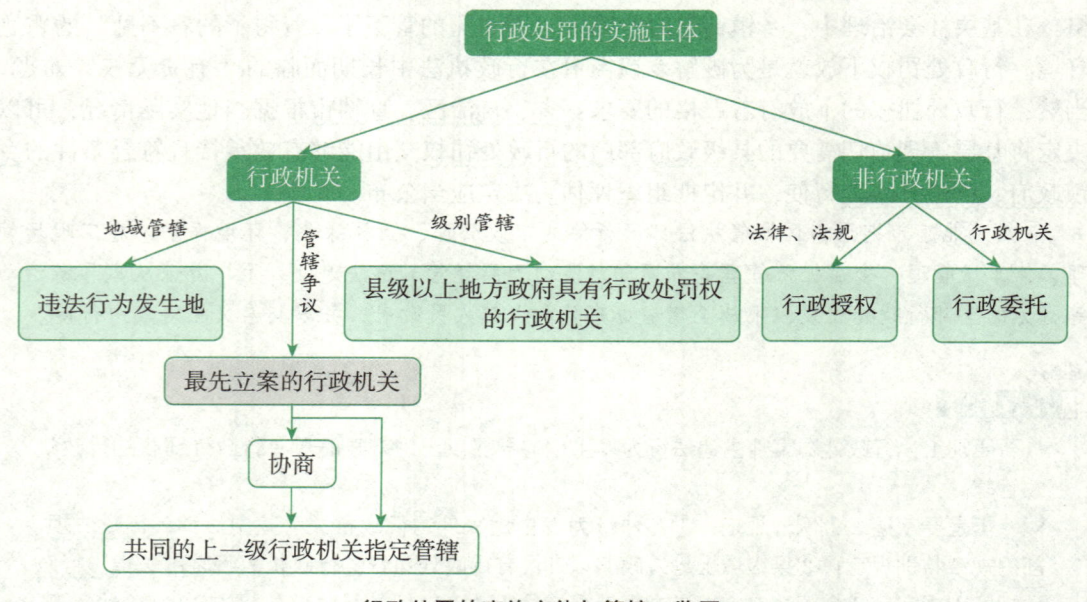

行政处罚的实施主体与管辖一览图

三、行政处罚的适用

（一）处罚公开

1. 依据公开。对违法行为给予行政处罚的规定必须公布；未经公布的，不得作为行

---

[1] ABC。泄漏对沿途3个区的路面都造成了污染，路面被污染的沿途3个区都是违法行为发生地，所以沿途3个区的执法机关都享有管辖权，对管辖争议，由共同上级行政机关指定管辖；运输公司在污染事故发生后立即组织清扫，属于主动消除或者减轻违法行为危害后果的情形，应当对运输公司从轻或减轻处罚；司机受单位的指派运送白灰膏，其行为属于职务行为，故泄漏造成沿途路面大面积严重污染的违法行为不属于司机的个人行为，而应当属于公司的违法行为，违法行为人应是运输公司，而不是司机个人。

政处罚的依据。

2. **流程公开**。行政处罚的实施机关、立案依据、实施程序和救济渠道等信息应当公示。

3. **裁量公开**。实施行政处罚必须以事实为依据,与违法行为的事实、性质、情节以及社会危害程度相当。行政机关可以依法制定行政处罚裁量基准,规范行使行政处罚裁量权。行政处罚裁量基准应当向社会公布。

4. **结果公开**。具有一定社会影响的行政处罚决定应当依法公开。公开的行政处罚决定被依法变更、撤销、确认违法或者确认无效的,行政机关应当在3日内撤回行政处罚决定相关信息并公开说明理由。

[例] 行政处罚信息公开表示例如下:

中国银保监会衢州监管分局行政处罚信息公开表

(交通银行股份有限公司衢州分行)

行政处罚决定书文号		衢银保监罚决字〔2021〕9号
被处罚当事人姓名或名称	个人姓名	
	单位 名称	交通银行股份有限公司衢州分行
	法定代表人(主要负责人)姓名	孙靖
主要违法违规事实(案由)		对公信贷资金违规挪用于房地产行业,对公信贷资金违规挪用于银行承兑汇票保证金,信贷资金违规流入限制性领域。
行政处罚依据		《中华人民共和国银行业监督管理法》第46条第5项
行政处罚决定		对交通银行股份有限公司衢州分行予以罚款人民币85万元
作出处罚决定的机关名称		中国银保监会衢州监管分局
作出处罚决定的日期		2021年10月15日

(二)执法人员

1. **执法资格**。行政处罚应当由具有行政执法资格的执法人员实施。

2. **执法人数**。执法人员不得少于2人,法律另有规定的除外。

3. **执法回避**。执法人员与案件有直接利害关系或者有其他关系可能影响公正执法的,应当回避。当事人认为执法人员与案件有直接利害关系或者有其他关系可能影响公正执法的,有权申请回避。当事人提出回避申请的,行政机关应当依法审查,由行政机关负责人决定。决定作出前,不停止调查。

> **魏语绸缪**
>
> 行政处罚不管是适用简易程序还是普通程序都要求由不得少于2人的执法人员实施,法律有特别规定的除外。

[例]《道路交通安全法》第83条规定,交通警察调查处理道路交通安全违法行为和交通事故,有下列情形之一的,应当回避:①是本案的当事人或者当事人的近亲属;②本人或者其近亲属与本案有利害关系;③与本案当事人有其他关系,可能影响案件的公正处理。

(三）处罚证据

公民、法人或者其他组织违法事实不清、证据不足的，不得给予行政处罚。以非法手段取得的证据，不得作为认定案件事实的根据。

1. 证据种类

证据包括：①书证；②物证；③视听资料；④电子数据；⑤证人证言；⑥当事人的陈述；⑦鉴定意见；⑧勘验笔录、现场笔录。《行政处罚法》规定的证据种类与《行政诉讼法》规定的证据种类完全一致。《行政诉讼法》第 33 条第 1 款规定，证据包括：①书证；②物证；③视听资料；④电子数据；⑤证人证言；⑥当事人的陈述；⑦鉴定意见；⑧勘验笔录、现场笔录。

2. 全过程记录

由于执法主体多、范围领域广、行为数量大，执法能力和水平参差不齐，执法中不严格、不规范、不文明、不透明等现象依旧存在。全过程记录是对执法者的有效监督，能够倒逼执法规范化。特别是全程音像记录，比单纯的文字记录对执法者更有约束力。因此，行政机关应当依法以文字、音像等形式，对行政处罚的启动、调查取证、审核、决定、送达、执行等进行全过程记录，归档保存。

3. 电子技术监控设备收集证据

实践中一些滥设乱设"电子眼"等电子技术监控设备抓拍交通等领域违法行为，存在设置地点不合理、不公开，监控设备不合格、不达标，记录违法信息不规范、不告知等现象。因此，需要从法律上严格规范电子技术监控设备收集证据。

行政机关依照法律、行政法规的规定利用电子技术监控设备收集、固定违法事实的，应当经过法制和技术审核，确保电子技术监控设备设置合理、标准合格、标志明显，设置地点应当向社会公布。

电子技术监控设备记录违法事实应当真实、清晰、完整、准确。行政机关应当对记录内容进行审核，未经审核或者经审核不符合要求的，不得作为证据。

行政机关应当及时通知当事人违法事实，并采取适当措施，方便当事人查询、陈述和申辩。

[例] 某市更新道路违章视频监控系统。新视频监控系统会自动识别道路交通违法行为，一旦发现违法行为就会自动抓拍并生成《拟行政处罚通知书》。该通知书会告知当事人行政处罚的内容及事实、理由、依据，并告知当事人依法享有的陈述、申辩权利。根据该通知书的内容，当事人如果对拟作出的行政处罚不服，可以通过下载该市的"E 市政"手机 APP，查找交通部门模块，在该部门模块内提交意见。如果在规定期限内没有提交意见，视为当事人放弃陈述、申辩权利，系统将自动生成《行政处罚决定书》并通过短信将《行政处罚决定书》发送给当事人。道路视频监控系统根据未经审核的抓拍证据而自动生成《行政处罚决定书》违法，当事人只能在"E 市政"APP 交通部门模块内提交意见属于变相限制当事人陈述申辩权，通过短信将《行政处罚决定书》发送给被处罚人的送达方式违法。

（四）从旧兼从轻

与刑事处罚的法律适用要求一致，行政处罚的法律适用也遵循从旧兼从轻的规则。行政处罚的依据适用违法行为发生时的法律、法规和规章的规定。但是，作出行政处罚决定

时，法律、法规和规章已被修改或者废止，且新的法律、法规和规章不认为是违法行为或者处罚较轻的，适用新的法律、法规和规章。

[例] 针对机动车检测机构未按照要求保存检验报告6年的行为，2015年的《检验检测机构资质认定管理办法》第42条第3项规定，责令机动车检测机构1个月内改正；逾期未改正或者改正后仍不符合要求的，处1万元以下罚款。而2021年修订后的《检验检测机构资质认定管理办法》和2021年的《检验检测机构监督管理办法》没有规定处罚条款。根据2015年的《检验检测机构资质认定管理办法》的规定，2020年某机动车检测机构存在未按照要求保存检验报告6年属于违法行为，但根据2021年的《检验检测机构资质认定管理办法》《检验检测机构监督管理办法》的规定，该行为不属于违法行为，不再进行处罚。

（五）一事不再罚

一事不再罚是重复处罚之禁止。对当事人的同一个违法行为违反多个法律规范应当给予罚款处罚的，不得给予2次以上罚款的重复处罚。同一违法行为能不能进行不同种类的处罚？罚款和吊销许可证可以同时进行。吊销许可证可比罚款重多了，那为什么可以罚款后再吊销许可证，就不能罚款后再罚款呢？一事不再罚的目的是按照罚款数额高的规定执行，遏制行政机关罚款的积极性和冲动。

[例] 晶山建材公司在其厂区堆放污泥的臭气浓度超标，既违反了《固体废物污染环境防治法》，又违反了《大气污染防治法》。《固体废物污染环境防治法》第68条规定，未采取相应防范措施，造成工业固体废物扬散、流失、渗漏或者造成其他环境污染的，处1万元以上10万元以下的罚款[1]；《大气污染防治法》第99条第2项规定，超过大气污染物排放标准或者超过重点大气污染物排放总量控制指标排放大气污染物的，处10万元以上100万元以下的罚款。因此，对晶山建材公司违法行为的处罚，应当按照《大气污染防治法》的规定执行。

注意：一事不再罚要与责令改正、限期改正结合起来适用。

[例1] 大货车超载罚款，有了罚单就是通行证，再罚款是不是就违反一事不再罚呢？实际上不会出现这种情况，对于超载处罚的同时会要求当事人改正违法行为，把超载的货物卸下来，当事人就不会有违法行为，就不会再出现罚款了。

[例2] 周一到周五机动车限行，违反限行规定交警要罚款，但违反限行规定的违法行为是当场无法改正的，一般在罚单上注明限期改正，在这个期限内就不会再被罚款。

（六）陈述、申辩权保障

任何权力必须公正行使，对当事人不利的决定必须听取当事人的意见，这是法治的重要原则。尊重和保护被处罚当事人就要保障当事人的陈述权和申辩权，陈述申辩是当事人的正当权利，不能因为当事人的陈述申辩而进行所谓的"态度罚"。具体要求有：

1. 告知权利。行政机关在作出行政处罚决定之前，应当告知当事人拟作出的行政处罚内容及事实、理由、依据，并告知当事人依法享有的陈述、申辩、要求听证等权利。

2. 听取意见。当事人有权进行陈述和申辩。行政机关必须充分听取当事人的意见，对当事人提出的事实、理由和证据，应当进行复核；当事人提出的事实、理由或者证据成

---

[1] 该条规定内容已被2020年《固体废物污染环境防治法》修改，但本案例发生于旧法实施期间，故此处仍引用旧法条文内容。

立的，行政机关应当采纳。

3. 申辩不得加重处罚。行政机关不得因当事人申辩而加重处罚。

4. 拒绝听取陈述申辩不得处罚。行政机关及其执法人员在作出行政处罚决定之前，未向当事人告知拟作出的行政处罚内容及事实、理由、依据，或者拒绝听取当事人的陈述、申辩的，不得作出行政处罚决定；当事人明确放弃陈述或者申辩权利的除外。

[例] 法学博士宋某将车停在某市科技局门前，5分钟出来后车被贴了一张该市城市管理行政执法局印制的《处罚决定书》，上书："占用城市道路违章停放机动车，处50元罚款。"宋某认为，执法局在处罚过程中应按法定程序处理。《行政处罚法》第44条规定，行政机关作出行政处罚决定前，当事人依法享有知情权、陈述权、申辩权和要求听证的权利。宋某向法院提起行政诉讼。

法院生效判决认为，本案被告执法局作出行政处罚决定之前，没有依法履行法定的处罚告知义务和听取陈述申辩义务，作出的处罚决定属程序违法，判决撤销罚单。

（七）从轻或减轻处罚

为了保障被处罚当事人的正当权益，当事人有下列情形，应当从轻或者减轻处罚：①已满14周岁不满18周岁的人有违法行为的；②主动消除或者减轻违法行为危害后果的；③受他人胁迫或者诱骗实施违法行为的；④主动供述行政机关尚未掌握的违法行为的；⑤配合行政机关查处违法行为有立功表现的；⑥法律、法规、规章规定其他应当从轻或者减轻行政处罚的。

[例] 处罚决定书示例如下：

国家市场监督管理总局行政处罚决定书（节选）

经查，当事人（美团）自2018年以来，滥用其在中国境内网络餐饮外卖平台服务市场的支配地位，阻碍平台内经营者在其他竞争性平台开展经营，排除、限制了相关市场竞争，损害了平台内经营者的合法权益和消费者利益，妨碍了平台经济创新发展，且不具有正当理由，构成《反垄断法》第17条（现为第22条）第1款第4项禁止的"没有正当理由，限定交易相对人只能与其进行交易"滥用市场支配地位行为。

根据《反垄断法》第47条（现为第57条）、第49条（现为第59条）和《行政处罚法》第5、32条的规定，综合考虑当事人违法行为的性质、程度和持续的时间，同时考虑当事人在调查开始前主动承认实施"二选一"行为并供述违法事实、在调查过程中主动提供执法机构尚未掌握的重要证据、停止"二选一"行为并全面自查整改、积极退还收取的独家合作保证金等因素，本机关（即国家市场监督管理总局）对当事人作出处理决定。

（八）不予处罚

1. 不予处罚的情形

为了保障被处罚当事人的正当权益，当事人有下列情形，不予处罚：

（1）不满14周岁的人有违法行为的。

（2）精神病人、智力残疾人在不能辨认或者不能控制自己行为时有违法行为的。

（3）违法行为轻微并及时纠正，没有造成危害后果

> **魏语绸缪**
> 区分不予处罚的情形与从轻、减轻处罚的情形，考试中常把这两种处罚适用的情形放在一起，让考生区分。

的（初次违法且危害后果轻微并及时改正的，可以不予行政处罚，即"首违不罚"）。

[例] 长期以来，职业举报人大量投诉举报网店商品信息含有"最佳"等绝对化用语或"驰名商标"字样等违法宣传用语以及商场超市、食杂店销售标签违法食品。此类案件中，不少当事人确实存在违法行为，但违法原因往往是不了解法律规定，规则意识不强，导致未认真审核网站宣传用语、商品标签内容等。此类当事人大多经营规模较小，违法行为虽然有危害后果但多数较轻微，一般是首次违法、主观恶性小且被举报投诉或从其他途径获知存在违法问题后，立即停止或改正违法行为。对于上述违法行为，就可以适用"首违不罚"。

（4）违法事实不清、证据不足的。

[例] 2018年，赵某驾驶无牌电动二轮车时被某公安分局交通警察大队查处。交通警察大队认定赵某驾驶与驾驶证载明的准驾车型不相符合的车辆，上道路行驶的机动车未悬挂机动车号牌的行为违法，决定处以400元罚款，记24分。赵某对行政处罚不服提起诉讼。

法院生效判决认为：根据《道路交通安全法》第119条第4项的规定，非机动车包括虽有动力装置驱动但设计最高时速、空车质量、外形尺寸符合有关国家标准的电动自行车。交通警察大队在未对案涉车辆的基础参数予以查清的情况下，即认定案涉车辆属于机动车并作出处罚决定，属处罚依据事实错误。遂判决撤销被诉行政处罚决定。

（5）当事人有证据证明没有主观过错的（法律、行政法规另有规定的除外），即"无过错不处罚"。

注意：无过错不处罚的适用条件：①当事人在主观上没有故意和过失；②当事人负证明自己没有主观过错的举证责任；③除外条款的适用，即使当事人有充分证据证明没有主观过错，但按照法律、行政法规的规定需要处罚的仍然要予以处罚。

[例] 《药品管理法》第120条规定，知道或者应当知道属于假药、劣药或者本法第124条第1款第1~5项规定的药品，而为其提供储存、运输等便利条件的，没收全部储存、运输收入，并处违法收入1倍以上5倍以下的罚款；情节严重的，并处违法收入5倍以上15倍以下的罚款；违法收入不足5万元的，按5万元计算。

《药品管理法实施条例》第75条规定，药品经营企业、医疗机构未违反《药品管理法》和本条例的有关规定，并有充分证据证明其不知道所销售或者使用的药品是假药、劣药的，应当没收其销售或者使用的假药、劣药和违法所得；但是，可以免除其他行政处罚。

2. 行政处罚的时效要求

（1）违法行为在2年内未被有权机关发现的，不再给予行政处罚。

（2）对涉及公民生命健康安全、金融安全且有危害后果的违法行为，在5年内未被有权机关发现的，不再给予行政处罚。

[例] 黄某为修建住宅与某建筑工程公司签订《建筑工程施工合同》。取得建设施工许可证后，黄某找到包工头谭某，以其母亲名义与谭某签订《建筑工程承包合同》，由谭某作为实际施工人进行施工。谭某安排临时工张某到工地做收尾工作时，张某坠楼受伤后死亡。市应急管理局经调查认定谭某对生产安全事故的发生负有责任，依据《安全生产法》第114条第1款第1项等规定，决定对谭某罚款31万元。市应急管理局的行政处罚适用5年的处罚时效。

（3）法律另有规定的除外。例如，《税收征收管理法》第86条规定，违反税收法律、行政法规应当给予行政处罚的行为，在5年内未被发现的，不再给予行政处罚。

（4）2年和5年的期限，从违法行为发生之日起计算；违法行为有连续或者继续状态

的，从行为终了之日起计算。

[例] 某政府投资建设工程，投资规模约3000万元，2013年6月12日在没有履行招标程序的情况下直接发包给A公司并签订施工合同，该工程于2015年12月竣工验收，2016年8月行政监督部门才发现并予以处罚。项目业主以行政处罚追究时效已过2年为由，申请行政复议。行政复议机关认为，自该施工合同签订至该项目完工，规避招标的违法行为没有终止，仍处于持续状态，因此行政处罚的时效应从项目竣工之日起计算2年，遂维持原行政处罚决定。

（九）处罚折抵

在一个行为同时构成行政违法和刑事犯罪，并受到行政处罚和刑事处罚的情况下，从当事人的角度考虑，如果前面受过行政处罚的，后面再进行刑事处罚时，行政处罚要折抵刑事处罚：①行政拘留折抵拘役；②行政拘留折抵有期徒刑；③行政罚款折抵罚金。

注意：违法行为构成犯罪，人民法院判处罚金时，行政机关尚未给予当事人罚款的，不再给予罚款。

[例] 李某因打伤王某被县公安局处以行政拘留15天的处罚。不久，受害人王某向法院提起刑事自诉。法院认为，李某行为构成犯罪，判处拘役2个月。县公安局对李某处以15天行政拘留应当依法折抵其刑期。

（十）处罚无效

《行政处罚法》第38条明确了行政处罚无效的两种情形：①没有依据或者实施主体不具有行政主体资格的；②违反法定程序构成重大且明显违法的。

[例] 公安局下辖派出所对当事人罚款1000元，由于派出所超越罚款权限，因此行政处罚违法；而公安局内设机构治安科对当事人罚款1000元，由于治安科没有行政主体资格，因此行政处罚无效。

经典真题

关于行政处罚和刑罚的折抵，下列说法正确的是：（2004/2/98）[1]
A. 行政拘留可以折抵拘役
B. 行政拘留可以折抵有期徒刑
C. 没收违法所得可以折抵没收财产
D. 罚款可以折抵罚金

专题 18 行政处罚的程序

行政处罚的程序主要是解决怎么罚的问题。行政处罚有两个阶段的程序：①作出处罚决定的程序；②处罚的执行程序。许多考生特别容易混淆当场罚款和当场收缴罚款，其实这是两个不同阶段的程序。当场罚款属于作出处罚决定的程序，当场收缴罚款属于处罚的执行程序，当场罚款的适用条件及程序规则与当场收缴罚款的适用条件及程序规则是不同

---

[1] ABD。行政处罚与刑罚的折抵情形是行政拘留可以折抵拘役和有期徒刑，行政罚款可以折抵罚金。

的，当场罚款不一定能当场收缴。

一、行政处罚的决定程序

行政处罚的决定程序包括简易程序和普通程序，听证程序是在普通程序中的附加程序。程序的复杂程度跟权力的大小成正比，即权力越大，程序越复杂，权力越小，程序越简单。简易程序是为事实确凿并有法定依据、处罚较轻情形设置的，执法人员可以当场决定给予处罚。普通程序是普遍适用的行政处罚程序，它适用于除简易程序以外的其他行政处罚。对于较重的处罚会适用听证程序。处罚程序的复杂程度跟处罚权的大小成正比，不同的程序适用于不同的处罚权力。

（一）简易程序

适用条件	违法事实确凿并有法定依据，对公民处以200元以下、对法人或者其他组织处以3000元以下罚款或者警告的行政处罚的。
	法律另有规定的除外。
处罚决定	执法人员可以当场作出行政处罚决定，向当事人出示执法证件，填写预定格式、编有号码的行政处罚决定书。
	行政处罚决定书应当载明：①当事人的违法行为；②行政处罚的种类和依据、罚款数额、时间、地点；③申请行政复议或者提起行政诉讼的途径和期限以及行政机关名称。
	行政处罚决定书应由执法人员签名或者盖章。
	执法人员当场作出的行政处罚决定，必须报所属行政机关备案。
送达	行政处罚决定书应当场交付当事人，当事人拒绝签收的，应当在行政处罚决定书上注明。

［例］2015年1月31日，贝汇丰驾驶案涉车辆沿海宁市西山路行驶，遇行人正在通过人行横道，未停车让行。海宁交警大队执法交警当场将案涉车辆截停，核实了贝汇丰的驾驶员身份，适用简易程序向贝汇丰口头告知了违法行为的基本事实、拟作出的行政处罚、依据及其享有的权利等，并在听取贝汇丰的陈述和申辩后，当场制作并送达了公安交通管理简易程序处罚决定书，给予贝汇丰罚款100元、记3分的行政处罚。

（二）普通程序

调查检查	执法人员在调查或者进行检查时，应当主动向当事人或者有关人员出示执法证件。当事人或者有关人员有权要求执法人员出示执法证件。执法人员不出示执法证件的，当事人或者有关人员有权拒绝接受调查或者检查。
	询问或者检查应当制作笔录。
	行政机关在收集证据时，可以采取抽样取证的方法；在证据可能灭失或者以后难以取得的情况下，经行政机关负责人批准，可以先行登记保存，并应当在7日内及时作出处理决定。
	行政机关及其工作人员对调查、检查中知悉的国家秘密、商业秘密或者个人隐私，应当依法予以保密。
	符合立案标准的，行政机关应当及时立案。

处罚决定	调查终结，行政机关负责人应当对调查结果进行审查。对情节复杂或者重大违法行为给予行政处罚，行政机关的负责人应当**集体讨论决定**。 行政处罚决定前需要法制审核情形： (1) 涉及重大公共利益的； (2) 直接关系当事人或者第三人重大权益，经过听证程序的； (3) 案件情况疑难复杂、涉及多个法律关系的； (4) 法律、法规规定。 行政处罚决定书应当载明：①当事人的姓名或者名称、地址；②违反法律、法规或者规章的事实和证据；③行政处罚的种类和依据；④行政处罚的履行方式和期限；⑤不服行政处罚决定，申请行政复议或者提起行政诉讼的途径和期限；⑥作出行政处罚决定的行政机关名称和作出决定的日期。 行政处罚决定书必须盖有作出行政处罚决定的行政机关的印章。 行政机关应当自行政处罚案件立案之日起 90 日内作出行政处罚决定，法律、法规、规章另有规定的除外。
送 达	行政处罚决定书应当在宣告后当场交付当事人。 当事人不在场的，行政机关应当在 7 日内依照《民事诉讼法》的有关规定送达当事人。 ☞注意：当事人同意并签订确认书的，行政机关可以采用传真、电子邮件等方式，将行政处罚决定书等送达当事人。

[例] 环保部门在开展 2018 年一季度污染源废水监测中，发现某污水处理公司总排口粪大肠菌群大于等于 240 000 个/升，超过《城镇污水处理厂污染物排放标准》（GB 18918-2002）10 000 个/升标准 23 倍以上。环保部门按程序进行了立案、调查取证、审查，在作出处罚之前进行了告知和听证，听取了该公司陈述申辩，依据《水污染防治法》第 83 条第 2 项的规定，对该公司处以罚款 10 万元。该公司提起行政诉讼，认为该案未经过集体审议，构成程序违法。环保部门认为，本案集体审议记录按副卷进行装订，不构成程序违法。法院判决驳回诉讼请求。

命题陷阱

考试往往考查简易程序与普通程序的不同之处：

1. 适用范围不同。原则上适用普通程序，例外情况下适用简易程序。
2. 是否当场处罚。简易程序又称当场处罚，普通程序又称非当场处罚。
3. 行政处罚决定作出主体不同。简易程序由执法人员作出决定，其作为调查人员能当场作出处罚决定。从效力的角度考虑，执法人员作出处罚决定适用的就是简易程序。普通程序由行政机关负责人作出决定，如果情节复杂、处罚更重，则由行政机关负责人集体讨论决定。注意在行政机关负责人作出决定之前，重大复杂的处罚还应当进行法制审核。
4. 行政处罚决定书内容不同。普通程序既需要处罚机关的名称，也需要处罚机关的印章，但是简易程序只需要有处罚机关的名称，有执法人员签名或盖章，没有强制要求处罚机关印章，这是为了提高处罚的效率。
5. 行政处罚决定书送达方式不同。简易程序当场处罚当场交付，即直接当场送达；普通程序不是当场处罚，作出处罚决定书向当事人宣告，宣告完交付，如果找不到当事人宣告或者宣告时当事人不到场，按照《民事诉讼法》的规定 7 日内送达。
6. 普通程序相对于简易程序增加的程序制度：先行登记保存、法制审核、决定期限等。

（三）听证程序

听证程序，是指在行政机关作出行政处罚决定之前，公开举行专门会议，由行政处罚机关调查人员提出指控、证据和处理建议，当事人进行申辩和质证的程序。

听证范围	包括：①较大数额罚款；②没收较大数额违法所得、没收较大价值非法财物；③降低资质等级、吊销许可证件；④责令停产停业、责令关闭、限制从业；⑤其他较重的行政处罚；⑥法律、法规、规章规定的其他情形。
听证启动	（1）行政机关应当在处罚前告知当事人有要求举行听证的权利； （2）当事人被告知后 5 日内提出听证要求的，行政机关应组织听证。
听证通知	应当在听证的 7 日前，通知当事人举行听证的时间、地点。
听证公开	除涉及国家秘密、商业秘密或者个人隐私外，听证公开举行。
听证主持人	（1）听证由行政机关指定的非本案调查人员主持； （2）当事人认为主持人与本案有直接利害关系的，有权申请回避。
听证当事人	（1）当事人可以亲自参加听证，也可以委托 1 至 2 人代理； （2）当事人及其代理人无正当理由拒不出席听证或者未经许可中途退出听证的，视为放弃听证权利，行政机关终止听证。
听证举行	（1）举行听证时，调查人员提出当事人违法的事实、证据和行政处罚建议； （2）当事人进行申辩和质证。
听证笔录	（1）听证应当制作笔录； （2）笔录应当交当事人或者其代理人核对无误后签字或者盖章，当事人或者其代理人拒绝签字或者盖章的，由听证主持人在笔录中注明； （3）听证结束后，行政机关应当根据听证笔录，作出决定。
听证费用	当事人不承担行政机关组织听证的费用。

［例］苏州市相城区黄埭镇人民政府举办了一场行政处罚案件听证会。此次听证会是因当事人涉嫌未将危险化学品储存在专用仓库内拟受到行政处罚一事，提出听证申请而举行。听证会由黄埭镇综合执法局负责组织，黄埭镇司法所所长担任听证主持人，同时，邀请了相关业务科室负责人作为旁听代表。听证会上，办案人员陈述了该案的违法事实、证据、行政处罚建议及依据，当事人进行了陈述和申辩；接着，听证双方围绕有关问题展开了质证和辩论；最后，办案人员、当事人分别作最后陈述意见，听证主持人宣布听证结束，并请听证参加人核对笔录后签字。

命题陷阱

1. 只有纳入听证范围内的行政处罚行为才能适用听证程序，若行政处罚行为不属于法律规定中的听证事项，当事人无权要求听证。
2. 考试中比较行政处罚与行政许可的听证程序的不同：
   (1) 听证程序的启动不同：行政处罚听证程序是依申请启动；而行政许可的听证程序有两种启动方式，一种方式是行政机关依申请来组织听证，另一种方式是行政机关依职权主动举行听证。
   (2) 在行政机关依申请组织听证时，行政机关组织听证的时间不同：《行政处罚法》没有规定行政机关收到申请后组织听证的时间；《行政许可法》要求行政许可机关收到申请后20日内组织听证。

经典真题

1. 质监局发现王某生产的饼干涉嫌违法使用添加剂，遂将饼干先行登记保存，期限为1个月。有关质监局的先行登记保存行为，下列哪一说法是正确的？（2011/2/44）[1]
   A. 系对王某的权利义务不产生实质影响的行为
   B. 可以由2名执法人员在现场直接作出
   C. 采取该行为的前提是证据可能灭失或以后难以取得
   D. 登记保存的期限合法

2. 根据行政处罚法的规定，下列哪些说法是正确的？（2005/2/82）[1]
   A. 违法行为轻微，及时纠正没有造成危害后果的，应当依法减轻对当事人的行政处罚
   B. 行政机关使用非法定部门制发的罚款单据实施处罚的，当事人有权拒绝处罚
   C. 对情节复杂的违法行为给予较重的行政处罚，应由行政机关的负责人集体讨论决定
   D. 除当场处罚外，行政处罚决定书应按照民事诉讼法的有关规定在7日内送达当事人

3. 关于行政处罚和行政许可行为，下列哪些说法是不正确的？（2004/2/75）[2]
   A. 行政处罚和行政许可的设定机关均应定期对其设定的行政处罚和行政许可进行评价

---

[1] C。先行登记保存行为虽只是行政机关收集证据的方式，尚不是最终决定，但仍然涉及当事人的实体权益，会对王某的权利义务产生实质影响；适用先行登记保存的条件是证据可能灭失或者以后难以取得；在进行先行登记保存时，执法人员应经行政机关负责人批准，不得在现场直接作出；先行登记保存，应当在7日内及时作出处理决定，登记保存1个月的期限不符合法律规定。

[1] BC。违法行为轻微，及时纠正没有造成危害后果的，应对当事人不予行政处罚，而不是应当依法减轻处罚；行政机关使用非法定部门制发的罚款单据实施处罚的，当事人有权拒绝处罚；对情节复杂的违法行为给予较重的行政处罚，应当由行政机关的负责人集体讨论决定；"当场处罚"是简易程序，除了简易程序外就是普通程序，在普通程序中"除在宣告后当场交付当事人外，行政处罚决定书应按照《民事诉讼法》的有关规定在7日内送达当事人。

[2] AC。行政许可的设定机关应当定期对其设定的行政许可进行评价，但《行政处罚法》没有规定设定机关应定期对其设定的行政处罚进行评价，A选项不正确，当选。行政处罚和行政许可授权实施的依据都是法律、法规，授权实施的对象都是具有管理公共事务职能的组织，B选项正确，不当选。行政机关委托实施行政处罚的对象是依法成立的管理公共事务的事业组织，行政机关委托实施行政许可的对象是其他行政机关，C选项不正确，当选。行政机关依法举行听证的，行政许可决定、行政处罚决定都应当根据听证笔录作出，D选项正确，不当选。

B. 法律、法规授权的具有管理公共事务职能的组织，可依授权行使行政处罚权和行政许可权
C. 行政机关委托实施行政处罚和行政许可的组织应当是依法成立的管理公共事务的事业组织
D. 行政机关依法举行听证的，应当根据听证笔录作出行政处罚决定和行政许可决定

二、行政处罚的执行程序

（一）一般规定

1. 当事人应当履行处罚决定。行政处罚决定依法作出后，当事人应当在行政处罚决定的期限内，予以履行。当事人确有经济困难，需要延期或者分期缴纳罚款的，经当事人申请和行政机关批准，可以暂缓或者分期缴纳。

注意：当事人申请行政复议或者提起行政诉讼的，加处罚款的数额在行政复议或者行政诉讼期间不予计算。

2. 复议或诉讼不停止执行处罚决定。当事人对行政处罚决定不服，申请行政复议或者提起行政诉讼的，行政处罚不停止执行，法律另有规定的除外。

（二）行政罚款的收缴

1. 罚缴分离。原则上，作出罚款决定的行政机关应当与收缴罚款的机构分离，作出行政处罚决定的行政机关及其执法人员不得自行收缴罚款。当事人应当自收到行政处罚决定书之日起 15 日内，到指定的银行或者通过电子支付系统缴纳罚款。银行应当收受罚款，并将罚款直接上缴国库。

2. 当场收缴。执法人员当场收缴罚款是例外。

（1）执法人员可以当场收缴罚款，有三种情形：①依法给予 100 元以下的罚款的；②不当场收缴事后难以执行的；③在边远、水上、交通不便地区，当事人到指定的银行或者通过电子支付系统缴纳罚款确有困难，经当事人提出，行政机关及其执法人员可以当场收缴罚款。

[例] 县烟草专卖局执法人员在对辖区零售户程某某的店铺进行检查时，依法查获两条非该店喷码的真品卷烟。因程某某无法提供上述卷烟在当地烟草专卖批发企业进货的合法有效证明，县烟草专卖局执法人员依法适用简易程序，对程某某进行批评教育，责令其改正，并罚款 110 元，要求其到指定银行缴清罚款。由于程某某无自驾工具，想要缴纳罚款需从乡镇乘车到县城，再转车到指定银行，往返路程近 200 公里，程某某要求当场缴纳罚款。县烟草专卖局执法人员向程某某出具省财政厅统一制发的专用票据后，当场收缴罚款。

注意：执法人员当场收缴的罚款，应当自收缴罚款之日起 2 日内，交至行政机关；在水上当场收缴的罚款，应当自抵岸之日起 2 日内交至行政机关；行政机关应当在 2 日内将罚款缴付指定的银行。

> **魏语绸缪**
>
> 《行政处罚法》中规定的"2 日""3 日""5 日""7 日"是指工作日，不含法定节假日。

（2）当事人拒绝缴纳罚款

行政机关及其执法人员当场收缴罚款的，必须向当事人出具国务院财政部门或者省、自治区、直辖市政府财政部门统一制发的专用票据；不出具财政部门统一制发的专用票据的，当事人有权拒绝缴纳罚款。

当事人有违法行为且当罚的时候，如果执法人员有更恶劣的违法行为，当场收缴罚款时不给收据或者不给法定收据，意图私吞罚款的，当事人有权拒绝处罚。立法权衡的是：宁可放纵当事人的违法行为不处罚，也绝对不能让执法人员的违法行为得逞，因为执法人员的违法是知法犯法，更可恶。《行政处罚法》赋予当事人拒绝处罚权，就是为了遏制以权谋私的执法行为。

（三）行政处罚的强制执行

除经申请和批准当事人可以暂缓或分期缴纳罚款的以外，当事人逾期不履行行政处罚决定的，作出行政处罚决定的行政机关可以采取以下措施：

1. 到期不缴纳罚款的，每日按罚款数额的3%加处罚款，加处罚款的数额不得超出罚款的数额。

2. 根据法律规定，将查封、扣押的财物拍卖、依法处理或者将冻结的存款、汇款划拨抵缴罚款。

3. 根据法律规定，采取其他行政强制执行方式。

4. 依照《行政强制法》的规定申请法院强制执行。

[例] 行政处罚决定书示例如下：

国家市场监督管理总局行政处罚决定书（节选）

对当事人（美团）处以其2020年度中国境内销售额114 747 995 546元3%的罚款，计3 442 439 866元（大写：叁拾肆亿肆仟贰佰肆拾叁万玖仟捌佰陆拾陆元）。

根据《行政处罚法》第67条第3款的规定，当事人应当自收到本行政处罚决定书之日起15日内，根据本行政处罚决定书，携缴款码到15家中央财政非税收入收缴代理银行（工、农、中、建、交、中信、光大、招商、邮储、华夏、平安、兴业、民生、广发、浙商）任一银行网点、网上银行缴纳罚款。缴款码为：×××。

根据《行政处罚法》第72条第1款的规定，当事人逾期不履行行政处罚决定的，本机关可以采取以下措施：①到期不缴纳罚款的，每日按罚款数额的3%加处罚款；②申请人民法院强制执行。

当事人如对上述行政处罚决定不服，可以自收到本行政处罚决定书之日起60日内，向国家市场监督管理总局申请行政复议；或者自收到本行政处罚决定书之日起6个月内，依法向人民法院提起行政诉讼。行政复议或者行政诉讼期间，本行政处罚决定不停止执行。

经典真题

王某擅自使用机动渔船渡客。渔船行驶过程中，被某港航监督站的执法人员发现，当场对王某作出罚款50元的行政处罚，并立即收缴了该罚款。关于缴纳罚款，下列哪一做法是正确的？（2004/2/50）[1]

A. 执法人员应当自抵岸之日起2日内将罚款交至指定银行

B. 执法人员应当自抵岸之日起5日内将罚款交至指定银行

---

[1] C。某港航监督站的执法人员是在水上当场收缴王某的50元罚款，执法人员应当自抵岸之日起2日内将罚款交至所在行政机关，由行政机关在2日内缴付指定银行。

C. 执法人员应当自抵岸之日起 2 日内将罚款交至所在行政机关，由行政机关在 2 日内缴付指定银行

D. 执法人员应当自抵岸之日起 2 日内将罚款交至所在行政机关，由行政机关在 5 日内缴付指定银行

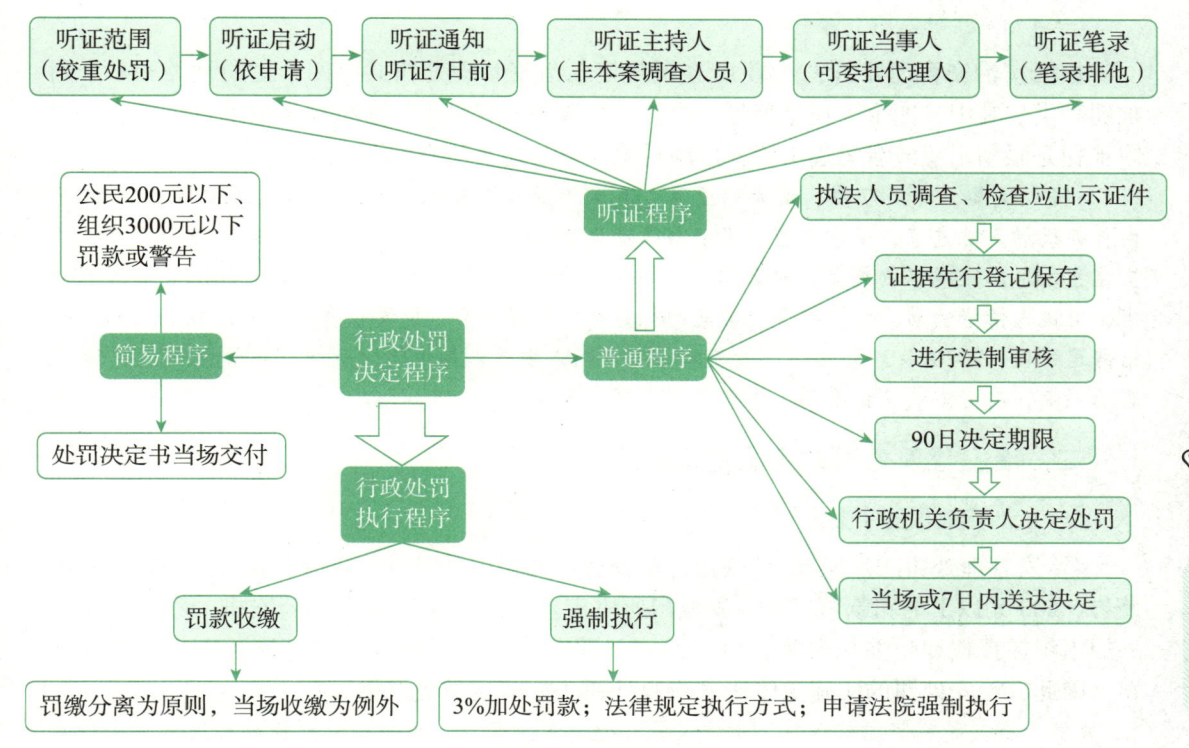

行政处罚程序一览图

- 听证范围（较重处罚）
- 听证启动（依申请）
- 听证通知（听证7日前）
- 听证主持人（非本案调查人员）
- 听证当事人（可委托代理人）
- 听证笔录（笔录排他）

→ 听证程序

行政处罚决定程序：
- 简易程序
  - 公民200元以下、组织3000元以下罚款或警告
  - 处罚决定书当场交付
- 普通程序
  - 执法人员调查、检查应出示证件
  - 证据先行登记保存
  - 进行法制审核
  - 90日决定期限
  - 行政机关负责人决定处罚
  - 当场或7日内送达决定

行政处罚执行程序：
- 罚款收缴：罚缴分离为原则，当场收缴为例外
- 强制执行：3%加处罚款；法律规定执行方式；申请法院强制执行

专题 19 治安管理处罚

一、治安管理处罚概述

治安管理处罚，是指公安机关给予实施治安违法行为的公民、法人和其他组织的行政制裁。治安违法行为，也称为违反治安管理的行为，是指公民、法人和其他组织违反治安管理秩序，应当给予行政处罚的危害社会的行为。

（一）违反治安管理的行为

违反治安管理的行为包括扰乱公共秩序的行为，妨害公共安全的行为，侵犯人身权利、财产权利的行为和妨害社会管理的行为。

1. 扰乱公共秩序的行为，是对生产和生活等正常社会活动秩序的侵害。
2. 妨害公共安全的行为，是对不特定多数人生命健康和财产安全的侵害。

3. 侵犯人身权利、财产权利的行为，是对特定人和特定财产的侵害。

4. 妨害社会管理的行为，是以危害国家机关正常管理为中心内容的其他违反治安管理的行为。

考生可以比照刑法中的犯罪行为种类来区分违反治安管理的行为的种类。

（二）治安管理处罚的种类

根据《治安管理处罚法》第10条的规定，治安管理处罚共有四个主罚种类和一个附加罚种类。其中，四个主罚是警告、罚款、行政拘留和吊销公安机关发放的许可证；一个附加罚是限期出境或者驱逐出境，适用对象仅限于违反治安管理的外国人。

[例] 梁某，女，47岁，澳大利亚籍，就职于拜耳医药保健有限公司，2020年3月14日由首都机场入境进京，工作居留许可证有效期至2020年9月5日。2020年3月15日下午，本应在租住地居家观察的梁某，未戴口罩在小区内跑步。社区卫生防疫工作人员发现后进行劝阻，但该人情绪激动，拒不配合。梁某的行为在网上曝光后，引发社会关注，所在公司对其作出辞退处理。2020年3月18日，北京市公安局出入境管理局依据《出境入境管理法》第67条等的规定，决定依法注销梁某工作类居留许可、限期离境。

二、治安管理处罚的实施主体和适用

（一）治安处罚的实施主体

《治安管理处罚法》第91条规定，治安管理处罚由县级以上政府公安机关决定；其中警告、500元以下的罚款可以由公安派出所决定。治安处罚不存在由公安机关和派出所之外的组织被授权和受委托实施，由于治安处罚对公民的影响较大，又涉及人身自由的处罚，因此，治安处罚的实施主体比《行政处罚法》规定得更严格。

[例] 杨某是一宾馆前台登记工作人员。为了多揽客源，宾馆老板授意她如遇旅客未带身份证件，可采取张冠李戴造假的办法登记或干脆不登记。派出所对该宾馆进行了突击检查，发现未登记旅客姓名而让其住宿的房间1间、一人登记而多人住宿的房间2间。派出所对杨某处以罚款500元。

（二）治安处罚的适用

治安处罚的适用，是指公安机关根据违法行为人的责任能力和行为情节，决定是否给予处罚、给予何种处罚和给予何种程度处罚程序的活动，实现过罚相当和保证处罚公正。

不予处罚	（1）违反治安管理行为在6个月内没有被公安机关发现的； （2）不满14周岁的人违反治安管理的； （3）精神病人在不能辨认或者不能控制自己行为的时候违反治安管理的。
减轻处罚或不予处罚	（1）情节特别轻微的； （2）主动消除或者减轻违法后果，并取得被侵害人谅解的； （3）出于他人胁迫或者诱骗的； （4）主动投案，向公安机关如实陈述自己的违法行为的； （5）有立功表现的。

续表

可从轻、减轻或不予处罚	盲人或者又聋又哑的人违反治安管理的。		
从轻或减轻处罚	已满14周岁不满18周岁的人违反治安管理的。		
从重处罚	（1）有较严重后果的； （2）教唆、胁迫、诱骗他人违反治安管理的； （3）对报案人、控告人、举报人、证人打击报复的； （4）6个月内曾受过治安管理处罚的。		
调解与处罚	条件	对于因民间纠纷引起的打架斗殴或者损毁他人财物等违反治安管理行为，情节较轻的。	
	适用结果	私了：经公安机关调解，当事人达成协议的，不予处罚。	
		公了：经调解未达成协议或达成协议后不履行的，公安机关应对违反治安管理行为人给予处罚，并告知当事人可就民事争议依法向法院提起民事诉讼。	

1. 处罚时效

违反治安管理行为在6个月内没有被公安机关发现的，不再处罚。期限从违反治安管理行为发生之日起计算；违反治安管理行为有连续或者继续状态的，从行为终了之日起计算。

2. 调解与处罚

违反治安管理是危害社会的行为，应当予以处罚，原则上不允许当事人以"私了"方式解决。但有例外，即对于因民间纠纷引起的打架斗殴或者损毁他人财物等违反治安管理行为，情节较轻的，公安机关可以调解处理。经公安机关调解，当事人达成协议的，不予处罚。经调解未达成协议或者达成协议后不履行的，公安机关应当对违反治安管理行为人给予处罚，并告知当事人可以就民事争议依法向人民法院提起民事诉讼。因此，对于情节较轻的违反治安管理的行为可以治安调解，其目的是鼓励私了，尽快消除影响社会稳定的隐患。

［例］2020年3月22日18时许，因感情纠纷问题，鲁某和其前夫史某发生口角，继而升级为肢体冲突。期间，史某用健身弹簧棍击打鲁某的小腿，鲁某起身后立刻逃离现场，随后鲁某报警，民警随即赶到现场，将二人带至派出所。经医院初步诊断：鲁某左小腿挫伤。双方2020年3月22日21时向派出所申请调解。史某向鲁某表示以后再也不会对其采取过激方式，再也不会对其进行骚扰，希望鲁某看在往日夫妻情分上原谅自己。鲁某觉得史某是真心悔过，也表示愿意原谅史某，今后还可以继续做朋友。双方签订调解协议：史某向鲁某赔礼道歉，双方握手言和；史某赔偿鲁某医疗费用300元；双方保证以后互不干扰对方的正常生活，保证不再发生此类事情。

三、治安管理处罚的程序

治安管理处罚程序由调查、决定和执行三部分组成。《治安管理处罚法》第3条规定，治安管理处罚的程序，适用本法的规定；本法没有规定的，适用《行政处罚法》的有关规定。考生需要重点掌握的是《治安管理处罚法》的特有规定。

（一）调查

调查，是指关于公安机关查处违反治安管理案件过程的制度，主要包括对报案、控告、举报和投案的受理，对违反治安管理行为人的传唤和询问，对行为人、有关场所和物品的检查。

1. 传唤

原则上应书面传唤，即经公安机关办案部门负责人批准，使用传唤证传唤。

例外是口头传唤，但适用口头传唤有三个要求：①现场发现违法行为人；②警察出示工作证件；③在随后询问笔录里面要注明口头传唤。另外，公安机关应该及时将传唤的原因和处所通知被传唤人家属。

［例］一名乘客上车后发现座位被另一男子坐着，上前与其沟通，但是霸座男子拒不让座。于是乘客向列车长寻求帮助，在列车长几番劝告后，霸座男子还是没有离开的意思，甚至语气特别嚣张。随后乘警又多次对霸座男子进行警告，其仍然不为所动。在口头传唤无果后，最终乘警用手铐强制传唤将其带走。

2. 询问。询问实际上是对人身自由的限制：

（1）原则上一般询问时间不能超过 8 小时；

（2）例外情况下可能适用行政拘留处罚的，能够延长到 24 小时；

（3）不能采取连续传唤的方式变相延长询问时间。

询问笔录应当交被询问人核对，被询问人应当签名或者盖章，询问的警察应当在笔录上签名。被询问人要求就被询问事项自行提供书面材料的，应当准许。

警察询问被侵害人或者其他证人，可以到其所在单位或者住处进行；必要时，也可以通知其到公安机关。

> **魏语绸缪**
>
> 对被侵害人或者其他证人的询问是"通知"其到公安机关，对违反治安管理行为人的询问是"传唤"其到公安机关。

3. 检查。对与违反治安管理行为有关的场所、物品、人身可以进行检查。检查的要求如下：

（1）原则上检查的警察不得少于 2 人，并应当出示工作证件和县级以上政府公安机关开具的检查证明文件。

（2）例外情形是确有必要立即进行检查的，警察经出示工作证件，可以当场检查，但检查公民住所应当出示县级以上政府公安机关开具的检查证明文件。法谚云："住宅是每一个人自由的堡垒！"

（3）检查都应当制作检查笔录，警察应签名，需要被检查人签名，被检查人拒绝签名的，警察应当在笔录上注明。

4. 扣押。需要作为证据的物品可以扣押。扣押的要求如下：

（1）对扣押的物品，应当当场开列清单一式二份，由调查人员、见证人和持有人签名或者盖章；

（2）扣押的财产必须跟案件有关，与案件无关的物品，不得扣押；

（3）对被侵害人或者善意第三人合法占有的财产，不得扣押，应当予以登记，这是为了保护第三人和被侵害人的合法权益。

[例] 王某在家中开设了一个地下赌场，从中收取场地费。公安局接到群众举报后，派警察李某到王某家中进行检查，王某要求李某出示工作证和检查证，李某认为王某无理取闹，拒绝出示。李某在王某家中发现赌资 700 余元，麻将若干，用作输赢的珍贵字画两幅，淫秽的书刊和录像带若干。于是李某当场扣押了这批物品。王某要求李某开具扣押物品的清单，而李某认为王某违法已经是事实，拿了清单也没有用，东西反正是要不回来的，于是拒绝了王某的请求。本案中，由 1 名警察负责检查公民住所违法，警察拒绝出示工作证和检查证违法，扣押物品没有开具物品清单违法等。

（二）决定

决定，是指公安机关对违反治安管理案件作出处理结论过程的制度，主要包括决定的程序、决定的送达和结案期限。

1. 简易程序与听证程序的适用条件

（1）违反治安管理行为事实清楚、证据确凿，处警告或者 200 元以下罚款的，治安处罚适用简易程序作出决定。

> 注意：适用简易程序作出决定的，应当在 24 小时内报所属公安机关备案。

（2）吊销许可证及 2000 元以上的罚款，可能需要适用听证程序后作出处罚决定。

[例] 刘某因选购花卉与店主发生纠纷拨打 110 报警，在民警处置现场警情时，借故提前离开事发现场。民警电话通知其返回现场接受调查，刘某因对民警电话中言语不满，先后 6 次通过拨打民警电话和发送短信的方式辱骂民警。民警报案后，某区公安分局受理该案，调查后认为刘某的行为属于阻碍人民警察依法执行职务，对刘某作出治安拘留 5 日的行政处罚。刘某认为，该区公安分局作出治安拘留处罚前没有告知其享有听证权，构成程序违法。由于治安拘留不属于听证程序的法定适用范围，该区公安分局作出治安拘留决定前没有告知刘某申请听证的权利，不构成程序违法。

2. 治安处罚决定的送达

（1）治安处罚决定无法当场向被处罚人宣告的，应当在 2 日内送达被处罚人。

（2）有被侵害人的，还应当将决定书副本抄送被侵害人，这是为了保护被侵害人的权益。

[例] 熊某乘坐航班晚点到达后，与航空公司工作人员协商赔偿未果，拒不下飞机。机场公安派出所接到航空公司报警后将熊某传唤至机场派出所询问查证，随后以扰乱公共秩序为由，对熊某处以警告处罚。机场公安派出所应当将警告决定书副本抄送航空公司，因为航空公司属于本案的被侵害人。

（3）给予拘留处罚决定的，应当及时通知被处罚人的家属，这是为了保护被限制人身自由人的人身安全。

3. 治安案件的期限

（1）原则上公安机关自受理之日起不得超过 30 日；

（2）例外情况是案情重大、复杂的，经上一级公安机关批准，可以延长 30 日。

[例] 1997 年 8 月 26 日，潘某泉等人的打麻将行为被查出赌博，新沂市公安局于同日对其他两名参加打麻将人员

> **魏语绸缪**
>
> 注意《治安管理处罚法》与《行政处罚法》的规定不同，案件受理之后的办案期限分别是 30 日和 90 日。

作出治安处罚。在潘某泉无逃跑等客观原因的情况下，新沂市公安局再于 2007 年 1 月 31 日对潘某泉作出治安处罚决定，违反了《治安管理处罚法》第 99 条关于公安机关办理治安案件的期限规定。

（三）执行

执行，是指公安机关实施治安管理处罚决定过程的制度，主要包括罚款和拘留的执行。

1. 罚款的收缴

原则：罚缴分离	罚款决定机关应与收缴机构（银行）分离。
例外：可当场收缴	（1）被处 50 元以下罚款，被处罚人对罚款无异议的； （2）被处罚人在当地没有固定住所，不当场收缴事后难以执行的； （3）在边远、水上、交通不便地区，被处罚人向指定银行缴纳确有困难，经被处罚人提出的。

注意：《治安管理处罚法》与《行政处罚法》的规定不同，执法人员可以当场收缴的罚款数额分别是 50 元以下和 100 元以下。

2. 拘留的执行

执行	由作出决定的公安机关送达拘留所执行。
	行政拘留处罚合并执行的，最长不超过 20 日。
不执行	（1）已满 14 周岁不满 16 周岁的； （2）已满 16 周岁不满 18 周岁，初次违反治安管理的； （3）70 周岁以上的； （4）怀孕或者哺乳自己不满 1 周岁婴儿的。
暂缓执行	条件	（1）被处罚人申请行政复议、提起行政诉讼的，向公安机关申请暂缓执行； （2）公安机关认为暂缓执行行政拘留不致发生社会危险。
	担保人	（1）与本案无牵连。 （2）享有政治权利，人身自由未受到限制。 （3）在当地有常住户口和固定住所。 （4）有能力履行担保义务。担保人不履行担保义务，致使被担保人逃避行政拘留处罚的执行的，由公安机关对其处 3000 元以下罚款。
	保证金	每日 200 元的标准交纳保证金。
		逃避行政拘留处罚执行的，保证金予以没收，行政拘留决定仍应执行。
		拘留决定被撤销或拘留处罚开始执行的，保证金应当及时退还交纳人。

行政拘留暂缓执行制度存在的原因是一旦人身自由被限制就不具有可恢复性。需要掌握两个问题：

（1）暂缓执行的条件：被处罚当事人申请行政复议或者提起行政诉讼，向公安机关申请暂缓执行拘留，公安机关认为不执行拘留不致发生社会危险。

（2）申请人申请暂缓执行拘留的两种途径

❶人保。即找担保人。担保人有条件限制，必须跟本案没有牵连，享有政治权利，人

身自由不能受到限制,在当地有常住户口、固定住所,能履行担保义务。

❷财保。即交保证金。保证金原则上都应退还,除非逃避行政拘留处罚执行的,保证金予以没收。

[例] 2020 年 7 月,孙某因殴打他人被公安局依法处以行政拘留 5 日的行政处罚,因疫情原因,在孙某交纳保证金后对其暂缓执行行政拘留。拘留所恢复工作后,多次联系、规劝孙某,但其仍以在外务工为借口逃避拘留执行,其行为严重违反了违法嫌疑人在暂缓执行行政拘留期间的相关规定。2021 年 2 月 16 日,派出所民警抓获孙某并将其送往拘留所执行,其暂缓拘留保证金被依法没收。

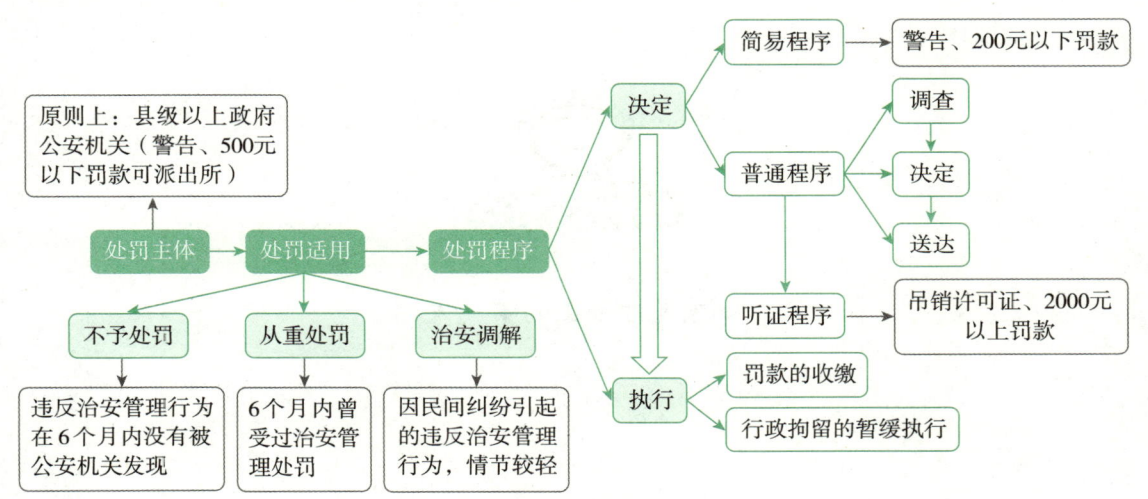

> **魏语绸缪**
> 治安拘留暂缓执行的保证金处理:①原则上都要退还交纳人;②不退还是例外情况——逃避拘留处罚的执行。

治安处罚一览图

经典真题

1. 因关某以刻划方式损坏国家保护的文物,公安分局决定对其作出拘留 10 日、罚款 500 元的处罚。关某申请复议,并向该局提出申请、交纳保证金后,该局决定暂缓执行拘留决定。下列哪一说法是正确的?(2013/2/46)[1]
   A. 关某的行为属于妨害公共安全的行为
   B. 公安分局应告知关某有权要求举行听证
   C. 复议机关只能是公安分局的上一级公安机关
   D. 如复议机关撤销对关某的处罚,公安分局应当及时将收取的保证金退还关某

2. 公安局以田某等人哄抢一货车上的财物为由,对田某处以 15 日行政拘留处罚,田某不服申请复

---

[1] D。关某的行为属于妨害社会管理的行为;对关某的处罚是拘留 10 日、罚款 500 元,不属于听证范围,公安分局没有义务告知关某有权要求举行听证;对公安分局的处罚决定只能向公安分局的本级人民政府申请行政复议,不得向公安分局的上一级公安机关申请行政复议;行政拘留的处罚决定被撤销,公安机关收取的保证金应当及时退还交纳人。

议。下列哪一说法是正确的？（2015/2/48）[1]

A. 田某的行为构成扰乱公共秩序
B. 公安局对田某哄抢的财物应予以登记
C. 公安局对田某传唤后询问查证不得超过12小时
D. 田某申请复议的期限为6个月

3. 李某多次发送淫秽短信、干扰他人正常生活，公安机关经调查拟对李某作出行政拘留10日的处罚。关于此处罚决定，下列哪一做法是适当的？（2016/2/45）[2]

A. 由公安派出所作出
B. 依当场处罚程序作出
C. 应及时通知李某的家属
D. 紧急情况下可以口头方式作出

---

[1] B。田某的行为属于侵犯财产权利的行为，不属于扰乱公共秩序的行为；田某等人哄抢的财物是被侵害人合法占有的财产，不得扣押，应当予以登记；公安局对田某处以15日行政拘留，对田某传唤后询问查证的时间应当是不得超过24小时，而非12小时；田某申请复议的期限为60日。

[2] C。公安派出所的法定授权是500元以下罚款和警告，派出所无权作出行政拘留的决定；公安机关能够当场作出的处罚限于200元以下的罚款和警告，不能当场作出对李某行政拘留10日的处罚；公安机关对李某作出行政拘留10日的处罚，应及时通知李某的家属；治安管理处罚决定都要求以书面形式作出，不存在以口头方式作出的情况。

第八讲 行政强制

08

应试指导

行政强制是行政机关排除来自公民、法人或者其他组织阻力的一种工具，在行政机关行使权力中表现最为激烈、暴力性最强。本讲是对行政强制制度的阐述，涉及必读的法律规范有：《行政强制法》《行政协议案件规定》，在考试中的题目类型是客观卷中的选择题和主观卷中的案例分析题。本讲需要理解和记忆行政强制措施和行政强制执行的种类、设定、实施程序，难点是能够运用行政强制理论和法律规定分析、解决行政强制权行使的合法性问题，核心考点是行政强制行为的判断、行政强制的设定权限、行政强制措施的实施程序、行政强制执行的实施程序。

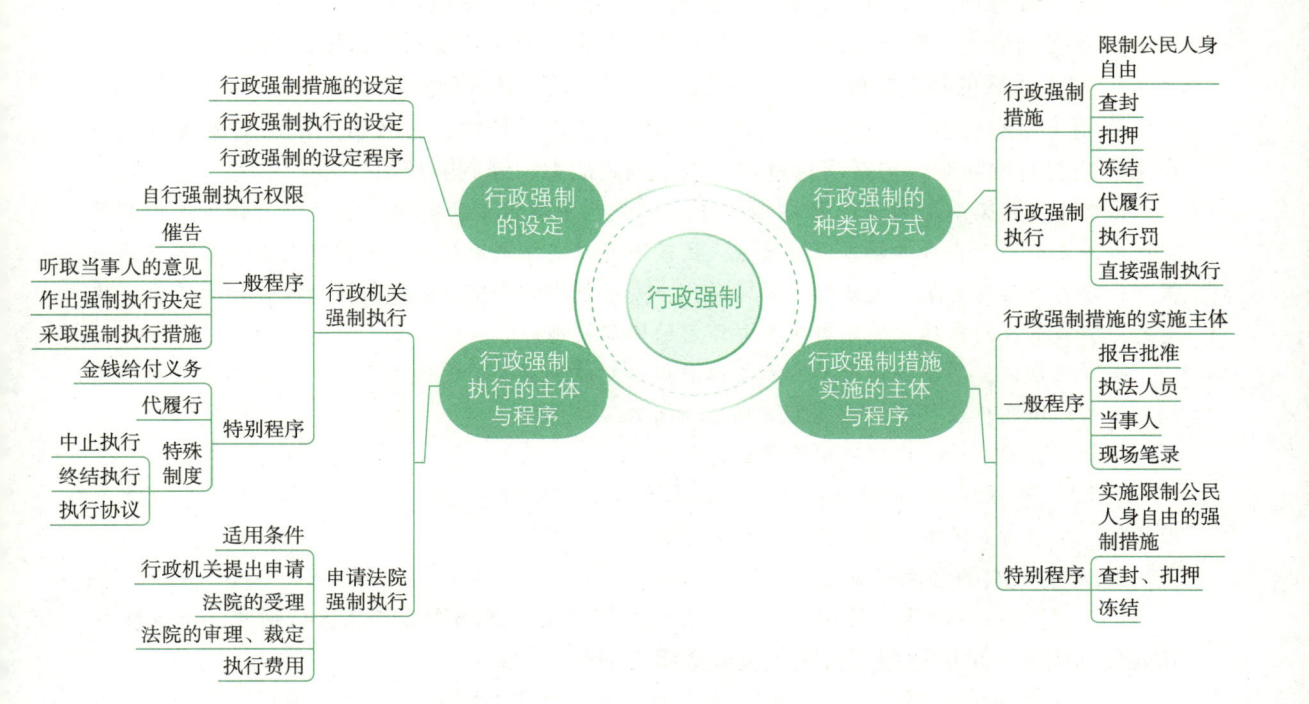

行政强制

- 行政强制的设定
  - 行政强制措施的设定
  - 行政强制执行的设定
  - 行政强制的设定程序

- 行政强制的种类或方式
  - 行政强制措施
    - 限制公民人身自由
    - 查封
    - 扣押
    - 冻结
  - 行政强制执行
    - 代履行
    - 执行罚
    - 直接强制执行

- 行政机关强制执行
  - 一般程序
    - 自行强制执行权限
    - 催告
    - 听取当事人的意见
    - 作出强制执行决定
    - 采取强制执行措施
    - 金钱给付义务
  - 特别程序
    - 代履行
  - 特殊制度
    - 中止执行
    - 终结执行
    - 执行协议

- 申请法院强制执行
  - 适用条件
  - 行政机关提出申请
  - 法院的受理
  - 法院的审理、裁定
  - 执行费用

- 行政强制措施实施的主体与程序
  - 一般程序
    - 行政强制措施的实施主体
    - 报告批准
    - 执法人员
    - 当事人
    - 现场笔录
  - 特别程序
    - 实施限制公民人身自由的强制措施
    - 查封、扣押
    - 冻结

专题 20 行政强制概述

行政强制，是指为了实施行政管理而对行政相对人的人身、财产、行为等采取强制性措施的制度。行政强制包括行政强制措施和行政强制执行。

一、行政强制措施

（一）概念和特征

行政强制措施，是指行政机关在行政管理过程中，为制止违法行为、防止证据损毁、避免危害发生、控制危险扩大等情形，依法对公民的人身自由实施暂时性限制，或者对公民、法人或者其他组织的财物实施暂时性控制的行为。

行政强制措施有以下特征：

1. 预防性和制止性。行政强制措施的目的在于预防、制止或控制危害社会行为的发生或扩大。

2. 临时性和中间性。行政强制措施通常是为行政机关的最终处理决定作准备的行为。

（二）具体种类

《行政强制法》第9条规定，行政强制措施的种类：①限制公民人身自由；②查封场所、设施或者财物；③扣押财物；④冻结存款、汇款；⑤其他行政强制措施。

行政强制措施一般包括两类：①对人采取的强制措施；②对物采取的强制措施。

1. 对人采取的强制措施——限制公民人身自由的强制措施

为制止违法行为、避免危害发生、控制危险扩大等情形，行政机关依法对公民的人身自由实施暂时性限制，包括留置审查、强制隔离戒毒、强制隔离治疗等。

［例1］《传染病防治法》第41条　对已经发生甲类传染病病例的场所或者该场所内的特定区域的人员，所在地的县级以上地方人民政府可以实施隔离措施，并同时向上一级人民政府报告；接到报告的上级人民政府应当即时作出是否批准的决定。上级人民政府作出不予批准决定的，实施隔离措施的人民政府应当立即解除隔离措施。

在隔离期间，实施隔离措施的人民政府应当对被隔离人员提供生活保障；被隔离人员有工作单位的，所在单位不得停止支付其隔离期间的工作报酬。

隔离措施的解除，由原决定机关决定并宣布。

［例2］醉酒的人在醉酒状态中，对本人有危险或者对他人的人身、财产或者公共安全有威胁的，应当对其采取保护性措施，约束至酒醒。

2. 对物采取的强制措施

（1）查封——行政机关对公民、法人或者其他组织的场所或物品进行封存，不准转移和处理的措施，可以适用于财物，也可适用于场所和设施；

（2）扣押——行政机关将公民、法人或者其他组织的财物移至另外场所加以扣留，不准被执行人占有、使用和处分的措施；

（3）冻结——行政机关采取的限制公民、法人或者其他组织的金融资产流动的行政强制措施，包括冻结存款和汇款。

[例]《反间谍法》第30条　国家安全机关调查间谍行为，经设区的市级以上国家安全机关负责人批准，可以对涉嫌用于间谍行为的场所、设施或者财物依法查封、扣押、冻结；不得查封、扣押、冻结与被调查的间谍行为无关的场所、设施或者财物。

命题陷阱

行政处罚和行政强制措施的区分：

01 目的不同
行政处罚的目的是惩戒，给予违法者惩戒是其本质特征；行政强制措施的主要目的在于制止性和预防，即在行政管理中制止违法行为、防止证据损毁、避免危害发生、控制危险扩大等。

02 阶段不同
行政处罚是对违法行为查处作出的处理决定，常发生在行政程序终了之时；行政强制措施是对人身自由、财物等实施的暂时性限制、控制措施，常发生在行政程序前端。

03 表现形式不同
行政处罚主要有警告，罚款，没收违法所得，没收非法财物，责令停产停业，暂扣或吊销许可证、执照，行政拘留等；行政强制措施主要有限制公民人身自由，查封场所、设施或者财物，扣押财物，冻结存款、汇款等。

经典真题

下列哪一行政行为不属于行政强制措施？（2016/2/46）[1]
A. 审计局封存转移会计凭证的被审计单位的有关资料
B. 公安交通执法大队暂扣酒后驾车的贾某机动车驾驶证6个月
C. 税务局扣押某企业价值相当于应纳税款的商品
D. 公安机关对醉酒的王某采取约束性措施至酒醒

（三）行政强制措施的设定

1. 法律的设定权

法律可以对所有的行政强制措施进行设定，但下列行政强制措施的设定由法律保留：①限制公民人身自由的行政强制措施；②冻结存款、汇款；③其他应由法律设定的事项。

---

[1] B。审计局封存转移会计凭证的被审计单位的有关资料，其目的显然在于制止违法行为、防止证据损毁，属于行政强制措施；公安交通执法大队暂扣酒后驾车的贾某机动车驾驶证6个月，属于对交通违法行为人的制裁，属于行政处罚；税务局扣押某企业价值相当于应纳税款的商品，其扣押行为的目的在于制止违法行为，确保应纳税款决定的执行，属于行政强制措施；公安机关对醉酒的王某采取约束性措施至酒醒，约束行为的目的在于防止醉酒的王某对自身或者别人造成危险，制止违法行为、避免危害发生、控制危险扩大等，属于行政强制措施。

2. 行政法规的设定权。行政法规对行政强制措施的设定包括两种情形：

（1）某一领域或事项尚未制定法律，且属于国务院行政管理权事项的，行政法规可以设定除限制公民人身自由、冻结存款、汇款以及其他应由法律设定的行政强制措施以外的其他行政强制措施；

（2）某一领域或事项已出台法律，行政法规只能对已创设的行政强制措施作出细化规定。

3. 地方性法规的设定权

尚未制定法律、行政法规且属于地方性事务的，地方性法规可以设定的行政强制措施只有两类：①查封场所、设施或者财物；②扣押财物。对法律、行政法规已设定的行政强制措施，地方性法规只能作出细化规定。

4. 除法律、法规以外的其他规范性文件，均不得设定行政强制措施。

行政强制措施设定权限

行政强制措施的种类		可以设定该行政强制措施的规范性法律文件
限制公民人身自由		法　　律
冻结存款、汇款		
其他强制措施	法律规定的	
	法律规定以外的	行政法规（尚未制定法律）
查封场所、设施或者财物		地方性法规
扣押财物		（尚未制定法律、行政法规）

［例］《税收征收管理法》第38条第1款规定，税务机关有根据认为从事生产、经营的纳税人有逃避纳税义务行为的，可以在规定的纳税期之前，责令限期缴纳应纳税款；在限期内发现纳税人有明显的转移、隐匿其应纳税的商品、货物以及其他财产或者应纳税的收入的迹象的，税务机关可以责成纳税人提供纳税担保。如果纳税人不能提供纳税担保，经县以上税务局（分局）局长批准，税务机关可以采取下列税收保全措施：①书面通知纳税人开户银行或者其他金融机构冻结纳税人的金额相当于应纳税款的存款；②扣押、查封纳税人的价值相当于应纳税款的商品、货物或者其他财产。

经典真题

关于部门规章的权限，下列哪一说法是正确的？（2013/2/48）[1]

A. 尚未制定法律、行政法规，对违反管理秩序的行为，可以设定暂扣许可证的行政处罚

B. 尚未制定法律、行政法规，且属于规章制定部门职权的，可以设定扣押财物的行政强制措施

---

［1］C。部门规章只能设定警告、通报批评或者一定数量罚款的行政处罚，A选项中"可以设定暂扣许可证的行政处罚"和D选项中"可以设定除限制人身自由以外的行政处罚"的说法均错误。部门规章不得设定扣押财物的行政强制措施，B选项说法错误。部门规章可以在上位法设定的行政许可事项范围内，对实施该许可作出具体规定，C选项说法正确。

C. 可以在上位法设定的行政许可事项范围内，对实施该许可作出具体规定
D. 可以设定除限制人身自由以外的行政处罚

二、行政强制执行

（一）概念和特征

行政强制执行，是指行政机关或由行政机关申请法院对不履行行政机关依法作出的行政处理决定的公民、法人或者其他组织，采取强制手段，迫使其履行义务，或达到与履行义务相同状态的行为。

行政强制执行有以下特征：①执行主体特殊，包括行政机关和人民法院；②执行性，行政强制执行的目的在于以强制的方式迫使当事人履行义务，或达到与履行义务相同的状态。

（二）具体方式

《行政强制法》第12条规定，行政强制执行的方式包括：①加处罚款或者滞纳金；②划拨存款、汇款；③拍卖或者依法处理查封、扣押的场所、设施或者财物；④排除妨碍、恢复原状；⑤代履行；⑥其他强制执行方式。

行政强制执行的方式因执行主体不同而不同，可以分为三类：

1. 代履行——当事人拒不履行的义务属于可由他人代替履行的义务时，行政机关自行或请他人代为履行，并要求当事人承担相应费用的执行方式。

[例] 根据《航道法》第39条第3款的规定，违反航道通航条件影响评价的规定建成的项目导致航道通航条件严重下降的，由有审核权的交通运输主管部门或者航道管理机构责令限期采取补救措施或者拆除；逾期未采取补救措施或者拆除的，由交通运输主管部门或者航道管理机构代为采取补救措施或者依法组织拆除，所需费用由建设单位承担。

2. 执行罚——在当事人逾期不履行义务时，行政机关要求当事人承担一定的金钱给付义务，促使其履行义务的执行方式，包括加处罚款、滞纳金等。

[例] 当事人不缴纳罚款，行政机关将依法加处罚款或者滞纳金，这里的罚款不属于行政处罚，而是行政强制措施。

3. 直接强制执行，指行政机关直接对当事人的人身或财产实施强制，迫使其履行义务或实现与履行义务相同状态的执行，包括划拨存款、汇款，拍卖或者依法处理查封、扣押的场所、设施或者财物等。

[例] 税务机关采取拍卖、变卖的方式，将其查封、扣押的不履行纳税义务的公司的场所、设施或者财物处理所得款项抵缴税款。

（三）行政强制执行的设定

行政强制执行只能由法律设定，行政法规、地方性法规等都不得设定行政强制执行。

经典真题

下列哪些规范无权设定行政强制执行？（2017/2/80）[1]

---

[1] BCD。行政强制执行只能由法律设定，法律之外的行政法规、地方性法规以及部门规章、地方政府规章、规范性文件一律不得设定行政强制执行。

A. 法律　　　　　　　　　　　　B. 行政法规
C. 地方性法规　　　　　　　　　D. 部门规章

命题陷阱

行政处罚、行政许可、行政强制的设定的比较：

行政处罚	行政许可	行政强制措施	行政强制执行
由法律、行政法规、地方性法规以及部门规章、省级地方规章、市级地方规章设定。	由法律、行政法规、国务院决定、地方性法规及省级地方规章设定。	由法律、行政法规、地方性法规设定。	由法律来设定。

三、行政强制的设定程序

（一）起草程序

起草拟设定行政强制的法律、法规时，起草单位有两个程序义务：

1. 应当听取意见，可以采用听证会、论证会或者其他形式。
2. 向制定机关作出说明，其内容是设定的必要性、对经济社会可能产生的影响、听取和采纳意见的情况。

（二）评价程序

设定后评价程序有三个方面：

1. 设定机关应当对已经设定的行政强制进行定期评价，并对不适当的行政强制及时予以修改或者废止。
2. 实施机关可以对已设定的行政强制适时评价，并向设定机关报告实施情况和存在必要性的评价意见。
3. 公民、法人或者其他组织向设定机关和实施机关提出意见和建议。

专题21　行政强制措施实施的主体与程序

一、行政强制措施的实施主体

1. 行政机关。行政强制措施由法律、法规规定的行政机关在法定职权范围内实施。

注意：①行使相对集中行政处罚权的行政机关，可以实施法律、法规规定的与行政处罚权有关的行政强制措施；②行政强制措施应当由行政机关中具备资格的行政执法人员实施，其他人员不得实施。

2. 被授权组织。法律、行政法规授权的具有管理公共事务职能的组织在法定授权范围内，以自己的名义实施行政强制措施。

3. 行政强制措施权不得委托。与行政处罚和行政许可不同，行政强制措施不得委托实施。

[例] 卫生监督所受卫健委委托实施行政处罚。卫生监督所在某饭店检查时，发现该饭店违法添加苏丹红，按照《食品安全法》的规定应当对苏丹红进行扣押。卫健委不得委托卫生监督所实施扣押，卫生监督所不得采取扣押措施。

> **命题陷阱**
>
> 1. 区分行政强制措施、行政处罚和行政许可的授权实施主体
>
> 行政强制措施的授权实施主体是法律、行政法规授权的具有管理公共事务职能的组织；行政处罚和行政许可的授权实施主体都是法律、法规授权的具有管理公共事务职能的组织。二者授权依据不同。
>
> 2. 区分行政强制措施、行政处罚和行政许可的委托实施主体
>
> 行政强制措施不得委托实施；行政处罚可以委托管理公共事务职能的事业组织实施；行政许可可以委托其他行政机关实施。

二、行政强制措施的一般程序

实施行政强制措施的一般程序，是指行政机关实施各类行政强制措施均需要遵守的程序环节和要求。行政强制措施的一般程序应当重点掌握以下四个关键环节：

1. 报告批准
（1）一般情况：实施前须向行政机关负责人报告并经批准；
（2）情况紧急：当场实施行政强制措施的，执法人员应当在实施后24小时内向行政机关负责人报告，并补办批准手续。

[例] 生态环境局执法人员对某纺织有限公司进行现场检查时发现，该公司在未取得排污许可证的情况下，存在印染废水排放的行为，遂责令该公司停止排污行为。责令该公司停止排污行为作为行政强制措施，实施前须向生态环境局负责人报告并经批准。

2. 执法人员。①由2名以上行政执法人员实施；②行政执法人员出示执法身份证件。
3. 当事人。①通知当事人到场；②当场告知当事人采取行政强制措施的理由、依据以及当事人享有的权利、救济途径；③听取当事人的陈述和申辩。
4. 现场笔录。①制作现场笔录；②现场笔录签名。

当事人到场的，当事人和执法人员签名或者盖章，当事人拒绝的，在笔录中予以注明；当事人不到场的，邀请见证人到场，由见证人和执法人员在现场笔录上签名或者盖章。

> **命题陷阱**
>
> 实施行政强制措施前原则上须向行政机关负责人报告并经批准——事前批。
> 但在情况紧急时，可以在实施行政强制措施后向行政机关负责人报告并补办批准手续——事后批。

三、行政强制措施的特别程序

除一般程序要求外，行政机关实施限制公民人身自由、查封扣押、冻结等行政强制措施的，还须遵循特别程序要求。

（一）实施限制公民人身自由的强制措施

限制公民人身自由的强制措施对公民权利影响较大，应当遵循更严格的程序要求：

1. 当场告知或者实施行政强制措施后立即通知当事人家属实施行政强制措施的行政机关、地点和期限。

2. 在紧急情况下当场实施行政强制措施的，在返回行政机关后，应立即向行政机关负责人报告并补办批准手续。

3. 实施限制人身自由的行政强制措施不得超过法定期限。

4. 实施行政强制措施的目的已经达到或者条件已经消失，应当立即解除。

（二）查封、扣押

查封和扣押是实践中最为常见的两种行政强制措施。对于查封、扣押，在遵循一般程序要求的基础上，还应当遵循特殊的程序要求。

1. 查封、扣押的对象——三不得

（1）不得查封、扣押与违法行为无关的场所、设施或者财物；

（2）不得查封、扣押公民个人及其所扶养家属的生活必需品；

（3）不得重复查封。

2. 查封、扣押的形式——两文书

（1）应当制作并当场交付查封、扣押决定书和清单。

（2）决定书应当载明的事项：①当事人的姓名或者名称、地址；②查封、扣押的理由、依据和期限；③查封、扣押场所、设施或者财物的名称、数量等；④申请行政复议或者提起行政诉讼的途径和期限；⑤行政机关的名称、印章和日期。

（3）清单一式二份，由当事人和行政机关分别保存。

3. 查封、扣押的期限——30日

（1）一般情况：不得超过30日；

（2）情况复杂：经行政机关负责人批准，可以延长，但延长期限不得超过30日，延长决定应及时书面告知当事人并说明理由；

（3）法律、行政法规另有规定的除外。

4. 查封、扣押后的保管——不使用

（1）对查封、扣押的场所、设施或者财物，行政机关应当妥善保管，不得使用或者损毁；造成损失的，应当承担赔偿责任。

［例］原告史克现、黄金丹在路口摆摊贩卖水果，被告县住房和城乡建设局所属城建监察大队于2014年5月13日将二原告的水果及相关物品进行了扣押，并责令二原告次日到被告单位接受处理。次日，原告史克现到被告单位，但不接受处罚。后被告未解除扣押亦未将所扣押水果作变卖处理，致使被扣水果全部损毁。二原告诉至法院，要求确认被告行政强制扣押违

法，赔偿因此所受损失 12 343 元，退还被扣相关物品。案件审理期间，经法院主持调解，双方当事人于 2014 年 11 月 27 日就行政赔偿之诉达成调解协议。

（2）对查封的场所、设施或者财物，行政机关可以委托第三人保管，第三人不得损毁或者擅自转移、处置；因第三人的原因造成的损失，行政机关先行赔付后向第三人追偿。

5. 查封、扣押的费用——不收费

（1）因查封、扣押发生的保管费用由行政机关承担；

（2）检测、检验、检疫或者技术鉴定的费用由行政机关承担。

6. 查封、扣押后的处置——三处理

（1）没收。对违法事实清楚，依法应当没收的非法财物予以没收。

（2）销毁。法律、行政法规规定应当销毁的，依法销毁。

（3）解除。解除查封、扣押的四种情形：①当事人没有违法行为；②查封、扣押的场所、设施或者财物与违法行为无关；③行政机关对违法行为已经作出处理决定，不再需要查封、扣押；④查封、扣押期限已经届满。

[例] 2001 年 7 月，刘某购买东风运输汽车一辆。2006 年 12 月 12 日，刘某雇佣的司机驾驶该车行驶至某路口时，交警一大队执勤民警以该车未经年审为由将该车扣留。2006 年 12 月 14 日，刘某携带审验手续前往处理。交警一大队执勤民警在核实过程中又发现无法查验该车的发动机号码和车架号码，遂以涉嫌套牌为由继续扣留，并口头告知刘某应提供其他合法有效手续。刘某虽多次托人交涉并提供更换发动机缸体、更换发动机缸体造成不显示发动机号码、车架用钢板铆钉加固致使车架号码被遮盖等证明材料，但交警一大队一直以其不能提供车辆合法来历证明为由扣留。刘某不服，提起行政诉讼。法院审理期间，组织当事人对加固车架的钢板铆钉进行了切割查验，显示该车车架号码与该车行驶证载明的车架号码一致。

法院生效判决认为，在刘某提交合法年审手续后，交警一大队又发现涉案车辆涉嫌套牌时，可依法继续扣留，但其违反法定程序，且始终未出具任何形式的书面扣留决定。涉案车辆确系我国生产的东风运输汽车，特定汽车生产厂家生产的特定汽车的车架号码最后 8 位字符组成的字符串具有唯一性，切割查验后显示的车架号码和行驶证所载车架号码的最后 8 位字符完全一致，可以认定被扣留车辆即为行驶证载明的车辆。交警一大队认定涉案车辆涉嫌套牌而持续扣留，构成主要证据不足。在刘某提交相关材料后，交警一大队既不返还，又不积极调查核实，反复要求刘某提供客观上已无法提供的其他合法来历证明，长期扣留涉案车辆不予处理，构成滥用职权。据此判决确认交警一大队扣留涉案车辆违法，判令交警一大队在判决生效后 30 日内将涉案车辆返还刘某。

命题陷阱

扣押程序中保护被扣押当事人合法权益：

1. 要求 2 名执法人员。
2. 告知当事人扣押的理由和依据。
3. 当场向当事人交付扣押决定书和清单。
4. 不得扣押与违法行为无关的财物。

经典真题

某市质监局发现王某开设的超市销售伪劣商品，遂依据《产品质量法》对发现的伪劣商品实施扣押。关于扣押的实施，下列哪一说法是错误的？（2017/2/48）[1]

A. 因扣押发生的保管费用由王某承担
B. 应制作现场笔录
C. 应制作并当场交付扣押决定书和扣押清单
D. 不得扣押与违法行为无关的财物

（三）冻结

冻结是对公民、法人和其他组织权益影响重大的一种强制措施，因此，冻结的实施主体只能由法律规定的行政机关实施，其他任何行政机关或者组织不得冻结存款、汇款。

1. 冻结的对象——不重复

（1）冻结存款、汇款的数额应当与违法行为涉及的金额相当；
（2）不得重复冻结。

2. 冻结的形式——两文书

（1）冻结通知书。金融机构接到行政机关依法作出的冻结通知书后，应当立即予以冻结，不得拖延，不得在冻结前向当事人泄露信息。
（2）冻结决定书。作出决定的行政机关应当在3日内向当事人交付。

3. 冻结的期限——30日

（1）一般情况：自冻结存款、汇款之日起30日内作出处理；
（2）情况复杂：经行政机关负责人批准，可以延长，但延长期限不得超过30日，延长冻结的决定应及时书面告知当事人并说明理由；
（3）法律另有规定的除外。

4. 冻结的解除——四情形

解除冻结的四种情形：①当事人没有违法行为；②冻结的存款、汇款与违法行为无关；③行政机关对违法行为已经作出处理决定，不再需要冻结；④冻结期限已经届满（金融机构自冻结期满之日起解除冻结）。

[例]《反洗钱法》第45条第1、2、4款规定，经调查仍不能排除洗钱嫌疑或者发现其他违法犯罪线索的，应当及时向有管辖权的机关移送。接受移送的机关应当按照有关规定反馈处理结果。客户转移调查所涉及的账户资金，国务院反洗钱行政主管部门认为必要时，经其负责人批准，可以采取临时冻结措施。临时冻结不得超过48小时。金融机构在按照国务院反洗钱行政主管部门的要求采取临时冻结措施后48小时内，未接到国家有关机关继续冻结通知的，应当立即解除冻结。

---

[1] A. 因扣押发生的保管费用是由市质监局承担，而不是由王某承担，A选项说法错误，当选。行政机关实施行政强制措施应当制作现场笔录，B选项说法正确，不当选。行政机关决定实施查封、扣押的，应当制作并当场交付扣押决定书和扣押清单，C选项说法正确，不当选。查封、扣押限于涉案的场所、设施或者财物，不得查封、扣押与违法行为无关的场所、设施或者财物，D选项说法正确，不当选。

专题 22　行政强制执行的主体与程序

行政机关强制执行，包括行政机关强制执行和行政机关申请法院强制执行。法律没有规定行政机关强制执行的，作出行政决定的行政机关应当申请法院强制执行。

一、行政机关强制执行

行政机关强制执行，不仅有一般程序，还有特别程序。

（一）行政机关自行强制执行权限

行政机关自行强制执行权的取得需要由全国人大及其常委会制定的法律授权。《行政强制法》在规定法律可以授权行政机关自行强制执行时，也给予行政机关可以自行强制执行的两项授权，此外，《税收征收管理法》《海关法》《行政处罚法》等也授予行政机关自行强制执行的权力。

1. 《行政强制法》赋予行政机关对违法建筑物、构筑物、设施的强制拆除权。

《行政强制法》第44条规定，对违法的建筑物、构筑物、设施等需要强制拆除的，应当由行政机关予以公告，限期当事人自行拆除。当事人在法定期限内不申请行政复议或者提起行政诉讼，又不拆除的，行政机关可以依法强制拆除。

2. 《行政强制法》赋予行政机关对罚款的直接强制执行权（拍卖财产抵缴罚款）。

《行政强制法》第46条第3款规定，没有行政强制执行权的行政机关应当申请人民法院强制执行。但是，当事人在法定期限内不申请行政复议或者提起行政诉讼，经催告仍不履行的，在实施行政管理过程中已经采取查封、扣押措施的行政机关，可以将查封、扣押的财物依法拍卖抵缴罚款。

3. 《税收征收管理法》赋予税务机关的直接强制执行权。

《税收征收管理法》第40条规定，从事生产、经营的纳税人、扣缴义务人未按照规定的期限缴纳或者解缴税款，纳税担保人未按照规定的期限缴纳所担保的税款，由税务机关责令限期缴纳，逾期仍未缴纳的，经县以上税务局（分局）局长批准，税务机关可以采取下列强制执行措施：①书面通知其开户银行或者其他金融机构从其存款中扣缴税款；②扣押、查封、依法拍卖或者变卖其价值相当于应纳税款的商品、货物或者其他财产，以拍卖或者变卖所得抵缴税款。税务机关采取强制执行措施时，对上述纳税人、扣缴义务人、纳税担保人未缴纳的滞纳金同时强制执行。个人及其所扶养家属维持生活必需的住房和用品，不在强制执行措施的范围之内。

4. 《海关法》赋予海关的直接强制执行权。

《海关法》第60条规定，进出口货物的纳税义务人，应当自海关填发税款缴款书之日起15日内缴纳税款；逾期缴纳的，由海关征收滞纳金。纳税义务人、担保人超过3个月仍未缴纳的，经直属海关关长或者其授权的隶属海关关长批准，海关可以采取下列强制措施：①书面通知其开户银行或者其他金融机构从其存款中扣缴税款；②将应税货物依法变卖，以变卖所得抵缴税款；③扣留并依法变卖其价值相当于应纳税款的货物或者其他财产，以变卖所得抵缴税款。海关采取强制措施时，对上述纳税义务人、担保人未缴纳的滞纳金同时强制执行。进出境物品的纳税义务人，应当在物品放行前缴纳税款。

5.《行政处罚法》赋予行政机关对罚款的间接强制执行权——加处罚款。

《行政处罚法》第72条第1款规定，当事人逾期不履行行政处罚决定的，作出行政处罚决定的行政机关可以采取下列措施：①到期不缴纳罚款的，每日按罚款数额的3%加处罚款，加处罚款的数额不得超出罚款的数额；②根据法律规定，将查封、扣押的财物拍卖、依法处理或者将冻结的存款、汇款划拨抵缴罚款；③根据法律规定，采取其他行政强制执行方式；④依照《行政强制法》的规定申请人民法院强制执行。

[例] 2011年市政府进行西街片区旧城改造，屈某的房屋位于旧城改造范围内。区政府成立了西街片区旧城改建房屋征收办公室（以下简称"区旧改办"），负责房屋征收补偿工作。2012年10月15日，屈某之父以屈某的名义与区旧改办签订了《西街片区旧城改建房屋征收实物安置与货币补偿协议书》，协议书中对房屋征收安置、搬迁过渡、费用结算等情况进行了具体约定。其中第5条约定乙方（屈某）必须在7日内腾空房屋，将房屋交甲方（区旧改办）。协议签订后，屈某未在约定时间内履行交房义务。2013年8月14日，区政府组织人员对屈某的房屋进行了拆除。屈某于2015年5月31日提起诉讼。

法院生效判决认为，区政府组织工作人员对屈某房屋实施强制拆除行为没有法律上的职权依据，判决确认区政府拆除屈某房屋的行为违法。

经典真题

某市质监局发现一公司生产劣质产品，查封了公司的生产厂房和设备，之后决定没收全部劣质产品、罚款10万元。该公司逾期不缴纳罚款。下列哪一选项是错误的？（2012/2/48）[1]

A. 实施查封时应制作现场笔录
B. 对公司的处罚不能适用简易程序
C. 对公司逾期缴纳罚款，质监局可以每日按罚款数额的3%加处罚款
D. 质监局可以通知该公司的开户银行划拨其存款

6. 其他法律赋予行政机关代履行的强制执行权。

[例]《森林法》第81条规定，违反本法规定，有下列情形之一的，由县级以上人民政府林业主管部门依法组织代为履行，代为履行所需费用由违法者承担：①拒不恢复植被和林业生产条件，或者恢复植被和林业生产条件不符合国家有关规定；②拒不补种树木，或者补种不符合国家有关规定。恢复植被和林业生产条件、树木补种的标准，由省级以上人民政府林业主管部门制定。

（二）行政机关强制执行的一般程序

对行政机关自行强制执行程序，无论采取何种措施均应遵循下列程序要求：

---

[1] D。查封属于行政强制措施的一种，行政机关在实施查封时应当制作现场笔录，A选项正确，不当选。对法人或者其他组织处以1000元以下罚款的，才可以适用简易程序，B选项正确，不当选。到期不缴纳罚款的，行政机关都可以按每日罚款数额的3%加处罚款，C选项正确，不当选。法律并未赋予质监局划拨存款的权力，D选项错误，当选。

1. 催告
（1）行政机关作出强制执行决定前，应当事先催告当事人履行义务。
（2）催告应当以书面形式作出，并载明下列事项：①履行义务的期限；②履行义务的方式；③涉及金钱给付的，应当有明确的金额和给付方式；④当事人依法享有的陈述权和申辩权。

2. 听取当事人的意见
（1）当事人收到催告书后有权进行陈述和申辩；
（2）行政机关应当充分听取当事人的意见，对当事人提出的事实、理由和证据，应当进行记录、复核；
（3）当事人提出的事实、理由或者证据成立的，行政机关应当采纳。

3. 作出强制执行决定
（1）经催告，当事人逾期仍不履行行政决定，且无正当理由的，行政机关可以作出强制执行决定。
（2）强制执行决定应当以书面形式作出，并载明下列事项：①当事人的姓名或者名称、地址；②强制执行的理由和依据；③强制执行的方式和时间；④申请行政复议或者提起行政诉讼的途径和期限；⑤行政机关的名称、印章和日期。
（3）在催告期间，对有证据证明有转移或者隐匿财物迹象的，行政机关可以作出立即强制执行决定。
（4）催告书、行政强制执行决定书应当直接送达当事人。当事人拒绝接收或者无法直接送达当事人的，应当依照《民事诉讼法》的有关规定送达。

[例] 2014年10月1日，原告某文化艺术会展商务有限公司在购买的某村土地上开始施工建设，被告县住房和城乡建设局接到镇政府请求处理的报告后，于10月21日立案，经现场勘察和对原告工作人员的调查，确认原告未取得《建设工程规划许可证》即进行施工，属违法建设行为，当日即向原告下发了《责令停止违法行为通知书》《限期改正违法行为通知书》，责令原告立即停止违法行为，听候处理，同时又向原告下发了《限期拆除通知书》，限原告在7日内自行拆除违法建筑，逾期不拆除，将按有关规定予以强制拆除。之后，原告继续施工修建围墙，被告以原告未取得《建设工程规划许可证》，且建设的地域属某县孔子文化园规划范围内的用地为由，于2014年11月28日对原告修建的1米多高围墙全部予以拆除。原告对被告的强制拆除行为提起诉讼，请求法院判决确认被告拆除原告修建的1米多高围墙的行为违法。

法院生效判决认为，被告在强制拆除前未履行对当事人的催告义务，未告知当事人应享有的权利，也没有作出强制执行决定，即对原告修建的建筑物实施强制拆除。被告实施强制拆除的行为属程序违法，判决确认被告县住房和城乡建设局于2014年11月28日强制拆除原告某文化艺术会展商务有限公司修建的1米多高围墙的行为违法。

4. 采取强制执行措施
行政机关根据执行内容、标的等不同，分别采取不同的强制执行方式，并遵循不同的程序规定。

5. 行政强制执行的禁止
（1）行政机关不得在夜间或者法定节假日实施行政强制执行。但是，情况紧急的除外。

［例］2009年，县政府规划建设县有色金属循环经济产业基地，需要征收新围村民小组的部分土地。叶某等三人的房屋所占土地在被征收土地范围之内，属于未经乡镇规划批准和领取土地使用证的"两违"建筑物。2009年8月至2013年7月，县政府先后在被征收土地的村民委员会、村民小组张贴《关于禁止抢种抢建的通告》《征地通告》《征地预公告》《致广大村民的一封信》《关于责令停止一切违建行为的告知书》等文书，以调查笔录等形式告知叶某等三人房屋所占土地是违法用地。2009年10月、2013年6月，县国土资源局分别发出两份《通知》，要求叶某等三人停止土地违法行为。2013年7月12日凌晨5时许，在未发强行拆除通知、未予公告的情况下，县政府组织人员对叶某等三人的房屋实施强制拆除。叶某等三人遂向法院提起行政诉讼，请求确认县政府强制拆除行为违法。

法院生效判决认为，虽然叶某等三人使用农村集体土地建房未经政府批准属于违法建筑，但县政府在2013年7月12日凌晨对叶某等三人所建的房屋进行强制拆除，程序上存在严重瑕疵，即采取强制拆除前未向叶某等三人发出强制拆除通知，未向强拆房屋所在地的村民委员会、村民小组张贴公告限期自行拆除。而且，县政府在夜间实施行政强制执行，不符合法律规定。据此，法院判决确认县政府对叶某等三人房屋实施行政强制拆除的具体行政行为违法。

（2）行政机关不得对居民生活采取停止供水、供电、供热、供燃气等方式迫使当事人履行义务。

［例］冯某所有的房屋位于棚户区改造范围内。2018年12月11日，街道办、县住建局、县国土局、县安监局向冯某作出《违法违规建筑限期整改通知书》，通知其自行整改拆除。2018年12月14日，街道办、县住建局、县国土局、县安监局作出《关于停止供水的函》，请求自来水公司停止向冯某户提供供水服务，并于2018年12月20日送达该函。2018年12月28日，相关工作人员依据《关于停止供水的函》，操作停止了对冯某户的供水。本案中，相关部门采取停止供水的方式就违反了《行政强制法》的规定。

经典真题

林某在河道内修建了"农家乐"休闲旅社，在紧急防汛期，防汛指挥机构认为需要立即清除该建筑物，林某无法清除。对此，下列哪些说法是正确的？（2017/2/81）[1]

A. 防汛指挥机构可决定立即实施代履行
B. 如林某提起行政诉讼，防汛指挥机构应暂停强制清除
C. 在法定节假日，防汛指挥机构也可强制清除
D. 防汛指挥机构可与林某签订执行协议约定分阶段清除

（三）行政机关强制执行的特别程序

除一般程序要求外，针对具体强制执行措施，行政机关还应遵循特别程序要求。

1. 金钱给付义务的行政强制执行

金钱给付义务的执行方式包括间接执行和直接执行，间接执行方式是滞纳金或执行罚，

---

[1] AC。在紧急防汛期，需要立即清除河道内的建筑物，防汛指挥机构可决定立即实施代履行，A选项说法正确。提起诉讼是不停止行政行为执行的，只有满足法定情形才可以停止执行，B选项说法错误。紧急防汛期属于紧急情况，防汛指挥机构可以在法定节假日强制清除，C选项说法正确。在紧急防汛期的强制执行存在紧急防汛的公共利益，防汛指挥机构与林某签订执行协议约定分阶段清除可能损害公共利益，D选项说法错误。

直接执行方式是划拨和拍卖，间接执行优先于直接执行，这体现了合理行政的比例原则。

（1）间接强制执行。①加处罚款或者滞纳金的标准应当告知当事人；②加处罚款或者滞纳金的数额不得超出金钱给付义务的数额。

（2）直接强制执行

❶ 行政机关实施加处罚款或者滞纳金超过 30 日，经催告当事人仍不履行的，具有行政强制执行权的行政机关可以强制执行，没有行政强制执行权的行政机关应当申请人民法院强制执行；

❷ 划拨存款、汇款应当由法律规定的行政机关决定，并书面通知金融机构，金融机构接到行政机关依法作出划拨存款、汇款的决定后，应当立即划拨；

❸ 依法拍卖财物，由有权的行政机关委托拍卖机构依照《拍卖法》的规定办理。

［例］2005 年 1 月，德发公司委托拍卖行将其自有的某处房产拍卖后，按 138 255 000 元的拍卖成交价格，向税务部门缴付了营业税 6 912 750 元及堤围防护费 124 429.5 元，并取得了相应的完税凭证。2006 年，广州税稽一局在检查德发公司 2004 年至 2005 年地方税费的缴纳情况时，认为德发公司的上述房产拍卖成交单价格 2300 元/平方米，不及市场价格的一半，价格严重偏低，遂于 2009 年 9 月作出穗地税稽一处〔2009〕66 号税务处理决定，核定德发公司委托拍卖的上述房产的交易价格为 311 678 775 元，并以 311 678 775 元为标准核定应缴纳营业税及堤围防护费，决定追缴德发公司未缴纳的营业税 8 671 188.75 元，加收营业税滞纳金 2 805 129.56 元；决定追缴堤围防护费 156 081.40 元，加收堤围防护费滞纳金 48 619.36 元。德发公司不服该决定，提起行政诉讼。

法院生效判决认为，没有法律、法规和规章的规定，行政机关不得作出影响行政相对人合法权益或者增加行政相对人义务的决定。税务机关行使应纳税额核定权，应当受到《税收征收管理法》关于追缴税款和滞纳金的条件和期限的限制；因不能归责于纳税义务人的原因，新确定的应纳税额，缴纳义务应当自核定之日发生，征收该应纳税额确定之前的税收滞纳金没有法律依据。遂判决撤销被诉处理决定中加收营业税滞纳金和堤围防护费滞纳金的部分。

2. 代履行

（1）适用范围。行政机关依法作出要求当事人履行排除妨碍、恢复原状等义务的行政决定，当事人逾期不履行，经催告仍不履行，其后果已经或者将危害交通安全、造成环境污染或者破坏自然资源的。

（2）主体。行政机关可以代履行，或者委托没有利害关系的第三人代履行。

（3）一般代履行的程序

❶ 代履行前送达决定书，代履行决定书应当载明当事人的姓名或者名称、地址，代履行的理由和依据、方式和时间、标的、费用预算以及代履行人；

❷ 催告履行，代履行 3 日前，催告当事人履行，当事人履行的，停止代履行；

❸ 代履行，作出决定的行政机关应当派员到场监督；

❹ 代履行完毕，行政机关到场监督的工作人员、代履行人和当事人或者见证人应当在执行文书上签名或者盖章。

（4）立即代履行的程序

❶ 需要立即清除道路、河道、航道或者公共场所的遗洒物、障碍物或者污染物，当事

人不能清除的，行政机关可以决定立即实施代履行；

❷当事人不在场的，行政机关应当在事后立即通知当事人，并依法作出处理。

（5）费用。代履行的费用由当事人承担，法律另有规定的除外。

[例] 2005年，原告与原胶南市红石崖镇农业服务中心签订浅海水面有偿使用合同，使用涉案海域进行水面养殖。2016年8月10日，被告作出青黄综合执法决字〔2016〕第001号《行政决定书》，决定原告于2016年8月13日前自行清理所属海域内的渔业养殖设施，退还非法占用的海域，恢复海域原状。原告未执行该决定。后经催告等程序，2016年8月26日，被告作出青黄综合执法代决字〔2016〕第001号《代履行决定书》，决定于2016年8月30日以代履行方式，代原告履行青黄综合执法决字〔2016〕第001号《行政决定书》中原告应承担的义务。该决定书于2016年8月29日送达原告。原告不服，提起诉讼。

法院生效判决认为，原告在未取得海域使用权的情形下，在胶州湾跨海大桥南侧涉案海域进行养殖，被告作出决定要求其自行履行，原告逾期不履行，在经催告后仍不履行的情况下，被告作出《代履行决定书》，符合法律规定。法院据此判决驳回原告诉讼请求。

经典真题

代履行是行政机关强制执行的方式之一。有关代履行，下列哪些说法是错误的？（2014/2/81）[1]

A. 行政机关只能委托没有利害关系的第三人代履行
B. 代履行的费用均应当由负有义务的当事人承担
C. 代履行不得采用暴力、胁迫以及其他非法方式
D. 代履行3日前应送达决定书

3. 行政机关强制执行的特殊制度

中止执行	适用情形	（1）当事人履行决定确有困难或者暂无履行能力的； （2）第三人对执行标的主张权利，确有理由的； （3）执行可能造成难以弥补的损失，且中止执行不损害公共利益的； （4）行政机关认为需要中止执行的其他情形。
	恢复执行	中止执行的情形消失后，行政机关应当恢复执行。
	不再执行	没有明显社会危害，当事人确无能力履行，中止执行满3年未恢复执行的。
终结执行		（1）公民死亡，无遗产可供执行，又无义务承受人的； （2）法人或者其他组织终止，无财产可供执行，又无义务承受人的； （3）执行标的灭失的； （4）据以执行的行政决定被撤销的； （5）行政机关认为需要终结执行的其他情形。

---

[1] ABD。代履行既可以由行政机关进行，也可以委托没有利害关系的第三人进行，A选项说法错误，当选。代履行的费用原则上由负有义务的当事人承担，除非法律另有规定，B选项说法错误，当选。代履行应当依法实施，不得采用暴力、胁迫以及其他非法方式，C选项说法正确，不当选。在紧急情况下，行政机关是可以立即实施代履行的，而"代履行3日前应送达决定书"的说法没有考虑到紧急情况，D选项说法错误，当选。

执行协议	条　件	不损害公共利益和他人合法权益的情况下，行政机关可与当事人达成执行协议。
	履　行	（1）执行协议可以约定分阶段履行； （2）当事人采取补救措施的，可以减免加处的罚款或者滞纳金； （3）当事人不履行执行协议的，行政机关应当恢复强制执行。

[例] 环保局因水泥厂长期拖欠排污费而作出征收决定，水泥厂拒不缴纳。环保局向法院申请强制执行。后经多次宣传劝说，双方以环保局为甲方、水泥厂为乙方，签订了执行和解协议书：①乙方在本月31日前一次性向甲方交纳排污费，甲方在乙方履行交纳责任后，1周内向乙方返还乙方应得的污染治理资金；②本协议如不履行，则恢复对原生效法律文书的执行。

经典真题

在行政强制执行过程中，行政机关依法与甲达成执行协议。事后，甲应当履行协议而不履行，行政机关可采取下列哪一措施？（2015/2/49）[1]

A. 申请法院强制执行　　　　　　　B. 恢复强制执行
C. 以甲为被告提起民事诉讼　　　　D. 以甲为被告提起行政诉讼

二、申请法院强制执行

申请法院强制执行，又称非诉行政案件执行，与行政诉讼执行相对应。申请法院强制执行制度设计的主要理由是：将行政行为的决定权与执行权分离，避免行政机关既是决定机关又是决定的执行机关，从而造成违法执行。由行政机关申请人民法院执行，多一道纠正错误的环节。通过法院对行政机关的监督，实现保护公民、法人和其他组织合法权益的目的。

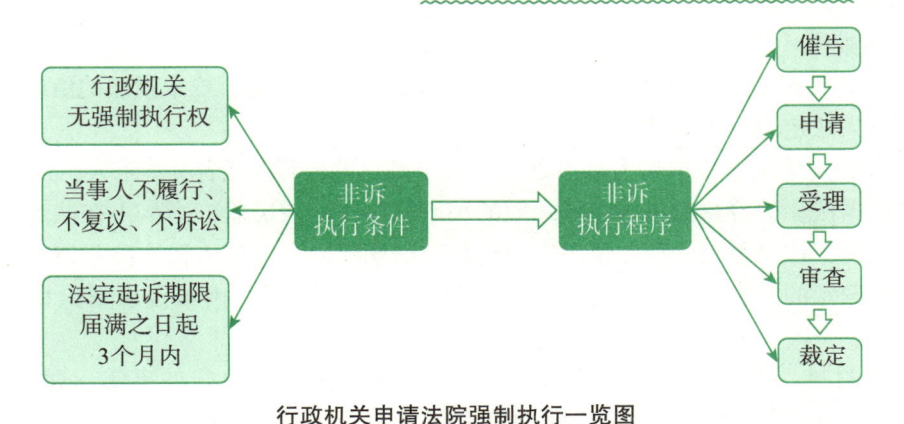

行政机关申请法院强制执行一览图

（一）适用条件——"一无三不"

1. 行政机关无强制执行权。
法律明确授予行政机关自行强制执行权，作出行政决定的行政机关不必申请法院强制

---

[1] B。行政强制执行过程中的执行协议是对行政决定执行方式的约定，当执行协议无法实现对行政决定的履行时，就应当恢复对行政决定的强制执行。

执行，法律规定行政机关和法院对行政决定皆享有强制执行权时，行政机关可以申请法院强制执行。

2. 当事人不申请行政复议、不提起行政诉讼、不履行行政决定。

[例] 2011年9月，湖北省某县村民肖某未经许可，擅自在某水库库区（河道）管理范围内修建违法建筑。2011年11月3日，该县水利局根据《水法》第65条第1款的规定作出《行政处罚决定书》，要求肖某立即停止在桥下建房的违法行为，限7日内拆除所建房屋，恢复原状，罚款5万元。肖某在规定的期限内未履行该处罚决定，亦未申请复议或提起行政诉讼。2012年3月29日，该县水利局向该县法院申请强制执行。2012年4月23日，该县法院作出行政裁定书，裁定准予执行行政处罚决定，责令肖某履行处罚决定书确定的义务。但肖某未停止违法建设，在河道区域违法建成4层房屋，建筑面积约520平方米。

根据《行政强制法》和《水法》等的相关规定，该县水利局对于河道违法建筑物具有强行拆除的权力，不应当向该县法院申请强制执行。因此，该县水利局向该县法院申请执行行政处罚决定中的拆除违法建筑物部分，该县法院不应当受理而受理并裁定准予执行，违反了法律规定。

（二）催告

1. 行政机关申请人民法院强制执行前，应当催告当事人履行义务。
2. 催告书送达10日后当事人仍未履行义务的，行政机关可以申请法院强制执行。

[例] 某能源公司在未取得燃气经营许可证的情况下，从事燃气经营活动。城市管理执法局根据《城镇燃气管理条例》的规定，责令该能源公司立即停止违法行为，并决定罚款5万元。该能源公司拒绝缴纳罚款，城市管理执法局向法院申请强制执行。城市管理执法局申请执行前，应当催告该能源公司履行义务。

（三）申请

1. 申请期限

（1）申请人是作出该行政行为的行政机关或者法律、法规、规章授权的组织，申请期限为自当事人法定起诉期限届满之日起3个月内。

（2）在特定情况下，申请人可以是行政决定确定的权利人或者其继承人、权利承受人。行政机关根据法律的授权对平等主体之间的民事争议作出裁决后，当事人在法定期限内不起诉又不履行，作出裁决的行政机关在申请执行的期限内未申请人民法院强制执行的，生效行政裁决确定的权利人或者其继承人、权利承受人在6个月内可以申请人民法院强制执行。

2. 申请材料：①强制执行申请书；②行政决定书及作出决定的事实、理由和依据；③当事人的意见及行政机关催告情况；④申请强制执行标的情况；⑤法律、行政法规规定的其他材料。

注意：行政机关或者行政行为确定的权利人申请人民法院强制执行前，有充分理由认为被执行人可能逃避执行的，可以申请人民法院采取财产保全措施。后者申请强制执行的，应当提供相应的财产担保。

（四）管辖法院

1. 行政机关所在地基层法院。

2. 执行对象是不动产的，为不动产所在地基层法院。

3. 基层法院认为执行确有困难的，可以报请上级法院执行；上级法院可以决定由其执行，也可以决定由下级法院执行。

（五）法院受理

1. 人民法院接到行政机关强制执行的申请，应当在 5 日内受理。

2. 行政机关对人民法院不予受理的裁定有异议的，可以在 15 日内向上一级人民法院申请复议，上一级人民法院应当自收到复议申请之日起 15 日内作出是否受理的裁定。

（六）法院审理

1. 一般情况。①书面审查，即通过审阅书面材料的方式进行审查；②审查期限为 7 日，即法院应当自受理之日起 7 日内作出执行裁定。

2. 特殊情况。行政决定的实施主体不具有行政主体资格，明显缺乏事实根据的，明显缺乏法律、法规依据的以及其他明显违法并损害被执行人合法权益的：①在作出裁定前可以听取被执行人和行政机关的意见；②审查期限为 30 日，即法院应当自受理之日起 30 日内作出是否执行的裁定。

（七）法院裁定

1. 予以执行裁定。

2. 不予执行裁定

（1）裁定不予执行的，应当说明理由，并在 5 日内将不予执行的裁定送达行政机关；

（2）行政机关对人民法院不予执行的裁定有异议的，可以自收到裁定之日起 15 日内向上一级人民法院申请复议，上一级人民法院应当自收到复议申请之日起 30 日内作出是否执行的裁定。

（八）立即执行

1. 因情况紧急，为保障公共安全，行政机关可以申请人民法院立即执行。

2. 经人民法院院长批准，人民法院应当自作出执行裁定之日起 5 日内执行。

（九）执行费用

1. 行政机关申请人民法院强制执行，不缴纳申请费。

2. 强制执行的费用由被执行人承担。

[例] 某公司自 2014 年占用村集体土地建设房屋及其他设施，经核查，该宗土地中基本农田 2858.8 平方米、耕地 368.7 平方米、其他农用地 10 748.4 平方米、建设用地 230.1 平方米，不符合土地利用总体规划，违反了《土地管理法》第 44 条第 1 款的规定。某市自然资源局作出行政处罚决定书，责令该公司将非法占用的集体土地退还各村民委员会，限该公司 15 日内自行拆除在农用地上新建建筑物和其他设施，恢复土地原状，并处罚款 313 400 元。该公司收到行政处罚决定书后，未依法申请行政复议或者向法院提起行政诉讼，也未履行该处罚决定书中确定的义务。该市自然资源局送达履行行政处罚决定催告书后，向法院申请强制执行。

法院经审查认为：该市自然资源局作出的行政处罚决定书，认定事实清楚，证据充分，程序合法，适用法律正确。该公司在法律规定的期限内既不申请行政复议也不起诉又不履行义务，申请执行人申请强制执行前，进行了催告，符合法律规定。法院遂裁定准予执行行政处罚决定。

> **注意**：行政协议的强制执行需要以行政机关作出行政决定作为申请执行的依据，行政机关不能把行政协议作为执行依据申请法院强制执行。

行政机关认为行政相对人不依法、不依约履行行政协议的，可以向人民法院申请强制执行。这主要包括两种情形：

1. 以行政机关作出的履行协议决定作为执行对象，申请人民法院强制执行。

（1）公民、法人或者其他组织未按照行政协议约定履行义务，经催告后不履行，行政机关可以作出要求其履行协议的书面决定；

（2）公民、法人或者其他组织收到书面决定后在法定期限内未申请行政复议或者提起行政诉讼，且仍不履行，协议内容具有可执行性的，行政机关可以向人民法院申请强制执行。

2. 以监督机关作出的处理决定作为执行对象，申请人民法院强制执行。

（1）法律、行政法规规定行政机关对行政协议享有监督协议履行的职权，公民、法人或者其他组织未按照约定履行义务，经催告后不履行，行政机关可以依法作出处理决定；

（2）公民、法人或者其他组织在收到该处理决定后在法定期限内未申请行政复议或者提起行政诉讼，且仍不履行，协议内容具有可执行性的，行政机关可以向人民法院申请强制执行。

经典真题

甲公司从澳大利亚某公司购买了 2 万吨化肥运抵某市。海关认定甲公司在无进口许可证等报关单证的情况下进口货物，且未经海关许可擅自提取货物，遂以保证金的名义向甲公司收缴人民币 200 万元。随后作出罚款 1000 万元的行政处罚决定。甲公司认为处罚过重，但既未缴纳罚款，也未申请行政复议或者提起行政诉讼。下列说法错误的是：（2007/2/92）[1]

A. 海关可以直接将甲公司缴纳的保证金抵缴部分罚款
B. 海关只能申请法院强制执行其处罚决定
C. 海关应当自甲公司起诉期限届满之日起 180 日内提出行政强制执行申请
D. 海关申请强制执行其处罚决定，应当由海关所在地的中级人民法院受理

致努力中的你

> 有道无术，术尚可求；
> 有术无道，止于术。

---

[1] BCD。当事人逾期不履行海关的处罚决定，海关可以将其保证金抵缴，也可以申请人民法院强制执行，A 选项正确，不当选；B 选项错误，当选。海关申请人民法院强制执行其处罚决定，应当自被执行人的法定起诉期限届满之日起 3 个月内提出，C 选项错误，当选。海关申请强制执行其处罚决定，应当由海关所在地的基层人民法院受理，而非由中级人民法院受理，D 选项错误，当选。

第九讲 政府信息公开 09

应试指导

本讲在考试中的题目类型主要是客观卷中的选择题和主观卷中的案例分析题，涉及的必读法律法规有：《政府信息公开条例》。考试的重点是理解信息公开的意义，核心考点是政府信息公开的范围、主体和依申请公开的程序、监督与救济。

- 政府信息公开的范围
  - 公开标准
  - 予以公开的信息
  - 不予公开的信息
  - 评估审查
- 政府信息公开的意义
- 政府信息公开的主体
  - 公开主体
  - 信息公开的主管机关
- 政府信息公开的程序
  - 政府信息主动公开
    - 范围
    - 形式
    - 期限
  - 政府信息依申请公开
    - 信息公开申请
    - 行政机关处理
- 政府信息公开的监督与救济
  - 考核评议
  - 年度报告
  - 监督
  - 救济

专题 23 政府信息公开的意义、范围与主体

政府信息，是指行政机关在履行行政管理职能过程中制作或者获取的，以一定形式记录、保存的信息。

政府信息公开，是指公民、组织对行政机关在履行行政管理职能的过程中掌握或控制的信息拥有知情权，除法律明确规定不予公开的事项外，行政机关应当通过有效的方式向公众和当事人公开。

一、政府信息公开的意义

政府信息公开具有多重意义和作用，通过立法，推动政府信息公开制度成为行政法发展的世界潮流。

1. 在当今信息时代，信息的价值和意义难以估量，对经济和社会发展的作用巨大，充分发挥信息的效用，是政府的重要职责。

2. 推行政府信息公开，让公众了解政府运作的情况并掌握所需要的资料，是公众行使政府和国家管理活动的参与权和监督权的前提，是民主政治的核心内容之一。

3. "阳光是最好的防腐剂"，政府信息公开可以将政府的活动置于公众的监督之下，可以推进行政的公正，对防止腐败具有重要作用。

4. 政府信息公开还具有满足公民、法人和其他组织的需要、推动科学研究发展等功能和作用。

二、政府信息公开的范围

公开标准	以公开为常态，不公开为例外。
予以公开	（1）行政机关编制、公布的政府信息公开指南和政府信息公开目录应当及时更新； （2）政府信息公开指南包括政府信息的分类、编排体系、获取方式和政府信息公开工作机构的名称、办公地址、办公时间、联系电话、传真号码、互联网联系方式等内容； （3）政府信息公开目录包括政府信息的索引、名称、内容概述、生成日期等内容。
不予公开	（1）依法确定为国家秘密的政府信息，法律、行政法规禁止公开的政府信息，以及公开后可能危及国家安全、公共安全、经济安全、社会稳定的政府信息，不予公开。 （2）涉及商业秘密、个人隐私等公开会对第三方合法权益造成损害的政府信息，行政机关不得公开。但是，第三方同意公开或者行政机关认为不公开会对公共利益造成重大影响的，予以公开。 （3）行政机关的内部事务信息，包括人事管理、后勤管理、内部工作流程等方面的信息，可以不予公开。 （4）行政机关在履行行政管理职能过程中形成的讨论记录、过程稿、磋商信函、请示报告等过程性信息以及行政执法案卷信息，可以不予公开。

| 评估审查 | 行政机关应当建立健全政府信息管理动态调整机制,对本行政机关不予公开的政府信息进行定期评估审查,对因情势变化可以公开的政府信息应当公开。 |

📖 **注意1**:过程性信息一般是指行政决定作出前行政机关内部或行政机关之间形成的研究、讨论、请示、汇报等信息,此类信息一律公开或过早公开,可能会妨害决策过程的完整性,妨害行政事务的有效处理。但过程性信息不应是绝对的例外,当决策、决定完成后,此前处于调查、讨论、处理中的信息即不再是过程性信息,如果公开的需要大于不公开的需要,就应当公开。

[例] 2013年3月20日,姚新金、刘天水通过特快专递,要求福建省永泰县国土资源局书面公开二申请人房屋所在区域地块拟建设项目的"一书四方案",即建设用地项目呈报说明书、农用地转用方案、补充耕地方案、征收方案、供地方案。2013年5月28日,永泰县国土资源局作出《关于刘天水、姚新金申请信息公开的答复》,称:"你们所申请公开的第3项(拟建设项目的'一书四方案'),不属于公开的范畴。"并按申请表确定的通信地址将此答复邮寄给申请人。2013年7月8日,姚新金、刘天水以永泰县国土资源局未就政府公开申请作出答复为由,提起行政诉讼。永泰县国土资源局答辩称:"一书四方案"系被告制作的内部管理信息,处在审查中的过程性信息,不属于《政府信息公开条例》所指应公开的政府信息,被告没有公开的义务。

法院生效判决认为,根据2014年《土地管理法实施条例》第23条第1款第2项(2021年已修订)的规定,永泰县国土资源局是"一书四方案"的制作机关,福建省人民政府作出征地批复后,有关"一书四方案"已经过批准并予以实施,不再属于过程性信息及内部材料,被上诉人不予公开没有法律依据。判决撤销一审判决,责令永泰县国土资源局限期向姚新金、刘天水公开"一书四方案"。

📖 **注意2**:内部信息是对外部不产生直接约束力的普遍政策阐述或对个案的非终极性意见。之所以要免除公开内部信息,目的是保护机构内部或不同机构之间的交流,从而使官员能够畅所欲言,毫无顾忌地表达自己的真实想法。

[例] 2009年5月26日,如皋市物价局印发皋价发〔2009〕28号"市物价局关于印发《行政处罚自由裁量权实施办法》的通知"。该文件包含附件《如皋市物价局行政处罚自由裁量权实施办法》,该实施办法第10条内容为"对《价格违法行为行政处罚规定》自由裁量处罚幅度详见附件一(2)"。

2013年1月9日,张宏军向如皋市物价局举报称,如皋市丁堰镇政府在信息公开事项中存在违规收费行为。该局接到举报后答复称,丁堰镇政府已决定将收取的31位农户的信息检索费、复印费共计480.5元予以主动退还,按照《如皋市物价局行政处罚自由裁量权实施办法》第9条第3项的规定,对其依法不予行政处罚。

2013年3月8日,张宏军向如皋市物价局提出政府信息公开申请,要求其公开"皋价发〔2009〕28号"文件。如皋市物价局答复称,该文件系其内部信息,不属于应当公开的政府信息范围,向原告提供该文件主文及附件《如皋市物价局行政处罚自由裁量权实施办法》,但未提供该文件的附件一(2)。张宏军不服,提起诉讼。

法院生效判决认为,如皋市物价局称其对丁堰镇政府作出不予处罚决定的依据即为

"皋价发〔2009〕28号"文件，在相关法律法规对某些具体价格违法行为所规定的处罚幅度较宽时，该文件是该局量罚的参照依据。可见，涉诉信息会对行政相对人的权利义务产生影响，是被告行使行政管理职责过程中所制作的信息，不属于内部管理信息。法院遂判决被告于本判决生效之日起15个工作日内向原告公开"皋价发〔2009〕28号"文件的附件一（2）。

处理政府信息公开与不公开关系应确立一个基本原则：以公开为常态，以不公开为例外。具体可以从以下三个方面分析：

1. 政府信息公开要保证公民、法人和其他组织及时、准确地获取政府信息。

2. 防止因公开不当导致失密、泄密而损害国家安全、公共安全、经济安全，影响社会稳定和侵犯公民、法人或者其他组织的合法权益。

3. 处理政府信息公开与不公开关系要取得公共利益与个人利益之间的平衡。

> **魏语绸缪**
>
> 政府信息以公开为常态，以不公开为例外。凡是在试题中不属于不公开的政府信息，都推定为属于公开的政府信息。

三、政府信息公开的主体

政府信息公开的主体主要是行政机关和法律、法规授权的具有管理公共事务职能的组织，这两类主体是政府信息的拥有者，也是政府信息公开义务的承担者。

（一）行政机关信息公开的分工

行政机关的信息包括两类：①行政机关制作的政府信息，如许可决定；②行政机关获取的政府信息，如人口普查、环境检测获取的数据。根据信息的种类来确定公开机关：

1. 行政机关制作的政府信息，由制作该政府信息的行政机关负责公开，两个以上行政机关共同制作的政府信息，由牵头制作的行政机关负责公开。

2. 行政机关从公民、法人和其他组织获取的政府信息，由保存该政府信息的行政机关负责公开；行政机关获取的其他行政机关的政府信息，由制作或者最初获取该政府信息的行政机关负责公开。

3. 法律、法规对政府信息公开的权限另有规定的，从其规定。

注意：行政机关设立的派出机构、内设机构依照法律、法规对外以自己名义履行行政管理职能的，该派出机构、内设机构负责公开与其所履行行政管理职能有关的政府信息。

[例] 季某使用挂号信，向四季园派出所寄交《函》，要求四季园派出所提供2018年11月1日下午季某在法院与法官及保安发生争执而用手机报警形成的受案回执和报警记录。随后四季园派出所使用挂号信向季某寄送了《受案回执》和接处警工作登记表。季某签收。季某认为四季园派出所未履行法定职责，申请行政复议。复议机关认为，季某书面要求四季园派出所提供季某因某纠纷报警而由四季园派出所处警并制作的报警记录，实为一种政府信息公开申请，对于该政府信息公开申请，四季园派出所负有按期答复的义务。四季园派出所在法定时限内，向季某如实提供了接处警工作登记表，保障了季某的知情权，已经履行了法定职责。季某所提出的行政复议理由不能成立，驳回季某的行政复议申请。

第9讲 政府信息公开

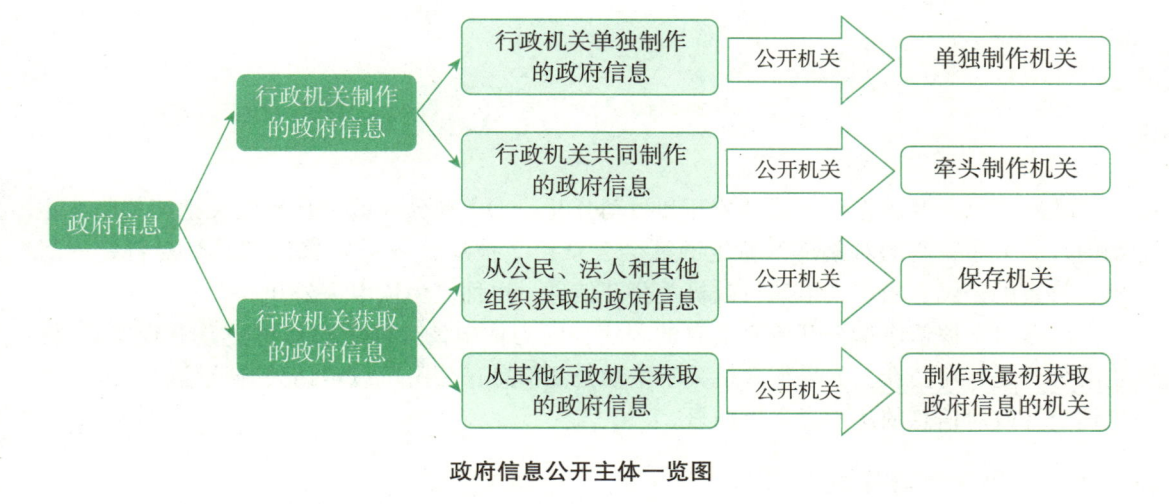

```
政府信息 ─┬─ 行政机关制作的政府信息 ─┬─ 行政机关单独制作的政府信息 ──公开机关──> 单独制作机关
         │                        └─ 行政机关共同制作的政府信息 ──公开机关──> 牵头制作机关
         └─ 行政机关获取的政府信息 ─┬─ 从公民、法人和其他组织获取的政府信息 ──公开机关──> 保存机关
                                 └─ 从其他行政机关获取的政府信息 ──公开机关──> 制作或最初获取政府信息的机关
```

政府信息公开主体一览图

命题陷阱

根据政府信息的种类来确定公开机关：行政机关制作的政府信息和行政机关从公民、法人或者其他组织获取的政府信息。前者是由制作该政府信息的行政机关负责公开；后者是由保存该政府信息的行政机关负责公开。

（二）政府信息公开的主管机关

政府信息公开的主管机关一般是各级政府的办公厅或者办公室：

1. 国务院办公厅是全国政府信息公开工作的主管部门，负责推进、指导、协调、监督全国的政府信息公开工作。

2. 县级以上地方政府办公厅（室）负责推进、指导、协调、监督本行政区域的政府信息公开工作。

3. 实行垂直领导的部门的办公厅（室）主管本系统的政府信息公开工作。

经典真题

区房管局向某公司发放房屋拆迁许可证。被拆迁人王某向区房管局提出申请，要求公开该公司办理拆迁许可证时所提交的建设用地规划许可证，区房管局作出拒绝公开的答复。对此，下列哪一说法是正确的？（2010/2/45）[1]

A. 王某提出申请时，应出示有效身份证件
B. 因王某与申请公开的信息无利害关系，拒绝公开是正确的
C. 因区房管局不是所申请信息的制作主体，拒绝公开是正确的
D. 拒绝答复应自收到王某申请之日起1个月内作出

---

[1] AC（司法部原答案为C）。政府信息公开申请应当包括申请人的身份证明，故A选项说法正确；申请政府信息公开并不要求申请人与申请公开的信息有利害关系，故B选项说法错误；建设用地规划许可证不是房管局制作的，区房管局不属于该信息的公开机关，故C选项说法正确；对政府信息公开申请应当当场答复，有困难的，答复应当自收到申请之日起20个工作日内作出，特殊情况最长可延长至40个工作日，故D选项说法错误。

专题 24 政府信息公开的程序

政府信息公开的途径有主动公开和被动公开：①主动公开就是行政机关把相关信息主动向社会公布，它的对象是不特定的社会公众；②被动公开一般来说都是针对特定的对象，特定的公民、组织去申请行政机关公开信息，也称之为依申请公开。

应重点掌握依申请公开政府信息的程序，因为依申请公开政府信息更具有现实意义。主动公开是针对公众，如果行政机关不主动公开信息，公民可以申请公开该信息，因此依申请公开政府信息的法治意义更明显。

一、政府信息主动公开

公开范围	（1）对涉及公众利益调整、需要公众广泛知晓或者需要公众参与决策的政府信息； （2）多个申请人就相同政府信息向同一行政机关提出公开申请，且该政府信息属于可以公开的。
公开形式	（1）建立健全政府信息发布机制，通过政府公报、政府网站或者其他互联网政务媒体、新闻发布会以及报刊、广播、电视等途径予以公开； （2）依托政府门户网站，利用统一的政府信息公开平台集中发布主动公开的政府信息； （3）在国家档案馆、公共图书馆、政务服务场所设置政府信息查阅场所，并配备相应的设施、设备； （4）根据需要设立公共查阅室、资料索取点、信息公告栏、电子信息屏等场所、设施。
公开期限	（1）应当自政府信息形成或者变更之日起20个工作日内予以公开； （2）法律、法规另有规定的，从其规定。

［例］2022年9月11日，平安北京微信公众号发布警情通报：近期，北京警方在侦破一起违法犯罪案件中，将演员李某某（男，35岁）查获，该人对多次嫖娼的违法事实供认不讳，其已被依法予以行政拘留。

经典真题

某镇政府主动公开一胎生育证发放情况的信息。下列哪些说法是正确的？（2011/2/79）[1]
A. 该信息属于镇政府重点公开的信息
B. 镇政府可以通过设立的信息公告栏公开该信息
C. 在无法律、法规或者规章特别规定的情况下，镇政府应当在该信息形成之日起3个月内予以公开

---

〔1〕 BD。2019年修订后的《政府信息公开条例》取消了"重点公开的政府信息"规定，故A选项说法错误。行政机关可以根据需要设立公共查阅室、资料索取点、信息公告栏、电子信息屏等场所、设施，公开政府信息，故B选项说法正确。镇政府应当在该信息形成之日起20个工作日内予以公开，故C选项说法错误。行政机关应当及时向国家档案馆、公共图书馆提供主动公开的政府信息，故D选项说法正确。

D. 镇政府应当及时向公共图书馆提供该信息

二、政府信息依申请公开

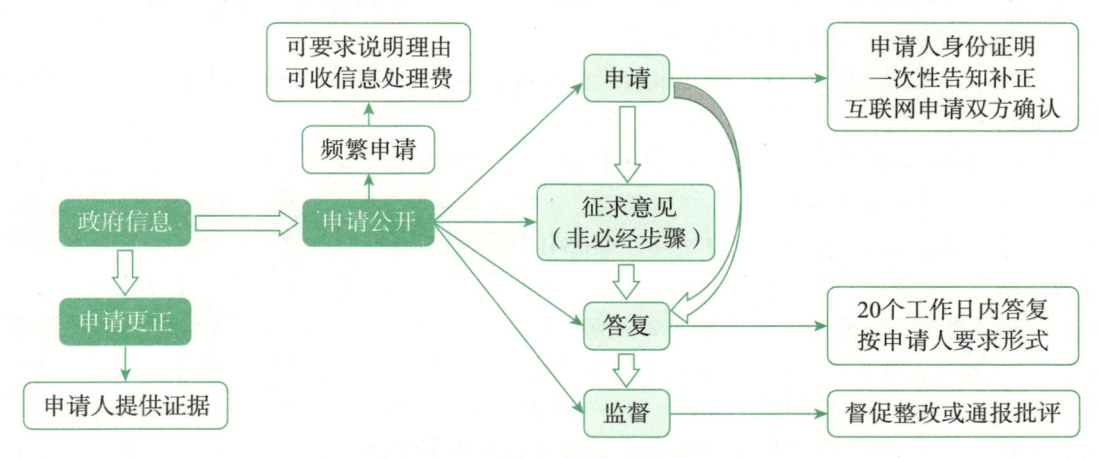

政府信息依申请公开程序图

（一）申请

1. 政府信息公开申请的要求

（1）申请人应当向行政机关的政府信息公开工作机构提出。

（2）政府信息公开申请采用包括信件、数据电文在内的书面形式；采用书面形式确有困难的，可以口头提出，由受理该申请的政府信息公开工作机构代为填写政府信息公开申请。

（3）政府信息公开申请应当包括：

❶申请人的姓名或者名称、身份证明、联系方式；

❷申请公开的政府信息的名称、文号或者便于行政机关查询的其他特征性描述；

❸申请公开的政府信息的形式要求，包括获取信息的方式、途径。

注意： 申请人无需说明申请公开政府信息的用途，也无需与申请公开的政府信息具有利害关系。

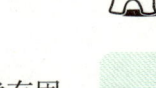

> **魏语绸缪**
>
> 2019年修订后的《政府信息公开条例》明确要求，公民、法人或者其他组织申请公开政府信息应当提供身份证明。

2. 政府信息公开申请内容不明确的处理

（1）行政机关应当给予指导和释明；

（2）行政机关应自收到申请之日起7个工作日内一次性告知申请人作出补正，说明需要补正的事项和合理的补正期限；

（3）申请人无正当理由逾期不补正的，视为放弃申请，行政机关不再处理该政府信息公开申请。

3. 行政机关收到政府信息公开申请时间的确定

（1）申请人当面提交政府信息公开申请的，以提交之日为收到申请之日；

（2）申请人以邮寄方式提交政府信息公开申请的，以行政机关签收之日为收到申请之日；

(3) 以平常信函等无需签收的邮寄方式提交政府信息公开申请的,政府信息公开工作机构应当于收到申请的当日与申请人确认,确认之日为收到申请之日;

(4) 申请人通过互联网渠道或者政府信息公开工作机构的传真提交政府信息公开申请的,以双方确认之日为收到申请之日;

(5) 因申请内容不明确,告知申请人作出补正的,以行政机关收到补正申请之日为收到申请之日。

[例] 2011年6月1日,原告李健雄通过广东省人民政府公众网络系统向被告广东省交通运输厅递交了政府信息公开申请,申请获取广州广园客运站至佛冈的客运里程数等政府信息。广东省人民政府公众网络系统以申请编号11060100011予以确认,并通过短信通知原告确认该政府信息公开申请提交成功。由于原告申请政府信息公开通过的是广东省人民政府公众网络系统,即省政府政务外网(以下简称"省外网"),而非被告的内部局域网(以下简称"厅内网")。按规定,被告将广东省人民政府"政府信息网上依申请公开系统"的后台办理设置在厅内网。由于被告的厅内网与互联网、省外网物理隔离,互联网、省外网数据都无法直接进入厅内网处理,需通过网闸以数据"摆渡"方式接入厅内网办理,因此被告工作人员未能立即发现原告在广东省人民政府公众网络系统中提交的申请。直到7月28日被告发现原告申请并向原告发出了《受理回执》。8月4日,被告向原告当场送达《关于政府信息公开的答复》和《政府信息公开答复书》。原告认为,被告未在法定期限内答复及提供所申请的政府信息,提起诉讼。被告辩称,原告是向广东省人民政府公众网络系统提交的申请,因其厅内网与互联网、省外网物理隔离而无法及时发现原告申请,应以其7月28日发现原告申请为收到申请日期,被告没有超过答复期限。

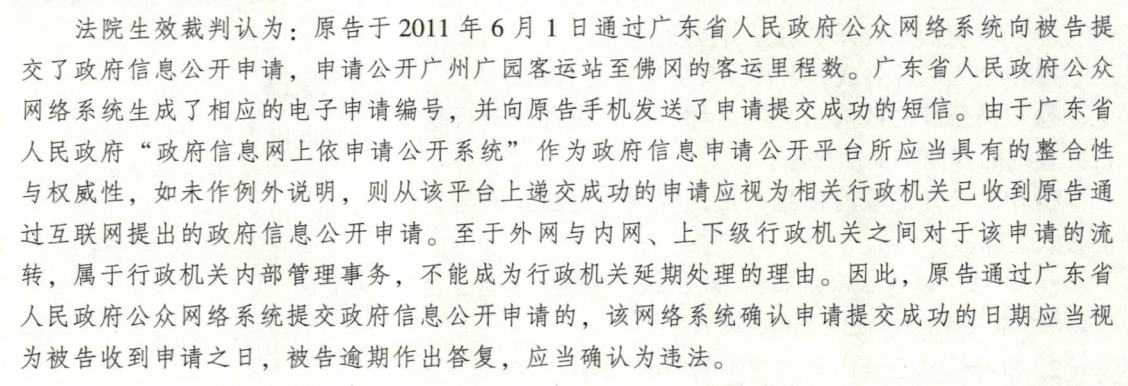

法院生效裁判认为:原告于2011年6月1日通过广东省人民政府公众网络系统向被告提交了政府信息公开申请,申请公开广州广园客运站至佛冈的客运里程数。广东省人民政府公众网络系统生成了相应的电子申请编号,并向原告手机发送了申请提交成功的短信。由于广东省人民政府"政府信息网上依申请公开系统"作为政府信息申请公开平台所应当具有的整合性与权威性,如未作例外说明,则从该平台上递交成功的申请应视为相关行政机关已收到原告通过互联网提出的政府信息公开申请。至于外网与内网、上下级行政机关之间对于该申请的流转,属于行政机关内部管理事务,不能成为行政机关延期处理的理由。因此,原告通过广东省人民政府公众网络系统提交政府信息公开申请的,该网络系统确认申请提交成功的日期应当视为被告收到申请之日,被告逾期作出答复,应当确认为违法。

(二) 征求意见

1. 征求第三方意见(依申请公开的政府信息公开会损害第三方合法权益)

(1) 行政机关应当书面征求第三方的意见;

(2) 第三方应当自收到征求意见书之日起15个工作日内提出意见;

(3) 第三方逾期未提出意见的,由行政机关依照本条例的规定决定是否公开;

(4) 第三方不同意公开且有合理理由的,行政机关不予公开;

(5) 行政机关认为不公开可能对公共利益造成重大影响的,可以决定予以公开,并将决定公开的政府信息内容和理由书面告知第三方。

[例] 刘某通过互联网渠道向省交通厅申请公开某客运汽车站里程数等信息。省交通厅认

为刘某申请公开的部分信息涉及该客运汽车站的商业秘密。省交通厅应当书面征询该客运汽车站的意见。

2. 征求其他机关意见（依申请公开的政府信息是由两个以上行政机关共同制作）

（1）牵头制作的行政机关收到政府信息公开申请后可以征求相关行政机关的意见；

（2）被征求意见机关应当自收到征求意见书之日起 15 个工作日内提出意见，逾期未提出意见的视为同意公开。

命题陷阱

依申请公开的政府信息公开会损害第三方合法权益的，该政府信息并不都是不予公开，若行政机关认为不公开可能对公共利益造成重大影响的，可以决定予以公开。

（三）答复

1. 答复的种类

（1）所申请公开信息已经主动公开的，告知申请人获取该政府信息的方式、途径。

（2）所申请公开信息可以公开的，向申请人提供该政府信息，或者告知申请人获取该政府信息的方式、途径和时间。

（3）行政机关决定不予公开的，告知申请人不予公开并说明理由。

（4）经检索没有所申请公开信息的，告知申请人该政府信息不存在。

（5）所申请公开信息不属于本行政机关负责公开的，告知申请人并说明理由；能够确定负责公开该政府信息的行政机关的，告知申请人该行政机关的名称、联系方式。

（6）行政机关已就申请人提出的政府信息公开申请作出答复、申请人重复申请公开相同政府信息的，告知申请人不予重复处理。

（7）所申请公开信息属于工商、不动产登记资料等信息，有关法律、行政法规对信息的获取有特别规定的，告知申请人依照有关法律、行政法规的规定办理。

（8）申请公开的信息中含有不应当公开或者不属于政府信息的内容，但是能够作区分处理的，行政机关应当向申请人提供可以公开的政府信息内容，并对不予公开的内容说明理由。

［例］李某向北京银监局（现为"国家金融监督管理总局北京监管局"）申请公开的"《房屋买卖网签授权委托书》、《二手房首付款资金划转声明》、《售房人及承租人声明》、《存量房买卖合同（网签合同）》、《贷款通知单》、2015 年 2 月 2 日办理贷款手续的录像资料"的信息，可能涉及第三人郭某的个人隐私，北京银监局在向郭某发出征求意见函并得到不予公开的回函后，遂决定对上述信息不予公开。李某提起行政诉讼。

法院生效判决认为，北京银监局认为申请公开的政府信息中包含有郭某的个人信息，未对信息作区分处理而是一概决定不予公开的做法，与《政府信息公开条例》的规定不符，缺乏法律依据。

2. 答复的期限

（1）行政机关收到政府信息公开申请后，能够当场答复的，应当当场予以答复；

（2）行政机关收到政府信息公开申请后，不能当场答复的，应当自收到申请之日起 20 个工作日内予以答复；

（3）行政机关收到政府信息公开申请后，需要延长答复期限的，应当经政府信息公开工作机构负责人同意并告知申请人，延长的期限最长不得超过 20 个工作日；

（4）行政机关征求第三方和其他机关意见所需时间不计算在答复期限内。

［例］2020 年 2 月 21 日，王某向县征收局当面递交了政府信息公开的申请，要求公开其与他人养殖场被征收的拆迁补偿文件和支付款项及票据等信息。2020 年 5 月 21 日，县征收局作出《信息答复书》，认为王某申请公开的信息属于个人隐私范畴，决定不予公开。县征收局作出《信息答复书》违反了法定期限。

3. 答复的形式

（1）行政机关应当根据申请人的要求及行政机关保存政府信息的实际情况，确定提供政府信息的具体形式；

（2）按照申请人要求的形式提供政府信息，可能危及政府信息载体安全或者公开成本过高的，可以通过电子数据以及其他适当形式提供，或者安排申请人查阅、抄录相关政府信息。

［例］2013 年 1 月 28 日，石家庄市如果爱婚姻服务有限公司（以下简称"如果爱公司"）请求中华人民共和国民政部（以下简称"民政部"）向其书面公开中国婚姻家庭研究会的社会团体登记资料、年检资料、社会团体法人登记证书及对中国婚姻家庭研究会涉嫌欺诈行为的查处结果。民政部接到如果爱公司的申请后，未在法定的 15 日期限内作出答复。在行政复议期间，民政部于 2013 年 4 月 26 日向申请人作出《政府信息告知书》。如果爱公司不服，提起行政诉讼。

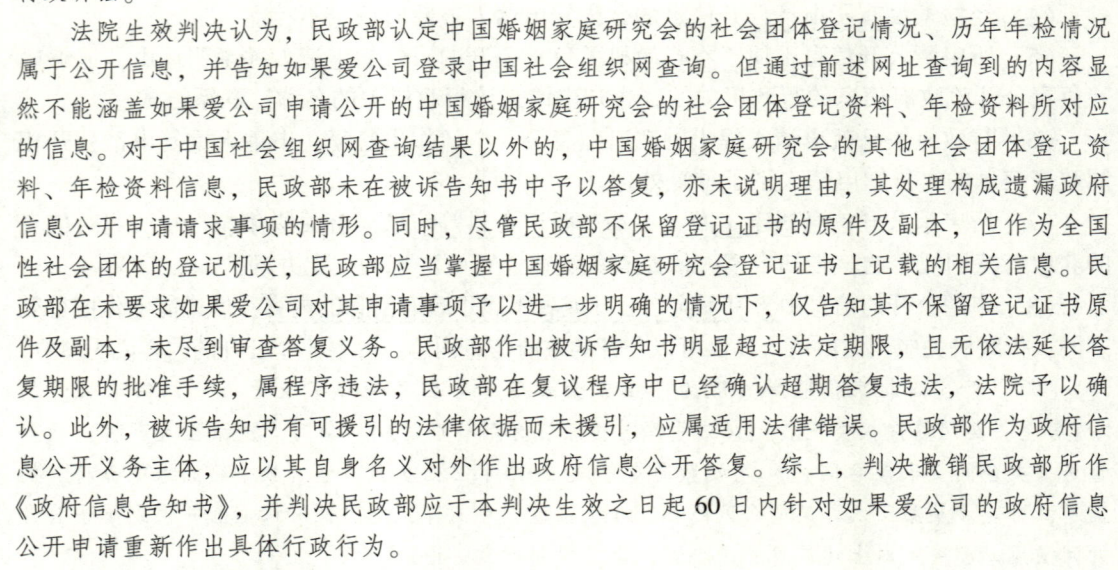

法院生效判决认为，民政部认定中国婚姻家庭研究会的社会团体登记情况、历年年检情况属于公开信息，并告知如果爱公司登录中国社会组织网查询。但通过前述网址查询到的内容显然不能涵盖如果爱公司申请公开的中国婚姻家庭研究会的社会团体登记资料、年检资料所对应的信息。对于中国社会组织网查询结果以外的，中国婚姻家庭研究会的其他社会团体登记资料、年检资料信息，民政部未在被诉告知书中予以答复，亦未说明理由，其处理构成遗漏政府信息公开申请请求事项的情形。同时，尽管民政部不保留登记证书的原件及副本，但作为全国性社会团体的登记机关，民政部应当掌握中国婚姻家庭研究会登记证书上记载的相关信息。民政部在未要求如果爱公司对其申请事项予以进一步明确的情况下，仅告知其不保留登记证书原件及副本，未尽到审查答复义务。民政部作出被诉告知书明显超过法定期限，且无依法延长答复期限的批准手续，属程序违法，民政部在复议程序中已经确认超期答复违法，法院予以确认。此外，被诉告知书有可援引的法律依据而未援引，应属适用法律错误。民政部作为政府信息公开义务主体，应以其自身名义对外作出政府信息公开答复。综上，判决撤销民政部所作《政府信息告知书》，并判决民政部应于本判决生效之日起 60 日内针对如果爱公司的政府信息公开申请重新作出具体行政行为。

（四）特殊申请处理

1. 频繁申请（申请人申请公开政府信息的数量、频次明显超过合理范围）的处理

（1）行政机关可以要求申请人说明理由：①行政机关认为申请理由不合理的，告知申请人不予处理；②行政机关认为申请理由合理，但是无法在规定期限内答复申请人的，可以确定延迟答复的合理期限并告知申请人。

（2）行政机关可以收取信息处理费。行政机关依申请提供政府信息，不收取费用。但是，申请人申请公开政府信息的数量、频次明显超过合理范围的，行政机关可以收取信息

处理费。

[例] 原告徐某某与傅某系夫妻关系。2000年11月16日，原告徐某某在骑摩托车载货贩运时，遭一辆出租车追尾发生交通事故，造成徐某某身体伤害。被告市北交警大队依法作出第200002123号《道路交通事故责任认定书》，认定原告承担事故主要责任，事故对方承担次要责任。针对该《道路交通事故责任认定书》，原告已向市交警支队申请过复核，市交警支队作出（2000）第406号《道路交通事故责任重新认定决定书》维持了被告作出的《道路交通事故责任认定书》。而且该《道路交通事故责任认定书》已在原告与事故对方的民事诉讼中为法院所采信，法院判决早已生效，原告也在2014年到被告处复印了该《道路交通事故责任认定书》中的全部证据材料。

> **魏语绸缪**
>
> 行政机关依申请公开政府信息，一般情况下不得要求申请人说明理由和不收取费用，但申请人频繁申请的情况除外。

据法院不完全统计，原告自2014年之后围绕其2000年发生的交通事故及道路交通事故责任认定问题，向被告及市交警支队提出了60余次政府信息公开申请，并在市北区、市南区法院提起30余次政府信息公开诉讼。

法院生效判决认为，原告最终目的是通过政府信息公开申请的方式向相关部门施加压力，表达自己的不满情绪，进而重新启动对2000年《道路交通事故责任认定书》、鉴定等相关问题的处理。实际上，对于原告2000年发生的交通事故，交警部门已经作出《道路交通事故责任认定书》，而且关于道路交通事故人身损害赔偿纠纷一案已历经一审、二审、发回重审及重审后二审，法院已于2009年作出终审判决，且就交通事故责任分配、医疗费用的争议等均作出生效裁判。对于原告就2000年交通事故反映的相关问题，被告及市交警支队已多次告知原告作出《道路交通事故责任认定书》的证据及依据，而且早已向其公开，原告客观上也已到被告处复制了《道路交通事故责任认定书》中保存的所有证据。对于道路交通事故责任认定结果有异议，原告也依法对《道路交通事故责任认定书》申请了复核。但原告仍然背离《政府信息公开条例》的立法目的，仅凭个人主观臆断，执意不断围绕交通事故责任认定，多次向不同行政部门不断提出政府信息公开申请，已经构成了申请政府信息公开权利的滥用，原告起诉已构成滥用诉权。据此，法院对原告的起诉不作实体审理，裁定驳回原告起诉。

2. 申请人要求对政府信息进行加工、分析的处理

行政机关向申请人提供的信息，应当是已制作或者获取的政府信息，需要行政机关对现有政府信息进行加工、分析的，行政机关可以<u>不予提供</u>。

3. 申请人以政府信息公开名义进行信访、投诉、举报的处理

申请人以政府信息公开申请的形式进行信访、投诉、举报等活动，行政机关应当告知申请人不作为政府信息公开申请处理，并可以告知通过<u>相应渠道</u>提出。

4. 申请人要求提供公开出版物的处理

申请人提出的申请内容为要求行政机关提供政府公报、报刊、书籍等公开出版物的，行政机关可以告知<u>获取的途径</u>。

5. 申请人要求更改政府信息的处理

（1）申请。公民、法人或者其他组织有证据证明行政机关提供的与其自身相关的政府信息记录不准确的，可以要求行政机关更正。

（2）处理：①有权更正的行政机关审核属实的，应当予以更正并告知申请人；②不属

于本行政机关职能范围的，行政机关可以转送有权更正的行政机关处理并告知申请人，或者告知申请人向有权更正的行政机关提出。

[例] 据 2016 年 9 月 27 日《钱江晚报》报道：两名男子出生在不同的省份，虽然生得男儿身，但是无论性格脾气，还是兴趣爱好都比较女性化。两人遂前往泰国的整形医院进行变性手术，回国后需要更改户籍性别。派出所的民警提出，必须有医院和公证部门出具的相关证明，才能修改户籍性别。两人前往医院开具了医疗诊断说明书，公证处对诊断书进行了文本相符公证。

经典真题

1. 某环保联合会对某公司提起环境民事公益诉讼，因在诉讼中需要该公司的相关环保资料，遂向县环保局提出申请公开该公司的排污许可证、排污口数量和位置等有关环境信息。申请书中载明了单位名称、住所地、联系人及电话并加盖了公章、获取信息的方式等。县环保局收到申请后，要求环保联合会提供申请人身份的证明材料。环保联合会提供了社会团体登记证复印件。县环保局以申请公开的内容不明确为由拒绝公开，该环保联合会遂提起行政诉讼。关于本案的信息公开申请及其处理，下列说法正确的是：（2017/2/97）[1]
   A. 环保联合会可采用数据电文形式提出信息公开
   B. 环保联合会不具有提出此信息公开申请的资格
   C. 县环保局有权要求环保联合会提供申请人身份的证明材料
   D. 县环保局认为申请内容不明确的，应告知环保联合会作出更改、补充

2. 某环保公益组织以一企业造成环境污染为由提起环境公益诉讼，后因诉讼需要，向县环保局申请公开该企业的环境影响评价报告、排污许可证信息。环保局以该组织无申请资格和该企业在该县有若干个基地，申请内容不明确为由拒绝公开。下列哪一说法是正确的？（2015/2/50）[2]
   A. 该组织提出申请时应出示其负责人的有效身份证明
   B. 该组织的申请符合根据自身生产、生活、科研等特殊需要要求，环保局认为其无申请资格不成立
   C. 对该组织的申请内容是否明确，环保局的认定和处理是正确的
   D. 该组织所申请信息属于依法不应当公开的信息

三、政府信息公开的监督与救济

政府信息公开的监督与救济是信息公开制度中的重要内容。

---

[1] AC。信息公开申请的书面形式包括数据电文形式，故 A 选项说法正确；环保联合会具有申请公开该公司的排污许可证、排污口数量和位置等有关环境信息的申请资格，故 B 选项说法错误；政府信息公开申请应当包括申请人的身份证明，故 C 选项说法正确；如县环保局认为环保联合会申请内容不明确，应当给予指导和释明，并自收到申请之日起 7 个工作日内一次性告知申请人作出补正，故 D 选项说法错误。

[2] B。申请人为组织，而不是该组织的负责人，故 A 选项要求该组织提供其负责人的有效身份证明的说法是错误的；环保公益组织具有申请人资格，故 B 选项说法正确；对于申请内容不明确的，行政机关应当给予指导和释明，并一次性告知申请人作出补正，而不是拒绝公开，故 C 选项说法错误；环保公益组织所申请的信息不属于不公开的信息，故 D 选项说法错误。

考核评议	各级政府应当建立健全政府信息公开工作考核制度、社会评议制度和责任追究制度。
年度报告	县级以上人民政府部门在每年1月31日前（县级以上地方人民政府在每年3月31日前）向社会公布本机关上一年度政府信息公开工作年度报告。
监督	（1）政府信息公开工作主管部门对行政机关未按照要求开展政府信息公开工作的，予以督促整改或者通报批评；需要对相关人员追究责任的，依法向有权机关提出处理建议。 （2）公民、法人或者其他组织认为行政机关未按照要求主动公开政府信息或者对政府信息公开申请不依法答复处理的，可以向政府信息公开工作主管部门提出。政府信息公开工作主管部门查证属实的，应当予以督促整改或者通报批评。
救济	公民、法人或者其他组织认为行政机关在政府信息公开工作中侵犯其合法权益的，可以向上一级行政机关或者政府信息公开工作主管部门投诉、举报，也可以申请行政复议或者提起行政诉讼。

[例] 政府信息公开示例如下：

浙江省财政厅政府信息公开指南（节选）

五、监督和救济

公民、法人或者其他组织认为本机关未依法履行政府信息公开义务的，可以向上一级行政机关投诉或举报。也可以按照《浙江省人民政府办公厅关于建设统一政务咨询投诉举报平台的指导意见》（浙政办发〔2015〕127号）规定，在浙江政务服务网的"统一政务咨询投诉举报平台"（http://zxts.zjzwfw.gov.cn）上进行投诉和举报。

公民、法人或者其他组织认为本机关在政府信息公开中的具体行政行为侵犯其合法利益的，可以依法申请行政复议或者提起行政诉讼，即可以在接到答复文书之日起60日内依法向浙江省人民政府或中华人民共和国财政部申请行政复议，或者在接到答复文书之日起6个月内依法向杭州市西湖区人民法院提起行政诉讼。

经典真题

《政府采购法》规定，对属于地方预算的政府采购项目，其集中采购目录由省、自治区、直辖市政府或其授权的机构确定并公布。张某在浏览某省财政厅网站时未发现该省政府集中采购项目目录，在通过各种方法均未获得该目录后，于2013年2月25日向省财政厅提出公开申请。财政厅答复，政府集中采购项目目录与张某的生产、生活和科研等特殊需要没有直接关系，拒绝公开。张某向省政府申请行政复议，要求认定省财政厅未主动公开目录违法，并责令其公开。省政府于4月10日受理，但在法定期限内未作出复议决定。张某不服，于6月18日以省政府为被告向法院提起诉讼。（2013/4/6）

问题：对于行政机关应当主动公开的信息未予公开的，应当如何监督？[1]

---

〔1〕 对于行政机关应当主动公开的信息未予公开的，《政府信息公开条例》第47条第2款规定，公民、法人或者其他组织认为行政机关未按照要求主动公开政府信息或者对政府信息公开申请不依法答复处理的，可以向政府信息公开工作主管部门提出。政府信息公开工作主管部门查证属实的，应当予以督促整改或者通报批评。

第四编
PART 4

行政救济法

第十讲 行政复议

10

应试指导

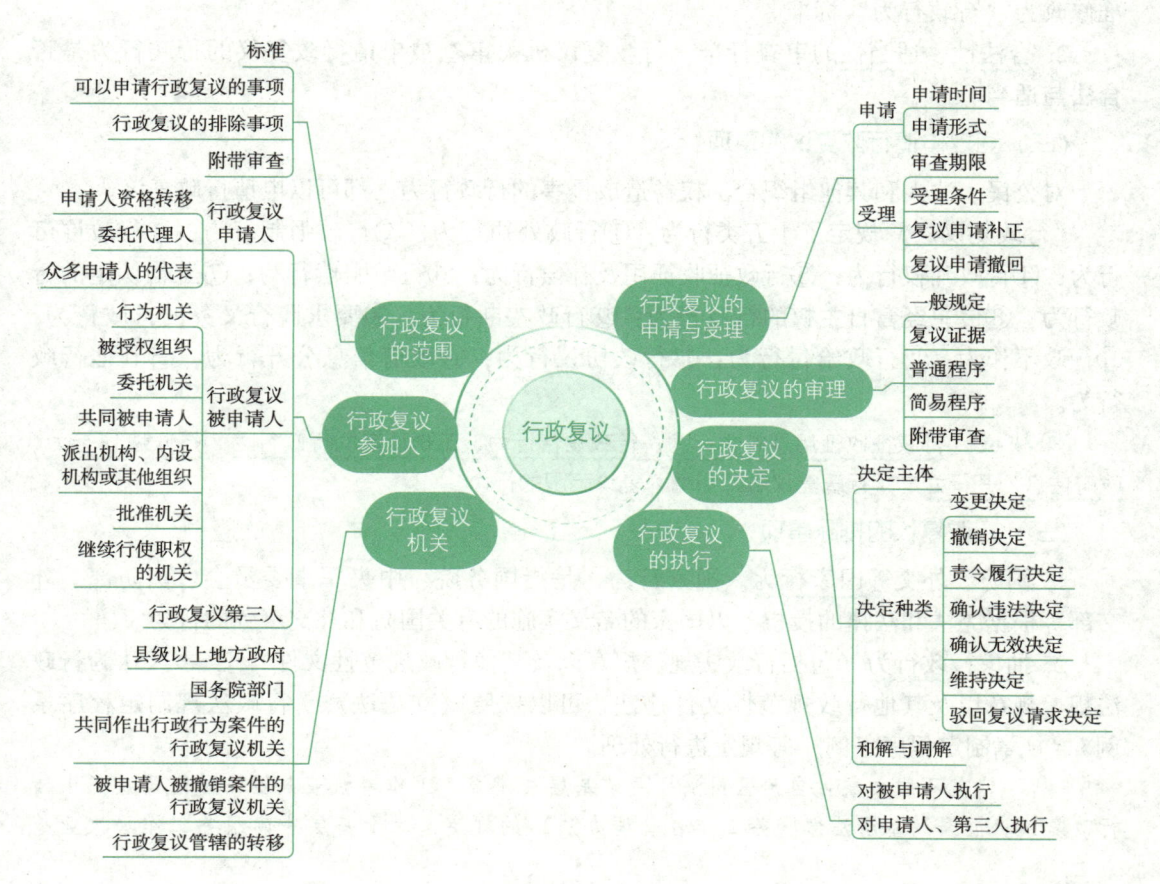

行政复议和行政诉讼都属于典型的"民告官"行为，不同点在于行政复议是把下级行政机关告到上级行政机关，而行政诉讼是把行政机关告到法院。本讲是对行政复议制度的阐释，行政复议在考试中的题目类型是客观卷中的选择题和主观卷中的案例分析题，涉及的两部必读法律有：《行政复议法》和《行政复议法实施条例》。特别提示，《行政复议法》已由第十四届全国人民代表大会常务委员会第五次会议于2023年9月1日修订通过，修订后的《行政复议法》自2024年1月1日起施行，虽然修改和新增的内容已经在2024年进行了考查，但仍是2025年的考试重点。根据考试要求，本讲需要重点掌握行政复议的范围、行政复议的申请人与被申请人、行政复议机关以及行政复议的决定类型，难点是分析解决行政复议机关在受理复议申请和作出复议决定过程中的程序合法性问题。

行政复议

- **行政复议的范围**
  - 标准
  - 可以申请行政复议的事项
  - 行政复议的排除事项
  - 附带审查

- **行政复议参加人**
  - 行政复议申请人
    - 申请人资格转移
    - 委托代理人
    - 众多申请人的代表
  - 行政复议被申请人
    - 行为机关
    - 被授权组织
    - 委托机关
    - 共同被申请人
    - 派出机构、内设机构或其他组织
    - 批准机关
    - 继续行使职权的机关
  - 行政复议第三人

- **行政复议机关**
  - 县级以上地方政府
  - 国务院部门
  - 共同作出行政行为案件的行政复议机关
  - 被申请人被撤销案件的行政复议机关
  - 行政复议管辖的转移

- **行政复议的申请与受理**
  - 申请
    - 申请时间
    - 申请形式
  - 受理
    - 审查期限
    - 受理条件
    - 复议申请补正
    - 复议申请撤回

- **行政复议的审理**
  - 一般规定
  - 复议证据
  - 普通程序
  - 简易程序
  - 附带审查

- **行政复议的决定**
  - 决定主体
  - 决定种类
    - 变更决定
    - 撤销决定
    - 责令履行决定
    - 确认违法决定
    - 确认无效决定
    - 维持决定
    - 驳回复议请求决定
  - 和解与调解

- **行政复议的执行**
  - 对被申请人执行
  - 对申请人、第三人执行

行政复议，是指行政机关根据当事人的申请，按照行政复议程序对行政行为进行合法性和适当性审查，解决行政争议的活动。行政复议的法律性质：①行政复议是权利救济制度，对受到行政侵害的公民、法人和其他组织合法的权益提供法律救济；②行政复议是行政监督制度，上级行政机关可以维持、撤销或者改变下级行政机关的决定；③行政复议是行政行为制度，行政复议机关可以在行政复议决定中直接处理公民、法人或者其他组织的权利义务。

专题 25 行政复议的范围与主体

一、行政复议的范围

行政诉讼中，法院与被告行政机关之间是监督关系；行政复议中，复议机关与被申请人之间是领导关系。因此，行政复议审查的范围是大于行政诉讼的。

（一）确立行政复议范围的标准

1. 行政行为标准。公民、法人或者其他组织认为行政行为侵犯其合法权益的，可以向行政机关提出行政复议申请。2023年修订后的《行政复议法》将"具体行政行为"标准修改为"行政行为"标准。

2. 合法性、适当性的审查标准。行政复议机关审查被申请行政复议的行政行为是否合法与适当。

（二）可以申请行政复议的事项

对公民、法人和其他组织合法权益造成侵害的行政行为，都可以申请行政复议。

《行政复议法》规定了十五类行为：①行政处罚行为；②行政强制行为；③行政许可行为；④行政确权行为；⑤行政征收征用及补偿行为；⑥行政赔偿行为；⑦工伤认定的行政行为；⑧侵犯经营自主权的行政行为；⑨行政垄断行为；⑩要求履行义务的行政行为；⑪行政不作为；⑫行政给付行为；⑬行政协议行为；⑭政府信息公开行为；⑮其他行政行为。

注意：行政征收征用及补偿行为、行政赔偿行为、工伤认定的行政行为、行政协议行为、政府信息公开行为是《行政复议法》新增为复议范围的行为。

（三）行政复议的排除事项

1. 国防、外交等国家行为。国家行为，是指国务院、中央军事委员会、国防部、外交部等根据宪法和法律的授权，以国家的名义实施的有关国防和外交事务的行为。

2. 抽象行政行为（包括行政法规、规章以及其他行政规范性文件）。当事人认为行政法规、规章以及其他行政规范性文件违法，可以按照《立法法》《行政法规制定程序条例》《规章制定程序条例》等规定进行处理。

[例] 武某不服内蒙古自治区司法厅调整基层法律服务工作者执业范围，遂向司法部申请行政复议。根据《基层法律服务工作者管理办法》的规定，对于基层法律服务工作者执业范

围的调整，系内蒙古自治区司法厅根据本地区的实际情况进行行政裁量的事项，并非上述规章授权的强制行为，且无论内蒙古自治区司法厅是否按照上述规定实施了调整基层法律服务工作者执业范围的行为，其针对的主体均为不特定的对象，武某无权就该行为提起行政复议。武某提交的行政复议申请，不属于行政复议范围，司法部决定不予受理。

3. 行政机关对行政机关工作人员的奖惩、任免等决定。针对行政机关对行政机关工作人员的奖惩、任免等决定引起的争议，当事人可以按照法律、行政法规的规定提出申诉。这里所说的法律、行政法规，主要是指《公务员法》和《行政机关公务员处分条例》等。

4. 行政机关对民事纠纷作出的调解。针对行政机关对民事纠纷作出的调解引起的争议，当事人可以依法申请仲裁或者向法院提起民事诉讼。

［例］劳动部门对劳动争议的调解、公安部门对治安案件中民事侵权纠纷的调解，当事人对调解结果不服的，可以提起民事诉讼，但不能申请行政复议。

（四）行政复议中附带审查部分抽象行政行为

申请人在对具体行政行为申请复议的同时，可以对该行政行为所依据的部分抽象行政行为申请一并审查。

具体有以下三个要求：

1. 申请人申请审查抽象行政行为的附带要求。申请人直接对抽象行政行为申请复议，复议机关不受理，申请人对行政行为申请复议时才能附带申请审查抽象行政行为。

2. 申请人申请审查抽象行政行为的依据要求。抽象行政行为必须是被申请复议的行政行为的依据，若抽象行政行为不是行政行为的依据，申请人也不能对抽象行政行为申请附带审查。

3. 申请人申请审查抽象行政行为的范围要求。不是所有的抽象行政行为都能作为附带审查的对象，只有部分抽象行政行为可以，具体包括国务院部门的规范性文件，县级以上地方各级人民政府及其工作部门的规范性文件，乡、镇人民政府的规范性文件，法律、法规、规章授权的组织的规范性文件，即规章以下（不含规章）的行政规范性文件。

［例］2019 年 1 月 23 日，樵某通过电子平台检举反映某贸易有限公司涉嫌未缴相关税款。某区税务局对该公司未按规定开具发票的行为补征税款 168.21 元。樵某向该区税务局提出奖励要求。该区税务局对樵某作出奖励通知，根据《税收征收管理法》及《检举纳税人税收违法行为奖励暂行办法》（国家税务总局、财政部令第 18 号发布）的有关规定，决定颁发检举奖金人民币 1.84 元。樵某不服奖励通知，向市税务局申请行政复议，一并请求审查《检举纳税人税收违法行为奖励暂行办法》的合法性。市税务局作出复议决定变更奖金金额，但《检举纳税人税收违法行为奖励暂行办法》作为部门规章不属于附带审查的规范性文件范围，因此不予审查。

经典真题

某市交通管理局发布文件，规定对高速公路过往车辆征收过路费。徐某驾车路过被征收，认为属于乱收费，欲提起复议申请。下列选项中正确的是：（2000/2/57）[1]

---

［1］ ACD。行政征收行为属于行政复议范围，徐某可以直接对该征收行为提起行政复议；市交通管理局发布的

A. 徐某可以直接对该征收行为提起行政复议
B. 徐某可以针对该规范性文件要求复议审查
C. 徐某可以在申请复议征收行为时要求审查该规范性文件
D. 徐某不必经过复议，可以直接向法院提起行政诉讼

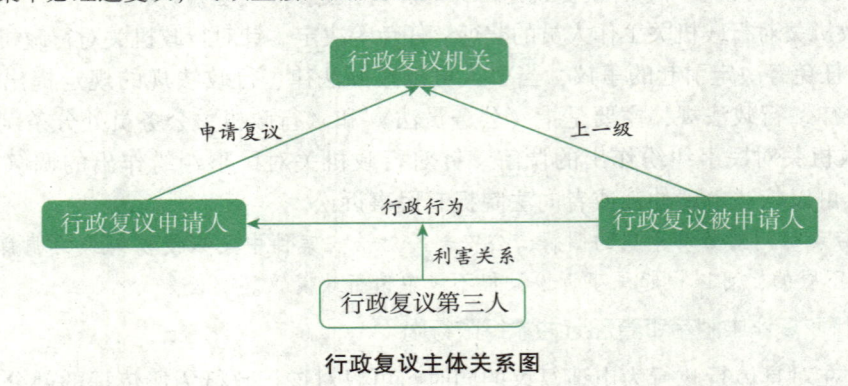

行政复议主体关系图

二、行政复议申请人

行政复议申请人，是指依法申请行政复议的公民、法人或者其他组织。

1. 申请人资格转移

公民死亡引起的申请权转移，由其近亲属承受。

法人或者其他组织终止引起的申请权转移，由承受其权利的法人或者其他组织承受。

2. 委托代理人

申请人可以委托1~2名律师、基层法律服务工作者或者其他代理人代为参加行政复议。

申请人委托代理人的，应当向行政复议机构提交授权委托书、委托人及被委托人的身份证明文件，授权委托书应当载明委托事项、权限和期限。

公民在特殊情况下无法书面委托的，可以口头委托。口头委托的，行政复议机构应当核实并记录在卷。

申请人解除或者变更委托的，应当书面报告行政复议机构。

3. 众多申请人的代表

同一行政复议案件申请人超过5人的，可以由申请人推选1~5名代表参加行政复议。

［例］ 区政府设立的临时机构基础设施建设指挥部认定有10户居民的小区自建围墙系违法建筑，指令街道办事处具体负责强制拆除。该10户居民对此决定不服申请行政复议，推选1~5名代表参加行政复议。

代表人参加行政复议的行为对其所代表的申请人发生效力，但是代表人变更行政复议请求、撤回行政复议申请、承认第三人请求的，应当经被代表的申请人同意。

三、行政复议被申请人

原则上，作出行政行为的行政机关为行政复议的被申请人，但有以下特殊情况：

文件作为行政规范性文件，徐某不能直接要求复议审查，但可以在申请复议征收行为时要求审查该规范性文件；本案不属于复议前置案件，徐某不必经过复议，可以直接向法院提起行政诉讼。

1. 授权行政案件。法律、法规、规章授权的组织作出行政行为的，被授权组织是被申请人。

2. 委托行政案件。行政机关委托的组织作出行政行为的，委托的行政机关是被申请人。

3. 共同作出行政行为的案件。2个以上行政机关以共同的名义作出同一行政行为的，共同作出行政行为的行政机关是被申请人。

4. 行政机关设立的派出机构、内设机构或者其他组织的案件。经法律、法规、规章授权，对外以自己名义作出行政行为的，派出机构、内设机构或者其他组织为被申请人；未经法律、法规、规章授权，对外以自己名义作出行政行为的，该行政机关为被申请人。

5. 经上级行政机关批准的案件。下级行政机关依照法律、法规、规章规定，经上级行政机关批准作出行政行为的，批准机关为被申请人。

6. 被申请人资格转移。作出行政行为的行政机关被撤销或者职权变更的，继续行使其职权的行政机关是被申请人。

[例] 苟某是某村村民，在该村拥有房屋。县政府设立的棚户区（城中村）改造指挥部作出《居民（农户）搬迁补偿安置方案》（以下简称《安置方案》）。县政府根据工作需要有设立行政机构的法定职权，棚户区（城中村）改造指挥部系县政府组建并赋予行政管理职能、完成政府交办的工作任务的机构。但该指挥部为临时机构，不具有独立承担法律责任的能力，故其以自己的名义作出的行政行为，应视为其组建机关县政府的行为。苟某不服棚户区（城中村）改造指挥部作出的《安置方案》，应当以县政府为被申请人向市政府申请行政复议。

四、行政复议第三人

行政复议第三人，是指申请人以外的、同被申请行政复议的行政行为或者行政复议案件处理结果有利害关系的公民、法人或者其他组织。设置第三人制度的目的是使同被申请复议的行政行为有关的法律争议得到统一解决，使合法权益受到侵害的公民、法人或者其他组织得到法律救济。

1. 第三人参加复议的途径

（1）申请人以外的公民、法人或者其他组织与被申请行政复议的行政行为或者行政复议案件处理结果有利害关系的，可以作为第三人申请参加行政复议；

（2）行政复议机构认为申请人以外的公民、法人或者其他组织与被申请行政复议的行政行为或者行政复议案件处理结果有利害关系的，通知其作为第三人参加行政复议。

2. 第三人的法律地位

（1）第三人可以委托1~2名代理人代为参加行政复议，委托的要求与申请人相同；

（2）第三人可以在行政复议中查阅有关材料，其要求与申请人相同；

（3）第三人不参加行政复议，不影响行政复议案件的审理；

（4）第三人不履行行政复议决定，复议决定强制执行的要求与申请人相同。

[例] 张某等24户是东庄村民组村民。2012年10月，县政府为东庄组核发了《林权证》，该证第五部分在林地四至的表述上将张某等24户持有《土地使用证》并使用的矿区用地包含在内。张某等24户向市政府申请行政复议，要求撤销县政府为东庄组核发的《林权证》第五

部分登记内容。市政府受理复议申请。东庄组作为行政复议第三人可以申请参加行政复议。

经典真题

关于行政复议第三人，下列哪一选项是错误的？（2009/2/45）[1]
A. 第三人可以委托1至2名代理人参加复议
B. 第三人不参加行政复议，不影响复议案件的审理
C. 复议机关应为第三人查阅有关材料提供必要条件
D. 第三人与申请人逾期不起诉又不履行复议决定的强制执行制度不同

五、行政复议机关

（一）县级以上地方政府作为复议机关——以政府管辖为原则，以部门管辖为例外

县级以上地方政府管辖的行政复议案件包括：

1. 对本级政府工作部门作出的行政行为不服的案件。

［例］对县政府工作部门——县市场监管局的行政行为不服的案件，由县政府作为复议机关；对市政府工作部门——市交通运输局的行政行为不服的案件，由市政府作为复议机关。

注意：县级以上地方各级政府办理以本级政府工作部门为被申请人的行政复议案件，应当将发生法律效力的行政复议决定书、意见书同时抄告被申请人的上一级主管部门。

2. 对下一级政府作出的行政行为不服的案件。

［例］对县政府的行政行为不服的案件，由市政府作为复议机关；对市政府的行政行为不服的案件，由省政府作为复议机关。

3. 对本级政府依法设立的派出机关作出的行政行为不服的案件。

［例］对省政府设立的派出机关——地区行政公署的行政行为不服的案件，由省政府作为复议机关；对区政府设立的派出机关——街道办事处的行政行为不服的案件，由区政府作为复议机关。

4. 对本级政府或者其工作部门管理的法律、法规、规章授权的组织作出的行政行为不服的案件。

［例］对省政府管理的省属高校的退学处理决定不服的案件，由省政府作为复议机关；对省政府工作部门——省教育厅管理教育考试院的行政行为不服的案件，由省政府作为复议机关。

5. 省、自治区、直辖市政府管辖对本机关作出的行政行为不服的案件——自我复议。

［例］对省政府的行政行为不服的案件，由省政府作为复议机关；对直辖市政府的行政行为不服的案件，由直辖市政府作为复议机关。

注意：对省、自治区、直辖市政府作出的行政复议决定不服的，可以向法院提起行政诉讼；也可以向国务院申请裁决，国务院作出最终裁决。

6. 对县级以上地方政府工作部门依法设立的派出机构依法作出的行政行为不服的案件。

对县级以上地方各级政府工作部门依法设立的派出机构依照法律、法规、规章规定，

---

[1] D。第三人可以委托1~2名代理人参加行政复议；第三人不参加行政复议，不影响行政复议案件的审理；行政复议机关应当为第三人查阅有关材料提供必要条件；第三人与申请人逾期不起诉又不履行复议决定的强制执行制度相同。

以派出机构的名义作出的行政行为不服的行政复议案件，由本级政府管辖。

◎注意：对直辖市、设区的市政府工作部门按照行政区划设立的派出机构作出的行政行为不服的，既可以由直辖市、设区的市政府管辖，也可以由派出机构所在地的政府管辖。

［例］对县政府工作部门——县公安局设立的派出所作出的治安罚款不服的案件，由县政府作为复议机关；对设区的市政府工作部门——市水利局按照行政区划设立的派出机构——海陵区分局作出的行政行为不服的案件，可以由市政府作为复议机关，也可以由区政府作为复议机关。

1 | **例外1：垂直复议——上一级部门**
对海关、金融、外汇管理等实行垂直领导的行政机关、税务和国家安全机关的行政行为不服的，向上一级主管部门申请行政复议。
［例］对市国家安全局的行政行为不服的案件，由省国家安全厅作为复议机关。

2 | **例外2：选择复议——本级政府或者上一级部门**
对履行行政复议机构职责的地方政府司法行政部门的行政行为不服的，可以向本级政府申请行政复议，也可以向上一级司法行政部门申请行政复议。
［例］对履行行政复议机构职责的县政府司法行政部门——县司法局的行政行为不服的案件，可以由县政府作为复议机关，也可以由市司法局作为复议机关。

（二）国务院部门作为复议机关

国务院部门管辖的行政复议案件包括：

1. 对本部门作出的行政行为不服的案件——自我复议。

［例］对公安部作出的行政行为不服的案件，由公安部作为复议机关。

◎注意：对国务院部门作出的行政复议决定不服的，可以向人民法院提起行政诉讼；也可以向国务院申请裁决，国务院作出最终裁决。

2. 对本部门依法设立的派出机构依照法律、行政法规、部门规章规定，以派出机构的名义作出的行政行为不服的案件。

［例］对水利部的派出机构——长江水利委员会作出的行政行为不服的案件，由水利部作为复议机关。

3. 对本部门管理的法律、行政法规、部门规章授权的组织作出的行政行为不服的案件。

［例］对教育部管理的组织——教育部考试中心作出的行政行为不服的案件，由教育部作为复议机关。

（三）共同作出行政行为案件的行政复议机关

对2个或者2个以上行政机关以共同的名义作出的行政行为不服的案件，由共同上一级行政机关作为行政复议机关。但是对2个以上国务院部门共同作出的行政行为不服的案件，由作出行政行为的国务院部门作为复议机关共同作出行政复议决定。

［例］被申请人是省公安厅和省交通运输厅，省政府是复议机关；被申请人是公安部和交通运输部，国务院不是复议机关，公安部和交通运输部是共同复议机关。

（四）被申请人被撤销案件的行政复议机关

对被撤销的行政机关在被撤销前所作出的行政行为不服的案件，由继续行使其职权的行政机关的上一级行政机关作为复议机关。

（五）行政复议管辖的转移

上级行政复议机关根据需要，可以审理下级行政复议机关管辖的行政复议案件。下级行政复议机关对其管辖的行政复议案件，认为需要由上级行政复议机关审理的，可以报请上级行政复议机关决定。

> **命题陷阱**
>
> 1. 行政复议机关与行政复议机构的区分
>
> 行政复议机关是以自己名义处理行政争议、作出行政复议决定并对此承担责任的行政机关；行政复议机构是代表行政复议机关具体办理行政复议事项的机构，为行政复议机关负责法制工作的机构。
>
> 2. 自我行政复议决定的救济
>
> 对省、自治区、直辖市政府和国务院部门的自我行政复议决定不服的，可以提起行政诉讼；也可以向国务院申请裁决，国务院作出的裁决为最终裁决。

> **经典真题**
>
> 甲市乙区公安分局所辖派出所以李某制造噪声干扰他人正常生活为由，处以500元罚款。李某不服申请复议。下列哪些机关可以成为本案的复议机关？（2011/2/84）[1]
>
> A. 乙区公安分局　　　　　　　　B. 乙区政府
> C. 甲市公安局　　　　　　　　　D. 甲市政府

专题 26　行政复议的申请与受理

一、行政复议的申请

（一）申请时间

1. 申请期限。根据《行政复议法》的规定，可以在60日内申请行政复议，法律规定超过60日的除外。

［例］《集会游行示威法》第13条规定，集会、游行、示威的负责人对主管机关不许可的决定不服的，可以自接到决定通知之日起3日内，向同级人民政府申请复议，人民政府应当自接到申请复议书之日起3日内作出决定。由于《集会游行示威法》规定的申请复议期限少于60日，不能除外，因此，集会、游行、示威的负责人对主管机关不许可的决定不服的，申请复议的期限应当适用60日的规定。

2. 申请期限的起算。申请期限应当自申请人知道或者应当知道该行政行为之日起计算。

---

[1] B（司法部原答案为AB）。李某对乙区公安分局设立的派出所依照《治安管理处罚法》的规定以派出所自己的名义作出的500元罚款不服申请复议的，应当向乙区公安分局所在的本级政府即乙区政府申请复议。

◉ **注意 1**：行政机关作出行政行为时，未告知公民、法人或者其他组织申请行政复议的权利、行政复议机关和申请期限的，申请期限自公民、法人或者其他组织知道或者应当知道申请行政复议的权利、行政复议机关和申请期限之日起计算，但是自知道或者应当知道行政行为内容之日起最长不得超过 1 年。

◉ **注意 2**：行政机关作出行政行为时，公民、法人或者其他组织不知道行政行为的，申请期限应当自申请人知道或者应当知道该行政行为之日起计算。因不动产提出的行政复议申请自行政行为作出之日起超过 20 年，其他行政复议申请自行政行为作出之日起超过 5 年的，行政复议机关不予受理。

（二）申请形式

申请人申请行政复议，可以书面申请；书面申请有困难的，也可以口头申请。

书面申请	口头申请
书面申请的，可以通过邮寄或者行政复议机关指定的互联网渠道等方式提交行政复议申请书，也可以当面提交行政复议申请书。行政机关通过互联网渠道送达行政行为决定书的，应当同时提供提交行政复议申请书的互联网渠道。	口头申请的，行政复议机关应当当场记录申请人的基本情况、行政复议请求、申请行政复议的主要事实、理由和时间。

◉ **注意**：对当场作出或者依据电子技术监控设备记录的违法事实作出的行政处罚决定不服申请行政复议的，可以通过作出行政处罚决定的行政机关提交行政复议申请。行政机关收到行政复议申请后，应当及时处理；认为需要维持行政处罚决定的，应当自收到行政复议申请之日起 5 日内转送行政复议机关。

二、行政复议的受理

（一）审查期限

行政复议机关收到行政复议申请后，应当在 5 日内进行审查。

◉ **注意**：行政复议申请的审查期限届满，行政复议机关未作出不予受理决定的，审查期限届满之日起视为受理。

（二）受理条件

行政复议机关应当予以受理的条件：①有明确的申请人和符合规定的被申请人；②申请人与被申请行政复议的行政行为有利害关系；③有具体的行政复议请求和理由；④在法定申请期限内提出；⑤属于行政复议范围；⑥属于复议机关管辖范围；⑦行政复议机关未受理过该申请人就同一行政行为提出的行政复议申请，并且人民法院未受理过该申请人就同一行政行为提起的行政诉讼。

◉ **注意 1**：对不符合受理条件的，行政复议机关应当在审查期限内决定不予受理并说明理由；不属于本机关管辖的，还应当在不予受理决定中告知申请人有管辖权的行政复议机关。

◉ **注意 2**：行政复议机关受理行政复议申请后，发现不符合受理条件的，应当决定驳回申请并说明理由。

[提示] 行政复议机关受理行政复议申请，不得向申请人收取任何费用。

(三)复议申请补正

1. 行政复议机关通知补正。行政复议申请材料不齐全或者表述不清楚,无法判断行政复议申请是否符合受理条件的,行政复议机关应当自收到申请之日起5日内书面通知申请人补正。补正通知应当一次性载明需要补正的事项。

2. 申请人提交补正材料。申请人应当自收到补正通知之日起10日内提交补正材料。

(四)复议申请撤回

1. 撤回的条件

(1) 申请人提出撤回的申请并说明理由。

(2) 撤回必须出自申请人的真实意愿。如果发现撤回申请有强迫、动员等违背申请人真实意愿的情形,行政复议机关可以不准许撤回申请。

2. 撤回的时间:申请被受理以后、复议决定作出以前。

3. 撤回的效果

(1) 终止正在进行的行政复议,行政复议机关可以采用制作裁决书或者记录在案的方法,予以同意并终结行政复议;

(2) 申请人撤回行政复议申请的,不得再以同一事实和理由提出行政复议申请,但申请人能够证明撤回行政复议申请违背其真实意思表示的除外;

(3) 只要不属于复议前置的案件,在法定起诉期限内仍可对原具体行政行为提起行政诉讼。

[例] 2011年5月20日,陈某以某市政府为被申请人向某省政府申请行政复议,并将某房地产公司作为行政复议第三人。陈某以其土地使用权受到侵犯为由,要求撤销该市政府将091号地块的国有建设用地使用权招标出让给该房地产公司的行政行为。后陈某自愿撤回行政复议申请,该省政府于2011年6月23日作出《行政复议终止决定书》,本案行政复议终止。在陈某自愿撤回复议申请后,其不得再以同一事实和理由申请行政复议。本案属于"行政复议为行政诉讼必经前置程序"的情形,若陈某撤回复议申请后直接提起行政诉讼,法院应以"法律法规规定行政复议为提起诉讼必经程序而未申请复议"为由,不予受理。

经典真题

甲市乙区政府决定征收某村集体土地100亩。该村50户村民不服,申请行政复议。下列哪一说法是错误的?(2013/2/50)[1]

A. 申请复议的期限为30日

B. 村民应推选1至5名代表参加复议

C. 甲市政府为复议机关

D. 如要求申请人补正申请材料,应在收到复议申请之日起5日内书面通知申请人

---

[1] A.《土地管理法》没有对征收土地决定规定特别的复议申请期限,因此,50户村民申请复议的期限为60日。故A选项错误,当选。50户村民作为复议申请人超过了5人,应推选1~5名代表参加复议;甲市乙区政府是被申请人,复议机关就是乙区政府的上一级政府——甲市政府;为了保护申请人的权利,行政复议机关要求申请人补正申请材料,应自收到复议申请之日起5日内书面通知申请人。故B、C、D选项正确,不当选。

专题 27　行政复议的审理

一、一般规定

（一）审理依据

1. 行政复议机关依照法律、法规、规章审理行政复议案件。
2. 行政复议机关审理民族自治地方的行政复议案件，同时依照该民族自治地方的自治条例和单行条例。

（二）复议中止

行政复议期间有下列情形之一的，行政复议中止：

1. 作为申请人的公民死亡，其近亲属尚未确定是否参加行政复议。
2. 作为申请人的公民丧失参加行政复议的行为能力，尚未确定法定代理人参加行政复议。
3. 作为申请人的公民下落不明。
4. 作为申请人的法人或者其他组织终止，尚未确定权利义务承受人。
5. 申请人、被申请人因不可抗力或者其他正当理由，不能参加行政复议。
6. 依法进行调解、和解，申请人和被申请人同意中止。
7. 行政复议案件涉及的法律适用问题需要有权机关作出解释或者确认。
8. 行政复议案件审理需要以其他案件的审理结果为依据，而其他案件尚未审结。
9. 处理被申请行政行为依据的有关规范性文件或者其他依据的附带审查申请。

注意：行政复议中止的原因消除后，应当及时恢复行政复议案件的审理。行政复议机关中止、恢复行政复议案件的审理，应当书面告知当事人。

（三）复议终止

行政复议期间有下列情形之一的，行政复议机关决定终止行政复议：

1. 申请人撤回行政复议申请，行政复议机构准予撤回。
2. 作为申请人的公民死亡，没有近亲属或者其近亲属放弃行政复议权利。
3. 作为申请人的法人或者其他组织终止，没有权利义务承受人或者其权利义务承受人放弃行政复议权利。
4. 申请人对行政拘留或者限制人身自由的行政强制措施不服申请行政复议后，因同一违法行为涉嫌犯罪，被采取刑事强制措施。
5. 依法中止行政复议满 60 日，行政复议中止的原因仍未消除。

注意：为促使行政争议的尽快解决，在行政复议期间被申请人可以改变原行政行为。原则上不影响行政复议案件的审理，例外情况下行政复议终止：

1. 申请人接受改变原行政行为的后果，撤回行政复议申请并获得行政复议机关的同意的，行政复议终止。[适用第 1 种情形]
2. 申请人对行政拘留或者限制人身自由的行政强制措施不服申请行政复议后，因申请人同一违法行为涉嫌犯罪，该行政拘留或者限制人身自由的行政强制措施变更为刑事拘留的，行政复议终止。

[适用第4种情形]

[例] 2020年6月5日，房东田某与转租租客陈某就房屋租赁问题进行交涉，后发生肢体冲突。某公安分局根据《治安管理处罚法》第43条第1款的规定，决定对陈某行政拘留5日。陈某申请行政复议，在复议案件审理过程中，该公安分局根据《刑事诉讼法》第112条的规定，对陈某涉嫌寻衅滋事进行刑事拘留，行政复议程序终止。

（四）在行政复议期间行政行为的执行

行政复议期间，行政行为以不停止执行为原则，停止执行为例外。行政复议期间行政行为应当停止执行的情形有：①被申请人认为需要停止执行；②行政复议机关认为需要停止执行；③申请人、第三人申请停止执行，行政复议机关认为其要求合理，决定停止执行；④法律、法规、规章规定停止执行的其他情形。

原则上，在行政复议期间行政行为不停止执行。实行不停止执行制度的原因之一是及时制止违法行为对社会的危害。当然，停止执行也只是暂缓执行。

[例1]《行政处罚法》第73条第1、2款规定，当事人对行政处罚决定不服，申请行政复议或者提起行政诉讼的，行政处罚不停止执行，法律另有规定的除外。当事人对限制人身自由的行政处罚决定不服，申请行政复议或者提起行政诉讼的，可以向作出决定的机关提出暂缓执行申请。符合法律规定情形的，应当暂缓执行。

[例2] 某县市场监督管理局认定某公司用超保质期的食品原料生产食品，根据《食品安全法》的规定对其处以5万元罚款。该公司不服，向县政府申请行政复议。行政复议期间，该公司申请停止执行罚款决定，县政府认为其要求合理，决定停止执行。

二、复议证据

（一）证据种类

行政复议证据包括：①书证；②物证；③视听资料；④电子数据；⑤证人证言；⑥当事人的陈述；⑦鉴定意见；⑧勘验笔录、现场笔录。以上证据经行政复议机构审查属实，才能作为认定行政复议案件事实的根据。

（二）当事人举证

1. **被申请人举证**。被申请人对其作出的行政行为的合法性、适当性负有举证责任。

原则	例外
行政复议期间，被申请人不得自行向申请人和其他有关单位或者个人收集证据；自行收集的证据不作为认定行政行为合法性、适当性的依据。	行政复议期间，申请人或者第三人提出被申请行政复议的行政行为作出时没有提出的理由或者证据的，经行政复议机构同意，被申请人可以补充证据。

[提示] 被申请人未在法定期限内提出书面答复、提交作出行政行为的证据、依据和其他有关材料的，视为该行政行为没有证据、依据，但是行政行为涉及第三人合法权益，

第三人提供证据的除外。

2. 申请人举证。申请人应当提供证据的两种情形：

（1）认为被申请人不履行法定职责的，提供曾经要求被申请人履行法定职责的证据，但是被申请人应当依职权主动履行法定职责或者申请人因正当理由不能提供的除外；

（2）提出行政赔偿请求的，提供受行政行为侵害而造成损害的证据，但是因被申请人原因导致申请人无法举证的，由被申请人承担举证责任。

（三）行政复议机关调查取证

行政复议机关有权向有关单位和个人调查取证，查阅、复制、调取有关文件和资料，向有关人员进行询问。

调查取证时，行政复议人员不得少于 2 人，并应当出示行政复议工作证件。

[提示] 行政复议期间，申请人、第三人及其委托代理人可以按照规定查阅、复制被申请人提出的书面答复、作出行政行为的证据、依据和其他有关材料，除涉及国家秘密、商业秘密、个人隐私或者可能危及国家安全、公共安全、社会稳定的情形外，行政复议机构应当同意。

三、普通程序

（一）被申请人答复

行政复议机构应当自行政复议申请受理之日起 7 日内，将行政复议申请书副本或者行政复议申请笔录复印件发送被申请人。被申请人应当自收到行政复议申请书副本或者行政复议申请笔录复印件之日起 10 日内，提出书面答复，并提交作出行政行为的证据、依据和其他有关材料。

（二）审理方式

1. 听取意见

行政复议机构应当当面或者通过互联网、电话等方式听取当事人的意见，并将听取的意见记录在案。因当事人原因不能听取意见的，可以书面审理。

2. 听证

（1）适用范围。审理重大、疑难、复杂的行政复议案件，行政复议机构应当组织听证。行政复议机构认为有必要听证，或者申请人请求听证的，行政复议机构可以组织听证。

（2）听证主持人与听证员。听证由 1 名行政复议人员任主持人，2 名以上行政复议人员任听证员，1 名记录员制作听证笔录。

（3）听证通知。行政复议机构组织听证的，应当于举行听证的 5 日前将听证的时间、地点和拟听证事项书面通知当事人。

（4）申请人参加听证。申请人无正当理由拒不参加听证的，视为放弃听证权利。

（5）被申请人参加听证。被申请人的负责人应当参加听证。不能参加的，应当说明理由并委托相应的工作人员参加听证。

（6）听证笔录地位。经过听证的行政复议案件，行政复议机关应当根据听证笔录、审查认定的事实和证据，作出行政复议决定。

3. 行政复议委员会提出咨询意见

（1）适用范围。审理行政复议案件涉及下列情形之一的，行政复议机构应当提请行政复议委员会提出咨询意见：①案情重大、疑难、复杂；②专业性、技术性较强；③省、自治区、直辖市人民政府管辖对本机关作出的行政行为不服的行政复议案件；④行政复议机构认为有必要。

（2）地位。行政复议机构应当记录行政复议委员会的咨询意见。行政复议机关应当将咨询意见作为作出行政复议决定的重要参考依据。

注意：听证笔录与咨询意见在行政复议决定中的地位不同：听证笔录是作出行政复议决定的依据，咨询意见是作出行政复议决定的重要参考依据。

（三）审理期限

1. 一般期限。行政复议机关应当自受理申请之日起 60 日内作出行政复议决定；但是法律规定的行政复议期限少于 60 日的除外。

[例]《集会游行示威法》第 13 条规定，集会、游行、示威的负责人对主管机关不许可的决定不服的，可以自接到决定通知之日起 3 日内，向同级人民政府申请复议，人民政府应当自接到申请复议书之日起 3 日内作出决定。由于《集会游行示威法》规定的复议决定期限少于 60 日，可以除外，因此，人民政府作出复议决定的期限应当适用 3 日的规定。

2. 特殊期限。情况复杂，不能在规定期限内作出行政复议决定的，经行政复议机构的负责人批准，可以适当延长，并书面告知当事人；但是延长期限最多不得超过 30 日。

注意：行政复议申请期限和行政复议决定期限的区别：
（1）行政复议申请期限为知道该行政行为之日起 60 日，法律规定超过 60 日的除外；
（2）行政复议决定期限为受理行政复议申请之日起 60 日，法律规定少于 60 日的除外。

四、简易程序

（一）适用范围

1. 法定可适用。行政复议机关审理下列行政复议案件，认为事实清楚、权利义务关系明确、争议不大的，可以适用简易程序：①被申请行政复议的行政行为是当场作出；②被申请行政复议的行政行为是警告或者通报批评；③案件涉及款额 3000 元以下；④属于政府信息公开案件。

2. 约定可适用。其他行政复议案件，当事人各方同意适用简易程序的，可以适用简易程序。

（二）程序简易性

1. 被申请人答复期限。适用简易程序审理的行政复议案件，行政复议机构应当自受理行政复议申请之日起 3 日内，将行政复议申请书副本或者行政复议申请笔录复印件发送被申请人。被申请人应当自收到行政复议申请书副本或者行政复议申请笔录复印件之日起 5 日内，提出书面答复，并提交作出行政行为的证据、依据和其他有关材料。

2. 审理方式。适用简易程序审理的行政复议案件，可以书面审理。

3. 程序转换。适用简易程序审理的行政复议案件，行政复议机构认为不宜适用简易程序的，经行政复议机构的负责人批准，可以转为普通程序审理。

（三）审理期限

行政复议机关应当自受理申请之日起 30 日内作出行政复议决定。

行政复议审理之普通程序与简易程序的比较

	普通程序	简易程序
适用范围	原　则	例　外
转送期限	7 日	3 日
答复期限	10 日	5 日
审理方式	听取意见	可以书面审理
审理期限	60 日	30 日

五、附带审查

对行政复议审理程序中涉及的有关规范性文件和依据的处理有两个方面：
1. 根据申请人提出的申请对有关规范性文件进行的审查处理。
2. 依职权发现依据不合法进行的处理。

（一）处理程序

适用前提	行政复议机关有权处理	行政复议机关无权处理		备　注
		7 日内按照法定程序转送给	接受机关的处理期限	
申请人一并提出审查申请（依申请）	30 日内依法处理	有权处理的行政机关	自收到转送之日起 60 日内，将处理意见回复转送的行政复议机关	处理期间，中止审查行政行为
申请人没有一并提出或依法不能提出审查申请（依职权）		有权处理的国家机关		

[例] 某省会市的市场监督管理局对违法占道经营的商家甲依据省政府的规章和该市市场监督管理局的规定作出了暂扣营业执照和罚款的处罚，甲不服，向市政府申请复议，并申请审查该市市场监督管理局的规定。市政府在审查的过程中，发现不仅该市市场监督管理局的规定不合法，而且省政府的规章也有某些规定可能不合法。该市市场监督管理局的规定是依申请审查，由于市政府有权处理，市政府应在 30 日内对该市市场监督管理局的规定进行处理。省政府的规章是依职权审查，但市政府无权处理，因此市政府应在 7 日内将省政府的规章按程序转送有权机关处理。

（二）听取意见

行政复议机关有权处理有关规范性文件或者依据的，行政复议机构应当自行政复议中止之日起 3 日内，书面通知规范性文件或者依据的制定机关就相关条款的合法性提出书面答复。制定机关应当自收到书面通知之日起 10 日内提交书面答复及相关材料。

行政复议机构认为必要时，可以要求规范性文件或者依据的制定机关当面说明理由，制定机关应当配合。

(三) 处理结果

行政复议机关有权处理有关规范性文件或者依据，认为相关条款合法的，在行政复议决定书中一并告知；认为相关条款超越权限或者违反上位法的，决定停止该条款的执行，并责令制定机关予以纠正。

经典真题

1. 刘某对市辖区土地局依据省国土资源厅的规定作出的一项行政处理决定不服提起行政复议，同时要求审查该规定的合法性。在此情况下，下列哪些说法是正确的？（2002/2/72）[1]
   A. 市政府作为复议机关无权对省国土资源厅的规定进行处理
   B. 区政府作为复议机关应当将省国土资源厅的规定转送市政府处理
   C. 省政府有权对该规定进行处理
   D. 市土地局作为复议机关应当将审查省国土资源厅规定的请求转送省国土资源厅处理

2. 某区食品药品监管局以某公司生产经营超过保质期的食品违反《食品安全法》为由，作出处罚决定。公司不服，申请行政复议。关于此案，下列哪一说法是正确的？（2016/2/48）[2]
   A. 申请复议期限为60日
   B. 公司不得以电子邮件形式提出复议申请
   C. 行政复议机关不能进行调解
   D. 公司如在复议决定作出前撤回申请，行政复议中止

专题 28　行政复议的决定与执行

一、行政复议决定的主体

（一）处理意见

行政复议机关审理行政复议案件，由行政复议机构对行政行为进行审查，提出意见。

（二）负责人决定

经行政复议机关的负责人同意或者集体讨论通过后，以行政复议机关的名义作出行政复议决定。行政复议机关的负责人作出行政复议决定，分为负责人同意和负责人集体讨论

---

[1] C（司法部原答案为CD）。对市辖区土地局提起行政复议，复议机关应为区政府，市政府不能作为复议机关，故A、D选项错误；区政府作为复议机关应当将省国土资源厅的规定转送有权处理的行政机关处理，市政府无权处理省国土资源厅的规定，故B选项错误；省国土资源厅直接隶属于省政府，省政府有权对省国土资源厅的规定进行处理，故C选项正确。

[2] A。《食品安全法》没有对违反该法行为的处罚决定规定特别的复议申请期限，因此，公司申请复议的期限按照《行政复议法》的一般规定为60日，A选项正确；从行政复议便民原则角度来看，公司并非不得以电子邮件形式提出复议申请，B选项错误；行政复议机关办理行政复议案件，可以进行调解，C选项错误；公司如在复议决定作出前撤回申请，只要不违反相关法律规定，获得行政复议机构准许后，复议案件即告结束，即行政复议终止，而非行政复议中止，D选项错误。

决定两种情形：

1. 如果行政复议案件情节简单，事实和法律问题清楚，可以由行政复议机关的负责人同意，形成最终的行政复议决定。

2. 如果行政复议案件情节复杂，事实和法律问题比较多，应当由行政复议机关的负责人集体讨论后作出决定。

二、行政复议决定的种类

1. 变更决定

变更决定，是指行政复议机关全部或部分改变原行政行为的内容，用复议机关的决定替代原行政行为。变更决定适用于以下三种情形：①事实清楚，证据确凿，适用依据正确，程序合法，但是内容不适当；②事实清楚，证据确凿，程序合法，但是未正确适用依据；③事实不清、证据不足，经行政复议机关查清事实和证据。

注意：行政复议机关不得作出对申请人更为不利的变更决定，但是第三人提出相反请求的除外。

2. 撤销决定

撤销决定，是指使行政行为丧失或者不能取得法律效力的行政复议决定。行政复议机关决定撤销或者部分撤销该行政行为的，可以责令被申请人在一定期限内重新作出行政行为。撤销决定适用于以下四种情形：①主要事实不清、证据不足；②违反法定程序；③适用的依据不合法；④超越职权或者滥用职权。

注意1：行政复议机关作出撤销决定后，仍然存在需要行政机关作出处理的事项的，行政复议机关可以责令被申请人在一定期限内重新作出行政行为。

注意2：行政复议机关责令被申请人重新作出行政行为的，被申请人不得以同一事实和理由作出与被申请行政复议的行政行为相同或者基本相同的行政行为，但是行政复议机关以违反法定程序为由决定撤销或者部分撤销的除外。

[例] 2013 年 11 月 27 日，某县政府设立的派出机构某新城建设管理委员会收到申请人胡某的信息公开申请书，请求公开"某块土地征地协议委托签订人，代为签订协议授权委托书，征地补偿费领取人、领取数额、领取时间及领取方式"。2013 年 11 月 30 日，该新城建设管理委员会未就签订人信息是否存在、是否应当公开进行审查判断，亦未辨明征地补偿费信息是指向个人取得的补偿费信息还是指向集体经济组织获取的补偿费信息，就作出《关于胡某信息公开申请的答复意见》，告知申请人申请公开的信息不属于政府信息公开的范围。申请人不服，提出行政复议申请。经审查，行政复议机关以主要事实不清、证据不足为由，撤销了答复意见并责令被申请人重新作出答复。

3. 责令履行决定

履行决定是要求被申请人履行法定职责的决定，是指行政复议机关对被申请人以不作为形式违反法定职责构成侵权，要求其履行法定职责的处理。

作出责令履行决定的条件：①要确定存在被申请人应当履行的法定职责，确认存在没有履行职责的事实以及这种不履行对申请人的合法权益构成了侵害和行政违法；②要确定继续履行法定职责仍然有实际意义和法律意义。

[例] 2017 年 10 月 26 日，区政府作出《区政府房屋征收决定》。2018 年 6 月 28 日，区住房

和城市建设局（甲方）和某集团有限公司（乙方）签订了《房屋征收补偿安置协议》，载明："……甲方同意给乙方 11 户住户在市行政区域范围内等值调换安置 11 套住宅期房……具体由甲、乙双方与住户另行协商签署安置协议。"本案中，王某等三人领取了《单位自管住宅租用证》，属于上述"11 户住户"的范围。2018 年 8 月 28 日，王某等三人将房屋腾空。当日，房屋被拆除。王某等三人未与区政府或其征收部门、征收实施单位及房屋所有权人签订安置补偿协议。2018 年 12 月 3 日，王某等三人向区政府寄送《补偿安置申请书》，主要内容为："征收部门未对申请人进行安置补偿。申请人作为某街道的居民，有权依据《国有土地上房屋征收与补偿条例》等有关规定获得安置补偿。而贵府作为申请人户籍所在地的征收部门，有义务对申请人上述情况作出处理，对申请人进行安置补偿。如若申请人不符合安置补偿条件，请贵府说明理由并告知依据。"2018 年 12 月 4 日，区政府收到该申请书，但未向申请人作出书面回复。王某等三人认为，区政府存在超过期限不予答复安置补偿申请的行政不作为情形，向市政府申请行政复议。市政府认为，区政府具有对申请人提出的安置补偿申请作出答复的法定职责但未及时作出答复，决定责令区政府在 60 日内对王某等三人提出的《补偿安置申请书》作出书面答复。

4. 确认违法决定

确认违法决定，是指对行政行为违法性质和违法状态的确定或者认定。作出确认违法决定的情形，是原来的行政行为确实构成违法，但是由于客观情况变化使得撤销或者履行已经没有实际意义。确认违法决定是对撤销决定和履行决定的补充决定。

确认违法决定适用于以下五种情形：①行政行为依法应予撤销，但是撤销会给国家利益、社会公共利益造成重大损害；②行政行为程序轻微违法，但是对申请人权利不产生实际影响；③行政行为违法，但是不具有可撤销内容；④被申请人改变原违法行政行为，申请人仍要求撤销或者确认该行政行为违法；⑤被申请人不履行或者拖延履行法定职责，责令履行没有意义。

5. 确认无效决定

确认无效决定，是指行政行为存在重大且明显违法情形而确认其不具有法律效力。

确认无效决定的适用条件：①行政行为有实施主体不具有行政主体资格或者没有依据等重大且明显违法情形；②申请人申请确认行政行为无效。

6. 维持决定

维持决定是行政复议机关维护、支持行政行为的决定，使该行政行为保持或者取得法律效力。

维持决定的适用条件：行政行为认定事实清楚，证据确凿，适用依据正确，程序合法，内容适当。

[例] 2020 年 11 月 13 日，区公安分局学田派出所接到申请人孙某报警，称其在某学院 403 教室被同班同学卢某殴打。学田派出所接到报警后于 11 月 14 日作出《受案登记表》，11 月 17 日，办案民警分别对孙某、卢某等人作询问笔录。12 月 8 日，学田派出所组织孙某、卢某进行调解，未果。12 月 11 日，因案情复杂，案件办理期限延长 30 日。2021 年 1 月 8 日，区公安分局对卢某作《行政处罚告知笔录》，将拟作出行政处罚的事实及法律依据告知卢某。同日，区公安分局作出处罚决定，认定卢某存在殴打孙某的行为，对卢某作出罚款 200 元的行政处罚。孙某不服处罚决定，申请行政复议。复议机关审理后认为，区公安分局作出的处罚决定，认定事实清楚，适用法律正确，量罚并无明显不当，遂作出维持处罚决定的复议决定。

7. 驳回复议请求决定

驳回复议请求决定，是指申请人认为行政机关不履行法定职责理由不成立的，驳回申请人复议请求的复议决定。

驳回复议请求决定的适用条件：行政复议机关受理申请人认为被申请人不履行法定职责的行政复议申请后，发现被申请人没有相应法定职责或者在受理前已经履行法定职责。

[例1] 2016年7月29日，王某向区政府申请信息公开，内容为"某市发（1983）20号《关于处理私有出租房屋社会主义改造遗留问题的通知》是什么时间清理与失效或有效的记录信息"。该通知文件头为"中共某市委文件"，落款署名单位是"中共某市委员会、某市人民政府"。2016年8月8日，区政府作出《政府信息公开申请答复书》，答复内容为"由于您申请公开的文件是原中共某市委文件，不属于本机关公开职责权限范围"。王某不服，提出行政复议申请。某市政府认为，申请人申请公开的文件是原中共某市委的文件，不属于政府信息公开职责范围。区政府已于2016年8月8日对申请人进行了公开答复，不构成不作为。2016年8月16日，该市政府作出《驳回复议请求决定书》。

[例2] 张某不服本市市场监督管理局于2021年5月26日作出的投诉举报（被举报人为湖南某电子商务有限公司）回复，于2021年8月4日向市政府申请行政复议，请求撤销本市市场监督管理局作出的不予立案的行政行为，责令本市市场监督管理局重新作出回复。市政府认为，张某收到投诉举报回复后超过60日申请行政复议，已超过法定申请期限，遂作出《驳回复议申请决定书》。

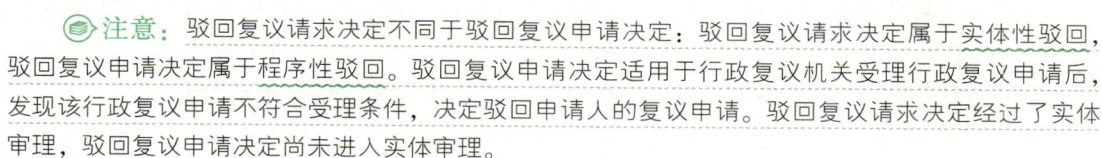

注意：驳回复议请求决定不同于驳回复议申请决定：驳回复议请求决定属于实体性驳回，驳回复议申请决定属于程序性驳回。驳回复议申请决定适用于行政复议机关受理行政复议申请后，发现该行政复议申请不符合受理条件，决定驳回申请人的复议申请。驳回复议请求决定经过了实体审理，驳回复议申请决定尚未进入实体审理。

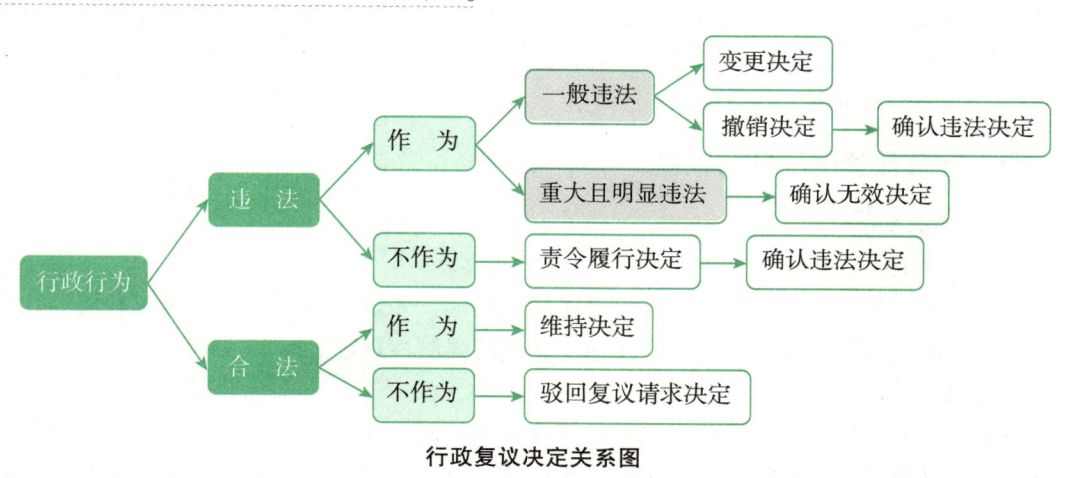

行政复议决定关系图

三、行政复议决定书和意见书

（一）行政复议决定书

1. 书面决定。行政复议机关作出行政复议决定，应当制作行政复议决定书，并加盖行政复议机关印章。

2. 一级复议。行政复议决定书一经送达，即发生法律效力。

◉ 注意：我国实行一级复议制度，即对复议决定不服，当事人不得再次申请复议。

[例] 杨某不服山东省青岛市市南区法律援助中心作出的不予法律援助决定，向青岛市市南区司法局提出异议。该局作出答复意见，认为该不予法律援助决定内容适当。杨某对该答复意见不服，向青岛市司法局申请行政复议。该局于2013年10月23日告知其所提复议申请已超过法定申请期限。杨某不服，向青岛市人民政府申请行政复议。青岛市人民政府于2013年10月30日告知其所提行政复议申请不符合行政复议受案条件。杨某不服，向山东省人民政府申请行政复议。山东省人民政府于2013年11月18日对其作出不予受理行政复议申请决定。杨某不服，提起行政诉讼，请求撤销该不予受理决定，判令山东省人民政府赔偿损失。

法院生效裁定认为，申请行政复议和提起行政诉讼是法律赋予公民、法人或者其他组织的权利，其可以在申请行政复议之后再行提起行政诉讼。但杨某在提起行政诉讼之前，针对同一事由连续申请了三级行政复议，明显且一再违反一级行政复议制度。对于明显违反复议制度的复议申请，行政复议机关不予受理后，申请人对此不服提起行政诉讼的，法院可以不予立案，或者在立案之后裁定驳回起诉。

3. 复议决定公开。行政复议机关根据被申请行政复议的行政行为的公开情况，按照国家有关规定将行政复议决定书向社会公开。

（二）行政复议意见书

行政复议机关在办理行政复议案件过程中，发现被申请人或者其他下级行政机关的有关行政行为违法或者不当的，可以向其制发行政复议意见书。有关机关应当自收到行政复议意见书之日起60日内，将纠正相关违法或者不当行政行为的情况报送行政复议机关。

◉ 注意：行政复议决定书与行政复议意见书的适用范围不同：行政复议决定书是针对申请行政复议的被申请人的行政行为，遵循"不告不理"的原则；行政复议意见书是针对行政复议案件中的其他行政行为，既包括被申请人的有关行政行为，也包括其他下级行政机关的行政行为，遵循"不告也处理"的原则。

四、行政复议的和解与调解

（一）复议和解

1. 适用条件

当事人在行政复议决定作出前可以自愿达成和解，和解内容不得损害国家利益、社会公共利益和他人合法权益，不得违反法律、法规的强制性规定。

2. 法律后果

当事人达成和解后，由申请人向行政复议机构撤回行政复议申请。行政复议机构准予撤回行政复议申请、行政复议机关决定终止行政复议的，申请人不得再以同一事实和理由提出行政复议申请。但是，申请人能够证明撤回行政复议申请违背其真实意愿的除外。

[例] 2020年3月，童某某行至杭州地铁某入口安检处，在安检员王某检查健康码时，童某某不配合检查工作，强行冲闯并将安检员王某推倒在地，造成其多处挫伤。2020年3月10日，某公安分局作出《行政处罚决定书》，认定童某某的行为构成扰乱公共场所秩序的违法行为，根据《治安管理处罚法》第23条第1款第2项的规定，决定给予童某某行政拘留7日的

行政处罚，同日决定暂缓执行该拘留决定。2020 年 3 月 24 日，童某某不服，向市公安局申请行政复议，请求撤销案涉《行政处罚决定书》。2020 年 3 月 30 日，市公安局召集童某某、该公安分局及第三人王某举行了调解会。会上，童某某对王某表示诚恳歉意并进行赔偿，同时向该公安分局书面承诺今后将严格遵守地铁管理秩序。后该公安分局自行撤销《行政处罚决定书》，童某某撤回了行政复议申请。

（二）复议调解

1. 适用条件

行政复议机关办理行政复议案件，可以进行调解。调解应当遵循合法、自愿的原则，不得损害国家利益、社会公共利益和他人合法权益，不得违反法律、法规的强制性规定。

2. 行政复议调解书

当事人经调解达成协议的，行政复议机关应当制作行政复议调解书，经各方当事人签字或者签章，并加盖行政复议机关印章，即具有法律效力。调解未达成协议或者调解书生效前一方反悔的，行政复议机关应当依法审查或者及时作出行政复议决定。

[例] 某装饰公司于 2019 年 6 月、7 月承包了 3 个装修项目，随后将 3 个项目转包给自然人郑某。后郑某雇佣裴某等人施工。2019 年 11 月，裴某等人至某区人力资源与社会保障局处投诉，称该装饰公司拖欠其工资。该区人力资源与社会保障局立案后展开调查，通过询问该装饰公司、郑某、裴某等，确认了拖欠工资的事实及数额，后向该装饰公司作出《劳动保障监察限期改正指令书》，指令其于一定期限内支付农民工工资。因该装饰公司未履行该指令，该区人力资源与社会保障局遂作出《劳动保障监察行政处理决定书》，责令其支付农民工工资。该装饰公司对该区人力资源与社会保障局作出的责令支付拖欠农民工工资的处理决定不服，向该区人民政府申请行政复议。经组织该区人力资源与社会保障局、该装饰公司、郑某、裴某等人进行四方调解，该装饰公司对施工单位承担连带责任并无异议，表示愿意支付拖欠的农民工工资，但材料费不属于连带清偿的范围。最终，该装饰公司与郑某、裴某等人之间达成协议：该装饰公司支付人工费部分，剩余材料费由郑某支付，该装饰公司保留对郑某的追偿权。该区人民政府制作行政复议调解书。

五、行政复议的执行

行政复议的执行，是指有关国家机关依法采取强制措施实现行政复议决定书、调解书、意见书的行为。行政复议执行的条件有：①行政复议决定书、调解书、意见书开始生效；②有关义务人没有履行行政复议决定书、调解书、意见书规定的义务。

> **魏语绸缪**
> 行政复议的执行，首先是要区分不履行复议决定的主体是被申请人还是申请人，然后再确定具体的执行措施。

（一）对被申请人执行

被申请人不履行或者无正当理由拖延履行行政复议决定书、调解书、意见书的，行政复议机关或者有关上级行政机关应当责令其限期履行，并可以约谈被申请人的有关负责人或者予以通报批评。

（二）对申请人、第三人执行

申请人、第三人逾期不起诉又不履行行政复议决定书、调解书的，或者不履行最终裁决的行政复议决定的，按照下列规定分别处理：

1. 维持行政行为的行政复议决定书，由作出行政行为的行政机关依法强制执行，或者申请人民法院强制执行。

2. 变更行政行为的行政复议决定书，由行政复议机关依法强制执行，或者申请人民法院强制执行。

3. 行政复议调解书，由行政复议机关依法强制执行，或者申请人民法院强制执行。

[提示] 不管是作出行政行为的行政机关或者行政复议机关实施强制执行，还是申请人民法院强制执行，都应当依据《行政强制法》对行政强制执行的规定。

注意：行政复议期间有关"3日""5日""7日""10日"的规定是指工作日，不含法定休假日。行政复议期间的计算和行政复议文书的送达，《行政复议法》没有规定的，依照《民事诉讼法》关于期间、送达的规定执行。

经典真题

某县政府依田某申请作出复议决定，撤销某县公安局对田某车辆的错误登记，责令在30日内重新登记，但某县公安局拒绝进行重新登记。田某可以采取下列哪一项措施？（2008/2/45）[1]

A. 申请法院强制执行
B. 对某县公安局的行为申请行政复议
C. 向法院提起行政诉讼
D. 请求某县政府责令某县公安局登记

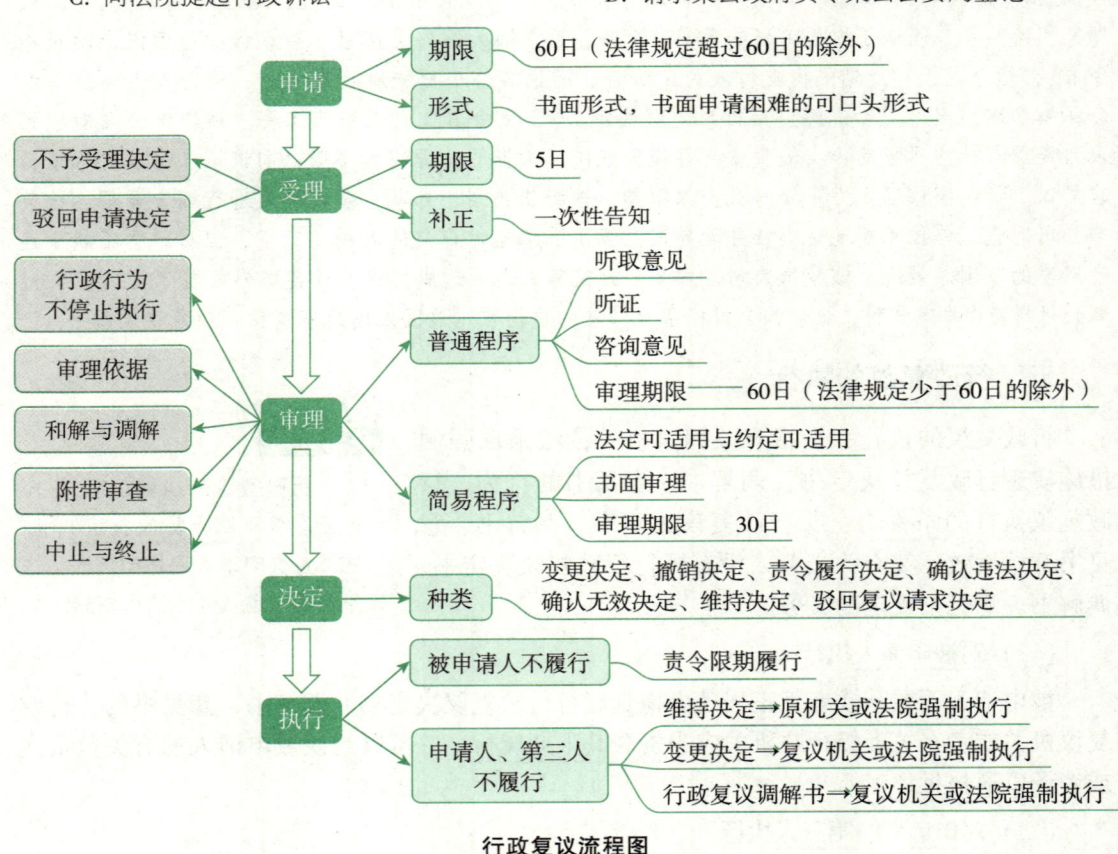

行政复议流程图

- 申请
  - 期限：60日（法律规定超过60日的除外）
  - 形式：书面形式，书面申请困难的可口头形式
- 受理
  - 不予受理决定
  - 驳回申请决定
  - 期限：5日
  - 补正：一次性告知
- 审理
  - 行政行为不停止执行
  - 审理依据
  - 和解与调解
  - 附带审查
  - 中止与终止
  - 普通程序
    - 听取意见
    - 听证
    - 咨询意见
    - 审理期限——60日（法律规定少于60日的除外）
  - 简易程序
    - 法定可适用与约定可适用
    - 书面审理
    - 审理期限 30日
- 决定
  - 种类：变更决定、撤销决定、责令履行决定、确认违法决定、确认无效决定、维持决定、驳回复议请求决定
- 执行
  - 被申请人不履行：责令限期履行
  - 申请人、第三人不履行：
    - 维持决定→原机关或法院强制执行
    - 变更决定→复议机关或法院强制执行
    - 行政复议调解书→复议机关或法院强制执行

---

〔1〕D。本案是复议被申请人县公安局不履行行政复议决定，由复议机关县政府责令其履行登记，故D选项当选。

第十一讲
行政诉讼的受案范围

11

应试指导

受案范围，是指人民法院可以依法受理行政争议的种类和权限。行政诉讼受案范围是每年考生错得最多的考点。本讲需要掌握的考点有行政诉讼的受案标准、应予受理的案件、不予受理的案件、行政许可诉讼的受案范围、政府信息公开诉讼的受案范围等。考生不仅需要理解法院应予受理的行政诉讼案件类型和不予受理的案件类型，而且在具体案件中要能够运用受案标准，这是行政诉讼的一个难点。本讲在考试中的题目类型主要是客观卷中的选择题，也在主观卷中考查过案例分析题，涉及的必读法律法规有：《行政诉讼法》《行诉解释》《政府信息公开案件规定》《行政许可案件规定》《行政协议案件规定》《国际贸易行政案件规定》《反倾销行政案件规定》《反补贴行政案件规定》。

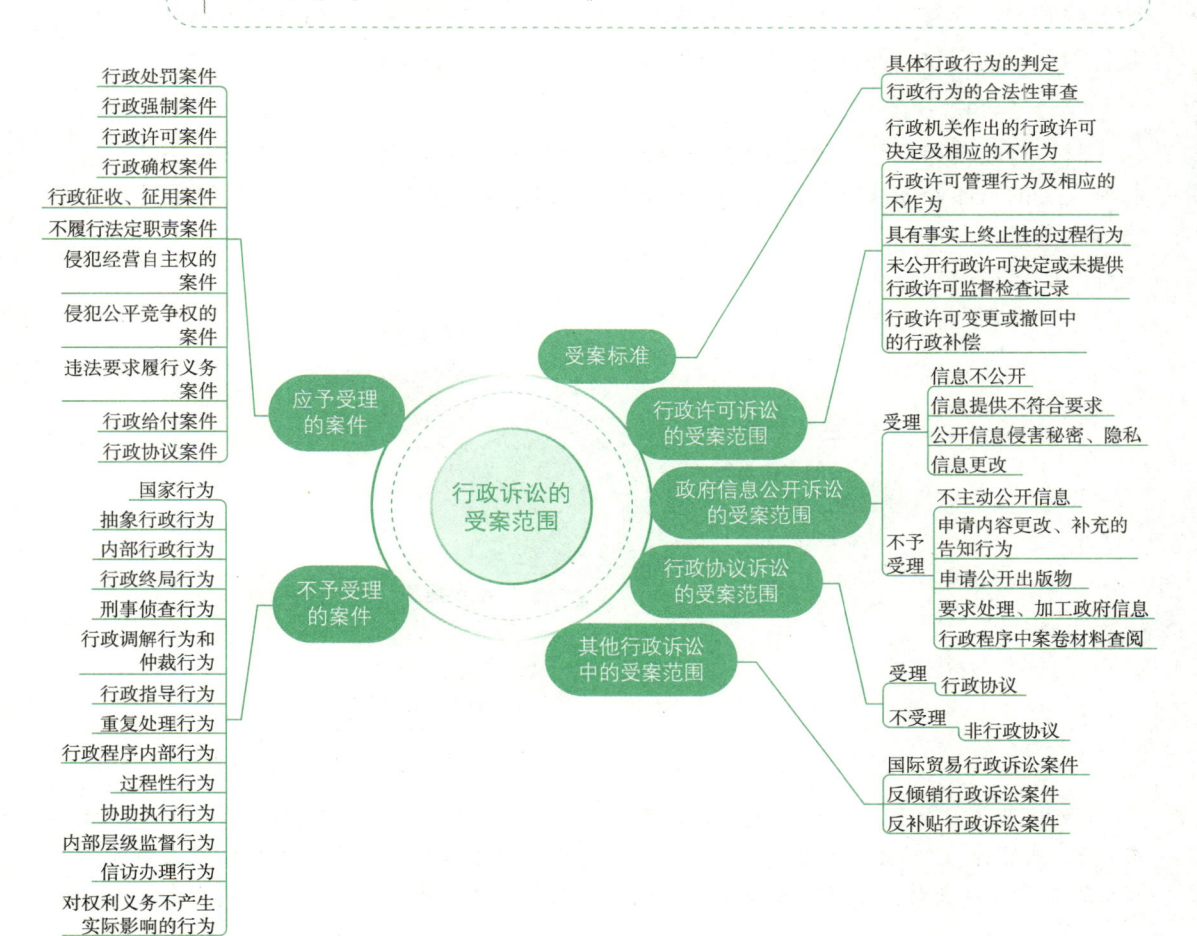

行政诉讼的受案范围

- **应予受理的案件**
  - 行政处罚案件
  - 行政强制案件
  - 行政许可案件
  - 行政确权案件
  - 行政征收、征用案件
  - 不履行法定职责案件
  - 侵犯经营自主权的案件
  - 侵犯公平竞争权的案件
  - 违法要求履行义务案件
  - 行政给付案件
  - 行政协议案件

- **不予受理的案件**
  - 国家行为
  - 抽象行政行为
  - 内部行政行为
  - 行政终局行为
  - 刑事侦查行为
  - 行政调解行为和仲裁行为
  - 行政指导行为
  - 重复处理行为
  - 行政程序内部行为
  - 过程性行为
  - 协助执行行为
  - 内部层级监督行为
  - 信访办理行为
  - 对权利义务不产生实际影响的行为

- **受案标准**
  - 具体行政行为的判定
  - 行政行为的合法性审查

- **行政许可诉讼的受案范围**
  - 行政机关作出的行政许可决定及相应的不作为
  - 行政许可管理行为及相应的不作为
  - 具有事实上终止性的过程行为
  - 未公开行政许可决定或未提供行政许可监督检查记录
  - 行政许可变更或撤回中的行政补偿

- **政府信息公开诉讼的受案范围**
  - 受理
    - 信息不公开
    - 信息提供不符合要求
    - 公开信息侵害秘密、隐私
    - 信息更改
  - 不予受理
    - 不主动公开信息
    - 申请内容更改、补充的告知行为
    - 申请公开出版物
    - 要求处理、加工政府信息
    - 行政程序中案卷材料查阅

- **行政协议诉讼的受案范围**
  - 受理——行政协议
  - 不受理——非行政协议

- **其他行政诉讼中的受案范围**
  - 国际贸易行政诉讼案件
  - 反倾销行政诉讼案件
  - 反补贴行政诉讼案件

· 217 ·

行政诉讼俗称"民告官",是法院应公民、法人或其他组织的请求,通过审查行政行为合法性的方式,解决特定范围内行政争议的活动。

行政诉讼法是有关行政诉讼的法律规范的总称,其目的是:①保证人民法院公正、及时审理行政案件;②解决行政争议;③保护公民、法人和其他组织的合法权益;④监督行政机关依法行使职权。

专题29 行政诉讼受理的案件

一、行政诉讼受案标准

掌握行政诉讼受案标准的意义在于:①通过受案标准去理解和运用行政诉讼中应予受理的案件类型和不予受理的案件类型;②考试题目中会出现一些法律条文中没有规定的行为,法律条文中既没说让告,也没说不让告,这就需要通过受案标准来判断是否属于受案范围。

虽然2014年修正的《行政诉讼法》把行政诉讼的受案标准由"具体行政行为"改为"行政行为",主要目的是把行政协议案件纳入行政诉讼受案范围,但实践中仍然把具体行政行为引起的行政案件作为行政诉讼受案范围中的主要案件类别。

（一）具体行政行为的判定

具体行政行为就是行政机关或者有行政权的组织运用或行使行政权作出对公民、组织权利义务的具体处理或产生实际影响的行为,可以从主体要素、职权要素和结果要素三个方面来判定：

具体行政行为的判定

- **主体要素**：行为的主体是行政机关或者是有行政权的组织
- **职权要素**：行为是在运用或行使行政权的情况下作出的
- **结果要素**：行为对公民、组织权利义务的具体处理、强制处理或者产生实际影响

[例] 某区人民政府发布《关于清理整顿金川北路两侧停车场的通告》（以下简称《通告》）,内容为:"对金川大道北路两侧停车场进行集中清理,要求上述范围内停车场负责人接到通知后自行搬迁,对清理整顿范围内的车辆实行交通管制,禁止车辆驶入,违者查扣车

辆、从重处罚,对在规定范围内拒不搬迁的经营商户将依法进行强制取缔,对故意阻拦妨碍执法的,由公安机关进行严肃处理。"金川大道北路一侧的某停车场没有地方供搬迁,被强制拆毁。该停车场负责人杨某针对《通告》提起行政诉讼。该《通告》是具体行政行为,就属于行政诉讼受案范围。

(二)行政行为的合法性审查

与行政诉讼受案标准相关的一个问题就是,行政诉讼案件中法院审查行政行为合法性:①从对象来看,法院审查的是行政行为,既包括具体行政行为,也包括行政协议行为;②从内容来看,法院审查行政行为以合法性为限,防止司法权替代行政权。

二、行政诉讼应予受理的案件

《行政诉讼法》对法院应予受理的行政诉讼案件类型明确列举了十二项:

1. 行政处罚案件。行政处罚种类参见本书第 7 讲 "行政处罚"。
2. 行政强制案件。其包括行政强制措施案件和行政强制执行案件。行政强制措施种类和行政强制执行方式参见本书第 8 讲 "行政强制"。
3. 行政许可案件。行政许可案件类型参见后文 "行政许可诉讼的受案范围"。
4. 行政确权案件

行政确权案件,是指对行政机关作出的关于确认土地、矿藏、水流、森林、山岭、草原、荒地、滩涂、海域等自然资源的所有权或者使用权的决定不服而提起的行政诉讼。

行政确权行为,是指行政机关依职权或依申请,对当事人之间就自然资源的所有权或使用权的归属发生的争议予以甄别、认定,并作出裁决的行为。

[例]李某、周某、孙某三家宅基地相邻,均属同一行政村,李某与周某系东李庄自然村村民,孙某系东头自然村村民。1982 年,原区政府建临姜饭店,占用李某、周某两家部分宅基地,并安排李某、周某两家各一人在饭店上班。后饭店倒闭,李某、周某两家便将饭店整理后分别居住。2007 年 2 月,李某欲翻建房屋,周某阻止而发生纠纷。李某于 2008 年 5 月 21 日向镇政府提出确权申请,镇政府调查后,依照《土地管理法》第 3 条、第 16 条(现为第 14 条)第 1 款之规定,于 2009 年 1 月 9 日作出确权决定书。该确权决定还明确规定,若对确权决定不服,既可以提起行政复议又可以提起行政诉讼。2014 年 9 月,李某欲再次翻建房屋,孙某出面阻止,再次引起纠纷。李某提起民事诉讼,请求法院依法排除妨害,孙某不得阻止自己建房。诉讼中,孙某发现了李某提交给法院的镇政府于 2009 年 1 月 9 日作出的确权决定书。孙某遂提起行政诉讼,请求法院撤销该确权决定书,同时,民事诉讼中止审理。镇政府作出的确权决定属于行政诉讼受案范围,是可诉的行政行为。

5. 行政征收、征用案件

行政征收,是指行政机关为了公共利益的需要,依照法律规定强制从行政相对人处有偿或无偿获取一定财物(费)或劳务的行为;行政征用,则是指行政机关为了公共利益的需要,依照法律规定强制取得原属于公民、法人或者其他组织的财产使用权的行为。

[例]2015 年 2 月 10 日,区政府作出房屋征收决定,对包括孙某在内的国有土地上房屋及附属物进行征收。在完成公告房屋征收决定、选择评估机构、送达征收评估分户报告等法定程序之后,孙某未在签约期限内达成补偿协议、未在规定期限内选择征收补偿方式,且因孙某

的原因，评估机构无法入户调查，完成被征收房屋的装饰装修及附属物的价值评估工作。2015年5月19日，区政府作出房屋征收补偿决定，并向孙某送达。该补偿决定明确了被征收房屋补偿费、搬迁费、临时安置费等数额，决定被征收房屋的装饰装修及附属物经入户按实评估后，按规定予以补偿及其他事项。孙某不服，提起诉讼，请求撤销房屋征收补偿决定。区政府作出的房屋征收补偿决定属于行政诉讼受案范围，是可诉的行政行为。

6. 不履行法定职责案件

不履行法定职责案件，是指公民、法人或者其他组织认为行政机关拒不履行保护人身权、财产权等合法权益的法定职责而引起的行政案件。这类案件形成的一般条件是：①公民、法人或者其他组织向行政机关提出了保护申请；②接到申请的行政机关负有法定职责；③行政机关对公民、法人或者其他组织的申请拒绝履行或者不予答复。

[例] 2013年10月16日，张某向市国土局书面提出申请，请求该局依法查处其所在村的耕地被有关工程项目违法强行占用的行为，并向该局寄送了申请书。市国土局于2013年10月17日收到申请后，没有受理、立案、处理，也未告知张某。张某遂以市国土局不履行法定职责为由诉至法院，请求确认被告不履行法定职责的具体行政行为违法，并要求被告对土地违法行为进行查处。法院生效判决认为，土地管理部门对上级交办、其他部门移送和群众举报的土地违法案件，应当受理。土地管理部门受理土地违法案件后，应当进行审查，凡符合立案条件的，应当及时立案查处；不符合立案条件的，应当告知交办、移送案件的单位或者举报人。本案原告张某向被告市国土局提出查处违法占地申请后，被告应当受理，被告既没有受理，也没有告知原告是否立案，故被告不履行法定职责违法。

7. 侵犯法律规定的经营自主权或者农村土地承包经营权、农村土地经营权的案件

经营自主权，是指个人或者企业依法对自身的机构、人员、财产、原材料供应、生产、销售等各方面事务自主管理经营的权限；农村土地承包经营权，是指土地承包经营权人对其承包经营的集体所有或国家所有由集体使用的土地，依法享有的占有、使用和收益的权利；农村土地经营权是从农村土地承包经营权中分离出的一项权能，即土地承包经营权人将其承包的土地流转出去，由其他组织或者个人经营，其他组织或者个人取得的土地经营权。

[例] 原告刘某系镇建筑公司经理。1988年3月，镇政府以（1998）第3号文件任命刘某为镇建筑公司经理。1993年9月，镇政府决定成立昶旭工贸总公司，并与镇政府工业办公室合署办公。1994年1月1日，昶旭工贸总公司与镇建筑公司签订《镇属企业承包责任书》。1995年1月1日，昶旭工贸总公司与镇建筑公司又续签了1年合同，改名为《镇属企业承包合同书》。合同规定：承包期1年；销售收入100万元，上交利润3万元；承包期限内，发包方有对承包方企业经营者（厂长、经理、财务科长、主管会计）的人事管理权力。合同签订后，原告刘某作为承包方镇建筑公司的经营者即组织履行合同。1995年6月27日，被告镇政府以原告刘某所负责的企业持续严重亏损、原告无能力经营为由，作出了政发（1995）13号文件，免去了原告镇建筑公司经理的职务。原告刘某不服被告镇政府的免职文件，以被告侵犯企业经营自主权为由诉诸法院。

法院生效判决认为，被告镇政府免去原告刘某镇建筑公司经理职务没有法律依据，其行为超越了职权，侵犯了原告所负责的镇建筑公司的经营自主权，判决撤销镇政府政发（1995）13号文件。

8. 侵犯公平竞争权的案件

侵犯公平竞争权的案件，是指行政机关在对具有相互竞争关系的公民、法人或其他组织实施行政管理时，公民、法人或其他组织中的一方认为行政机关滥用行政权力排除或者限制竞争使其受到不公平对待而引起的行政案件。

［例］市发展和改革委员会于 2010 年 7 月对 10 家企业作出废弃食用油脂定点回收加工单位备案，其中包括发尔士化工厂和立升废油脂回收处理中心（以下简称"立升公司"）。2012 年 11 月，区政府作出《关于印发区餐厨废弃物管理工作方案的通知》，明确"目前指定立升公司实施全区餐厨废弃物收运处理"。区城市管理局和区商务局于 2014 年 3 月发出公函，要求落实《关于印发区餐厨废弃物管理工作方案的通知》，各生猪屠宰场点必须和立升公司签订清运协议，否则将进行行政处罚。发尔士化工厂对《关于印发区餐厨废弃物管理工作方案的通知》不服，诉至法院，请求撤销《关于印发区餐厨废弃物管理工作方案的通知》对立升公司的指定，并赔偿损失。法院生效判决认为，被告为了加强餐厨废弃物处理市场的监管，可以对该市场的正常运行作出必要的规范和限制，但不应在行政公文中采取明确指定某一公司的方式，遂判决撤销被告在《关于印发区餐厨废弃物管理工作方案的通知》中对立升公司指定的行政行为。

9. 违法要求履行义务案件

违法要求履行义务案件，是指公民、法人或者其他组织认为行政机关**违法集资、摊派费用或者违法要求履行其他义务**而引起的行政诉讼案件。行政机关违法要求公民、法人或者其他组织履行的义务可能是财产义务，也可能是行为义务。

［例］范某到社保局查询企业资料，被要求交纳 100 元查询费。范某向法院提起行政诉讼，要求确认收费行为违法。法院生效判决认为，社保局向范某提供公司登记信息时收取 100 元费用的行为违法。

10. 行政给付案件

行政给付案件，是指公民申请行政机关依法支付**抚恤金、最低生活保障待遇或者社会保险待遇**，行政机关没有依法支付而引起的行政诉讼案件。抚恤金是指法律规定对某些伤残人员或死亡人员遗属，为抚慰和保障其生活而发放的专项费用，包括伤残抚恤金和遗属抚恤金；最低生活保障费是政府向城镇居民发放的维持其基本生活需要的社会救济金；社会保险是公民在年老、疾病、工伤、失业、生育等情况发生时，向社会保障机构申请发放的社会救济金，社会保险制度包括基本养老保险、基本医疗保险、工伤保险、失业保险、生育保险等。

［例］原告梁某某（2017 年 11 月 10 日出生）的亲属于 2017 年 11 月 16 日向某县医疗保险事业管理局为梁某某一次性缴纳了 2017 年、2018 年参保费用。梁某某出生后即患有先天性心脏病，于 2018 年 5 月 3 日至 5 月 25 日在某儿童医院住院治疗，产生医疗费 7 万余元。该县医疗保险事业管理局在医疗系统中未有效录入梁某某 2018 年的连续参保信息，导致梁某某无法报销住院费用。原告梁某某于 2018 年 7 月 31 日诉至法院，请求报销住院期间产生的医疗费。法院予以受理。

11. 行政协议案件

行政协议案件，是指公民、法人或者其他组织认为行政机关**不依法履行、未按照约定履行或者违法变更、解除政府特许经营协议、土地房屋征收补偿协议等协议**而提起的行政诉讼。

[例] 2011年7月15日，市政府授权市住房和城乡建设局与昆仑燃气公司签订《天然气综合利用项目合作协议》，约定由昆仑燃气公司在该市从事城市天然气特许经营，特许经营期限为30年。协议签订后，昆仑燃气公司办理了一部分开工手续，并对项目进行了开工建设，但一直未能完工。2014年7月10日，市住房和城乡建设局发出催告通知，告知昆仑燃气公司在收到通知后2个月内抓紧办理天然气经营许可手续，否则将收回燃气授权经营区域。2015年6月29日，昆仑燃气公司向市政府出具项目建设保证书，承诺在办理完相关手续后3个月内完成项目建设，否则自动退出授权经营区域。2016年4月6日，市政府决定按违约责任解除特许经营协议并收回昆仑燃气公司的特许经营权。昆仑燃气公司不服，经复议未果，遂起诉请求确认市政府收回其天然气特许经营权的行为违法并撤销该行政行为。法院予以受理。

12. 其他案件

其他案件，是指公民、法人或者其他组织认为行政机关侵犯其他人身权、财产权等合法权益而提起的行政诉讼。凡因行政机关行政活动涉及公民、法人或者其他组织合法权益而形成的行政争议案件，即使《行政诉讼法》未作列举，只要其他法律、法规规定可以提起行政诉讼，则都属于行政诉讼的受案范围。

命题陷阱

判断行政诉讼受案范围中的行政行为，不能简单地从行为的形式来判断，而要看行为的实质——对公民、法人或者其他组织权利义务产生实际影响。

经典真题

1. 下列案件属于行政诉讼受案范围的有：（2005/2/98）[1]
   A. 某区房屋租赁管理办公室向甲公司颁发了房屋租赁许可证，乙公司以此证办理程序不合法为由要求该办公室撤销许可证被拒绝。后乙公司又致函该办公室要求撤销许可证，办公室作出"许可证有效，不予撤销"的书面答复。乙公司向法院起诉要求撤销书面答复
   B. 某区审计局对丙公司的法定代表人进行离任审计过程中，对丙、丁公司协议合作开发的某花园工程的财务收支情况进行了审计，后向丙、丁公司发出了丁公司应返还丙公司利润30万元的通知。丁公司对通知不服向法院提起诉讼
   C. 某市经济发展局根据A公司的申请，作出鉴于B公司自愿放弃其在某合营公司的股权，退出合营公司，恢复A公司在合营公司的股东地位的批复。B公司不服向法院提起诉讼
   D. 某菜市场为挂靠某行政机关的临时市场，没有产权证。某市某区工商局向在该市场内经营的50户工商户发出通知，称自通知之日起某菜市场由C公司经营，各工商户凭与该公司签订的租赁合同及个人资料申办经营许可证。50户工商户对通知不服向法院提起诉讼

2. 市林业局接到关于孙某毁林采矿的举报，遂致函当地县政府，要求调查。县政府召开专题会议形成会议纪要：由县林业局、矿产资源管理局与安监局负责调查处理。经调查并与孙某沟通，

---

[1] BCD。A选项属于重复处理行为，不属于行政诉讼受案范围；B、C、D选项都是具体行政行为，属于行政诉讼受案范围。

三部门形成处理意见：要求孙某合法开采，如发现有毁林或安全事故，将依法查处。再次接到举报后，三部门共同发出责令孙某立即停止违法开采，对被破坏的生态进行整治的通知。就上述事件中的行为的属性及是否属于行政诉讼受案范围，下列说法正确的是：（2013/2/98）[1]

A. 市林业局的致函不具有可诉性　　B. 县政府的会议纪要具有可诉性
C. 三部门的处理意见是行政合同行为　　D. 三部门的通知具有可诉性

专题 30　行政诉讼不予受理的案件

根据《行政诉讼法》第 13 条和《行诉解释》第 1 条第 2 款的规定，人民法院不予受理的案件类型有 14 项。

行政诉讼受案范围的排除：
(1) 国家行为：政治性
(2) 抽象行政行为：区别于具体行政行为
(3) 内部行政行为：区别于外部行政行为
(4) 法定行政终局裁决：狭义的法律
(5) 刑事侦查行为：刑诉法授权
(6) 行政调解行为：区别于行政裁决
(7) 行政指导行为：非强制性
(8) 重复处理行为：不产生新的权利义务影响
(9) 行政程序内部行为：不产生外部法律效力
(10) 过程性行为：不具备最终的法律效力
(11) 协助执行行为：非行政机关自身意思表示
(12) 内部层级监督行为：内部事务
(13) 信访办理行为：对信访人的实体权利义务不产生实质影响
(14) 对权利义务不产生实际影响的行为：非成熟性

行政诉讼受案范围排除图

一、国家行为

国家行为，是指国务院、中央军事委员会、国防部、外交部等根据宪法和法律的授权，以国家的名义实施的有关国防和外交事务的行为，以及经宪法和法律授权的国家机关宣布紧急状态、实施戒严和总动员等行为。它区别于一般行政行为的特点是政治性。法院在司法审查中不能对一个政治性行为作出对错判断，政治性行为在法律上分不出来对错，因为政治行为只分政治派别。从行为主体来判断国家行为：国务院、中央军委、国防部、外交部。

---

[1] AD。市林业局向县政府的致函、县政府召开专题会议形成的会议纪要都属于不产生外部法律效力的内部行政行为，不属于具体行政行为，不具有可诉性；县林业局、矿产资源管理局与安监局的处理意见虽是与孙某沟通后形成的，但并非双方合意的结果，不符合行政合同（行政协议）的特性；三部门的通知直接影响到孙某的权利义务，不仅认定孙某违法开采，同时还要求孙某对破坏的生态进行整治，属于具体行政行为，具有可诉性。

二、抽象行政行为

抽象行政行为，是指行政机关制定行政法规、行政规章和发布具有普遍约束力的决定、命令的行为。抽象行政行为的判定参见本书第4讲"抽象行政行为"。

抽象行政行为虽被排除在行政诉讼受案范围之外，但2014年修正后的《行政诉讼法》借鉴了《行政复议法》的做法，部分抽象行政行为在行政诉讼中进行附带审查，两项制度出现趋同。

［例］为规范东兰城区范围内正三轮燃油摩托车客运管理，保持交通畅通、优化发展环境、提升城市形象，保护公民人身、财产安全，东兰县人民政府第三十三次常务会议审议通过了《东兰客运正三轮燃油摩托车管理办法（试行）》，并于2016年3月31日以兰政办发［2016］31号《关于印发东兰客运正三轮燃油摩托车管理办法（试行）的通知》下发。2016年6月3日，经东兰县人民政府同意，东兰县人民政府办公室作出兰政办发［2016］60号《关于印发东兰城区客运正三轮摩托车名额确定抽签方案的通知》（以下简称《通知》），决定以抽签的方式确定东兰城区客运正三轮摩托车的经营资格。黄金绵等26名原告因未能取得客运正三轮摩托车的经营资格，向法院提起行政诉讼，要求撤销《通知》。

法院生效裁定认为，本案被诉的《通知》是东兰县人民政府为了规范城区范围内正三轮燃油摩托车客运管理而制定的规范性文件。该规范性文件针对不特定对象发布且能反复适用，属于"行政机关制定、发布的具有普遍约束力的决定、命令"，不属于行政诉讼的受案范围。

三、内部行政行为

内部行政行为既包括行政机关的内部人事管理行为，即行政机关对其工作人员的奖惩、任免等决定以及行政机关对其工作人员作出的培训、考核、离退休、工资、休假等方面的决定（行政机关的内部人事管理行为参见本书第3讲"公务员"），也包括行政机关、行政机构之间的行为，即上级行政机关对下级行政机关作出的行为、行政机关对内设机构作出的行为等。内部行政行为不属于受案范围，外部行政行为一般是具体行政行为，属于受案范围。正所谓内外有别，内部行为就是行政系统内的行为，外部行为就是行政机关对行政系统外的公民、法人或者其他组织所作的行为。例如，行政机关对某个公民不录用为公务员，这属于外部行为，属于行政诉讼受案范围；行政机关对于试用期满的公务员取消录用，这属于内部行为，不属于行政诉讼受案范围。

［例］原告孙首超诉称，其是1997年12月15日经县人事局（现为"人社局"）和编委办组织的公开考试后被录用到110处警队工作的，但当时的县人事局没有给原告开具到110处警队工作的调剂单，也没有按国家工资政策规定给原告开资。原告是省公安厅于2002年6月批准授衔的人民警察，按照《人民警察法》第40条的规定，应该从2002年6月起给原告执行国家公务员工资标准及福利待遇。而县人事局却是从2005年起才给执行，整整延误2年多时间，这是严重违背国家法律和政策规定的不作为和违法行为。原告工作档案中缺少材料，不符合公务员登记条件，是县人事局的组织行为造成的，请求法院判决被告：一、给原告档案中填补110处警队工作调剂单，补发工资政策规定的工资；二、给原告从2002年6月被授予警衔之日起执行《人民警察法》第40条规定的国家公务员工资标准及福利待遇；三、依据省人事厅（2006）28号文件之规定给原告上报补办公务员登记的手续；四、诉讼费由被告承担。

法院生效裁定认为，原告孙首超要求被告给其档案填补110处警队工作调剂单的事项，属于人事档案管理工作中的一个环节，其本身不具有可诉性。孙首超要求被告为其补办公务员登记手续及工资待遇问题，均属于行政机关对其工作人员的内部人事管理行为，不属于行政诉讼受案范围。

四、行政终局行为

行政终局行为即相对于司法程序而言，此处的"最终"导致公民不得再通过司法程序救济自己的权利。法律规定由行政机关最终裁决的行政行为即行政机关最终裁决的行政行为只能由法律规定，这里的"法律"仅限于全国人民代表大会及其常务委员会制定、通过的规范性文件，具体包括：

1. 国务院的最终裁决

对国务院部门或者省、自治区、直辖市政府的行政行为不服的，向作出该行政行为的国务院部门或者省、自治区、直辖市政府申请行政复议。对行政复议决定不服的，向国务院申请裁决，国务院作出的裁决为最终裁决，不属于行政诉讼受案范围。

［例］2016年3月23日，刘龙生向河南省人民政府提出申请，请求公开：一、2012年1月1日至2012年3月18日发生金融危机后，国务院对河南省人民政府下达应对或解决金融危机的指导性的文件编号；二、河南省人民政府为应对或解决金融危机对省管国企采取相关措施的文件编号。2016年4月12日，河南省人民政府作出《政府信息公开申请答复书》（豫政办依申复［2016］89号），告知刘龙生其第一项申请不属于河南省人民政府公开范围，第二项申请因申请内容不明确，应对所申请的文件名称、文号或者具体是什么时间点下发的文件等基本要素进行更改、补充。刘龙生不服，于2016年4月21日向河南省人民政府提出行政复议申请。2016年6月7日，河南省人民政府作出《行政复议决定书》（豫政复决［2016］1562号），认为河南省人民政府认定事实清楚，程序合法，且答复内容并无不当，依法维持了河南省人民政府作出的《政府信息公开申请答复书》（豫政办依申复［2016］89号）。因不服河南省人民政府的复议决定，2017年1月16日，刘龙生向国务院法制办公室邮寄了《申请国务院最终裁决》申请书。因一直没有收到答复，刘龙生认为国务院行政违法，故诉至法院，提出如下诉讼请求：一、请求判决国务院法制办公室自签收刘龙生的《申请国务院最终裁决》申请书3个月不作出最终裁决的行为违法；二、请求判令国务院对刘龙生的申请作出最终裁决；三、由国务院承担本案诉讼费。

法院生效裁定认为，依据《行政复议法》第26条之规定，国务院作出的裁决或者其他处理结果，是终局的行政行为，不具有可诉性。

2. 出境入境管理中的最终裁决

（1）公安机关出入境管理机构作出的不予办理普通签证延期、换发、补发，不予办理外国人停留居留证件、不予延长居留期限的决定为最终决定；

（2）外国人对继续盘问、拘留审查、限制活动范围、遣送出境措施不服，其他境外人员对遣送出境措施不服，可以申请行政复议，该行政复议决定为最终决定；

（3）公安部对外国人作出的驱逐出境决定为最终决定。

3. 外商投资的国家安全审查决定

对影响或者可能影响国家安全的外商投资进行的安全审查决定为最终决定。

五、刑事侦查行为

公安、国家安全等国家机关具有行政机关和刑事侦查机关的双重身份，可以对刑事犯罪嫌疑人实施刑事强制措施，也可以对公民实施行政处罚、行政强制措施。公安、国家安全等机关实施的刑事侦查行为必须在《刑事诉讼法》的明确授权范围之内。

从《刑事诉讼法》的规定来看，刑事侦查行为包括讯问刑事犯罪嫌疑人、询问证人、检查、搜查、扣押物品（物证、书证）、冻结存款、汇款、通缉、拘传、取保候审、保外就医、监视居住、刑事拘留、执行逮捕等。公安、国家安全等机关在上述《刑事诉讼法》授权范围之外所实施的行为都推定为具体行政行为，因为公安、国家安全机关等本来就属于行政机关。例如，没收财产或实施罚款等行为不在《刑事诉讼法》明确授权的范围之列。

［例］2001年8月27日，县公安局所属的刑警大队两名刑警将王某购买的一辆红色桑塔纳轿车扣押。事后，王某多次向县公安局索要该车未果。2002年12月9日，王某向法院提起行政诉讼，并出具了由县公安局两名工作人员签字的扣押物品清单一张（扣押物品清单未加盖县公安局的印章），请求撤销县公安局的行政强制措施，并返还车辆。法院经审理查明，2001年8月27日，县公安局刑警大队干警在打击走私、盗抢机动车专项斗争中，侦查发现王某私下购买的红色桑塔纳轿车车架号有明显改动痕迹，且手续不全，挂用假牌照，于是认为王某有犯罪嫌疑，遂依据《刑事诉讼法》第83条（现为第109条）的规定，以王某收购赃物罪立为一般刑事案件，依法展开侦查，并依据《刑事诉讼法》第114条（现为第141条）第1款的规定，对王某的车辆采取了扣押措施。

法院生效裁定认为，县公安局扣押王某的红色桑塔纳轿车，是依据《刑事诉讼法》明确授权实施的刑事侦查行为，不是行政强制措施，不属于行政诉讼受案范围，遂裁定驳回王某的起诉。

六、行政调解行为和仲裁行为

行政调解，是指行政机关劝导发生民事争议的当事人自愿达成协议的一种行政活动，没有公权力的强制属性，对当事人没有强制约束力，不属于行政诉讼受案范围。例外情形是：①行政机关借调解之名，违背当事人的意志作出具有强制性的决定，视为行政裁决行为；②行政机关在调解过程中实施了具体行政行为，如采取了强制措施。这两种情形属于行政诉讼受案范围。

行政机关下设的仲裁机构以中立身份按照法定程序对平等主体之间的民事纠纷作出有法律拘束力的裁决的，当事人一方不服裁决，应当依法提起民事诉讼，不属于行政诉讼受案范围。

［例］2016年7月，农户李某因使用嵇某销售的农药，稻田产生药害，双方发生纠纷。2016年7月21日，经县农业执法监察大队调解，嵇某与李某达成赔偿协议。协议约定：①以当地相同条件下同品种的水稻平均产量为标准，该标准产量与李某每亩生产水稻平均产量的差额，为嵇某每亩赔偿的水稻数量，水稻价格按市场收购价确定，水稻亩数按李某土地承包合同为准，嵇某在水稻收割后10天内结清赔（偿）款；②嵇某对李某水稻田采取补救措施，补救措施费用由嵇某承担；③李某在收到嵇某全额赔偿款后不得以任何理由和借口纠缠嵇某。赔偿协议签订后，嵇某认为自己是在不知情，且存在重大误解及胁迫诱导的情况下，被迫与李某签

订的赔偿协议；县农业执法监察大队在主要证据不足的情况下进行行政调解，且调解违反程序，遂向法院提起了行政诉讼，请求撤销该赔偿协议。法院裁定不予受理。

七、行政指导行为

行政指导行为，是指行政机关以倡导、示范、建议、咨询等方式，引导公民自愿配合而达到行政管理目的的行为，行政指导没有强制性，公民是否遵从行政指导，完全取决于自己的意愿。因此，行政指导行为不属于行政诉讼受案范围。如果行政机关在实施行政指导时带有强制性，这种假指导、真强制的行为，就属于行政诉讼受案范围。

［例］2010 年 7 月，镇供销社为了加快城镇建设，欲对其临街的商业铺面和职工宿舍进行棚户区改造，于是向县供销社提出申请，后经县政府审批同意。2015 年 10 月 16 日，县政府作出关于研究镇供销社铺面拆迁等问题的专题《会议纪要》，内容包含"镇供销社领导班子要落实责任，深入细致地做好四家拒迁户职工的思想工作，努力做到和谐拆迁"。随后，镇供销社对商业铺面进行了拆迁。谢某以县政府用《会议纪要》的方式授权镇供销社强制拆迁共有铺面，侵害其合法权益为由，向法院提起行政诉讼，请求确认县政府《会议纪要》的上述内容违法并予以撤销。

法院生效裁定认为，县政府作出的《会议纪要》系县政府对镇供销社棚户区改造工作提出的指导性意见，其实质是不具有强制力的行政指导行为，并未对谢某的合法权益产生实际影响，遂驳回谢某的起诉。

八、重复处理行为

重复处理行为，是指行政机关根据公民的申请或者申诉，对原有的生效行政行为作出的没有任何改变的二次决定。重复处理行为实质上是对原已生效的行政行为的简单重复，并没有形成新事实或者权利义务状态，对当事人权利义务没有新影响。重复处理行为不作为行政诉讼受案范围的主要原因是为了维护公共行政的稳定性和效率，防止公民、组织规避行政诉讼的起诉期限。注意这里的"申诉"不是申请复议行为，而是指当事人在超过复议申请期限和起诉期限的情况下，对已经生效的行政行为不服而向有关行政机关提出的申诉。

［例］颜某就小甸子村民委员会不履行村务公开的情况，向镇政府递交申请书，请求镇政府责令小甸子村民委员会公开村务信息。镇政府向小甸子村民委员会下达了《责令履职通知书》，责令小甸子村民委员会"自接到通知书后，在 60 天内依照相关法律规定，将当事人所申请之事项中真实存在且符合法律规定之信息及资料向其进行书面公开"。后颜某仍就相同事项向区政府邮寄《监督审查申请书》，请求区政府根据《村民委员会组织法》第 31 条的规定，责令小甸子村民委员会依法公开其所申请的村务信息内容，并追究村民委员会主要负责人的法律责任。区政府作出与镇政府相同的处理决定。颜某对区政府的处理决定提起行政诉讼，一并要求区政府追究镇政府的责任。本案中，区政府对于颜某重复申请的处理行为，未对其设定新的权利义务关系，不属于行政诉讼受案范围。颜某请求区政府确认并追究镇政府履职不力、懒政的法律责任，系要求区政府履行其作为上级机关对于下级机关的内部监督管理职责，也不属于行政诉讼受案范围。

九、不产生外部法律效力的行为

对外性是可诉的行政行为的重要特征之一。不产生外部法律效力的行为是行政机关在行政系统内部所作的行为，如行政机关的内部沟通、会签意见、内部报批等行为，并不对外发生法律效力，不对公民、法人或者其他组织合法权益产生影响，因此不属于行政诉讼受案范围。

[例] 2006 年 8 月，县政府经市政府批准，拟将包括某镇城西村一组在内的集体土地 4.3805 公顷征为国有。该镇城西村一组村民李某宅基地旁边有一铸造厂，占用的 354 平方米也在征收范围内。2008 年 6 月 23 日，李某向法院提起行政诉讼，请求法院认定县政府征收该镇城西村一组 354 平方米土地的具体行政行为违法。

法院生效裁定认为，李某所在地的征地行为已经市政府最终审批，县政府对该宗征地进行审查报批，是根据现行法律法规的规定作出的，履行的是内部审批程序，属于内部行政行为，故不属于行政诉讼受案范围。

十、过程性行为

成熟性是可诉行政行为的重要特征。行政机关为作出行政行为而实施的准备、论证、研究、层报、咨询等行为，属于行政过程性行为，这些行为尚不具备最终的法律效力，不对公民、法人或者其他组织合法权益产生影响，不属于行政诉讼受案范围。

[例] 苏某于 2017 年 3 月 9 日通过申请政府信息公开，得知市政府作出的《市政府关于实施西部新城规划建设用地的批复》。苏某称从未收到和见到区政府针对该经批准征用土地方案批准前和经批准后作出的征地公告，直接剥夺了苏某的知情权、参与权。苏某提起行政诉讼，请求法院确认区政府在《市政府关于实施西部新城规划建设用地的批复》征地报批前不履行拟征地公告法定职责不作为行为违法。

法院生效裁定认为，根据《国务院关于深化改革严格土地管理的决定》第 14 条的规定，在征地依法报批前，要将拟征地的用途、位置、补偿标准、安置途径告知被征地农民；对拟征土地现状的调查结果须经被征地农村集体经济组织和农户确认；确有必要的，国土资源部门应当依照有关规定组织听证。要将被征地农民知情、确认的有关材料作为征地报批的必备材料。该规定中"在征地依法报批前，要将拟征地的用途、位置、补偿标准、安置途径告知被征地农民"的告知程序仅为征地报批前的准备工作，是过程性的行为，故区政府是否发布拟征地公告亦属于征地报批前的过程性行为，且是否发布拟征地公告不会对行政相对人的权利义务产生实际影响，苏某认为区政府征地报批前不履行拟征地公告法定职责侵害其知情权、参与权的理由不能成立。苏某起诉要求确认区政府未发布拟征地公告的行为违法，不属于行政诉讼受案范围。

十一、协助执行行为

可诉的行政行为须是行政机关基于自身意思表示作出的行为。协助执行行为是行政机关根据人民法院的生效裁判、协助执行通知书作出的执行行为，并非行政机关自身依职权主动作出的行为，故不属于行政诉讼受案范围。但是行政机关扩大执行范围或者采取违法方式实施的行为，视为行政机关基于自身意思表示作出的行为，就属于行政诉讼受案范围。

[例] 三宝公司系私营企业。1995 年，三宝公司在与张某的经济纠纷案件中败诉。因三宝公司拒不履行法院生效裁判所确定的义务，法院应胜诉方的申请，决定强制执行，裁定对三宝公司的 36 间房屋进行查封变卖，并通过新闻媒体发布公告。利民公司决定购买此房产，并与法院达成转让协议。1997 年 4 月 2 日，法院向市政府发出协助执行通知书，要求市政府按协助执行通知书的内容将三宝公司的 36 间房屋产权变更为利民公司所有。市政府于 1997 年 12 月 26 日，将三宝公司的 36 间房屋过户给利民公司，并为利民公司办理了 36 间房屋的房屋所有权证。三宝公司向法院起诉，请求法院判决撤销市政府的房产过户行为。

法院生效裁定认为，被诉行为系行政机关根据法院的生效裁判、协助执行通知书作出的执行行为，不属于行政诉讼受案范围。

十二、内部层级监督行为

内部层级监督属于行政机关上下级之间管理的内部事务。法律规定上级行政机关有权对下级行政机关工作进行监督，实践中出现公民、法人或其他组织起诉，要求法院判决上级人民政府履行监督下级人民政府的职责。由于法律规定的内部层级监督，并不直接设定当事人新的权利义务关系，因此上级行政机关基于内部层级监督关系对下级行政机关作出的听取报告、执法检查、督促履责等行为不属于行政诉讼受案范围。

[例] 原告王连智以天津市西青区人民政府为被告提起诉讼，诉讼请求为：①依法确认天津市西青区人民政府未履行法定职责，对其要求确认张家窝镇人民政府行政不作为，确认集体经济组织成员身份的请求在法定期限内未予答复属于行政不作为；②本案诉讼费由天津市西青区人民政府承担。

法院生效裁定认为，原告王连智请求依法确认天津市西青区人民政府未履行法定职责，对其要求确认张家窝镇人民政府行政不作为，确认集体经济组织成员身份的请求在法定期限内未予答复属于行政不作为的诉讼请求，属于"上级行政机关基于内部层级监督关系对下级行政机关作出的听取报告、执法检查、督促履责等行为"，不属于行政诉讼受案范围。

十三、信访办理行为

信访办理行为，是指行政机关针对信访事项作出的登记、受理、交办、转送、复查、复核意见等行为。行政机关作出的登记、受理、交办、转送、承办、协调处理、监督检查、指导信访事项等行为，由于对信访人不具有强制力，对信访人的实体权利义务不产生实质影响，因此，不属于行政诉讼受案范围。

[例] 2003 年 11 月 6 日，刘某等人到国家某部上访，要求解决其所在单位违法办理"内退"的问题，该部信访处按照"分级负责、归口管理"的规定，为刘某等人开具了到江苏省某厅的《越级上访通知书》。刘某等遂于 11 月 11 日持该部《越级上访通知书》到江苏省该厅上访。江苏省该厅根据《江苏省实行逐级上访和分级受理制度暂行规定》，向刘某等人开具了《信访处理函》，转由江苏省某总公司按《江苏省信访条例》《江苏省实行逐级上访和分级受理制度暂行规定》接待并妥善处理。其后，江苏省该总公司对刘某等人反映的问题进行了答复。刘某等对江苏省该厅将其信访材料转给江苏省该总公司的处理不服，提起行政诉讼。

法院生效裁定认为，刘某等人提起行政诉讼是基于江苏省该厅作出的信访转办行为，但该信访转办行为不属于行政诉讼受案范围。

十四、对公民、法人或其他组织的权利义务不产生实际影响的行为

对公民、法人或其他组织的权利义务不产生实际影响的行为，是指行政机关在作出行政行为之前实施的各种准备行为、阶段性行为、过程性行为，这些行为还没有影响到公民、法人或其他组织的权利义务，如行政许可过程中的告知补正申请材料、听证等通知行为。

注意："实际影响"，是指使公民、法人或者其他组织的权利、义务发生了变化，如限制、减少权利，增加、免除、减少义务等；"没有实际影响"意味着行政活动没有使公民、法人或者其他组织权利义务发生变动。

命题陷阱

1. 抽象行政行为不可直接诉

《行政诉讼法》虽然赋予公民、法人或者其他组织就抽象行为中规章以下的行政规范性文件申请法院审查的权利，但是只是附带申请审查，而不是直接起诉规章以下的行政规范性文件，抽象行政行为仍然不属于行政诉讼受案范围。

2. 区分内部性行政行为与外部性行政行为

内部性行政行为是行政机关对行政系统内的机构或公务员作出的行为；外部性行政行为是行政机关对行政系统外的公民或组织作出的行为。

3. 行政诉讼受案范围中的刑事侦查行为排除

刑事侦查行为应当作最狭义的理解，只要不是依照《刑事诉讼法》的明确授权实施的行为，都应当视为行使行政权力的行为。

经典真题

1. 下列哪一选项属于法院行政诉讼的受案范围？（2017/2/49）[1]
   A. 张某对劳动争议仲裁裁决不服向法院起诉的
   B. 某外国人对出入境边检机关实施遣送出境措施不服申请行政复议，对复议决定不服向法院起诉的
   C. 财政局工作人员李某对定期考核为不称职不服向法院起诉的
   D. 某企业对县政府解除与其签订的政府特许经营协议不服向法院起诉的

2. 下列选项属于行政诉讼受案范围的是：（2015/2/98）[2]
   A. 方某在妻子失踪后向公安局报案要求立案侦查，遭拒绝后向法院起诉确认公安局的行为违法
   B. 区房管局以王某不履行双方签订的房屋征收补偿协议为由向法院起诉

---

[1] D。劳动争议仲裁裁决属于法律规定的仲裁行为，属于民事诉讼受案范围，不属于行政诉讼受案范围；出入境边检机关对外国人实施遣送出境措施经过行政复议后，复议决定属于法律规定由行政机关最终裁决的行政行为，不属于行政诉讼受案范围；财政局工作人员李某被定期考核为不称职属于内部行政行为，不属于行政诉讼受案范围；县政府解除其与企业签订的政府特许经营协议，是行政机关解除行政协议行为，属于行政诉讼受案范围。

[2] C。A选项是"公安、国家安全等机关依照刑事诉讼法的明确授权实施的行为"，不属于行政诉讼受案范围；公民不履行行政协议的，由行政机关申请法院强制执行，不属于行政诉讼受案范围；工商局滥用行政权力限制竞争作为具体行政行为，属于行政诉讼受案范围；市政府发布的征收土地补偿费标准作为抽象行政行为，不属于行政诉讼受案范围。

C. 某企业以工商局滥用行政权力限制竞争为由向法院起诉
D. 黄某不服市政府发布的征收土地补偿费标准直接向法院起诉

3. 当事人不服下列行为提起的诉讼，属于行政诉讼受案范围的是：(2011/2/97)[1]
   A. 某人保局以李某体检不合格为由取消其公务员录用资格
   B. 某公安局以新录用的公务员孙某试用期不合格为由取消录用
   C. 某人保局给予工作人员田某记过处分
   D. 某财政局对工作人员黄某提出的辞职申请不予批准

专题 31 其他司法解释中的行政诉讼受案范围

一、行政许可诉讼的受案范围

案件情形		处理
行政许可决定（准予或不予许可决定）		受理
行政许可不作为（行政机关受理行政许可申请后，在法定期限内不予答复）		受理
行政机关就行政许可的变更、延续、撤回、注销、撤销等事项作出的有关具体行政行为		受理
行政许可过程中的告知补正申请材料、听证等通知行为	不具有最终性	不予受理
	导致许可程序事实上终止	受理
行政许可的公开	未公开行政许可决定	受理
	未提供行政许可监督检查记录	受理
行政机关变更或者撤回行政许可，当事人申请行政补偿时	未作出行政补偿决定	受理
	作出行政补偿决定	受理

[例] 2015 年 6 月 1 日，某公司申请淮委会批准其在京杭运河大桥建设高立柱广告牌。该公司提交了《关于报请审查高立柱广告牌工程建设方案的申请》、工程总平面布置图、广告牌工程现场清理承诺函、申报基本情况、工程设计图。2015 年 8 月 5 日，淮委会对该公司的申请及提交的材料作出《关于京杭运河特大桥两侧设立广告牌工程水行政许可申请补正通知书》（以下简称《补正通知书》），主要内容为：申报材料存在项目建设位置不具体、设计图纸不全、有关安全计算内容不详等问题，不满足水行政许可受理要求，需要补正材料。2015 年 11 月 20 日，该公司未按《补正通知书》补正材料。该公司对淮委会作出的《补正通知书》提起行政诉讼。法院生效裁定认为，淮委会作出的《补正通知书》不属于行政诉讼受案范围。

---

[1] A。人保局取消李某被录用为公务员的资格，而不是其公务员身份，该行为属于外部行为，是具体行政行为，属于行政诉讼受案范围；孙某被取消录用、田某受记过处分、不予批准黄某的辞职申请都属于内部行政行为，不属于行政诉讼受案范围。

> **命题陷阱**
>
> 区分行政机关在行政许可实施过程中告知补正申请材料、听证等通知行为是过程性行为还是具有事实上的终止性行为：
> 1. 一般情况
> 告知补正申请材料、听证等通知行为是行政机关所作的准备性行为或过程性行为，不属于行政诉讼受案范围，当事人可以起诉行政机关最终作出的有关许可决定。
> 2. 特殊情况
> 告知补正申请材料、听证等通知行为对于许可申请人或利害关系人具有事实上的最终性，即对公民、法人或者其他组织的权利义务产生了实际影响的，就属于行政诉讼受案范围，当事人可以起诉告知补正申请材料、听证等通知行为。

经典真题

下列当事人提起的诉讼，哪些属于行政诉讼受案范围？（2011/2/80）[1]
A. 某造纸厂向市水利局申请发放取水许可证，市水利局作出不予许可决定，该厂不服而起诉
B. 食品药品监管局向申请餐饮服务许可证的李某告知补正申请材料的通知，李某认为通知内容违法而起诉
C. 化肥厂附近居民要求环保局提供对该厂排污许可证监督检查记录，遭到拒绝后起诉
D. 某国土资源局以建城市绿化带为由撤回向一公司发放的国有土地使用权证，该公司不服而起诉

二、政府信息公开诉讼的受案范围

案件类型	具体内容	处理
信息不公开	向行政机关申请获取政府信息，行政机关拒绝提供或者逾期不予答复。	受理
信息提供不符合要求	行政机关提供的政府信息不符合申请人在申请中要求的内容或者法律、法规规定的适当形式。	
公开信息侵害秘密、隐私	行政机关主动公开或者依他人申请公开政府信息侵犯申请人商业秘密、个人隐私。	受理
信息更改	行政机关提供的与其自身相关的政府信息记录不准确，要求该行政机关予以更正，该行政机关拒绝更正、逾期不予答复或者不予转送有权机关处理。	

---

[1] ACD。市水利局作出的不予许可决定属于行政机关作出的有关行政许可决定，属于行政诉讼受案范围；李某仅就行政许可过程中的告知补正申请材料不服，通知补正申请材料不会导致许可程序对李某事实上终止，因此补正申请材料的通知作为过程性行为不属于行政诉讼受案范围；化肥厂附近居民要求环保局提供对该厂排污许可证监督检查记录，遭到拒绝，属于行政机关未提供行政许可监督检查记录，应当属于行政诉讼受案范围；国土资源局以建城市绿化带为由撤回向一公司发放的国有土地使用权证的行为，属于行政机关就行政许可的撤回作出的具体行政行为，属于行政诉讼受案范围。

续表

案件类型	具体内容	处理
不主动公开信息	公民、法人或者其他组织认为行政机关不依法履行主动公开政府信息义务，直接向人民法院提起诉讼。	不予受理
申请内容更改、补充的告知行为	因申请内容不明确，行政机关要求申请人作出更改、补充且对申请人权利义务不产生实际影响的告知行为。	
申请公开出版物	要求行政机关提供政府公报、报纸、杂志、书籍等公开出版物，行政机关予以拒绝。	
要求处理、加工政府信息	要求行政机关为其制作、搜集政府信息，或者对若干政府信息进行汇总、分析、加工，行政机关予以拒绝。	不予受理
行政程序中案卷材料查阅	行政程序中的当事人、利害关系人以政府信息公开名义申请查阅案卷材料，行政机关告知其应当按照相关法律、法规的规定办理。	

[例1] 杨成良向河南省人力资源和社会保障厅申请公开"公司、企业新增业务，申请行政许可所需材料及申报流程"及"公司、企业新增业务，申请行政许可审批流程及审批期限"，河南省人力资源和社会保障厅认为杨成良申请的内容不够明确，作出豫人社补正告知[2019] 4号《政府信息公开补正告知书》，请其明确说明所申请公开的政府信息的名称、文号或者便于查询的其他特征性描述。杨成良对上述补正告知不服，提起行政诉讼。法院受理案件后裁定驳回杨成良的起诉。

[例2] 原告汤俩伟等人于2015年8月5日通过中国邮政EMS快递向被告福建省人民政府递交《政府信息公开申请表》，申请书面公开如下信息：1500多亩的基本农田转变为建设用地的法律依据是什么？相关的文件有哪些（也含会议纪要、记录等）？请公开中央、福建省、福州市、晋安区、宦溪镇各级人民政府及相关部门关于基本农田转变的法律依据等。被告于2015年8月17日作出（2015）第111号《政府信息公开告知书》，告知原告：可通过各级人大、政府的网站和公报以及档案馆、图书馆政府查阅点等主动公开渠道自行查阅或向当地国土、拆迁部门咨询了解情况，本机关不再另行汇总、加工或重新制作信息。原告提起行政诉讼。

法院生效裁定认为，原告向被告申请公开的信息需要搜集或者汇总、加工，被告作出（2015）第111号《政府信息公开告知书》予以拒绝，不属于行政诉讼受案范围。

命题陷阱

对行政机关不主动公开信息提起行政诉讼的处理：
1. 对行政机关不主动公开信息直接提起行政诉讼，不属于行政诉讼受案范围。
2. 对行政机关不主动公开信息，向行政机关申请获取其不主动公开的信息，对行政机关的答复或者逾期不予答复不服，向法院提起诉讼，属于行政诉讼受案范围。

经典真题

法院应当受理下列哪些对政府信息公开行为提起的诉讼？（2012/2/85）[1]

A. 黄某要求市政府提供公开发行的2010年市政府公报，遭拒绝后向法院起诉
B. 某公司认为工商局向李某公开的政府信息侵犯其商业秘密向法院起诉
C. 村民申请乡政府公开财政收支信息，因乡政府拒绝公开向法院起诉
D. 甲市居民高某向乙市政府申请公开该市副市长的兼职情况，乙市政府以其不具有申请人资格为由拒绝公开，高某向法院起诉

三、行政协议诉讼的受案范围

行政机关为了实现行政管理或者公共服务目标，与公民、法人或者其他组织协商订立的具有行政法上权利义务内容的协议，属于行政协议。

案件情形			处 理
行政协议	行政协议种类	政府特许经营协议	受 理
		土地、房屋等征收征用补偿协议	
		矿业权等国有自然资源使用权出让协议	
		政府投资的保障性住房的租赁、买卖等协议	
		政府与社会资本合作协议	
非行政协议		行政机关之间因公务协助等事由而订立的协议	不受理
		行政机关与其工作人员订立的劳动人事协议	

要全面理解纳入行政诉讼受案范围的行政协议纠纷：

1. 公民、法人或者其他组织认为行政机关不依法履行、未按照约定履行或者违法变更、解除行政协议产生的争议属于行政诉讼受案范围。

2. 行政协议订立时的缔约过失，协议成立与否，协议有效、无效、撤销、终止行政协议，请求继续履行行政协议，采取相应的补救措施，请求行政赔偿和行政补偿责任以及行政机关监督、指挥、解释等行为产生的行政争议也属于行政诉讼受案范围。

[例] 2015年12月3日，区政府作出房屋征收决定，涉案房屋在征收范围内，冯某为承租人，内有在册户籍人口14人。2016年1月20日，区旧区改造和房屋征收居住困难认定小组确认冯某户在册户籍人口包括冯某、温某等11人符合居住困难户认定条件。2016年1月27日，冯某户与区住房保障和房屋管理局订立了《国有土地上房屋征收补偿协议》（以下简称《补偿协议》），《补偿协议》第6条（居住困难保障补贴）中载明："经认定，被征收户符合居住困难户的补偿安置条件，居住困难人口为11人，居住困难户增加货币补贴款人民币2 023 739.62元。"2016年2月3日，该户交房拆除。2016年12月，冯某过世。温某认为《补偿协议》认定的居住困难人口中有多人不符合居住困难认定条件，损害了国家利益，侵犯了自

---

[1] BCD。公开发行的2010年市政府公报属于公开出版物，A选项不属于行政诉讼受案范围；B选项是行政机关依他人申请公开政府信息侵犯其商业秘密的情形，属于行政诉讼受案范围；C选项和D选项都属于"向行政机关申请获取政府信息，行政机关拒绝提供"的情形，属于行政诉讼受案范围。

身的合法权益，遂提起行政诉讼请求确认《补偿协议》无效。法院予以受理。

> **命题陷阱**
>
> 虽然题目中行政机关与公民、法人或者其他组织签订的是行政协议，但是行政机关认为公民、法人或者其他组织不履行、未按照约定履行行政协议而提起行政诉讼，不属于行政诉讼受案范围。

四、其他行政诉讼中的受案范围

1. 国际贸易行政诉讼案件中的受案范围：①有关国际货物贸易的行政案件；②有关国际服务贸易的行政案件；③与国际贸易有关的知识产权行政案件；④其他国际贸易行政案件。

2. 反倾销行政诉讼案件中的受案范围：①有关倾销及倾销幅度、损害及损害程度的终裁决定；②有关是否征收反倾销税的决定以及追溯征收、退税、对新出口经营者征税的决定；③有关保留、修改或者取消反倾销税以及价格承诺的复审决定；④依照法律、行政法规规定可以起诉的其他反倾销行政行为。

3. 反补贴行政诉讼案件中的受案范围：①有关补贴及补贴金额、损害及损害程度的终裁决定；②有关是否征收反补贴税以及追溯征收的决定；③有关保留、修改或者取消反补贴税以及承诺的复审决定；④依照法律、行政法规规定可以起诉的其他反补贴行政行为。

> **经典真题**
>
> 商务部根据中国四家公司的申请并经调查公布了反倾销调查的终裁决定，认定从A国进口苯酚存在倾销，有关公司倾销幅度为6%~144%，决定自2004年2月1日起，对A国甲公司征收6%、乙公司征收144%的反倾销税，期限均为5年。下列哪些说法是正确的？（2004/2/76）[1]
>
> A. 甲公司可以对商务部关于倾销幅度的终裁决定提起行政诉讼
> B. 乙公司可以对商务部征收144%的反倾销税的决定提起行政诉讼
> C. 法院应当参照国务院部门规章和地方政府规章对被诉行政行为进行审查
> D. 法院可以参照有关涉外民事诉讼程序规定审理反倾销行政案件

致努力中的你

好事尽从难处得，少年无向易中轻。

---

[1] ABD。商务部关于倾销幅度的终裁决定和商务部征收144%的反倾销税的决定，都是具体行政行为，属于行政诉讼受案范围；在反倾销行政案件中，法院应当参照国务院部门规章进行审查，而不能参照地方政府规章进行审查；法院审理反倾销行政案件可以参照有关涉外民事诉讼程序规定。

12 第十二讲 >> 行政诉讼的参加人

应试指导

行政诉讼的参加人，解决的是"谁去告""去告谁""谁参加诉讼"的问题。行政诉讼中的原告和被告是每年的必考考点，考生不仅要理解行政诉讼的原告、被告、第三人、共同诉讼人的确认规则，而且要熟悉行政诉讼中原告和被告确认规则的具体适用。本讲在考试中的题目类型主要是客观卷中的选择题，也曾以主观卷中的案例分析题形式出现，涉及必读的法律法规有：《行政诉讼法》《行诉解释》《政府信息公开案件规定》《行政许可案件规定》《负责人出庭应诉规定》《正确确定被告资格规定》《行政协议案件规定》《国际贸易行政案件规定》《反倾销行政案件规定》《反补贴行政案件规定》。

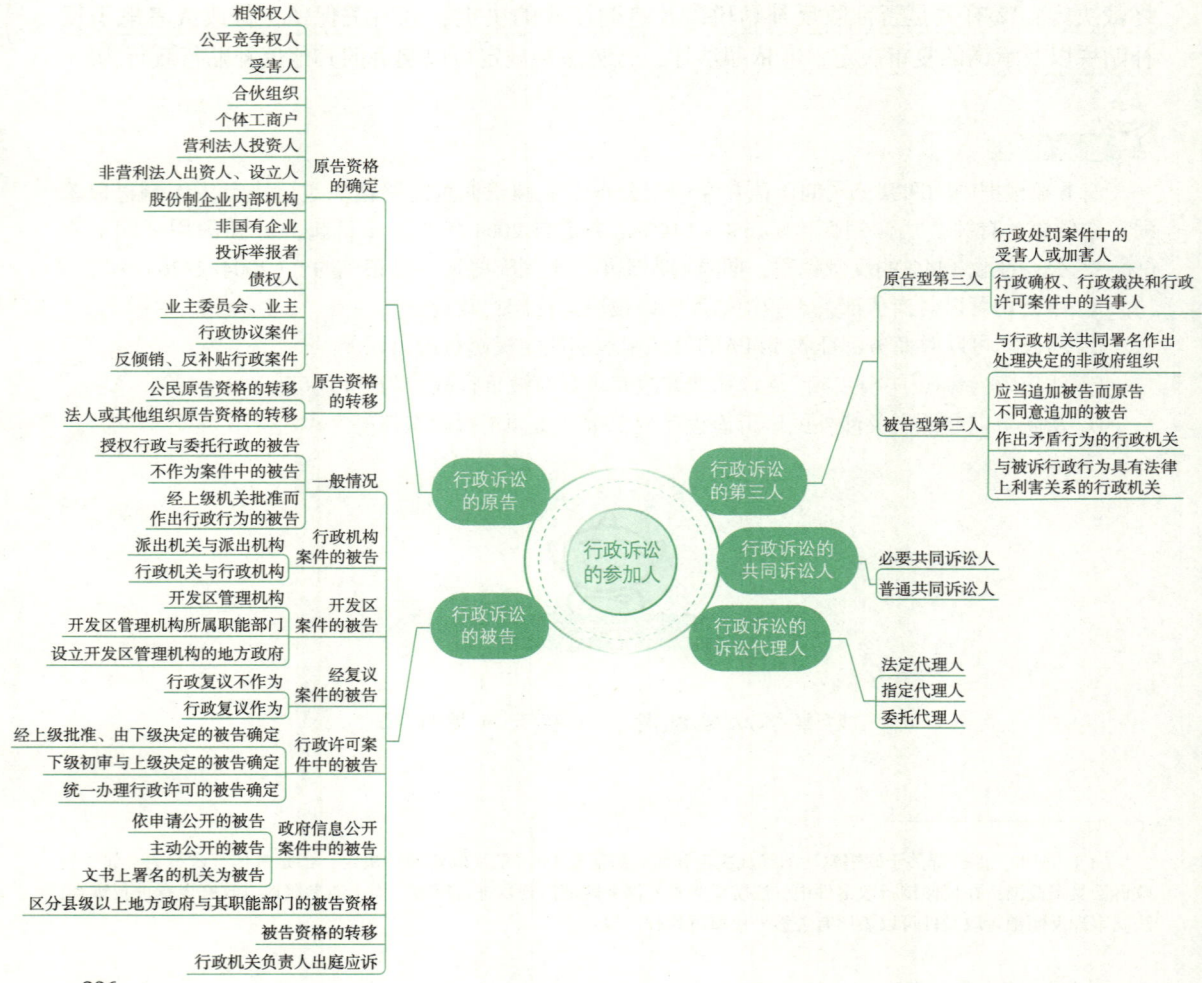

行政诉讼的参加人

- 行政诉讼的原告
  - 原告资格的确定
    - 相邻权人
    - 公平竞争权人
    - 受害人
    - 合伙组织
    - 个体工商户
    - 营利法人投资人
    - 非营利法人出资人、设立人
    - 股份制企业内部机构
    - 非国有企业
    - 投诉举报者
    - 债权人
    - 业主委员会、业主
    - 行政协议案件
    - 反倾销、反补贴行政案件
  - 原告资格的转移
    - 公民原告资格的转移
    - 法人或其他组织原告资格的转移

- 行政诉讼的被告
  - 一般情况
    - 授权行政与委托行政的被告
    - 不作为案件中的被告
    - 经上级机关批准而作出行政行为的被告
  - 行政机构案件的被告
    - 派出机关与派出机构
    - 行政机关与行政机构
  - 开发区案件的被告
    - 开发区管理机构
    - 开发区管理机构所属职能部门
    - 设立开发区管理机构的地方政府
  - 经复议案件的被告
    - 行政复议不作为
    - 行政复议作为
  - 行政许可案件中的被告
    - 经上级批准、由下级决定的被告确定
    - 下级初审与上级决定的被告确定
    - 统一办理行政许可的被告确定
  - 政府信息公开案件中的被告
    - 依申请公开的被告
    - 主动公开的被告
  - 文书上署名的机关为被告
  - 区分县级以上地方政府与其职能部门的被告资格
  - 被告资格的转移
  - 行政机关负责人出庭应诉

- 行政诉讼的第三人
  - 原告型第三人
    - 行政处罚案件中的受害人或加害人
    - 行政确权、行政裁决和行政许可案件中的当事人
    - 与行政机关共同署名作出处理决定的非政府组织
  - 被告型第三人
    - 应当追加被告而原告不同意追加的被告
    - 作出矛盾行为的行政机关
    - 与被诉行政行为具有法律上利害关系的行政机关

- 行政诉讼的共同诉讼人
  - 必要共同诉讼人
  - 普通共同诉讼人

- 行政诉讼的诉讼代理人
  - 法定代理人
  - 指定代理人
  - 委托代理人

专题 32 行政诉讼的原告

一、行政诉讼原告的概念

行政诉讼原告，是指行政行为的相对人以及认为行政行为侵犯其合法权益，而依法向人民法院提起诉讼的公民、法人或者其他组织。需要把握两个要点：

1. 原告必须与被诉行政行为之间有利害关系，即承担该行政行为的法律后果或者合法权益受到影响。

2. 原告认为行政行为侵犯其合法权益，行政行为是否实际上违法与原告资格无关，只要"认为"受到行政行为的侵犯就可以。

[例] 2014 年 6 月 27 日，区政府作出《关于调整京广铁路与中同街交汇处西北区域征收范围的决定》（以下简称《调整征收范围决定》），将房屋征收范围调整为京广铁路以西、卫河以南、中同大街以北（不包含中同大街 166 号住宅房）、立新巷以东。焦某系中同大街 166 号住宅房的所有权人。焦某认为区政府作出《调整征收范围决定》不应将其所有的房屋排除在外，且《调整征收范围决定》作出后未及时公告，对原房屋征收范围不产生调整的效力，请求法院判决撤销《调整征收范围决定》。法院生效裁定认为，区政府作出的《调整征收范围决定》不涉及焦某所有的房屋，对其财产权益不产生实际影响，焦某与被诉行政行为之间没有利害关系，遂裁定驳回了焦某的起诉。

二、行政诉讼原告的资格

行政行为的相对人以及其他与行政行为有利害关系的公民、法人或者其他组织，是判定是否具有行政诉讼原告资格的核心。考试中的考查重点不是行政行为的相对人，而是行政行为的利害关系人。

1. 相邻权人的原告资格

相邻权，是指不动产的占有人在行使其物权时，对其相邻的他人不动产所享有的特定支配权，主要包括截水、排水、通行、通风、采光等权利。被诉行政行为侵害了相邻权，利害关系即告成立，相邻权人就可以成为原告。

[例] 居委会经过规划局批准，修建自行车棚，12 户居民认为自行车棚影响了自己的通风、采光和通行，12 户居民就有权到法院起诉规划局的批准行为。规划局批准居委会修建自行车棚侵犯了 12 户居民的相邻权，12 户居民就成为批准行为的利害关系人，具有原告资格。

2. 公平竞争权人的原告资格

公民、法人或者其他组织认为行政机关滥用行政权力排除或者限制竞争的，可以到法院提起行政诉讼，其因公平竞争权受到侵害而具有原告资格。

[例] 市政府在会议纪要里决定免除公交公司的交通规费，3 位个体运输户有两条运营线路与公交公司是重叠的，不能享受免除交通规费优惠，3 位个体运输户可以到法院去起诉市政

府的会议纪要违法。具有原告资格的 3 位个体运输户与公交公司是公平竞争关系，市政府免除公交公司的交通规费侵犯了 3 位个体运输户的公平竞争权。

3. 受害人的原告资格

受害人，是指受到其他公民（加害人）违法行为侵害的人。在发生侵害时，行政机关可能有两种做法：①不处理；②处罚加害人，但受害人认为处罚轻微。在这两种情况下，受害人有权要求行政机关追究加害人责任，有权对行政机关的处理行为提起行政诉讼，因为受害人属于利害关系人，具有原告资格。

［例］吴某不出具身份证，强行住进郊区旅社，公安机关对吴某罚款 300 元。郊区旅社认为 300 元的罚款太轻，起诉公安机关的罚款行为。郊区旅社作为受害人，是罚款行为的利害关系人，具有原告资格。

注意：①加害人或者受害人中起诉的一方是原告，没有起诉的一方是第三人；②加害人认为行政处罚过重而起诉，受害人认为处罚过轻也同时起诉，受害人和加害人都是原告，但不是共同原告。

4. 合伙组织的原告确认

合伙组织分为合伙企业和个人合伙两种形式：

（1）合伙企业向法院提起诉讼的，应当以核准登记的字号为原告。

（2）未依法登记领取营业执照的个人合伙提起诉讼的，全体合伙人为共同原告。全体合伙人可以推选代表人，被推选的代表人，应当由全体合伙人出具推选书。

5. 个体工商户的原告资格

个体工商户向法院提起诉讼的，以营业执照上登记的经营者为原告。有字号的，以营业执照上登记的字号为原告，并应当注明该字号经营者的基本信息。

［例］薛某系个体工商户，营业执照上登记字号为大汗足疗馆。2018 年 5 月 7 日夜间，某县拆迁指挥中心拆除了薛某经营的大汗足疗馆，屋内尚有大量财物未搬出，导致财产损失。薛某作为经营者，认为该县拆迁指挥中心的强拆行为造成其所租赁经营用房装修装饰损坏、经营用品及财物损失。薛某以其个人名义提起行政诉讼，法院经审查认为原告不适格，向薛某释明应当以大汗足疗馆的名义提起诉讼，但薛某拒绝变更，法院裁定驳回起诉。

6. 营利法人投资人的原告资格

联营企业、中外合资企业、中外合作企业的联营、合资、合作各方，认为联营、合资、合作企业权益或者自己一方合法权益受到行政行为侵害的，均可以自己的名义提起诉讼。即企业能做原告，各方投资人也可以做原告，既可以以保护企业权益为由提起诉讼，也可以以保护投资人权益为由提起诉讼。

7. 非营利法人出资人、设立人的原告资格

事业单位、社会团体、基金会、社会服务机构等非营利法人的出资人、设立人认为行政行为损害法人合法权益的，可以自己的名义提起诉讼。即非营利法人能做原告，出资人、设立人也可以做原告。

8. 股份制企业内部机构的诉权

股份制企业的股东大会、股东会、董事会等认为行政机关作出的行政行为侵犯企业经营自主权的，可以企业名义提起诉讼。

> **命题陷阱**
>
> 注意区分股份制企业案件中的原告和提起诉讼的主体：行政机关作出的行政行为侵犯股份制企业经营自主权的，在提起行政诉讼时，提起诉讼的主体是股份制企业的股东大会、股东会、董事会，而原告是股份制企业。

9. 非国有企业的原告资格

非国有企业被行政机关分立、终止、兼并、改变隶属关系的，企业或者其法定代表人可以以自己的名义提起诉讼。

> **魏语绸缪**
>
> 非国有企业的法定代表人起诉时是以自己的名义，而不是以企业的名义，法定代表人具有原告资格。

10. 投诉、举报者的原告资格

为维护自身合法权益向行政机关投诉，具有处理投诉职责的行政机关作出或者未作出处理的，公民、法人或者其他组织具有原告主体资格。

[例] 2012年5月28日，罗某向市物价局邮寄一份申诉举报函，对电信公司向罗某收取首次办理手机卡卡费20元进行举报，要求市物价局责令电信公司退还非法收取罗某的手机卡卡费20元，依法查处并没收所有电信用户首次办理手机卡被收取的卡费，依法奖励罗某和书面答复罗某相关处理结果。2012年5月31日，市物价局收到罗某的申诉举报函。2012年7月3日，市物价局作出《关于对罗某2012年5月28日〈申诉书〉办理情况的答复》，并向罗某邮寄送达。答复内容为："2012年5月31日，我局收到您反映电信公司对新办手机卡用户收取20元手机卡卡费的申诉书后，我局非常重视，及时进行调查。经调查核实：省通管局和省发改委联合下发的《关于电信全业务套餐资费优化方案的批复》规定，UIM卡收费上限标准：入网50元/张，补卡、换卡30元/张。我局非常感谢您对物价工作的支持和帮助。"罗某收到市物价局的答复后，以市物价局的答复违法为由诉至法院。罗某与举报处理行为具有法律上的利害关系，具有行政诉讼原告主体资格。

11. 债权人的原告资格

债权人一般不具有行政诉讼原告资格，即债权人以行政机关对债务人所作的行政行为损害债权实现为由提起行政诉讼的，法院应当告知其就民事争议提起民事诉讼。如果行政机关作出行政行为时依法应予保护或者应予考虑债权人的债权，但是没有保护或者考虑债权人的债权，债权人就具有行政诉讼原告资格。

[例] 某房地产开发公司诉某市国土资源管理局一案中，该房地产开发公司诉称该市国土资源管理局发公函将某物业发展公司与某工程大学的争议土地的使用权确认为该工程大学所有，致使该房地产开发公司对该物业发展公司的债权无法实现，故请求法院依法撤销该市国土资源管理局的公函。经过审查，法院认为该公函未涉及该房地产开发公司实有权利的处分，该房地产开发公司不属于适格的原告，不具有诉讼的主体资格，故驳回该房地产开发公司的起诉。

12. 涉及业主共有利益的原告资格

业主委员会对于行政机关作出的涉及业主共有利益的行政行为，可以自己的名义提起诉讼。业主委员会不起诉的，专有部分占建筑物总面积过半数或者占总户数过半数的业主

可以提起诉讼。即业主委员会具有原告资格，业主委员会不起诉的，专有部分占建筑物总面积过半数或者占总户数过半数的业主才具有原告资格。

13. 行政协议案件的原告资格

因行政协议的订立、履行、变更、终止等行为损害其合法权益的，公民、法人或者其他组织具有原告资格：

（1）参与招标、拍卖、挂牌等竞争性活动，认为行政机关应当依法与其订立行政协议但行政机关拒绝订立，或者认为行政机关与他人订立行政协议损害其合法权益的公民、法人或者其他组织；

（2）认为征收征用补偿协议损害其合法权益的被征收征用土地、房屋等不动产的用益物权人、公房承租人。

[例] 2008年8月20日，市建设局与中泰公司签订《市管道燃气特许经营协议》。同年8月22日，市政府向市建设局作出批复，同意将该市管道燃气特许经营权独家授予中泰公司，期限为30年，至2038年8月20日止。2012年9月4日，市政府发布管道燃气特许经营权招投标公告。华润公司参与招标并中标，并于2013年2月20日与市规划和城市综合管理局签订《市管道燃气特许经营协议》，取得该市管道燃气业务独家特许经营权，有效期限为30年，至2043年2月20日止。中泰公司以2013年2月20日《市管道燃气特许经营协议》侵犯其合法权益为由提起行政诉讼。中泰公司具有行政诉讼原告资格。

14. 反倾销、反补贴行政案件的原告资格

（1）与反倾销行政行为具有法律上利害关系的个人或者组织为利害关系人，可以向法院提起行政诉讼。利害关系人是指向国务院主管部门提出反倾销调查书面申请的申请人，有关出口经营者和进口经营者及其他具有法律上利害关系的自然人、法人或者其他组织。

（2）与反补贴行政行为具有法律上利害关系的个人或者组织为利害关系人，可以向法院提起行政诉讼。利害关系人是指向国务院主管机关提出反补贴调查书面申请的申请人，有关出口经营者和进口经营者及其他具有法律上利害关系的自然人、法人或者其他组织。

经典真题

1. 某公司向规划局交纳了一定费用后获得了该局发放的建设用地规划许可证。刘某的房屋紧邻该许可规划用地，刘某认为建筑工程完成后将遮挡其房屋采光，向法院起诉请求撤销该许可决定。下列哪一说法是正确的？（2013/2/47）[1]

   A. 规划局发放许可证不得向某公司收取任何费用

   B. 因刘某不是该许可的利害关系人，规划局审查和决定发放许可证无需听取其意见

---

[1] A. 行政机关实施行政许可不得收取任何费用，故A选项正确。刘某作为该许可的利害关系人，规划局审查和决定发放许可证应当听取刘某的意见，故B选项错误。刘某作为行政许可的利害关系人，对规划局发放给公司的建设用地规划许可证的行为有权提起诉讼，刘某具有原告资格，故C选项错误。原告资格以其利益受到影响为判断标准，并不以现实利益受到损害为标准，因此不能以建筑工程尚未建设、权益受侵犯不具有现实性来认为刘某不具有原告资格，故D选项错误。

C. 因刘某不是该许可的相对人，不具有原告资格

D. 因建筑工程尚未建设，刘某权益受侵犯不具有现实性，不具有原告资格

2. 某市工商局发现，某中外合资游戏软件开发公司生产的一种软件带有暴力和色情内容，决定没收该软件，并对该公司处以3万元罚款。中方投资者接受处罚，但外方投资者认为处罚决定既损害了公司的利益也侵害自己的权益，向法院提起行政诉讼。下列哪一选项是正确的？（2009/2/47）[1]

A. 外方投资者只能以合资公司的名义起诉

B. 外方投资者可以自己的名义起诉

C. 法院受理外方投资者起诉后，应追加未起诉的中方投资者为共同原告

D. 外方投资者只能以保护自己的权益为由提起诉讼

3. 一公司为股份制企业，认为行政机关作出的决定侵犯企业经营自主权，下列哪些主体有权以该公司的名义提起行政诉讼？（2013/2/82）[2]

A. 股东
B. 股东会
C. 股东代表大会
D. 董事会

三、原告资格的转移

原告资格转移，是指有权起诉的公民死亡、法人或其他组织终止，原告资格转移给特定公民、法人或其他组织承受。

1. 公民原告资格的转移

（1）有权提起诉讼的公民死亡。

（2）其近亲属可以提起诉讼。近亲属包括配偶、父母、子女、兄弟姐妹、祖父母、外祖父母、孙子女、外孙子女和其他具有扶养、赡养关系的亲属。

[例] 王某某是某网络公司职工。2013年3月18日，王某某在进行公司线路巡查中因交通事故死亡。2013年4月10日，该网络公司向市人力资源和社会保障局申请工伤认定。市人力资源和社会保障局以公安机关交通管理部门尚未对本案事故作出交通事故认定书为由，于当日作出《工伤认定时限中止通知书》，并向王某某之父和该网络公司送达。2013年6月24日，王某某之父通过国内特快专递邮件方式，向市人力资源和社会保障局提交了《恢复工伤认定申请书》，要求市人力资源和社会保障局恢复对王某某的工伤认定。因市人力资源和社会保障局未恢复对王某某的工伤认定程序，王某某之父遂于同年7月30日向法院提起行政诉讼。

2. 法人或其他组织原告资格的转移

（1）有权提起诉讼的法人或者其他组织终止；

（2）承受其权利的法人或者其他组织可以起诉。

---

[1] B。外方投资者可以合资公司的名义起诉，也可以自己的名义起诉，故A选项错误，B选项正确。法院受理外方投资者起诉后，完全没有必要追加未起诉的中方投资者为共同原告，因为外方投资者完全具有独立的原告资格，故C选项错误。外方投资者既可以保护自己的权益为由提起诉讼，也可以保护公司的权益为由提起诉讼，故D选项说法错误。

[2] BD。股份制企业的股东会、董事会等认为行政机关作出的行政行为侵犯企业经营自主权的，可以企业名义提起诉讼。

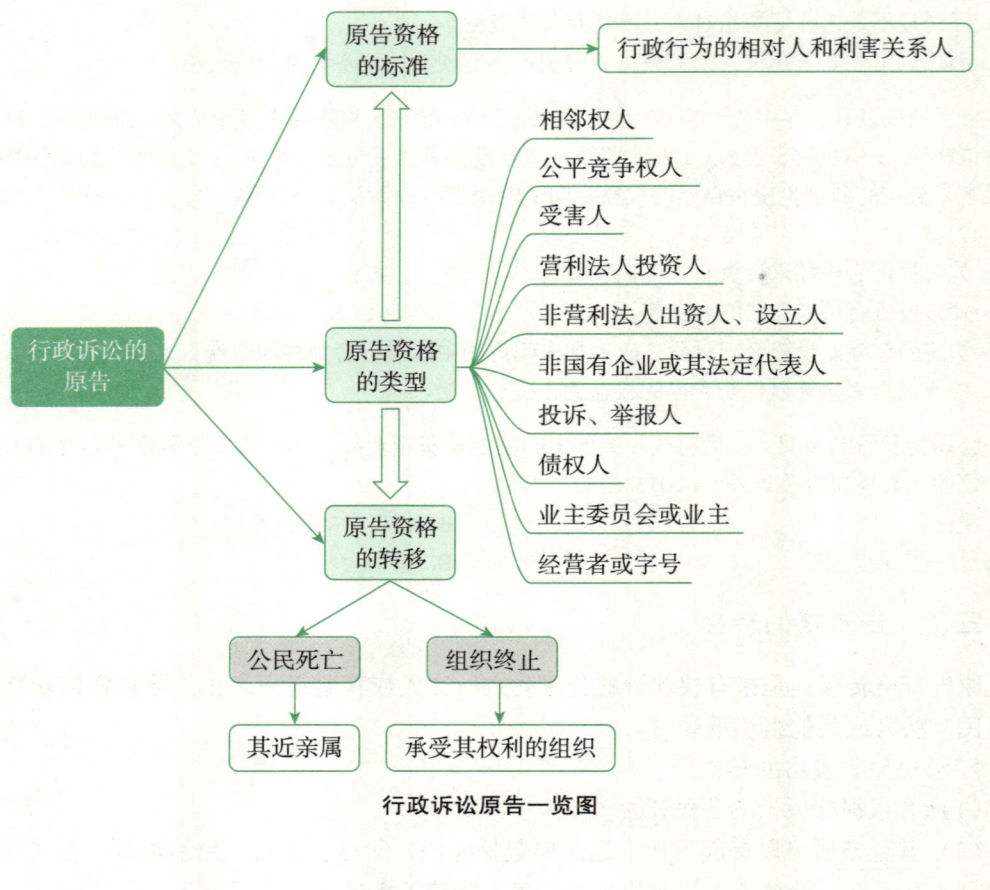

```
                                    ┌─ 原告资格的标准 ──→ 行政行为的相对人和利害关系人
                                    │
                                    │                    相邻权人
                                    │                    公平竞争权人
                                    │                    受害人
                                    │                    营利法人投资人
                   行政诉讼的原告 ──┼─ 原告资格的类型 ──┤ 非营利法人出资人、设立人
                                    │                    非国有企业或其法定代表人
                                    │                    投诉、举报人
                                    │                    债权人
                                    │                    业主委员会或业主
                                    │                    经营者或字号
                                    │
                                    └─ 原告资格的转移 ──┬─ 公民死亡 ──→ 其近亲属
                                                         └─ 组织终止 ──→ 承受其权利的组织
```

行政诉讼原告一览图

专题 33　行政诉讼的被告

行政诉讼被告，是指由原告指控其行政行为违法，经人民法院通知应诉的行政机关或法律、法规、规章授权的组织。注意两种情形：①<u>被告的变更</u>：法院变更被告须征得原告同意，但法院认为应当变更被告而原告不同意的，则法院裁定驳回原告起诉；②<u>被告的追加</u>：有 2 个以上的被告，原告只起诉其中一个，应当追加另一个被告而原告不同意追加的，没有被起诉的行政机关作为第三人。

一、一般情况下的被告

确认被告的原则：作出行政行为的行政机关是被告。特殊情形有：

（一）授权行政与委托行政的被告

在授权行政中，被授权组织是被告；在委托行政中，委托的行政机关是被告。注意"授权"只有法律授权、法规授权、规章授权的形式，<u>规章以下的规范性文件的"授权"都视为委托</u>。

1. 授权行政

（1）当事人对村民委员会或者居民委员会依据法律、法规、规章的授权履行行政管理职责的行为不服提起诉讼的，以村民委员会或者居民委员会为被告。

[例] 曾某系南郊村东山组居民。2013年5月，曾某曾向乡、村、组申请对自家土坯房进行原拆原建。在相关建房手续尚未办理完毕之前，曾某便开始动工修建。因相邻权人顾某认为曾某修建房屋时损坏了双方共同的基础，双方由此产生纠纷。该纠纷经乡、村协调未果。后曾某在完善相关建房手续时，因相关申请表格更换，需要相关部门另行签署意见重新审批。2015年4月，曾某再次要求南郊村村委会签署意见，该村委会以无四邻签字为由拒绝签署意见，并于2015年5月27日作出"在你处理好同顾某的矛盾纠纷，得到四邻签字之前，暂时不予你申请的宅基地原拆原建许可签字盖章"的决定。曾某不服，向法院提起行政诉讼。

法院生效判决认为，根据《村民委员会组织法》第8条第2款、第36条第1款的规定，村民委员会在一定范围内具有社会公共管理的职能，具有一定的公共权力，在一定范围内具有行政诉讼被告地位。《四川省城乡规划条例》第53条第2款规定，在乡、村规划区内使用原有宅基地进行农村村民住宅建设的，申请人应当持原宅基地批准文件或者宅基地使用证明、户籍证明、住宅建设方案或者政府提供的通用设计图、村民委员会书面意见等材料向镇、乡人民政府提出申请，由镇、乡人民政府依据乡、村规划审批，核发乡村建设规划许可证。据此，村民委员会对本村内使用原有宅基地进行农村村民住宅建设具有行政管理的职能，有权以自己的名义实施相应行政行为。因此，南郊村村委会是本案适格被告。

（2）当事人对高等学校等事业单位以及律师协会、注册会计师协会等行业协会依据法律、法规、规章的授权实施的行政行为不服提起诉讼的，以该事业单位、行业协会为被告。

2. 委托行政

（1）当事人对村民委员会、居民委员会受行政机关委托作出的行为不服提起诉讼的，以委托的行政机关为被告。

（2）当事人对高等学校等事业单位以及律师协会、注册会计师协会等行业协会受行政机关委托作出的行为不服提起诉讼的，以委托的行政机关为被告。因行政机关委托的组织订立的行政协议发生纠纷的，委托的行政机关是被告。

[例] 1992年8月20日，市政府成立新埠岛公司，作为市政府直属企业，负责新埠岛的统一规划开发。1992年9月18日，市政府委托新埠岛公司从1992年9月起，对新埠岛进行统一征地，统一规划，成片开发。1992年11月12日，甲方新埠岛公司与乙方土尾居民小组签订《征地协议》。2019年3月11日，土尾居民小组向法院提起诉讼，请求解除新埠岛公司与土尾居民小组于1992年11月12日签订的《征地协议》。《征地协议》系新埠岛公司受市政府委托与土尾居民小组签订的，属于市政府作出的行政行为，土尾居民小组提起行政诉讼，应当以市政府为被告。

3. 房屋征收部门的被告资格

（1）市、县级人民政府确定的房屋征收部门组织实施房屋征收与补偿工作过程中作出的行政行为，被征收人不服提起诉讼的，以房屋征收部门为被告；

（2）征收实施单位受房屋征收部门委托，在委托范围内从事的行为，被征收人不服提起诉讼的，应当以房屋征收部门为被告。

（二）不作为案件中的被告

不作为案件被告的确认标准有两个：

1. 形式标准，即公民是否提出了申请，以及哪个行政机关接到了申请。在公民提出了申请的情况下，行政机关不实施任何法律行为的，以接到申请的行政机关为被告。

2. 实质标准，即接到申请的行政机关是否有作为的职责。只有承担作为职责的行政机关才能作被告。

通常的做法是以实质标准为主，以形式标准为辅。

[例] 张某于2013年3月13日、10月16日向市社保局，9月25日向市社保基金中心邮寄信函，主要内容为要求履行法定职责，对其社会保险缴费基数偏低和少缴、漏缴问题进行强制征缴。市社保局于2013年10月26日收到信函后，认为其所述问题不属于该局职责，而属于市社保基金中心职责，遂将信件转至该中心办理。该中心于2013年11月29日向张某出具《关于张某信访反映问题的答复》，主要内容为其已经办理退休手续，退休待遇均由其参保所在区的社保局审批确定，且在审批之前已经本人对缴费基数、缴费年限等事项进行了确认，该中心作为社保经办机构，负责依据区、县的社保局审批结果及有关政策规定按时足额发放退休待遇。张某先是针对市社保局、市社保基金中心分别提起诉讼，因各自答辩不具备相应职责而申请撤诉，后将两单位作为共同被告诉至法院。

（三）经上级机关批准而作出行政行为的被告

具体行政行为的作出或者生效需要上级行政机关批准的，被告应是在生效行政处理决定书上署名的机关。此时行政诉讼的被告的确定采取形式主义的做法，无论批准机关和被批准的机关在具体行政行为的作出过程中起到了什么样的作用，都以在生效处理决定书上署名的机关为被告。

> **魏语绸缪**
>
> 经上级机关批准而作出行政行为的案件中，行政诉讼被告与行政复议被申请人的不同：①行政诉讼中以署名机关为被告；②行政复议中以上级行政机关（批准机关）为被申请人。

[例] 2016年2月29日，区国土局向区政府提交《关于城镇建设用地等的征收土地补偿安置方案的请示》。区政府收到该请示后，经审查，于2016年3月7日作出批复，原则同意补偿安置方案。毛某等29人通过政府信息公开获取批复内容后，于2017年1月4日提起行政诉讼，请求撤销批复。由于批复上署名机关是区政府，应当以区政府为被告。

二、行政机构案件的被告

（一）派出机关与派出机构

派出机关是根据《宪法》和《地方组织法》的规定由人民政府设立的，如行政公署、区公所和街道办事处，都有被告资格。派出机构则是人民政府的工作部门根据法律与需要而设立的。派出机关与派出机构的区分参见本书第2讲"行政组织"中的"地方行政机关与实施行政职能的非政府组织"。派出机构是否有被告资格，取决于其是否有法律、法规、规章授权，是否以自己名义作出行政行为，是否按照授权作出行政行为。

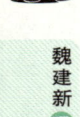

（二）行政机关与行政机构

有无授权	名义	是否越权	被告
无	行政机构	——	所属行政机关
有	行政机构	没有超越授权范围	行政机构
有	行政机构	超出授权范围	行政机构

行政机构（包括内设机构和派出机构）以自己名义作出行政行为，如何区分是以所属行政机关为被告还是以行政机构为被告，可以派出所为例说明。公安局的派出机构——派出所在作出治安处罚时有警告和 500 元以下罚款两项授权，派出所以自己名义作出治安处罚的行政诉讼被告有以下两种情况：①在授权范围内没有越权作出行政行为，如派出所以自己的名义对当事人罚款 200 元，被告是派出所；②超出授权范围作出行政行为，如派出所以自己的名义对当事人罚款 1000 元、拘留或者吊销许可证，被告是派出所。

三、开发区案件的被告

开发区种类		作出行政行为主体	被告
开发区管理机构有行政主体资格	国务院、省级政府批准设立的开发区	开发区管理机构	开发区管理机构
		开发区管理机构所属职能部门	开发区管理机构所属职能部门
	其他开发区	开发区管理机构	开发区管理机构
		开发区管理机构所属职能部门	
开发区管理机构没有行政主体资格		开发区管理机构	设立开发区管理机构的地方政府
		开发区管理机构所属职能部门	

[例] 金州开发区为根据省人民政府批准成立的开发区，金州开发区管委会为省人民政府批准设立的开发区行政管理机构，下设财政局、教育局、环保局等职能部门。福山公司为金州开发区内从事建材加工的制造业企业。2021 年 8 月 1 日，金州开发区管委会环保局执法人员在对福山公司位于开发区内的经营场所进行行政检查时，发现其违规堆放大量恶臭污染物。金州开发区管委会环保局对福山公司作出罚款处罚。福山公司对罚款处罚不服，提起行政诉讼的，应当以金州开发区管委会环保局为被告。

四、经复议案件的被告

经过复议的案件有两种情形：复议不作为和复议作为。确定被告的关键在于诉什么行为。

（一）行政复议不作为案件

行政复议不作为案件的被告，由原告选择被诉行为，根据被诉行为确定被告。因此，在复议不作为案件中，由原告选择被告：

1. 原告认为复议机关不履行法定复议职责，诉复议不作为，被告是复议机关。
2. 原告诉原机关的行政行为，被告是原行为机关。

[例] 杨某等九人系岩峰头自然村村民，该自然村附近有矿业公司开采区。因发现居住区

存在地质灾害隐患,当地群众向有关单位反映。2013年,市煤炭设计研究院受委托作出了《岩峰头自然村地质灾害成因调查鉴定报告》。2013年11月12日,区政府组织区直有关单位及相关企业专题研究岩峰头自然村搬迁及人畜饮水有关问题,并形成办公会议纪要。杨某等九人因安置方案不能达到其要求,在多次信访、行政复议、行政诉讼未果的情形下,于2017年6月26日向区政府寄送要求实施整体搬迁避让措施、落实搬迁地点并开挖地基,落实相关搬迁补助、补偿配套资金,保障申请人生命财产安全等的申请。2017年9月30日,因认为区政府未作答复,杨某等九人向市政府提交行政复议申请,要求市政府确认区政府的行为违法,并责令区政府履行其提出的上述要求。2017年10月13日,市政府作出不予受理行政复议申请的决定,杨某等九人不服该决定,以市政府为被告提起行政诉讼。法院审理后判决:撤销市政府不予受理复议申请的决定;责令市政府受理杨某等九人的行政复议申请。

特别提醒:复议前置情形下的复议不作为案件,当事人只能诉复议不作为,以复议机关为被告。从理论上看,复议前置情形下,只有复议机关对原行政行为进行实质审理后,法院才能管辖该行政争议,而复议不作为属于复议机关没有对原行政行为进行实质审理。

(二)行政复议作为案件

行政复议作为的案件,行政复议决定有两种情形:复议改变决定和复议维持决定。原告提起行政诉讼时,被诉行政行为不是由原告选择,被告也不是由原告选择:

1. 复议改变的,原告只能诉复议改变决定,不能诉原行政行为,被告是行政复议机关,不能是原行为机关。

2. 复议维持的,原告既要诉原行政行为,又要诉复议维持决定,原行为机关和复议机关为共同被告。这里的被告必须是共同被告:原告只起诉作出原行政行为的行政机关或者复议机关的,法院应当告知原告追加被告;原告不同意追加的,法院应当将另一机关列为共同被告。

[例] 某省盐业公司从外省盐厂购进300吨工业盐运回本地,当地市盐务管理局认为该公司未办理工业盐准运证从省外购进工业盐,违反了该省政府制定的《盐业管理办法》第20条的规定,决定没收该公司违法购进的工业盐,并处罚款15万元。该公司不服处罚决定,向市政府申请行政复议。市政府维持市盐务管理局的处罚决定。该公司不服,向法院起诉的,应当以市政府和市盐务管理局为共同被告。

命题陷阱

考试中需要区分复议改变、复议维持和复议不作为的情形:

案件类型		具体情形
复议作为案件	复议改变案件	(1)复议机关改变原行政行为的处理结果; (2)复议机关确认原行政行为违法;(以违反法定程序为由确认原行政行为违法除外) (3)复议机关确认原行政行为无效。

续表

案件类型		具体情形
复议作为案件	复议维持案件	(1) 复议机关改变原行政行为所认定的主要事实和证据、改变原行政行为所适用的规范依据，但未改变原行政行为处理结果； (2) 复议机关以违反法定程序为由确认原行政行为违法； (3) 行政复议决定既有维持原行政行为内容，又有改变原行政行为内容或者不予受理申请内容； (4) 复议机关驳回复议请求。（实体性驳回）
复议不作为案件		复议机关以复议申请不符合受理条件为由不予受理或者驳回复议申请。（程序性驳回）

[例1] 某市为设区的市。市城管局认定伍某无规划许可擅自搭建钢构，违反了《城乡规划法》第64条的规定，遂向其下达《通知》，责令其停止违法行为，逾期不停止违法行为将依法给予行政处罚。伍某不服，向市政府申请行政复议。市政府认为，《通知》不是最终行政决定，只是具体行政行为作出前的一项程序，不属于行政复议范围，遂作出复议决定，驳回伍某的行政复议申请。伍某不服，提起行政诉讼。本案属于复议不作为案件，被告为市城管局或市政府。

[例2] 某市为设区的市。市城管局认定伍某无规划许可擅自搭建钢构，违反了《城乡规划法》第64条的规定，遂向其下达《通知》，责令其停止违法行为，逾期不停止违法行为将依法给予行政处罚。伍某不服，向市政府申请行政复议。市政府认为，虽然《通知》适用法律错误，但已实施完毕，遂作出复议决定，维持《通知》。伍某不服，提起行政诉讼。本案属于复议维持案件，被告为市城管局和市政府。

[例3] 某市为设区的市。市城管局认定伍某无规划许可擅自搭建钢构，违反了《城乡规划法》第64条的规定，遂向其下达《通知》，责令其停止违法行为，逾期不停止违法行为将依法给予行政处罚。伍某不服，向市政府申请行政复议。市政府认为，虽然《通知》适用法律错误，但已实施完毕，遂作出复议决定，确认《通知》违法。伍某不服，提起行政诉讼。本案属于复议改变案件，被告为市政府。

五、行政许可案件中的被告

行政许可案件中的被告，原则上由作出行政许可决定的机关做被告。但有两种比较特殊的情形：①需要上级机关批准来做决定；②多个机关联合办理行政许可。

（一）经上级批准、由下级决定的被告确定

对于行政许可依法须经上级行政机关批准，而后由下级机关作出决定的情形，当事人原则上应以作出行政许可决定的下级机关为被告。但是，如当事人对批准或者不批准行为不服一并提起诉讼的，以上级行政机关和下级行政机关为共同被告。

（二）下级初审与上级决定的被告确定

行政许可依法须经下级行政机关或者管理公共事务的组织初步审查并上报，当事人对不予初步审查或者不予上报不服提起诉讼的，以下级行政机关或者管理公共事务的组织为

被告。除非下级行政机关或者管理公共事务的组织初步审查并上报给上级行政机关,由上级行政机关作出决定,当事人就只能对上级行政机关的决定提起诉讼,上级行政机关为被告。

(三)统一办理行政许可的被告确定

行政许可由地方人民政府两个以上部门分别实施的,其中一个部门受理行政许可申请并转告有关部门分别提出意见后统一办理行政许可,当事人对行政许可不服提起诉讼,以对当事人作出具有实质影响的不利行为的机关为被告。

[例] 某市政府决定:兴建商品房的许可由市国土房管局、市建设委员会、市规划局、市生态环境局统一办理,由市国土房管局受理许可申请并转告其他部门分别提出意见后统一办理。某房地产开发公司向市国土房管局申请兴建商品房,市国土房管局、市建设委员会、市生态环境局予以同意,而市规划局认为该商品房兴建不符合城市规划,故提出不同意的意见,最终作出不予许可决定。该房地产开发公司不服起诉,本案以市规划局为被告。

六、政府信息公开案件中的被告

案件情形		被告
申请公开政府信息行政行为	作出答复	作出答复的机关
	逾期未作出答复	受理申请的机关
主动公开政府信息行政行为		公开该政府信息的机关
政府信息公开与否的答复依法报经有权机关批准		在对外发生法律效力的文书上署名的机关
政府信息是否可以公开由国家保密行政管理部门或者省、自治区、直辖市保密行政管理部门确定		
行政机关在公开政府信息前与有关行政机关进行沟通、确认		

[例] 2013年1月28日,某公司请求民政部向其书面公开中国婚姻家庭研究会的社会团体登记资料、年检资料、社会团体法人登记证书及对中国婚姻家庭研究会涉嫌欺诈行为的查处结果。民政部接到该公司的申请后,未在法定的15日期限内作出答复。在行政复议期间,民政部于2013年4月26日向该公司作出《政府信息告知书》。该公司不服,提起行政诉讼。

法院生效判决认为,《政府信息告知书》中民政部在未要求该公司对其申请事项予以进一步明确的情况下,仅告知其不保留登记证书原件及副本,未尽到审查答复义务。民政部作出被诉告知书明显超过法定期限,且无依法延长答复期限的批准手续,民政部超期答复违法。民政部作为政府信息公开义务主体,应以其自身名义对外作出政府信息公开答复。因此,本案的被告为民政部。法院遂判决撤销民政部所作《政府信息告知书》,并判决民政部应于本判决生效之日起60日内针对该公司的政府信息公开申请重新作出行政行为。

七、区分县级以上地方政府与其职能部门的被告资格

县级以上地方政府与其职能部门的被告资格确定——以县级以上地方政府的职能部门

为被告为原则，以县级以上地方政府为被告为例外。这主要是基于实践中的一些当事人由于对法律不熟悉或者为了提高管辖级别（即县级以上地方政府为被告的案件由中级法院管辖），在作出行政行为的行政机关并非县级以上地方政府的情况下，将县级以上地方政府列为被告，导致中级法院管辖案件出现激增态势。

（一）谁行为，谁被告

土地征收中的强制拆除以及县级以上地方政府责成有关职能部门对违法建筑实施强制拆除情形下被告资格确定规则——"谁行为，谁被告"：有强制拆除决定书的，以作出强制拆除决定的行政机关为被告；没有强制拆除决定书的，以直接实施强制拆除行为的行政机关为被告。

1. 县级以上地方政府根据《城乡规划法》的规定，责成有关职能部门对违法建筑实施强制拆除，公民、法人或者其他组织不服强制拆除行为提起诉讼的，以作出强制拆除决定的行政机关为被告；没有强制拆除决定书的，以具体实施强制拆除行为的职能部门为被告。

［例］张某未经许可扩建房屋。张某邻居通过政府热线向市政府举报，市政府根据《城乡规划法》的规定，责成市城市管理执法局对张某扩建的房屋实施强制拆除。市城市管理执法局没有制作和送达强制拆除决定书，直接强制拆除了张某扩建的房屋。张某不服强制拆除行为提起诉讼，以市城市管理执法局为被告。

2. 公民、法人或者其他组织对集体土地征收中强制拆除房屋等行为不服提起诉讼的，除有证据证明系县级以上地方政府具体实施外，以作出强制拆除决定的行政机关为被告；没有强制拆除决定书的，以具体实施强制拆除等行为的行政机关为被告。

3. 县级以上地方政府已经作出国有土地上房屋征收与补偿决定，公民、法人或者其他组织不服具体实施房屋征收与补偿工作中的强制拆除房屋等行为提起诉讼的，以作出强制拆除决定的行政机关为被告；没有强制拆除决定书的，以县级以上地方政府确定的房屋征收部门为被告。

［例］县住建局为县政府确定的国有土地上房屋征收部门。因修建市民公园需征收国有土地上的张某的房屋，县政府对张某的房屋作出征收与补偿决定。由于张某拒不搬迁，县政府作出强制拆除决定书，由县住建局对张某的房屋实施强制拆除。张某对强制拆除房屋行为提起诉讼，以县政府为被告。

（二）以最终对外作出行政行为的行政机关为被告

法定具体职能部门经县级以上地方政府指导作出行政行为情形下被告资格确定——以最终对外作出行政行为的行政机关为被告。

法律、法规、规章规定属于县级以上地方政府职能部门的行政职权，实践中，基于行政管理的考虑，县级以上地方政府往往通过听取报告、召开会议、组织研究、下发文件等方式对职能部门进行指导，职能部门据此作出相应行政行为，以具体实施行政行为的职能部门为被告。

（三）以具有履行法定职责或者给付义务的行政机关为被告

县级以上地方政府将履责申请转送法定下级政府或者相应职能部门情形下被告资格确

定——以具有履行法定职责或者给付义务的行政机关为被告。

公民、法人或者其他组织向县级以上地方政府申请履行法定职责或者给付义务，法律、法规、规章规定该职责或者义务属于下级政府或者相应职能部门的行政职权，县级以上地方政府已经转送下级政府或者相应职能部门处理并告知申请人，申请人起诉要求履行法定职责或者给付义务的，以下级政府或者相应职能部门为被告。

（四）以不动产登记机构或者实际履行该职责的职能部门为被告

不动产登记案件被告资格确定——以不动产登记机构或者实际履行该职责的职能部门为被告。

《不动产登记暂行条例》第 7 条规定，不动产登记由不动产所在地的县级政府不动产登记机构办理；直辖市、设区的市政府可以确定本级不动产登记机构统一办理所属各区的不动产登记。跨县级行政区域的不动产登记，由所跨县级行政区域的不动产登记机构分别办理。不能分别办理的，由所跨县级行政区域的不动产登记机构协商办理；协商不成的，由共同的上一级政府不动产登记主管部门指定办理。国务院确定的重点国有林区的森林、林木和林地，国务院批准项目用海、用岛，中央国家机关使用的国有土地等不动产登记，由国务院自然资源主管部门会同有关部门规定。该条规定了不动产登记机构以及实际履行该职责职能部门具有不动产登记的法定职权。

1. 县级以上地方政府确定的不动产登记机构或者其他实际履行该职责的职能部门办理不动产登记，公民、法人或者其他组织不服提起诉讼的，以不动产登记机构或者实际履行该职责的职能部门为被告。

2. 公民、法人或者其他组织对《不动产登记暂行条例》实施之前由县级以上地方政府作出的不动产登记行为不服提起诉讼的，以继续行使其职权的不动产登记机构或者实际履行该职责的职能部门为被告。

（五）以政府信息公开工作机构为被告

政府信息公开案件被告资格确定——以政府信息公开工作机构为被告。

《政府信息公开条例》第 4 条规定，各级政府及县级以上政府部门应当建立健全本行政机关的政府信息公开工作制度，并指定机构（政府信息公开工作机构）负责本行政机关政府信息公开的日常工作。政府信息公开工作机构的具体职能是：①办理本行政机关的政府信息公开事宜；②维护和更新本行政机关公开的政府信息；③组织编制本行政机关的政府信息公开指南、政府信息公开目录和政府信息公开工作年度报告；④组织开展对拟公开政府信息的审查；⑤本行政机关规定的与政府信息公开有关的其他职能。该条规定了政府信息公开工作机构的法定职能，政府信息公开工作机构能以自己名义作出政府信息公开行为。因此，县级以上地方政府依法指定具体机构负责政府信息公开日常工作，公民、法人或者其他组织对该指定机构以自己名义所作的政府信息公开行为不服提起诉讼的，以该指定机构为被告。

（六）法院释明义务

为了切实保障当事人诉讼权利，及时有效化解行政争议，法院具有指导和释明义务。

被诉行政行为不是县级以上地方政府作出，公民、法人或者其他组织以县级以上地方政府作为被告的，法院应当予以指导和释明，告知其向有管辖权的法院起诉；公民、法人或者其他组织经法院释明仍不变更的，法院可以裁定不予立案，也可以将案件移送有管辖权的法院。

八、被告资格的转移

作出具体行政行为的行政机关被撤销的，继续行使其职权的行政机关是行政诉讼的被告。

没有继续行使其职权的行政机关的：①政府部门的，以其所属的人民政府为被告；②实行垂直领导的，以垂直领导的上一级行政机关为被告。

九、行政机关负责人出庭应诉

行政机关负责人出庭应诉主要有两点意义：①行政机关采取首长负责制，首长有决定权，首长出庭应诉有利于有效化解争议；②首长出庭应诉能够真正在行政机关确立依法行政的法治意识，对于建设法治政府、促进依法行政具有重大意义。

［例］2016年4月11日，时任贵州省副省长陈鸣明和所有当事人一样，出示身份证件进入贵阳市中级人民法院，作为行政机关负责人出庭参与诉讼。省级政府负责人出庭应诉，这在全国尚属首例。新华社对此评论：只有出庭应诉的官员越来越多，再大的官员也可以坐上被告席，人们才能更真切地体验到"法律面前人人平等"，才能更真实地感受到法律的神圣至上。

（一）行政机关负责人出庭应诉的案件类型

1. 法院应当通知出庭的案件类型

涉及食品药品安全、生态环境和资源保护、公共卫生安全等重大公共利益，社会高度关注或者可能引发群体性事件等的案件。

2. 法院可以通知出庭的案件类型

（1）被诉行政行为涉及公民、法人或者其他组织重大人身、财产权益的；
（2）行政公益诉讼；
（3）被诉行政机关的上级机关规范性文件要求行政机关负责人出庭应诉的；
（4）法院认为需要通知的其他情形。

（二）行政机关出庭应诉的负责人和工作人员

1. 行政机关负责人

（1）行政机关的正职、副职负责人、参与分管被诉行政行为实施工作的副职级别的负责人以及其他参与分管的负责人；
（2）被诉行政机关委托的组织或者下级行政机关的负责人，不能作为被诉行政机关负责人出庭；
（3）共同被告案件出庭应诉的负责人，可以由共同被告协商确定，也可以由法院确定。

2. 行政机关相应的工作人员

（1）被诉行政机关中具体行使行政职权的工作人员；

（2）该行政机关具有国家行政编制身份的工作人员以及其他依法履行公职的人员；

（3）行政机关委托行使行政职权的组织或者下级行政机关的工作人员，可以视为行政机关相应的工作人员。

（4）被诉行政行为是地方人民政府作出的，地方人民政府法制工作机构的工作人员，以及被诉行政行为具体承办机关的工作人员，可以视为被诉人民政府相应的工作人员。

3. 诉讼代理人

（1）行政机关负责人出庭应诉的，可以另行委托1至2名诉讼代理人；

（2）行政机关负责人不能出庭的，应当委托行政机关相应的工作人员出庭，不得仅委托律师出庭。

（三）行政机关负责人出庭应诉的程序

1. 适用范围：第一审、第二审、再审等诉讼程序。

2. 程序处理

（1）法院应当在开庭3日前送达出庭通知书，并告知行政机关负责人不出庭可能承担的不利法律后果；

（2）出庭应诉的行政机关负责人应当于开庭前向法院提交身份证明。

3. 多次开庭处理

对于同一审级需要多次开庭的同一案件，行政机关负责人到庭参加一次庭审的，一般可以认定其已经履行出庭应诉义务，但法院通知行政机关负责人再次出庭的除外。

（四）行政机关负责人不能出庭的处理

1. 不能出庭的正当事由：①不可抗力；②意外事件；③需要履行他人不能代替的公务；④无法出庭的其他正当事由。

2. 程序处理

（1）行政机关负责人有正当理由不能出庭的，应当提交相关证明材料，并加盖行政机关印章或者由该机关主要负责人签字认可。

（2）法院应当对行政机关负责人不能出庭的理由以及证明材料进行审查。

（3）行政机关负责人有正当理由不能出庭，行政机关申请延期开庭审理的，法院可以准许；法院也可以依职权决定延期开庭审理。

（五）行政机关负责人未出庭时其他当事人行为处理

1. 正常审理

当事人对行政机关负责人未出庭应诉提出异议的，法院可以在庭审笔录中载明，不影响案件的正常审理。

2. 按照撤诉处理

原告以行政机关负责人未出庭应诉为由拒不到庭、未经法庭许可中途退庭的，法院可以按照撤诉处理。

3. 视为放弃陈述权利

原告以行政机关负责人未出庭应诉为由在庭审中明确拒绝陈述或者以其他方式拒绝陈述，导致庭审无法进行，经法庭释明法律后果后仍不陈述意见的，视为放弃陈述权利。

（六）行政机关负责人履行出庭应诉的保障措施

1. 行政机关出庭人员陈述义务

（1）行政机关负责人或者行政机关委托的相应工作人员在庭审过程中应当就案件情况进行陈述、答辩、提交证据、辩论、发表最后意见，对所依据的规范性文件进行解释说明；

（2）行政机关负责人出庭应诉的，应当就实质性解决行政争议发表意见。

2. 司法建议、记录在案、裁判文书中载明

有下列情形之一的，法院应当向监察机关、被诉行政机关的上一级行政机关提出司法建议，记录在案并在裁判文书中载明：

（1）行政机关负责人未出庭应诉，且未说明理由或者理由不成立的；

（2）行政机关有正当理由申请延期开庭审理，法院准许后再次开庭审理时行政机关负责人仍未能出庭应诉，且无正当理由的；

（3）行政机关负责人和行政机关相应的工作人员均不出庭应诉的；

（4）行政机关负责人未经法庭许可中途退庭的；

（5）法院在庭审中要求行政机关负责人就有关问题进行解释或者说明，行政机关负责人拒绝解释或者说明，导致庭审无法进行的。

3. 公开与报告、通报

（1）法院可以通过适当形式将行政机关负责人出庭应诉情况向社会公开；

（2）法院可以定期将辖区内行政机关负责人出庭应诉情况进行统计、分析、评价，向同级人大常委会报告，向同级政府进行通报。

魏语绸缪

"民告官"要见"官"，"官"出庭要出声。

［例］王某某于1988年8月5日被原市劳动局招收为集体所有制工人，并安排在煤矿综合经营公司工作，岗位工种类别等级为井下一类工种登钩。2010年4月16日，王某某与煤矿综合经营公司解除劳动关系。2019年3月，王某某向市人社局申请特殊工种退休。市人社局对王某某同单位其他人员档案进行抽样后，经比对发现王某某档案中部分材料记载方式、盖章部门等存在不一致的情形，遂以此为由作出不批准王某某提前退休的《特殊工种提前退休核准告知书》。王某某不服，诉至法院，一审判决撤销被诉行政行为。市人社局向市中级法院提起上诉。市人社局分管退休审批的副局长在二审程序中，作为行政机关负责人参加诉讼。庭审过程中，副局长认真倾听王某某的诉求，并就实质性解决本案争议发表意见，表示将于庭后召集单位相关部门人员，与王某某共同核对相关原始证据，对其工龄、工种等情况进行重新确认。王某某对副局长的态度表示非常感动，将全力配合与支持行政机关的工作。庭审结束后，市人社局经核对，认定王某某符合特殊工种退休条件，并为其办理了相关手续。市人社局申请撤回上诉。

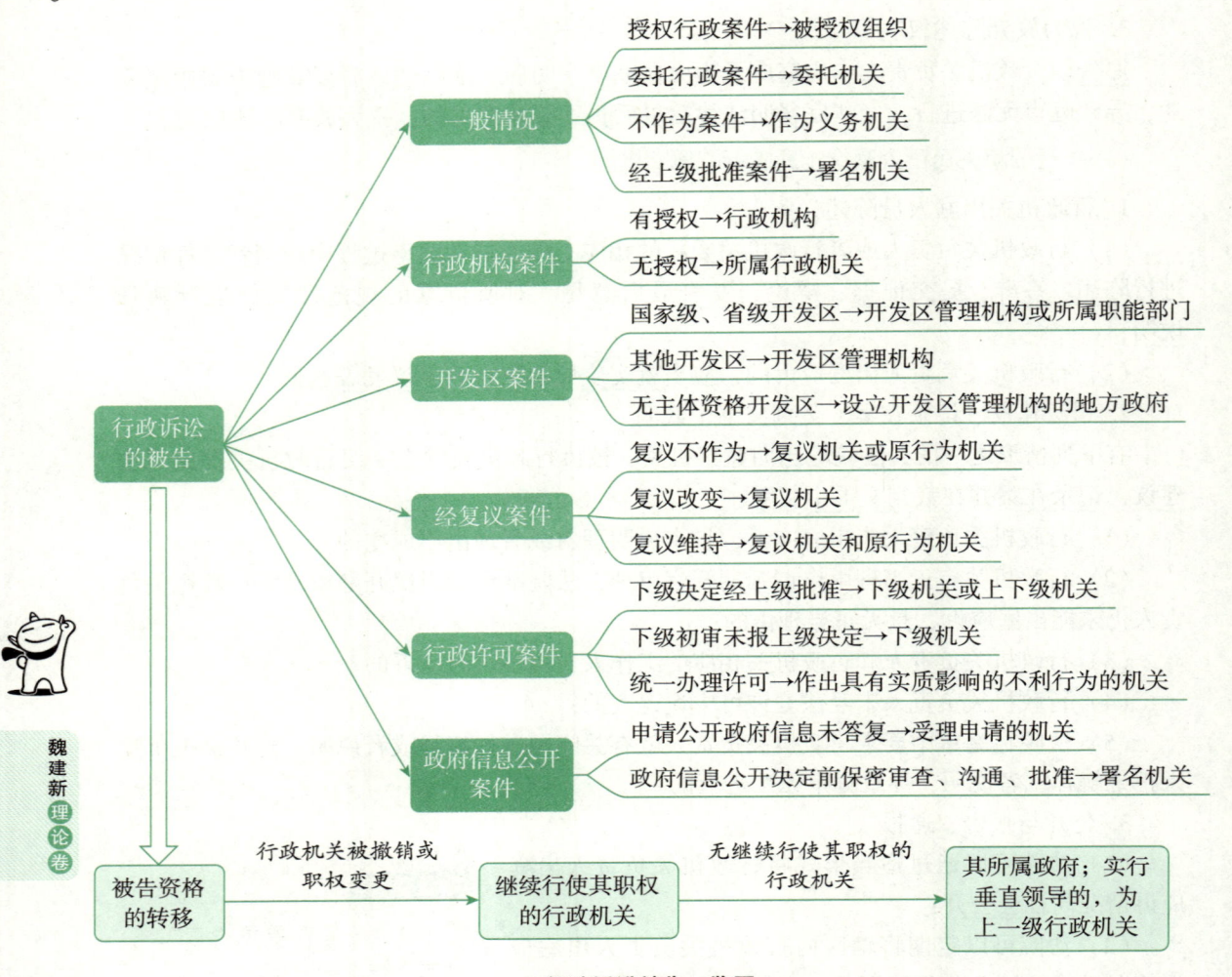

```
                                    ┌─ 授权行政案件→被授权组织
                    ┌─ 一般情况 ────┤   委托行政案件→委托机关
                    │               │   不作为案件→作为义务机关
                    │               └─ 经上级批准案件→署名机关
                    │
                    ├─ 行政机构案件 ─┬─ 有授权→行政机构
                    │               └─ 无授权→所属行政机关
                    │
                    │               ┌─ 国家级、省级开发区→开发区管理机构或所属职能部门
                    ├─ 开发区案件 ──┤   其他开发区→开发区管理机构
  行政诉讼          │               └─ 无主体资格开发区→设立开发区管理机构的地方政府
  的被告 ───────────┤
                    │               ┌─ 复议不作为→复议机关或原行为机关
                    ├─ 经复议案件 ──┤   复议改变→复议机关
                    │               └─ 复议维持→复议机关和原行为机关
                    │
                    │               ┌─ 下级决定经上级批准→下级机关或上下级机关
                    ├─ 行政许可案件 ┤   下级初审未报上级决定→下级机关
                    │               └─ 统一办理许可→作出具有实质影响的不利行为的机关
                    │
                    │   政府信息公开 ┌─ 申请公开政府信息未答复→受理申请的机关
                    └─ 案件 ─────────┴─ 政府信息公开决定前保密审查、沟通、批准→署名机关
```

```
被告资格   行政机关被撤销或   继续行使其职权   无继续行使其职权   其所属政府；实行
的转移 ──→ 职权变更      ──→ 的行政机关   ──→ 的行政机关    ──→ 垂直领导的，为
                                                                 上一级行政机关
```

行政诉讼被告一览图

经典真题

1. 金某因举报单位负责人贪污问题遭到殴打，于案发当日向某区公安分局某派出所报案，但派出所久拖不理。金某向区公安分局申请复议[1]，区公安分局以未成立复议机构为由拒绝受理，并告知金某向上级机关申请复议。下列哪些说法是正确的？（2005/2/85）[2]

A. 金某可以向某区人民政府申请复议

---

[1] 注意：根据2023年修订后的《行政复议法》的规定，金某只能向区政府申请复议，不能向区公安分局申请复议。

[2] ABCD。对政府工作部门依法设立的派出机构依照法律、法规或者规章规定，以自己的名义作出的具体行政行为不服的，向该部门的本级地方人民政府申请行政复议，故A选项正确。区公安分局以未成立复议机构为由拒绝受理，属于没有在法定期限内作出复议决定的情形，金某若以某派出所不履行保护其人身权的法定职责为由起诉原行为机关，则应以某派出所为被告；若金某起诉复议机关不作为，应以区公安分局为被告，故B、C选项正确。区公安分局作为复议机关以未成立复议机构为由拒绝受理，属于无正当理由不予受理依法提出的行政复议申请，应当对区公安分局相关责任人给予行政处分，故D选项正确。

B. 金某可以以某派出所为被告向法院提起行政诉讼
C. 金某可以以某区公安分局为被告向法院提起行政诉讼
D. 应当对某区公安分局相关责任人给予行政处分

2. 市工商局认定豪美公司的行为符合《广告法》第 28 条第 2 款第 2 项规定的"商品或者服务有关的允诺等信息与实际情况不符,对购买行为有实质性影响"情形,属发布虚假广告,予以行政处罚。豪美公司向省工商局申请行政复议,省工商局受理〔1〕。如省工商局在复议时认定,豪美公司的行为符合《广告法》第 28 条第 2 款第 4 项规定的"虚构使用商品或者接受服务的效果"情形,亦属发布虚假广告,在改变处罚依据后维持了原处罚决定。公司不服起诉。下列说法正确的是:(2016/2/99)〔2〕
A. 被告为市工商局和省工商局
B. 被告为省工商局
C. 市工商局所在地的法院对本案有管辖权
D. 省工商局所在地的法院对本案无管辖权

专题 34 行政诉讼的第三人、共同诉讼人与诉讼代理人

一、行政诉讼的第三人

行政诉讼的第三人,是指与被提起行政诉讼的行政行为有利害关系但未起诉,通过申请或法院通知的形式,参加到诉讼中的当事人。

(一)第三人的特点

1. 第三人与行政诉讼有利害关系,既包括与被诉行政行为的利害关系,也包括与诉讼结果的利害关系。

2. 第三人不是通过起诉参加到行政诉讼中,而是在他人开始诉讼之后,申请参加诉讼或者被法院通知参加诉讼,对法院应当(而不是可以)通知参加诉讼而不通知的,构成诉讼主体的遗漏。

3. 第三人有独立的诉讼地位,既不依附原告也不依附被告,可以提出自己的请求,法院判决第三人承担义务或者减损第三人权益的,第三人有权依法提起上诉或者申请再审。

第三人因不能归责于本人的事由未参加诉讼,但有证据证明发生法律效力的判决、裁定、调解书损害其合法权益的,可以自知道或者应当知道其合法权益受到损害之日起 6 个月内,向上一级人民法院申请再审。

---

〔1〕注意:根据 2023 年修订后的《行政复议法》的规定,豪美公司只能向市政府申请复议,不能向省工商局申请复议。
〔2〕AC。行政复议机关省工商局改变处罚依据后作出维持原处罚的复议决定,由于该复议决定只改变处罚依据没有改变处罚结果,故属于复议维持,作出原行政行为的行政机关(市工商局)和复议机关(省工商局)是共同被告,故 A 选项说法正确,B 选项说法错误;经过复议的案件,最初作出行政行为的行政机关(市工商局)所在地的法院和复议机关(省工商局)所在地的法院都有管辖权,故 C 选项说法正确,D 选项说法错误。

(二) 第三人的种类

1. 行政处罚案件中的受害人或加害人作为第三人

在行政处罚案件中，加害人不服处罚提起诉讼，受害人则可以作为第三人参加诉讼；受害人对处罚不服提起诉讼，加害人可以第三人名义参加诉讼。

[例] 吴某强行住进郊区旅社，被公安机关罚了300元，如果吴某起诉，吴某为原告，公安机关为被告，郊区旅社为第三人；如果郊区旅社起诉，郊区旅社为原告，公安机关为被告，吴某为第三人；如果吴某和郊区旅社都起诉，吴某和郊区旅社都作为原告，公安机关为被告，没有第三人。

2. 行政确权、行政裁决和行政许可案件中的当事人作为第三人

行政确权、行政裁决和行政许可案件中的当事人或利害关系人向法院起诉行政确权、行政裁决和行政许可行为，行政确权、行政裁决和行政许可案件中的其他当事人或利害关系人可作为第三人参加诉讼。

[例] 居委会经规划局行政许可修建自行车棚，12户居民认为侵犯相邻权，起诉规划局的许可决定，12户居民为原告，规划局为被告，行政许可的当事人——居委会为第三人。

3. 与行政机关共同署名作出处理决定的非政府组织作为第三人

这里的非政府组织不是法律、法规、规章授权的组织，是在行政机关的处理决定书上署名的组织。当事人起诉行政机关的处理决定，行政机关为被告，非政府组织不能作为被告，因其不具有行政主体资格，该组织可以作为第三人参加诉讼。

[例] 市消费者协会在该市的市监局的行政处罚决定书上署名，当事人起诉行政处罚决定，市监局为被告，市消费者协会不能作为被告，可以作为第三人参加诉讼。

4. 应当追加被告而原告不同意追加的被告作为第三人

行政诉讼中有两个以上的共同被告，原告只起诉其中的部分被告，应当追加被告而原告不同意追加的，法院应当通知其以第三人的身份参加诉讼。

[例] 因棚户区改造，向某家的房屋被纳入拆迁范围，向某以补偿太低为由一直拒绝签订房屋征收补偿安置协议。2019年6月，在没有办理任何手续的情况下，区政府和街道办事处联合对向某家的房屋进行强制拆除。向某以街道办事处为被告向法院起诉，要求确认强拆行为违法。法院认为，区政府和街道办事处联合对向某家的房屋实施强制拆除行为，告知向某追加区政府为共同被告，但向某不同意追加区政府为共同被告，法院通知区政府以第三人身份参加诉讼。

注意：经复议维持的案件，原行为机关和复议机关为共同被告，原告只起诉作出原行政行为的行政机关或者复议机关的，法院应当告知原告追加被告。原告不同意追加的，法院应当将另一机关列为共同被告，作出原行政行为的行政机关和复议机关都不能成为第三人。

5. 作出矛盾行为的行政机关作为第三人

两个以上行政机关作出相互矛盾的行政行为，原告起诉其中的部分行政机关，被诉行政机关为被告，非被诉行政机关可以作为第三人参加诉讼。

[例] 乡政府批准农民修建房屋，农民把房屋修好，县通信管理局通知限期拆除房屋。农民起诉县通信管理局的通知行为，农民为原告，县通信管理局为被告，乡政府为第三人。乡政府批准建房行为与县通信管理局通知拆房行为相互矛盾。

6. 与被诉行政行为具有法律上利害关系的行政机关作为第三人

这主要体现在反倾销行政案件和反补贴行政案件中：

（1）反倾销行政案件的被告，应当是作出相应被诉反倾销行政行为的国务院主管部门，与被诉反倾销行政行为具有法律上利害关系的其他国务院主管部门，可以作为第三人参加诉讼；

（2）反补贴行政案件的被告，应当是作出相应被诉反补贴行政行为的国务院主管部门，与被诉反补贴行政行为具有法律上利害关系的其他国务院主管部门，可以作为第三人参加诉讼。

经典真题

村民甲带领乙、丙等人，与造纸厂协商污染赔偿问题。因对提出的赔偿方案不满，甲、乙、丙等人阻止生产，将工人李某打伤。公安局接该厂厂长举报，经调查后决定对甲拘留15日、乙拘留5日，对其他人未作处罚。甲向法院提起行政诉讼，法院受理。下列哪些人员不能成为本案的第三人？（2012/2/82）[1]

A. 丙
B. 乙
C. 李某
D. 造纸厂厂长

二、共同诉讼人

当事人一方或双方为两人以上，因同一行政行为发生的行政案件或者因同类行政行为发生的行政案件，人民法院认为可以合并审理并经当事人同意的，为共同诉讼。共同诉讼人是指原告或被告一方为两人以上，诉讼客体相同，并且诉讼主张一致。

（一）必要共同诉讼人

当事人一方或双方为两人以上，诉讼标的是同一行政行为的诉讼，在这种共同诉讼中的当事人即为必要共同诉讼人。法院追加共同诉讼的当事人时，应当通知其他当事人。应当追加的原告，已明确表示放弃实体权利的，可不予追加；既不愿意参加诉讼，又不放弃实体权利的，应追加为第三人，其不参加诉讼，不能阻碍法院对案件的审理和裁判。

1. 必要共同诉讼人的种类

必要共同诉讼人主要有以下情形：

（1）两个以上的当事人，因共同违法而被一个行政机关在一个处罚决定书中分别予以处罚，起诉的两个以上的当事人为共同原告；

（2）组织因违法而被处罚，该组织的负责人或直接行为人同时被一个处罚决定处罚，起诉的组织和其负责人或直接行为人为共同原告；

（3）两个以上共同受害人，对行政机关的同一行政行为均表示不服而诉诸法院，起诉的共同受害人为共同原告；

---

[1] AD。李某作为受害人，与被诉的处罚决定有利害关系，应成为第三人；造纸厂的厂长只是举报人，与被诉的处罚决定不存在利害关系，不能成为第三人；行政机关处罚了两个以上的违法行为人，其中一部分人向法院起诉，而另一部分被处罚人没有起诉的，没起诉的乙同案件处理结果有利害关系，乙可以作为第三人；没有受到处罚的丙与被诉的处罚决定不存在利害关系，不能成为第三人。

（4）两个以上行政机关以一个共同行政决定形式，处理或处罚了一个或若干个当事人，起诉的若干个当事人为共同原告，被诉的两个以上行政机关为共同被告。

2. 集团诉讼的代表人

行政诉讼中的集团诉讼，是指由人数众多的原告推选诉讼代表人参加的且法院的判决及于全体利益关系人的行政诉讼。集团诉讼的代表人的具体要求有：①同案原告为 10 人以上；②应当推选 2~5 名诉讼代表人参加诉讼；③当事人推选不出的，可以由法院在起诉的当事人中指定代表人；④代表人的诉讼行为对其所代表的当事人发生效力，但代表人变更、放弃诉讼请求或者承认对方当事人的诉讼请求，应当经被代表的当事人同意。

（二）普通共同诉讼人

普通共同诉讼人，是指诉讼标的是同类行政行为，法院认为可以合并审理且同意合并审理的两个以上参加诉讼的当事人。这种共同诉讼的当事人即普通共同诉讼人。注意普通共同诉讼并不是必须合并，能否合并的关键在于能否简化诉讼程序，实现诉讼经济的目的。

1. 普通共同诉讼的案件类型

（1）被告为复数的合并审理案件，两个以上行政机关分别依据不同的法律、法规对同一事实作出行政行为，公民、法人或者其他组织不服，向同一法院起诉的案件；

（2）原告为复数的合并审理案件，行政机关就同一事实对若干公民、法人或者其他组织分别作出行政行为，公民、法人或者其他组织不服，分别向同一法院起诉的案件；

（3）被诉行为为复数的合并审理案件，在诉讼过程中，被告对原告作出新的行政行为，原告不服向同一法院起诉的案件。

2. 普通共同诉讼的程序启动

（1）程序启动可以由共同诉讼的当事人向法院提出申请，要求并案审理，然后由法院审查认为可以合并的，才能实行合并；

（2）程序启动可以由法院主动审查，认为宜于并案的，经当事人同意进行并案审理。

[例] 赵某等六人系大陆村村民，各自承包了不同的土地，系不同的承包户。其中赵某丈夫与其他五人系兄弟关系。2014 年 2 月 10 日，省政府作出《关于第七批次城市建设用地批复》，同意县政府征收赵某等六人所在的大陆村等片区土地。2016 年 6 月 16 日，县政府发出《某规划区内土地上农作物、附着物限期清场的通知》，要求赵某等六人所在的大陆村等区域内农户自行清场，县政府将于 20 日至 22 日进行保护性施工。同年 6 月 20 日，县政府进行集中清场，赵某等六人的承包土地包含在保护性施工的范围内。赵某等六人诉请法院判令县政府恢复其土地至能耕种。

一审法院作出行政裁定，认为赵某等六人各自承包使用不同的土地，土地情况不同。庭审中，赵某等六人也并未提交证据证明针对上述被征收土地具有共同财产权益。县政府的征收、清场行为是针对不同的承包户作出的，属于因同一行政行为发生的不同的行政案件。由于本案中赵某等六人系大陆村不同的承包户，且县政府在庭审中明确表示不同意本案合并审理，遂以赵某等六人之诉不构成共同诉讼，裁定驳回赵某等六人的起诉。赵某等六人不服，提起上诉。

二审法院作出行政裁定，以同一理由维持一审裁定。赵某等六人不服，向最高法院申请再审。

最高法院认为，一审法院认定县政府对赵某等六人所作行政强制行为，属于因同一行政行为发生的行政案件，但认为因同一行政行为发生的案件需要经当事人县政府同意才为共同诉讼，并据此驳回赵某等六人的起诉，二审法院裁定驳回上诉，维持原裁定，属于适用法律错误，依法应予纠正。赵某等六人提起本案诉讼，符合行政诉讼法定起诉条件。最高法院裁定如下：一、撤销一审法院及二审法院的行政裁定；二、指令一审法院继续审理。

经典真题

区城乡建设局批复同意某银行住宅楼选址，并向其颁发许可证。拟建的住宅楼与张某等 120 户居民居住的住宅楼间距为 9.45 米。张某等 20 人认为该批准行为违反了国家有关规定，向法院提起了行政诉讼。对此，下列哪些选项是错误的？（2007/2/80）[1]

A. 因该批准行为涉及张某等人相邻权，故张某等人有权提起行政诉讼
B. 张某等 20 户居民应当推选 2 至 5 名诉讼代表人参加诉讼
C. 法院可以通知未起诉的 100 户居民作为第三人参加诉讼
D. 张某等 20 户居民应当提供符合法定起诉条件的证据材料

三、诉讼代理人

诉讼代理人，是指以当事人名义，在代理权限内，代理当事人进行诉讼活动，维护当事人的合法权益。诉讼代理人分为法定代理人、指定代理人和委托代理人。

（一）法定代理人

法定代理人，是指依法直接享有代理权限，代替无诉讼行为能力的公民进行行政诉讼的人。这种代理权直接依据法律规定而产生，是一种**全权代理**。条件是：①被代理人是无行为能力的人，即未成年人、精神病人等；②代理人与被代理人之间存在亲权或监护关系。

（二）指定代理人

指定代理人，是指由人民法院指定为无诉讼行为能力的当事人代理行政诉讼的人。条件是：①被代理人属于无诉讼行为能力的公民；②被代理人无法定代理人，或者虽有法定代理人，但法定代理人互相推诿代理责任或者不能行使代理权；③由法院依职权指定，无须被指定人同意。

（三）委托代理人

委托代理人，是指受当事人、法定代理人、诉讼代表人委托，代为进行行政诉讼的人。当事人、法定代理人、诉讼代表人可以委托 1~2 人作为诉讼代理人。

1. 可以被委托为诉讼代理人的**范围**：①律师、基层法律服务工作者；②当事人的近亲属或者工作人员；③当事人所在社区、单位以及有关社会团体推荐的公民。

2. 委托代理的程序要求

（1）当事人委托诉讼代理人，应当向法院提交由委托人签名或者盖章的授权委托书。

---

[1] C（司法部原答案为 BC）。被诉的批准行为涉及张某等人的相邻权，张某等人作为利害关系人具有行政诉讼原告资格；张某等 20 户居民作为原告，属于人数众多的情形，由张某等 20 户居民推选代表人 2~5 名；法院是"应当"通知未起诉的 100 户居民作为第三人参加诉讼，而非"可以"通知；提供符合法定起诉条件的证据材料是张某等 20 户居民作为原告应当承担的举证责任。

委托书应当载明委托事项和具体权限。

（2）当事人解除或者变更委托的，应当书面报告法院。

3. 委托代理的特殊情况

（1）公民因被限制人身自由而不能提起诉讼的，其近亲属可以依其口头或者书面委托以该公民的名义提起诉讼。近亲属起诉时无法与被限制人身自由的公民取得联系的，近亲属可以先行起诉，并在诉讼中补充提交委托证明。

（2）公民在特殊情况下无法书面委托的，也可以由他人代书，并由自己捺印等方式确认，法院应当核实并记录在卷。被诉机关或者其他有义务协助的机关拒绝法院向被限制人身自由的公民核实的，视为委托成立。

致努力中的你

你得走完该走的路，
才能走你想走的路。

《《第十三讲
行政诉讼的管辖
13

应试指导

本讲的内容要解决不同级别和同级不同区域法院之间的权限划分问题。考试中确定管辖法院时，既要满足级别管辖，又要满足地域管辖。考试要求理解并能够运用中级法院管辖、特殊地域管辖以及共同管辖。本讲在考试中的题目类型主要是客观卷中的选择题，也曾以主观卷中的案例分析题形式出现，涉及的必读法律法规有：《行政诉讼法》《行诉解释》《行政协议案件规定》《国际贸易行政案件规定》《反倾销行政案件规定》《反补贴行政案件规定》。

- 行政诉讼的管辖
  - 行政诉讼的级别管辖
    - 基层法院的管辖
    - 中级法院的管辖
      - 被告级别高案件
      - 被告特定化案件
      - 重大复杂化案件
      - 其他重大、复杂案件
    - 高级法院和最高法院的管辖
    - 复议维持案件的级别管辖
  - 行政诉讼的地域管辖
    - 一般地域管辖
    - 特殊地域管辖
      - 复议改变案件
      - 人身自由案件
      - 不动产案件
      - 行政协议案件
    - 跨行政区域管辖
  - 行政诉讼的裁定管辖
    - 移送管辖
    - 指定管辖
    - 移转管辖
    - 管辖权异议

专题 35　行政诉讼的级别管辖

行政诉讼的级别管辖是上下级法院之间受理行政案件的权限分工。

级别管辖分为基层人民法院的管辖、中级人民法院的管辖、高级人民法院的管辖和最高人民法院的管辖，其中重点掌握中级人民法院的管辖。

一、基层法院的管辖

原则上，第一审行政案件由基层法院管辖。也就是说，除法律规定由上级法院管辖的特殊情形之外，第一审行政案件都由基层人民法院负责管辖。原因是：①便于当事人诉讼，即管辖的确定要方便原告、被告参加诉讼活动；②就地、就近审判，便于人民法院认定事实。

二、中级法院的管辖

中级法院管辖的第一审行政案件有以下类型：

（一）被告级别高案件

1. 以县级以上地方政府为被告的行政案件

对县级以上地方政府所作的行政行为提起诉讼的案件由中级人民法院管辖，注意是县级以上地方政府作为被告。如果是县级以上地方政府的工作部门作为被告，则仍然是基层法院管辖。例如，省公安厅作为被告的案件，第一审是由基层法院管辖。

2. 以国务院部门为被告的行政案件

对国务院部门所作的行政行为提起诉讼的案件由中级人民法院管辖。国务院部门包括国务院组成部门、国务院直属机构、国务院组成部门管理的国家行政机构、被授权的国务院直属事业单位。例如，杨某因不服被告中国气象局作出的行政处罚决定而提起的行政诉讼，由中级法院管辖。

（二）被告特定化案件

1. 海关行政案件，主要是海关处理的纳税案件和海关行政处罚案件，一审由中级人民法院管辖。

［例］2008 年 7 月 1 日，厦门某进出口公司以一般贸易方式向海关申报出口一批服装，海关查验后发现，这些服装上均有"DIESEL"商标。经调查，"DIESEL"商标已由权利人意大利某公司注册，并向海关总署备案，申请知识产权海关边境保护。出口该批服装的公司无法提供合法使用"DIESEL"商标的证明，涉嫌侵权。2008 年 7 月 4 日，厦门海关将上述情况书面通知"DIESEL"商标的权利人意大利该公司，该公司于同年 7 月 8 日向海关申请扣留这些服装。由于厦门该进出口公司的行为已经侵犯了意大利该公司的商标专用权，厦门海关依法没收了上述货物，并处罚款 2000 元。厦门该进出口公司不服，提起行政诉讼，案件由中级法院管辖。

2. 专利行政案件和商标评审案件

根据《全国人民代表大会常务委员会关于在北京、上海、广州设立知识产权法院的决定》的规定，知识产权法院管辖有关专利、植物新品种、集成电路布图设计、技术秘密等专业技术性较强的第一审知识产权行政案件。不服国务院行政部门裁定或者决定而提起的第一审知识产权授权确权行政案件，由北京知识产权法院管辖。知识产权法院属于中级人民法院。

（三）重大复杂化案件

1. 社会影响重大的共同诉讼案件。这类诉讼主要是农村土地承包案件、土地征用案件、城市规划拆迁案件。

2. 涉外行政案件

（1）第一审国际贸易行政案件，由具有管辖权的中级以上人民法院管辖；

（2）第一审反倾销行政案件，由被告所在地高级人民法院指定的中级人民法院或者被告所在地高级人民法院管辖；

（3）第一审反补贴行政案件，由被告所在地高级人民法院指定的中级人民法院或者被告所在地高级人民法院管辖。

3. 涉及香港特别行政区、澳门特别行政区、台湾地区的行政案件，也由中级人民法院管辖。

[例] 某外国人起诉某街道办事处查封其经营场所，由中级法院管辖。

（四）其他重大、复杂案件

主要是人民法院裁定管辖的情形，即基层人民法院认为案件重大，不适合由自己管辖的，可以请求中级人民法院移转管辖。

三、高级法院和最高法院的管辖

高级人民法院管辖本辖区内重大、复杂的第一审行政案件。高级人民法院管辖的案件应当在本级行政区域内具有示范或者重要意义。

最高人民法院管辖全国范围内重大、复杂的第一审行政案件。迄今为止，最高人民法院尚未管辖过第一审行政案件。

四、复议维持案件的级别管辖

复议维持的案件，作出原行政行为的行政机关和复议机关为共同被告，应以作出原行政行为的行政机关确定案件的级别管辖。

[例] 李琴、魏先友对合肥市市场监督管理局的处理决定不服，申请行政复议，合肥市人民政府作出复议决定，李琴、魏先友不服，向复议机关所在地人民法院，即合肥市中级人民法院起诉。

合肥市中级人民法院生效裁定认为，合肥市人民政府依据《行政复议法实施条例》第48条第1款第1项的规定，驳回李琴、魏先友的复议申请，实际上是维持了原行政行为，故李琴、魏先友不服该复议决定提起的诉讼，应以作出原行政行为的机关，即合肥市市场监督管理局来确定案件的级别管辖。李琴、魏先友提起的诉讼，并不属于《行政诉讼法》第15条规定的应当由中级人民法院一审管辖的情形，其可依法向有管辖权的基层人民法院提起诉讼。因李琴、魏先友提起的诉讼不符合级别管辖规定，故裁定不予立案。

命题陷阱

先复议后诉讼案件一般是根据被告确定级别管辖：

01 复议改变案件
被告是复议机关，根据复议机关确定级别管辖。

02 复议维持案件
被告是原行为机关和复议机关，根据原行为机关确定级别管辖。

03 复议不作为案件
若被告是原行为机关，则根据原行为机关确定级别管辖；若被告是复议机关，则根据复议机关确定级别管辖。

行政诉讼的级别管辖

中级法院：
①县级以上地方政府作为被告的行政案件
②国务院部门作为被告的行政案件
③海关行政案件
④专利、商标等知识产权行政案件
⑤社会影响重大的共同诉讼案件
⑥涉外或涉港、澳、台的案件

基层法院：其他案件（非全国、省级地域范围内的重大、复杂案件）

复议维持案件 → 以原行为机关确定案件的级别管辖

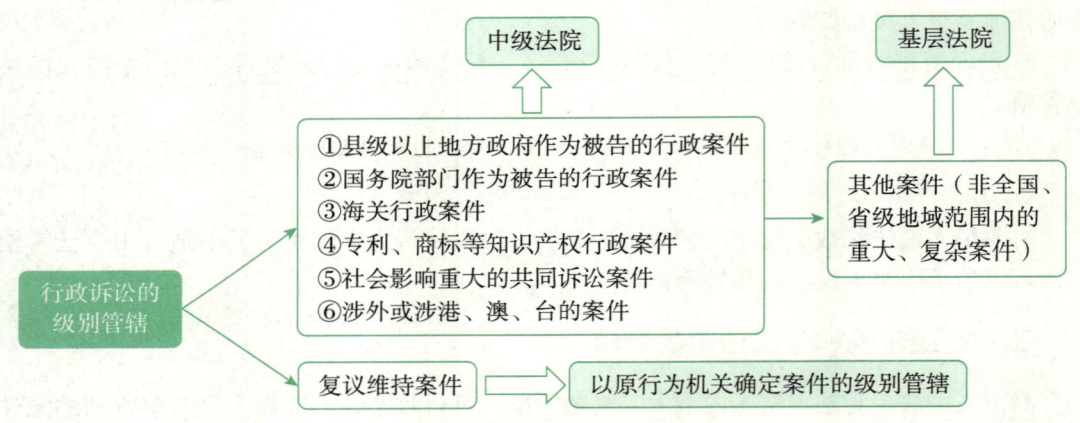

行政诉讼级别管辖一览图

经典真题

1. 甲县政府设立的临时机构基础设施建设指挥部，认定有10户居民的小区自建的围墙及附属房系违法建筑，指令乙镇政府具体负责强制拆除。10户居民对此决定不服起诉。下列说法正确的是：（2011/2/100）[1]

   A. 本案被告为乙镇政府
   B. 本案应由中级法院管辖
   C. 如10户居民在指定期限内未选定诉讼代表人的，法院可以依职权指定

---

[1] BC。基础设施建设指挥部作为甲县政府设立的临时机构不具有独立承担法律责任的能力，应当由设立基础设施建设指挥部的甲县政府作为被告；甲县政府作为被告，本案应由中级法院管辖；当事人一方人数众多的，由当事人推选代表人，当事人推选不出的，可以由法院指定代表人；甲县政府作为被申请人，复议机关应当是甲县政府的上一级政府。

D. 如 10 户居民对此决定申请复议，复议机关为甲县政府

2. 某区卫计局以董某擅自开展诊疗活动为由作出没收其违法诊疗工具并处 5 万元罚款的处罚。董某向区政府申请复议，区政府维持了原处罚决定。董某向法院起诉。下列哪一说法是正确的？（2016/2/49）[1]

A. 如董某只起诉区卫计局，法院应追加区政府为第三人
B. 本案应以区政府确定案件的级别管辖
C. 本案可由区卫计局所在地的法院管辖
D. 法院应对原处罚决定和复议决定进行合法性审查，但不对复议决定作出判决

专题 36 行政诉讼的地域管辖与裁定管辖

行政诉讼的地域管辖是同级法院之间受理行政案件的权限分工。地域管辖分为一般地域管辖和特殊地域管辖。

一、一般地域管辖

行政案件由最初作出行政行为的行政机关所在地人民法院管辖，即"原告就被告"原则。理由是：①便利当事人诉讼；②便于法院通知、调查、取证与执行；③保证行政机关的依据与审判机关审查的依据的一致性，避免出现区域规范冲突；④防止滥诉。

二、特殊地域管辖

（一）复议改变案件

经复议的案件由复议机关所在地法院或者原行为机关所在地法院管辖，经复议的案件有两种情况：复议维持案件和复议改变案件。

复议维持案件，复议机关和原行为机关为共同被告，根据"原告就被告"原则，由复议机关所在地法院或者原行为机关所在地法院管辖。

比较特殊的是复议改变案件。复议机关为被告，复议机关所在地法院管辖基础上，又增加了原行为机关所在地法院管辖，目的是保护原告的利益，管辖的法院越多就意味着原告的选择权越大。

[例] 市土房局作出撤销决定，决定撤销对某银行进行的预告登记。该银行对该决定不服，认为侵犯了其利益，遂向市政府提起行政复议。市政府审查后，撤销了市土房局的撤销决定。利害关系人某房地产公司向法院提起行政诉讼，请求撤销市政府的撤销决定。市政府作出

---

[1] C. 董某只起诉区卫计局，法院应当告知董某追加区政府为被告，董某不同意追加的，法院应当将区政府列为共同被告，而不是追加区政府为第三人；作出原行政行为的行政机关（区卫计局）和复议机关（区政府）为共同被告的案件，应以作出原行政行为的行政机关（区卫计局）来确定案件的级别管辖，而不是以复议机关（区政府）来确定案件的级别管辖；经复议的案件，复议机关（区政府）所在地法院可以管辖，最初作出行政行为的行政机关（区卫计局）所在地法院也可以管辖；复议机关与作出原行政行为的行政机关为共同被告的案件，法院应对复议决定和原行政行为进行合法性审查，对复议决定和原行政行为一并作出裁判。

的撤销决定改变了原行政机关的行政行为，具有管辖权的法院应为最初作出行政行为的市土房局所在地法院，或者作出复议决定的市政府所在地法院。

（二）人身自由案件

对限制人身自由的行政强制措施不服而提起的诉讼，由被告所在地或者原告所在地法院管辖。注意适用的案件范围：

1. 凡涉及限制公民人身自由的行政强制措施案件，一律适用该特殊管辖。

2. 行政机关基于同一事实既采取限制公民人身自由的行政强制措施，又采取其他行政强制措施或者行政处罚的案件，也适用该特殊管辖。

原告所在地包括原告的户籍所在地、经常居住地和被限制人身自由地：①经常居住地，是指公民离开住所地连续居住满1年以上的地方，但住院治病除外；②被限制人身自由地，是指公民被羁押、限制人身自由的场所所在地。

［例］张某对公安机关限制其人身自由的行政强制措施不服，提起行政诉讼，具有管辖权的法院有被告公安机关所在地的法院、原告张某户籍所在地的法院、原告张某经常居住地的法院以及原告张某被限制人身自由地的法院。

（三）不动产案件

不动产案件，是指因行政行为导致不动产物权变动的行政案件。

不动产行政案件由不动产所在地法院专属管辖。不动产所在地是指：不动产已登记的，以不动产登记簿记载的所在地为不动产所在地；不动产未登记的，以不动产实际所在地为不动产所在地。

［例］张某夫妇共同购买了一套商品房，登记的产权人是张某夫妇二人。让张某没想到的是，自己的独生儿子小张竟然私刻公章，伪造了一份继承公证文书，称张某夫妇均已去世，留有商品房一套，因此身为独生子的自己是唯一合法继承人。拿着这份伪造的公证文书，小张到当地产权登记机构以遗产继承的方式办理了房屋产权登记变更手续，房屋的产权人就这样变成了小张。张某夫妇得知此事，立刻与公证机关核实，公证机关随即出具了一份证明文件，证实小张向产权登记机构提交的继承公证文书为虚假文书。张某夫妇据此要求产权登记机构将自己房子的产权人变更回来，但迟迟未能得到办理。张某夫妇提起行政诉讼，管辖法院应当为房产登记簿记载的不动产所在地法院。

（四）行政协议案件

1. 约定地域管辖

为了保障协议相对人一方的协议利益，同时考虑到行政协议是基于平等自愿签订的，行政协议案件管辖参考民事合同案件的管辖，确定行政协议的当事人可以约定管辖的法院。当事人书面协议约定选择被告所在地、原告所在地、协议履行地、协议订立地、标的物所在地等与争议有实际联系地点的法院管辖的，法院从其约定，但违反级别管辖和专属管辖的除外。

［例］被征收户可以与县政府在房屋征收协议中约定由与争议有实际联系地的法院管辖，但约定县法院管辖的，法院就不能从其约定，因为县政府作为被告的级别管辖法院是中级法院。

2. 约定仲裁管辖无效

基于行政协议的行政性，原则上行政协议案件约定仲裁管辖条款无效，但是法律、行政法规或者我国缔结、参加的国际条约另有规定的除外。

三、跨行政区域管辖

跨行政区域管辖的目的是防止行政干预，打破地方保护，解决"诉讼主客场"问题。经最高法院批准，高级法院可以根据审判工作的实际情况，确定若干法院跨行政区域管辖行政案件。

跨行政区域管辖具体内容包括：

1. 跨行政区域管辖，既包括基层法院跨行政区域管辖，也包括中级法院跨行政区域管辖，还包括铁路运输法院等专门法院跨行政区域管辖。
2. 高级法院根据审判工作的实际情况来确定跨行政区域管辖。
3. 跨行政区域管辖要经最高法院批准。

[例] 经报请最高人民法院批准，从 2015 年 10 月 8 日起，天津法院三类一审行政案件实行跨行政区域管辖。其中，以天津海关及各隶属海关为被告提起诉讼的行政案件由天津市第二中级人民法院管辖；以市级行政机关为被告提起诉讼的行政案件由和平区人民法院管辖，但因不动产提起诉讼的案件和因市级行政机关复议维持原行政行为作为共同被告的案件除外；环境保护行政案件由天津铁路运输法院管辖。

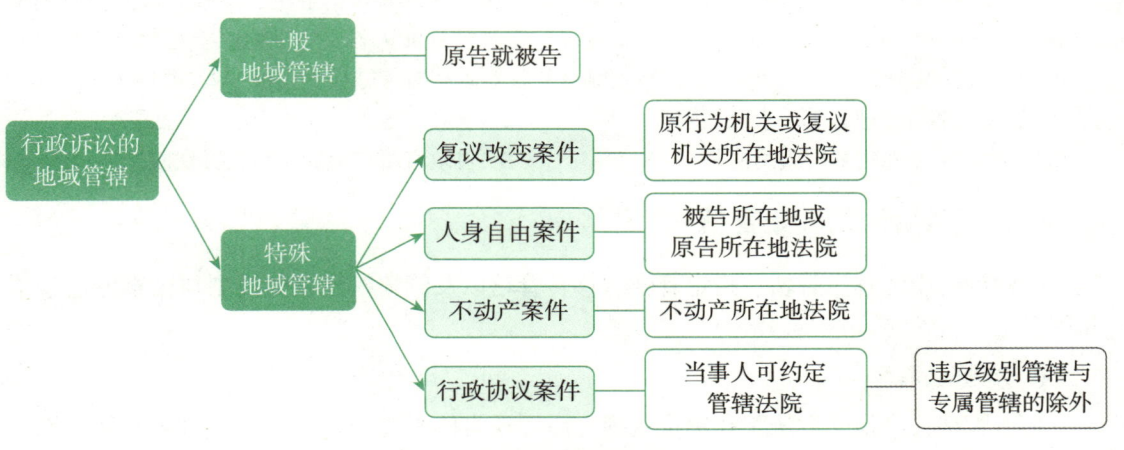

行政诉讼地域管辖一览图

- 行政诉讼的地域管辖
  - 一般地域管辖 → 原告就被告
  - 特殊地域管辖
    - 复议改变案件 → 原行为机关或复议机关所在地法院
    - 人身自由案件 → 被告所在地或原告所在地法院
    - 不动产案件 → 不动产所在地法院
    - 行政协议案件 → 当事人可约定管辖法院（违反级别管辖与专属管辖的除外）

命题陷阱

1. 先复议后诉讼案件的地域管辖

01 复议改变案件
被告是复议机关，原行为机关所在地法院和复议机关所在地法院都有管辖权。

02 复议维持案件
被告是原行为机关和复议机关，原行为机关所在地法院和复议机关所在地法院都有管辖权。

> **03 复议不作为案件**
> 若被告是原行为机关,原行为机关所在地法院有管辖权而复议机关所在地法院没有管辖权;若被告是复议机关,则复议机关所在地法院有管辖权而原行为机关所在地法院没有管辖权。

2. 题目中考查行政诉讼的管辖,既要从级别管辖角度确定哪一级法院,又要从地域管辖角度确定哪一个地方的法院,不能只考虑级别管辖或地域管辖。行政诉讼的管辖法院既要满足级别管辖的要求,又要满足地域管辖的要求。

经典真题

1. 甲县宋某到乙县访亲,因醉酒被乙县公安局扣留24小时。宋某认为乙县公安局的行为违法,提起行政诉讼。下列哪些说法是正确的?(2012/2/79)[1]
   A. 扣留宋某的行为为行政处罚
   B. 甲县法院对此案有管辖权
   C. 乙县法院对此案有管辖权
   D. 宋某的亲戚为本案的第三人

2. 甲、乙两村分别位于某市两县境内,因土地权属纠纷向市政府申请解决,市政府裁决争议土地属于甲村所有。乙村不服,向省政府申请复议,复议机关确认争议的土地属于乙村所有。甲村不服行政复议决定,提起行政诉讼。下列哪个法院对本案有管辖权?(2007/2/39)[2]
   A. 争议土地所在地的基层人民法院
   B. 争议土地所在地的中级人民法院
   C. 市政府所在地的基层人民法院
   D. 省政府所在地的中级人民法院

四、行政诉讼的裁定管辖

行政诉讼中的移送管辖、指定管辖、移转管辖以及管辖权异议的规则与民事诉讼基本相同。

(一)移送管辖

移送管辖,是指受诉法院在决定受理之后发现案件不属于自己管辖,将案件移送给有管辖权的法院。

移送管辖要件有五:

1. 移送案件的法院已经决定受理,即诉讼程序已经开始。在审查起诉期间发现不属于自己管辖的,应当告知当事人向有管辖权的法院起诉,不产生移送问题。
2. 移送案件的法院对本案无管辖权。

---

[1] BC。扣留宋某的行为只是公安机关采取的限制公民人身自由的行政强制措施,不是行政处罚;公安机关的扣留决定是限制公民人身自由的行政强制措施,甲县法院是原告(宋某)所在地法院,乙县法院是被告(乙县公安局)所在地法院,都具有管辖权;被诉行政行为和案件处理结果不涉及宋某的亲戚的利益,所以宋某的亲戚不能成为本案的第三人。

[2] B。本案是对省政府所作的行政行为提起诉讼的案件,从级别管辖的角度看,应由中级法院管辖;本案又属于确认争议土地权属的裁决案件,属于不动产案件,由争议土地所在地法院专属管辖。因此,本案由争议土地所在地的中级法院管辖。

3. 受移送的法院应当受理。受移送法院认为案件不属于本院管辖的，应当报请上级法院指定管辖，不得再自行移送。

4. 移送案件的法院必须作出移送案件的裁定。

5. 法院在裁定移送之前，应当听取当事人的意见，但当事人对移送裁定没有上诉权。

［例］原告张蕊华因认为西安市莲湖区人民政府不履行信息公开法定职责，于 2020 年 6 月 8 日向西安铁路运输中级法院提起行政诉讼。

西安铁路运输中级法院受理案件后，经审理查明：原告张蕊华向西安大兴新区综合改造管理委员会提出政府信息公开申请，该管委会城中村（棚户区）改造与征收安置办公室作出了回复，经查，西安大兴新区综合改造管理委员会也是张蕊华所申请公开信息的备案、保存单位，且能独立承担其职责范围内信息公开的法律责任，西安大兴新区综合改造管理委员会应为本案适格被告。

经西安铁路运输中级法院向原告张蕊华释明，其同意将被告由西安市莲湖区人民政府变更为西安大兴新区综合改造管理委员会。根据《行政诉讼法》第 14、15 条的规定，原告变更被告后，本案不属于中级法院管辖的第一审行政案件，应由被告所在地的基层法院管辖。

西安铁路运输中级法院裁定：本案移送西安铁路运输法院管辖。

（二）指定管辖

指定管辖，是指上级法院决定将行政案件指定法院管辖的制度。指定管辖有两种情形：

1. 由于特殊原因，有管辖权的法院不能行使管辖权。

2. 法院之间发生管辖权争议。同级法院之间发生管辖权争议，应当互相协商，协商不成的，报共同的上一级法院指定管辖。

（三）移转管辖

移转管辖，又称管辖权转移，是指基于上级法院裁定，下级法院将自己管辖的行政案件转交上级法院审理。移转管辖涉及当事人的诉权，应当听取当事人的意见，并且允许当事人上诉。具体有两种情形：

1. 基层法院对其管辖的第一审行政案件，认为需要由中级法院审理或者指定管辖的，可以报请中级法院决定。中级法院应当根据不同情况在 7 日内分别作出以下处理：①决定自行审理；②指定本辖区其他基层法院管辖；③决定由报请的法院审理。

2. 当事人以案件重大复杂为由，认为有管辖权的基层法院不宜行使管辖权或者基层法院既不立案又不作出不予立案裁定，向中级法院起诉的，中级法院应当根据不同情况在 7 日内分别作出以下处理：①决定自行审理；②指定本辖区其他基层法院管辖；③书面告知当事人向有管辖权的基层法院起诉。

（四）管辖权异议

管辖权异议，是指行政诉讼当事人对受理案件的法院提出的管辖权方面的异议。

1. 管辖权异议的程序要求：法院受理案件后，被告提出管辖异议的，应当在收到起诉状副本之日起 15 日内提出。对当事人提出的管辖异议，法院应当进行审查。异议成立的，裁定将案件移送有管辖权的法院；异议不成立的，裁定驳回。

2. 为了解决实践中个别当事人利用管辖权异议制度干扰行政诉讼，法院对管辖异议审查后确定有管辖权的，不因当事人增加或者变更诉讼请求等改变管辖，但违反级别管辖、专属管辖规定的除外。

3. 为了确保提高行政诉讼效率：

（1）法院发回重审或者按第一审程序再审的案件，当事人提出管辖异议的，法院不予审查；

（2）当事人在第一审程序中未按照法律规定的期限和形式提出管辖异议，在第二审程序中提出的，法院不予审查。

致努力中的你

一切美好的事物都是曲折地接近自己的目标，一切笔直都是骗人的，所有真理都是弯曲的，时间本身就是一个圆圈。

第十四讲
行政诉讼程序

14

应试指导

本讲主要是对行政诉讼程序的阐述：①行政诉讼的起诉与受理；②行政诉讼的一审程序；③行政诉讼的二审程序与再审程序。考生要理解起诉条件与立案登记、行政诉讼简易程序、行政诉讼上诉案件的审理方式以及审判监督程序的提起，其中起诉条件要能够在具体案件中适用，核心考点是复议前置、起诉期限、立案登记以及普通程序与简易程序的适用。本讲在考试中的题目类型主要是客观卷中的选择题，也曾以主观卷中的案例分析题形式出现，涉及的必读法律法规有：《行政诉讼法》《行诉解释》《行政协议案件规定》。

行政诉讼程序
- 起诉
  - 起诉的一般条件
  - 起诉的时间条件
    - 一般情况
    - 作为的特殊情况
    - 不作为的特殊情况
    - 行政协议案件的特殊情况
  - 起诉的程序条件
    - 复议、诉讼选择
    - 复议前置
  - 起诉方式
- 受理
  - 起诉人提交必要起诉材料
  - 法院审查与释明
  - 救济
- 第一审程序
  - 普通程序
    - 审理前的准备
    - 庭审的一般程序
    - 审理对象、审理方式与审理期限
  - 简易程序
    - 适用范围
    - 程序要求
    - 简易程序向普通程序的转换
- 第二审程序
  - 上诉的提起和受理
  - 上诉案件的审理
- 审判监督程序
  - 再审程序的提起
  - 再审案件的审理

专题 37 起诉与受理

起诉是公民、法人或其他组织要求法院启动行政诉讼程序的主张，受理则是法院对符合法定条件的起诉的认可和接受，二者共同作用构成了行政诉讼程序的开始。

一、起诉

起诉是行政诉讼开始的前提条件。起诉，是指公民、法人或其他组织认为行政行为侵犯其合法权益，依法请求法院行使国家审判权给予其救济的诉讼行为。提起行政诉讼必须符合起诉的一般条件、时间条件和程序条件。

（一）起诉的一般条件

起诉的一般条件是法律对提起诉讼最基本的、最普遍的要求。提起行政诉讼的一般条件是：

1. 原告

起诉的原告，是指行政行为的相对人以及其他与行政行为有利害关系的公民、法人或者其他组织。

2. 被告

起诉有明确的被告，即原告在起诉时提供的被告的名称等信息足以使被告与其他行政机关相区别。起诉状列写被告信息不足以认定明确的被告的，法院可以告知原告补正；原告补正后仍不能确定明确的被告的，法院裁定不予立案。

3. 诉讼请求和事实根据

起诉有具体的诉讼请求和事实根据。诉讼请求，是指原告通过法院针对被告提出的、希望获得法院司法保护的实体权利要求；事实根据，是指原告向法院起诉所依据的事实和根据，包括案件情况和证据。当事人单独或者一并提起其他诉讼的要求：①当事人单独或者一并提起行政赔偿、补偿诉讼的，应当有具体的赔偿、补偿事项以及数额；②当事人请求一并审查规章以下规范性文件的，应当提供明确的文件名称或者审查对象；③当事人请求一并解决相关民事争议的，应当有具体的民事诉讼请求。

4. 受案范围和管辖法院。起诉属于行政诉讼受案范围和受诉法院管辖。

（二）起诉的时间条件——起诉期限

公民、法人或者其他组织提起行政诉讼，要符合起诉的时间条件，即当事人必须在法律规定的期限内提起诉讼。

1. 一般情况下的起诉期限：一般期限与特别期限。

一般期限，是指适用于一般行政案件的起诉期限。该期限可分为直接向法院提起行政诉讼的期限与行政复议后提起行政诉讼的期限。直接起诉的一般期限为自知道或者应当知道作出行政行为之日起 6 个月；不服行政复议决定（包括复议维持和复议改变）而起诉的一般期限为 15 日，即在收到复议决定书之日起 15 日内向法院提起诉讼，复议机关逾期不作决定的，当事人可以在复议期满之日起 15 日内向法院提起诉讼。

[例] 2013 年 2 月 25 日，张某向省财政厅申请公开政府集中采购项目目录，省财政厅拒绝公开。张某向省政府申请行政复议，要求认定省财政厅拒绝公开目录的行为违法，并责令其公开。省政府于 4 月 10 日受理，但在法定期限内未作出复议决定。张某不服，以省政府为被告，于 6 月 18 日向人民法院提起行政诉讼。张某的起诉符合起诉期限。

特别期限，是指《行政诉讼法》之外其他法律所规定的起诉期限，即直接向法院提起行政诉讼或不服行政复议决定提起行政诉讼的期限，法律另有规定的，应当适用相关单行法律对提起诉讼期限的规定。其他法律一般应理解为由全国人大及其常委会依照立法程序制定的规范性法律文件。

[例]《土地管理法》第 83 条规定，依照本法规定，责令限期拆除在非法占用的土地上新建的建筑物和其他设施的，建设单位或者个人必须立即停止施工，自行拆除；对继续施工的，作出处罚决定的机关有权制止。建设单位或者个人对责令限期拆除的行政处罚决定不服的，可以在接到责令限期拆除决定之日起 15 日内，向人民法院起诉；期满不起诉又不自行拆除的，由作出处罚决定的机关依法申请人民法院强制执行，费用由违法者承担。该条款中的"15 日"是法律另有规定的情形，属起诉期限的特殊规定。

2. 作为的起诉期限计算及最长保护期限

起诉期限从公民、法人或者其他组织知道或者应当知道诉权或者起诉期限之日起计算，但从知道或者应当知道行政行为内容之日起最长不得超过 1 年。

自知道或者应当知道作出行政行为之日起计算，因不动产提起诉讼的案件自行政行为作出之日起最长不超过 20 年，其他案件自行政行为作出之日起最长不超过 5 年。

（1）行政机关未告知公民、法人或者其他组织诉权或起诉期限的最长保护期。行政机关作出行政行为时，没有告知公民、法人或者其他组织诉权或起诉期限的，起诉期限从其知道或者应当知道诉权或者起诉期限之日起计算，但从知道或者应当知道行政行为内容之日起最长不得超过 1 年。值得注意的是，这里 1 年最长期限的起算点，不是公民、法人或者其他组织知道或应当知道诉权或起诉期限之日，而是其知道或者应当知道行政行为内容之日。

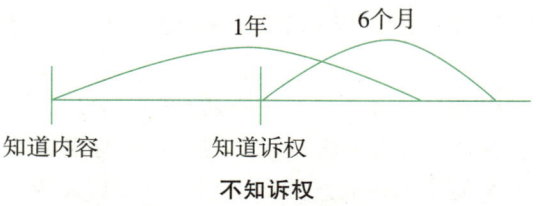

不知诉权

[例] 2015 年 8 月 1 日，县政府作出《房屋征收决定》，对原告苏某在内的 225 户（352 间）房屋进行征收并公告。2016 年 4 月 28 日，征收补偿决定送达原告，原告拒收。2016 年 5 月 30 日，原告的被征收房屋被强制拆除。2017 年 4 月 14 日，原告向市中级人民法院提起行政诉讼，请求依法确认被告强制拆除原告房屋的行为违法。被告在实施房屋强拆行为时未告知原告应有的诉权和诉讼期限，原告在 2017 年 5 月 30 日前，即 2017 年 4 月 14 日提起的行政诉讼，未超过起诉期限。

（2）公民、法人或者其他组织不知道行政行为内容时起诉期限的计算。与公民、法人或者其他组织不知道诉权或者起诉期限相比，不知道行政行为内容是更为严重的情形，对当事人的影响更大，起诉期限自其知道或者应当知道作出行政行为内容之日起计算。因不动产提起诉讼的案件自行政行为作出之日起超过 20 年，其他案件自行政行为作出之日起超过 5 年提起诉讼的，法院不予受理。其中，涉及不动产的主要有有关房屋所有权、使用权以及土地、林地、自然资源等案件。注意，这里的 20 年和 5 年最长期限的起算点，不是当事人知道或者应当知道行政行为内容之日，而是行政行为作出之日。

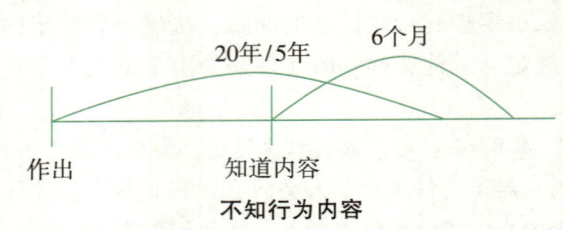

```
        20年/5年      6个月
        ╱────╲  ╱────╲
       ╱      ╲╱      ╲
      作出   知道内容
         不知行为内容
```

这一制度的目的在于：①督促行政机关依法行政，切实保护公民、法人或者其他组织的合法权益；②避免从行政行为作出到公民、法人或者其他组织起诉期限过长，可能造成法律关系的不确定。

[例] 杨通海之父杨正祥（已故）与杨正华系同胞兄弟，杨通海与杨正华系叔侄关系。杨正祥生前在黄平县××安镇××有 3 间茅草房，1977 年，杨正祥把北边的一间半茅草房分给其兄弟杨正华。1983 年，杨正祥准备拆旧建新，但杨正华表示愿意买下另一间半茅草房，杨正祥于是将南边另一间半茅草房作价 60.1 元卖给了杨正华。黄平县人民政府于 1990 年 8 月 25 日给第三人杨正华颁发了黄集（90）字第 08-12-28 号《集体土地建设用地使用证》。2015 年 8 月 12 日，杨通海认为其父并未将茅草房所占用的土地一并卖给杨正华，黄平县人民政府在没有查明事实的情况下，给杨正华颁发黄集（90）字第 08-12-28 号《集体土地建设用地使用证》，将其父母遗留下来的南边另一间半的宅基地也一并颁证给杨正华，侵犯了其合法权益，请求法院依法予以撤销，法院受理。

法院生效裁定认为，杨通海的起诉已超过了法律及司法解释规定的法定起诉期限，裁定驳回起诉。

3. 不作为（行政机关不履行法定职责时）的起诉期限

公民、法人或者其他组织申请行政机关履行保护其人身权、财产权等合法权益的法定职责：

（1）行政机关在接到申请之日起 2 个月内不履行的，公民、法人或者其他组织可以向法院提起诉讼。法律、法规对行政机关履行职责的期限另有规定的，从其规定。

（2）公民、法人或者其他组织在紧急情况下请求行政机关履行保护其人身权、财产权等合法权益的法定职责，行政机关不履行的，提起诉讼不受上述履行职责期限的限制。

（3）公民、法人或者其他组织对行政机关不履行法定职责提起诉讼的，应当在行政机关履行法定职责期限届满之日起 6 个月内提出。

注意：由于不属于起诉人自身的原因耽误起诉期限的，被耽误的时间不计算在起诉期限内。因人身自由受到限制而不能提起诉讼的，被限制人身自由的时间不计算在起诉期限内。

[例] 2012 年 5 月 26 日，张秀娥向鹿泉区公安局铜冶镇派出所报警称，黑社会人员毁地毁苗，并打伤阴恒娥、刘命命二人，请求公安机关履行法定职责；2012 年 9 月 19 日，张秀娥

向鹿泉区公安局铜冶镇派出所报警称，铜冶镇政府对其土地清表，毁坏其财物，请求公安机关履行法定职责。张秀娥对鹿泉区公安局2012年的行政行为不服，于2015年10月向法院提起行政诉讼。法院受理案件后，认为张秀娥的起诉已超过法定起诉期限，裁定驳回起诉。

4. 行政协议案件的起诉期限

由于行政协议行为既有"行政性"，也有"协议性"，行政协议案件中起诉的对象既存在行政性行为——行政机关变更、解除行政协议等行政行为，也存在协议性行为——行政机关不依法履行、未按照约定履行行政协议。公民、法人或者其他组织的起诉期限根据起诉的对象有所不同：

（1）公民、法人或者其他组织对行政机关变更、解除行政协议等行政行为提起诉讼的，起诉期限依照《行政诉讼法》及其司法解释确定。

[例] 2013年4月19日，区市政市容委与某停车公司订立《机动车停车委托管理协议》（以下简称"委托管理协议"）。委托管理协议约定："区市政市容委提供路侧占道、公共场地停车场，在市政规划红线内具有政府管理属性的场地，委托给该停车公司进行管理。机动车停车委托管理期限为10年，即2013年6月1日至2023年6月1日。"2017年4月27日，为了有效改善出行环境，最大限度满足群众对停车位的需求，市政府办公厅印发《某市路侧停车管理改革方案》规定："改革路侧停车管理模式，取消路侧停车管理特许经营。"2017年8月17日，区市政市容委向该停车公司发出《通知》，委托管理协议已经无法继续实际履行，解除委托管理协议。该停车公司不服，诉至法院。其起诉就适用行政诉讼法规定的起诉期限。

（2）公民、法人或者其他组织对行政机关不依法履行、未按照约定履行行政协议提起诉讼的，诉讼时效参照民事法律规范确定。

[例] 为了实现城市居民天然气供应，市政府与某燃气公司签订《天然气综合利用项目合作协议》，约定由该燃气公司在该市从事城市天然气特许经营，市政府授予该燃气公司特许经营权。若市政府解除《天然气综合利用项目合作协议》，该燃气公司向法院起诉市政府解除《天然气综合利用项目合作协议》的行为，其起诉就适用行政诉讼法规定的起诉期限；若市政府不履行《天然气综合利用项目合作协议》，该燃气公司向法院起诉市政府的违约行为，其起诉就参照适用民事法律规范确定的诉讼时效。

经典真题

1. 因甲公司不能偿还到期债务，贷款银行向法院提起民事诉讼。2004年6月7日，银行在诉讼中得知市发展和改革委员会已于2004年4月6日根据申请，将某小区住宅项目的建设业主由甲公司变更为乙公司。后银行认为行政机关的变更行为侵犯了其合法债权，于2006年1月9日向法院提起行政诉讼，请求确认市发展和改革委员会的变更行为违法。下列关于起诉期限的哪种说法符合法律规定？（2006/2/47）[1]

    A. 原告应当在知道具体行政行为内容之日起5年内提起行政诉讼
    B. 原告应当在知道具体行政行为内容之日起20年内提起行政诉讼

---

[1] 无（司法部原答案为D）。市发展和改革委员会作出将某小区住宅项目的建设业主由甲公司变更为乙公司的变更行为时，未告知银行变更行为的内容，银行如果认为此行为侵犯了自己的合法权益，就应当从知道行政行为内容之日起6个月内起诉，由于本案又涉及不动产，故银行的起诉应当在行政行为作出之日起20年内。

C. 原告应当在知道具体行政行为内容之日起 2 年内提起行政诉讼

D. 原告应当在知道具体行政行为内容之日起 3 个月内提起行政诉讼

2. 2009 年 3 月 15 日，严某向某市房管局递交出让方为郭某（严某之母）、受让方为严某的房产交易申请表以及相关材料。4 月 20 日，该局向严某核发房屋所有权证。后因家庭纠纷郭某想出售该房产时发现房产已不在名下，于 2013 年 12 月 5 日以该局为被告提起诉讼，要求撤销向严某核发的房屋所有权证，并给自己核发新证。一审法院判决维持被诉行为，郭某提出上诉。下列哪些说法是正确的？（2014/2/84）[1]

A. 本案的起诉期限为 2 年

B. 本案的起诉期限从 2009 年 4 月 20 日起算

C. 如诉讼中郭某解除对诉讼代理人的委托，在其书面报告法院后，法院应当通知其他当事人

D. 第二审法院应对一审法院的裁判和被诉具体行政行为是否合法进行全面审查

（三）起诉的程序条件

行政复议与行政诉讼均是解决行政争议的方式，是当事人不服行政行为寻求救济的两条途径。行政诉讼与行政复议的关系，基本是以当事人自由选择救济为原则，以行政复议前置为例外。

1. 原则：公民、法人或者其他组织对行政行为不服的，有权自由选择救济途径，可以不经复议直接向法院提起行政诉讼，也可以选择申请行政复议；在选择行政复议后，当事人对行政复议决定不服仍可以再向法院起诉。这是对公民、法人或者其他组织救济权的最大尊重和保护。

注意： 公民、法人或者其他组织申请行政复议，行政复议机关已经依法受理的，在行政复议期间不得向法院提起行政诉讼；公民、法人或者其他组织向法院提起行政诉讼，法院已经依法受理的，不得申请行政复议。

2. 例外：公民、法人或者其他组织对行政行为不服的，必须先申请行政复议；对行政复议不服的，才能向法院起诉。在此情况下，行政复议是行政诉讼的前置程序。这实际上是对公民、法人或者其他组织救济权的一种限制。复议前置属行政复议与行政诉讼关系的例外，必须由法律、行政法规作出规定。这主要有六类案件：

01 第1类 对当场作出的行政处罚决定不服，应当先向行政复议机关申请行政复议；对行政复议决定不服的，当事人可以再依法向法院提起行政诉讼。根据《行政处罚法》第 51 条的规定，对公民处以 200 元以下、对法人或者其他组织处以 3000 元以下罚款或者警告，属于当场作出的行政处罚。根据《治安管理处罚法》第 100 条的规定，处警告或者 200 元以下罚款，属于当场作出的治安管理处罚决定。

02 第2类 对于侵犯已经依法取得的自然资源的所有权或者使用权的行政确认行为，

---

[1] CD。市房管局于 2009 年 4 月 20 日向严某核发房屋所有权证时，未告知郭某房产变更行为的内容，郭某应当从知道行政行为内容之日起 6 个月内起诉；本案的起诉期限为 6 个月，起诉期限应当从知道行政行为内容之日起算，2009 年 4 月 20 日是行政行为作出之日而不是郭某知道行政行为内容之日。由于行政诉讼法没有解除诉讼代理人的相关规定，因此适用民事诉讼法的规定，诉讼中，当事人解除对诉讼代理人的委托的，在其书面告知法院后，法院应当通知对方当事人；在行政诉讼的第二审中，法院采用全面审查原则，既要对一审法院的裁判进行审查，也要对被诉行政行为是否合法进行审查。

必须首先进行行政复议；对行政复议决定不服的，可以依法向法院提起行政诉讼。这些权利包括对土地、矿藏、水流、森林、山岭、草原、荒地、滩涂、海域等自然资源的所有权或者使用权。

03 第3类 认为行政机关存在未履行法定职责情形的，应当先向行政复议机关申请行政复议；对行政复议决定不服的，可以再依法向法院提起行政诉讼。这类未履行法定职责的行政不作为包括：①申请行政许可，行政机关拒绝或者在法定期限内不予答复；②行政机关作出的不予受理工伤认定申请的决定；③申请行政机关履行保护人身权利、财产权利、受教育权利等合法权益的法定职责，行政机关拒绝履行、未依法履行或者不予答复；④申请行政机关依法给付抚恤金、社会保险待遇或者最低生活保障等社会保障，行政机关没有依法给付；⑤认为行政机关不依法订立、不依法履行、未按照约定履行行政协议；等等。

04 第4类 申请政府信息公开，行政机关不予公开，应当先向行政复议机关申请行政复议；对行政复议决定不服的，可以再依法向法院提起行政诉讼。

05 第5类 纳税人、扣缴义务人、纳税担保人同税务机关在纳税上发生争议时，必须先依照税务机关的纳税决定缴纳或者解缴税款及滞纳金或者提供相应的担保，然后可以依法申请行政复议；对行政复议决定不服的，可以依法向法院起诉。注意，税务处罚决定、税务强制执行措施、税务税收保全措施不属于纳税争议。纳税争议，是指纳税人、扣缴义务人、纳税担保人对税务机关确定纳税主体、征税对象、征税范围、减税、免税及退税、适用税率、计税依据、纳税环节、纳税期限、纳税地点以及税款征收方式等具体行政行为有异议而发生的争议。

06 第6类 ①经营者集中具有或者可能具有排除、限制竞争效果的，国务院反垄断执法机构应当作出禁止经营者集中的决定；②经营者能够证明该集中对竞争产生的有利影响明显大于不利影响，或者符合社会公共利益的，国务院反垄断执法机构可以作出对经营者集中不予禁止的决定；③对不予禁止的经营者集中，国务院反垄断执法机构可以决定附加减少集中对竞争产生不利影响的限制性条件。对国务院反垄断执法机构作出的上述三项决定不服的，可以先依法申请行政复议；对行政复议决定不服的，可以依法提起行政诉讼。注意，针对国务院反垄断执法机构作出的其他决定提起行政诉讼时无须复议前置。

注意：行政机关在作出需要复议前置的行政行为时应当告知公民、法人或者其他组织先向行政复议机关申请行政复议。

[例] 2009年11月26日，某税务局作出《税务处理决定书》，认定王某未按规定履行纳税申报义务，应补缴营业税金及附加、个人所得税，合计410 000元；对其应补缴税款，从滞纳税款日起按日加收万分之五的滞纳金。2010年1月25日，该税务局在报纸上向王某公告送达了《税务处理决定书》。2010年3月12日，王某因不服《税务处理决定书》，向法院提起行政诉讼，请求撤销该决定。法院受理案件后裁定驳回起诉。

（四）起诉方式

公民、法人或者其他组织起诉时，原则上应采用书面方式，应当向法院递交起诉状，并按照被告人数提出副本；但是，书写起诉状确有困难的，可以口头起诉，由法院记入笔录，出具注明日期的书面凭证，并告知对方当事人。

命题陷阱

1. 在判断一起行政诉讼案件的起诉期限时：

   首先要判断案件的性质，确定其属于<u>直接提起诉讼的案件</u>，还是<u>经复议才能提起诉讼的案件</u>。

   接着是确定单行法律是<u>否对起诉期限有特别规定</u>，若有规定就要按照特别规定，否则就适用一般起诉期限的规定。

2. 注意行政诉讼起诉期限和行政复议申请期限的除外规定：行政诉讼起诉期限是<u>其他法律另有规定的除外</u>；行政复议申请期限是<u>其他法律规定的申请期限超过 60 日的除外</u>。

3. 作为的起诉期限特殊情况注意以下三点：

   (1) 1 年、5 年与 20 年<u>不是起诉期限</u>，而是诉权最长保护期限；

   (2) 1 年适用于<u>未告知当事人诉权或起诉期限</u>的情形，起算点为知道或者应当知道行政行为内容之日；

   (3) 5 年与 20 年适用于当事人<u>不知道行政行为内容</u>的情形，起算点为行政行为作出之日。

经典真题

1. 下列哪一情形下当事人必须先申请复议，对复议决定不服的才能提起行政诉讼？（2007/2/49）[1]

   A. 县政府为汪某颁发集体土地使用证，杨某认为该行为侵犯了自己已有的集体土地使用权

   B. 高某因为偷税被某税务机关处罚，高某不服

   C. 派出所因顾某打架对其作了处罚，顾某认为处罚太重

   D. 对县国土资源局作出的处罚不服

2. 某县地税局将个体户沈某的纳税由定额缴税变更为自行申报，并在认定沈某申报税额低于过去纳税额后，要求沈某缴纳相应税款、滞纳金，并处以罚款。沈某不服，对税务机关下列哪些行为可以直接向法院提起行政诉讼？（2008/2/85）[2]

   A. 由定额缴税变更为自行申报的决定

   B. 要求缴纳税款的决定

   C. 要求缴纳滞纳金的决定

   D. 罚款决定

二、受理

受理，是指法院对公民、法人或其他组织的起诉进行审查，对符合法定条件的起诉决定立案审理，从而引起诉讼程序开始。<u>立案登记制度</u>是为了解决行政诉讼"立案难"的问

---

[1] A。公民认为行政机关的具体行政行为侵犯其已经依法取得的土地使用权的，应当先申请行政复议；对行政复议决定不服的，可以依法向法院提起诉讼。行政处罚案件属于复议、诉讼由当事人自由选择的案件，无须复议前置。

[2] CD。纳税人、扣缴义务人、纳税担保人同税务机关在纳税上发生争议时，必须先申请行政复议；对行政复议决定不服的，才可以依法向法院起诉，属于复议前置。当事人对税务机关的处罚决定、强制执行措施或者税收保全措施不服的，可以申请行政复议，也可以直接向法院起诉，属于复议、诉讼自由选择。

题，既要保障当事人的合法诉权，又要保证起诉符合法律规定。立案登记制度的具体要求如下：

起诉人起诉	提交起诉材料	（1）原告的身份证明材料以及有效联系方式； （2）被诉行政行为或者不作为存在的材料； （3）原告与被诉行政行为具有利害关系的材料； （4）由法定代理人或者委托代理人代为起诉的，还应当在起诉状中写明或者在口头起诉时向法院说明法定代理人或者委托代理人的基本情况，并提交法定代理人或者委托代理人的身份证明和代理权限证明等材料； （5）法院认为需要提交的其他材料。	
法院审查	审查对象	起诉状内容和材料是否完备以及是否符合起诉条件。	
	当场能判断是否符合起诉条件	符合起诉条件	应当当场登记立案。
		不符合起诉条件	（1）作出不予立案的裁定，裁定书应当载明不予立案的理由； （2）当事人对裁定不服的，可以提起上诉。
	当场不能判断是否符合起诉条件	应当接收起诉状，出具注明收到日期的书面凭证，并在7日内决定是否立案；7日内仍不能作出判断的，应当先予立案。	
	起诉状内容或者材料欠缺的	（1）法院应当给予指导和释明，并一次性全面告知当事人需要补正的内容、补充的材料及期限。 （2）不得未经指导和释明即以起诉不符合条件为由不接收起诉状。 （3）当事人在指定期限内补正并符合起诉条件的，应当登记立案。 （4）当事人拒绝补正或者经补正仍不符合起诉条件的，退回起诉状并记录在册；坚持起诉的，裁定不予立案，并载明不予立案的理由。	
救济	不接收起诉状、不出具书面凭证、不一次性告知当事人需要补正的起诉状内容的	当事人可以向上级法院投诉，上级法院应当责令改正，并对直接负责的主管人员和其他直接责任人员依法给予处分。	
	既不立案，又不作出不予立案裁定的	当事人可以向上一级法院起诉，上一级法院认为符合起诉条件的，应当立案、审理，或指定其他下级法院立案、审理。	

［例］立案登记程序示例如下：

北京市第一中级人民法院行政案件登记立案指南

为方便当事人立案，保障当事人正确行使诉讼权利，承担诉讼义务，规范立案窗口工作，提升立案诉讼服务水平，根据《中华人民共和国行政诉讼法》等相关法律、司法解释、规范性文件，结合我院立案工作实际，制定如下指南：

第一节 起诉状

第 1 条 起诉应当向人民法院递交起诉状,并按照被告人数提交副本。起诉状及副本由原告本人签字或盖章。

书写起诉状确有困难的,可以口头起诉,由人民法院记入笔录,并告知对方当事人。笔录应由原告本人签名或捺印。

第 2 条 起诉状应当记明下列事项:

(一)原告的姓名、性别、年龄、民族、职业、工作单位、住所、联系方式;法人或者其他组织的名称、住所和法定代表人或者主要负责人的姓名、职务、联系方式;有诉讼代理人的,还应写明代理人的姓名、所在单位和职业。

(二)被告行政机关的名称、住所地、法定代表人的姓名、职务等信息。

(三)诉讼请求和所根据的事实与理由。

(四)证据和证据来源,证人姓名和住所,并附证据目录。

(五)应依据法律关系注明案由。

(六)有致送的人民法院名称及时间。

第二节 主体身份与资格证明

第 3 条 原告提供的身份证明材料主要包括以下情形:

(一)原告为自然人的,应向法院提供居民身份证原件及复印件;

没有居民身份证的,应提交户口簿、军官证、护照等身份证明的原件及复印件。

(二)原告为法人或其他组织的,应当向法院提供组织机构代码证书、营业执照及年检证明或证明该组织有效成立的法律文件的原件和复印件。

(三)原告为法人或其他组织的,还应当向法院提交法定代表人或主要负责人身份证明及职务证明,并加盖公章。

(四)委托律师代理的案件,需要提交当事人身份证复印件。

第 4 条 委托他人代为起诉的,应提交授权委托书和代理人身份证明。授权委托书应当载明具体委托事项,由委托人签字或者加盖单位公章并由法定代表人或者负责人签字。

(一)代理人为律师、基层法律服务工作者的,应当提交律师事务所的函件、证件复印件;

(二)代理人为当事人近亲属的,应当提交户口簿、出生证、结婚证、收养证明、公安机关证明、居(村)委会证明,或者生效裁判文书、人事档案等能够证实双方存在亲属关系的证据;

(三)代理人为当事人的工作人员的,应当提供劳动合同、工作证、社保缴费记录、工资支付记录等书面材料;

(四)代理人为当事人所在社区、单位以及有关社会团体推荐的公民的,还应提供该社区、单位及有关社会团体出具的介绍信、推荐信等书面证明材料。

"当事人的近亲属"为配偶、父母、子女、兄弟姐妹、祖父母、外祖父母、孙子女、外孙子女和其他具有扶养、赡养关系的亲属;

"当事人所在社区"为当事人住所地或者经常居住地的居委会或村委会。

第 5 条 当事人为 5 人以上的,可以推选 1 至 5 名诉讼代表人,并提交全部当事人及推选的诉讼代表人的居民身份证或与原件核对无误的复印件。此外,还应当提交其他共同原告推选其为诉讼代表人的证明材料,并由全部当事人签字。

第 6 条 侨居在国外的中华人民共和国公民从国外寄交或者托交的主体身份证明、授权委托书等文件,必须经中华人民共和国驻该国的使领馆证明;没有使领馆的,由与中华人民共和国有外交关系的第三国驻该国的使领馆证明,再转由中华人民共和国驻该第三国使领馆证明。

第 7 条 当事人直接向人民法院提起诉讼的,作出具体行政行为的行政机关是被告。

2 个以上行政机关作出同一具体行政

行为的，共同作出具体行政行为的行政机关是共同被告。

第 8 条　经复议的案件，复议机关决定维持原具体行政行为的，作出原具体行政行为的行政机关与复议机关是被告；复议机关改变原具体行政行为的，复议机关是被告。

复议机关在法定期间内不作复议决定，当事人对原具体行政行为不服提起诉讼的，应当以作出原具体行政行为的行政机关为被告；当事人对复议机关不作为不服提起诉讼的，应当以复议机关为被告。

第三节　管　辖

第 9 条　针对住所地在我院辖区内国务院各部门作出的行政行为所提起的行政诉讼由我院管辖，涉及知识产权的除外。

当事人应提供我院有管辖权的证据，行政机关有多个办公地点的，以组织机构代码登记的住所地为准。

第 10 条　经复议后被复议维持的案件，当事人应当向复议机关所在地或者作出原行政行为机关所在地的基层法院起诉。

第四节　起诉和受理

第 11 条　当事人向法院提起行政诉讼应当符合《中华人民共和国行政诉讼法》第 12、13 条的规定。

行政诉讼的诉讼请求必须明确到被诉具体行政行为，并提供具体行政行为存在的证据。

如果当事人提起附带行政诉讼赔偿诉讼的，应当与行政诉讼分别立案，且赔偿数额应明确具体。

第 12 条　对属于人民法院受案范围的行政案件，可以向人民法院提起诉讼，但是法律法规有复议前置与最终裁决规定的除外。

第 13 条　经复议的案件，复议改变原行为结果的，当事人应当起诉复议行为。复议机关不予受理的，当事人可以选择针对原行政行为或者复议行为起诉。复议机关维持原行政行为的，当事人应当针对原行政行为与维持行为共同起诉。

第 14 条　当事人提起行政诉讼应当符合下列条件：

（一）原告是行政行为的相对人及其他与行政行为有利害关系的公民、法人或者其他组织；

（二）有明确的被告；

（三）有具体的诉讼请求和事实根据；

（四）属于人民法院受案范围和受诉人民法院管辖。

第 15 条　我院在接到起诉状时对符合本指南规定的起诉条件的，应当登记立案，对于诉状不符合规定的，应当当场释明或指导。

对当场不能判定是否符合本法规定的起诉条件的，应当接收起诉状，出具注明收到日期的书面凭证，并在 7 日内决定是否立案。

对于前两款规定的不符合起诉条件的情形，在收到材料之日起 7 日内作出不予立案的裁定。

第五节　起诉时需提供的 其他证据材料

第 16 条　当事人需提供起诉在法定期限的证明。

第 17 条　当事人申请缓交诉讼费用的，应提交书面申请及符合规定的证明材料。

第 18 条　起诉人提交材料，应当填写《立案接待登记表》《立案流程表》《司法文书电子送达告知书》，立案法官向起诉人发放《廉政监督卡》。

《立案接待登记表》一式三联，在接待法官签收后，当事人保存最后一联，作为向法院递交材料的证据。

第六节　诉讼费

第 19 条　一审行政案件受理费统一

为人民币 50 元，行政赔偿案件不收费。

第 20 条 立案庭应当在预交案件受理费通知书上告知原告在规定的期限内，凭该通知书到人民法院指定银行交纳案件受理费。

第 21 条 原告在预交案件受理费期间向人民法院申请缓交、减交、免交的，应当书面向人民法院申请并提交相关证明材料，提出申请后应先行立案，由相关审判庭审批。

命题陷阱

1. 不予立案和驳回起诉的区别

针对公民、法人或者其他组织的起诉，法院经审查认为不应当立案的，裁定不予立案；已经立案的，应当裁定驳回起诉。

法院裁定不予立案或者驳回起诉的情形有：①不符合起诉的一般条件的；②超过法定起诉期限且无正当理由的；③错列被告且拒绝变更的；④未按照法律规定由法定代理人、指定代理人、代表人为诉讼行为的；⑤未按照法律、法规规定先向行政机关申请复议的；⑥重复起诉（后诉与前诉的当事人、诉讼标的、诉讼请求相同）的；⑦撤回起诉后无正当理由再行起诉的；⑧行政行为对其合法权益明显不产生实际影响的；⑨诉讼标的已为生效裁判或者调解书所羁束的。

2. 登记立案中起诉状形式不符合要求时，为了保护当事人权利，有以下三点要求：①法院不得未经指导和释明即以起诉不符合条件为由不接收起诉状；②法院应当给予指导和释明，并一次性告知当事人需要补正的内容；③法院不一次性告知当事人需要补正的起诉状内容的，当事人可以向上级法院投诉，上级法院应当责令改正，并对直接负责的主管人员和其他直接责任人员依法给予处分。

经典真题

某环保联合会对某公司提起环境民事公益诉讼，因在诉讼中需要该公司的相关环保资料，遂向县环保局提出申请公开该公司的排污许可证、排污口数量和位置等有关环境信息。申请书中载明了单位名称、住所地、联系人及电话并加盖了公章、获取信息的方式等。县环保局收到申请后，要求环保联合会提供申请人身份的证明材料。环保联合会提供了社会团体登记证复印件。县环保局以申请公开的内容不明确为由拒绝公开，该环保联合会遂提起行政诉讼。关于本案的起诉，下列说法正确的是：（2017/2/98）[1]

A. 本案由县环保局所在地法院或者环保联合会所在地的法院管辖

B. 起诉期限为 6 个月

C. 如法院当场不能判定起诉是否符合条件的，应接受起诉状，出具注明收到日期的书面凭证，并在 7 日内决定是否立案

D. 如法院当场不能判定起诉是否符合条件，经 7 日内仍不能作出判断的，应裁定暂缓立案

---

[1] BC。本案不是涉及限制人身自由的行政强制措施案件，案件由被告（县环保局）所在地法院管辖，原告（环保联合会）所在地的法院没有管辖权。环保联合会提起的行政诉讼属于政府信息公开诉讼，《政府信息公开条例》没有对行政起诉期限作出特别规定，因此，环保联合会的起诉期限为 6 个月。法院当场不能判断起诉是否符合条件的，应接收起诉状，出具注明收到日期的书面凭证，并在 7 日内决定是否立案；7 日内仍不能作出判断的，应先予立案。

第14讲 ● 行政诉讼程序

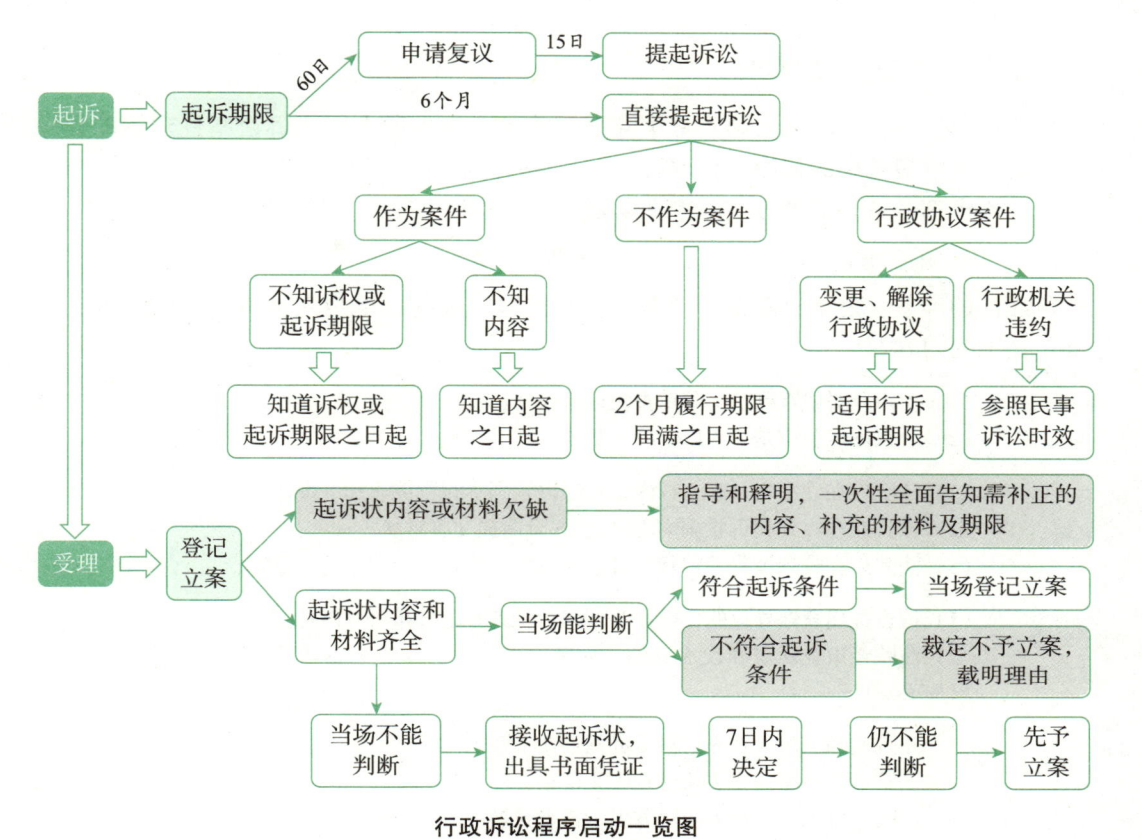

行政诉讼程序启动一览图

```
起诉 → 起诉期限 ─60日→ 申请复议 ─15日→ 提起诉讼
              └─6个月→ 直接提起诉讼
                          ├→ 作为案件
                          │     ├→ 不知诉权或起诉期限 → 知道诉权或起诉期限之日起
                          │     └→ 不知内容 → 知道内容之日起
                          ├→ 不作为案件 → 2个月履行期限届满之日起
                          └→ 行政协议案件
                                ├→ 变更、解除行政协议 → 适用行政起诉期限
                                └→ 行政机关违约 → 参照民事诉讼时效

受理 → 登记立案
       ├→ 起诉状内容或材料欠缺 → 指导和释明，一次性全面告知需补正的内容、补充的材料及期限
       └→ 起诉状内容和材料齐全 → 当场能判断
                                    ├→ 符合起诉条件 → 当场登记立案
                                    └→ 不符合起诉条件 → 裁定不予立案，载明理由
                                 → 当场不能判断 → 接收起诉状，出具书面凭证 → 7日内决定 → 仍不能判断 → 先予立案
```

专题 38 行政诉讼的第一审程序、第二审程序、审判监督程序

行政诉讼的审理程序包括第一审程序、第二审程序和审判监督程序。行政诉讼第一审程序，是指法院自立案至作出第一审判决的诉讼程序，分为普通程序和简易程序。

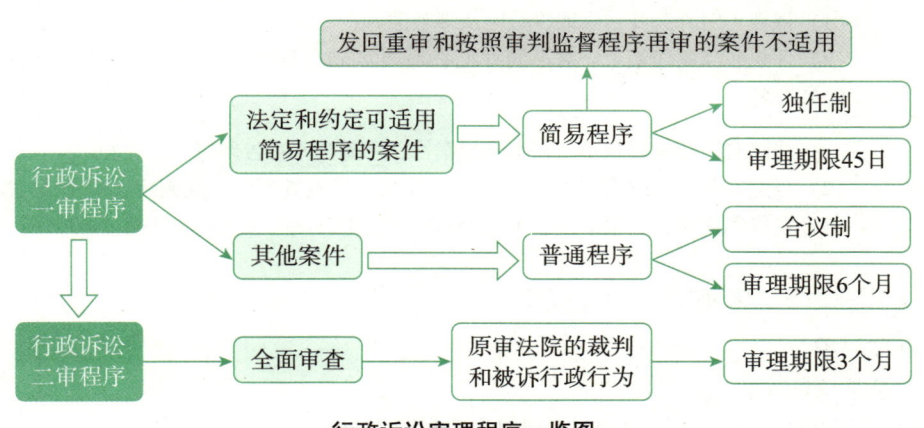

行政诉讼审理程序一览图

```
行政诉讼一审程序
    ├→ 法定和约定可适用简易程序的案件 → 简易程序 ←(发回重审和按照审判监督程序再审的案件不适用)
    │                                      ├→ 独任制
    │                                      └→ 审理期限45日
    └→ 其他案件 → 普通程序
                    ├→ 合议制
                    └→ 审理期限6个月

行政诉讼二审程序 → 全面审查 → 原审法院的裁判和被诉行政行为 → 审理期限3个月
```

一、第一审之普通程序

普通程序，是指行政诉讼第一审中除适用简易程序外所有行政诉讼案件适用的程序，是第一审程序中最基础的程序。行政诉讼第一审普通程序与民事诉讼第一审普通程序基本上一致，除审理对象、审理方式与审理期限外，其他程序规则与民事诉讼相同。

（一）审理前的准备

审理前的准备，是指法院在受理案件后至开庭审理前，审判人员所进行的准备工作。主要包括下列内容：

组成合议庭	（1）由审判员或审判员、陪审员组成合议庭； （2）合议庭成员应是3人以上的单数。
交换诉状	（1）法院应在立案之日起5日内，将起诉状副本和应诉通知书发送被告，通知被告应诉； （2）被告应在收到起诉状副本之日起15日内提交答辩状； （3）法院应在收到被告答辩状之日起5日内，将答辩状副本发送原告。
处理管辖异议	（1）被告提出管辖异议的，应在收到起诉状副本之日起15日内提出。 （2）法院经审查认定异议成立的，应裁定将案件移送有管辖权的法院；异议不成立的，应裁定驳回。
调查收集证据	（1）法院通知当事人补充材料或证据； （2）法院可以根据需要主动调查收集证据； （3）法院可以组织当事人向对方出示或者交换证据。

（二）庭审的一般程序

开庭前准备	法院应在开庭3日前传唤当事人。
审理准备	（1）核对当事人、诉讼代理人、第三人，告知当事人的诉讼权利和义务； （2）宣布合议庭组成人员，询问当事人是否申请回避。
法庭调查	查明案件事实，审查核实证据。
法庭辩论	各方当事人论述自己的意见，反驳对方的主张。
合议庭评议	（1）评议不对外公开，采取少数服从多数原则； （2）评议应当制作笔录，对不同意见必须如实记入笔录，评议笔录由合议庭成员及书记员签名。
宣读判决	（1）法院对公开审理和不公开审理的案件，一律公开宣告判决。 （2）当庭宣判的，应当在10日内发送判决书；定期宣判的，宣判后立即发给判决书。 （3）宣告判决时，必须告知当事人上诉权利、上诉期限和上诉的法院。

（三）审理对象、审理方式与审理期限

1. 审理对象

（1）经复议的案件

❶复议维持的案件，复议维持决定和原行政行为是审理对象；

❷复议改变的案件，复议改变决定是审理对象。

[例] 某公司系转制成立的有限责任公司。张某向区市场监督管理局递交法定代表人变更登记申请，经多次补正后，该局受理其申请。其后，该局以张某递交的申请缺少修改后明确董事长变更办法的公司章程和公司法定代表人签署的《变更登记申请书》等材料，不符合法律、法规规定为由，作出《登记驳回通知书》。张某向区政府提出复议申请，区政府经复议后，认定张某提出的变更登记申请不符合受理条件，区市场监督管理局作出的登记驳回通知错误，决定予以撤销。张某遂向法院起诉。由于本案是复议改变的案件，故区政府的复议撤销决定是审理对象。若区政府在行政复议中维持区市场监督管理局的行为，则区市场监督管理局的登记驳回通知和区政府的复议维持决定是审理对象。

（2）行政协议案件

行政协议案件中根据原告起诉的对象来确定法院的审理对象：

❶对行政性行为合法性的审查：法院对被告订立、履行、变更、解除行政协议的行为是否具有法定职权、是否滥用职权、适用法律法规是否正确、是否遵守法定程序、是否明显不当、是否履行相应法定职责进行全面的合法性审查，不受原告诉讼请求的限制；

❷对行政违约行为的审查：原告认为被告未依法或者未按照约定履行行政协议的，法院应当针对其诉讼请求，对被告是否具有相应义务或者履行相应义务等进行审查。

2. 审理方式

（1）以公开审理为原则，但涉及国家秘密、个人隐私和法律另有规定的除外；

（2）涉及商业秘密的案件，当事人申请不公开审理的，可以不公开审理；

（3）政府信息公开行政案件，应当视情形采取适当的审理方式，以避免泄露涉及国家秘密、商业秘密、个人隐私或者法律规定的其他应当保密的政府信息。

3. 审理期限

（1）法院应当自立案之日起 6 个月内作出判决。

（2）公告期间、鉴定期间、调解期间、中止诉讼期间、审理当事人提出的管辖异议以及处理管辖权异议的期间不计算在内。

（3）有特殊情况需要延长的，基层法院、中级法院报请高级法院批准（基层法院还应报中级法院备案）；高级法院需要延长审理期限的，报请最高法院批准。

命题陷阱

1. 被诉行政行为是行政诉讼的审理对象，公民、法人或者其他组织的行为不是法院的审理对象。
2. 经复议的案件，是复议维持、复议改变还是复议不作为，这将直接决定行政诉讼的审理对象：
   （1）复议维持的，复议维持决定和原行政行为是法院的审理对象。
   （2）复议改变的，复议改变决定是法院的审理对象，原行政行为不是法院的审理对象。
   （3）复议不作为，原告起诉原行政行为的，原行政行为是法院的审理对象；起诉复议不作为的，复议不作为是法院的审理对象。注意：复议前置情形下的复议不作为案件，原告只能诉复议不作为，复议不作为是法院的审理对象。
3. 行政诉讼的审理对象和裁判对象具有一致性，法院的审理对象也是法院的裁判对象。复议维持案件，法院应当在审查原行政行为合法性的同时，一并审查复议决定的合法性，法院应当对复议决定和原行政行为一并作出裁判。

经典真题

甲公司与乙公司开办中外合资企业丙公司，经营房地产。因急需周转资金，丙公司与某典当行签订合同，以某宗国有土地作抵押贷款。典当期满后，丙公司未按约定回赎，某典当行遂与丁公司签订协议，将土地的使用权出售给丁公司。经丁公司申请，2001年4月17日市国土局的派出机构办理土地权属变更登记。丙公司未参与变更土地登记过程。2008年3月3日甲公司查询土地抵押登记情况，得知该土地使用权已变更至丁公司名下。甲公司对变更土地登记行为不服向法院起诉。下列说法正确的是：(2008/2/100)[1]

A. 甲公司有权以自己的名义起诉
B. 若丙公司对变更土地登记行为不服，应当自2008年3月3日起3个月内起诉
C. 丙公司与某典当行签订的合同是否合法，是本案的审理对象
D. 对市国土局与派出机构之间的关系性质，法院可以依法调取证据

二、第一审之简易程序

（一）适用范围

理解行政诉讼简易程序的适用范围要注意三个问题：

1. 法定可适用的案件。法院审理下列第一审行政案件，认为事实清楚、权利义务关系明确、争议不大的，可以适用简易程序：①被诉行政行为是依法当场作出的；②案件涉及款额2000元以下的；③属于政府信息公开案件的。

2. 约定可适用的案件。第一审行政案件，当事人各方同意适用简易程序的，可以适用简易程序。

3. 不得适用的案件。发回重审、按照审判监督程序再审的案件不适用简易程序。

[例] 某区市场监管局以某公司生产经营超过保质期的食品，违反《食品安全法》为由，对其作出行政处罚决定。该公司不服，提起行政诉讼。该公司和该区市场监管局同意法院适用简易程序审理。

（二）简易程序的要求

对于适用简易程序审理的行政案件：①由审判员1人独任审理；②法院应当在立案之日起45日内审结。

1. 传唤、通知

法院可以用口头通知、电话、短信、传真、电子邮件等简便方式传唤当事人、通知证人、送达裁判文书以外的诉讼文书。以简便方式送达的开庭通知，未经当事人确认或者没有其他证据证明当事人已经收到的，法院不得缺席判决。

2. 开庭前的举证期限与答辩期限

（1）举证期限由法院确定，也可以由当事人协商一致并经法院准许，但不得超过15

---

[1] AD。甲公司作为合营企业丙公司的合资方，当丙公司的土地使用权变更至丁公司名下，从而影响到丙公司的土地使用权时，甲公司有权以自己的名义起诉。若丙公司对变更土地登记行为不服，应当自知道变更土地登记行为之日起6个月内起诉；自变更土地登记行为作出之日（2001年4月17日）起超过20年提起诉讼的，法院不予受理。本案的审理对象是变更登记行为是否合法，而非丙公司与某典当行签订的合同是否合法。市国土局与派出机构之间的关系性质涉及追加或变更当事人等程序性事项，因此法院可以依照职权调取证据。

日。被告要求书面答辩的，法院可以确定合理的答辩期间。

（2）法院应当将举证期限和开庭日期告知双方当事人，并向当事人说明逾期举证以及拒不到庭的法律后果，由双方当事人在笔录和开庭传票的送达回证上签名或者捺印。

（3）当事人双方均表示同意立即开庭或者缩短举证期限、答辩期间的，法院可以立即开庭审理或者确定近期开庭。

（三）简易程序向普通程序的转换

法院在审理过程中，发现案件不宜适用简易程序的，裁定转为普通程序。法院应当在审理期限届满前作出裁定并将合议庭组成人员及相关事项书面通知双方当事人。案件转为普通程序审理的，审理期限自法院立案之日起计算。

[例] 2015年5月4日，北京四中院开庭审理曹某某诉北京市西城区政府信息公开一案。这是北京四中院首起适用简易程序审理的案件。曹某某向负责西城区直管公房经营管理的北京宣房投资管理公司申请公开其父亲的公有住宅租赁合同。该公司作出《政府信息答复告知书》后，曹某某不服，遂以西城区政府为被告提起行政诉讼。此案由北京四中院行政庭副庭长独任审理。案件庭审采取了法庭调查与法庭辩论合一的方式进行。审判员首先归纳了无争议事实并得到当事人双方确认，接着由当事人双方概括陈述了诉辩意见。审判员根据诉辩意见归纳了案件争议焦点。然后，当事人双方围绕法庭归纳的争议焦点进行了陈述并充分发表了辩论意见。在听取当事人双方诉辩意见的基础上，审判员根据案件事实和法律、法规以及司法解释的规定，当庭认定西城区政府并非本案适格被告，并向当事人释明。原告当庭接受了法庭的释明意见，表示同意变更被告为北京宣房投资管理公司。案件自4月14日立案至通过庭审确定处理结果，前后不过20天，大大节约了当事人的诉讼成本，及时高效地化解了矛盾争议。

> **命题陷阱**
>
> 1. 行政诉讼简易程序只能适用于第一审行政案件，发回重审、按照审判监督程序再审的案件，即使按照第一审程序审理也不能适用简易程序。
> 2. 行政诉讼简易程序与普通程序的审理期限区别：普通程序的审理期限是6个月，简易程序的审理期限是45日；普通程序的审理期限经批准可以延长，简易程序的审理期限不得延长，可以裁定转为普通程序。

> **经典真题**
>
> 交警大队以方某闯红灯为由当场处以50元罚款，方某不服起诉。法院适用简易程序审理。关于简易程序，下列哪些说法是正确的？（2016/2/84）[1]
> A. 由审判员一人独任审理
> B. 法院应在立案之日起30日内审结，有特殊情况需延长的经批准可延长
> C. 法院在审理过程中发现不宜适用简易程序的，裁定转为普通程序
> D. 对适用简易程序作出的判决，当事人不得提出上诉

---

[1] AC。法院适用简易程序审理行政案件，采取独任制，由审判员一人独任审理。简易程序的审理期限是45日。法院在审理过程中，发现案件不宜适用简易程序的，裁定转为普通程序。行政诉讼法未对行政诉讼简易程序的上诉作出特别规定，简易程序只是法院审理程序的简化，当事人仍然享有上诉权。

三、行政诉讼的第二审程序

行政诉讼第二审程序，是指当事人不服地方各级法院尚未生效的第一审判决或裁定，依法向上一级法院提起上诉，上一级法院据此对案件进行再次审理所适用的程序。行政诉讼第二审普通程序与民事诉讼第二审普通程序基本上相同。

（一）上诉的提起和受理

1. 上诉的提起。上诉，是指当事人对地方各级法院尚未发生法律效力的第一审判决、裁定，在法定期限内以书面形式请求上一级法院对案件进行审理的诉讼行为。

当事人提起上诉的条件：

（1）上诉人是第一审程序中的原告、被告和法院判决承担义务或者减损其权益的第三人及其法定代理人、经授权的委托代理人；

（2）上诉的对象是地方各级法院第一审尚未发生法律效力的判决和对驳回起诉、不予受理、管辖权异议所作出的裁定；

（3）上诉期限是判决书送达之日起 15 日内、裁定书送达之日起 10 日内；

（4）上诉既可以通过原审法院提出，也可以直接向第二审法院提出。

2. 上诉的受理。原审法院收到上诉状（包括当事人提交的和第二审法院移交的），应当审查：

（1）对有欠缺的上诉状，应当要求当事人限期补正；

（2）上诉状内容无欠缺的，原审法院应当在 5 日内将上诉状副本送达被上诉人，被上诉人应当在收到上诉状副本之日起 15 日内提出答辩状；

（3）原审法院收到上诉状、答辩状，应当在 5 日内连同全部案卷和证据，报送第二审法院。

第二审法院经过审查：①认为上诉符合法定条件的，应予以受理；②认为上诉不符合法定条件的，应当裁定不予受理。

（二）上诉案件的审理

上诉案件的审理与第一审案件基本相同。其特殊之处主要体现在：

1. 审理方式。法院对上诉案件，应当组成合议庭，开庭审理。经过阅卷、调查和询问当事人，对没有提出新的事实、证据或者理由，合议庭认为不需要开庭审理的，也可以不开庭审理。

2. 审理对象。法院审理上诉案件，应当对原审法院的判决、裁定和被诉行政行为进行全面审查，不受上诉范围的限制。

3. 审理期限。法院审理第二审行政案件：

（1）应当自收到上诉状之日起 3 个月内作出终审判决。

（2）有特殊情况需要延长的，由高级法院批准；高级法院审理上诉案件需要延长的，由最高法院批准。

［例］2013 年 3 月 2 日，艾某因右小腿闭合骨折就诊于中大骨科，术后不仅骨折未治愈，其闭合骨折还引发了骨外露、骨感染，后经 10 次手术未能治愈，现腿部残疾。艾某认为治疗

中存在医疗损害，参加第一次手术的医师吴某存在越级手术这一违法事实。自2013年5月至12月间，艾某多次向市卫计委就中大骨科越级手术等多项问题提出举报与投诉，市卫计委未给予回复。2013年12月24日，中央电视台新闻频道将此事报道后，艾某得到市卫计委医政处的接待，并承诺调查处理。2014年2月19日下午，市卫计委医政处工作人员张某通过电话回复说"吴某不是越级手术"。艾某对该答复不服，以市卫计委为被告提起行政诉讼，请求判令被告对手术医院及手术医生进行行政处罚。

区法院一审认为，原告艾某未提供证据证明其曾向被告市卫计委提出过对手术医院及手术医生进行行政处罚的申请，故原告认为被告不履行法定职责的观点不存在事实根据，对原告的诉讼请求不予支持，应予驳回，遂判决驳回原告的诉讼请求。艾某上诉后，市卫计委辩称，中大骨科是一个二级专科医院，具有为艾某手术的医疗资质，手术医生吴某系高年资住院医，该医院授权其从事一、二级手术，并且在上级医师指导下可组织部分三级手术；《医疗技术临床应用管理办法》规定手术分级是由医疗机构自行组织实施，中大骨科现在没有相关的分级，故吴某不存在越级手术问题。

市中级法院二审认为，根据相关证据及市卫计委的庭审陈述，可以认定艾某提出过举报且市卫计委已口头答复，故原审认定艾某没有提出过申请系认定事实不清。根据《医疗机构管理条例》第5条第2款、《医疗机构手术分级制度管理办法》第5条第2款的规定，艾某申请的事项属于市卫计委的职权范围。市卫计委对艾某举报事项已进行了调查，并作出了相关事实的认定，但针对该部分事实没有向法院提交相应的证据，应认定其证据不足；且根据其现有的调查事实，市卫计委亦应当按照相关法律规定予以处理，而不需要艾某针对如何处理违法行为再次提出申请，故市卫计委存在不履行职责的情形，判决撤销一审判决，责令市卫计委对艾某的举报申请重新作出具体行政行为。

命题陷阱

> 行政诉讼第二审的审理对象是原审法院裁判和被诉行政行为，不受当事人上诉范围的限制，即使被告行政机关仅针对原审法院裁判提起上诉，二审法院仍然要对被告行政机关的行政行为进行合法性审查。

经典真题

县政府以某化工厂不符合国家产业政策、污染严重为由，决定强制关闭该厂。该厂向法院起诉要求撤销该决定，并提出赔偿请求。一审法院认定县政府决定违法，予以撤销，但未对赔偿请求作出裁判，县政府提出上诉。下列说法正确的是：（2017/2/100）[1]

A. 本案第一审应由县法院管辖
B. 二审法院不得以不开庭方式审理该上诉案件
C. 二审法院应对一审法院的判决和被诉行政行为进行全面审查
D. 如二审法院经审查认为依法不应给予该厂赔偿的，应判决驳回其赔偿请求

---

[1] CD。对县级以上地方政府所作的行政行为提起诉讼的案件，由中级法院管辖，A选项错误。法院审理上诉案件，经过阅卷、调查和询问当事人，对没有提出新的事实、证据或者理由，合议庭认为不需要开庭审理的，也可以不开庭审理，B选项错误。

四、行政诉讼的审判监督程序

审判监督程序,是指法院发现发生法律效力的判决、裁定违反法律、法规的规定,依法对案件再次审理的程序,也称再审程序。审判监督程序并非每起行政案件所必经的程序,也不是第二审程序的继续,而属于事后救济。行政诉讼审判监督程序与民事诉讼审判监督程序基本上相同。

(一) 再审程序的提起

再审 案件范围	(1) 不予立案或者驳回起诉确有错误的; (2) 有新的证据,足以推翻原判决、裁定的; (3) 原判决、裁定认定事实的主要证据不足、未经质证或者系伪造的; (4) 原判决、裁定适用法律、法规确有错误的; (5) 违反法律规定的诉讼程序,可能影响公正审判的; (6) 原判决、裁定遗漏诉讼请求的; (7) 据以作出原判决、裁定的法律文书被撤销或者变更的; (8) 审判人员在审理该案件时有贪污受贿、徇私舞弊、枉法裁判行为的。
当事人 申请再审	向上一级法院申请再审,应当在判决、裁定或者调解书发生法律效力后 6 个月内提出。 有下列情形之一的,自知道或者应当知道之日起 6 个月内提出: (1) 有新的证据,足以推翻原判决、裁定的; (2) 原判决、裁定认定事实的主要证据是伪造的; (3) 据以作出原判决、裁定的法律文书被撤销或者变更的; (4) 审判人员审理该案件时有贪污受贿、徇私舞弊、枉法裁判行为的。
法院 决定再审	各级法院院长对本院已经发生法律效力的判决、裁定,发现属于再审的案件范围,或者发现调解违反自愿原则或者调解书内容违法,认为需要再审的,应当提交审判委员会讨论决定。 最高法院对地方各级法院已经发生法律效力的判决、裁定,上级法院对下级法院已经发生法律效力的判决、裁定,发现属于再审的案件范围,或者发现调解违反自愿原则或者调解书内容违法的,有权提审或指令下级法院再审。
检察院 提出抗诉	最高检察院对各级法院已经发生法律效力的判决、裁定,上级检察院对下级法院已经发生法律效力的判决、裁定,发现属于再审的案件范围,或者发现调解书损害国家利益、社会公共利益的,应当提出抗诉。对于检察院的抗诉,法院必须予以再审。 地方各级检察院对同级法院已经发生法律效力的判决、裁定,发现属于再审的案件范围,或者发现调解书损害国家利益、社会公共利益的,可以向同级法院提出检察建议,并报上级检察院备案;也可以提请上级检察院向同级法院提出抗诉。

(二) 再审案件的审理

再审案件的审理程序要求:

1. 再审案件的审理程序和裁判效力根据原审来确定。

2. 凡是原审法院审理再审案件的，必须另行组成合议庭。

3. 决定再审的案件，应当裁定中止原判决、裁定、调解书的执行，但支付抚恤金、最低生活保障费或者社会保险待遇的案件，可以不中止执行。

[例] 姬某与某村委会因一土地承包经营合同产生系列纠纷，双方先后提起行政诉讼案件5件和民事诉讼案件2件。其中，2016年10月2日，乡政府应该村委会要求，指派数十名工作人员强行丈量案涉土地，后因姬某及其家人阻止，量地未果。2017年3月23日，姬某向县法院提起行政诉讼，请求确认乡政府强行丈量其承包土地的行为违法。

县法院认为，乡政府丈量土地的行为是调解双方纠纷过程中的调查取证行为，属于处理双方纠纷的阶段性行为，且该行为并未侵害原告的合法权益，遂判决驳回原告姬某的诉讼请求。

姬某不服一审判决，提出上诉。市中级法院于2018年3月28日作出二审行政裁定，认为乡政府丈量土地的行为未对上诉人权利义务产生影响，不属于行政诉讼受案范围，裁定撤销一审判决，驳回姬某起诉。

姬某不服二审裁定，申请再审。省高级法院于2019年4月16日作出再审行政裁定，驳回姬某的再审申请。

2019年6月26日，姬某向市检察院申请监督。市检察院综合审查案卷和听证情况，在征得双方当事人同意后，促成了对案件的和解，姬某表示不再追究乡政府的责任，乡政府表示会尽快依法协助解决案涉相关问题。市检察院于2019年8月26日作出不支持监督申请决定。

> **命题陷阱**
>
> 把握检察建议的适用范围：
> 1. 地方各级检察院对同级法院已经发生法律效力的判决、裁定，发现属于再审的案件范围，或者发现调解书损害国家利益、社会公共利益的，可以向同级法院提出检察建议。
> 2. 各级检察院对审判监督程序以外的其他审判程序中审判人员的违法行为，有权向同级法院提出检察建议。
> 3. 检察院在履行职责中发现生态环境和资源保护、食品药品安全、国有财产保护、国有土地使用权出让等领域负有监督管理职责的行政机关违法行使职权或者不作为，致使国家利益或者社会公共利益受到侵害的，应当向行政机关提出检察建议，督促其依法履行职责。

致努力中的你

腾空双手的独行的时光，
是为了接住更好的一切。

15 第十五讲
行政诉讼的特殊制度

应试指导

本讲内容包括行政案件审理中的各项特殊制度和诉讼特殊形式，特点是知识点繁杂、记忆性较强，考生需要理解行政案件审理中各项特殊制度的含义，结合图表重点记忆。本讲在考试中的题目类型主要是客观卷中的选择题和主观卷中的案例分析题，涉及的必读法律法规有：《行政诉讼法》《行诉解释》《行政诉讼撤诉规定》《政府信息公开案件规定》《行政协议案件规定》《检察公益诉讼解释》。

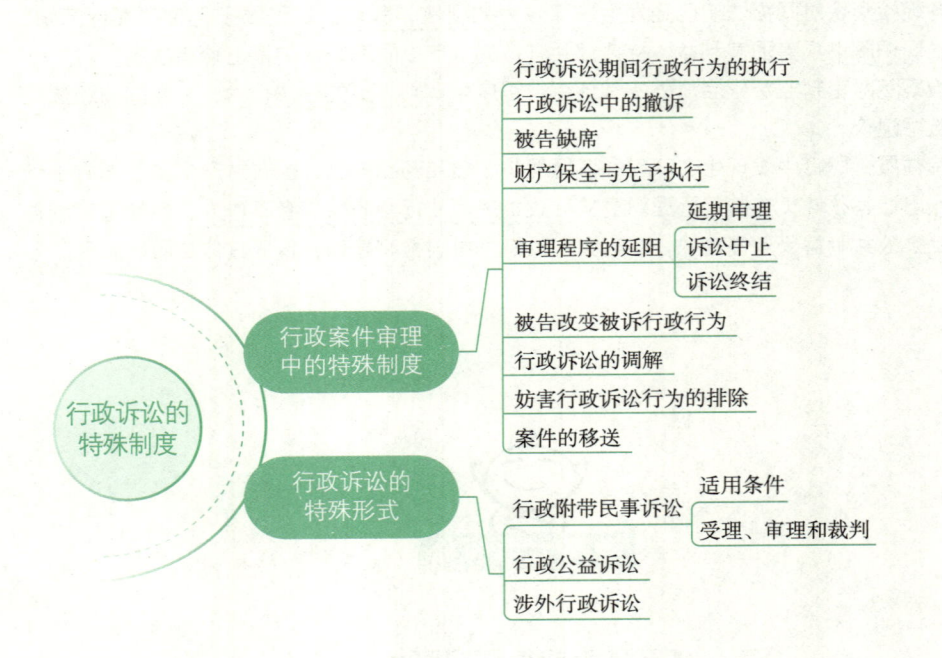

```
行政诉讼的特殊制度
├── 行政案件审理中的特殊制度
│   ├── 行政诉讼期间行政行为的执行
│   ├── 行政诉讼中的撤诉
│   ├── 被告缺席
│   ├── 财产保全与先予执行
│   ├── 审理程序的延阻
│   │   ├── 延期审理
│   │   ├── 诉讼中止
│   │   └── 诉讼终结
│   ├── 被告改变被诉行政行为
│   ├── 行政诉讼的调解
│   ├── 妨害行政诉讼行为的排除
│   └── 案件的移送
└── 行政诉讼的特殊形式
    ├── 行政附带民事诉讼
    │   ├── 适用条件
    │   └── 受理、审理和裁判
    ├── 行政公益诉讼
    └── 涉外行政诉讼
```

专题 39　行政案件审理中的特殊制度

一、行政诉讼期间行政行为的执行

1. 原则上不停止执行

行政行为一经作出即推定为合法有效，具有执行力，即使行政行为被诉后，在行政诉讼期间，原则上也不停止行政行为的执行。

2. 例外情况下停止执行

在行政诉讼期间，例外情况下停止行政行为的执行：

（1）被告行政机关认为需要停止执行的。

（2）法院依申请停止执行行政行为

❶原告或者利害关系人申请停止执行，法院认为该行政行为的执行会造成难以弥补的损失，并且停止执行不损害国家利益、社会公共利益的；

❷政府信息公开案件诉讼期间，原告申请停止公开涉及其商业秘密、个人隐私的政府信息，法院经审查认为公开该政府信息会造成难以弥补的损失，并且停止公开不损害公共利益的，可以裁定暂时停止公开。

（3）法院依职权停止执行行政行为：法院认为该行政行为的执行会给国家利益、社会公共利益造成重大损害的。

（4）法律、法规规定停止执行的。

［例1］《行政处罚法》第73条第1款规定，当事人对行政处罚决定不服，申请行政复议或者提起行政诉讼的，行政处罚不停止执行，法律另有规定的除外。

［例2］《治安管理处罚法》第107条规定，被处罚人不服行政拘留处罚决定，申请行政复议、提起行政诉讼的，可以向公安机关提出暂缓执行行政拘留的申请。公安机关认为暂缓执行行政拘留不致发生社会危险的，由被处罚人或者其近亲属提出符合本法第108条规定条件的担保人，或者按每日行政拘留200元的标准交纳保证金，行政拘留的处罚决定暂缓执行。

3. 救济

当事人对停止执行或者不停止执行的裁定不服的，可以申请复议1次。

二、行政诉讼中的撤诉

行政诉讼中的撤诉，是指原告或上诉人（或者原审原告或原审上诉人）自立案至法院作出裁判前，向法院撤回自己的诉讼请求，不再要求法院对案件进行审理的行为。

根据撤诉是否由当事人提出，撤诉分为申请撤诉和视为撤诉两类。

（一）申请撤诉

申请撤诉是当事人对自己诉讼权利的积极处分，当事人主动向受诉法院提出撤诉申请，不再要求受诉法院对案件继续进行审理。撤诉必须经法院准许。

(二) 视为撤诉

视为撤诉是当事人对自己诉讼权利的消极处分，当事人拒绝履行法定诉讼义务，视为其申请撤诉。视为撤诉包括如下情形：

1. 原告或上诉人经传票传唤，无正当理由拒不到庭，可以按撤诉处理。
2. 原告或上诉人未经法庭许可中途退庭，可以按撤诉处理。
3. 原告或上诉人未按规定的期限预交案件受理费，又不提出缓交、减交、免交申请，或者提出申请未获批准的，按自动撤诉处理。

注意：当事人申请撤诉或者依法可以按撤诉处理的案件，当事人有违反法律的行为需要依法处理的，法院可以不准许撤诉或者不按撤诉处理。

(三) 撤诉后果

行政诉讼一审中撤诉产生的法律后果有：

1. 无论是申请撤诉还是视为撤诉，直接的法律后果就是导致诉讼程序的终结。
2. 原告以同一事实和理由重新起诉的，法院不予立案。但是，在按撤诉处理后，原告或者上诉人在法定期限内再次起诉或者上诉，并依法解决诉讼费预交问题的，法院应予立案。
3. 准予撤诉的裁定确有错误，原告申请再审的，法院应当通过审判监督程序撤销原准予撤诉的裁定，重新对案件进行审理。

[例] 宏光公司以永隆公司进行违法建设，对其练车场的正常使用造成影响为由，向其所在街道社区和区行政执法局等多个机关进行举报。但以上机关对其所反映事项均无任何处理。2012年10月，宏光公司将永隆公司违法建设的问题举报至市委信访办，市委信访办将举报材料转至市行政执法局，后市行政执法局又将举报材料转至区行政执法局，但直至宏光公司起诉时止，区行政执法局仍未对宏光公司的举报作出任何答复，故宏光公司以区行政执法局为被告，向法院提起行政诉讼，要求判令被告履行法定职责。在本案一审过程中，被告区行政执法局意识到其不履行职责可能存在败诉风险，遂与原告宏光公司经协调达成一致意见，同意受理原告的举报事项并在其职权范围内进行调查，即依照原告的申请，履行了相应的法定职责。故原告于2013年6月7日向一审法院提交了书面撤诉申请。法院裁定准许原告撤回起诉。

三、被告缺席

缺席，与对席相对而言，是指开庭审理时，法院在一方当事人或双方当事人未到庭陈述、辩论的情况下进行审理。对被告缺席处理的意义在于维护法律的尊严，充分保护到庭当事人的合法权益，不使诉讼因某方当事人的随意缺席而半途而废。

1. 被告缺席的情形：①经法院传票传唤，被告无正当理由拒不到庭；②被告未经法庭许可中途退庭。
2. 被告缺席的处理：①可以缺席判决；②可以将被告拒不到庭或者中途退庭的情况予以公告；③可以向监察机关或者被告的上一级行政机关提出依法给予其主要负责人或者直接责任人员处分的司法建议。

[例] 南宁市西乡塘区人民法院在审理原告某某要求被告南宁市某区某镇人民政府履行法定职责一案中，该镇人民政府经人民法院依法送达起诉状副本及应诉通知书、传票等诉讼材料

后,无正当理由拒不到庭,亦未向人民法院提交答辩状及相应证据、依据。2019 年 7 月 19 日,西乡塘区人民法院向该区人民政府发出司法建议书,除通报该镇人民政府存在的前述问题外,还建议该区人民政府督促其所属相关部门,在今后的行政诉讼应诉工作中,应当认真做好答辩举证工作、依法履行出庭应诉职责、配合人民法院做好开庭审理工作,并严格遵守法庭纪律,自觉维护司法权威。

四、财产保全与先予执行

(一)财产保全

行政诉讼财产保全,是指法院在因一方当事人的行为或者其他原因,可能使行政行为或者法院生效裁判不能或者难以执行的情况下,根据对方当事人的申请或者依职权对有关财产加以保护的措施。与民事诉讼财产保全相比,行政诉讼财产保全增加了财产保全的情形,即行政行为可能不能或难以执行的情况。

(二)先予执行

行政诉讼先予执行,是指为解决原告一方生活的紧迫需要,根据其申请,裁定被告给付原告一定的金钱的制度。

适用范围	(1) 行政机关没有依法支付抚恤金案件; (2) 行政机关没有依法支付最低生活保障金案件; (3) 行政机关没有依法支付工伤、医疗社会保险金案件。
适用条件	(1) 权利义务关系明确、不先予执行将严重影响原告生活的; (2) 原告申请。
救 济	当事人对先予执行裁定不服的,可以申请复议一次。复议期间不停止裁定的执行。

[例1] 吴某是某煤矿职工。该煤矿为其办理了工伤保险,但并未按照《职业病防治法》的规定在上岗前、在岗期间和离岗时为吴某进行职业健康检查及建立职业健康监护档案。而后,吴某被认定为工伤,向市工伤保险管理局申请支付工伤保险待遇,该局援引《某省实施〈工伤保险条例〉办法》(省政府规章)第 38 条的规定,认为用人单位未组织职业健康检查并建立职工职业健康监护档案,职工患职业病的,其工伤保险待遇应由用人单位支付,要求吴某先向用人单位申请支付。吴某向该煤矿申请支付被拒绝后,再次向市工伤保险管理局提出申请,该局一直未予支付。吴某不服,向法院提起诉讼,申请先予执行。

[例2] 陈某申请领取最低生活保障费,遭街道办事处拒绝。陈某诉至法院,要求判令街道办事处履行法定职责。诉讼中,陈某由于当前生活艰难,申请法院先予执行。法院经审查裁定先予执行。

五、审理程序的延阻

审理程序的延阻,是指因特殊原因使行政诉讼活动不能按正常程序进行,而出现的延期审理、诉讼中止和诉讼终结等情形。

1. 延期审理

行政诉讼中的延期审理,是指法院把已定日期的审理或正在进行的审理推迟审理的制度。

  2. 诉讼中止

  行政诉讼中的诉讼中止，是指在行政诉讼过程中，因出现某种原因而使诉讼暂时停止，待原因消除后诉讼继续进行的制度。

  3. 诉讼终结

  行政诉讼中的诉讼终结，是指在诉讼开始后，出现了使诉讼不可能进行或进行下去已无必要的情形，由法院决定结束对案件的审理的制度。

六、被告改变被诉行政行为

  行政行为一旦被诉，一般是不允许被诉行政机关任意改变被诉行政行为的。但是，为给被诉行政机关提供主动纠正错误的机会和积极化解行政争议，也允许被诉行政机关改变被诉行政行为，随之会引起诉讼程序的变化。

被告改变被诉行政行为情形	实质改变：①改变主要事实和证据；②改变规范依据且对定性产生影响；③撤销、部分撤销或者变更处理结果。
	视为改变：①履行法定职责；②采取补救、补偿等措施；③行政裁决案件中，书面认可原告与第三人达成的和解。
被告改变被诉行政行为程序	被告既可以在第一审期间改变，也可以在第二审期间和再审期间改变。
	被告改变被诉行政行为应当书面告知法院。
行政诉讼程序变化	（1）原告申请撤诉，经法院准许后诉讼结束；
	（2）原告不撤诉，法院继续审理原行为；
	（3）原告或第三人起诉新的行为，法院审理新行为并作出判决；
	（4）不作为案件被告已作为，原告不撤诉，法院继续审理不作为的合法性。

  📖 注意：行政诉讼中被告改变被诉行政行为，原告申请撤诉，法院准许撤诉的四个条件：①申请撤诉是当事人真实意思表示；②被告改变被诉行政行为，不违反法律、法规的禁止性规定，不超越或者放弃职权，不损害公共利益和他人合法权益；③被告已经改变或者决定改变被诉行政行为，并书面告知法院；④第三人无异议。

  ［例］2018 年 8 月 11 日，登争农布等 16 人以邮寄方式向县政府提出书面申请，请求公开水电站项目移民安置相关文件。2018 年 9 月 6 日，县政府作出答复，以信息公开后可能损害第三方合法权益为由未予公开。登争农布等 16 人不服，提起诉讼，请求确认县政府作出的答复违法，责令县政府重新作出政府信息公开答复。在一审答辩期间，县政府主动在其信息公开网站上公开水电站项目文件，并且告知登争农布等 16 人获取该政府信息的方式和途径。

  法院生效判决认为，虽然县政府在一审期间已经重新履行了政府信息公开职责，改变了原答复，但登争农布等 16 人仍要求确认县政府作出的答复违法。县政府在原答复中以公开后可能损害第三方合法权益为由未予公开，但未提交证据证明其在作出答复之前征求过相关第三方意见，也未在答复中对不予公开信息说明理由，遂判决确认县政府作出的答复违法。

> **命题陷阱**
>
> 区分行政诉讼中被告改变被诉行政行为与行政复议机关改变原行政行为：
> 1. 只要符合行政行为认定的事实改变、适用的规范依据改变和处理结果改变中任何一种情形，就认定为行政诉讼中被告改变行政行为；即使处理结果没有改变，但认定的事实改变或适用的规范依据改变，也是被告改变行政行为。
> 2. 只有符合行政行为处理结果改变的才是行政复议机关改变原行政行为；即使认定的事实改变或适用的规范依据改变，但处理结果没有改变的，仍然视为行政复议机关没有改变原行政行为。

七、行政诉讼的调解

行政诉讼原则上不适用调解，但在例外情况下可以调解，调解的程序与民事诉讼的调解基本相同。

调解范围	行政赔偿、行政补偿、行政裁量和行政协议的案件。
调解原则	遵循自愿、合法原则，不得损害国家利益、社会公共利益和他人合法权益。
迳行调解	法律关系明确、事实清楚的，法院在征得当事人双方同意后可迳行调解。
调解书	（1）调解书应当写明诉讼请求、案件的事实和调解结果； （2）调解书由审判人员、书记员署名，加盖法院印章，送达双方当事人； （3）调解书经双方当事人签收后，即具有法律效力。
第三人参加调解	经法院准许，第三人可以参加调解，法院也可以通知第三人参加调解。
调解不公开	（1）调解过程不公开，但当事人同意公开的除外； （2）调解协议内容不公开，但为保护国家利益、社会公共利益、他人合法权益，法院认为确有必要公开的除外。
调解与判决	（1）当事人一方或者双方不愿调解、调解未达成协议的，法院应当及时判决； （2）当事人自行和解或者调解达成协议后，请求法院按照和解协议或者调解协议的内容制作判决书的，法院不予准许。

[例] 2006年3月3日凌晨3时许，被害人刘某遭到罪犯苏某的拦路抢劫。刘某被刺伤后喊叫求救，个体司机胡某、美容中心经理梁某听到呼救后，先后用手机于4时02分、4时13分、4时20分三次拨打"110"电话报警，"110"值班人员让给"120"打电话，"120"让给"110"打电话。梁某于4时24分20秒（时长79秒）再次给"110"打电话报警后，"110"值班接警人员高某于6时23分35秒电话指令派出所出警。此时被害人刘某因失血过多已经死亡。经法医鉴定：被害人刘某系被他人持锐器刺破股动脉，致失血性休克死亡。法院于2007年3月23日作出刑事判决，认定公安机关"110"值班民警高某犯玩忽职守罪，免予刑事处罚。高某上诉后，二审维持原判。

法院作出刑事附带民事判决，判决被告人苏某赔偿刘某相应的死亡赔偿金等。在民事判决执行中，因被告人苏某已被执行死刑，无财产可供执行，法院于2008年6月3日以民事裁定终结执行。被害人刘某的近亲属张某等五人于2009年1月16日以公安机关行政不作为

为由向公安机关提出行政赔偿申请,公安机关作出不予行政赔偿的决定。张某等五人向法院提起行政赔偿诉讼,请求判令被告赔偿刘某死亡赔偿金和丧葬费 498 640 元、被扶养人生活费 26 959.95 元。

法院一审认为,公安机关应当按国家规定支付死亡赔偿金、丧葬费总额的 20%份额。故判决:一、由公安机关按照 2008 年全国在岗职工年平均工资 29 229 元×20 倍×20%的标准,在判决生效之日起 10 日内向张某等五人赔偿刘某死亡赔偿金和丧葬费 116 916 元;二、驳回张某等五人关于要求赔偿被扶养人生活费的诉讼请求。

一审宣判后,张某等五人认为判决被告以 20%承担赔偿责任太少,被告公安机关则认为不应予以赔偿,双方均不服,提出上诉。在二审期间,经法院主持调解,双方当事人于 2014 年 4 月 25 日达成调解协议:一、公安机关在 2014 年 6 月 10 日前一次性向张某等五人支付刘某死亡赔偿金 20 万元;二、张某等五人放弃要求公安机关支付被扶养人生活费及刘某丧葬费的诉讼请求。

八、妨害行政诉讼行为的排除

妨害行政诉讼行为的排除,是指法院在行政诉讼过程中,为了保障行政审判的顺利进行,对实施妨害行政诉讼行为的人采取的强制手段。

(一)排除妨害行政诉讼行为的强制措施

1. 排除妨害行政诉讼行为的强制措施具体包括:

(1)训诫,是法院对妨害行政诉讼行为情节较轻者,予以批评、教育并警告其不得再犯的措施。

(2)责令具结悔过,是法院对有妨害行政诉讼行为的人,责令其承认错误,写出悔过书,保证不再犯的措施。

(3)罚款,是法院对有妨害行政诉讼行为的人,强制其交纳一定数额款项的强制措施,罚款金额为 1 万元以下,罚款须经法院院长批准。

(4)拘留,是法院对有妨害行政诉讼行为的人,短期内限制其人身自由的一种强制措施,是最严厉的强制措施。拘留期限为 15 日以下,拘留须经法院院长批准。

(5)构成犯罪的,依法追究刑事责任。

2. 罚款、拘留可以单独适用,也可以合并适用。对同一妨害行政诉讼行为的罚款、拘留不得连续适用。发生新的妨害行政诉讼行为的,法院可以重新予以罚款、拘留。

(二)对有妨害行政诉讼行为的单位的处理

法院对有妨害行政诉讼行为的单位,可以对其主要负责人或者直接责任人员依照《行政诉讼法》第 59 条第 1 款的规定予以罚款、拘留;构成犯罪的,依法追究刑事责任。

(三)对排除妨害行政诉讼行为的强制措施的救济

当事人对罚款、拘留决定不服的,可以向上一级法院申请复议 1 次,复议期间不停止执行。对于训诫和责令具结悔过的决定,不能申请复议。

另外,注意恶意诉讼的处理:当事人之间恶意串通,企图通过诉讼等方式侵害国家利益、社会公共利益或者他人合法权益的,法院应当裁定驳回起诉或者判决驳回其请求,并根据情节轻重予以罚款、拘留；构成犯罪的，依法追究刑事责任。

九、案件的移送

法院在审理行政案件时：

1. 认为行政机关的主管人员、直接责任人员违法违纪的，应当将有关材料移送监察机关、该行政机关或者其上一级行政机关。

2. 认为上述人员有犯罪行为的，应当将有关材料移送公安、检察机关。

经典真题

1. 下列情况属于或可以视为行政诉讼中被告改变被诉具体行政行为的是：(2009/2/99)[1]
   A. 被诉公安局把拘留3日的处罚决定改为罚款500元
   B. 被诉土地局更正被诉处罚决定中不影响决定性质和内容的文字错误
   C. 被诉工商局未在法定期限答复原告的请求，在二审期间作出书面答复
   D. 县政府针对甲乙两村土地使用权争议作出的处理决定被诉后，甲乙两村达成和解，县政府书面予以认可

2. 对下列哪些案件人民法院可以适用先予执行？(2005/2/89)[2]
   A. 10岁孤儿王某起诉要求乡人民政府颁发孤儿生活供养证的
   B. 伤残军人罗某起诉要求县民政局发放抚恤金的
   C. 张某被工商执法人员殴打致残起诉要求赔偿的
   D. 王某因公致残起诉要求某市社会保险管理局支付保险金的

3. 县环保局以一企业逾期未完成限期治理任务为由，决定对其加收超标准排污费并处以罚款1万元。该企业认为决定违法诉至法院，提出赔偿请求。一审法院经审理维持县环保局的决定。该企业提出上诉。下列哪一说法是正确的？(2011/2/50)[3]
   A. 加收超标准排污费和罚款均为行政处罚
   B. 一审法院开庭审理时，如该企业未经法庭许可中途退庭，法院应予训诫
   C. 二审法院认为需要改变一审判决的，应同时对县环保局的决定作出判决
   D. 一审法院如遗漏了该企业的赔偿请求，二审法院应裁定撤销一审判决，发回重审

---

[1] ACD。A选项是变更被诉行政行为的处理结果，属于直接改变被诉行政行为；B选项中，文字错误的改变不影响决定性质和内容，不构成对被诉行政行为的实质改变，不属于对被诉行政行为的改变；C选项中，二审期间作出书面答复也是履行法定职责，属于视为改变被诉行政行为；D选项中，县政府书面认可甲乙两村达成的和解，视为改变县政府针对甲乙两村土地使用权争议作出的处理决定，属于视为改变被诉行政行为。

[2] BD。A选项中，"供养证"是行政确认案件，不属于行政给付案件，不适用先予执行；C选项是行政赔偿案件，不属于行政给付案件，不适用先予执行；B选项属于"抚恤金"案件，D选项属于"医疗社会保险金"案件，适用先予执行。

[3] C。罚款是行政处罚，加收超标准排污费不属于处罚，而属于行政征收。如该企业未经法庭许可中途退庭，法院可按撤诉处理，而非予以训诫。法院审理上诉案件，需要改变原审判决的，应当同时对被诉行政行为作出判决。如一审法院遗漏了该企业的赔偿请求，二审法院应当区分情况处理，而不是"裁定撤销一审判决，发回重审"。

专题 40 行政诉讼的特殊形式

一、行政附带民事诉讼

行政附带民事诉讼，是指法院在审理行政案件的同时，对与引起该案件的行政争议相关的民事纠纷一并审理的诉讼。行政附带民事诉讼实质上是两种不同性质诉讼的合并，行政诉讼解决的是行政争议，民事诉讼解决的是民事纠纷，将两种诉讼合并审理的目的是节省诉讼成本，提高审判效率。

适用条件	（1）涉及行政许可、登记、征收、征用和行政机关对民事争议所作的裁决的行政诉讼。 （2）当事人申请一并解决相关民事争议。 注意：法院在审理行政案件中发现民事争议为解决行政争议的基础，当事人没有请求法院一并审理相关民事争议的，应当告知当事人依法申请一并解决民事争议。 （3）当事人应当在第一审开庭审理前提出，有正当理由的，也可以在法庭调查中提出。对于法院不予准许的决定，可以申请复议1次。
不适用情形	（1）法律规定应当由行政机关先行处理的民事争议； （2）违反民事诉讼法专属管辖规定或者协议管辖约定的民事争议； （3）约定仲裁或者已经提起民事诉讼的民事争议。
管 辖	由受理行政案件的法院管辖。
立 案	（1）审理涉及行政许可、登记、征收、征用行政诉讼的民事争议案件，民事争议应当单独立案； （2）审理行政机关对民事争议所作裁决的案件，一并审理民事争议的，不另行立案。
审 理	（1）由同一审判组织审理； （2）审理相关民事争议，适用民事法律规范的相关规定，法律另有规定的除外； （3）当事人在调解中对民事权益的处分，不能作为审查被诉行政行为合法性的根据。
撤 诉	（1）行政诉讼原告在宣判前申请撤诉的，是否准许由法院裁定； （2）法院裁定准许行政诉讼原告撤诉，但其对已经提起的一并审理相关民事争议不撤诉的，法院应当继续审理。
裁 判	（1）行政争议和民事争议应当分别裁判。 （2）当事人仅对行政裁判或者民事裁判提出上诉的，未上诉的裁判在上诉期满后即发生法律效力。第一审法院应当将全部案卷一并移送第二审法院，由行政审判庭审理；第二审法院发现未上诉的生效裁判确有错误的，应当按照审判监督程序再审。
诉讼费用	法院一并审理相关民事争议，应当按行政案件、民事案件的标准分别收取诉讼费用。

[例] 原告褚某与其弟共同出资建造了一幢两层农房，兄弟俩协商由两人共有该套房屋。褚某的弟弟过世后，其弟之女将上述房屋登记在自己名下并取得了所有权证书。为此，褚某诉

至法院,请求确认被告房屋登记机关作出的行政登记行为违法,要求撤销该房屋的登记权利证书,并判令其弟之女返还所占房屋,同时赔偿非法占有该房屋期间对原告造成的损失。案件符合行政附带民事诉讼案件受理条件,法院予以立案。

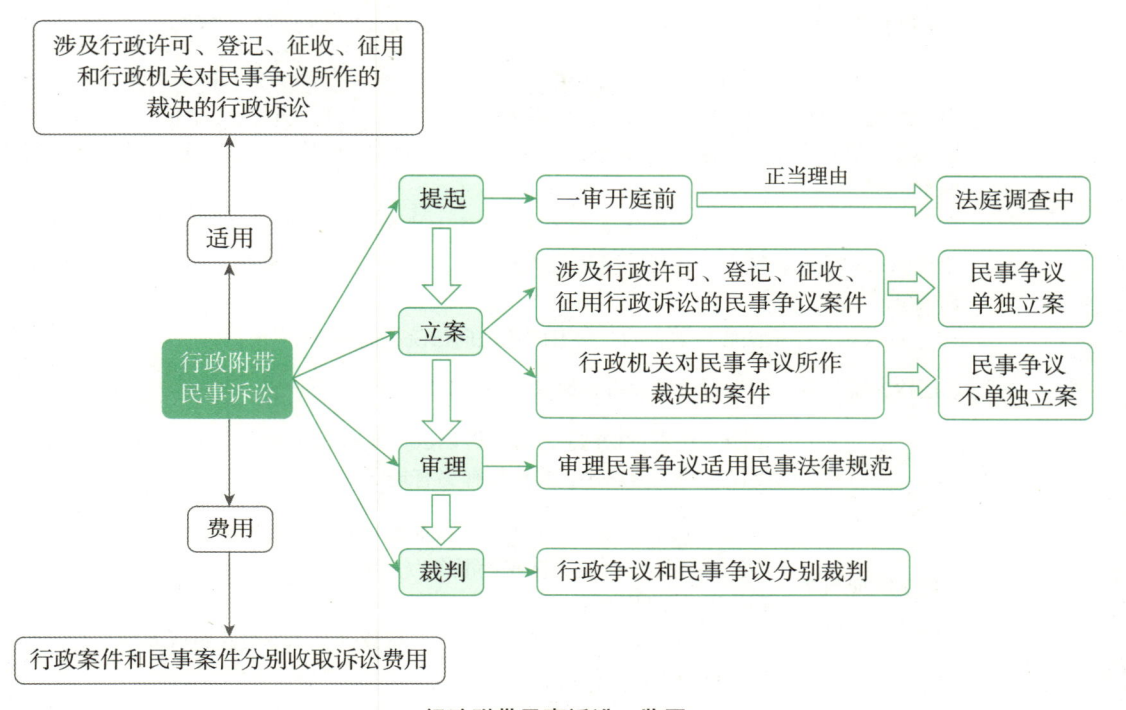

行政附带民事诉讼一览图

- 适用:涉及行政许可、登记、征收、征用和行政机关对民事争议所作的裁决的行政诉讼
- 提起:一审开庭前(正当理由→法庭调查中)
- 立案:
  - 涉及行政许可、登记、征收、征用行政诉讼的民事争议案件→民事争议单独立案
  - 行政机关对民事争议所作裁决的案件→民事争议不单独立案
- 审理:审理民事争议适用民事法律规范
- 裁判:行政争议和民事争议分别裁判
- 费用:行政案件和民事案件分别收取诉讼费用

经典真题

甲、乙两村因土地使用权发生争议,县政府裁决使用权归甲村。乙村不服向法院起诉撤销县政府的裁决,并请求法院判定使用权归乙村。关于乙村提出的土地使用权归属请求,下列哪些说法是正确的?(2016/2/85)[1]

A. 除非有正当理由的,乙村应于第一审开庭审理前提出
B. 法院作出不予准许决定的,乙村可申请复议一次
C. 法院应单独立案
D. 法院应另行组成合议庭审理

二、行政公益诉讼

行政公益诉讼,是指人民检察院认为行政机关违法行使职权或者不作为,致使国家利

---

[1] AB。本案属于审理行政机关对民事争议所作裁决的行政诉讼,属于当事人申请一并解决相关民事争议的情形。乙村应于第一审开庭审理前提出土地使用权归属请求,有正当理由的,也可以在法庭调查中提出。乙村提出的土地使用权归属请求,法院作出不予准许决定的,乙村可申请复议一次。法院审理行政机关对民事争议所作裁决的案件,一并审理民事争议的,不另行立案。法院在行政诉讼中一并审理相关民事争议的,由同一审判组织审理,不需要另行组成合议庭。

益或者社会公共利益受到侵害，依法向人民法院提起的行政诉讼。

行政公益诉讼要处理好审判权与检察权、行政权的关系，既要支持检察机关提起公益诉讼，又要平等保护各方诉讼主体的合法权益。

在遵循一般行政诉讼规则的基础上，还要注意行政公益诉讼的特别规则。

诉前程序		（1）检察院在履行职责中发现生态环境和资源保护、食品药品安全、国有财产保护、国有土地使用权出让等领域负有监督管理职责的行政机关违法行使职权或者不作为，致使国家利益或者社会公共利益受到侵害的，应当向行政机关提出检察建议，督促其依法履行职责。 （2）行政机关应当在收到检察建议书之日起2个月内依法履行职责，并书面回复检察院。出现国家利益或者社会公共利益损害继续扩大等紧急情形的，行政机关应当在15日内书面回复。 （3）行政机关不依法履行职责的，检察院依法向法院提起诉讼。
管辖	基层检察院起诉	被诉行政机关所在地基层法院管辖。
起诉人	检察院	依照《民事诉讼法》《行政诉讼法》享有相应的诉讼权利，履行相应的诉讼义务，但法律、司法解释另有规定的除外。
起诉	检察院应当提交的材料	（1）行政公益诉讼起诉书，并按照被告人数提出副本； （2）被告违法行使职权或者不作为，致使国家利益或者社会公共利益受到侵害的证明材料； （3）检察机关已经履行诉前程序，行政机关仍不依法履行职责或者纠正违法行为的证明材料。
出庭	检察院派员出庭	（1）法院开庭审理检察院提起的公益诉讼案件，应当在开庭3日前向检察院送达出庭通知书； （2）检察院应当派员出庭，并应当自收到出庭通知书之日起3日内向法院提交派员出庭通知书。
证据保全		检察院办理公益诉讼案件，需要采取证据保全措施的，依照《民事诉讼法》《行政诉讼法》相关规定办理。
上诉		检察院不服法院第一审判决、裁定的，可以向上一级法院提起上诉。
执行		（1）法院可以将判决结果告知被诉行政机关所属的政府或者其他相关的职能部门； （2）被告不履行生效判决、裁定的，法院应当移送执行。

[例1] 2014年至2015年期间，某水利工程公司在长江河道内未经许可非法采砂317万立方米。区水利局工作人员对该水利工程公司的非法采砂行为采取"不予处罚或单处罚款"的方式，帮助该水利工程公司规避监管，免予缴纳长江河道砂石资源费。区检察院向区水利局发出督促履职令，督促区水利局依法查处该水利工程公司的非法采砂行为，但区水利局置之不理。区检察院提起诉讼，请求法院责令区水利局依法查处该水利工程公司的违法行为。

[例2] 2010年10月，某混凝土公司未经批准开凿深井，违法取用地下水。2016年9月、2018年8月，市（设区的市）水务局先后2次督促区水务局对该混凝土公司违法取用地下水

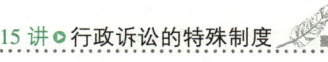

的行为进行查处，区水务局均未依法采取相应措施。2019年12月23日，市检察院向法院提起诉讼，请求判令区水务局查处该混凝土公司取用地下水的违法行为并追缴水资源费。诉讼过程中，区水务局对该混凝土公司追缴水资源费。

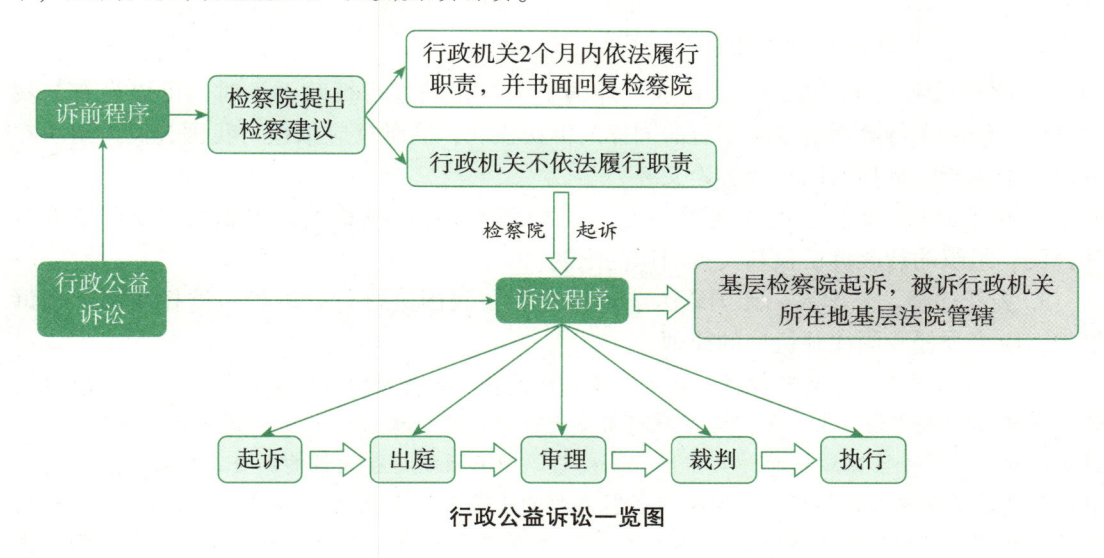

行政公益诉讼一览图

命题陷阱

1. 行政公益诉讼的诉前程序要求：检察院向行政机关提出检察建议，督促其依法履行职责→行政机关应当在收到检察建议书之日起2个月（紧急情形下为15日）内依法履行职责，并书面回复检察院→行政机关不依法履行职责的，检察院提起行政公益诉讼。
2. 行政公益诉讼的管辖法院：基层检察院起诉的，被诉行政机关所在地基层法院管辖，根据起诉检察院的级别确定管辖法院的级别。
3. 行政公益诉讼的上诉与抗诉：提起诉讼的检察院有上诉权，上级检察院对于生效裁判有抗诉权。
4. 行政公益诉讼的裁判与执行：行政公益诉讼判决作出后，法院可以将判决结果告知被诉行政机关所属的政府或者其他相关的职能部门，目的是督促被诉行政机关积极履行裁判义务；被告不履行生效裁判的，法院应当移送执行，无需起诉的检察院申请执行。

三、涉外行政诉讼

涉外行政诉讼，是指外国人、无国籍人、外国组织认为我国行政机关及其工作人员所作的行政行为侵犯其合法权益，依法向法院提起行政诉讼，由法院对行政行为进行审查并作出裁判的活动。涉外行政诉讼属于一种特殊的行政诉讼，有不同于一般行政诉讼的特别规定。

（一）涉外行政诉讼的特征

1. 当事人。被告仍然是我国行政机关或者法律、法规授权的组织，但原告或者第三人为外国人、无国籍人或者外国组织。
2. 被诉行为。被诉行政行为是由我国的行政机关或者法律、法规授权的组织作出的

行政行为。

3. 管辖法院。外国当事人在我国法院提起行政诉讼或者参加在我国法院进行的行政诉讼。

(二) 涉外行政诉讼的特别规定

1. 同等原则。外国人、无国籍人、外国组织在我国进行行政诉讼时，可以享有与我国公民、组织在行政诉讼中所享有的同样的诉讼权利，同时也应承担与我国公民、组织在行政诉讼中所应承担的同样的诉讼义务。

2. 对等原则。外国法院对我国公民、组织的行政诉讼权利加以限制的，我国法院对其公民、组织的行政诉讼权利实行同样的限制。

3. 委托律师。外国人、无国籍人、外国组织在我国进行行政诉讼，委托律师代理诉讼的，应当委托我国律师机构的律师。

[例] A公司是一家生产地毯、纺织、化学产品及包装材料的美国企业，其产品从20世纪80年代进入中国市场。A公司向国家版权局提出申请，请求确认中国两家公司生产的部分地毯图案侵权，并请求国家版权局对其作出行政处罚。国家版权局在大量的调查工作基础上，对其中一家公司侵犯他人著作权的行为给予了行政处罚；同时，认定另一家公司不存在侵权行为，对其作出《不予行政处罚通知书》。A公司对国家版权局的《不予行政处罚通知书》不服，向北京市第二中级人民法院提起行政诉讼。北京市第二中级人民法院经审理认为，国家版权局作出的《不予行政处罚通知书》认定的事实成立、法律依据充分，判决驳回A公司的诉讼请求。

致努力中的你

心态就是每个人自身的光，
你颓唐就是颓唐，你顽强就是顽强。

第十六讲
行政诉讼的审理依据

16

应试指导

本讲阐释行政诉讼的审理依据，事实依据即证据，法律依据即法律适用。需要考生了解行政诉讼证据的概念和种类、行政诉讼法律适用的含义，理解并运用行政诉讼证据规则和行政诉讼法律冲突的适用规则。核心考点是现场笔录要求、原告举证责任、被告举证期限、取证与质证规则、规章适用。本讲在考试中的题目类型主要是客观卷中的选择题和主观卷中的案例分析题，必读的法律法规有：《行政诉讼法》《行诉解释》《行政诉讼证据规定》《关于审理行政案件适用法律规范问题的座谈会纪要》《政府信息公开案件规定》《行政许可案件规定》《行政协议案件规定》《国际贸易行政案件规定》《反倾销行政案件规定》《反补贴行政案件规定》。

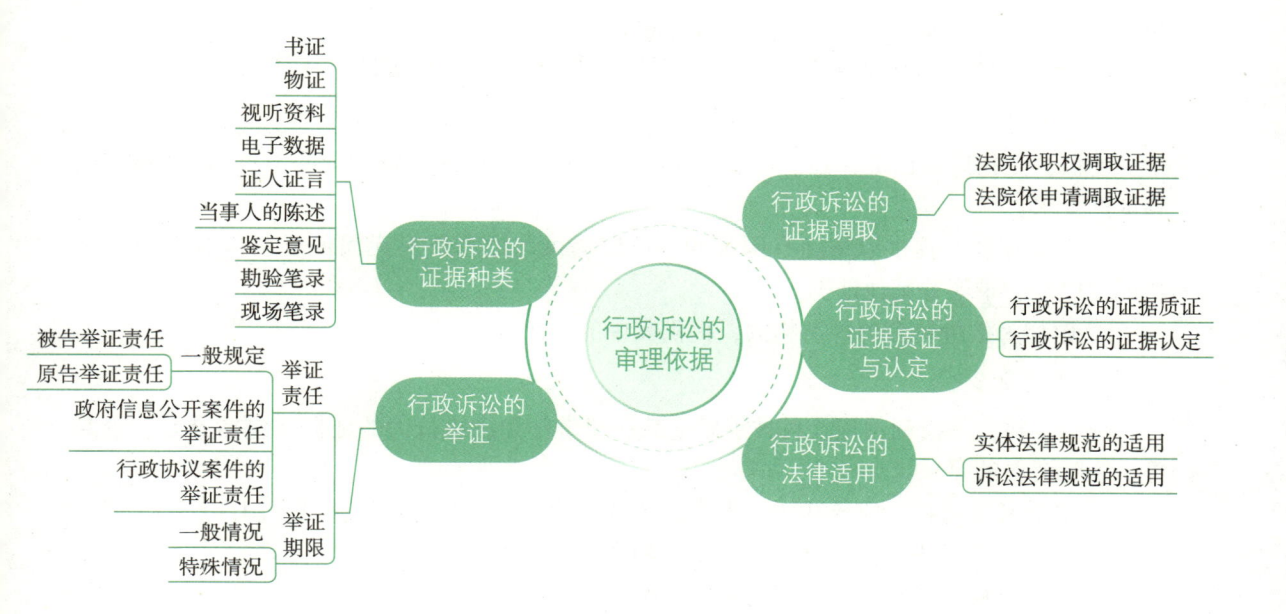

行政诉讼的审理依据
- 行政诉讼的证据种类
  - 书证
  - 物证
  - 视听资料
  - 电子数据
  - 证人证言
  - 当事人的陈述
  - 鉴定意见
  - 勘验笔录
  - 现场笔录
- 行政诉讼的证据调取
  - 法院依职权调取证据
  - 法院依申请调取证据
- 行政诉讼的证据质证与认定
  - 行政诉讼的证据质证
  - 行政诉讼的证据认定
- 行政诉讼的举证
  - 举证责任
    - 一般规定
      - 被告举证责任
      - 原告举证责任
    - 政府信息公开案件的举证责任
    - 行政协议案件的举证责任
  - 举证期限
    - 一般情况
    - 特殊情况
- 行政诉讼的法律适用
  - 实体法律规范的适用
  - 诉讼法律规范的适用

专题 41 行政诉讼的证据种类与举证

行政诉讼证据，是指在行政诉讼过程中，一切用来证明案件事实情况的材料。它既包括当事人向法院提交的证据，也包括法院在必要情况下依法收集的证据，所有证据都必须经法庭查证属实才能作为认定案件事实的根据。

一、行政诉讼的证据种类

根据《行政诉讼法》第 33 条第 1 款的规定，行政诉讼证据包括书证、物证、视听资料、电子数据、证人证言、当事人的陈述、鉴定意见、勘验笔录、现场笔录九种。这些证据种类，绝大多数与刑事诉讼、民事诉讼的证据种类相同，现场笔录属于行政诉讼特有的证据种类。

（一）书证

书证，是指以文字、符号、图形所记载或表示的内容、含义来证明案件事实的证据。书证的要求：

1. 提供书证的原件。提供原件确有困难的，可以提供与原件核对无误的复印件、照片、节录本。
2. 提供由有关部门保管的书证原件的复制件、影印件或者抄录件的，应当注明出处，经该部门核对无异后加盖其印章。
3. 提供报表、图纸、会计账册、专业技术资料、科技文献等书证的，应当附有说明材料。
4. 被告提供的被诉行政行为所依据的询问、陈述、谈话类笔录，应当有行政执法人员、被询问人、陈述人、谈话人签名或者盖章。
5. 法律、法规、司法解释和规章对书证的制作形式另有规定的，从其规定。

（二）物证

物证，是指以自己的存在、形状、质量等外部特征和物质属性证明案件事实的物品。物证的要求：

1. 提供原物。提供原物确有困难的，可以提供与原物核对无误的复制件或者证明该物证的照片、录像等其他证据。
2. 原物为数量较多的种类物的，提供其中的一部分。

（三）视听资料

视听资料，是指利用现代科技手段记载法律事件和法律行为的证据，包括录音、录像等。视听资料的要求：

1. 提供有关资料的原始载体。提供原始载体确有困难的，可以提供复制件。
2. 注明制作方法、制作时间、制作人和证明对象等。
3. 声音资料应当附有该声音内容的文字记录。

（四）电子数据

电子数据，是指以电子形式存在的，可用作证据使用的材料和信息。这类证据是随着电子技术，特别是计算机和互联网技术的发展而产生的新型证据。电子数据形式多样，典型的如电子邮件、手机短信、电子签名、网上聊天记录、网络访问记录等。

（五）证人证言

证人证言，是指证人就自己了解的案件事实向法院所作的陈述，一般是以口头形式表现出来的，当事人也可以向法院提供书面证人证言。证人证言的要求：①写明证人的姓名、年龄、性别、职业、住址等基本情况；②有证人的签名，不能签名的，应当以盖章等方式证明；③注明出具日期；④附有居民身份证复印件等证明证人身份的文件。

（六）当事人的陈述

行政执法人员出庭说明属于当事人的陈述。原告或者第三人可以要求相关行政执法人员出庭说明的情形有：①对现场笔录的合法性或者真实性有异议的；②对扣押财产的品种或者数量有异议的；③对检验的物品取样或者保管有异议的；④对行政执法人员身份的合法性有异议的；⑤需要出庭说明的其他情形。

（七）鉴定意见

鉴定意见，是指鉴定人运用自己的专业知识，利用专门的设备和材料，对某些专门问题所作的意见。鉴定意见包括两类：①法院依当事人申请或在必要情况下依职权提交鉴定人进行的鉴定；②被告行政机关向法院提供的其在行政程序中采用的鉴定意见。

被告行政机关向法院提供的鉴定意见要求包含如下内容：①应当载明委托人和委托鉴定的事项；②向鉴定部门提交的相关材料；③鉴定的依据和使用的科学技术手段；④鉴定部门和鉴定人鉴定资格的说明；⑤鉴定人的签名和鉴定部门的盖章；⑥通过分析获得的鉴定意见，应当说明分析过程。

（八）勘验笔录

勘验笔录，是指审判人员在诉讼过程中对与争议有关的现场、物品等进行查验、测量、拍照后制作的笔录。

（九）现场笔录

现场笔录，是指行政机关及其工作人员执行行政职务，在实施行政行为时，对某些事项当场所作的书面记录，即行政执法人员在行政执法现场对案件事实作的当场记录。现场笔录的要求：

1. 载明制作现场笔录的时间、地点和事件等内容。
2. 由执法人员和当事人签名。当事人拒绝签名或者不能签名的，应当注明原因。有其他人在现场的，可由其他人签名。
3. 法律、法规和规章对现场笔录的制作形式另有规定的，从其规定。

[例]《行政强制法》第18条　行政机关实施行政强制

魏语绸缪

现场笔录没有当事人的签名，并不必然没有证据效力，因为当事人拒绝签名或者不能签名时注明原因的，现场笔录仍然具有证据效力。

措施应当遵守下列规定：……

（七）制作现场笔录；

（八）现场笔录由当事人和行政执法人员签名或者盖章，当事人拒绝的，在笔录中予以注明；

（九）当事人不到场的，邀请见证人到场，由见证人和行政执法人员在现场笔录上签名或者盖章；……

经典真题

梁某酒后将邻居张某家的门、窗等物品砸坏。县公安局接警后，对现场进行拍照、制作现场笔录，并请县价格认证中心作价格鉴定意见，对梁某作出行政拘留8日处罚。梁某向法院起诉，县公安局向法院提交照片、现场笔录和鉴定意见。下列说法正确的有：（2015/2/84）[1]

A. 照片为书证
B. 县公安局提交的现场笔录无当事人签名的，不具有法律效力
C. 县公安局提交的鉴定意见应有县价格认证中心的盖章和鉴定人的签名
D. 梁某对现场笔录的合法性有异议的，可要求县公安局的相关执法人员作为证人出庭作证

二、行政诉讼的举证责任

（一）举证责任的一般规定

举证责任是法律假定的一种后果，是指承担举证责任的当事人应当举出证据证明自己的主张是成立的，否则将承担败诉的不利后果。在行政诉讼中，原告、被告都承担着相应的举证责任。

1. 被告举证责任

（1）被告对被诉行政行为的合法性负举证责任，具体内容为：①被告应当提供作出该行政行为的证据和所依据的规范性文件；②原告可以提供证明被诉行政行为违法的证据，原告提供的证据不成立的，不免除被告的举证责任。

[例] 孙某、胡某均为男性。2015年6月23日，孙某、胡某到区民政局要求办理结婚登记。区民政局工作人员在审查后，认为孙某、胡某的结婚登记不符合《婚姻法》（现为《民法典》婚姻家庭编）和《婚姻登记条例》中关于结婚必须由男女双方进行的规定，决定不予办理结婚登记。孙某、胡某不服，提起行政诉讼。区民政局应当对不予办理结婚登记的合法性承担举证责任。

（2）被告对被诉行政行为合法性负举证责任的原因

❶被告行政机关在行政程序中"先取证，后裁决"规则的自然延伸。按照"先取证，后裁决"规则，被诉行政行为的合法性只能由作出该行政行为时的证据证明。如果被告在行政行为作出以后还需要补充调查收集证据，恰恰说明其在行政程序中没有遵循"先取证，后裁决"规则。

---

[1] AC（司法部原答案为ACD）。照片是县公安局对现场进行拍照形成的，是以文字、符号、图形所记载或表示的内容、含义来证明案件事实的证据，符合书证的特点，应为书证。现场笔录无当事人签名的，并不意味着不具有法律效力。鉴定意见应有鉴定人的签名和鉴定部门的盖章。县公安局的相关执法人员是作为被告一方的当事人出庭说明，是当事人陈述，而非证人证言。

❷发挥行政机关的举证优势。被诉行政行为由被告作出，被告对该行政行为的证据最为了解，在行政行为作出过程中居于主导地位。

❸促进行政机关依法行政。行政行为在进入行政诉讼程序之前，就应当具有事实根据。

（3）复议维持案件的双被告举证

复议维持案件的被诉行政行为是原行政行为和复议维持决定，原机关和复议机关共同对原行政行为的合法性承担举证责任，复议机关对复议维持决定的合法性承担举证责任。

📖注意：复议机关在复议程序中依法收集和补充的证据，可以作为法院认定复议决定和原行政行为合法的依据。

2. 原告举证责任

（1）起诉条件的举证：①原告应当证明其起诉符合法定条件；②被告认为原告起诉超过起诉期限的，举证责任由被告来承担。

[例] 马某原系黑龙江省黑河市嫩江县临江乡铁古砬村村民，因修建水利工程需要，移民到山东省汶上县。2003年，马某与接收地政府签订安置协议，安置补偿款已汇至接收地政府。2006年8月，国家发改委提高移民安置补偿款，嫩江县移民办将调整增加的安置补偿款全额兑现，拨付给铁古砬村。马某认为，增加的安置补偿款应拨付给移民接收地，而不是铁古砬村，并多次去嫩江县移民办及嫩江县政府讨要，但始终未予拨付。马某为此信访投诉。2011年6月27日，黑河市政府作出信访复核意见，要求嫩江县政府负责协调，将调整后的安置补偿款交给移民接收地。收到黑河市政府的复核意见书后，马某多次去嫩江县政府提出拨款申请，嫩江县政府仍未履行相关拨付义务。2013年10月16日，马某提起诉讼，要求嫩江县政府履行发放安置补偿款的法定职责。

黑河市中级人民法院一审认为，黑河市政府于2011年6月27日作出信访复核意见，马某于2013年10月16日提起诉讼，超过2年法定起诉期限，裁定驳回起诉。

黑龙江省高级人民法院二审认为，黑河市政府作出的信访复核意见，不属于行政诉讼受案范围，裁定驳回上诉，维持一审裁定。

最高人民法院第二巡回法庭提审后认为，黑河市政府作出的信访复核意见，要求嫩江县政府将调整后的安置补偿款交给移民接收地，嫩江县政府应当执行。嫩江县政府未履行黑河市政府的决定，是不履行法定职责的行为，属于行政诉讼受案范围。黑河市政府作出信访复核意见后，马某多次向嫩江县政府提出拨款申请，嫩江县政府一直未履行拨款义务。2013年10月16日，马某提起本案行政诉讼。根据上述事实，认定马某起诉超过法定期限缺乏事实根据，且嫩江县政府在一、二审程序中，亦未提供证据证明马某起诉超过法定期限，应当推定马某起诉未超过法定期限。为此，再审裁定撤销一、二审裁定，指令黑河市中级人民法院继续审理。2016年8月29日，黑河市中级人民法院经再审判决，责令嫩江县政府在3个月内履行拨付安置补偿款的法定职责。

（2）不作为案件的举证

❶原告应当提供其在行政程序中曾经向被告提出申请的证据材料。不作为案件如果是由依申请行政行为引起的行政争议，原告起诉被告不作为，就应当提供证据证明其向行政机关提出过申请，否则其要求被告履行法定职责就失去了基础。只要原告证明其提出过申请，不作为合法性的举证责任就应当由被告承担。

❷被告应当依职权主动履行法定职责的案件，免除原告曾经被告提出申请的举证责

任。行政机关法定职责的履行不以原告申请为前提，行政机关应当主动履行法定职责而没有履行，原告起诉被告行政机关不作为的，就不需要原告提供其曾向被告提出申请的证据材料。

[例] 公安机关的巡逻执勤警察看到正在遭受不法侵害的公民，不依职权进行保护，遭受不法侵害的公民起诉公安机关不作为，就不用提供其曾向警察申请保护的证据材料。

❸原告因正当理由不能提供证据的案件，免除原告曾经向被告提出申请的举证责任。正当理由，是指原告因被告受理申请的登记制度不完备等正当事由不能提供相关证据材料的，就不用证明其向被告提出过申请，只要作出合理说明即可。

（3）行政赔偿、补偿诉讼案件的举证

❶原告应当对被诉行政行为造成损害的事实提供证据。这与民事赔偿中"谁主张，谁举证"的要求是一致的。在行政赔偿、补偿诉讼中，原告因被诉行政行为遭受损害，主张被告赔偿、补偿的，就应当对被诉行政行为造成损害的事实提供证据。

❷因被告的原因导致原告无法就损害情况举证的案件，免除原告的举证责任，应当由被告就该损害情况承担举证责任。

[例] 政府组织拆除公民的房屋时，未依法对屋内物品登记保全，未制作物品清单并交公民签字确认，致使公民无法对物品受损情况举证，故该损失是否存在、具体损失情况等，依法应由政府承担举证责任。

❸对于各方主张损失的价值无法认定案件的处理

能申请鉴定的	应当由负有举证责任的一方当事人申请鉴定，但法律、法规、规章规定行政机关在作出行政行为时依法应当评估或者鉴定的除外。
	负有举证责任的当事人拒绝申请鉴定的，由其承担不利的法律后果。
因客观原因无法鉴定的	法院应当结合当事人的主张和在案证据，遵循法官职业道德，运用逻辑推理和生活经验、生活常识等，酌情确定赔偿数额。

[例] 荣达公司租用杨某的场地及钢架房作为经营场所。2017年8月25日，县城市管理综合行政执法局作出限期改正违法行为通知书，认定杨某建盖钢架房违法，要求杨某于2017年9月2日17时前自行拆除，逾期不整改将实施处罚，并于当日向荣达公司法定代表人王某送达该通知书，后王某将该通知书转交杨某。2017年9月2日，县城市管理综合行政执法局、县住房和城乡建设局对钢架房实施强制拆除。强制拆除时荣达公司尚有部分汽车修理设备及其他物品未被清理出钢架房。荣达公司起诉请求判决确认强制拆除行为违法并要求被告赔偿损失。

法院生效判决认为，行政机关实施强制拆除行为前仅送达了限期改正违法行为通知书，此后并未作出处罚决定和强制拆除决定，且于期限届满前即实施强制拆除行为，在强制拆除过程中未对违法建筑承租人的设备和物品依法妥善处置，明显违反法定程序。该强制拆除行为导致荣达公司对损害结果无法举证证明，应由行政机关对造成的损害承担举证责任。鉴于客观上行政机关亦无法举证证明，应结合全案事实综合考虑，酌情确定赔偿金额，遂判决确认强制拆除时未依法妥善处置荣达公司的物品违法，同时判决被告赔偿荣达公司100 000元。

（二）政府信息公开案件的举证责任

在政府信息公开案件中，政府信息掌握在行政机关手中，只有行政机关知晓信息的内

容和性质，而申请人在获得信息前不知道该信息的内容，很难或无法提供证据，因此更应突出被告的举证责任。这是政府信息公开行政案件举证的特殊情况。

案件情形	举证主体	举证内容
被告拒绝向原告提供政府信息的	被告举证	拒绝的根据以及履行法定告知和说明理由义务的情况
因公共利益决定公开涉及商业秘密、个人隐私的政府信息的	被告举证和说明	认定公共利益以及不公开可能对公共利益造成重大影响的理由
原告起诉被告拒绝更正政府信息记录的	被告举证和说明	拒绝的理由
	原告举证	向被告提出过更正申请以及政府信息与其自身相关且记录不准确的事实根据

[例] 钱某于 2013 年 1 月 17 日向镇政府邮寄政府信息公开申请书，申请公布柴家村 2000 年以来的村民宅基地使用的审核情况、村民宅基地分配的实际名单及宅基地面积和地段，柴家村的大桥拆迁户全部名单及分户面积，柴家村大桥征地拆迁户中货币安置户的全部名单及分户面积，在柴家村建房的外村人员的全部名单及实际住户名单，并注明其建房宅基地的来龙去脉。2013 年 4 月 10 日，镇政府作出《信访事项答复意见书》，其中关于信息公开的内容为："柴家村大桥拆迁涉及拆迁建筑共 367 处，其中，拆迁安置 317 户，货币安置 16 户。上述信息所涉及的相关事宜已通过相关程序办理，且已通过一定形式予以公布，被相关公众所知悉。"钱某对此答复不服，提起诉讼，认为该答复是"笼统的、不能说明任何问题的信息，与原告所要求公开的信息根本不符，实质上等于拒绝公开"。

法院生效判决认为，被告的答复内容仅对少量的政府信息公开申请作出了答复，对其他政府信息公开申请既没有答复，亦没有告知原告获取该政府信息的方式和途径，而且被告在诉讼中未向法院提供其作出上述答复的相应证据，故应认定被告作出的答复主要证据不足。法院判决撤销被告镇政府作出的政府信息公开答复，责令其在判决生效之日起 30 日内对钱某提出的政府信息公开申请重新作出处理。

（三）行政协议案件的举证责任

行政协议既有"行政性"，又有"协议性"。"行政性"事项的举证责任适用《行政诉讼法》，"协议性"事项的举证责任适用《民事诉讼法》。

案件情形	举证主体	举证内容
被告订立、履行、变更、解除行政协议	被告举证	被告对于自己具有法定职权、履行法定程序、履行相应法定职责以及订立、履行、变更、解除行政协议等行为的合法性承担举证责任
原告主张撤销、解除行政协议	原告举证	原告对撤销、解除行政协议的事由承担举证责任
对行政协议是否履行发生争议	履行义务当事人举证	对行政协议是否履行承担举证责任

[例1] 某工贸公司具有某块国有土地的使用权。该工贸公司与周某订立《协议书》，约定将该块土地租给周某使用，租金按月计退补。因该块土地上的房屋涉及征收，县政府与周某订立《城市棚户区改造项目房屋征收与补偿安置协议书》（以下简称《安置协议》），并将相应补偿款支付给周某。该工贸公司提起诉讼，请求撤销《安置协议》。本案中，该工贸公司对撤销《安置协议》的事由承担举证责任。

[例2] 2013年10月，区政府下设的征收办（甲方）与被征收人宁某（乙方）订立《房屋征收补偿安置协议》（以下简称《补偿安置协议》），约定甲方向乙方提供六套房屋（待建）作为安置补偿。2013年11月，宁某将被征收房屋交给征收办。但征收办一直未交付约定的房屋，宁某遂提起诉讼，请求判令征收办交付《补偿安置协议》约定的六套房屋。征收办主张，其已于2015年7月、2016年10月向宁某交付两套房屋。本案中，征收办对已交付两套房屋的事项承担举证责任。

经典真题

1. 市城管执法局委托镇政府负责对一风景区域进行城管执法。镇政府接到举报并经现场勘验，认定刘某擅自建房并组织强制拆除。刘某父亲和嫂子称房屋系二人共建，拆除行为侵犯合法权益，向法院起诉，法院予以受理。关于此案，下列哪些说法是正确的？（2010/2/89）[1]
   A. 此案的被告是镇政府
   B. 刘某父亲和嫂子应当提供证据证明房屋为二人共建或与拆除行为有利害关系
   C. 如法院对拆除房屋进行现场勘验，应当邀请当地基层组织或当事人所在单位派人参加
   D. 被告应当提供证据和依据证明有拆除房屋的决定权和强制执行的权力

2. 田某认为区人社局记载有关他的社会保障信息有误，要求更正，该局拒绝。田某向法院起诉。下列哪些说法是正确的？（2012/2/81）[2]
   A. 田某应先申请行政复议再向法院起诉
   B. 区人社局应对拒绝更正的理由进行举证和说明
   C. 田某应提供区人社局记载有关他的社会保障信息有误的事实根据
   D. 法院应判决区人社局在一定期限内更正

三、行政诉讼的举证期限

行政诉讼中比较有特色的内容是对原告和被告的举证期限作出了不同规定。

---

[1] BCD。镇政府是受到市城管执法局的委托实施行政行为，应以委托的机关，即市城管执法局为被告。刘某是行政行为的相对人，刘某父亲和嫂子向法院起诉，应当提供证据证明房屋为二人共建或与拆除行为有利害关系，这是原告的举证责任。法院可以依当事人申请或者依职权勘验现场，邀请当地基层组织或者当事人所在单位派人参加。被告应当提供证据证明其行政行为合法，行政行为合法的要件之一就是行为合乎法定职权范围，被告应当提供证据和依据证明其具有拆除房屋的决定权和强制执行权，这是被告的举证责任。

[2] BC。田某可以申请行政复议或者提起行政诉讼，无须先申请行政复议再向法院起诉。田某要求区人社局更正有关他的社会保障信息，区人社局拒绝更正，田某应提供区人社局记载有关他的社会保障信息有误的事实根据，区人社局应对拒绝更正的理由进行举证和说明。原告要求被告更正与其自身相关的政府信息记录，被告拒绝更正行为违法，不需要被告调查、裁量，法院判决被告在一定期限内更正，根据题目所给的条件，法院判决区人社局在一定期限内更正的条件不充足。

（一）一般情况

被 告	一般期限	收到起诉状副本之日起15日内，提供据以作出被诉行政行为的全部证据和所依据的规范性文件。
	延期提供	因不可抗力或其他正当事由不能提供的，应在举证期限内向法院提出延期申请。
	后 果	被告不提供或无正当理由逾期提供证据的，视为被诉行政行为没有证据。被诉行政行为涉及第三人合法权益，第三人提供证据的除外。
原告或第三人	一般期限	开庭审理前或法院指定的交换证据清单之日。
	延期提供	因正当事由申请延期提供证据的，经法院准许，可在法庭调查中提供。
	后 果	逾期提供证据的，须说明理由，否则视为放弃举证权利。

[例1] 2018年9月4日，某区执法局对某公司作出责令改正通知，责令其立即停止违法行为，并限其于2018年9月6日12时前自行拆除违法建筑。2018年9月7日，该区执法局实施了强制拆除行为。该公司提起诉讼。法院生效判决认为，违法建筑认定应由土地规划部门出具相关证明，该区执法局也可自行到土地规划部门查阅调取案涉房屋的规划建设审批档案，或要求该公司提供案涉房屋产权登记证明及规划建设审批手续。在取得上述证据的情况下，才可作出违法建筑认定。本案中，该区执法局未提供认定案涉房屋为违法建筑的相关证据，其实施的强制拆除行为违法。

[例2] 王甲与王乙系兄弟关系。2014年4月22日，王甲与平湖区城中村改造指挥部签订了拆迁补偿安置协议。2015年7月15日，平湖区政府作出《关于城中村改造居民王甲安置协议作废问题的决定》（以下简称《决定》）：因王乙提出产权归属异议，决定城中村改造指挥部与王甲所签协议作废。王甲不服，遂提起行政诉讼，请求撤销《决定》。法院受理案件后，平湖区政府未答辩，但第三人王乙向法院提供的证明产权归属异议的材料可以作为《决定》作出的证据。

命题陷阱

被告不提供或无正当理由逾期提供证据的，并不必然视为被诉行政行为没有证据。若被诉行政行为涉及第三人合法权益，第三人提供的证据可以作为被诉行政行为的证据，这是为了保护第三人合法权益。

（二）特殊情况

被告在一审中补充	原告或第三人提出其在行政程序中没有提出的反驳理由或证据的，经法院准许，被告可在一审中补充相应的证据。
二审或再审中可提供的"新的证据"	在一审中应准予延期提供而未获准许的证据。
	当事人在一审中依法申请调取而未获准许或未取得，法院在二审中调取的证据。
	原告或第三人提供的在举证期限届满后发现的证据。

[例] 某县政府于 2011 年 10 月 20 日给杨一村一组颁发了林权证。该证载明：林地使用权权利人、森林或林木所有权权利人、森林或林木使用权权利人均为冀某。2015 年 9 月 2 日，杨二村八组申请林地确权，某镇政府于 2014 年 10 月 16 日作出《关于请求对某镇杨二村十里沙林地确权的报告》，请求该县政府进行确权。2016 年 5 月 16 日，该县林业局以对争议林地已颁发林权证为由不予受理林地确权申请。杨二村八组不服，向某市中级法院提起诉讼，请求撤销林权证。一审法院判决驳回杨二村八组的诉讼请求。杨二村八组不服，向某省高级法院提起上诉。二审法院判决驳回上诉、维持一审判决。杨二村八组向最高法院申请再审，请求撤销一、二审判决及该县政府于 2011 年 10 月 20 日颁发的林权证。

最高法院认为，本案系由杨二村八组不服该县政府颁发林权证而引发。杨二村八组申请再审，提交了《某县土地利用现状图》用以证明林权证载林地和该图标注的杨二村与大桥畔村争议地存在交叉，即林权证证载林地存在权属争议。依照《林木和林地权属登记管理办法》（现已失效）第 11 条第 3 项的规定，"无权属争议"系林权登记机关依申请进行林权登记的基本前提条件。若该图构成新证据且能够证明林权证证载林地存在权属争议，则意味着能够推翻一、二审判决，从而构成《行政诉讼法》第 91 条第 2 项规定的应予再审的情形。《行政诉讼证据规定》第 52 条对当事人在二审程序和审判监督程序中依法提供的"新的证据"作了规定。通常认为，该条第 3 项规定的"原告或者第三人提供的在举证期限届满后发现的证据"，系原告或者第三人在举证期限届满之前无法取得或者还没有出现的证据，即基于不可归责于原告或者第三人的原因在举证期限届满后才发现的证据。《某县土地利用现状图》系由杨二村八组从该县自然资源和规划局获取。对于该图，本案并无证据显示杨二村八组在举证期限届满前已经取得或者应当能够取得而未取得。该图构成《行政诉讼证据规定》第 52 条第 3 项规定的"新的证据"。最高法院裁定：一、指令该省高级法院再审本案；二、再审期间，中止原判决的执行。

命题陷阱

二审中的"新证据"认定：不是一审没提供的证据在二审中提供都作为"新证据"，能作为"新证据"的是由于当事人主观原因以外的原因（客观原因、一审法院的原因等正当事由）在一审中未提出，而在二审中提出的证据。

经典真题

根据《最高人民法院关于行政诉讼证据若干问题的规定》，在二审程序中，对当事人依法提供的新证据，法庭应当进行质证。这里新证据是指：（2005/2/81）[1]

A. 在一审程序中应当准予延期提供而未获准许的证据
B. 当事人在一审程序中依法申请调取而未获准许，人民法院在二审程序中调取的证据
C. 原告或者第三人提供的在举证期限届满后发现的证据
D. 原告或第三人在诉讼过程中提出的其在被告实施行政行为过程中所没有反驳的证据

---

[1] ABC。《行政诉讼证据规定》中的"新的证据"是指：①在一审程序中应当准予延期提供而未获准许的证据；②当事人在一审程序中依法申请调取而未获准许或者未取得，人民法院在第二审程序中调取的证据；③原告或者第三人提供的在举证期限届满后发现的证据。D 选项中的证据有可能属于被告在行政程序中依照法定程序要求原告提供、原告应当提供而拒不提供的证据，这类证据不属于新证据。

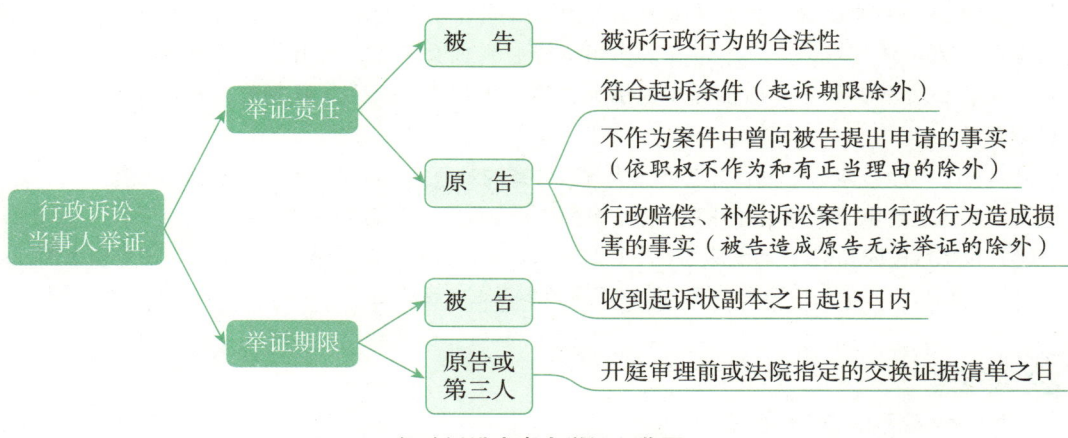

```
                          ┌─ 被告 ─── 被诉行政行为的合法性
              ┌─ 举证责任 ─┤         ┌ 符合起诉条件（起诉期限除外）
              │            └─ 原告 ──┤ 不作为案件中曾向被告提出申请的事实
行政诉讼       │                     │（依职权不作为和有正当理由的除外）
当事人举证 ────┤                     └ 行政赔偿、补偿诉讼案件中行政行为造成损
              │                       害的事实（被告造成原告无法举证的除外）
              └─ 举证期限 ─┬─ 被告 ─── 收到起诉状副本之日起15日内
                          └─ 原告或 ── 开庭审理前或法院指定的交换证据清单之日
                             第三人
```

行政诉讼当事人举证一览图

专题 42 行政诉讼的证据调取与认定、法律适用

一、行政诉讼的证据调取

当事人举证和法院调取证据，是诉讼证据的两个来源。当事人举证是行政诉讼证据的主要来源，法院调取证据应限定于少数特定情形。

法院调取证据可分为依职权调取证据和依申请调取证据两种情形。

（一）法院依职权调取证据

法院依职权调取证据的目的是保护国家利益、公共利益或他人合法权益和证明自己行为的正当性。其主要包括两种情形：

1. 相关事实认定涉及国家利益、公共利益或者他人合法权益。例如，在行政许可案件中，被告不提供行政许可行为合法的证据，法院在当事人无争议，但涉及国家利益、公共利益或者他人合法权益的情况下，依职权调取行政许可行为合法的证据。

2. 涉及依职权追加当事人、中止诉讼、终结诉讼、回避等程序性事项。

（二）法院依申请调取证据

法院依原告或第三人申请调取证据的目的是弥补原告或第三人举证能力的不足。原告或第三人应当在举证期限内提交调取证据申请书，其申请的证据包括三种：

1. 由国家机关保存而须由法院调取的证据。例如，《政府信息公开案件规定》第 5 条第 5 款规定，被告主张政府信息不存在，原告能够提供该政府信息系由被告制作或者保存的相关线索的，可以申请人民法院调取证据。

2. 涉及国家秘密、商业秘密、个人隐私的证据。

3. 确因客观原因不能自行收集的其他证据。

[例] 某有限公司股东张某以公司增资股东出资资金系公司代为缴纳，增资出资不实，公司办理增加注册资本变更登记时向工商行政管理部门提交的申请材料系虚假材料为由，向法院

提起行政诉讼,请求撤销工商行政管理部门为该公司作出的变更登记。起诉时,张某书面申请法院调取该公司银行增资账户中增资股东出资资金到位及来源、去向等证据材料。对增资出资股东在银行公司增资账户中的出资注入情况,确系张某个人所无法获得的,法院受理其调取该证据的申请。

注意:原告或第三人确有证据证明被告持有的对原告或第三人有利的证据的处理
(1) 原告或者第三人可以在开庭审理前书面申请法院责令行政机关提交;
(2) 申请理由成立的,法院应当责令行政机关提交,因提交证据所产生的费用,由申请人预付;
(3) 行政机关无正当理由拒不提交的,法院可以推定原告或者第三人基于该证据主张的事实成立。

命题陷阱

行政诉讼中法院调取证据的限制:
1. 法院依申请调取证据的申请人仅限定于原告和第三人,被告被排除在外,法院绝对不能根据被告申请来调取证据去证明被诉行政行为合法。
2. 法院不得为证明被诉行政行为的合法性调取被告作出行政行为时未收集的证据。

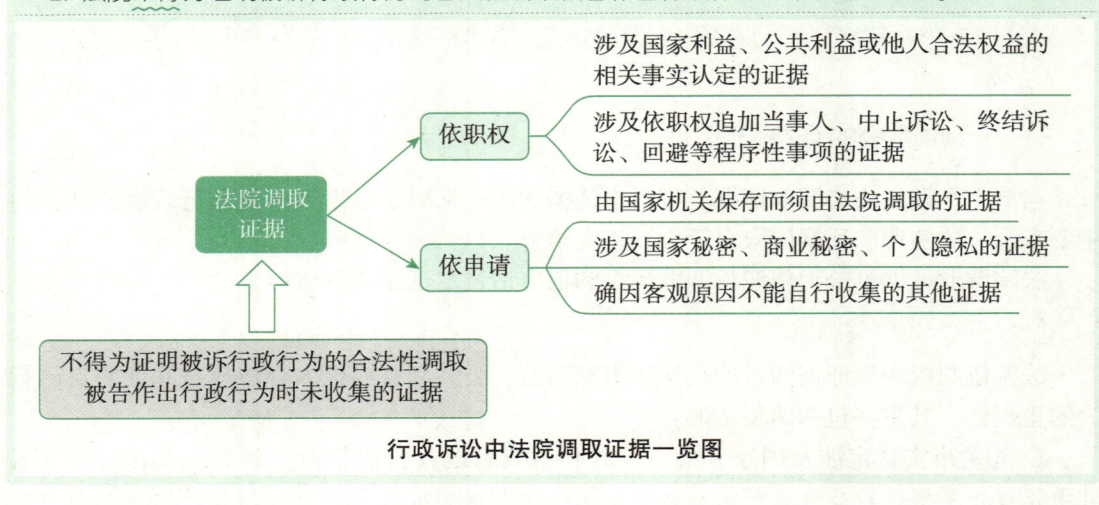

法院调取证据

- 依职权
  - 涉及国家利益、公共利益或他人合法权益的相关事实认定的证据
  - 涉及依职权追加当事人、中止诉讼、终结诉讼、回避等程序性事项的证据
- 依申请
  - 由国家机关保存而须由法院调取的证据
  - 涉及国家秘密、商业秘密、个人隐私的证据
  - 确因客观原因不能自行收集的其他证据

不得为证明被诉行政行为的合法性调取被告作出行政行为时未收集的证据

行政诉讼中法院调取证据一览图

经典真题

依据行政诉讼的有关规定,下列哪一证据材料在原告不能自行收集,但能够提供确切线索时,可以申请人民法院调取?(2004/2/46)[1]

A. 涉及公共利益的证据材料　　　　B. 涉及个人隐私的证据材料
C. 涉及中止诉讼事项的证据材料　　D. 涉及回避事项的证据材料

二、行政诉讼的证据质证

质证,是指在法官的主持下,当事人对有关证据进行辨认和对质,围绕证据的真实性、关联性和合法性及证据的证明力和证明力大小进行辩论的活动,最后将质证结果作为

---

[1] B。A、C、D 选项都属于法院依职权主动调取的证据,不属于法院依申请调取的证据;B 选项属于法院依申请调取的证据。

定案依据。

1. 质证原则。原则上，所有的证据都需经过质证才能作为定案依据，未经质证的证据不能作为定案依据。当事人在庭前证据交换过程中没有争议并记录在卷的证据，经审判人员在庭审中说明后，可以作为认定案件事实的依据。

2. 缺席证据质证。经合法传唤，因被告无正当理由拒不到庭而需要依法缺席判决的，被告提供的证据不能作为定案的依据，但当事人在庭前交换证据中没有争议的证据除外。

3. 涉密证据质证。涉及国家秘密、商业秘密和个人隐私或者法律规定的其他应当保密的证据，不得在开庭时公开质证。

4. 法院调取证据的质证。当事人申请法院调取的证据，由申请调取证据的当事人在庭审中出示，并由当事人质证；法院依职权调取的证据，由法庭出示，并可就调取该证据的情况进行说明，听取当事人意见，无须质证。

5. 二审质证。在第二审程序中，对当事人依法提供的新的证据，法庭应当进行质证；当事人对第一审认定的证据仍有争议的，法庭也应当进行质证。

6. 再审质证。按照审判监督程序审理的案件，对当事人依法提供的新的证据，法庭应当进行质证；因原判决、裁定认定事实的证据不足而提起再审所涉及的主要证据，法庭也应当进行质证。

7. 生效文书中证据的质证。生效的法院裁判文书或者仲裁机构裁决文书确认的事实无须质证，可以作为定案依据；如果发现裁判文书或者裁决文书认定的事实有重大问题的，应当中止诉讼，通过法定程序予以纠正后恢复诉讼。

命题陷阱

行政诉讼中并非所有定案证据都应当经过质证，有三种证据无须质证就可以作为定案依据：
1. 当事人在庭前证据交换过程中没有争议的证据。
2. 法院依职权调取的证据。
3. 生效的法院裁判文书或者仲裁机构裁决文书确认的证据。

三、行政诉讼的证据认定

（一）证据效力

完全无效的证据	（1）严重违反法定程序收集的证据； （2）以利诱、欺诈、胁迫、暴力等不正当手段获取的证据； （3）以偷拍、偷录、窃听等手段获取的侵害他人合法权益的证据； （4）以违反法律禁止性规定或者侵犯他人合法权益的方法取得的证据。
不利于被告的证据	（1）被告在行政程序中非法剥夺公民、法人或其他组织的陈述、申辩或听证权利而获得的证据； （2）被告及其代理人在作出行政行为后或在诉讼程序中自行收集的证据； （3）原告或者第三人在诉讼程序中提供的、被告在行政程序中未作为行政行为依据的证据； （4）二审中提交的在一审中未提交的证据，不能作为撤销或变更一审裁判的根据。

续表

不利于原告的证据	（1）原告或第三人在第一审程序中无正当事由未提供而在第二审程序中提供的证据； （2）被告有证据证明其在行政程序中依照法定程序要求原告提供证据，原告依法应提供而拒不提供，在诉讼程序中提供的证据。

［例］2009年3月，某区国税局对某珠宝公司进行增值税纳税检查，发现该珠宝公司自2008年1月至2008年12月期间偷税62.3万元，占应纳税额9.3%。2009年4月6日，该区国税局作出《税务处理决定书》，责令该珠宝公司补缴税款，同时作出《税务行政处罚决定书》。该珠宝公司不服，向某市国税局申请行政复议。经复议审查，该市国税局认为该区国税局作出的具体行政行为事实清楚、证据确凿、依据准确、程序合法，决定维持。该珠宝公司提起行政诉讼。在诉讼过程中，该珠宝公司向法院提交了2008年1月至2008年12月间取得的尚未抵扣的增值税专用发票29份，进项税额合计37.9万元。该珠宝公司以该区国税局所认定的偷税金额错误为由要求法院判决其败诉。该区国税局提出，在该案调查过程中，该局已在送达该珠宝公司的《检查税务通知书》中明确告知该珠宝公司应提供的各种资料的名称，在作出《税务行政处罚决定书》前也按照法定程序履行了各项告知义务，并明确通知该珠宝公司提供尚未抵扣的增值税专用发票抵扣联，而该珠宝公司在纳税检查、陈述、申辩及听证程序中均拒绝提供。本案该珠宝公司在行政诉讼阶段提供的证据，法院不予采纳。

（二）证据认定

证据认定，是指法官在听取当事人对证据的说明、对质和辨认后，对证据作出的采信与否的认定。证据认定的内容是对证据是否具有真实性、关联性和合法性作出确认。

01 证据真实性的认定

证据的真实性，是指作为证据的事实必须是客观存在的事实，而不是猜测和虚构的东西。法庭认定证据真实性要从以下方面审查：①证据形成的原因；②发现证据时的客观环境；③证据是否为原件、原物，复制件、复制品与原件、原物是否相符；④提供证据的人或者证人与当事人是否具有利害关系；⑤影响证据真实性的其他因素。

02 证据关联性的认定

证据的关联性，是指证据必须与案件事实之间存在着内在联系。在法院审理中，法庭应当确定证据材料与案件事实之间的证明关系，排除不具有关联性的证据材料。

03 证据合法性的认定

法庭从以下三个方面审查证据的合法性：①证据是否符合法定形式；②证据的取得是否符合法律、法规、司法解释和规章的要求；③是否有影响证据效力的其他违法情形。

［例］2013年3月17日，原告林某在居委会参加业主会议时与他人发生争执，因情绪激动，实施了拍、砸会议室中乒乓球桌的行为，致乒乓球桌受损，居委会向被告某公安分局报了警。3月19日，被告派出1名民警拍摄了乒乓球桌受损照片。3月27日，被告认定原告有故意损毁公私财物的违法行为，对原告作出行政拘留5日的行政处罚。原告不服，向法院起诉，要求撤销该处罚决定。本案中，被告用于证明原告行为导致乒乓球桌受损情况的主要证据为照

片。然而，本案中的照片仅由1名民警制作，违反了"调查取证时，人民警察不得少于2人"的要求，不能被法院所采信。法院生效判决以"主要证据不足"为由，撤销了被诉行政处罚行为。

经典真题

1. 关于行政诉讼证据，下列哪一说法是正确的？（2004/2/47）[1]
   A. 人民法院依职权调取的证据，应当在法庭出示，由当事人质证
   B. 涉及商业秘密的证据，可以不公开质证
   C. 第二审程序中，所有第一审认定的证据无须再质证
   D. 生效的人民法院判决书认定的事实无须质证，可以作为定案的证据

2. 关于在行政诉讼中法庭对证据的审查，下列哪一说法是正确的？（2010/2/49）[2]
   A. 从证据形成的原因方面审查证据的合法性
   B. 从证人与当事人是否具有利害关系方面审查证据的关联性
   C. 从发现证据时的客观环境审查证据的真实性
   D. 从复制件与原件是否相符审查证据的合法性

四、行政诉讼的法律适用

行政诉讼的法律适用，是指法院按照法定程序将法律、法规、规章等规范具体运用于各种行政案件，对被诉行政行为的合法性进行审查的活动。

（一）实体法律规范的适用

不同的法律规范在法院审理行政案件时的地位是不一样的。

1. 法律、行政法规与地方性法规

法律、行政法规与地方性法规是行政审判的依据。行政审判的依据，是指法院审理行政案件，对行政行为合法性进行审查和裁判必须遵循的根据。法院无权拒绝适用法律、法规。

2. 规章

与法律、法规作为审查依据相比，规章在行政诉讼中为参照适用。"依据"，是指法院审理行政案件时，必须适用该规范，不能拒绝适用；"参照"，是指法院审理行政案件时对规章是有条件的适用：

（1）对符合法律、法规规定的规章予以适用，将规章作为审查行政行为合法性的根据；

（2）对不符合或不完全符合法律、法规原则、精神

魏语绸缪

反倾销行政案件和反补贴行政案件中参照国务院部门规章，对被诉反倾销行政行为和被诉反补贴行政行为进行合法性审查。

---

[1] D。依申请调取的证据应在庭审中出示，并由当事人质证，依职权调取的证据由法庭出示，听取当事人意见，无须质证。涉及商业秘密的证据，"应当"不公开质证，而不是"可以"不公开质证。第二审程序中，对第一审认定的证据，当事人仍有争议的，法庭应当进行质证。生效的人民法院判决书认定的事实可以作为定案的证据，无须再质证。

[2] C。《行政诉讼证据规定》第56条规定，法庭应当根据案件的具体情况，从以下方面审查证据的真实性：①证据形成的原因；②发现证据时的客观环境；③证据是否为原件、原物，复制件、复制品与原件、原物是否相符；④提供证据的人或者证人与当事人是否具有利害关系；⑤影响证据真实性的其他因素。

的规章，法院可以不予适用。

［例］在任建国不服劳动教养复查决定案中，根据山西省政府规章（《山西省人民政府关于保护企业厂长、经理依法执行职务的规定》），任建国被劳动教养1年。

法院生效判决认为，上位法（1957年8月3日国务院公布的《关于劳动教养问题的决定》，1979年11月29日国务院公布的《关于劳动教养的补充规定》，1982年1月21日经国务院转发、公安部发布的《劳动教养试行办法》）对劳动教养的适用对象已有明确的规定，而山西省政府规章扩大了劳动教养的适用范围，因此法院不适用山西省政府规章，判决撤销原审对任建国劳动教养1年的决定。[1]

3. 其他规范性文件

其他规范性文件不属于法的范畴，对法院没有强制约束力。当其他规范性文件有明确的法律、法规和规章依据，同时在其不违反法律、法规和规章的情况下，法院应对其他规范性文件予以参考。法院经审查：

（1）认为被诉行政行为依据的具体应用解释和其他规范性文件合法、有效且合理、适当的，在认定被诉行政行为合法性时应承认其效力；

（2）可以在裁判理由中对上述具体应用解释和其他规范性文件是否合法、有效、合理或适当进行评述。

4. 司法解释

司法解释是最高法院就在审判过程中如何具体应用法律问题进行的解释，是对法律的具体化。法院审理行政案件，适用最高法院司法解释的，应当在裁判文书中援引。

5. 国际条约

（1）原则上，国际条约不能在我国行政诉讼中直接适用，其仅具有间接适用力。法院在裁判文书中也不能直接援引国际条约作为裁判依据，而必须经过相关国内法转化才能适用。

（2）特殊情况下，国际条约在行政诉讼中可以直接适用。这一特殊情况是，国际条约无法及时转化为国内法。

法院审理国际贸易行政案件所适用的法律、行政法规的具体条文存在2种以上的合理解释，其中有一种解释与我国缔结或者参加的国际条约的有关规定相一致的，应当选择与前述国际条约的有关规定相一致的解释，但我国声明保留的条款除外。

注意：行政协议具有"协议性"的特征。法院审理行政协议案件，可以参照适用民事法律规范中民事合同的相关规定；当事人依据民事法律规范的规定行使履行抗辩权的，法院应予支持。

（二）诉讼法律规范的适用

1. 《民事诉讼法》的适用

民事诉讼乃行政诉讼之母，行政诉讼脱胎于民事诉讼，《行政诉讼法》没有规定的，都可以适用《民事诉讼法》。

（1）法院审理行政案件，关于期间、送达、财产保全、开庭审理、调解、中止诉讼、终结诉讼、简易程序、执行等，以及检察院对行政案件受理、审理、裁判、执行的监督，《行政诉讼法》没有规定的，适用《民事诉讼法》的相关规定。

---

[1] 此例中提到的"劳动教养"相关规定均已废除，但其所体现的法律规则仍具有意义。

（2）法院审理行政协议案件，应当适用《行政诉讼法》的规定；《行政诉讼法》没有规定的，参照适用《民事诉讼法》的相关规定。

2. 新旧《行政诉讼法》[1]的适用

《行政诉讼法》经过2014年修正并于2015年5月1日开始实施，增加了行政行为无效和行政协议的相关规定。

（1）行政行为无效的新旧法适用

虽然对行政行为无效没有起诉期限限制（具体内容可参见本书第5讲"具体行政行为"），但是2015年5月1日前实施的旧《行政诉讼法》没有规定行政行为无效的内容。因此，公民、法人或者其他组织对2015年5月1日之前作出的行政行为提起诉讼，请求确认行政行为无效的，法院不予立案；公民、法人或者其他组织对2015年5月1日之后作出的行政行为提起诉讼，请求确认行政行为无效的，法院予以立案。

（2）行政协议的新旧法适用

2015年5月1日前实施的旧《行政诉讼法》没有规定行政协议的内容。因此，因2015年5月1日之前订立的行政协议发生纠纷的，适用当时的法律规定；因2015年5月1日之后订立的行政协议发生纠纷的，适用新《行政诉讼法》的规定。

经典真题

法院审理行政案件，对下列哪些事项，《行政诉讼法》没有规定的，适用《民事诉讼法》的相关规定？（2015/2/81）[2]

A. 受案范围、管辖
B. 期间、送达、财产保全
C. 开庭审理、调解、中止诉讼
D. 检察院对受理、审理、裁判、执行的监督

致努力中的你

当你快坚持不住的时候，
困难也快坚持不住了。

---

〔1〕本部分所称"旧法"即2014年修正前的《行政诉讼法》，"新法"即2014年修正后的《行政诉讼法》，2017年再次修正不影响此部分内容。

〔2〕BCD。《行政诉讼法》第101条规定，法院审理行政案件，关于期间、送达、财产保全、开庭审理、调解、中止诉讼、终结诉讼、简易程序、执行等，以及检察院对行政案件受理、审理、裁判、执行的监督，本法没有规定的，适用《民事诉讼法》的相关规定。A选项中的"受案范围、管辖"，《行政诉讼法》有相关规定，就不适用《民事诉讼法》了。

17 第十七讲 >> 行政诉讼的结案与执行

应试指导

本讲在考试中的题目类型主要是客观卷中的选择题和主观卷中的案例分析题，需要考生了解行政诉讼判决、裁定和决定的含义、适用范围及效力，理解行政诉讼的执行要求，熟悉并能够运用行政诉讼一审判决的种类及其适用条件。核心考点是第一审判决（包括行政许可案件判决适用、信息公开行政案件判决适用、行政协议案件判决适用、经复议案件判决适用）。本讲涉及的必读法律法规有：《行政诉讼法》《行诉解释》《政府信息公开案件规定》《行政许可案件规定》《行政协议案件规定》。

行政诉讼的审理依据：

- 行政诉讼第一审判决
  - 第一审判决种类
    - 撤销判决
    - 履行判决
    - 变更判决
    - 驳回原告诉讼请求判决
    - 确认违法判决
    - 确认无效判决
  - 行政许可案件的判决
    - 不予许可案件
    - 准予许可案件
    - 查阅权诉讼案件
  - 信息公开行政案件的判决
    - 申请公开信息案件
    - 商业秘密、个人隐私案件
    - 申请更正信息案件
    - 申请不答复案件
  - 行政协议案件的判决
    - 行政性行为案件
    - 行政协议效力案件
    - 行政违约案件
  - 经复议案件的判决
    - 复议改变案件
    - 复议维持案件
  - 行政规范性文件附带审查

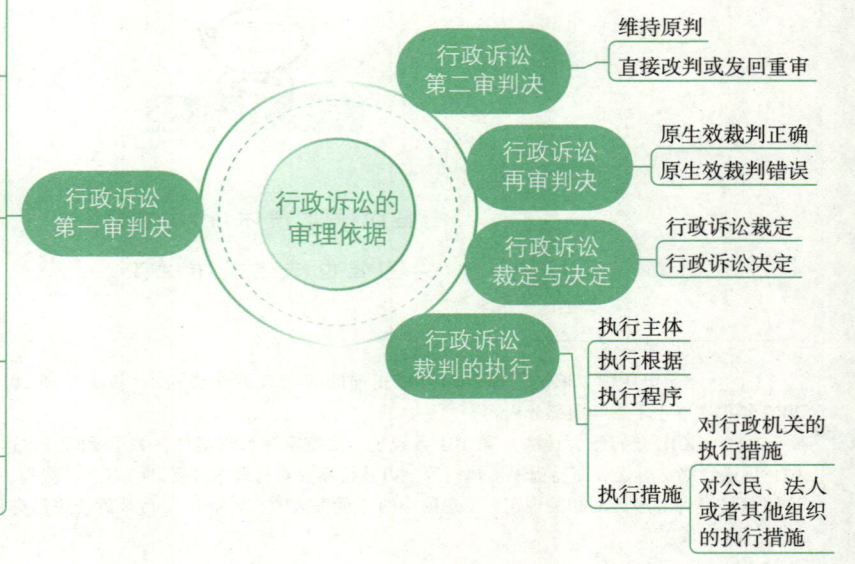

- 行政诉讼第二审判决
  - 维持原判
  - 直接改判或发回重审

- 行政诉讼再审判决
  - 原生效裁判正确
  - 原生效裁判错误

- 行政诉讼裁定与决定
  - 行政诉讼裁定
  - 行政诉讼决定

- 行政诉讼裁判的执行
  - 执行主体
  - 执行根据
  - 执行程序
  - 执行措施
    - 对行政机关的执行措施
    - 对公民、法人或者其他组织的执行措施

专题 43 行政诉讼第一审判决

行政诉讼判决，简称行政判决，是指法院审理行政案件终结时，根据审理所查清的事实，依据法律规定对行政案件实体问题作出的结论性处理决定。按照审级标准可以将判决分为一审判决、二审判决和再审判决。

一、第一审判决的一般情况

（一）判决种类

行政诉讼一审判决主要有六种类型，分别为撤销判决、履行判决、变更判决、驳回原告诉讼请求判决、确认违法判决、确认无效判决。

1. 撤销判决

撤销判决，是指法院认定被告作出的行政行为部分或者全部违法，从而部分或全部撤销被诉行政行为，并可以责令被告重新作出行政行为的判决。

（1）撤销判决的适用范围：①行政行为主要证据不足；②行政行为适用法律、法规错误；③行政行为违反法定程序；④行政机关超越职权作出行政行为；⑤行政机关滥用职权作出行政行为；⑥行政行为明显不当。

每一种情形都构成法院撤销判决的独立理由。

（2）撤销判决可分为三种具体形式：①全部撤销，适用于整个行政行为全部违法的情形。②部分撤销，适用于行政行为部分违法，法院只作出撤销违法部分的判决的情形。③判决撤销并责令被告重新作出行政行为，适用于违法行政行为撤销后需要被告对行政行为所涉及事项作出处理的情形。例如，行政机关不公开政府信息决定违法，法院撤销不公开决定，并责令行政机关公开政府信息。

注意：法院判决被告重新作出行政行为的，被告不得以同一事实和理由作出与原行政行为基本相同的行政行为。

［例］文智瑞丽公司于 2016 年 12 月 27 日取得《营业执照》，经营范围系"为二手车交易双方提供交易场所和信息、过户、转籍、相关配套服务"。随后文智瑞丽公司向市商务局提出二手车交易市场经营者备案申请，市商务局审查后作出不予备案决定。经文智瑞丽公司申请复议，省商务厅复议决定撤销不予备案决定，责令市商务局在法定时限内依法完成对文智瑞丽公司二手车交易市场经营者的备案。2018 年 2 月 22 日，该市市场监督管理局认定文智瑞丽公司不具备二手车交易市场经营条件，未取得商务部门备案手续仍然开展经营活动，对其作出行政处罚决定，吊销其营业执照。文智瑞丽公司对处罚决定不服，提起行政诉讼。

法院生效判决认为，在省商务厅复议决定撤销市商务局不予备案决定并责令其依法完成备案的情况下，未能完成备案不能归责于文智瑞丽公司，也不能据此认定该公司不具备二手车交易市场经营条件，处罚决定认定事实主要证据不足，遂判决撤销处罚决定。

2. 履行判决

履行判决，是指法院认定被告负有法律职责（作为义务）或给付义务（金钱义务）

无正当理由而不履行,责令被告限期履行法定职责和给付义务的判决。给付义务主要指支付抚恤金、最低生活保障待遇或者社会保险待遇等给付义务。

履行判决的适用范围:①被告不履行法定职责;②被告依法负有给付义务。

注意:

(1) 法院判决被告履行法定职责,应当指定履行的期限,因情况特殊难以确定期限的除外;

(2) 尚需被告调查或者裁量的,法院应当判决被告针对原告的请求重新作出处理。

[例] 因建设中环线工程需要,某镇政府对辖区内某村集体土地实施征收。刘某租赁徐某的承包地经营苗木,徐某的承包地在征收范围内。因刘某与徐某就补偿款分配产生纠纷,该镇政府未支付补偿款。刘某以该镇政府不履行法定职责,未给付其苗木移植补偿费为由提起诉讼。法院受理案件后查明,苗木移植补偿费应为刘某所得,判决该镇政府向刘某支付苗木移植补偿费。

3. 变更判决

变更判决,是指经法院认定行政处罚行为明显不当,或者其他行政行为涉及对款额的确定、认定确有错误的,运用国家审判权直接改变行政行为的判决。变更判决与撤销判决最大的区别是变更判决直接确定了当事人的权利和义务。

> **魏语绸缪**
>
> 变更判决原则上只能减轻不能加重,即不得加重原告的义务或者减损原告的权益;但利害关系人同为原告,且诉讼请求相反的除外。

变更判决的适用范围:①行政处罚明显不当;②其他行政行为涉及对款额的确定、认定确有错误。

[例] 2019年7月,某县市场监督管理局对盐化公司作出行政处罚决定,没收扣押的食盐35吨、处以货值金额19倍罚款,即7 022 400元。盐化公司申请行政复议,该县人民政府于2019年10月作出行政复议决定,维持以上行政处罚决定。盐化公司不服该行政处罚决定及复议决定,遂提起诉讼。

法院生效判决认为,该县市场监督管理局并未提供证据证实盐化公司在该县销售的食盐是否存在质量问题,本案查处前后,盐化公司在该县的分公司办理了《营业执照》等相关证照,主动消除影响,对盐化公司处以货值金额19倍的罚款过高,考虑到保护民营企业发展的需要,变更对盐化公司的罚款。法院最终判决变更该县市场监督管理局行政处罚决定为:①没收扣押的食盐35吨;②处以货值金额10倍罚款,即3 696 000元。

4. 驳回原告诉讼请求判决

驳回原告诉讼请求判决,是指法院认为被诉行政行为合法或者原告申请被告履行法定职责或给付义务理由不成立的,法院直接作出否定原告诉讼请求的一种判决形式。

驳回原告诉讼请求判决的适用范围:①行政行为证据确凿,适用法律、法规正确,符合法定程序(行政作为);②原告申请被告履行法定职责或者给付义务理由不成立(行政不作为)。

注意:驳回原告诉讼请求和驳回原告起诉的区别

(1) 使用的裁判形式不同。前者涉及的是案件实体问题,应适用判决;后者涉及的主要为案件程序问题,应适用裁定。

(2) 适用情形不同。前者适用于法院受理案件后,经过审理发现原告诉讼请求不予支持;后者则适用于法院受理案件后,发现起诉不符合受理条件。

[例] 原告吴某某系被告中国海洋大学2010级计算机科学与技术专业学生，该专业要求学生在4年内最低完成164个学分，而原告仅完成118.5个学分，两次转入下一年级学习，共计有3个学期所修学分不足12学分。2014年9月25日，原告申请到试读机会，但在试读期间仍未修满12学分。2015年5月26日，被告以"一学期修课取得学分不足12学分情况累计已达4个学期"为由对原告作出退学决定。原告不服，提起诉讼。

法院生效判决认为，根据《普通高等学校学生管理规定》及《中国海洋大学全日制本科学生学籍管理规定》（已修订）的规定，原告在校学习期间有3个学期取得的学分不足12学分，连续两次转入下一年级学习，在申请试读的一学期内仍没有取得12学分，已符合上述规定关于退学的条件，遂判决驳回原告的诉讼请求。

5. 确认违法判决

确认违法判决，是指法院认为被诉行政行为违法，确认其违法的一种判决形式。

确认违法判决的适用范围：①被诉行政行为依法应当撤销，但是撤销将给国家利益和社会公共利益带来重大损失；②行政行为程序轻微违法，但对原告实体权利不产生实际影响；③行政行为违法，但不具有可撤销内容；④被告改变原违法行政行为，原告仍要求确认原行政行为违法；⑤被告不履行法定职责，但判决责令履行法定职责已无实际意义。

📖 注意：

（1）程序轻微违法，是指处理期限、通知、送达等程序轻微违法，并且对听证、陈述、申辩等重要程序性权利不产生实质损害。

（2）法院判决确认违法的，可以同时判决责令被告采取补救措施；给原告造成损失的，依法判决被告承担赔偿责任。

[例1] 2016年1月，市政府依据《城乡规划法》《省发展和改革委员会关于城市棚户区改造省统贷项目（四期）可行性研究报告的批复》的规定，就棚改规划区范围内个人新建、改（扩）建房有关问题发布通告，周某的房屋属于改造范围。2016年8月，市政府作出房屋征收决定。2017年12月，市政府就周某被征收房屋作出房屋征收补偿决定。2018年7月，周某的房屋被拆除。周某提起诉讼，请求撤销房屋征收决定。

法院生效判决认为，对于被诉房屋征收决定，市政府提交的证据未能证明：征收符合相应规划要求、严格按照法定程序制定了补偿安置方案、制作的社会风险评估报告经过了政府常务会议讨论决定、已设立专户并保障征收补偿费足额到位、已对房屋征收决定依法予以公告等。因此被诉房屋征收决定主要证据不足、程序违法，应当予以撤销。但因市政府征收行为涉及棚户区改造项目等社会公共利益，且被征收房屋现已被强制拆除，遂判决确认被诉房屋征收决定违法。

[例2] 2016年9月20日，苑某持郑某身份证原件等材料，到县市场监管局申请公司设立登记，县市场监管局当日作出《准予设立登记通知书》，准予设立祥益公司。2017年8月15日，郑某得知身份证被冒用登记后提起诉讼，要求撤销《准予设立登记通知书》。案件审理过程中，县市场监管局撤销了祥益公司的设立登记。郑某不撤诉。法院判决确认《准予设立登记通知书》违法。

6. 确认无效判决

确认无效判决，是指原告申请确认行政行为无效，法院认为行政行为存在重大且明显违法等情形，进而对行政行为确认无效的判决形式。

确认无效判决的适用范围：①行政行为实施主体不具有行政主体资格；②减损权利或者增加义务的行政行为没有法律规范依据；③行政行为的内容客观上不可能实施；④其他重大且明显违法的情形。

注意：

（1）确认无效诉讼的起诉没有起诉期限限制。

（2）法院判决确认无效的，可以同时判决责令被告采取补救措施；给原告造成损失的，应判决被告承担赔偿责任。

[例] 吴某系某村村民。2019 年 7 月 25 日，市自然资源和规划局对该村村民委员会作出了《责令退还非法占用土地告知书》，但在该告知书中却点名吴某的房屋为非法占地建造，认为吴某的占地行为违反了《土地管理法》第 77 条（现为第 78 条）和《某省农村宅基地用地管理办法》第 18 条的规定，并责令该村村民委员会在 3 日内收回吴某占用的集体土地。吴某认为其是房屋下土地的真正权利人和行政相对人，但市自然资源和规划局作出的行政行为直接指向该村村民委员会，明显不合法，侵害其正当合法权益，向法院提起行政诉讼。

法院生效判决认为，市自然资源和规划局依据《土地管理法》第 77 条（现为第 78 条）和《某省农村宅基地用地管理办法》第 18 条的规定作出《责令退还非法占用土地告知书》，但按照上述法律的规定，应当由县级以上土地行政主管部门（现为"农业农村主管部门"）责令违法占用土地行为人退还非法占用的土地，市自然资源和规划局依据上述法律的规定责令该村村民委员会收回非法占用的土地没有法律依据，故判决确认市自然资源和规划局 2019 年 7 月 25 日作出的《责令退还非法占用土地告知书》无效。

（二）判决的逻辑关系

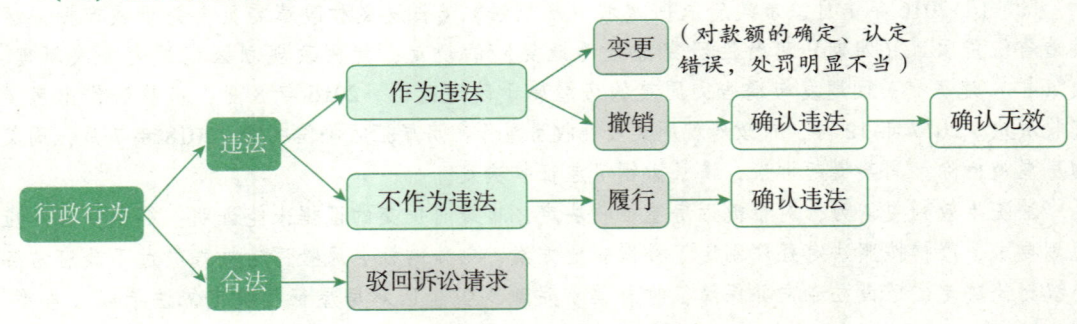

行政诉讼第一审判决关系图

被诉行政行为经过法院审理后，法院会作出两种认定结果：**行政行为违法或行政行为合法**。

1. 行政行为违法分为两种情况，即**行政作为违法和行政不作为违法**：

（1）对于行政作为违法，法院一般都适用撤销判决，因为撤销判决都是针对行政作为违法的。除了适用撤销判决外，对于行政作为违法还能适用变更判决，但它适用于特定情形——行政处罚明显不当或行政行为的款额错误。只有原告申请、行政行为重大且明显违法的，法院才能适用确认无效判决。

（2）对于行政不作为违法，法院一般都适用履行判决。

（3）对于行政作为违法和行政不作为违法，法院都能适用确认违法判决。确认违法是对撤销判决和履行判决的补充判决，即不能判决撤销时判决确认违法，不能判决履行时判决确认违法。确认违法判决适用的五种情形就能体现这一逻辑关系。

另外，原告起诉请求撤销行政行为，法院经审查认为行政行为无效的，应当作出确认无效的判决。原告起诉请求确认行政行为无效，法院审查认为行政行为不属于无效情形，经释明，原告请求撤销行政行为的，应当继续审理并依法作出相应判决；原告请求撤销行政行为但超过法定起诉期限的，裁定驳回起诉；原告拒绝变更诉讼请求的，判决驳回其诉讼请求。

2. 行政行为合法

对于行政行为合法，法院适用驳回原告诉讼请求判决，既包括行政作为合法，也包括行政不作为合法（原告起诉被告不作为理由不成立）。

> **命题陷阱**
>
> 行政诉讼一审适用判决时，首先要明确被诉行政行为是合法还是违法。若题目中没有对被诉行政行为的合法或者违法进行明确，是不能适用任何判决的，否则无论适用哪一种判决种类的选项都是错误的。

经典真题

1. 在行政诉讼中，针对下列哪些情形，法院应当判决驳回原告的诉讼请求？（2014/2/82）[1]
  A. 起诉被告不作为理由不能成立的
  B. 受理案件后发现起诉不符合起诉条件的
  C. 被诉具体行政行为合法，但因法律变化需要变更或者废止的
  D. 被告在一审期间改变被诉具体行政行为，原告不撤诉的

2. 某镇政府以一公司所建钢架大棚未取得乡村建设规划许可证为由责令限期拆除。该公司逾期不拆除，镇政府现场向其送达强拆通知书，组织人员拆除了大棚。该公司向法院起诉要求撤销强拆行为。如一审法院审理认为强拆行为违反法定程序，可作出的判决有：（2015/2/99）[2]
  A. 撤销判决   B. 确认违法判决
  C. 履行判决   D. 变更判决

二、行政许可案件的判决

行政许可案件有三种案件类型：不予许可案件、准予许可案件和查阅权诉讼案件。根据不同情况适用不同判决。

---

[1] AC。A 选项属于申请被告履行法定职责理由不成立的，法院应当判决驳回原告的诉讼请求；B 选项属于受理案件后发现起诉不符合起诉条件的，法院应当裁定驳回原告起诉，而不是判决驳回原告诉讼请求；C 选项中虽然因法律变化需要变更或者废止，但被诉具体行政行为是合法的，法院应当判决驳回原告的诉讼请求；D 选项没有明确原具体行政行为是否合法，判决驳回原告的诉讼请求只是可能的一种判决，如果明确了原具体行政行为合法，法院应当判决驳回原告的诉讼请求。

[2] B。题目中公司向法院起诉的行为是强拆行为，法院经审查后认为强拆行为违反法定程序，法院首选的判决是撤销判决。由于强拆行为已实际实施，无可撤销的内容，因此法院就不能适用撤销判决，而应适用确认违法判决。

案件类型		适用情形	判决类型
不予许可案件	不予许可行为违法	原告请求准予许可的理由成立，且被告没有裁量余地	撤销不予许可决定，责令被告重新作出决定
准予许可案件	准予许可行为合法	被告不举证但行政许可行为合法	驳回原告的诉讼请求
	准予许可行为违法（旧法）合法（新法）	准予行政许可决定违反决定时的法律规范，但符合新的法律规范	确认该决定违法
			不损害公共利益和利害关系人合法权益的，可以判决驳回原告的诉讼请求
查阅权诉讼案件	拒绝行为违法	被告无正当理由拒绝原告查阅行政许可决定及有关档案材料或监督检查记录	判决被告在法定或者合理期限内准予原告查阅

注意：准予许可决定违反旧法但符合新法是行政许可行为瑕疵痊愈的处理，法院依据旧法但不适用撤销判决而是适用确认该决定违法判决。如果该决定不损害公共利益和利害关系人合法权益的，法院依据新法适用驳回原告诉讼请求判决。

[例] 2014年5月6日，某公司根据施工进度将其开发的住宅小区有关楼房建设工程规划许可申请资料提交给县住建局，并同时提交了其他各项申报资料，但县住建局以存在信访问题为由，始终未履行审批职责。该公司遂提起行政诉讼。

法院生效判决认为，该公司提交的申请材料符合法律法规规定，且县住建局也予以认可，县住建局以存在信访问题为由对该公司的申请不作出处理，属于怠于履行法定职责，故判决责令县住建局在判决生效之日起20日内为该公司核发建设工程规划许可证。

三、信息公开行政案件的判决

信息公开行政案件的判决，涉及申请公开信息案件，商业秘密、个人隐私案件，申请更正信息案件，申请不答复案件四种情形，根据具体情况适用不同判决。

案件类型		适用情形	判决类型
申请公开信息案件	不公开行为违法	应当公开的政府信息拒绝或者部分拒绝公开	撤销或者部分撤销被诉不予公开决定，并判决被告在一定期限内公开；尚需要被告调查、裁量的，判决其在一定期限内重新答复
		提供的政府信息不符合申请人要求的内容或者形式	判决被告按照申请人要求的内容或者形式提供
		被告不予公开的政府信息内容可以作区分处理	判决被告限期公开可以公开的内容
	不公开行为合法	不属于政府信息、政府信息不存在、依法属于不予公开范围或者依法不属于被告公开	判决驳回原告的诉讼请求

续表

案件类型	适用情形		判决类型
申请公开信息案件	不公开行为合法	申请公开的政府信息已经向公众公开，被告已经告知申请人获取该政府信息的方式和途径	判决驳回原告的诉讼请求
		无法按照申请人要求的形式提供政府信息，且被告已通过安排申请人查阅相关资料、提供复制件或者其他适当形式提供	
商业秘密、个人隐私案件	公开行为违法	被告公开政府信息涉及原告商业秘密、个人隐私且不存在公共利益等法定事由	政府信息已公开的，判决确认公开政府信息的行为违法，责令被告采取补救措施；造成损害的，判决被告承担赔偿责任
			政府信息尚未公开的，判决行政机关不得公开
	公开行为合法	以政府信息侵犯其商业秘密、个人隐私为由反对公开，理由不成立	判决驳回原告的诉讼请求
申请更正信息案件	不更正行为违法	应当更正而不更正与原告相关的政府信息记录	判决被告在一定期限内更正；被告无权更正的，判决其转送有权更正的行政机关处理；尚需被告调查、裁量的，判决其在一定期限内重新答复
	不更正行为合法	要求被告更正与其自身相关的政府信息记录，理由不成立	判决驳回原告的诉讼请求
申请不答复案件	不作为违法	对要求公开或者更正政府信息的申请无正当理由，逾期不予答复	判决被告在一定期限内答复
		原告一并请求判决被告公开政府信息且理由成立	判决被告在一定期限内公开；尚需被告调查、裁量的，判决其在一定期限内答复
		原告一并请求判决被告更正政府信息且理由成立	判决被告在一定期限内更正；尚需被告调查、裁量的，判决其在一定期限内答复；被告无权更正的，判决其转送有权更正的行政机关处理
	不作为合法	起诉被告逾期不予答复，理由不成立	判决驳回原告的诉讼请求

[例1] 2012年10月6日，彭某向县国土资源局提出政府信息公开申请，申请获取本组村民高某建房用地审批信息。11月28日，县国土资源局作出答复：根据《档案法实施办法》第25条（现已失效）的规定，集体和个人寄存于档案馆和其他单位的档案，任何单位和个人不得擅自公布，如需公布，必须征得档案所有者的同意。故查询高某建房用地审批资料必须依照上述法律规

定到本局档案室办理。同时建议如反映高某建房一户两证的问题，可以直接向本局信访室和执法监察大队进行举报，由受理科、室负责依法办理。彭某不服，提起诉讼，请求法院撤销县国土资源局作出的答复，并责令县国土资源局公开相关信息。

法院生效判决认为，县国土资源局依法应适用《政府信息公开条例》的规定对彭某申请公开的信息进行答复，而在答复中却适用《档案法实施办法》的相关规定，属于适用法律、法规错误，依法应予撤销。彭某申请公开的信息是否应当提供，尚需县国土资源局调查和裁量，故对彭某的该项诉讼请求不予支持。判决撤销被诉答复，责令县国土资源局30个工作日内重新予以答复。

[例2] 区政府对张某等人邮寄的信息公开申请进行审查后，作出《区政府信息公开补正申请告知书》。张某等人收到该告知书后，向区政府邮寄了补正材料，被区政府拒收。张某等人遂以区政府不履行信息公开职责为由提起诉讼。

法院生效判决认为，张某等人向区政府提出申请后，根据区政府的要求邮寄补充材料，但区政府拒收，逾期不予答复，其行为构成不履行法定职责，故判决责令区政府于判决生效之日起15日内对张某等人信息公开的申请作出答复。

经典真题

王某认为社保局提供的社会保障信息有误，要求该局予以更正。该局以无权更正为由拒绝更正。王某向法院起诉，法院受理。下列哪些说法是正确的？（2014/2/83）[1]

A. 王某应当提供其向该局提出过更正申请以及政府信息与其自身相关且记录不准确的事实根据
B. 该局应当对拒绝的理由进行举证和说明
C. 如涉案信息有误但该局无权更正的，法院即应判决驳回王某的诉讼请求
D. 如涉案信息有误且该局有权更正的，法院即应判决在15日内更正

四、行政协议案件的判决

案件类型	适用情形		判决类型
行政性行为案件	行政行为合法	在履行行政协议过程中，可能出现严重损害国家利益、社会公共利益的情形，被告作出变更、解除协议的行政行为后，原告请求撤销该行为，法院经审理认为该行为合法	法院判决驳回原告诉讼请求；给原告造成损失的，判决被告予以补偿
		被告或者其他行政机关因国家利益、社会公共利益的需要依法行使行政职权，导致原告履行不能、履行费用明显增加或者遭受损失	原告请求判令被告给予补偿的，法院应予支持

---

[1] AB。原告起诉被告拒绝更正政府信息记录的，原告应当提供其向该局提出过更正申请以及政府信息与其自身相关且记录不准确的事实根据。被告拒绝更正与原告相关的政府信息记录的，被告应当对拒绝的理由进行举证和说明。被告依法应当更正而不更正与原告相关的政府信息记录的，法院应当判决被告在一定期限内更正。尚需被告调查、裁量的，判决其在一定期限内重新答复。被告无权更正的，判决其转送有权更正的行政机关处理。

续表

案件类型	适用情形		判决类型
行政性行为案件	行政行为违法	被告作出变更、解除协议的行政行为违法	法院判决撤销或者部分撤销，并可以责令被告重新作出行政行为
			法院判决继续履行协议、采取补救措施；给原告造成损失的，判决被告予以赔偿
行政协议效力案件	行政协议存在重大且明显违法情形		法院应当确认行政协议无效；法院可以适用民事法律规范确认行政协议无效
	行政协议无效的原因在一审法庭辩论终结前消除		法院可以确认行政协议有效
	法律、行政法规规定应当经过其他机关批准等程序后生效的行政协议，在一审法庭辩论终结前未获得批准		法院应当确定该协议不发生效力；行政协议约定被告负有履行批准程序等义务而被告未履行，原告要求被告承担赔偿责任的，法院应予支持（被告的缔约过失责任）
	原告认为行政协议存在胁迫、欺诈、重大误解、显失公平等情形而请求撤销		法院经审理认为符合法律规定可撤销情形的，可以依法判决撤销该协议
	原告请求解除行政协议		法院认为符合约定或者法定解除情形且不损害国家利益、社会公共利益和他人合法权益的，可以判决解除该协议
行政违约案件	被告未依法履行、未按照约定履行行政协议		法院可以依法判决被告继续履行，并明确继续履行的具体内容；被告无法履行或者继续履行无实际意义的，法院可以判决被告采取相应的补救措施；给原告造成损失的，判决被告予以赔偿
	原告要求按照约定的违约金条款或者定金条款予以赔偿		法院应予支持
	被告明确表示或者以自己的行为表明不履行行政协议，原告在履行期限届满之前向法院起诉请求其承担违约责任		法院应予支持
	原告以被告违约为由请求法院判令其承担违约责任，法院经审理认为行政协议无效的，应当向原告释明		法院根据原告变更后的诉讼请求判决确认行政协议无效；因被告的行为造成行政协议无效的，法院可以依法判决被告承担赔偿责任
			原告经释明拒绝变更诉讼请求的，法院可以判决驳回其诉讼请求

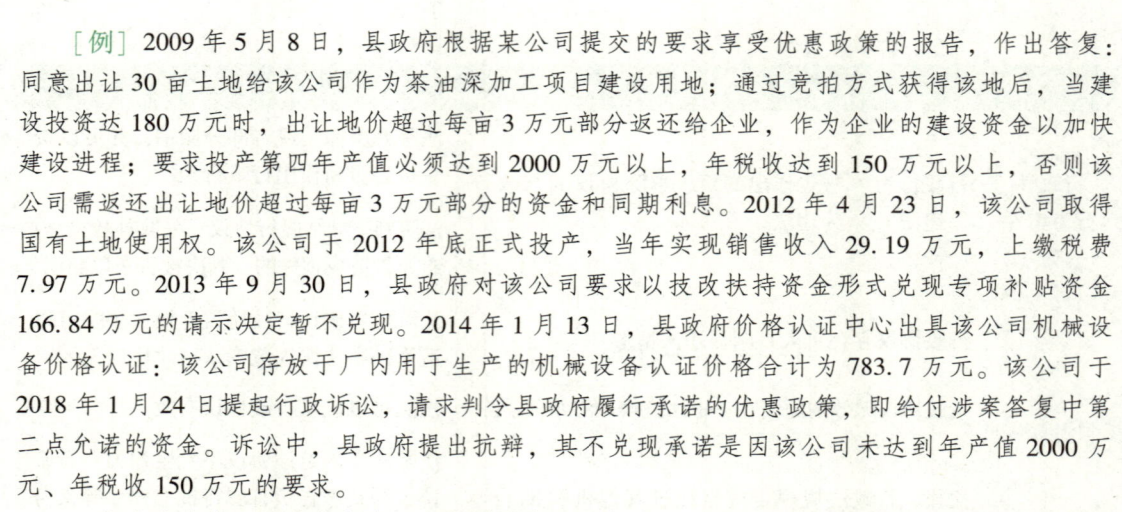

[例] 2009年5月8日,县政府根据某公司提交的要求享受优惠政策的报告,作出答复:同意出让30亩土地给该公司作为茶油深加工项目建设用地;通过竞拍方式获得该地后,当建设投资达180万元时,出让地价超过每亩3万元部分返还给企业,作为企业的建设资金以加快建设进程;要求投产第四年产值必须达到2000万元以上,年税收达到150万元以上,否则该公司需返还出让地价超过每亩3万元部分的资金和同期利息。2012年4月23日,该公司取得国有土地使用权。该公司于2012年底正式投产,当年实现销售收入29.19万元,上缴税费7.97万元。2013年9月30日,县政府对该公司要求以技改扶持资金形式兑现专项补贴资金166.84万元的请示决定暂不兑现。2014年1月13日,县政府价格认证中心出具该公司机械设备价格认证:该公司存放于厂内用于生产的机械设备认证价格合计为783.7万元。该公司于2018年1月24日提起行政诉讼,请求判令县政府履行承诺的优惠政策,即给付涉案答复中第二点允诺的资金。诉讼中,县政府提出抗辩,其不兑现承诺是因该公司未达到年产值2000万元、年税收150万元的要求。

一审法院认为,县政府在该公司达到原允诺的条件后,就应当履行其允诺,支付该公司扶持资金。遂判决:县政府支付该公司166.84万元。县政府不服,提出上诉。

二审法院生效判决认为,虽然该公司建设投资达到180万元,但至本案诉讼时,该公司一直未达到年产值2000万元、年税收150万元的条件要求,其请求返还扶持资金的条件未成就。县政府作为行政协议的行政机关,按现行法律的规定,其不能作为行政诉讼的原告通过行政诉讼来主张权利,但其可以采取不依约履行义务的抗辩方式来行使权利,在双方义务具备相互抵销的情况下,县政府无需先行兑现扶持资金。遂判决:撤销一审判决,驳回该公司的诉讼请求。

五、经复议案件的判决

经复议案件有两种:复议改变案件和复议维持案件。复议改变案件中的被诉行政行为是复议改变决定,复议维持案件中的被诉行政行为是原行政行为和复议维持决定。

案件类型		适用情形	判决类型
复议改变	违 法	复议决定改变原行政行为错误	判决撤销复议决定,责令复议机关重新作出复议决定或者判决恢复原行政行为的法律效力
	合 法	复议决定改变原行政行为正确	判决驳回原告诉讼请求
复议维持		原行政行为违法,复议决定违法	判决撤销原行政行为,判决撤销复议决定
			判决作出原行政行为的行政机关履行法定职责或者给付义务,判决撤销复议决定
		原行政行为合法,复议决定违法	判决驳回原告对原行为的诉讼请求,判决撤销复议决定或者确认复议决定违法
		原行政行为合法,复议决定合法	判决驳回原告诉讼请求

注意:原行政行为不符合复议或者诉讼受案范围等受理条件,复议机关作出维持决定的,法院应当裁定一并驳回对原行政行为和复议决定的起诉。

[例] 某区管委会于2017年2月17日作出《关于对某社区大棚户区改造项目土地上房屋

实施征收的决定》，辖区内某服装厂不服，向市政府提出行政复议，市政府作出了复议维持决定。该服装厂提起行政诉讼。法院审理后判决，确认该区管委会的征收决定违法，撤销市政府作出的复议维持决定。

经典真题

某县工商局认定王某经营加油站系无照经营，予以取缔。王某不服，向市工商局申请复议[1]，在该局作出维持决定后向法院提起诉讼，要求撤销取缔决定。关于此案，下列哪些说法是正确的？（2010/2/85）[2]

A. 市工商局审理王某的复议案件，应由 2 名以上行政复议人员参加
B. 此案的被告应为某县工商局
C. 市工商局所在地的法院对此案有管辖权
D. 如法院认定取缔决定违法予以撤销，市工商局的复议决定自然无效

六、行政规范性文件附带审查

公民、法人或者其他组织认为行政行为所依据的规范性文件不合法，在对行政行为提起行政诉讼时，可以一并请求对该规范性文件进行审查，法院依法对规范性文件进行合法性审查。

（一）规范性文件的范围

1. 国务院部门和地方人民政府及其部门制定的规范性文件，不含规章。
2. 规范性文件是被诉行政行为作出的依据。

（二）审查申请

1. 应当在第一审开庭审理前提出。
2. 有正当理由的，也可以在法庭调查中提出。

[例] 因项目建设需要，区政府于 2017 年 2 月 24 日发出《公告》，对项目用地红线范围内的房屋及其附属物实施征收，国有土地使用权同时收回。孙某的房屋位于征收范围内。2017 年 8 月 21 日，区政府依据《某市旧城区改建房屋征收实施意见》（以下简称《实施意见》）对孙某的房屋作出《征收补偿决定》。孙某不服，提起行政诉讼。案件开庭审理后，孙某在法庭调查阶段请求一并审查《实施意见》的合法性应当有正当理由。

（三）听取意见

1. 法院在对规范性文件审查过程中，发现规范性文件可能不合法的，应当听取规范性文件制定机关的意见。
2. 制定机关申请出庭陈述意见的，法院应当准许。

---

[1] 注意：根据 2023 年修订后的《行政复议法》的规定，王某只能向县政府申请复议，不能向市工商局申请复议。

[2] AC（司法部原答案为 ABD）。行政复议机构审理行政复议案件，应当由 2 名以上行政复议人员参加；市工商局经复议维持了县工商局的决定，应当以县工商局和市工商局作为行政诉讼的被告；经复议的案件，县工商局所在地和市工商局所在地的法院均有管辖权；如法院认定取缔决定违法予以撤销，需将市工商局的复议决定一并撤销，其并非自然无效。

（四）法院审查

1. 审查标准

规范性文件制定机关是否超越权限或者违反法定程序、作出行政行为所依据的条款以及相关条款等方面。

2. 规范性文件不合法的具体情形：①超越制定机关的法定职权或者超越法律、法规、规章的授权范围；②与法律、法规、规章等上位法的规定相抵触；③没有法律、法规、规章依据，违法增加公民、法人和其他组织义务或者减损公民、法人和其他组织合法权益；④未履行法定批准程序、公开发布程序，严重违反制定程序；⑤其他违反法律、法规以及规章规定的情形。

（五）规范性文件合法的处理

规范性文件应当作为认定行政行为合法的依据。

（六）规范性文件不合法的处理

1. 不作为法院认定行政行为合法的依据，并在裁判理由中予以阐明。

2. 司法建议

法院不能直接宣告规范性文件不合法或者撤销规范性文件，应当向规范性文件的制定机关提出处理建议。

（1）法院可以在裁判生效之日起 3 个月内，向规范性文件制定机关提出修改或废止规范性文件的司法建议。

（2）接收司法建议的行政机关应当在收到司法建议之日起 60 日内予以书面答复。

（3）法院可以抄送司法建议给制定机关的同级政府、上一级行政机关、监察机关以及规范性文件的备案机关。

（4）司法建议应当在裁判生效后报送上一级法院进行备案；涉及国务院部门、省级行政机关制定的规范性文件，司法建议还应当分别层报最高法院、高级法院备案。

（七）规范性文件合法性认定的监督

1. 各级法院院长对本院已经发生法律效力的判决、裁定，发现规范性文件合法性认定错误，认为需要再审的，应当提交审判委员会讨论。

2. 最高法院对地方各级法院已经发生法律效力的判决、裁定，上级法院对下级法院已经发生法律效力的判决、裁定，发现规范性文件合法性认定错误的，有权提审或者指令下级法院再审。

[例] 皓天公司向县文体局提出从事互联网上网经营的申请，县文体局作出《不予批准筹建决定书》，拒绝批准皓天公司的经营申请，拒绝理由为县文体局与县市场监管局、县公安局、县工信局联合下发的名为《关于认真贯彻网吧准入新政策，稳步放开网吧审批的实施意见》（以下简称《实施意见》）。《实施意见》中规定，在县城范围内，继续保持原有连片连锁试点模式，不予放开网吧登记。皓天公司提起行政诉讼，请求法院撤销《不予批准筹建决定书》，一并请求审查《实施意见》的合法性。法院受理案件后，对《实施意见》进行审查应当听取县文体局、县市场监管局、县公安局、县工信局的意见。法院经审查认为《实施意见》不合法，《实施意见》不作为法院认定《不予批准筹建决定书》合法的依据，法院应当向县文体

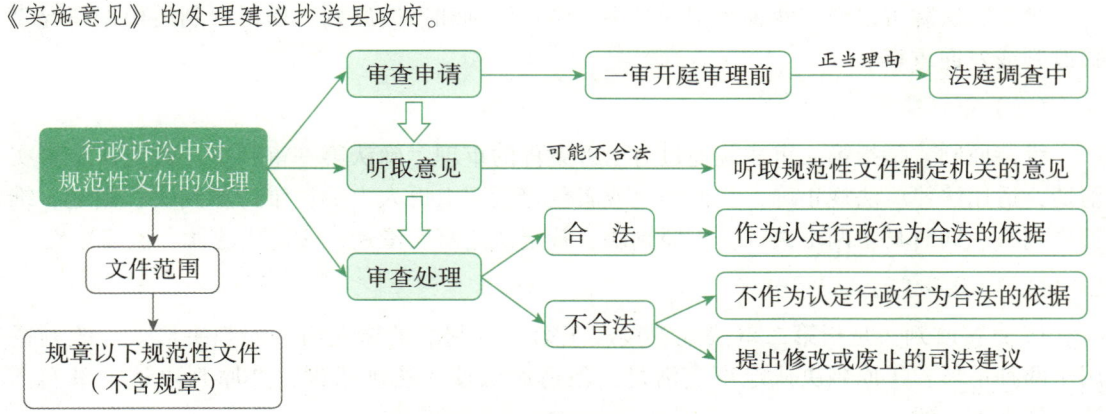

局、县市场监管局、县公安局、县工信局提出修改《实施意见》的处理建议，可以将修改《实施意见》的处理建议抄送县政府。

行政诉讼附带审查规范性文件一览图

```
行政诉讼中对规范性文件的处理
├── 审查申请 ──→ 一审开庭审理前 ──正当理由──→ 法庭调查中
├── 听取意见 ──可能不合法──→ 听取规范性文件制定机关的意见
├── 审查处理 ──合法──→ 作为认定行政行为合法的依据
│              └──不合法──→ 不作为认定行政行为合法的依据
│                         └──→ 提出修改或废止的司法建议
└── 文件范围 ──→ 规章以下规范性文件（不含规章）
```

经典真题

甲县房管局出台《关于全县商品住宅项目公证摇号销售实施意见》（以下简称《实施意见》），要求即日起全县商品住宅已办理预售许可证的楼盘暂停销售，违者处罚。某房地产企业德利公司为回笼资金，仍然组织楼盘销售，被县房管局依据《实施意见》的有关规定予以20万元处罚。德利公司不服该处罚决定和《实施意见》，向法院提起诉讼。下列哪一选项是不正确的？（2018-回忆版）[1]

A. 德利公司对《实施意见》有关规定不服的，可以直接起诉
B. 法院在审查中发现《实施意见》可能不合法的，应当听取县房管局的意见
C. 法院经审查发现《实施意见》不合法的，在裁判生效之日起3个月内向县房管局提出处理建议，县房管局应当在收到司法建议之日起60日内予以书面答复
D. 法院认为《实施意见》不合法的，应当在裁判生效后报送上一级法院备案

专题 44　行政诉讼的第二审判决、再审判决、裁定、决定以及裁判执行

行政诉讼的第二审判决、再审判决、裁定、决定的适用与民事诉讼相同，行政诉讼裁判的执行规则与民事诉讼不同。

一、行政诉讼第二审判决

第二审判决是法院在第二审程序中就上诉案件作出的判决，由于我国实行两审终审

---

[1] A. 《实施意见》是规范性文件，对规范性文件不能直接提起行政诉讼，可以申请法院附带审查；法院在对规范性文件审查过程中，发现规范性文件可能不合法的，应当听取规范性文件制定机关的意见；规范性文件不合法的，法院在裁判生效之日起3个月内向制定机关提出处理建议，制定机关应当在收到司法建议之日起60日内予以书面答复；规范性文件不合法的，需要报上一级法院备案。

制，因而第二审判决是生效判决，也称为终审判决，当事人对其不能提出上诉。

第二审法院可以作出两种类型的判决：维持原判和撤销原判，撤销原判后根据情况直接改判或发回重审。

（一）维持原判

维持原判，是指第二审法院通过对上诉案件的审理，确认第一审判决、裁定认定事实清楚，适用法律、法规正确，从而判决或者裁定驳回上诉人上诉，维持原判决、裁定。维持原判必须同时具备两个条件：①原判决、裁定认定事实清楚；②适用法律、法规正确。

（二）直接改判或发回重审

1. 直接改判，是指第二审法院直接改正第一审判决的错误内容的判决形式。改判适用于两种情形：①原判决认定事实清楚，但适用法律、法规错误；②原判决认定事实不清、证据不足的。

2. 在第一审判决认定事实不清的情况下，第二审法院一般应裁定撤销原判：①发回原审法院重审；②如果第一审法院由于主、客观原因，难以或不可能查清事实，第二审法院则可以在查清事实后，依法对第一审判决作出改判。

3. 第一审判决存在遗漏当事人或者违法缺席判决等严重违反法定程序情形的，裁定撤销原判，发回原审法院重审。

发回重审后的两个限制：①第二审法院裁定发回原审法院重新审理的行政案件，原审法院应当另行组成合议庭进行审理；②原审法院对发回重审的案件作出判决后，当事人提起上诉的，第二审法院不得再次发回重审。

二、行政诉讼再审判决

再审裁判，是指法院按照审判监督程序所作出的裁判，既可以采用判决形式，也可以采用裁定形式。

1. 原生效裁判正确。法院经过再审审理认为原审判决认定事实和适用法律均无不当时，应当裁定撤销原中止执行的裁定，继续执行原判决。

2. 原生效裁判错误。法院经过再审审理认为原审判决、裁定确有错误的，在撤销原生效判决或者裁定的同时，可以对生效判决、裁定的内容作出相应裁判，也可以裁定撤销生效判决、裁定，发回作出生效判决、裁定的法院重新审判。

◎注意：再审判决、裁定的效力取决于再审法院按照哪一种程序审理：
1. 再审法院按照第一审程序审理所作的判决、裁定，当事人可以上诉。
2. 再审法院按照第二审程序审理所作的判决、裁定，是发生法律效力的判决、裁定，当事人不得上诉。

命题陷阱

法院审理上诉案件：
1. 应当对原审法院的判决、裁定和被诉行政行为进行全面审查。
2. 需要改变原审判决的，应当同时对被诉行政行为作出判决。

三、行政诉讼裁定

行政诉讼的裁定，是指法院在审理行政案件过程中或者执行案件的过程中，就程序问题所作出的判定。

1. 行政诉讼判决和行政诉讼裁定的区别

行政诉讼判决解决的是行政案件的实体问题，而行政诉讼裁定解决的是行政案件审理过程或者是案件执行过程中的程序问题。

2. 行政诉讼裁定的法律效力

（1）对一审法院作出的不予受理裁定、驳回起诉裁定和管辖权异议裁定，当事人可以在一审法院作出裁定之日起 10 日内向上一级法院提出上诉；逾期不提出上诉的，一审法院的裁定即发生法律效力。

（2）对于除以上三类裁定之外的其他所有裁定，当事人无权提出上诉，一经宣布或者送达，即发生法律效力。

> **命题陷阱**
>
> 第一审判决和裁定的上诉期限不同：
> 1. 当事人不服法院第一审判决的，有权在判决书送达之日起 15 日内向上一级法院提起上诉。
> 2. 当事人不服法院第一审裁定的，有权在裁定书送达之日起 10 日内向上一级法院提起上诉。

四、行政诉讼决定

行政诉讼决定，是指法院为了保证行政诉讼的顺利进行，依法对行政诉讼中的某些特殊事项所作的处理。

（一）行政诉讼决定的特征

1. 行政诉讼决定所解决的问题是发生在行政诉讼中的某些事项，这些事项往往具有紧迫性，它既不同于行政诉讼判决解决的是实体问题，也不同于行政诉讼裁定解决的是程序问题。

2. 行政诉讼决定的作用在于保证诉讼程序的正常和顺利进行，或者为案件的正常审理提供必要的条件。

（二）行政诉讼决定的法律效力

在行政诉讼中，无论何种性质的决定，一经宣布或送达，即发生法律效力，义务人必须履行相关义务。

对决定不服的，不得提出上诉。法律规定当事人可以申请复议的，当事人有权申请复议，但复议期间不停止决定的执行。

五、行政诉讼裁判的执行

行政诉讼的执行，是指行政案件当事人逾期拒不履行法院生效的行政案件的法律文书，法院和有关行政机关运用国家强制力量，依法采取强制措施促使当事人履行义务，从而使生效法律文书的内容得以实现的活动。注意区别于非诉行政案件的执行。非诉行政案件的执行，是指公民、法人或者其他组织既不向法院提起行政诉讼，又不履行行政机关作出的具体行政行为，行政机关向法院提出执行申请，由法院采取强制执行措施，使行政机关的具体行政行为得以实现的活动。

（一）执行主体

执行主体，是指在行政诉讼执行中享有权利义务的各方主体，主要包括执行机关和执行当事人。

1. 执行机关

执行机关，是指拥有行政诉讼执行权、主持执行程序、采取强制执行措施的主体。我国行政案件的执行机关除作为审判机关的法院外，还包括行政机关。

在法院作为执行机关时：①一般由第一审法院负责执行；②如果第一审法院认为情况特殊需要由第二审法院执行的，可以报请第二审法院执行；③第二审法院可以决定由其执行，也可以决定由第一审法院执行。

行政机关可以自行执行生效裁判有两个条件：①法院驳回原告诉讼请求从而支持被诉行政行为；②根据法律享有自行强制执行权。行政机关自行执行，有助于提高行政效率，减轻法院的执行压力。

2. 执行当事人

执行当事人，是指行政诉讼执行中的执行申请人和被申请执行人。一般情况下，行政诉讼执行由法院负责，执行当事人就是行政诉讼的当事人，胜诉一方的当事人是执行申请人，败诉一方的当事人是被申请执行人。

（二）执行根据

执行根据，是指执行申请人申请执行或者执行机关依职权直接采取执行措施所依据的法律文书。行政诉讼执行依据包括生效的行政判决书、行政裁定书、行政赔偿判决书和行政调解书。

（三）执行程序

行政诉讼执行程序由一系列独立的环节所组成，主要包括：开始、审理、阻却、完毕、补救等。这些程序与民事诉讼执行程序基本相同。

申请执行的期限为2年：①从法律文书规定的履行期间最后一日起计算；②法律文书规定分期履行的，从规定的每次履行期间的最后一日起计算；③法律文书中没有规定履行期限的，从该法律文书送达当事人之日起计算；④逾期申请的，除有正当理由外，法院不予受理。

（四）执行措施

执行措施，是指执行机关运用国家强制力，强制被执行人完成所承担的义务的法律手段和方法。行政诉讼的执行措施，因对行政机关的执行和对公民、法人或者其他组织的执行而有所不同。

1. 对行政机关的执行措施

行政机关拒绝履行判决、裁定、调解书的，法院可以采取的措施：①对应当归还的罚款或者应当给付的款额，通知银行从该行政机关的账户内划拨。②在规定期限内不履行的，从期满之日起，对该行政机关负责人按日处50~100元的罚款。③将行政机关拒绝履行的情况予以公告。④向监察机关或者该行政机关的上一级行政机关提出司法建议；接受司法建议的机关，根据有关规定进行处理，并将处理情况告知法院。⑤拒不履行判决、裁定、调解书，社会影响恶劣的，可以对该行政机关直接负责的主管人员和其他直接责任人员予以拘留；情节严重，构成犯罪的，依法追究刑事责任。

2. 对公民、法人或者其他组织的执行措施

公民、法人或者其他组织拒绝履行判决、裁定、调解书的：①《行政诉讼法》未规定法院作为执行机关对公民、法人或者其他组织的执行措施，可以适用《民事诉讼法》的有关规定；②在行政机关作为执行机关时，行政机关对公民、法人或者其他组织的执行措施，适用《行政强制法》的规定。

[例] 李某向某省国土资源厅申请变更采矿许可证，该省国土资源厅随后作出决定，将采矿权人樊某变更为李某，撤回了樊某的采矿许可。樊某以该省国土资源厅为被告提起行政诉讼。由于案件重大复杂，某市中级人民法院受理案件。经审理，该市中级人民法院一审判决撤销该省国土资源厅的变更行为，该省国土资源厅不服一审判决，提起上诉，该省高级人民法院二审裁定驳回上诉，维持原判。

该省国土资源厅拒不履行人民法院生效裁判，甚至召集有关部门人员召开协调会，以会议纪要的方式否定生效裁判。樊某申请人民法院强制执行。根据《行政诉讼法》第96条的规定，该省国土资源厅拒不执行法院生效裁判，该市中级人民法院可以从履行期满之日起，对该省国土资源厅负责人按日处50~100元的罚款；将该省国土资源厅拒绝履行的情况予以公告；向监察机关或者该省国土资源厅的上一级行政机关提出司法建议；社会影响恶劣的，可以对该省国土资源厅直接负责的主管人员和其他直接责任人员予以拘留。

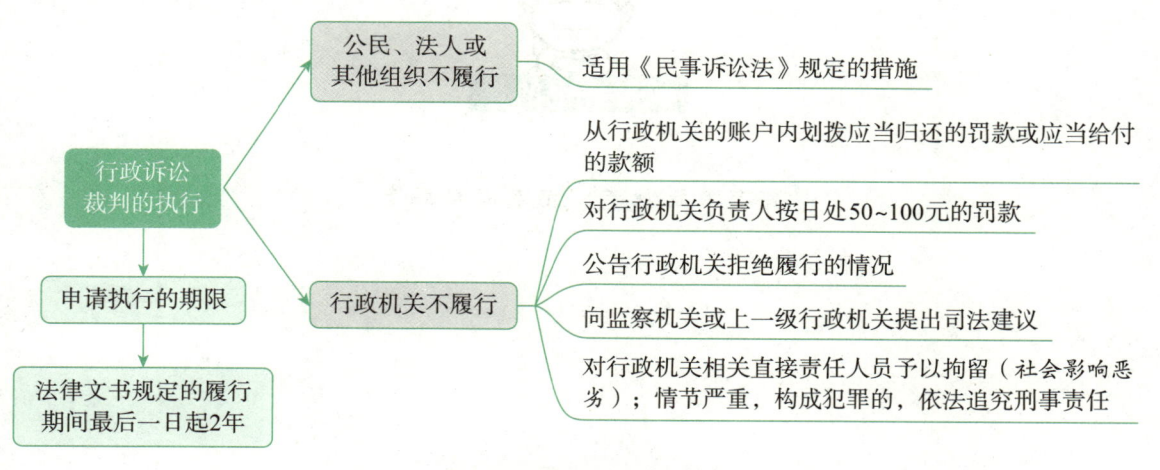

行政诉讼裁判执行一览图

- 行政诉讼裁判的执行
  - 公民、法人或其他组织不履行 —— 适用《民事诉讼法》规定的措施
  - 行政机关不履行
    - 从行政机关的账户内划拨应当归还的罚款或应当给付的款额
    - 对行政机关负责人按日处50~100元的罚款
    - 公告行政机关拒绝履行的情况
    - 向监察机关或上一级行政机关提出司法建议
    - 对行政机关相关直接责任人员予以拘留（社会影响恶劣）；情节严重，构成犯罪的，依法追究刑事责任
  - 申请执行的期限 —— 法律文书规定的履行期间最后一日起2年

命题陷阱

区分行政诉讼执行与非诉行政案件执行的不同：

01 行为性质不同	02 执行根据不同	03 执行机关不同	04 申请执行期限不同
前者是行政诉讼行为，属于行政诉讼法；后者是行政强制执行行为，属于行政行为法。	前者执行的是司法处理决定（生效的行政判决书、行政裁定书、行政赔偿判决书和行政调解书）；后者执行的是行政处理决定（具体行政行为）。	前者是法院或者有强制执行权的行政机关；后者只能是法院。	前者申请执行的期限为2年；后者申请执行的期限为3个月。

经典真题

某公司向区教委申请《办学许可证》，遭拒后向法院提起诉讼，法院判决区教委在判决生效后30日内对该公司申请进行重新处理。判决生效后，区教委逾期拒不履行，某公司申请强制执行。关于法院可采取的执行措施，下列哪一选项是正确的？（2010/2/87-改编）[1]

A. 对区教委按日处100元的罚款
B. 对区教委的主要负责人处以罚款
C. 经法院院长批准，对区教委直接责任人予以司法拘留
D. 责令由市教委对该公司的申请予以处理

致努力中的你

有志者立长志，无志者常立志。

---

[1] B（司法部原答案为AB）。区教委在规定期限内不履行的，从期满之日起，法院可以对区教委负责人按日处50~100元的罚款；2014年修正后的《行政诉讼法》没有规定对行政机关罚款。区教委拒不履行判决，社会影响恶劣的，法院才可以对区教委直接负责人予以拘留。区教委拒不履行判决，法院可以向市教委提出司法建议，市教委根据有关规定进行处理，并将处理情况告知法院，但法院无权"责令"市教委进行处理。

第十八讲 国家赔偿

应试指导

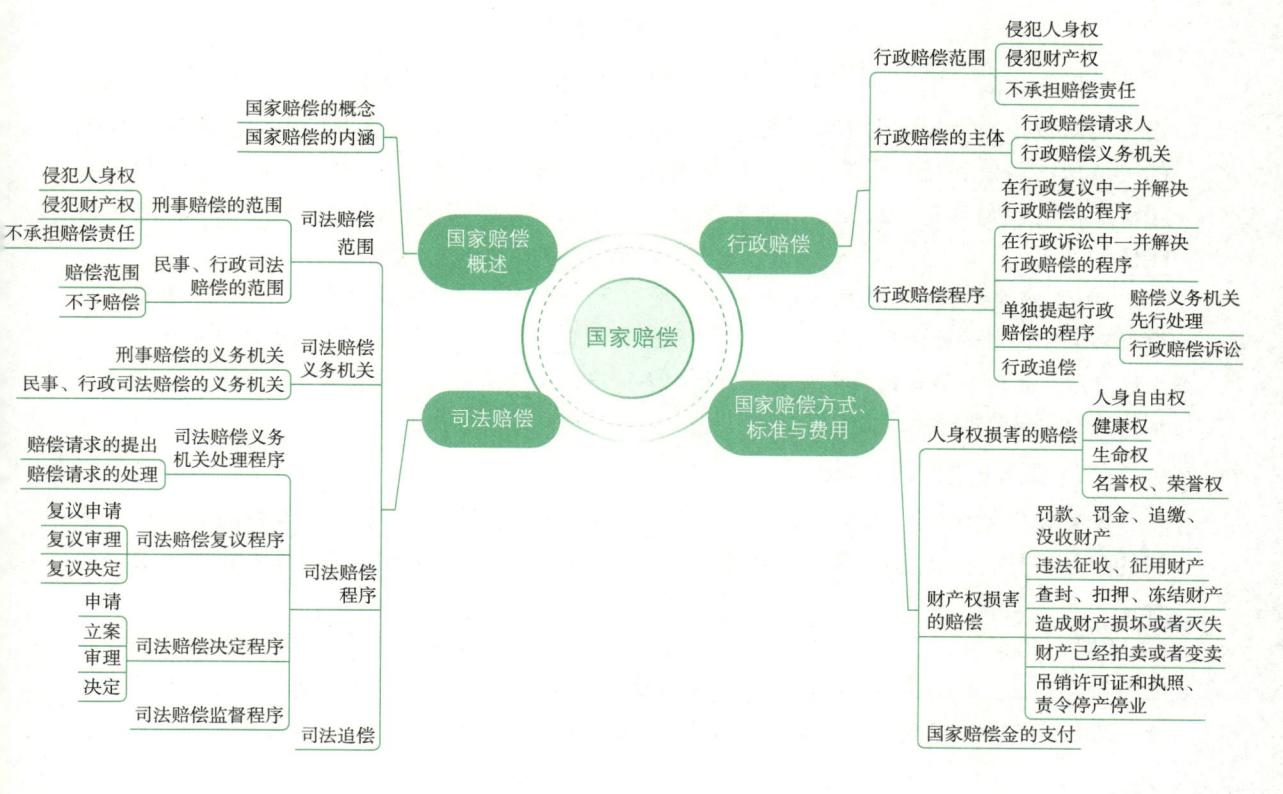

本讲是对国家赔偿制度的阐述，需要重点掌握行政赔偿和刑事赔偿的范围与程序、国家赔偿的计算标准，能够熟练运用行政赔偿义务机关和刑事赔偿义务机关的确认规则。核心考点是行政赔偿与司法赔偿的赔偿范围、赔偿义务机关、赔偿程序和国家赔偿的方式。本讲在考试中的题目类型主要是客观卷中的选择题和主观卷中的案例分析题，涉及的必读法律法规较多，除了《国家赔偿法》外还有大量的司法解释：《行诉解释》《行政赔偿案件规定》《最高人民法院关于人民法院赔偿委员会审理国家赔偿案件程序的规定》《最高人民法院关于人民法院执行〈中华人民共和国国家赔偿法〉几个问题的解释》《民事、行政司法赔偿案件解释》《国家赔偿法解释（一）》《最高人民法院关于人民法院赔偿委员会适用质证程序审理国家赔偿案件的规定》《刑事赔偿案件解释》。

- 国家赔偿
  - 国家赔偿概述
    - 国家赔偿的概念
    - 国家赔偿的内涵
  - 行政赔偿
    - 行政赔偿范围
      - 侵犯人身权
      - 侵犯财产权
      - 不承担赔偿责任
    - 行政赔偿的主体
      - 行政赔偿请求人
      - 行政赔偿义务机关
    - 行政赔偿程序
      - 在行政复议中一并解决行政赔偿的程序
      - 在行政诉讼中一并解决行政赔偿的程序
      - 单独提起行政赔偿的程序
        - 赔偿义务机关先行处理
        - 行政赔偿诉讼
      - 行政追偿
  - 司法赔偿
    - 司法赔偿范围
      - 刑事赔偿的范围
        - 侵犯人身权
        - 侵犯财产权
        - 不承担赔偿责任
      - 民事、行政司法赔偿的范围
        - 赔偿范围
        - 不予赔偿
    - 司法赔偿义务机关
      - 刑事赔偿的义务机关
      - 民事、行政司法赔偿的义务机关
    - 司法赔偿程序
      - 司法赔偿义务机关处理程序
        - 赔偿请求的提出
        - 赔偿请求的处理
      - 司法赔偿复议程序
        - 复议申请
        - 复议审理
        - 复议决定
      - 司法赔偿决定程序
        - 申请
        - 立案
        - 审理
        - 决定
      - 司法赔偿监督程序
      - 司法追偿
  - 国家赔偿方式、标准与费用
    - 人身权损害的赔偿
      - 人身自由权
      - 健康权
      - 生命权
      - 名誉权、荣誉权
    - 财产权损害的赔偿
      - 罚款、罚金、追缴、没收财产
      - 违法征收、征用财产
      - 查封、扣押、冻结财产
      - 造成财产损坏或者灭失
      - 财产已经拍卖或者变卖
      - 吊销许可证和执照、责令停产停业
    - 国家赔偿金的支付

专题 45　国家赔偿概述

一、国家赔偿的概念

国家赔偿，是指国家对国家机关及其工作人员违法行使职权或存在过错等原因造成公民、法人或其他组织损害而给予其赔偿的制度。

（一）行政赔偿与司法赔偿

行政赔偿与司法赔偿同属于国家赔偿，都是国家机关及其工作人员行使职权行为引起的国家责任，都由国家承担最终的赔偿责任，赔偿费用都由国家支付。二者不同之处在于：行政赔偿是行使行政职权引起的赔偿责任，司法赔偿是行使审判、检察、侦查、监狱管理职权引起的赔偿责任。

国家赔偿框架图

根据我国的三大诉讼（刑事诉讼、民事诉讼和行政诉讼）制度，司法赔偿包括刑事诉讼中司法权损害承担的刑事司法赔偿（简称"刑事赔偿"）、民事诉讼中司法权损害承担的民事司法赔偿和行政诉讼中司法权损害承担的行政司法赔偿。由于民事司法赔偿和行政司法赔偿的规则具有一致性，一般把民事司法赔偿和行政司法赔偿合称为民事、行政司法赔偿。

［例］城管执法人员在执法过程中暴力殴打致公民身体伤害的赔偿是行政赔偿，警察在办理刑事案件中刑讯逼供致公民身体伤害的赔偿是刑事赔偿；民事诉讼中法院违法采取先予执行造成财产损害的赔偿是民事司法赔偿，行政诉讼中法院违法采取司法拘留造成人身自由损害的赔偿是行政司法赔偿。

（二）国家赔偿与国家补偿

国家赔偿是国家对国家机关及其工作人员违法行使职权或存在过错等原因造成损害承担的赔偿责任，而国家补偿是国家对国家机关及其工作人员的合法行为造成的损失给予的补偿。

［例］2004年，原告某外商通过招商引资与某区政府达成投资意向，取得该区政府同意设立外商独资企业的答复函，批准其设立从事高尔夫练习场等有关体育产业运动的外商独资企业。2005年2月，某公司注册成立，总投资为2900万美元，开始经营高尔夫球场。后国务院

出台要求严格清理整顿高尔夫球场的政策，该区政府责令相关部门对该公司的高尔夫球场予以强制拆除。

法院生效判决认为，该公司系政府招商引资企业，在该区政府及有关机关的审批下完成注册、投资、项目建设，有关行政机关进行了环境评估、消防验收，并已收取租金、税费等，虽未取得相关土地使用证，但责任不在该公司。行政机关的审批、监管行为构成了"信赖的基础"，让该公司有理由相信建设案涉项目的行为合法，存在信赖利益，应予保护。本案的基础法律关系为基于信赖利益履行补偿职责，故补偿范围应包括直接损失、实际必要支出，并参照征收补偿范围给予适当补偿。

二、国家赔偿的内涵

1. 国家赔偿是国家承担责任

虽然侵权行为是国家机关或其工作人员实施的，但是实施侵权行为的工作人员并不直接对受害人承担责任，履行赔偿义务。承担责任的主体是国家，赔偿费用来自国库。

2. 国家责任是机关赔偿

国家承担责任，机关履行赔偿义务。国家是抽象主体，不可能履行具体的赔偿义务，法律规定的赔偿义务机关代表国家具体承担赔偿责任，形成"国家责任、机关赔偿"的形式，但是绝不能由此把国家赔偿等同于机关赔偿责任。

3. 国家赔偿是救济而非追责

国家赔偿是对国家机关或其工作人员违法行使职权给公民、法人或其他组织造成人身或财产的损害给予赔偿的制度。国家赔偿制度旨在弥补受害人的损失，并非要追究这些机关或人员的责任，如果国家赔偿中要追究责任，也是国家赔偿之后实施的国家追偿。

［例］《国家赔偿法》第 16 条规定，赔偿义务机关赔偿损失后，应当责令有故意或者重大过失的工作人员或者受委托的组织或者个人承担部分或者全部赔偿费用。对有故意或者重大过失的责任人员，有关机关应当依法给予处分；构成犯罪的，应当依法追究刑事责任。

命题陷阱

1. 并非国家机关所有的侵权行为造成的损害都是国家赔偿责任。

（1）国家机关及其工作人员以民事主体身份实施的侵权行为属于民事侵权，国家机关承担民事赔偿责任。例如，国家机关建房侵占他人用地的行为是民事侵权行为，国家机关须和其他民事主体一样承担民事赔偿责任。

（2）公有公共设施致害赔偿，是指因公有公共设施的设置、管理、使用有欠缺和瑕疵，造成公民生命、健康、财产损害的，由公有公共设施的管理机关承担民事赔偿责任。

2. 国家赔偿与国家补偿的区别

（1）二者的引发原因不同：国家赔偿是违法行为或有过错等特别行为引起的；而国家补偿是合法行为引起的。

（2）二者的性质不同：国家赔偿是普通情况下的违法行为或过错行为等引起的法律责任；而国家补偿是例外的特定民事责任，并不具有对国家职权行为的责难。

（3）二者的理论依据不同：国家赔偿的理论依据是权责统一原则；而国家补偿的理论依据是信赖保护原则。

3. 区分公安机关承担行政赔偿责任和刑事赔偿责任
   (1) 公安机关对行使行政职权或者行政职权相关行为造成的损害承担行政赔偿责任；
   (2) 公安机关对行使刑事侦查职权或者刑事侦查职权相关行为造成的损害承担刑事赔偿责任。
   考试中区分二者的意义在于：行政赔偿程序不同于刑事赔偿程序。

经典真题

2005 年 4 月 5 日，县交通局执法人员甲在整顿客运市场秩序的执法活动中，滥用职权致使乘坐在非法营运车辆上的孕妇乙重伤，检察机关对甲提起公诉。为保障自己的合法权益，乙的下列哪种做法是正确的？（2006/2/44）[1]

A. 提起刑事附带民事诉讼，要求甲承担民事赔偿责任
B. 提起行政赔偿诉讼，要求甲所在行政机关承担国家赔偿责任
C. 提起刑事附带行政赔偿诉讼，要求甲所在行政机关承担国家赔偿责任
D. 提起刑事附带民事诉讼，要求甲及其所在的行政机关承担民事赔偿责任

专题 46 行政赔偿

行政赔偿，是指行政机关及其工作人员在行使职权过程中违法侵犯公民、法人或其他组织的合法权益并造成损害，国家对此承担的赔偿责任。

一、行政赔偿范围

行政赔偿范围，是指国家对行政机关及其工作人员在行使行政职权时侵犯公民、法人和其他组织合法权益造成损害的哪些行为承担赔偿责任。行政赔偿范围是导致行政赔偿责任的原因行为的范围，即国家对哪些事项承担赔偿责任，对哪些事项不承担赔偿责任。

（一）侵犯人身权的行政赔偿范围

1. 侵犯人身自由权的行为
（1）违法行政拘留。
（2）违法采取限制人身自由的行政强制措施。限制人身自由的强制措施有强制治疗、强制戒毒、强制性教育措施、强制传唤等。
（3）非法拘禁或者以其他方法非法剥夺公民人身自由。这是指行政拘留和行政强制措施以外的其他非法剥夺人身自由的行为，一般表现为没有限制公民人身自由权的行政机关实施的剥夺公民人身自由的行为。

---

[1] B。甲作为县交通局的执法人员，在行使职权的过程中违法造成乙重伤，应由甲所在行政机关承担国家赔偿责任，而不是由甲承担民事赔偿责任；乙可以提起行政赔偿诉讼，要求甲所在行政机关承担国家赔偿责任，而不是提起刑事附带行政赔偿诉讼。

2. 侵犯生命健康权的行为

（1）暴力行为。以殴打、虐待等行为或者唆使、放纵他人以殴打、虐待等行为造成公民身体伤害或者死亡的，不论行政机关及其工作人员是否有履行职责的权限，不论行政机关及其工作人员主观上是出于什么样的目的，也不管是行政机关工作人员亲自实施还是唆使或放纵他人实施，都属于国家赔偿范围。

（2）违法使用武器、警械。武器、警械是指枪支、警棍、警绳、手铐等。违法使用武器、警械，有多种表现形式。例如，在不该使用武器、警械的场合使用武器、警械；使用武器、警械的程度与被管理者的行为不相适应；使用武器、警械的种类选择错误；使用武器、警械违反法定批准程序；等等。

（3）造成公民身体伤害或者死亡的其他违法行为。其包括：不履行法定职责的行为；行政机关及其工作人员在履行行政职责过程中作出的不产生法律效果，但事实上造成公民身体伤害或者死亡的行为。

（二）侵犯财产权的行政赔偿范围

1. 违法行政处罚

侵犯财产权的行政处罚包括：罚款、没收、吊销许可证和执照、责令停产停业、侵犯财产权的其他行政处罚。

2. 违法行政强制措施

限制财产权的强制措施主要是查封、扣押、冻结、保全、拍卖。违法的财产强制措施主要表现为：超越职权、违反法定程序、不按照法律规定妥善保管被扣押的财产、行为对象错误、不遵守法定期限等。

3. 违法征收、征用财产

征收，是指行政机关为了公共利益的需要，把私人所有的财产强制地征归国有的行为；征用，是指为了公共利益的需要，强制性地使用公民的私有财产的行为。违法征收、征用财产，是指行政机关在不符合条件的情况下随意征收或征用财产，或不依程序、扩大征收、征用范围等，造成当事人财产受到侵害。

4. 其他侵犯财产权的违法行为。其包括：不履行法定职责的行为；行政机关及其工作人员在履行行政职责过程中作出的不产生法律效果，但事实上损害公民、法人或者其他组织财产权的行为。

（三）不承担赔偿责任的情形

1. 行政机关工作人员实施的与行使职权无关的个人行为。行政机关工作人员以普通公民的身份从事活动时，如果是为了个人的权益，视为其个人行为造成的损害，个人承担民事赔偿责任。

2. 因受害人自己的行为致使损害发生的。受害人自己的行为致使损害发生或者扩大的，是对自己的侵权，过错在于本人，后果应当由其个人承担。

受害人的损失系由其自身过错和行政机关的违法行政行为共同造成的，法院应当依据各方行为与损害结果之间有无因果关系以及在损害发生和结果中作用力的大小，确定行政机关相应的赔偿责任。

[例] 郜某饮酒后因琐事与肖某打斗。公安局接警后，将郜某、肖某传唤至公安局进行调查、询问。在询问郜某过程中，郜某自己用头撞击地面之后平躺到地板上，民警未当即检查郜某头磕地后的伤情，而是继续询问。当郜某出现呕吐、发热等症状时，民警通知郜某工友将其带走。后工友送郜某至医院接受治疗，郜某被诊断为重度颅脑损伤，完全丧失行为能力。本案中，公安局应当承担赔偿责任，但在确定赔偿数额时应当考虑公安局民警的行为在损害发生过程和结果中所起的作用等因素。

3. 由于第三人行为造成公民、法人或者其他组织损害的，由第三人依法承担侵权赔偿责任；但是第三人赔偿不足、无力承担赔偿责任或者下落不明，行政机关又未尽保护、监管、救助等法定义务的，法院应当根据行政机关未尽法定义务在损害发生和结果中的作用大小，确定其承担相应的行政赔偿责任。

注意：由于第三人提供虚假材料，导致行政机关作出的行政行为违法，造成公民、法人或者其他组织损害的，法院应当根据违法行政行为在损害发生和结果中的作用大小，确定行政机关承担相应的行政赔偿责任；行政机关已经尽到审慎审查义务的，不承担行政赔偿责任。

[例] 李某某与袁某婚后和村民干某等人签订《土地承包合同》并办理公证，承包干某等人山地共82亩并种植了杉树。之后，李某某与袁某协议离婚，82亩杉树归李某某所有。2010年6月23日，袁某将82亩种植杉树出售给范某和黄某。2010年7月12日，范某以他人名义提交砍伐申请，某县林业局向范某发放了81号《林木采伐许可证》。2011年11月22日，李某某以颁发《林木采伐许可证》的行政行为违法为由提起诉讼，请求撤销81号《林木采伐许可证》，并要求该县林业局赔偿损失共计120万元。法院生效判决认为，该县林业局在颁发涉诉《林木采伐许可证》时未依照法定程序尽到审慎合理的审查义务，颁证行为违法；该县林业局的违法颁证行为与范某提供虚假材料申办《林木采伐许可证》及其私自砍伐林木的民事侵权行为共同致使李某某财产损失，该县林业局应根据其违法行为在损害过程和结果中所起作用承担相应的赔偿责任。

4. 由于不可抗力等客观原因造成公民、法人或者其他组织损害的，不属于行政赔偿范围；但是行政机关不依法履行、拖延履行法定义务导致未能及时止损或者损害扩大的，法院应当根据行政机关不依法履行、拖延履行法定义务行为在损害发生和结果中的作用大小，确定其承担相应的行政赔偿责任。

命题陷阱

考试中对国家承担行政赔偿责任主要从四个方面考查：
1. 加害行为必须是与行使行政职权有关的行为，与个人行为区分开来。
2. 加害行为可以是作为，也可以是不作为。作为违法可能造成损害，不作为违法也可能造成损害。
3. 加害行为必须是违法行为。造成损害的加害行为应该是违法行为或者非法行为，不具有合法性。
4. 既需要有行政侵权的加害行为，又需要有行政侵权的损害后果，损害后果是人身权、财产权的实际损害。

[例] 2014年年初，某县人民政府为了绕城高速公路工程建设需要，与被征收人杜某某签

订了《房屋征收补偿安置协议书》，并约定了付款时间及交房时间。随后，该县人民政府依约履行了相关义务。同年10月，案涉房屋在没有办理移交手续的情况下被拆除。该拆除行为经诉讼，法院生效判决确认该县人民政府拆除行为违法。在房屋被强制拆除前，杜某某获得了《房屋征收补偿安置协议书》约定的相关补偿款项及宅基地安置补偿，在房屋被拆除后，杜某某向村委会领取了废弃物品补偿款及搬迁误工费用。2016年11月7日，杜某某向该县人民政府申请行政赔偿，该县人民政府在法定期限内未予答复。杜某某提起赔偿诉讼。法院生效判决认为，行政行为被确认违法并不必然产生行政赔偿责任，只有造成实际的损害，才承担赔偿责任。杜某某的房屋虽被违法强制拆除，但其在诉讼中并未提供证据证明其存在其他损害，其合法权益并未因违法行政行为而实际受损，其请求赔偿缺乏事实和法律依据，判决驳回杜某某的诉讼请求。

二、行政赔偿的主体

（一）行政赔偿请求人

行政赔偿请求人，是指依法享有取得国家赔偿的权利，请求赔偿义务机关确认和履行国家赔偿责任的公民、法人或者其他组织。

1. 公民

（1）受害的公民本人。

（2）受害公民死亡的，其继承人和其他有扶养关系的人以及支付受害公民医疗费、丧葬费等合理费用的人，可以成为赔偿请求人。继承人包括遗嘱继承人和法定继承人。法定继承人行使赔偿请求权受继承顺序的限制，前一顺序的继承人不行使请求权的，后一顺序的人就不能逾越行使请求权。其他有扶养关系的亲属，是指上述继承人之外与死亡的公民具有扶养或者被扶养关系的亲属。

2. 法人或其他组织

（1）受害的法人或其他组织；

（2）受害的法人或其他组织终止的，承受其权利的法人或其他组织。

（二）行政赔偿义务机关

行政赔偿义务机关，是指代表国家处理赔偿请求、支付赔偿费用、参加赔偿诉讼的行政机关。行政赔偿义务机关确认的基本规则——谁损害，谁赔偿。

1. 一般情况

具体情形	赔偿义务机关
行政机关及其工作人员实施侵权行为（包括派出机关）	行政机关赔偿
2个以上行政机关共同实施侵权行为	共同赔偿义务机关赔偿（连带赔偿责任）
2个以上行政机关分别实施侵权行为	分别实施侵权行为都足以造成全部损害的，共同赔偿义务机关赔偿（连带赔偿责任）
	分别实施侵权行为造成同一损害的，行政机关各自赔偿（按份赔偿责任）

续表

具体情形	赔偿义务机关
法律、法规授权的组织实施侵权行为	被授权组织赔偿
受委托的组织或个人实施侵权行为	委托机关赔偿
申请法院强制执行行政行为造成损害	申请机关赔偿（申请强制执行的行政行为违法）
赔偿义务机关被撤销	继续行使职权机关赔偿
	撤销机关赔偿（无继受机关）

注意：2个以上行政机关共同行使行政职权时侵犯公民、法人和其他组织的合法权益造成损害的，为共同赔偿义务机关。共同赔偿义务机关之间负连带责任，受害人可以向共同赔偿义务机关中的任何一个赔偿义务机关要求赔偿，该赔偿义务机关应当先予赔偿，然后要求其他行政机关负担部分赔偿费用。

命题陷阱

行政诉讼被告被撤销和行政赔偿义务机关被撤销后的继受机关都是继续行使其职权的机关，但是无继受机关的：
1. 行政诉讼被告的确定规则：以其所属的政府为被告；实行垂直领导的，以垂直领导的上一级行政机关为被告。
2. 行政赔偿义务机关的确定规则：以撤销该赔偿义务机关的行政机关为赔偿义务机关。

2. 经过行政复议后的赔偿义务机关

一般情况下，行政诉讼被告与行政赔偿义务机关的确定是一致的，但经过复议之后的行政诉讼被告与行政赔偿义务机关就大不相同。

损害情形		行政诉讼被告	行政赔偿义务机关
复议维持		原机关与复议机关	原机关
复议改变	复议减轻	复议机关	原机关
	复议加重		原机关（原损害部分）
			复议机关（加重部分）

（1）复议维持的，行政诉讼中原机关与复议机关为共同被告，原机关为赔偿义务机关。

（2）复议改变的，行政诉讼中复议机关为被告。行政赔偿中复议减轻改变的，原机关为赔偿义务机关；复议加重改变的，原行为损害部分由原机关赔偿，复议加重损害部分由复议机关赔偿。复议机关与原侵权机关不是共同赔偿义务机关，二者之间不负连带责任。

[例]县公安局对当事人罚款1000元，当事人申请行政复议。若县政府作出复议维持决定，当事人提起行政诉讼并要求行政赔偿，行政诉讼的被告是县公安局和县政府，行政赔偿义务机关是县公安局；若县政府作出对当事人罚款500元的复议决定，当事人提起行政诉讼并要求行政赔偿，行政诉讼的被告是县政府，行政赔偿义务机关是县公安局；若县政府作出对当事

人罚款 1200 元的复议决定[1]，当事人提起行政诉讼并要求行政赔偿，行政诉讼的被告是县政府，行政赔偿义务机关是县公安局（对 1000 元罚款履行赔偿义务）和县政府（对 200 元罚款履行赔偿义务）。

三、行政赔偿程序

行政赔偿程序，是指受害人依法取得国家赔偿权利、行政机关或者法院依法办理行政赔偿事务应当遵守的方式、步骤、顺序、时限等手续的总称。行政赔偿分为两大程序：①在行政复议、行政诉讼中一并解决行政赔偿的程序；②单独提起行政赔偿的程序。

（一）在行政复议、行政诉讼程序中一并解决行政赔偿的程序

1. 在行政复议中一并解决行政赔偿的程序

行政复议的目的不是解决赔偿问题，而是解决行政行为合法性和合理性问题，但可以在行政复议中解决行政行为合法性问题的同时一并解决赔偿问题。行政复议机关作出行政复议决定，可以依法同时决定行政赔偿。这里有两种情形：①申请人提出赔偿请求的；②申请人没有提出赔偿请求的。

行政复议机关依申请作出赔偿决定	行政复议机关依职权作出赔偿决定
根据告诉就处理的原则，行政复议中只要复议申请人一并提出赔偿请求的，行政复议机关对应当不予赔偿的，在作出行政复议决定时，应当同时决定驳回行政赔偿请求；对应当给予赔偿的，在决定撤销或者部分撤销、变更行政行为或者确认行政行为违法、无效时，应当同时决定被申请人依法给予赔偿；确认行政行为违法的，还可以同时责令被申请人采取补救措施。	根据不告不理的原则，复议申请人没有提出赔偿请求的，一般情况下行政复议机关不会主动处理赔偿问题，但有例外——行政复议机关可以在法定情形下直接作出赔偿决定。法定情形，是指行政复议机关在依法决定撤销或者部分撤销、变更罚款，撤销或者部分撤销违法集资、没收财物、征收征用、摊派费用以及对财产的查封、扣押、冻结等行政行为时，应当同时责令被申请人返还财产，解除对财产的查封、扣押、冻结措施，或者赔偿相应的价款。

2. 在行政诉讼一审中一并解决行政赔偿的程序

行政诉讼的目的也不是解决赔偿问题，而是解决行政行为合法性问题，但可以在行政诉讼中解决行政行为合法性问题的同时一并解决赔偿问题。根据不告不理、告诉就处理的原则，行政诉讼中只要原告一并提出赔偿请求（一般要求在一审庭审终结前提出），那么法院就会处理赔偿问题。如果原告没有提出赔偿请求，法院一般情况下是不处理赔偿问题的，但有两个例外：①法院作出确认违法或确认无效判决，给原告造成损失的，可以作出赔偿判决；②行政协议案件中被告不履行、不按约定履行或违法变更、解除协议的，法院判决被告继续履行协议、采取补救措施或赔偿。

注意：①行政行为未被确认为违法，公民、法人或者其他组织提起行政赔偿诉讼的，法院

---

[1] 《行政复议法》第 63 条第 2 款规定，行政复议机关不得作出对申请人更为不利的变更决定。县政府作出对当事人罚款 1200 元的复议决定是违法的。

应当视为提起行政诉讼时一并提起行政赔偿诉讼；②原告提起行政诉讼时未一并提起行政赔偿诉讼，法院审查认为可能存在行政赔偿的，应当告知原告可以一并提起行政赔偿诉讼。

3. 在行政诉讼二审中一并解决行政赔偿的程序

（1）一审中当事人提出行政赔偿请求，一审法院漏判：

❶二审法院认为不应当赔偿的，直接判决驳回行政赔偿请求。

❷二审法院认为应当赔偿的，先进行赔偿调解；调解不成的，二审法院不能直接作出赔偿判决，而应当将行政赔偿部分发回一审法院重审。这主要是为了保护当事人的上诉权。

（2）当事人一审中没提出行政赔偿请求，在二审中提出行政赔偿请求：

❶二审法院就赔偿问题进行调解；

❷调解不成的，二审法院告知当事人另行提起行政赔偿诉讼。

[例] 2000年12月4日下午2时30分左右，原告刘根虎与黄宏武发生厮打，县公安局石家营派出所接警后指派2名干警到出事地现场调查了解情况，传唤原告到派出所接受询问，被原告拒绝。2名干警拉其手腕时发现原告身上有菜刀，遂给其戴上手铐。原告反抗并挣开手铐，2名干警又给原告戴上第二副手铐并将其带到派出所，先将原告铐在该所楼梯上，后铐在该所第三间厦房门前的青槐树上，下午5时左右，才将原告带到办公室处理，期间原告与2名干警发生过争执。当晚8时左右，原告被放回家。次日，原告到县医院治疗，被诊断为：左臂丛神经损伤，全身多处软组织损伤。原告因在派出所期间受伤，诉至法院，要求确认被告治安强制行为违法并赔偿医疗费等各项损失。

法院认为，被告工作人员于2000年12月4日，依职权处置原告的违法行为，在将原告强制传唤到派出所后，当原告随身所带刀具已被收缴，其人身危险性已解除时，仍将其铐在楼梯及树上，导致原告受伤致残，其致害的职务行为应确认违法。对于被告工作人员在行使职权时侵犯原告人身权的行为，受害人有取得赔偿的权利。

（二）单独提起行政赔偿的程序

单独提出赔偿请求的，应当首先向赔偿义务机关提出，赔偿义务机关拒绝受理赔偿请求、在法定期限内未作出赔偿决定、作出不予赔偿决定或者赔偿决定，受害人不服的，才可以提起行政赔偿诉讼。单独进行行政赔偿的程序分为两个步骤：①赔偿义务机关先行处理；②提起行政赔偿诉讼。

注意：根据2023年修订后的《行政复议法》的规定，对赔偿义务机关的赔偿决定或者不予赔偿决定不服的，赔偿请求人也可以申请行政复议。

1. 行政赔偿义务机关的先行处理程序

（1）赔偿请求人请求国家赔偿的时效为2年，自其知道或者应当知道国家机关及其工作人员行使职权时的行为侵犯其人身权、财产权之日起计算，但被羁押等限制人身自由期间不计算在内。

（2）赔偿请求人提出赔偿请求应当递交申请书。申请书应具备：①受害人的姓名、性别、年龄、工作单位和住所，法人或者其他组织的名称、住所和法定代表人或者主要负责人的姓名、职务；②具体的要求、事实根据和理由；③申请的年、月、日。赔偿请求人书写申请书确有困难的，可以委托他人代书；也可以口头申请，由赔偿义务机关记入笔录。

(3) 赔偿请求人当面递交申请书的,赔偿义务机关应当当场出具加盖本行政机关专用印章并注明收讫日期的书面凭证。申请材料不齐全的,赔偿义务机关应当当场或者在 5 日内一次性告知赔偿请求人需要补正的全部内容。

(4) 赔偿义务机关在处理赔偿请求、作出赔偿决定前,应当充分听取赔偿请求人的意见,并可以与赔偿请求人就赔偿方式、赔偿项目和赔偿数额依照《国家赔偿法》的规定进行协商。

(5) 赔偿义务机关决定赔偿的,应当制作赔偿决定书,并自作出决定之日起 10 日内送达赔偿请求人;决定不予赔偿的,应当自作出决定之日起 10 日内书面通知赔偿请求人,并说明不予赔偿的理由。

(6) 赔偿义务机关对赔偿案件处理的法定期间为 2 个月,即赔偿义务机关在收到赔偿请求人赔偿申请书之日起 2 个月内要作出是否赔偿的决定。

2. 行政赔偿诉讼程序

行政赔偿诉讼程序,是指法院受理和裁判行政赔偿请求的程序,是一种特殊的行政诉讼。行政赔偿诉讼程序参照行政诉讼程序。

(1) 赔偿义务机关在规定期限内未作出是否赔偿的决定,赔偿请求人可以自期限届满之日起 3 个月内,向法院提起行政赔偿诉讼。赔偿义务机关作出不予赔偿决定,或者虽作出赔偿决定,但赔偿请求人对赔偿的方式、项目、数额有异议的,赔偿请求人可以自赔偿义务机关作出赔偿或者不予赔偿决定之日起 3 个月内,向法院提起行政赔偿诉讼。

注意:对行政复议决定中的行政赔偿部分有异议的,应当自复议决定书送达之日起 15 日内提起行政赔偿诉讼,提出行政赔偿请求。

(2) 行政机关作出有赔偿内容的行政复议决定时,未告知公民、法人或者其他组织起诉期限的,起诉期限从公民、法人或者其他组织知道或者应当知道起诉期限之日起计算,但从知道或者应当知道行政复议决定内容之日起最长不得超过 1 年。

(3) 行政赔偿诉讼采用的是"谁主张,谁举证"的规则。但是,这一规则有例外,即赔偿义务机关采取行政拘留或者限制人身自由的强制措施期间,被限制人身自由的人死亡或者丧失行为能力的,赔偿义务机关的行为与被限制人身自由的人的死亡或者丧失行为能力是否存在因果关系,赔偿义务机关应当提供证据,目的是保护被限制人身自由人的合法权益。

注意:①法院对于原告主张的生产和生活所必需物品的合理损失,应当予以支持;②对于原告提出的超出生产和生活所必需的其他贵重物品、现金损失,可以结合案件相关证据予以认定。

[例] 杨某某一并就某区人民政府行政强制及行政赔偿案件向某市中级法院提起行政诉讼。对于行政强制案件,一审法院作出一审行政判决,确认该区人民政府对杨某某房屋强拆行为违法,二审法院以同一理由维持一审判决。对于行政赔偿案件,一审法院以一审期间由于违法侵害的事实及赔偿责任主体未经法院生效判决确认,为避免司法程序空转为由裁定驳回起诉。二审法院认为,虽然二审期间违法侵害的事实及赔偿责任主体已经法院生效判决确认,杨某某仍可通过向该区人民政府申请行政赔偿或者另行提起行政赔偿诉讼等途径维护自身合法权益,故维持一审裁定。杨某某不服,向最高法院申请再审。最高法院经审理认为,为了实质化解行政争议,依据《国家赔偿法》的相关规定,行政赔偿申请人在提起行政诉讼时一并请求行

政赔偿的，法院在确认行政行为违法的同时，应当依法对行政赔偿请求一并作出实体裁判。本案一、二审法院裁定驳回杨某某对该区人民政府要求行政赔偿的起诉，属于变相剥夺了当事人一并提起行政赔偿诉讼的合法权利。

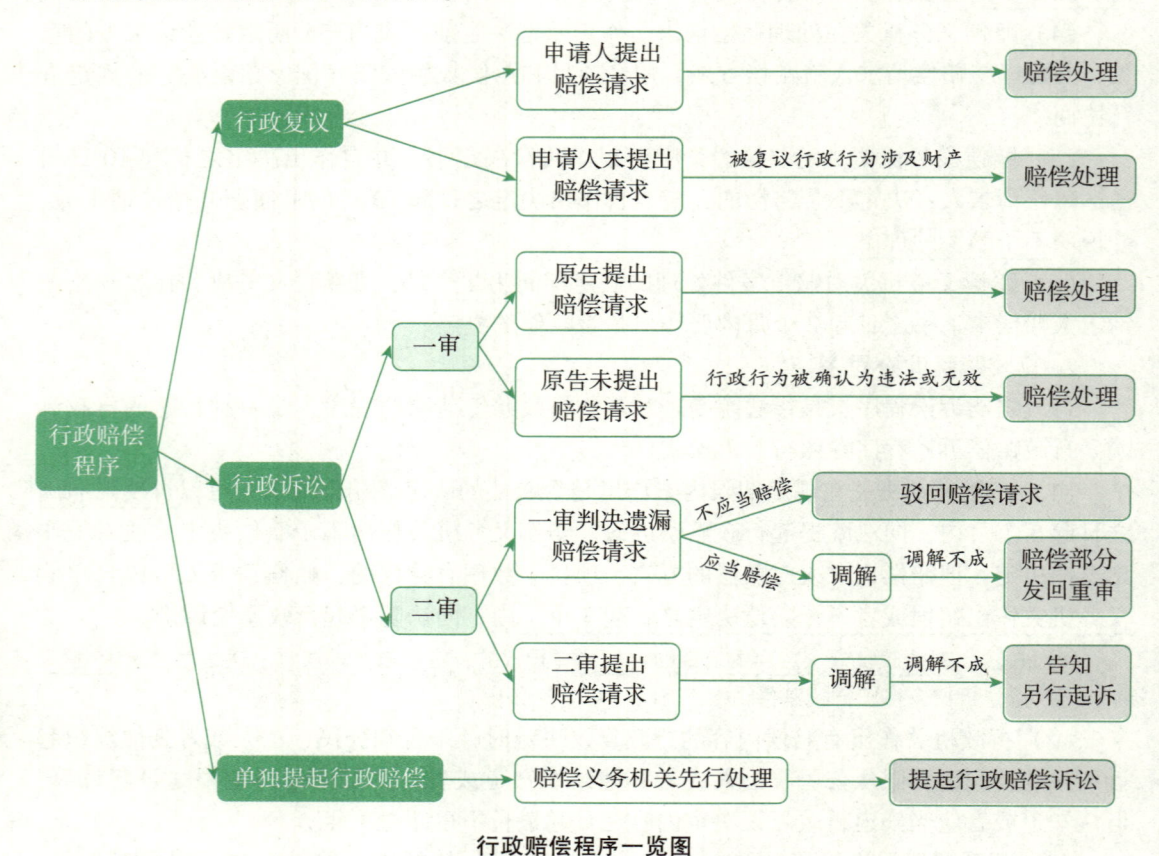

行政赔偿程序一览图

命题陷阱

在行政赔偿中，赔偿请求人直接请求行政赔偿的时效为 2 年，在申请行政复议时一并提出行政赔偿请求的期限为 60 日，在提起行政诉讼时一并提出行政赔偿请求的期限为 6 个月，对行政赔偿义务机关的处理决定申请行政复议的期限为 60 日，单独提起行政赔偿诉讼请求的期限为 3 个月，对行政复议决定中的行政赔偿处理提起行政赔偿诉讼请求的期限为 15 日。

四、行政追偿

行政追偿，是指国家在向行政赔偿请求人支付赔偿费用之后，依法责令具有故意或重大过失的工作人员、受委托的组织或者个人承担部分或全部赔偿费用的法律制度。

行政追偿必须具备两个条件：①行政赔偿义务机关已经履行了赔偿责任；②行政机关工作人员具有故意或者重大过失。

第 18 讲 国家赔偿

经典真题

1. 丁某以其房屋作抵押向孙某借款,双方到房管局办理手续,提交了房产证原件及载明房屋面积 100 平方米、借款 50 万元的房产抵押合同,该局以此出具房屋他项权证。丁某未还款,法院拍卖房屋,但因房屋面积只有 70 平方米,孙某遂以该局办理手续时未尽核实义务造成其 15 万元债权无法实现为由,起诉要求认定该局行为违法并赔偿损失。对此案,下列哪些说法是错误的?(2015/2/85)[1]

　　A. 法院可根据孙某申请裁定先予执行
　　B. 孙某应对房管局的行为造成其损失提供证据
　　C. 法院应对房管局的行为是否合法与行政赔偿争议一并审理和裁判
　　D. 孙某的请求不属国家赔偿范围

2. 某区公安分局以蔡某殴打孙某为由对蔡某拘留 10 日并处罚款 500 元。蔡某向法院起诉,要求撤销处罚决定和赔偿损失。一审法院经审理认定处罚决定违法。下列哪些选项是正确的?(2009/2/48-改编)[2]

　　A. 蔡某所在地的法院对本案无管辖权
　　B. 一审法院应判决撤销拘留决定,返还罚款 500 元、按照国家上年度职工日平均工资赔偿拘留 10 日的损失和一定的精神抚慰金
　　C. 如一审法院的判决遗漏了蔡某的赔偿请求,二审法院应当裁定撤销一审判决,发回重审
　　D. 如蔡某在二审期间提出赔偿请求,二审法院可以进行调解,调解不成的,应告知蔡某另行起诉

3. 某区规划局以一公司未经批准擅自搭建地面工棚为由,限期自行拆除。该公司逾期未拆除。根据规划局的请求,区政府组织人员将违法建筑拆除,并将拆下的钢板作为建筑垃圾运走。如该公司申请国家赔偿,下列哪些说法是正确的?(2013/2/84)[3]

　　A. 可以向区规划局提出赔偿请求
　　B. 区政府为赔偿义务机关
　　C. 申请国家赔偿之前应先申请确认运走钢板的行为违法
　　D. 应当对自己的主张提供证据

---

　　[1] ACD。行政诉讼中先予执行的范围是行政机关没有依法支付抚恤金、最低生活保障金和工伤、医疗社会保险金的案件,本题为诉房管局的行为违法并提出行政赔偿的诉讼,不符合先予执行的情形;行政赔偿案件的举证责任是"谁主张,谁举证",孙某要求房管局赔偿损失,应对房管局的行为造成其损失提供证据;法院对当事人在提起行政诉讼的同时一并提出行政赔偿请求的,应分别立案,当然在审理时可以合并审理也可以单独审理;本题中的赔偿请求是否属于赔偿范围关键要判断是否属于"造成财产损害的其他违法行为",即房管局在办理手续时是否尽到核实义务,D 选项说法过于武断。

　　[2] ABD(司法部原答案为 D)。拘留和罚款不涉及限制人身自由的强制措施,被告某区公安分局所在地的法院有管辖权,原告蔡某所在地的法院无管辖权。本案中,应当返还罚款 500 元;拘留 10 日的损失,按照国家上年度职工日平均工资赔偿,拘留时间较长,有严重后果的,还应当给付精神损害抚慰金。原审判决遗漏行政赔偿请求,二审法院经审查认为依法不应当予以赔偿的,应当判决驳回行政赔偿请求。认为依法应当予以赔偿的,在确认被诉行政行为违法的同时,可以就行政赔偿问题进行调解;调解不成的,应当就行政赔偿部分发回重审。蔡某在二审期间提出赔偿请求,二审法院可以进行调解;调解不成的,应告知蔡某另行起诉。

　　[3] BD。由拆除行为引发国家赔偿申请,实施拆除行为的机关为区政府,而非区规划局,赔偿义务机关应为区政府,而非区规划局;赔偿请求人要求赔偿,无须以先申请确认使行政职权行为违法为前提条件;在行政赔偿中,除了被限制人身自由的人死亡或者丧失行为能力的例外情形外,赔偿请求人和赔偿义务机关对自己提出的主张应当提供证据,故该公司应对自己的主张承担举证责任。

专题 47 司法赔偿

司法赔偿，是指因司法机关及其工作人员在行使侦查权、检察权、审判权和看守所、监狱管理职权时违法给公民、法人或者其他组织的人身权和财产权造成损害，国家承担赔偿责任的制度。

司法赔偿包括刑事赔偿和民事、行政司法赔偿。

一、司法赔偿范围

司法赔偿范围，是指国家对司法机关及其工作人员在行使职权时的哪些行为承担赔偿责任。

（一）刑事赔偿的范围

1. 侵犯人身权的刑事赔偿范围

刑事赔偿的范围中，对人身权造成的损害，涉及五种行为：三种刑事职权行为，两种刑事职权相关行为。

（1）错误刑事拘留。包括两种情形：

❶违法采取刑事拘留措施。具体包括：违反《刑事诉讼法》规定的条件采取拘留措施的；违反《刑事诉讼法》规定的程序采取拘留措施的。

❷合法采取刑事拘留措施后终止追究刑事责任。行使侦查权的机关采取刑事拘留本身合法，但拘留超过法定期限，且其后决定撤销案件、不起诉或者判决宣告无罪终止追究刑事责任。

[例] 因行车发生纠纷，杨某叫来陈某、刘某等人，将胡某等人打致轻伤、轻微伤。陈某、刘某被县公安局刑事拘留。2010 年 10 月，警方以证据不足为由解除对二人的刑事强制措施，并撤销刑事立案。县公安局刑拘二人的主要证据不足，刑事拘留决定违法，应当承担赔偿责任。最终，县公安局赔偿侵犯二人人身自由权 4 天的赔偿金。

（2）错误逮捕。对公民采取逮捕措施后，决定撤销案件、不起诉或者判决宣告无罪终止追究刑事责任。只要公民被逮捕后刑事司法机关终止追究刑事责任的，就视为错误逮捕。

[例] 2012 年 7 月，朱某因涉嫌故意伤害罪被县检察院批准逮捕，8 月被提起公诉。2013 年 1 月，县检察院撤回起诉，县公安局撤回该案。同年 2 月，县公安局对朱某变更强制措施为取保候审。朱某向县检察院申请国家赔偿。最终县检察院向朱某支付人身自由赔偿金 4.1 万余元，为朱某消除影响、恢复名誉并赔礼道歉。

（3）错误判决。国家承担赔偿责任的错判必须同时具备以下三个条件：

❶法院对无罪的公民判处刑罚。无罪，包括公民没有实施犯罪行为或者没有充分确凿的证据证明公民实施了犯罪行为两种情形。

❷原判刑罚已经执行。在刑罚执行中保外就医的，人身自由虽受限制但实际上未被羁押，此期间国家不负赔偿责任。判处管制、有期徒刑缓刑、剥夺政治权利等刑罚被依法改判无罪的，国家也不负赔偿责任。但赔偿请求人在判决生效前被羁押的，国家应当承赔

偿责任。

❸原判决经审判监督程序撤销并且被告人被宣告无罪。改判必须是依据审判监督程序作出的，而且必须是改判无罪。

注意：数罪并罚的案件经再审改判部分罪名不成立，监禁期限超出再审判决确定的刑期的，超出的期限属于国家赔偿范围。

[例] 某中院两次对黄某作出有罪判决，两次被省高院裁定发回重审。2002年8月，中院认定黄某犯绑架罪、非法拘禁罪，决定合并执行死刑、缓期二年执行。2015年5月，高院再审判决，认定黄某不构成绑架罪，黄某于当日被释放。自黄某1996年6月被羁押至2015年5月获释，扣除其因非法拘禁罪被判处的3年刑期，被完全限制人身自由天数为5841天。最终法院支付黄某人身自由赔偿金128万余元，精神损害抚慰金58万元，并为黄某消除影响、恢复名誉。

（4）刑讯逼供、殴打和虐待等暴力行为。对暴力行为国家承担赔偿责任必须同时具备以下三个条件：

❶实施这种暴力侵权行为的主体不限于司法机关的工作人员，也包括受司法机关及其工作人员唆使或放纵的人员；

❷这种暴力侵权行为必须发生在执行职务的活动过程中，且与职权行使有密切的联系；

❸此类暴力行为必须造成了公民身体伤害或者死亡的后果。

（5）违法使用武器、警械。司法人员在执行职务中因正当防卫使用武器、警械造成他人伤亡的，国家不予赔偿；正当防卫明显超过必要限度造成重大损害的，国家应予赔偿。

命题陷阱

1. 刑事裁判、刑事拘留和逮捕赔偿的归责要求不同：
   （1）对刑事裁判要求再审改判无罪，且原判刑罚已经执行；
   （2）对刑事拘留采用违法原则，即违法采取刑事拘留措施或超期拘留后终止追究刑事责任；
   （3）对逮捕则实行结果归责，只要公民被逮捕后刑事司法机关终止追究刑事责任的，公民即可要求国家赔偿，不论之前的逮捕是否合法。
2. 取保候审、监视居住由于没有对人身自由进行实际限制，不属于国家赔偿范围。

2. 侵犯财产权的刑事赔偿范围

（1）违法对财产采取查封、扣押、冻结、追缴等措施。

（2）依照审判监督程序再审改判无罪，原判罚金、没收财产已经执行的。罚金和没收财产产生国家赔偿责任的条件：

❶判处罚金或者没收财产的判决必须生效，而且已经执行。

❷生效判决经审判监督程序撤销，受害人被宣告无罪。如果经审判监督程序，公民仍然被确认有罪，即使原判决被变更，国家也不承担赔偿责任。

3. 国家不承担赔偿责任的情形

（1）因公民故意作虚伪供述或者伪造其他有罪证据被羁押或者被判处刑罚

❶必须是被害人本人故意作虚伪供述或者伪造有罪证据。如果司法机关因某一公民提供伪证而错误羁押或错判了另一公民，国家的刑事赔偿责任不能免除。

❷必须是公民自愿作虚伪供述或者伪造证据。被害人作虚伪供述或者伪造证据时往往

具有不正当的目的。因司法机关工作人员的威胁、引诱实施这种行为的，构成国家的违法行为，国家应当承担赔偿责任。

[例] 2013年4月5日，蒙某因涉嫌盗窃罪被区公安分局刑事拘留。同月28日，被区检察院批准逮捕。同年6月27日，区公安分局移送区检察院审查起诉。2014年1月9日，区检察院以事实不清、证据不足为由，决定对蒙某不起诉。2014年2月8日，蒙某以无罪逮捕被错误关押为由，向区检察院提出国家赔偿申请。区检察院认为，蒙某在审查批捕阶段作了虚伪供述，承认其在公安机关所作供述是真实的，导致作出批捕决定，属于国家不承担赔偿责任的情形，决定不予赔偿。蒙某向市检察院提出复议。2014年6月13日，市检察院作出复议决定，认为公安机关提取证据存在瑕疵，在此期间蒙某所作的有罪供述应予排除，不应认定为其故意作虚伪供述，蒙某请求赔偿的事项属于国家赔偿范围；决定撤销区检察院刑事赔偿决定书，区检察院支付蒙某人身自由赔偿金55 992.51元。

本案中，区检察院认为，蒙某在审查批捕阶段作了虚伪有罪供述，导致作出批捕决定，属于国家不承担赔偿责任的情形。上述认定忽视了有罪供述与故意作虚伪供述在认识因素和意志因素等方面的重要区别，即区检察院不能把曾经作过有罪供述一概认定为故意作虚伪供述，只有查明行为人主观上确实出于故意，并作出了与客观真相相反的供述，才能依法认定为故意作虚伪供述。

（2）法律规定<u>不负刑事责任的人被羁押</u>。实施犯罪行为而<u>不负刑事责任的人包括四类人</u>：

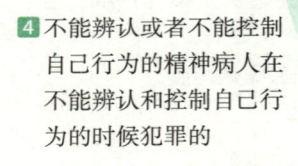

不负刑事责任的四类人

1. 犯罪时不满12周岁的
2. 已满12周岁不满14周岁的人，犯故意杀人、故意伤害罪，致人死亡或者以特别残忍手段致人重伤造成严重残疾，情节恶劣，经最高人民检察院核准追诉，应当负刑事责任以外的罪行的
3. 已满14周岁不满16周岁的人，犯故意杀人、故意伤害致人重伤或者死亡、强奸、抢劫、贩卖毒品、放火、爆炸、投放危险物质罪以外的罪行的
4. 不能辨认或者不能控制自己行为的精神病人在不能辨认和控制自己行为的时候犯罪的

（3）依照法律规定<u>不追究刑事责任的人被羁押</u>。<u>不负刑事责任的人和不追究刑事责任的人被羁押，国家不承担赔偿责任</u>。但是，对起诉后经法院错判拘役、有期徒刑、无期徒刑并已执行的，法院应当对该判决确定后继续监禁期间侵犯公民人身自由权的情形予以赔偿。

[例] 王某因盗窃被拘捕，经起诉，被法院判处有期徒刑3年，后经审判监督程序，认定此人犯罪时不满14周岁，不应负刑事责任。那么国家对王某被判刑造成的损害应依法给予赔偿，对判决确定前被羁押的日期则依法不予赔偿。

（4）司法机关工作人员实施的<u>与行使职权无关的个人行为</u>。

（5）<u>因公民自伤、自残等故意行为致使损害发生的</u>。为了解除羁押或逃避劳动及其他个人原因，自伤、自残，致使身体受到伤害或死亡的，国家不承担赔偿责任。但是，因司法人员的刑讯逼供或殴打、威胁、折磨等致使公民难以忍受而自杀身亡或自杀未遂造成身体伤害的，不属于公民故意自伤、自残，其损害应当由国家承担赔偿责任。

[例] 滕某因犯盗窃、抢劫罪于1996年被判处有期徒刑16年，后在某监狱服刑。1999年12月30日，滕某与吴某、刘某、孟某（均为服刑人员）四人被临时安排组成一个相互监督的互包组，在该监区内的水泥生产加工场地做推煤工作。其间，滕某等三人与吴某发生口角。后四人擅离岗位到主控室休息。当日5时左右，吴某趁滕某等三人熟睡之机，拿起室内砸煤用的铁钎，向滕某等三人头部连续击打数下，发现三人没有反应后，认为三人已死亡，遂从该二楼窗外铁梯爬到楼顶欲跳楼自杀。当日5时许，三人被发现受伤，监狱管教员及其他监狱管理人员赶到现场后，组织对伤员进行了救治，并于当日22时45分，将吴某抓获。滕某后经司法鉴定所鉴定为：脑软化灶形成左侧肢体偏瘫，肌力四级，属七级伤残；颅脑缺损160平方厘米，属九级伤残。修复颅骨费用约5620元至21 000元之间属合理。后吴某被法院以故意杀人罪判处死刑。

某省高级人民法院赔偿委员会审理认为，本案监狱劳动现场存在安全问题，监狱干警监管措施不到位，根据相关规定，结合本案案情，可以确定监狱在监管上存在一定的不作为情形。根据《国家赔偿法》及相关规定，监狱应当承担一定比例的赔偿责任。因本案中滕某所受伤害系吴某直接造成，另滕某在受伤前亦随同其他服刑人员擅自脱离推煤岗位，其自身亦有一定违规之处，故根据本案具体情况，该省高级人民法院赔偿委员会确定由监狱承担30%的监管不作为责任，决定由监狱向滕某支付国家赔偿款总计人民币136 519.11元。

（二）民事、行政司法赔偿的范围

赔偿范围	（1）违法采取排除妨碍诉讼强制措施（仅限于司法罚款、司法拘留两者）； （2）违法采取保全措施（包括证据保全和财产保全）； （3）违法采取先予执行措施； （4）错误执行判决、裁定和其他生效法律文书（指执行行为错误，而不是被执行的法律文书错误）； （5）暴力伤害（司法人员或其唆使的人实施与职权有关的非法暴力造成死伤）； （6）违法使用武器、警械（司法机关及其人员在执行职务时违法使用武器、警械造成死伤）。
不予赔偿	（1）因申请人申请保全有错误造成损害； （2）因申请执行人提供的执行标的物有错误造成损害； （3）法院工作人员与行使职权无关的个人行为； （4）可以执行回转； （5）被保全人、被执行人、保管人员违法动用、隐匿、毁损、转移、变卖已经保全的财产； （6）因不可抗力、正当防卫和紧急避险造成损害后果。

[例] 甲公司向某区法院起诉要求乙公司返还货款15万元，并请求依法保全乙公司价值10万元的汽车。在甲公司提供担保后，该区法院采取保全措施。二审法院最终维持该区法院要求乙公司返还货款10万元的判决。甲公司在申请强制执行时，发现诉讼期间该区法院在乙公司没有提供担保的情况下已解除保全措施，乙公司已变卖汽车、转移货款，致判决无法执行。本案中，该区法院依法不应当解除保全措施而解除，属于违法采取保全措施，甲公司的损失属于国家赔偿范围。

二、司法赔偿义务机关

司法赔偿义务机关，是指在司法赔偿中代表国家接受赔偿请求、具体承担赔偿义务并支付赔偿费用的国家机关。

（一）刑事赔偿的义务机关

司法机关侵权的，该机关为赔偿义务机关；司法工作人员侵权的，该工作人员所在的司法机关为赔偿义务机关。刑事赔偿义务机关采取后置确定原则，即在哪个阶段行为被确定为错误，就由哪个阶段的行为机关赔偿。

1. 违法采取拘留措施，作出拘留决定的机关为赔偿义务机关。检察机关对于其自行侦查的案件，请求公安机关以强制措施限制受害人人身自由的，该公安机关不是赔偿义务机关，检察机关是赔偿义务机关。

2. 对公民采取逮捕措施后决定撤销案件、不起诉或者判决宣告无罪的，作出逮捕决定的机关为赔偿义务机关。对公民采取拘留措施后又采取逮捕措施，国家承担赔偿责任的，依后置确定原则，作出逮捕决定的机关为赔偿义务机关。

3. 再审改判无罪的，作出原生效判决的法院为赔偿义务机关。原生效判决为一审判决的，原一审法院为赔偿义务机关；原生效判决为二审判决的，原二审法院为赔偿义务机关。

4. 二审改判无罪，以及二审发回重审后作无罪处理的，作出一审有罪判决的法院为赔偿义务机关。一审判决有罪，二审发回重审后具有下列情形之一的，属于重审无罪赔偿：①原审法院改判无罪并已发生法律效力的；②重审期间检察院作出不起诉决定的；③检察院在重审期间撤回起诉超过30日或者法院决定按撤诉处理超过30日未作出不起诉决定的。

［例］开发区公安分局接群众举报，对孙某涉嫌职务侵占、挪用资金一案立案侦查，于2015年2月3日对其刑事拘留。2015年3月12日，孙某被开发区检察院批准逮捕，后被提起公诉。2017年7月11日，开发区法院作出一审刑事判决，以孙某犯虚开增值税专用发票罪，判处其有期徒刑3年零6个月，并处罚金人民币100 000元。孙某提出上诉，开发区检察院亦提出抗诉。2017年11月22日，市中级法院以原判认定事实不清、证据不足、适用法律不当、诉讼程序违法为由，裁定撤销原判，发回开发区法院重新审理。该案重审期间，开发区法院于2018年8月2日作出取保候审决定，决定对孙某采取取保候审措施，期限为2018年8月2日至2019年8月1日。2019年5月9日，开发区检察院以证据发生变化为由，向开发区法院申请撤回对孙某的起诉。同日，开发区法院作出刑事裁定，准许开发区检察院撤回起诉。孙某不服，提出上诉，市中级法院裁定驳回上诉，维持原裁定。2019年7月18日，开发区法院决定对孙某解除取保候审。2019年8月12日，开发区检察院作出不起诉决定书，决定对孙某不起诉。孙某自被刑事拘留至被采取取保候审措施，共被羁押1277天。本案的赔偿义务机关为开发区法院。

5. 在刑事赔偿中，司法机关工作人员刑讯逼供或者以殴打等暴力行为或者唆使他人以殴打等暴力行为造成公民身体伤害或者死亡的；违法使用武器、警械造成公民身体伤害或者死亡的；违法对财产采取查封、扣押、冻结、追缴等措施的，该司法机关工作人员所在的机关为赔偿义务机关。

6. 看守所及其工作人员在行使职权时侵犯公民合法权益造成损害的，看守所的主管机关为赔偿义务机关。看守所的主管机关是公安机关。

> **命题陷阱**
>
> 刑事赔偿义务机关的确定采取后置原则：
> 1. 错误拘留的，决定拘留的机关（公安机关或检察院）为赔偿义务机关。
> 2. 错误逮捕的，决定逮捕的机关（检察院或法院）为赔偿义务机关。
> 3. 一审判有罪，二审改判无罪的或者一审判有罪、二审发回重审后作无罪处理的，一审法院为赔偿义务机关。
> 4. 再审改判无罪的，作出原生效判决的法院为赔偿义务机关。

（二）民事、行政司法赔偿的义务机关

1. 法院在民事诉讼、行政诉讼过程中，违法采取对妨害诉讼的强制措施、保全措施、先予执行措施，或者对判决、裁定以及其他生效法律文书执行错误造成损害的，作出该行为的法院为赔偿义务机关。若上述行为系因上一级法院复议改变原裁决所致，由该上一级法院作为赔偿义务机关。

2. 法院的司法工作人员在民事诉讼、行政诉讼过程中，以殴打等暴力行为或者唆使他人以殴打等暴力行为造成公民身体伤害或者死亡的；违法使用武器、警械造成公民身体伤害或者死亡的，该司法工作人员所在的法院为赔偿义务机关。

三、司法赔偿程序

司法赔偿程序，是指公民、法人或者其他组织要求国家的侦查、检察、审判、看守所、监狱管理机关履行司法赔偿责任的程序。

（一）司法赔偿义务机关处理程序

司法赔偿义务机关处理程序，是指赔偿请求人要求赔偿，应当先向司法赔偿义务机关提出，由其处理赔偿的程序。

1. 司法赔偿请求的提出

（1）赔偿请求人提出赔偿请求应当递交申请书。赔偿请求人书写申请书确有困难的，可以委托他人代书，也可以口头申请，由司法赔偿义务机关记入笔录。赔偿请求人根据受到的不同损害，可以同时提出数项赔偿请求。

（2）赔偿请求人的赔偿请求期限为2年，自其知道或者应当知道国家机关及其工作人员行使职权时的行为侵犯其人身权、财产权之日起计算，但被羁押等限制人身自由期间不计算在内。赔偿请求人原则上应当在相应司法程序终结后提出赔偿请求，而不能在程序尚在进行中就提出赔偿请求。

2. 司法赔偿请求的处理

（1）司法赔偿义务机关在收到申请书之日起2个月内作出处理。

（2）司法赔偿义务机关可以根据案件的具体情况采取协议或者决定的方式。在查清事实的基础上，司法赔偿义务机关可以与赔偿请求人就赔偿方式、赔偿项目和赔偿数额进行协商，签订赔偿协议；协商不成的，由司法赔偿义务机关单方面作出决定。

（3）司法赔偿义务机关决定赔偿的，应当制作赔偿决定书，并自作出决定之日起10日内送达赔偿请求人；决定不予赔偿的，应当自作出决定之日起10日内书面通知赔偿请求人，并说明不予赔偿的理由。

（二）司法赔偿复议程序

司法赔偿复议程序，是指司法赔偿请求人不服赔偿义务机关的裁决或者未与其达成协议的，有权向赔偿义务机关的上一级机关提出复议申请，由复议机关进行审查并对司法赔偿争议作出决定的程序。①司法赔偿复议程序仅适用于公安机关、安全机关、检察机关和监狱管理机关等作为赔偿义务机关的情况；②法院为赔偿义务机关的，在经过先行处理程序之后，受害人应当直接向该法院的上一级法院的赔偿委员会申请，由赔偿委员会作出决定。

1. 复议申请：①赔偿请求人对赔偿的方式、项目、数额有异议的，或者赔偿义务机关作出不予赔偿决定的，赔偿请求人可以自赔偿义务机关作出赔偿或者不予赔偿决定之日起30日内申请复议；②赔偿义务机关在规定期限内未作出是否赔偿的决定，赔偿请求人可以自赔偿义务机关决定期限届满之日起30日内向赔偿义务机关的上一级机关申请复议。

2. 复议审理：①复议机关与赔偿请求人就赔偿数额、赔偿方式和期限进行协商；②复议可以采取书面方式审理，认为有必要时，也可以采取其他方式审理。

3. 复议决定：①复议机关应当自收到申请之日起2个月内作出决定；②如果复议机关逾期不作出复议决定，赔偿请求人可以在2个月期满之日起30日内向复议机关所在地的同级法院赔偿委员会申请作出赔偿决定；③如果赔偿请求人对复议机关作出的复议决定不服，可以在收到复议决定之日起30日内向复议机关所在地的同级法院赔偿委员会申请作出赔偿决定。

（三）司法赔偿决定程序

司法赔偿决定程序，是指法院赔偿委员会受理司法赔偿请求、作出决定的程序。中级以上法院设立赔偿委员会，由法院3名以上审判员组成，组成人员的人数应当为单数。司法赔偿决定程序适用于两类案件：①赔偿义务机关不是法院的，赔偿请求人依法提出司法赔偿复议申请，因对复议决定不服或者复议机关逾期不作出决定，在法定期间内向复议机关所在地的同级法院赔偿委员会申请作出赔偿决定的；②赔偿义务机关是法院的，赔偿请求人经申请赔偿，因赔偿义务机关逾期不予赔偿或者赔偿请求人对赔偿数额有异议，在法定期间内向赔偿义务机关的上一级法院赔偿委员会申请作出赔偿决定的。

1. 申请。赔偿请求人向赔偿委员会申请作出赔偿决定，原则上应采用书面方式，递交赔偿申请书，一式四份。但是，赔偿请求人书写申请书确有困难的，也可以口头申请。

2. 立案

（1）赔偿委员会收到赔偿申请，经审查认为符合申请条件的，应当在7日内立案，并通知赔偿请求人、赔偿义务机关和复议机关；认为不符合申请条件的，应当在7日内决定不予受理。

（2）申请材料不齐全的，赔偿委员会应当在5日内一次性告知赔偿请求人需要补正的全部内容。收到赔偿申请的时间应当自赔偿委员会收到补正材料之日起计算。

（3）赔偿委员会应当在立案之日起5日内将赔偿申请书副本送达赔偿义务机关和复议

机关。

3. 审理

（1）审理的组织形式。赔偿委员会审理赔偿案件，应当指定1名审判员负责具体承办。赔偿委员会作出赔偿决定，必须有3名以上审判员参加，按照少数服从多数的原则作出决定。赔偿委员会认为重大、疑难的案件，应报请院长提交审判委员会讨论决定。

（2）协商。赔偿委员会审理赔偿案件，可以组织赔偿义务机关与赔偿请求人就赔偿方式、赔偿项目和赔偿数额进行协商。

（3）审理方式。赔偿委员会处理赔偿请求，采取书面审查的办法。必要时，可以向有关单位和人员调查情况、收集证据。赔偿请求人与赔偿义务机关对损害事实及因果关系有争议的，赔偿委员会可以听取赔偿请求人和赔偿义务机关的陈述和申辩，并可以进行质证。对于事实没有争议、只涉及法律适用的，可采用书面审理方式；对于事实有争议的，原则上均应当采用质证审理方式。

（4）举证责任。赔偿委员会处理赔偿请求，赔偿请求人和赔偿义务机关对自己提出的主张，应当提供证据。

4. 决定。赔偿委员会应当自收到赔偿申请之日起3个月内作出决定。属于疑难、复杂、重大案件的，经本院院长批准，可以延长3个月。

（四）司法赔偿监督程序

1. 赔偿请求人或者赔偿义务机关对赔偿委员会作出的决定，认为确有错误的，可以向上一级法院赔偿委员会提出申诉。

2. 赔偿委员会作出的赔偿决定生效后，如发现赔偿决定违反《国家赔偿法》规定的，经本院院长决定或者上级法院指令，赔偿委员会应当在2个月内重新审查并依法作出决定，上一级法院赔偿委员会也可以直接审查并作出决定。

3. 最高检察院对各级法院赔偿委员会作出的决定，上级检察院对下级法院赔偿委员会作出的决定，发现违反《国家赔偿法》规定的，应当向同级法院赔偿委员会提出意见，同级法院赔偿委员会应当在2个月内重新审查并依法作出决定。

[例] 1992年7、8月间，王某与某供销社口头达成承包经营该社废旧物收购站的协议，双方约定了经营范围、方式、纳税及利润分配等问题，明确由该供销社提供经营执照及银行账户，其后王某按约定交纳了销售额的3%。1993年4月3日，县检察院以王某涉嫌偷税为由对其刑事拘留，同月17日决定对其取保候审并予以释放。王某被限制人身自由15天。县检察院委托市税务咨询事务所进行鉴定，认定王某属无证经营，其行为构成偷税。1994年3月3日，县检察院向县法院提起公诉。同年6月6日，县法院以事实不清、证据不足为由，退回县检察院补充侦查。经补充侦查，县检察院认为王某不是独立纳税人，非纳税主体，纳税申报应是作为企业法人的供销社的义务，因此王某不能被认为是无证经营，亦不构成偷税罪，决定撤销此案。王某向县检察院申请退回收缴的税款，该院以已经上缴税务机关为由不予退还。2007年7月13日，王某病故。其后，王某的妻子杨某作为王某的继承人向县检察院申请国家赔偿。另，王某涉嫌偷税案侦办过程中，县检察院先后3次从供销社账户扣划的125 681元为王某所有。县检察院先后7次共扣押、扣划王某168 681元，除去退还7500元，共有161 181元未返还。

县检察院作出刑事赔偿决定，决定返还扣押的税款47 500元；赔偿王某被羁押期间的误工费 2439.75 元。杨某不服，向市检察院申请复议，市检察院逾期未作决定，杨某遂向市中级法院赔偿委员会申请作出赔偿决定。市中级法院赔偿委员会作出决定，维持县检察院赔偿王某被羁押期间的误工费 2439.75 元、返还扣押的税款 47 500 元的决定；增加返还杨某 47 500 元的利息和精神损害抚慰金 1000 元。杨某向省高级法院赔偿委员会提出申诉，省高级法院赔偿委员会驳回了杨某的申诉。其后，最高法院赔偿委员会作出决定，决定对本案进行直接审理，并作出国家赔偿决定，维持县检察院赔偿王某人身自由赔偿金 2439.75 元和精神损害抚慰金 1000 元的决定；决定由县检察院赔偿杨某 161 181 元及利息。

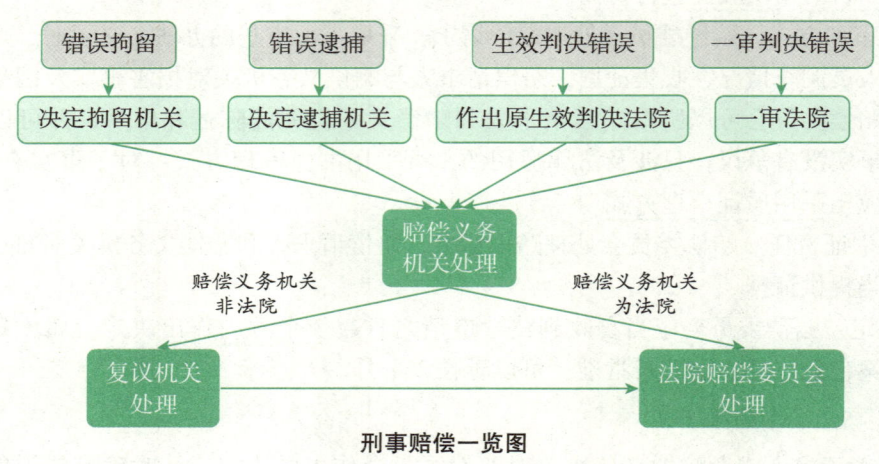

刑事赔偿一览图

- 错误拘留 → 决定拘留机关
- 错误逮捕 → 决定逮捕机关
- 生效判决错误 → 作出原生效判决法院
- 一审判决错误 → 一审法院

以上均 → 赔偿义务机关处理

- 赔偿义务机关非法院 → 复议机关处理
- 赔偿义务机关为法院 → 法院赔偿委员会处理

命题陷阱

司法赔偿程序中是否需要向赔偿义务机关的上一级机关申请复议，取决于赔偿义务机关是否为法院：

1. 赔偿义务机关不是法院的，需要先向赔偿义务机关的上一级机关申请复议，其后向复议机关所在地的同级法院赔偿委员会申请作出赔偿决定。
2. 赔偿义务机关是法院的，无需向赔偿义务机关的上一级机关申请复议，而是直接向其上一级法院赔偿委员会申请作出赔偿决定。

四、司法追偿

司法追偿，是指司法赔偿义务机关在履行赔偿责任后依法责令有责任的工作人员承担部分或全部赔偿费用的法律制度。对符合《国家赔偿法》规定条件的工作人员，司法赔偿义务机关在履行赔偿责任之后，即享有追偿的权力，应当责令工作人员承担部分或者全部赔偿费用。

司法追偿的对象：①实施暴力侵权行为的工作人员；②违法使用武器或者警械造成公民身体伤害或者死亡的工作人员；③在执行职务过程中贪污受贿、徇私舞弊、枉法裁判的工作人员。

经典真题

1. 区公安分局以涉嫌故意伤害罪为由将方某刑事拘留，区检察院批准对方某的逮捕。区法院判处方某有期徒刑 3 年，方某上诉。市中级法院以事实不清为由发回区法院重审。区法院重审后，判决方某无罪。判决生效后，方某请求国家赔偿。下列哪些说法是错误的？（2012/2/83）[1]

A. 区检察院和区法院为共同赔偿义务机关
B. 区公安分局为赔偿义务机关
C. 方某应当先向区法院提出赔偿请求
D. 如区检察院在审查起诉阶段决定撤销案件，方某请求国家赔偿的，区检察院为赔偿义务机关

2. 甲市某县公安局以李某涉嫌盗窃罪为由将其刑事拘留，经县检察院批准逮捕，县法院判处李某有期徒刑 6 年，李某上诉，甲市中级法院改判无罪。李某被释放后申请国家赔偿，赔偿义务机关拒绝赔偿，李某向甲市中级法院赔偿委员会申请作出赔偿决定。下列选项正确的是：（2013/2/99）[2]

A. 赔偿义务机关拒绝赔偿的，应书面通知李某并说明不予赔偿的理由
B. 李某向甲市中级法院赔偿委员会申请作出赔偿决定前，应当先向甲市检察院申请复议
C. 对李某申请赔偿案件，甲市中级法院赔偿委员会可指定 1 名审判员审理和作出决定
D. 如甲市中级法院赔偿委员会作出赔偿决定，赔偿义务机关认为确有错误的，可以向该省高级法院赔偿委员会提出申诉

3. 关于民事、行政诉讼中的司法赔偿，下列哪些说法是正确的？（2017/2/85）[3]

A. 对同一妨害诉讼的行为重复采取罚款措施的，属于违法采取对妨害诉讼的强制措施
B. 执行未生效法律文书的，属于对判决、裁定及其他生效法律文书执行错误
C. 受害人对损害结果的发生或者扩大也有过错的，国家不承担赔偿责任
D. 因正当防卫造成损害后果的，国家不承担赔偿责任

专题 48　国家赔偿方式、标准与费用

国家赔偿方式，是指国家对自己的侵权行为承担赔偿责任的各种形式。我国的国家赔偿是以金钱赔偿为主要方式，以返还财产、恢复原状为补充，还有恢复名誉、赔礼道歉、消除影响等赔偿方式。

---

[1] AB。本案属于再审改判无罪的情形，即经市中院二审发回区法院重审而改判无罪，应当由作出一审有罪判决的区法院作为赔偿义务机关；区法院作为赔偿义务机关，方某应当先向区法院提出赔偿请求；如果区检察院在审查起诉阶段决定撤销案件，则属于对公民采取逮捕措施后决定撤销案件的情形，应当由作出逮捕决定的机关——区检察院为赔偿义务机关。

[2] AD。赔偿义务机关拒绝赔偿答复的形式应当是书面而非口头，并且要说明不予赔偿的理由；本案的赔偿义务机关为法院，赔偿请求人可以向其上一级法院赔偿委员会申请作出赔偿决定，即直接向甲市中级法院赔偿委员会申请作出赔偿决定，不存在向甲市检察院申请复议的程序；1 名审判员只是负责具体承办赔偿案件，而案件的决定需要由赔偿委员会作出，且必须有 3 名以上审判员参加；甲市中级法院赔偿委员会作出赔偿决定，赔偿请求人认为确有错误的，可以向该省高级法院赔偿委员会提出申诉，赔偿义务机关认为确有错误的，也可以向该省高级法院赔偿委员会提出申诉。

[3] ABD。对同一妨害诉讼的行为重复采取罚款措施的，属于违法采取对妨害诉讼的强制措施；对判决、裁定及其他生效法律文书执行错误，包括执行未生效法律文书；受害人对损害结果的发生或者扩大也有过错的，是减轻国家赔偿责任，而不是国家不承担赔偿责任；因不可抗力、正当防卫和紧急避险造成损害后果的，国家不承担赔偿责任。

一、人身权损害的赔偿

对于人身权损害赔偿涉及五种权利——人身自由权、健康权、生命权、名誉权和荣誉权。

（一）人身自由权损害赔偿

限制、剥夺人身自由的赔偿，按日支付赔偿金，每日赔偿金按照国家上年度职工日平均工资计算，一般以受害人被羁押的时间乘以每日赔偿金额计算。

（二）健康权损害赔偿

1. 造成身体伤害的，应当支付医疗费、护理费，以及赔偿因误工减少的收入。

（1）医疗费，是指受害人身体受到损害后恢复健康进行治疗所支出的费用，包括医疗费、住院费、化验费等。

（2）护理费，是指受害人因遭受人身损害，生活无法自理需要他人护理而支出的费用。

（3）因误工减少的收入，是指受害人因受伤后不能工作而损失的收入。减少的收入每日赔偿金按国家上年度职工日平均工资计算，其最高额为国家上年度职工年平均工资的5倍。

2. 造成部分或者全部丧失劳动能力的，应当支付医疗费、护理费、残疾生活辅助具费、康复费等因残疾而增加的必要支出和继续治疗所必需的费用，以及残疾赔偿金。造成全部丧失劳动能力的，对其扶养的无劳动能力的人，还应当支付生活费。

（1）残疾生活辅助具费，是指受害人因残疾而造成身体功能全部或者部分丧失后需要配制补偿功能的残疾辅助器具的费用。

（2）康复费，是指残疾人为恢复肌体的正常机能而进行的康复训练所支付的费用。

（3）残疾赔偿金，是指国家机关及其工作人员因违法行使职权侵犯公民生命健康权，致使公民部分或全部丧失劳动能力后，国家支付给受害人的赔偿金。残疾赔偿金根据丧失劳动能力的程度，按照国家规定的伤残等级确定，最高不超过国家上年度职工年平均工资的20倍。

（4）生活费，是指国家因国家机关工作人员违法行使职权侵犯公民的生命健康权，致使其全部丧失劳动能力，对其所扶养（或抚养）的无劳动能力的人支付维持生活的费用。被扶养的人是未成年人的，生活费给付至18周岁；其他无劳动能力的人，生活费给付至其死亡。

> **魏语绸缪**
> 只有造成全部丧失劳动能力的，才对其扶养的无劳动能力的人支付生活费；部分丧失劳动能力的，不存在该项费用。

（三）生命权损害赔偿

造成公民死亡的，应当支付死亡赔偿金、丧葬费，死亡赔偿金和丧葬费是一个固定的数额，总额为国家上年度职工年平均工资的20倍。对死者生前扶养的无劳动能力的人，还应当支付生活费。

（四）名誉权、荣誉权损害赔偿

人身自由、生命健康权损害即构成名誉权、荣誉权的精神损害：①消除影响、恢复名誉、赔礼道歉；②造成严重后果的，支付精神损害抚慰金。精神损害抚慰金的条件：

1. 造成严重后果的情形包括：①受害人被非法限制人身自由超过6个月；②受害人经

鉴定为轻伤以上或者残疾；③受害人经诊断、鉴定为精神障碍或者精神残疾，且与违法行政行为存在关联；④受害人名誉、荣誉、家庭、职业、教育等方面遭受严重损害，且与违法行政行为存在关联。

2.造成后果特别严重的情形包括：①受害人被非法限制人身自由10年以上；②受害人死亡；③受害人经鉴定为重伤或者残疾一至四级，且生活不能自理；④受害人经诊断、鉴定为严重精神障碍或者精神残疾一至二级，生活不能自理，且与违法行政行为存在关联。

精神损害抚慰金的标准是在人身自由赔偿金、生命健康赔偿金总额的50%以下（包括本数）酌定；后果特别严重的，可以在50%以上酌定。

[例]陈某妻子金某于2011年6月去世，陈某对其遗体进行土葬安置。某市民政局于2011年11月25日同一天作出行政处罚先行告知书和行政处罚决定书，并在2012年4月18日作出强制执行通知书的同一天即强制执行，在陈某及其他家属均不在场的情况下，对金某遗体进行强制起尸火化，现已执行完毕。法院生效裁判文书认为，该市民政局作出的行政处罚决定程序违法，其实施强制执行没有职权法律依据且违反法定程序，依法应撤销被诉处罚决定，确认被诉强制执行行为违法；另外，综合考虑该市民政局过错程度及案件实际情况等相关因素，酌定赔偿陈某10 000元精神损害抚慰金。

注意："上年度"应为赔偿义务机关、复议机关或者法院赔偿委员会作出决定时的上年度；复议机关或者法院赔偿委员会维持原赔偿决定的，按作出原赔偿决定时的上年度执行；复议机关或者法院赔偿委员会改变原赔偿决定，按照新作出决定时的上一年度国家职工平均工资标准计算。国家上年度职工日平均工资数额，应当以职工年平均工资除以全年法定工作日数的方法计算。年平均工资以国家统计局公布的数字为准。作出赔偿决定、复议决定时国家上一年度职工平均工资尚未公布的，以已经公布的最近年度职工平均工资为准。

[例]胡某因涉嫌故意杀人罪于2002年3月23日被刑事拘留，同年4月17日被逮捕。中级法院以犯故意杀人罪4次判处胡某死刑、缓期二年执行，但均被二审法院撤销原判，发回重审。2011年7月19日，监视居住期满后，胡某未再被采取强制措施，实际被羁押3225天。某省高级法院赔偿委员会于2015年11月16日作出国家赔偿决定，按照2014年度国家职工日平均工资标准（219.72元）赔偿胡某70.8597万元，并赔偿精神损害抚慰金15万元，为其消除影响、恢复名誉。

命题陷阱

精神损害是因人身自由权、健康权、生命权损害而带来的损害，只要有人身自由权、健康权、生命权的损害就存在精神损害。精神损害赔偿有两种方式：①为受害人消除影响、恢复名誉、赔礼道歉；②支付精神损害抚慰金（要求造成严重后果）。

二、财产权损害的赔偿

财产损害的赔偿只赔偿直接损失不赔偿间接损失，采取的赔偿方式是能返还的返还，能恢复原状的恢复原状，不能返还和不能恢复原状的给予金钱赔偿。

1.罚款、罚金、追缴、没收财产或者违法征收、征用财产的赔偿。采取的赔偿方式是返还财产，返还执行的罚款或者罚金、追缴或者没收的金钱，支付银行同期存款利息。

2. 查封、扣押、冻结财产的赔偿。采取的赔偿方式是恢复原状，解除对财产的查封、扣押、冻结。解除冻结的存款或者汇款的，支付银行同期存款利息。

3. 造成财产损坏或者灭失的赔偿。采取金钱赔偿方式，按照损害程度给付相应的赔偿金：按照损害发生时的市场价格计算损失；市场价格无法确定，或者该价格不足以弥补公民、法人或者其他组织损失的，可以采用其他合理方式计算。

> 注意：违法征收、征用土地、房屋，给予被征收人的行政赔偿，不得少于被征收人依法应当获得的安置补偿权益。

[例] 在未与易某某达成安置补偿协议或者作出相应补偿决定的情况下，易某某的房屋被某区人民政府强制拆除。生效行政判决亦因此确认强拆行为违法。易某某向该区人民政府申请行政赔偿，在法定期限内该区人民政府未作出赔偿决定。易某某遂提起诉讼，请求判令该区人民政府恢复原状，或者赔偿同等区位、面积、用途的房屋；判令该区人民政府赔偿动产经济损失3万余元。一、二审人民法院在判决由该区人民政府赔偿违法拆除易某某房屋所造成的经济损失共计16万余元的同时，驳回易某某要求赔偿动产损失的诉讼请求。易某某不服，向最高人民法院申请再审。最高人民法院经审理认为，房屋作为一种特殊的财物，价格波动较大，为了最大限度保护当事人的权益，房屋损失赔偿时点的确定，应当选择最能弥补当事人损失的时点。在房屋价格增长较快的情况下，以违法行政行为发生时为准，无法弥补当事人的损失。此时以人民法院委托评估时为准，更加符合公平合理的补偿原则。

4. 财产已经拍卖或者变卖的赔偿。采取金钱赔偿方式，对已拍卖的财产，给付拍卖所得价款，对已变卖的财产，给付变卖所得的价款。变卖的价款明显低于财产价值的，应当支付相应的赔偿金。

5. 吊销许可证和执照、责令停产停业的损害赔偿。采取金钱赔偿方式，赔偿停产停业期间必要的经常性费用开支。必要的经常性费用开支，是指法人、其他组织和个体工商户为维系停产停业期间运营所需的基本开支；包括必要留守职工的工资；必须缴纳的税款、社会保险费；应当缴纳的水电费、保管费、仓储费、承包费；合理的房屋场地租金、设备租金、设备折旧费；维系停产停业期间运营所需的其他基本开支。

6. 财产权其他损害赔偿。采取金钱赔偿方式，按照直接损失给予赔偿。直接损失包括：存款利息、贷款利息、现金利息；机动车停运期间的营运损失；通过行政补偿程序依法应当获得的奖励、补贴等；对财产造成的其他实际损失。

> **魏语绸缪**
> 不管是人身权损害的赔偿，还是财产权损害的赔偿，赔偿请求人申请国家赔偿所产生的误工费、车旅费、文件打印费、邮寄费、律师咨询费等费用都不属于赔偿范围。

[例] 周某某在某自然村集体土地上拥有房屋两处，该村于2010年起开始实施农房拆迁改造。因未能与周某某达成安置补偿协议，2012年3月，拆迁办组织人员将涉案建筑强制拆除。周某某不服，诉至法院，请求判令某经济技术开发区管理委员会对其安置赔偿人民币800万余元。一、二审法院认为，涉案房屋已被拆除且无法再行评估，当事人双方对建筑面积、附属物等亦无异议，从有利于周某某的利益出发，可参照有关规定并按照被拆除农房的重置价格计算涉案房屋的赔偿金，遂判决该经济技术开发区管理委员会赔偿周某某49万余元，驳回其他诉讼请求。周某某不服，向最高法院申请再审。

最高法院经审理认为，为了最大限度地发挥《国家赔偿法》维护和救济受害行政相对人合法权益的功能与作用，对该法第36条中关于赔偿损失范围之"直接损失"的理解，不仅包括既得财产利益的损失，还应当包括虽非既得但又必然可得的如应享有的农房拆迁安置补偿权益等财产利益损失。本案中，如果没有该经济技术开发区管理委员会违法强拆行为的介入，周某某是可以通过拆迁安置补偿程序依法获得相应补偿的，故这部分利益属于必然可得利益，应当纳入《国家赔偿法》规定的"直接损失"范围。

> **命题陷阱**
>
> 财产被变卖和财产被拍卖的赔偿方式和项目不同：
> 1. 财产被变卖的，给付变卖所得的价款，如果变卖的价款明显低于财产价值，还应当支付相应的赔偿金。
> 2. 财产被拍卖的，一般只给付拍卖所得的价款。

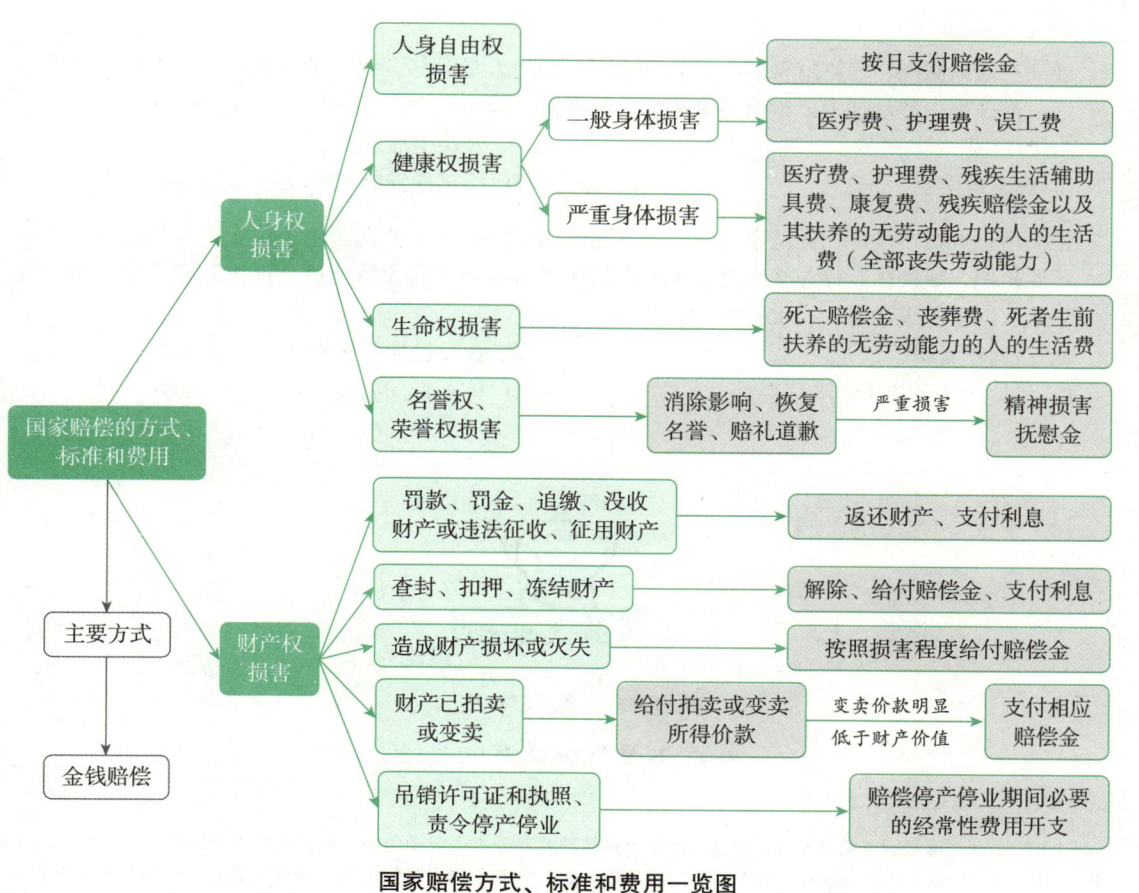

国家赔偿方式、标准和费用一览图

三、国家赔偿金的支付

国家赔偿费用，是指国家机关赔偿受害人损失所需的费用。赔偿费用列入各级财政预算，在每年度财政预算中列支赔偿费用专项。

01	02	03
请求权人提出支付赔偿金申请	赔偿义务机关向财政部门提出支付申请	财政部门支付赔偿金
请求权人应向赔偿义务机关提出书面申请，并提交生效的判决书、复议决定书、赔偿决定书或者调解书。	受理请求权人提出的申请后，赔偿义务机关应当自收到支付赔偿金申请之日起7日内，向财政部门提出支付申请。	财政部门应当自收到支付申请之日起15日内支付赔偿金。

注意：赔偿请求人要求国家赔偿的，赔偿义务机关、复议机关和法院不得向赔偿请求人收取任何费用。对赔偿请求人取得的赔偿金不予征税。

经典真题

1. 廖某在监狱服刑，因监狱管理人员放纵被同室服刑人员殴打，致一条腿伤残。廖某经6个月治疗，部分丧失劳动能力，申请国家赔偿。下列属于国家赔偿范围的有：（2012/2/100）[1]
   A. 医疗费　　　　　　　　　　B. 残疾生活辅助具费
   C. 残疾赔偿金　　　　　　　　D. 廖某扶养的无劳动能力人的生活费

2. 张某租用农贸市场一门面从事经营。因赵某提出该门面属于他而引起争议，工商局扣缴张某的营业执照，致使张某停业2个月之久。张某在工商局返还营业执照后，提出赔偿请求。下列属于国家赔偿范围的是：（2008/2/99）[2]
   A. 门面租赁费　　　　　　　　B. 食品过期不能出售造成的损失
   C. 张某无法经营的经济损失　　D. 停业期间张某依法缴纳的税费

致努力中的你

跨过去，春天不远了，
永远不要失去发芽的心情。

---

[1] ABC。廖某因监狱管理人员的违法行为导致伤残并部分丧失劳动能力，有权获得国家赔偿。A选项"医疗费"、B选项"残疾生活辅助具费"和C选项"残疾赔偿金"都属于国家赔偿范围；只有造成当事人全部丧失劳动能力的，才会对其扶养的无劳动能力的人支付生活费，廖某属于部分丧失劳动能力，D选项"廖某扶养的无劳动能力人的生活费"不属于国家赔偿范围。

[2] AD。国家赔偿的范围应当是停业期间必要的经常性费用开支，门面租赁费属于房屋场地租金，停业期间张某依法缴纳的税费属于必须缴纳的税款，这两项都是停业期间必要的经常性费用开支，属于国家赔偿范围；食品过期不能出售造成的损失和因无法经营而造成的经济损失，不是必要的经常性费用开支，也不是财产权造成损害的直接损失，这两项损失不属于国家赔偿的范围。

附　录
APPENDIX

附录一　最高人民法院公布的指导性案例
（行政法）裁判要点汇总

01 指导案例5号 鲁潍（福建）盐业进出口有限公司苏州分公司诉江苏省苏州市盐务管理局盐业行政处罚案

（1）盐业管理的法律、行政法规没有设定工业盐准运证的行政许可，地方性法规或者地方政府规章不能设定工业盐准运证这一新的行政许可；

（2）盐业管理的法律、行政法规对盐业公司之外的其他企业经营盐的批发业务没有设定行政处罚，地方政府规章不能对该行为设定行政处罚；

（3）地方政府规章违反法律规定设定许可、处罚的，人民法院在行政审判中不予适用。

02 指导案例6号 黄泽富、何伯琼、何熠诉四川省成都市金堂工商行政管理局行政处罚案

行政机关作出没收较大数额涉案财产的行政处罚决定时，未告知当事人有要求举行听证的权利或者未依法举行听证的，人民法院应当依法认定该行政处罚违反法定程序。

03 指导案例21号 内蒙古秋实房地产开发有限责任公司诉呼和浩特市人民防空办公室人防行政征收案

建设单位违反《人民防空法》及有关规定，应当建设防空地下室而不建的，属于不履行法定义务的违法行为。建设单位应当依法缴纳防空地下室易地建设费的，不适用廉租住房和经济适用住房等保障性住房建设项目关于"免收城市基础设施配套费等各种行政事业性收费"的规定。

04 指导案例22号 魏永高、陈守志诉来安县人民政府收回土地使用权批复案

地方人民政府对其所属行政管理部门的请示作出的批复，一般属于内部行政行为，不可对此提起诉讼。但行政管理部门直接将该批复付诸实施并对行政相对人的权利义务产生了实际影响，行政相对人对该批复不服提起诉讼的，人民法院应当依法受理。

05 指导案例26号 李健雄诉广东省交通运输厅政府信息公开案

公民、法人或者其他组织通过政府公众网络系统向行政机关提交政府信息公开申请的，如该网络系统未作例外说明，则系统确认申请提交成功的日期应当视为行政机关收到政府信息公开申请之日。行政机关对于该申请的内部处理流程，不能成为行政机关延期处理的理由，逾期作出答复的，应当确认为违法。

06 指导案例38号 >> 田永诉北京科技大学拒绝颁发毕业证、学位证案

（1）高等学校对受教育者因违反校规、校纪而拒绝颁发学历证书、学位证书，受教育者不服的，可以依法提起行政诉讼；

（2）高等学校依据违背国家法律、行政法规或规章的校规、校纪，对受教育者作出退学处理等决定的，人民法院不予支持；

（3）高等学校对因违反校规、校纪的受教育者作出影响其基本权利的决定时，应当允许其申辩并在决定作出后及时送达，否则视为违反法定程序。

07 指导案例39号 >> 何小强诉华中科技大学拒绝授予学位案

（1）具有学位授予权的高等学校，有权对学位申请人提出的学位授予申请进行审查并决定是否授予其学位。申请人对高等学校不授予其学位的决定不服提起行政诉讼的，人民法院应当依法受理。

（2）高等学校依照《学位条例暂行实施办法》的有关规定，在学术自治范围内制定的授予学位的学术水平标准，以及据此标准作出的是否授予学位的决定，人民法院应予支持。

08 指导案例40号 >> 孙立兴诉天津新技术产业园区劳动人事局工伤认定案

（1）《工伤保险条例》第14条第1项规定的"因工作原因"，是指职工受伤与其从事本职工作之间存在关联关系；

（2）《工伤保险条例》第14条第1项规定的"工作场所"，是指与职工工作职责相关的场所，有多个工作场所的，还包括工作时间内职工来往于多个工作场所之间的合理区域；

（3）职工在从事本职工作中存在过失，不属于《工伤保险条例》第16条规定的故意犯罪、醉酒或者吸毒、自残或者自杀情形，不影响工伤的认定。

09 指导案例41号 >> 宣懿成等诉浙江省衢州市国土资源局收回国有土地使用权案

行政机关作出具体行政行为时未引用具体法律条款，且在诉讼中不能证明该具体行政行为符合法律的具体规定，应当视为该具体行政行为没有法律依据，适用法律错误。

10 指导案例42号 >> 朱红蔚申请无罪逮捕赔偿案

（1）国家机关及其工作人员行使职权时侵犯公民人身自由权，严重影响受害人正常的工作、生活，导致其精神极度痛苦，属于造成精神损害严重后果；

（2）赔偿义务机关支付精神损害抚慰金的数额，应当根据侵权行为的手段、场合、方式等具体情节，侵权行为造成的影响、后果，以及当地平均生活水平等综合因素确定。

11 指导案例43号 >> 国泰君安证券股份有限公司海口滨海大道（天福酒店）证券营业部申请错误执行赔偿案

（1）赔偿请求人以人民法院具有《国家赔偿法》第38条规定的违法侵权情形为由申请国家赔偿的，人民法院应就赔偿请求人诉称的司法行为是否违法，以及是否应当承担国家赔偿责任一并予以审查；

（2）人民法院审理执行异议案件，因原执行行为所依据的当事人执行和解协议侵犯案外人合法权益，对原执行行为裁定予以撤销，并将被执行财产恢复至执行之前状态的，该撤销裁定及执行回转行为不属于《国家赔偿法》第38条规定的执行错误。

⑫ 指导案例44号 卜新光申请刑事违法追缴赔偿案

公安机关根据人民法院生效刑事判决将判令追缴的赃物发还被害单位，并未侵犯赔偿请求人的合法权益，不属于《国家赔偿法》第18条第1项规定的情形，不应承担国家赔偿责任。

⑬ 指导案例59号 戴世华诉济南市公安消防支队消防验收纠纷案

建设工程消防验收备案结果通知含有消防竣工验收是否合格的评定，具有行政确认的性质，当事人对公安机关消防机构的消防验收备案结果通知行为提起行政诉讼的，人民法院应当依法予以受理。

⑭ 指导案例60号 盐城市奥康食品有限公司东台分公司诉盐城市东台工商行政管理局工商行政处罚案

（1）食品经营者在食品标签、食品说明书上特别强调添加、含有一种或多种有价值、有特性的配料、成分，应标示所强调配料、成分的添加量或含量，未标示的，属于违反《食品安全法》的行为，工商行政管理部门依法对其实施行政处罚的，人民法院应予支持。

（2）所谓"强调"，是指通过名称、色差、字体、字号、图形、排列顺序、文字说明、同一内容反复出现或多个内容都指向同一事物等形式进行着重标识。所谓"有价值、有特性的配料"，是指不同于一般配料的特殊配料，对人体有较高的营养作用，其市场价格、营养成分往往高于其他配料。

⑮ 指导案例69号 王明德诉乐山市人力资源和社会保障局工伤认定案

当事人认为行政机关作出的程序性行政行为侵犯其人身权、财产权等合法权益，对其权利义务产生明显的实际影响，且无法通过提起针对相关的实体性行政行为的诉讼获得救济，而对该程序性行政行为提起行政诉讼的，人民法院应当依法受理。

⑯ 指导案例76号 萍乡市亚鹏房地产开发有限公司诉萍乡市国土资源局不履行行政协议案

行政机关在职权范围内对行政协议约定的条款进行的解释，对协议双方具有法律约束力，人民法院经过审查，根据实际情况，可以作为审查行政协议的依据。

⑰ 指导案例77号 罗镕荣诉吉安市物价局物价行政处理案

（1）行政机关对与举报人有利害关系的举报仅作出告知性答复，未按法律规定对举报进行处理，不属于《最高人民法院关于执行〈中华人民共和国行政诉讼法〉若干问题的解释》第1条第6项（现为《行诉解释》第1条第2款第10项）规定的"对公民、法人或者其他组织权利义务不产生实际影响的行为"，因而具有可诉性，属于人民法院行政诉讼的受案范围；

（2）举报人就其自身合法权益受侵害向行政机关进行举报的，与行政机关的举报处理行为具有法律上的利害关系，具备行政诉讼原告主体资格。

⑱ 指导案例88号 张道文、陶仁等诉四川省简阳市人民政府侵犯客运人力三轮车经营权案

（1）行政许可具有法定期限，行政机关在作出行政许可时，应当明确告知行政许可的期限，行政相对人也有权利知道行政许可的期限。

（2）行政相对人仅以行政机关未告知期限为由，主张行政许可没有期限限制的，人民法院不予支持。

（3）行政机关在作出行政许可时没有告知期限，事后以期限届满为由终止行政相对人行政许可权益的，属于行政程序违法，人民法院应当依法判决撤销被诉行政行为。但如果判决撤

销被诉行政行为，将会给社会公共利益和行政管理秩序带来明显不利影响的，人民法院应当判决确认被诉行政行为违法。

19 指导案例89号 "北雁云依"诉济南市公安局历下区分局燕山派出所公安行政登记案

公民选取或创设姓氏应当符合中华传统文化和伦理观念。仅凭个人喜好和愿望在父姓、母姓之外选取其他姓氏或者创设新的姓氏，不属于《全国人民代表大会常务委员会关于〈中华人民共和国民法通则〉第九十九条第一款、〈中华人民共和国婚姻法〉第二十二条的解释》第2款第3项（现为《民法典》第1015条第1款第3项）规定的"有不违反公序良俗的其他正当理由"。

20 指导案例90号 贝汇丰诉海宁市公安局交通警察大队道路交通管理行政处罚案

礼让行人是文明安全驾驶的基本要求。机动车驾驶人驾驶车辆行经人行横道，遇行人正在人行横道通行或者停留时，应当主动停车让行，除非行人明确示意机动车先通过。公安机关交通管理部门对不礼让行人的机动车驾驶人依法作出行政处罚的，人民法院应予支持。

21 指导案例91号 沙明保等诉马鞍山市花山区人民政府房屋强制拆除行政赔偿案

在房屋强制拆除引发的行政赔偿案件中，原告提供了初步证据，但因行政机关的原因导致原告无法对房屋内物品损失举证，行政机关亦因未依法进行财产登记、公证等措施无法对房屋内物品损失举证的，人民法院对原告未超出市场价值的符合生活常理的房屋内物品的赔偿请求，应当予以支持。

22 指导案例94号 重庆市涪陵志大物业管理有限公司诉重庆市涪陵区人力资源和社会保障局劳动和社会保障行政确认案

职工见义勇为，为制止违法犯罪行为而受到伤害，属于《工伤保险条例》第15条第1款第2项规定的为维护公共利益受到伤害的情形，应当视同工伤。

23 指导案例101号 罗元昌诉重庆市彭水苗族土家族自治县地方海事处政府信息公开案

在政府信息公开案件中，被告以政府信息不存在为由答复原告的，人民法院应审查被告是否已经尽到充分合理的查找、检索义务。原告提交了该政府信息系由被告制作或者保存的相关线索等初步证据后，若被告不能提供相反证据，并举证证明已尽到充分合理的查找、检索义务的，人民法院不予支持被告有关政府信息不存在的主张。

24 指导案例113号 迈克尔·杰弗里·乔丹与国家工商行政管理总局商标评审委员会、乔丹体育股份有限公司"乔丹"商标争议行政纠纷案

（1）姓名权是自然人对其姓名享有的人身权，姓名权可以构成《商标法》规定的在先权利。外国自然人外文姓名的中文译名符合条件的，可以依法主张作为特定名称按照姓名权的有关规定予以保护。

（2）外国自然人就特定名称主张姓名权保护的，该特定名称应当符合以下三项条件：①该特定名称在我国具有一定的知名度，为相关公众所知悉；②相关公众使用该特定名称指代该自然人；③该特定名称已经与该自然人之间建立了稳定的对应关系。

（3）使用是姓名权人享有的权利内容之一，并非姓名权人主张保护其姓名权的法定前提条件。特定名称按照姓名权受法律保护的，即使自然人并未主动使用，也不影响姓名权人按照《商标法》关于在先权利的规定主张权利。

（4）违反诚实信用原则，恶意申请注册商标，侵犯他人现有在先权利的"商标权人"，以

该商标的宣传、使用、获奖、被保护等情况形成了"市场秩序"或者"商业成功"为由，主张该注册商标合法有效的，人民法院不予支持。

25》指导案例114号》 克里斯蒂昂迪奥尔香料公司诉国家工商行政管理总局商标评审委员会商标申请驳回复审行政纠纷案

（1）商标国际注册申请人完成了《商标国际注册马德里协定》及其议定书规定的申请商标的国际注册程序，申请商标国际注册信息中记载了申请商标指定的商标类型为三维立体商标的，应当视为申请人提出了申请商标为三维立体商标的声明。因国际注册商标的申请人无需在指定国家再次提出注册申请，故由世界知识产权组织国际局向中国商标局转送的申请商标信息，应当是中国商标局据以审查、决定申请商标指定中国的领土延伸保护申请能否获得支持的事实依据。

（2）在申请商标国际注册信息仅欠缺《商标法实施条例》规定的部分视图等形式要件的情况下，商标行政机关应当秉承积极履行国际公约义务的精神，给予申请人合理的补正机会。

26》指导案例116号》 丹东益阳投资有限公司申请丹东市中级人民法院错误执行国家赔偿案

人民法院执行行为确有错误造成申请执行人损害，因被执行人无清偿能力且不可能再有清偿能力而终结本次执行的，不影响申请执行人依法申请国家赔偿。

27》指导案例136号》 吉林省白山市人民检察院诉白山市江源区卫生和计划生育局、白山市江源区中医院环境公益诉讼案

人民法院在审理人民检察院提起的环境行政公益诉讼案件时，对人民检察院就同一污染环境行为提起的环境民事公益诉讼，可以参照《行政诉讼法》及其司法解释规定，采取分别立案、一并审理、分别判决的方式处理。

28》指导案例137号》 云南省剑川县人民检察院诉剑川县森林公安局怠于履行法定职责环境行政公益诉讼案

环境行政公益诉讼中，人民法院应当以相对人的违法行为是否得到有效制止，行政机关是否充分、及时、有效采取法定监管措施，以及国家利益或者社会公共利益是否得到有效保护，作为审查行政机关是否履行法定职责的标准。

29》指导案例138号》 陈德龙诉成都市成华区环境保护局环境行政处罚案

企业事业单位和其他生产经营者通过私设暗管等逃避监管的方式排放水污染物的，依法应当予以行政处罚；污染者以其排放的水污染物达标、没有对环境造成损害为由，主张不应受到行政处罚的，人民法院不予支持。

30》指导案例139号》 上海鑫晶山建材开发有限公司诉上海市金山区环境保护局环境行政处罚案

企业事业单位和其他生产经营者堆放、处理固体废物产生的臭气浓度超过大气污染物排放标准，环境保护主管部门适用处罚较重的《大气污染防治法》对其进行处罚，企业事业单位和其他生产经营者主张应当适用《固体废物污染环境防治法》对其进行处罚的，人民法院不予支持。

31》指导案例162号》 重庆江小白酒业有限公司诉国家知识产权局、第三人重庆市江津酒厂（集团）有限公司商标权无效宣告行政纠纷案

当事人双方同时签订了销售合同和定制产品销售合同，虽然存在经销关系，但诉争商标图

样、产品设计等均由代理人一方提出，且定制产品销售合同明确约定被代理人未经代理人授权不得使用定制产品的产品概念、广告用语等，在被代理人没有在先使用行为的情况下，不能认定诉争商标为《商标法》第15条所指的"被代理人的商标"。

32 指导案例177号 海南临高盈海船务有限公司诉三沙市渔政支队行政处罚案

我国为《濒危野生动植物种国际贸易公约》缔约国，对于列入该公约附录一、附录二中的珊瑚、砗磲的所有种，无论活体、死体，还是相关制品，均应依法给予保护。行为人非法运输该公约附录一、附录二中的珊瑚、砗磲，行政机关依照《野生动物保护法》等有关规定作出行政处罚的，人民法院应予支持。

33 指导案例178号 北海市乃志海洋科技有限公司诉北海市海洋与渔业局行政处罚案

（1）行为人未依法取得海域使用权，在海岸线向海一侧以平整场地及围堰护岸等方式，实施筑堤围割海域，将海域填成土地并形成有效岸线，改变海域自然属性的用海活动可以认定为构成非法围海、填海。

（2）同一海域内，行为人在无共同违法意思联络的情形下，先后各自以其独立的行为进行围海、填海，并造成不同损害后果的，不属于共同违法的情形。行政机关认定各行为人的上述行为已构成独立的行政违法行为，并对各行为人进行相互独立的行政处罚，人民法院应予支持。对于同一海域内先后存在两个以上相互独立的非法围海、填海行为，行为人应各自承担相应的行政法律责任，在后的违法行为不因在先的违法行为适用从轻或者减轻行政处罚的有关规定。

34 指导案例191号 刘彩丽诉广东省英德市人民政府行政复议案

建筑施工企业违反法律、法规规定将自己承包的工程交由自然人实际施工，该自然人因工伤亡，社会保险行政部门参照《最高人民法院关于审理工伤保险行政案件若干问题的规定》第3条第1款有关规定认定建筑施工企业为承担工伤保险责任单位的，人民法院应予支持。

35 指导案例211号 铜仁市万山区人民检察院诉铜仁市万山区林业局不履行林业行政管理职责行政公益诉讼案

（1）违法行为人的同一行为既违反行政法应受行政处罚，又触犯刑法应受刑罚处罚的情形下，行政机关在将案件移送公安机关时不应因案件移送而撤销已经作出的行政处罚。对刑事判决未涉及的行政处罚事项，行政机关在刑事判决生效后作出行政处罚决定的，人民法院应予支持。

（2）违法行为人在刑事判决中未承担生态环境修复责任的，林业等行政主管部门应当及时责令其依法履行修复义务，若违法行为人不履行或者不完全履行时应组织代为履行。林业等行政主管部门未履行法定生态修复监督管理职责，行政公益诉讼起诉人请求其依法履职的，人民法院应予支持。

（3）特殊功能区生态环境被破坏，原则上应当原地修复。修复义务人或者代履行人主张异地修复，但不能证明原地修复已不可能或者没有必要的，人民法院不予支持。

36 指导案例216号 睢宁县人民检察院诉睢宁县环境保护局不履行环境保护监管职责案

危险废物污染环境且污染者不能处置的，危险废物所在地的生态环境主管部门应履行组织代为处置的法定职责，处置费用依法由污染者承担。生态环境主管部门以危险废物的来源或产生单位不在其辖区范围内为由进行不履责抗辩的，人民法院不予支持。

附录二　行政法主要图表索引

- 行政法框架图 / 007
- 国务院行政机构一览图 / 024
- 中央和地方政府行政机构框架图 / 032
- 抽象行政行为体系图 / 069
- 行政行为体系图 / 095
- 具体行政行为效力逻辑关系图 / 105
- 具体行政行为效力状态图 / 107
- 具体行政行为合法和违法一览图 / 110
- 行政许可实施主体一览图 / 118
- 行政许可流程图 / 118
- 行政许可监督管理行为关系图 / 128
- 行政处罚设定权限 / 135
- 行政处罚的实施主体与管辖一览图 / 140
- 行政处罚程序一览图 / 153
- 治安处罚一览图 / 159
- 行政强制措施设定权限 / 164
- 行政机关申请法院强制执行一览图 / 177
- 政府信息公开主体一览图 / 185
- 政府信息依申请公开程序图 / 187
- 行政复议主体关系图 / 198
- 行政复议审理之普通程序与简易程序的比较 / 209
- 行政复议决定关系图 / 213
- 行政复议流程图 / 216
- 行政诉讼受案范围排除图 / 223
- 行政诉讼原告一览图 / 242
- 行政诉讼被告一览图 / 254
- 行政诉讼级别管辖一览图 / 264
- 行政诉讼地域管辖一览图 / 267
- 行政诉讼程序启动一览图 / 283
- 行政诉讼审理程序一览图 / 283
- 行政附带民事诉讼一览图 / 301
- 行政公益诉讼一览图 / 303
- 行政诉讼当事人举证一览图 / 315
- 行政诉讼中法院调取证据一览图 / 316
- 行政诉讼第一审判决关系图 / 326
- 行政诉讼附带审查规范性文件一览图 / 335
- 行政诉讼裁判执行一览图 / 339
- 国家赔偿框架图 / 342
- 行政赔偿程序一览图 / 352
- 刑事赔偿一览图 / 362
- 国家赔偿方式、标准和费用一览图 / 367

声　明
1. 版权所有，侵权必究。
2. 如有缺页、倒装问题，由出版社负责退换。

图书在版编目（CIP）数据

行政法 48 专题. 理论卷 / 魏建新编著. -- 北京 : 中国政法大学出版社, 2024. 12. -- ISBN 978-7-5764-1796-8

Ⅰ. D922.104

中国国家版本馆 CIP 数据核字第 2024SC7550 号

出 版 者	中国政法大学出版社
地　　址	北京市海淀区西土城路 25 号
邮寄地址	北京 100088 信箱 8034 分箱　邮编 100088
网　　址	http://www.cuplpress.com（网络实名：中国政法大学出版社）
电　　话	010-58908285(总编室) 58908433（编辑部）58908334(邮购部)
承　　印	三河市华润印刷有限公司
开　　本	787mm×1092mm　1/16
印　　张	24.5
字　　数	595 千字
版　　次	2024 年 12 月第 1 版
印　　次	2024 年 12 月第 1 次印刷
定　　价	83.00 元

2025年主客一体全程班

2025年1月中旬-2025年主观题考前
*课程价格：10800元

万元以下　高端班次

基础搭建	重点科目知识点体系搭建，完成首轮复习
理论精讲	八大科目系统讲解大纲知识点，完成第二轮复习
臻题回顾	真题库中精选配套习题，讲练评结合辅学
真金演练	择选易错、难点、高频考点真金题，以题带点传授技巧
名师带背	八科名师梳理必考重难点，带你轻松背诵并完成第三轮复习
客观考前预测	浓缩客观考试范围，迅速复盘，直击考点
三位一体	主观知识点、案例、法条融合式教学掌握主观答题能力
专项突破	主观难点专项讲解、专项突破
实战演练	精编2套全真模拟卷直观感受题型精批，严格控时
主观考前预测	主观考前冲刺，推测命题趋势，从容应考

◎ 时间充分　◎ 配套图书　◎ 多轮巩固　◎ 海量习题

厚大网授

主客一体普通模式
扫码购买了解详情

2025年主客一体私教课

2025年三月底-2025年主观题考前
*课程价格：6980元

专业课程配方　主观化思维训练

讲授干货	纯干货讲授，针对考查频率讲授重点
通俗易懂	将难懂的法言、法语转变为易懂的白话
应试技巧	深度剖析疑难点后总结技巧一招制敌
靶向训练	靶向训练考哪打哪，精准训练各个命题角度
边学边记	提炼直接记忆的关键词，帮助考生节约背诵时间
以考带学	多阶段、多频次以考代练、以练促学
案例教学	助力考生正确运用法律思维分析案例
答题套路	教你审题方法，案例拆解步骤
人工批改	在线感受阅卷标准，建立规范的答题模型

◎ 免费课件的考生量身定制　◎ 专为使用学习包+

厚大网授

主客一体普通模式
扫码购买了解详情

厚大网授

◎ 课程全　◎ 开课早
◎ 有保障　◎ 服务精

2025年主客一体至尊班

*2024年12月中旬-2025年主观题考前
*课程价格：18800元

至尊服务

八科答疑　八科专业讲师进群答疑，及时解决学习中的困惑

小组抽背　各科专业讲师不定期抽查，检测学员学习效果

进阶主观　提前安排主观小案例训练，熟悉主观作答思路

人工批改　专业讲师1V1人工精细化批改，及时纠正，从容应考

小灶梳理　科目老师定期梳理重难点，强化巩固，加深记忆

周期回访　班主任定期回访，检查学习进度，及时了解学习动态

(入学问诊)　(全程规划)　(专属小群)　(陪伴督学)
(多元测试)　(小灶梳理)　(周期回访)　(定期班会)

主客一体重读模式
扫码购买了解详情

厚大网授

◎ 针对答疑　◎ 严格督学
◎ 私教小群　◎ 个性规划

2025年主客一体私教九对一

2025年3月上旬-2025年主观题考前
*课程价格：25800元

私教服务天花板

专属档案　专业导师一对一问诊,定制专属个性学习计划,建立个人档案

私教小群　你一个人的专属学习群，静心备考，学习氛围浓厚，想不学习都难

个性规划　专业班主任电话深度辅导学习、重难点科目指导,使督学更针对性

讲师答疑　复习规划及时调，学习疑问不过夜，学习质量有保证

严格督学　班主任根据听课数据;复习情况专业性督学,保障学习不掉队

主观指导　针对掌握情况,结合主观题的考查方式,指导复习方法和计划

测试评估　检测学习效果,根据作答情况动态调整学习方案,不留漏洞

一对一抽背　科目老师一小时的科目抽查，帮助及时发现问题，巩固复习成果

一对一批改　就作答给出批改反馈,针对性辅导,帮助了解主观题考查方式

主客一体普通模式
扫码购买了解详情